C·C++로 배우는 자료구조론

JN493567

한빛아카데미 Hanbit Academy, Inc.

지은이 **주우석**

서울대학교 공과대학 전자공학과를 졸업하고 IBM Korea, 데이콤 정보통신 연구소에서 근무했다. University of Florida에서 컴퓨터공학 석사, 박사 학위를 취득한 후 현재 명지대학교 컴퓨터공학과 교수로 재직 중이다. 저서 및 역서로는 『2020 엔지니어 교육』(시그마 프레스, 2009), 『멀티미디어 기초』(홍릉과학출판사, 2007), 『IT CookBook, OpenGL로 배우는 컴퓨터 그래픽스』(한빛미디어, 2006) 등이 있다. 관심 연구 분야는 그래픽스, 멀티미디어, 알고리즘, 원격교육 등이다.

필드 어드바이저 **최종환**

서울대학교 전산과학과를 졸업하고, 자연어처리 전문기술업체인 (주)유니소프트에서 근무했다. 현재 프리랜서 개발자로, IT 전문 잡지에 다양한 칼럼을 기고하고 있다. 「월간 마이크로소프트웨어, JR」(2004년 1~6월호)의 '임베디드 프로그래밍 시대의 C'를 통해 필자가 생각하는 오늘의 C를 만날 수 있다. 인공지능, 자연어처리, 모바일 기기에 관심이 많다면 관련 동호회에서 필자를 어렵지 않게 만날 수 있다.

C.C++로 배우는 자료구조론

초판발행 2015년 2월 2일
4쇄발행 2019년 9월 15일

지은이 주우석 / **필드 어드바이저** 최종환 / **펴낸이** 김태헌
펴낸곳 한빛아카데미(주) / **주소** 서울시 서대문구 연희로2길 62 한빛아카데미(주) 2층
전화 02-336-7112 / **팩스** 02-336-7199
등록 2013년 1월 14일 제25100-2017-000063호 / **ISBN** 979-11-5664-178-0 93000

총괄 김현용 / **책임편집** 변소현 / **진행** 김미정 / **제작** 박성우, 김정우
영업 이윤형, 길진철, 김태진, 김성삼, 주희, 이정훈, 임현기, 이성훈, 김주성 / **마케팅** 김호철

이 책에 대한 의견이나 오탈자 및 잘못된 내용에 대한 수정 정보는 아래 이메일로 알려주십시오.
잘못된 책은 구입하신 서점에서 교환해 드립니다. 책값은 뒤표지에 표시되어 있습니다.

홈페이지 www.hanbit.co.kr / 이메일 question@hanbit.co.kr

Published by HANBIT Academy, Inc. Printed in Korea
Copyright © 2015 주우석 & HANBIT Academy, Inc.
이 책의 저작권은 주우석과 한빛아카데미(주)에 있습니다.
저작권법에 의해 보호를 받는 저작물이므로 무단 복제 및 무단 전재를 금합니다.

지금 하지 않으면 할 수 없는 일이 있습니다.
책으로 펴내고 싶은 아이디어나 원고를 이메일(writer@hanbit.co.kr)로 보내주세요.
한빛아카데미(주)는 여러분의 소중한 경험과 지식을 기다리고 있습니다.

한빛아카데미(주)는 한빛미디어(주)의 대학교재 출판 부문 자회사입니다.

1시간 강의를 위해 3시간을 준비하는 마음!

:: 군더더기 없는 핵심 원리 + 말랑말랑 쉬운 컨텐츠

핵심 원리 하나만 제대로 알면 열 가지 상황도 해결할 수 있습니다.
친절한 설명과 명확한 기승전결식 내용 전개로 학습 의욕을 배가시켜줍니다.

:: 핵심 원리 → 풍부한 예제와 연습문제 → 프로젝트로 이어지는 계단 학습법

기본 원리를 다져주는 예제, 본문에서 배운 내용을 촘촘하게 점검해볼 수 있는 연습문제,
현장에서 바로 응용할 수 있는 프로젝트를 단계별로 구성해 학습의 완성도를 높였습니다.

:: 학습욕구를 높여주는 현장 이야기가 담긴 IT 교과서

필드 어드바이저의 인터뷰와 주옥 같은 현업 이야기를 담았습니다.
강의실 밖 현장의 요구를 접하는 기회를 제공하고,
학생들 스스로 필요한 공부를 할 수 있도록 방향을 제시합니다.

>> 저자 머리말 해결 방법 이면에 흐르는 논리와 의도를 이해하기

인터넷이 발달하고 자료가 손쉽게 공유되면서, 필요한 소스 코드를 구하기는 더 없이 쉬워졌다. 이렇게 구해진 소스는 대개 그대로 사용되기보다 상황에 맞게 고쳐져야 한다. 하지만 소스 코드 이면에 흐르는 논리를 이해하지 못하고 소스를 변경하는 것은 매우 어렵다. 여기에 필요한 것이 자료구조와 알고리즘이다.

언어는 도구일 뿐 목표가 될 수 없다. 어떤 언어든 기본적인 문법 구조만 갖추고 있다면 자료구조를 설명하는 데 전혀 문제가 되지 않는다. 이 책에서 C와 C++ 언어를 혼용하는 이유는 두 가지 언어를 설명하자는 것이 아니다. 자료구조를 설명하는 데 있어서 추상 자료형 개념을 강조하려면 C++를, 간결한 구현을 예시하려면 C를 사용하는 것이 효율적이기 때문이다.

전산학에서 자료구조가 차지하는 비중은 절대적이다. 시쳇말로 대표 과목 몇 개만 고르라고 하면 주저 없이 선택되는 과목이다. 더욱이 고급 프로그래밍으로 가기 위한 필수과목이며, 데이터베이스나 인공지능과 같은 응용 분야로 가기 위한 선수 과목이다.

내용 면에서 자료구조는 알고리즘 및 계산이론과 긴밀하게 연관되어 있다. 문제가 주어질 때 계산이론은 그것이 해결 가능한 문제인지에, 알고리즘은 문제를 해결하기 위한 방법에, 자료구조는 해결 방법을 어떤 데이터 형태로 가져갈 것인지에 주안점을 둔다.

"물고기를 잡아 주기보다 잡는 법을 가르쳐 주라"는 옛말이 있다. 잡는 법보다 잡는 이유를 가르쳐 주라는 말도 있다. 그러나 이 방면의 프로인 어부 입장에서 보면 물고기가 당연히 잡혀 주리라고 가정하는 것부터 잘못이다. 더욱이 그물이 찢어질 정도로 많은 물고기를 잡기란 인간 능력으로는 어려울 수 밖에 없다. 문제 해결 방법으로써의 알고리즘, 그리고 이러한 알고리즘이 지니는 한계는 이와 매우 흡사하다.

새벽에 깨서 오늘 할 일을 생각해 보는 심정으로, 가능하면 긴 호흡으로 써 내려가려 하였다. 지엽적인 해결 방법보다는 그 해결 방법의 이면에 흐르는 논리나 의도를 강조해 보려 하였다. 세월이 지남에 따라 언어도 바뀌고, 방법도 바뀌지만 방법론(Methodology)은 쉽게 변하지 않기 때문이다. 만약, 우리 기억에 조금이라도 무엇이 남게 된다면 아마 이러한 것들일 것이다.

이 책이 나오도록 힘써주신 한빛아카데미 식구들, 그리고 원고를 검토해 주신 최종환님께 감사드린다. 하나님 은혜로 작은 결실이 이루어지기까지 염려해 주신 주변의 모든 분들께 감사의 마음을 전한다. 또, 원고를 작성하는 동안 모든 것을 배려해 주신 부모님과 가족들에게도 감사드린다.

U.C. Irvine에서 **주우석**

컴퓨터처럼 생각하는 법을 배우기

처음 컴퓨터를 접하고 언어도 어느 정도 익숙해지면 무엇이든 할 수 있을 것 같은 자신감이 생긴다. 하지만 당장 내가 만든 오목 게임이 어떻게 하면 좀더 똑똑하고 빠르게 반응할 수 있을지 요모조모 생각해보지만 별로 뾰족한 방법이 떠오르지 않는다. 혼자 사용하려고 만든 영어 사전 프로그램은 단어를 찾는 속도가 너무 느려 답답하지만 어떻게 해야 좋을지 막막하기만 하다. 바로 이때 많은 사람이 자료구조와 알고리즘을 공부한다.

이 책에서 배울 자료구조와 알고리즘은 많은 과학자와 엔지니어가, 우리가 사는 세상을 컴퓨터에게 알려주기 위해 여러 고민 끝에 만들어 놓은 방법이다. 어떻게 하면 같은 일을 좀더 빨리 할 수 있을지, 어떻게 하면 부족한 메모리에 더 많은 것을 담을 수 있을지 고민한 결과가 바로 지금부터 여러분이 배우게 될 자료구조와 알고리즘이다.

자료구조와 알고리즘을 공부하다보면 답답한 경우가 참 많다. 이런 것이 있다는 것은 알겠는데 "대체 이것이 왜 필요한지", "이런 것을 언제 사용해야 하는지" 도통 설명해주지 않는다. 게다가 수학식이라도 하나 등장하면 "내가 왜 이런 골치 아픈 것을 읽고 있어야 하나" 싶은 회의가 고개를 쳐들 때도 있다.

그렇지만 조금만 생각해보면 알고리즘이 비단 컴퓨터에서만 사용하는 것이 아니라는 사실을 깨닫게 된다. 한 주에 나흘만 학교에 나오려면 수업 배치를 어떻게 해야 하는지 고민해본 적이 있다면, 아침에 늦게 일어나 수많은 교통편을 떠올리며 어떻게 하면 지각을 면할 수 있을지 생각해본 적이 있다면, 이미 여러분은 알고리즘을 배울 준비가 되어 있는 것이다. 알고리즘을 하나씩 배워가면서 이런 문제를 해결하는 프로그램을 만들어보는 것은 컴퓨터를 배우는 사람만이 느낄 수 있는 특별한 즐거움이다.

당장 크게 쓸모없을 것 같은 알고리즘도 프로그래머로 일하다 보면 다시 책을 뒤적이며 공부해야 하는 경우가 생긴다. 그리고 정작 학교 다닐 때는 소홀히 했던 알고리즘을, 실무 프로젝트를 수행하면서 다시 공부하고 구현해보는 경우도 참 많이 생긴다. 앞으로 더 많은 공부를 해야 하고, 다시 이 책의 이곳저곳을 읽어보면서 공부할 것이다. 물론, 때로는 또 다른 알고리즘을 찾아 관련 서적을 찾아보기도 하고, 스스로 좋은 알고리즘을 만들어내기 위해 며칠 밤을 고민하면서 실험해 보기도 할 것이다. 하지만 확실한 것은, 자료구조와 알고리즘을 잘 이해하지 못한다면 좋은 프로그래머가 될 수 없다는 사실이다. 이 책을 이해한다면 여러분은 컴퓨터 입장에 좀더 가깝게, 스스로 사고할 수 있게 되었다는 사실을 깨닫게 될 것이다.

최종환

>> 워밍업

이 책을 읽기 전에

누구를 위한 책인가

수준적으로는 전산학이나 컴퓨터공학, 정보통신공학을 전공하는 4년제 대학 2~3학년생 또는 2/3년제 대학 2학년생에게 적합하다. 또한 정보처리기사 필기시험을 준비하는 학생의 기본 지침서로 활용할 수 있다. 독학을 통해 고급 프로그래밍의 기본기를 익히고자 하는 일반인에게는 간결하면서도 실용적인 학습 교재로 사용될 수 있다.

선수 연계 과목

이 책을 이해하기 위해 필요한 선수과목은 간단한 프로그래밍 언어다. 예를 들어, C, 자바, 파스칼, 코볼, 포트란, C++ 중 어느 하나라도 학습한 적이 있다면 그것으로 내용을 이해하기에 충분하다. 물론, 프로그램 경험이 많을수록 그만큼 본문의 이해에 유리하다고 할 수 있다. 그러나 C++ 언어를 미리 알고 있을 필요는 없다. C++의 기본 개념인 객체지향 개념부터 필요한 문법적 요소까지 이 책에서 점차적으로 설명하기 때문이다.

이 책의 구성 요소

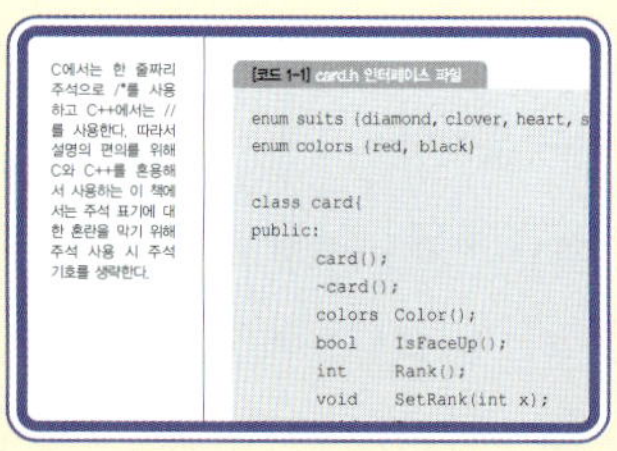

용어, 부연, 중요

본문에서 설명하는 내용 중에서 중요한 내용이나 관련 용어, 부연 설명은 별단에서 따로 설명한다. 독자들은 이 내용으로 중요한 핵심만 다시 짚을 수 있다.

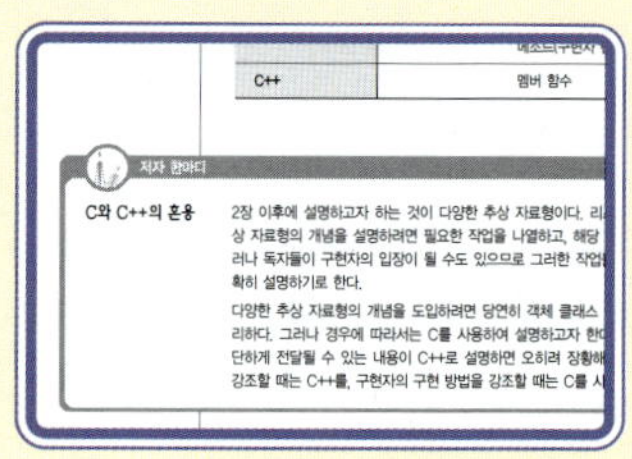

저자 한마디

저자가 현장에서 생각하고 발견하는 유용한 팁, 함정을 미리 피해갈 수 있는 주의 사항, 참고로 알아두어야 할 사항을 별도로 정리했다.

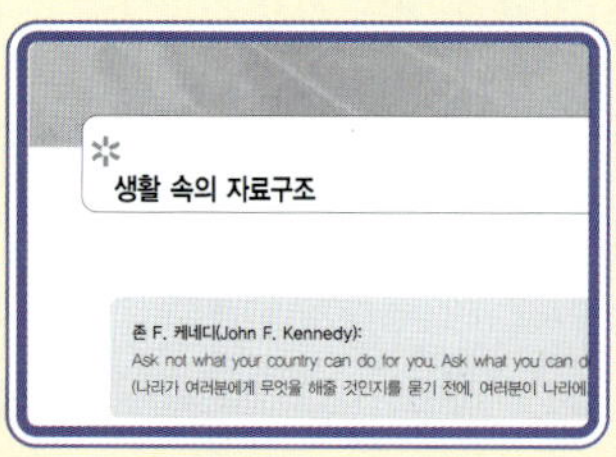

생활 속의 자료구조

해당 장이 끝날 때마다 해당 장에서 익힌 자료구조가 일상생활 속에서 어떻게 일어나고 있는지를 정리했다. 이를 통해 자료구조에 대한 특별한 재미와 흥미를 느낄 수 있다.

이 책의 뼈대만 빨리 보기

이 책은 '기초 다지기 → 기본 자료구조 → 알고리즘 소개 → 고급 자료구조 → 알고리즘 실례와 설계'로 구성되어 있다. 각 장의 내용은 서로 연관되어 있을 뿐만 아니라, 난이도를 점차 높은 수준으로 높여가고 있으므로 순서대로 학습하는 것이 바람직하다.

❶ 기초 다지기

자료구조와 알고리즘을 이해하기 위한 배경지식을 익히는 데 주력한다. 본문의 C++ 코드를 이해하려면 '1장. 객체지향 방법론'을 이해해야 한다. 특히 이 객체지향 방법론이 '2장. 추상 자료형' 개념과 어떻게 일치하는지 이해하는 것은 매우 중요하다. '3장. 포인터, 배열, 구조체'는 기본 데이터 타입 위에서 복잡한 자료구조가 지어지기 때문에 반드시 이해하고 있어야 한다. '4장. 재귀호출'은 이 책 전체에서 일관되게 강조하는 논리다. 재귀호출을 빼고 알고리즘을 논할 수는 없다. 대표적인 분할정복 알고리즘이기 때문이다.

❷ 기본 자료구조

가장 기본적인 자료구조인 리스트, 스택, 큐에 대해서 알아본다. 데이터 집합 여러 개를 관리하기 위한 자료형이 리스트다. 여기서 '관리'라는 말은 데이터를 삽입, 삭제, 검색하는 등 필요한 작업을 의미한다. '6장. 스택', '7장. 큐' 역시 집합적 데이터를 관리하기 위한 것으로 리스트의 특수한 경우에 해당한다.

❸ 알고리즘 소개

알고리즘이 무엇인지 알아보고, 알고리즘이 되기 위해 갖춰야 할 요건을 제시한다. 알고리즘에서 가장 중요한 것은 정확성이다. 문제 하나를 해결할 수 있는 알고리즘이 여러 개 있을 때는 알고리즘 효율성이 선택 기준이 된다. 시간적 효율성 분석을 위한 도구가 빅 오 기호다. '8장. 알고리즘과 효율'에서는 빅 오 기호를 정의하고 이전 장에서 설명한 알고리즘 효율을 알아본다. '9장. 정렬 알고리즘과 효율'에서는 가장 많이, 그리고 가장 널리 알려진 알고리즘인 정렬 알고리즘을 설명하고, 알고리즘별로 효율을 알아본다.

❹ 고급 자료구조

'10장. 트리'에서는 비선형 구조인 트리를 살펴본다. '11장. 우선순위 큐'에서는 큐를 좀더 일반화시킨 자료구조인 우선순위 큐를 다룬다. 시간을 포함하여 어떤 개념에도 우선순위를 부여할 수 있도록 한 것이다. '12장. 탐색 알고리즘'에서는 이진탐색을 비롯하여 기수탐색, 해시 등 주로 검색 효율을 높이기 위한 다양한 알고리즘과 자료구조를 살펴본다. '13장. 균형 탐색트리'에서는 이진 탐색트리의 균형을 일정하게 유지함으로써 작업효율을 높이기 위한 알고리즘과 자료구조를 설명한다.

❺ 알고리즘 실례와 설계

'14장. 그래프 알고리즘'에서는 그래프 분야에 적용되는 다양한 알고리즘을 통해서 알고리즘 실례를 살펴본다. 위상정렬, 최소 신장 트리, 최단 경로, 이행 폐쇄, 이중 연결, 유니언 파인드, 네트워크 플로우 알고리즘 등이 그것이다. '15장. 알고리즘의 설계'에서는 알고리즘을 설계하기 위한 패턴을 일곱 가지로 나눠 각 설계 기법이 지닌 장단점을 살펴본다. 더불어 계산이론에서 말하는 알고리즘 한계도 살펴본다. 단, 학습동기 유발을 위해서 패턴별로 설명하지 않고, 제기되는 문제를 중심으로 해당 문제에 필요한 패턴을 설명한다.

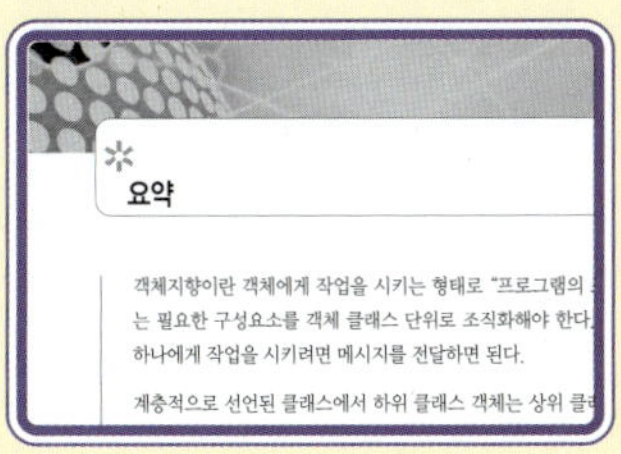

요약

해당 장이 끝날 때마다 핵심적인 내용을 요약해서 정리한다. 해당 장에서 익힌 세분화된 지식을 여기서 전체적으로 조립하여 완성된 모습으로 볼 수 있다.

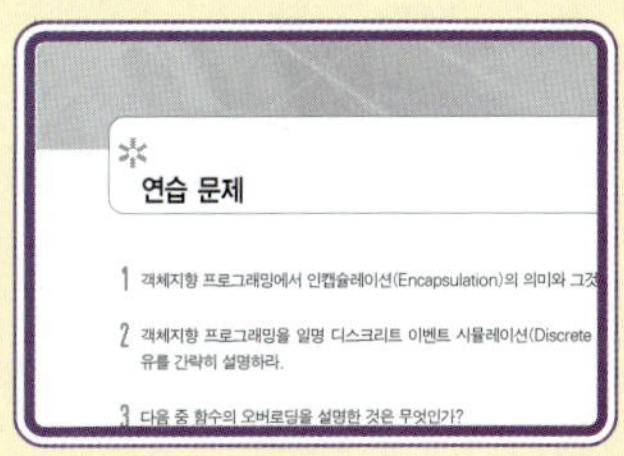

연습 문제

해당 장이 끝날 때마다 해당 장에서 익힌 핵심적인 내용을 문제 형식으로 정리한다. 이 문제를 풀면서 익힌 내용을 확인해보고 응용력을 배가시킬 수 있다.

>> 강의 계획표

빠른 속도 스케줄 표

모든 주제를 빠뜨리지 않으려면 일단은 강의 위주로 수업을 진행해야 한다. 시간 제약이 있으므로 학습자가 수업에 적극적으로 참여하기를 기대하기 어렵다. 대신 시간이 오래 걸리지 않는 수시 퀴즈를 제시해서 학습 성취도를 파악하는 것이 좋다. 가능하면 주 1회 정도로 퀴즈를 풀어보는 것이 좋다. 수업과는 별도로 아주 짧은 프로그램 숙제를 내는 것도 학습 효과를 높이는 데 도움이 되며, 이를 위해서 책에 담긴 연습문제를 활용할 수 있다.

주	해당 장/과제	주 제
1	1장, 2장	객체지향 방법론, 추상 자료형
2	2장, 3장	추상 자료형, 포인터, 배열, 구조체
3	3장, 4 장	포인터, 배열, 구조체, 재귀호출
4	4장	재귀호출
5	5장	리스트
6	6장	스택
7	7장	큐, 중간고사와 답안 해설
8	8장	알고리즘과 효율
9	9장	정렬 알고리즘과 효율
10	10장	트리
11	11장	우선순위 큐
12	12장	탐색 알고리즘
13	13장	균형 탐색트리
14	14 장	그래프 알고리즘
15	14장, 15장	그래프 알고리즘, 알고리즘의 설계
16	15 장	알고리즘의 설계, 기말고사 및 답안 해설

중간 속도 스케줄 표

시간적으로 충분한 여유를 갖고 학습하려면 자료구조에 주안점을 두고 알고리즘 관련 부분은 과감히 생략하는 것도 고려할 수 있다. C 언어를 중심으로 하고, 객체지향 및 C++ 언어와 관련된 부분을 생략할 수도 있다. 이처럼 절약된 시간에 퀴즈를 풀 수도 있지만, 문제 풀이나 검색 결과 발표 같은 형태를 도입해서 학습자를 수업에 직접 참여시키는 것도 학습 효과를 높이는 데 큰 도움이 된다.

주	해당 장/과제	주 제
1	2장	추상 자료형
2	3장	포인터, 배열, 구조체
3	4장	재귀호출
4	4장	재귀호출
5	5장	리스트(C 언어로 구현된 부분)
6	6장	스택(C 언어로 구현된 부분)
7	7장	큐(C 언어로 구현된 부분)
8		중간고사 및 답안 해설
9	8장	알고리즘과 효율(정확성 부분 생략)
10	9장	정렬 알고리즘과 효율
11	10장	트리
12	11장	우선순위 큐
13	12장	탐색 알고리즘
14	13장	균형 탐색트리
15	14장	그래프 알고리즘(일부 주제 선별)
16		기말고사 및 답안 해설

>> 숲과 나무 이야기/강의보조자료

자료구조 학습을 위한 세 가지 질문

컴퓨터 전공자가 아니기 때문에 프로그램을 독학하고 있습니다. 그런데 자료구조는 어디에 사용하는 것인가요? 어디에 사용하는지 알아야 공부하는 것 아닌가요? 그리고 알고리즘은 자료구조와 같은 것인가요?

어떤 언어를 사용하든 프로그램을 처음 배우시는 분은 대개 간단한 예제를 사용해서 프로그램을 작성하는 능력을 기릅니다. "Hello" 메시지를 출력하는 프로그램부터 시작해서 2차 방정식의 근을 구하는 프로그램, 가위 바위 보 프로그램 등 점차 어려운 문제를 해결해 나가게 됩니다. 이런 기본적 문제를 해결하는 데에는 특별한 자료구조가 필요하지 않습니다. 정수 타입, 부동소수 타입, 문자 타입, 또는 배열 타입 등 극히 기초적인 자료구조(데이터 타입)만으로 충분합니다.

그러나 문제 크기가 커지고 복잡해질수록 기초적인 자료구조만으로는 프로그래밍하기가 어려워집니다. 따라서 좀더 추상화된 자료구조를 사용해야 합니다. 이러한 자료구조는 반드시 그 문제를 풀기 위한 방법을 염두에 두고 설계해야 합니다. 문제를 풀기 위한 방법을 알고리즘이라 합니다. 알고리즘을 프로그램으로 구현하기 위해 사용하는 추상 자료형을 자료구조라고 합니다.

자료구조와 알고리즘 과목을 재수강하려는 학생입니다. 해당 과목의 성적을 높이기 위한 학습 방법론 같은 것이 있다면 알려주십시오.

전형적으로 자료구조와 알고리즘 과목을 재수강하는 학생이 많습니다. 프로그래밍 언어 한 과목만 들었다면 이 과목을 수강하기 위한 선수과목 요건을 만족한 것입니다. 그러나 이 과목 자체가 그리 만만한 과목이 아닙니다. 기초 프로그래밍 과목과 고급 컴퓨터 응용 사이의 길목에 위치하여 실제로 컴퓨터 분야에 재능이 없는 사람을 걸러낼 수 있는 절호의 과목입니다. 외국 대학에도 자료구조에서 견디지 못하고 다른 학과로 전과하거나, 이 과목이 어려워서 컴퓨터학과로 전과를 포기하는 학생이 종종 있습니다.

만약, 학습 방법론이라는 것이 존재한다면 두 가지일 것입니다. 첫째, 이 과목은 프로그래밍 과목입니다. 대부분 대학의 여건상 수많은 학생의 프로그램을 정밀하게 채점하기는 어렵기 때문에 프로그램 숙제 자체가 큰 의미를 갖지 못합니다. 결국, 이 책에 설명된 모든 함수를 학습자 스스로 직접 코딩하고 돌려봐야 합니다. 전문 프로그래머가 목표라면 이 과정에서 자기 자신의 라이브러리를 구축할 수도 있습니다. 이렇게 해 본 사람은 시험에 어떤 코드 작성 문제가 나와도 당황하지 않습니다. 반면, 교재에 담긴 코드를 읽어보고 "아하 그렇구나!"라는 정도라면 코드 작성은 어림도 없습니다. 코드를 이해한 사람과 돌려 본 사람의 실력은 천양지차입니다.

둘째, 이 과목은 이론과목입니다. 어떤 알고리즘이 나오면 그 알고리즘이 어떻게 돌아가는지 이해하는 것도 중요하지만, 그 알고리즘이 왜 필요한지 이해하는 것과 다른 알고리즘을 사용하는 것에 비해 어떤 장단점이 있는지 이해하는 것이 더 중요합니다. 즉, How의 문제보다 Why의 문제에 주목함으로써 이론에 대한 학습을 용이하게 할 수 있습니다.

프로그래밍, 자료구조, 알고리즘, 계산이론 사이에 어떤 관계가 있는지 알려 주십시오.

프로그래밍, 자료구조, 알고리즘, 계산이론은 내용적으로 긴밀히 연관된 과목입니다. 대부분의 대학에서 기초 프로그래밍을 1/2학년에, 자료구조를 3학년에, 알고리즘을 4학년에, 계산이론을 대학원 교과 과정으로 편성합니다. 또, 상대적으로 실무 교과를 확대하는 대신 이론 교과를 축소하려는 대학이라면 자료구조와 알고리즘을 통합해서 한 과목으로 편성하기도 합니다.

그러나 실제적으로는 알고리즘 자체만으로도 두 학기를 강의할 정도로 방대한 분량입니다. 계산이론 역시 한 학기에 끝내기에는 너무 많은 내용을 담고 있습니다. 간단한 문제를 컴퓨터 언어로 해결할 수 있는 능력을 기초 프로그래밍에서 키운다면, 자료구조를 통해서 좀더 복잡한 문제를 프로그램 할 수 있는 능력을 키울 수 있습니다.

알고리즘은 문제를 해결하기 위한 다양한 방법을 제시하고 각 방법의 효율성을 비교하는 데 치중합니다. 그러나 문제에 따라서는 컴퓨터 처리시간이 몇 백 년 넘게 걸리는 알고리즘도 존재합니다. 계산이론은 주어진 문제를 해결할 수 있는 알고리즘이 존재하는지, 또 존재한다면 상식적인 시간에 풀리는지를 연구하는 분야입니다. 이 책은 자료구조와 알고리즘까지를 충실히 설명하되, 필요한 부분에 대해서는 계산이론의 기본 개념을 제시하였습니다.

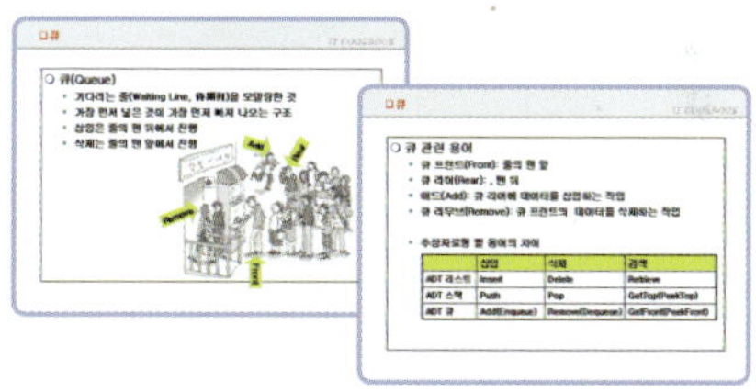

강의보조자료

- **다음 사이트에 교수 회원으로 가입하신 교수/강사분에게는 교수용 PPT 자료와 연습문제 해답을 제공합니다.**

·· http://www.hanbit.co.kr

(일반 독자에게는 연습문제 해답을 제공하지 않습니다)

>> 자료구조/알고리즘 관련 학습 로드맵

4년제 대학은 대부분 인공지능, 데이터베이스, 멀티미디어, 네트워크 프로그래밍 등 실제 응용 분야를 3~4학년 교과과정에 집중적으로 편성한다. 자료 구조는 거의 모든 응용 교과목의 선수과목이라는 의미에서 일종의 전공 필수과목이라고 할 수 있다. 일부 대학에서 자료구조를 2학년 교과로 내리는 이유는 선수과목인 자료구조를 조기에 이수하게 해서 더 많은 응용 교과를 학습할 수 있도록 하기 위해서다.

알고리즘을 별도 과목으로 취급할 때는 알고리즘 자체가 다른 학부 교과목의 선수과목이 되는 일은 거의 드물다. 그러나 자료구조와 그 자료구조를 사용하는 알고리즘을 분리해서 생각하기 어렵다는 점에서 이 책은 이들 과목을 단일화하여 설명하고자 한다.

Contents

원리를 알면 IT가 맛있다 IT COOKBOOK

Contents

>> Contents

Part 03 알고리즘 소개

>>Contents

>> Contents

>>Contents

Part

01

기초 다지기

Chapter

01

객체지향 방법론

* **학습목표**

- 프로그램 설계 차원에서 객체지향 방법론의 근본적인 개념을 이해한다.
- C++의 객체지향적 요소를 파악한다.
- 객체지향 설계에서 인터페이스와 구현을 분리하는 이유를 명확히 이해한다.
- 절차적 방법론과 객체지향 방법론의 근본적인 차이를 이해한다.

Point

첫 주제로 객체지향 프로그래밍(Object-Oriented Programming)을 제시하는 이유는 연관성 때문이다. 자료구조 교과에서 중요시되는, 이른바 추상 자료형 개념과 객체지향 프로그래밍의 클래스 개념은 완벽히 일치한다. 그리고 자바나 C++ 등 객체지향 언어로 쓰인 자료구조 서적 대부분은 이러한 추상 자료형을 강조하기 위해 쓰인 것이기도 하다.

그러나 이처럼 객체지향 언어만 사용할 경우, 해당 언어의 난이도에서 문제가 발생한다. 절차적 언어로 간단히 설명될 수 있는 부분까지도 복잡한 객체지향 언어 문법으로 설명해야만 하기 때문이다. 자료구조를 설명하기 위해 사용된 언어가 너무 복잡하여, 자료구조보다 오히려 그 언어 자체의 특성을 학습하는 많은 시간을 소모하는 것은 결코 바람직하지 않다.

이 책에서는 필요에 따라 C와 C++를 혼용하기로 한다. 객체지향 언어인 C++는 주로 추상 자료형 개념을 표현하는 데 사용하며, 절차적 언어인 C는 그러한 개념을 구체적으로 구현하는 데 사용한다. 단언컨대, C++ 언어란 그리 어려운 것이 아니다. 문법적으로는 C와 거의 유사하다. 단지, C++ 언어가 나오게 된 배경, 즉 객체지향 개념만 이해하면 된다. 더구나 이 책에서 사용하는 C++는 자료구조를 설명하기에 충분할 만큼의 문법적 요소만 제시한다. 이 책의 목적이 C++ 언어를 학습하는 데 있지 않기 때문이다. 이러한 점을 감안하여 독자는 두 가지 언어를 모두 이해해야 할 것이다.

자바, C++ 등 객체지향 언어는 이미 많은 프로그래머가 애용하는 언어가 된지 오래다. 이러한 객체지향 언어를 사용하여 프로그래밍을 하려면 무엇보다 객체지향 개념을 제대로 인식하는 것이 중요하다. 프로그램 도구로써, 객체지향 언어를 사용하고 있더라도 그 안에 객체라는 개념이 녹아있지 않을 때는 무의미하다. 문법적으로는 객체지향 언어일지 몰라도 프로그램 설계 자체가 객체지향이 아니기 때문이다.

객체지향이란 일종의 프로그램 설계기법이다. 프로그램 언어가 아니다. 이 장에서는 객체지향의 기본적인 개념을 설명하고, 이러한 개념을 수용하여 프로그래밍 할 수 있게 하는 도구로써, C++ 언어의 기본 문법을 제시하기로 한다.

Section

01 객체지향 개념

"부산에 사시는 할머니께 꽃을 보내고 싶다"는 문제를 생각해보자. 물론, 이 문제를 해결하기 위한 수많은 방법이 존재할 것이다.

예를 들어 보자. 일단 주머니 사정을 확인한다. 만약, 여유가 있으면 인근 꽃가게에 전화해서 꽃배달 서비스를 신청한다. 그렇지 않으면 수첩을 뒤져 돈을 빌릴 사람을 찾아본다. 빌릴 사람이 없으면 운동화를 꺼내 신고 인근 야산으로 향한다. 원하는 꽃을 구한 다음 포장센터로 간다. 그리고 강남 고속버스 터미널로 가서 고속버스를 탄다. 고속버스에서 내려, 할머니 동네로 가는 마을버스를 탄다.

[그림 1-1] 부산에 사시는 할머니께 꽃을 보내는 방법

이처럼 어떤 문제를 해결하기 위한 과정을 순차적으로 설계하는 것을 **절차적 방법론**(Procedural Method)이라 한다. 이러한 방법론을 수용하는 **절차적 언어**(Procedural Language)에는 기존의 프로그램 언어인 파스칼(Pascal), 포트란(FORTRAN), C 등이 있다. 이들 언어에서는 어떤 문제를 해결하기 위한 모든 과정을 일일이 순차적인 명령어(Statement)로 나타내야 한다.

절차적 방법론
(Procedural Method)

절차적 언어
(Procedural Language)

객체지향적 방법론(Object-Oriented Method)

다른 사람(객체, Object)

대리인(Agent)

요구사항(Request)

책임(Responsibility)

위 문제에 대한 **객체지향적 방법론**(Object-Oriented Method)은 꽃집주인에게 전화를 걸어서 "무슨 꽃, 몇 송이를, 어디 주소로 보내 달라"고 하는 것이다. 일을 해야 할 내(주체, Subject)가 그 일을 **다른 사람(객체, Object)**에게 떠넘기는 것이다. 즉, 꽃집주인(예를 들어, 김꽃분)이라는 적당한 **대리인**(Agent)을 찾아서 "무슨 꽃, 몇 송이를, 어디 주소로 보내 달라"는 **요구사항**(Request)을 담은 메시지를 전해주면(Message Passing), 나머지 일은 김꽃분의 **책임**(Responsibility)이 된다. 다시 말해, 김꽃분은 내 일을 대신할 대리인이자 객체로서 내가 전한 메시지를 받는 사람(Receiver)이 된다.

김꽃분은 내 메시지를 받고서는 여러 방법(Method)을 동원해서 자신의 책임을 다할 것이다. 내 입장으로서는 그녀가 어떤 방법을 사용하는지 전혀 모를(Information Hiding, 정보 은닉)뿐만 아니라 알 필요도 없다. 그녀가 꽃을 직접 포장할지, 택배로 보낼지, 아니면 부산에 있는 꽃집주인에게 전화를 걸어서 책임을 다시 전가할지는 내가 신경쓰지 않아도 되는 부분이다. 김꽃분이 일처리를 어떻게 하는지, 방법에 관해 내가 일일이 신경 쓰려면 직접 하지, 뭐 하러 김꽃분에게 일을 시키겠는가!

객체지향 개념은 이처럼 단순하다. 내가 모든 것을 일일이 다 처리해 버리는 주체지향(主體指向)이 아니라 남을 시켜서 처리한다는 객체지향(客體指向)이다.

[그림 1-2] 코끼리를 냉장고에 넣는 방법

코끼리를 냉장고에 넣는 방법 중 하나가 바로 "조교에게 시킨다"다. 조교가 어떻게 할지 모를 뿐만 아니라 알고 싶지도 않지만, 어쨌든 "조교가 알아서 하라"는 것은 객체지향적 발언이다. 다시 말해, 객체지향 개념은 모든 걸 혼자 다 처리하려 들지 말고 다른 객체의 서비스를 이용하라는 것이다. 그렇지만 처음부터 끝까지 모든 과정을 일일이 내가 알아서 프로그래밍해야 하는, 기존의 절차지향적 방식에 익숙한 사람에게는 이러한 프로그램 설계 방식이 일종의 어려움으로 느껴질 수도 있다.

프로그램으로 말하자면 객체지향적 설계는 일단 객체를 설정하는 것에서 출발한다. 예를 들어, 비즈니스 프로그램이라면 수금관리, 인사관리, 재고관리 등의 객체를 설정할 수 있다. 따라서 메인 함수에서는 "야, 수금관리 객체야! 지난 달 수금액 합계가 얼마나 되니?"라는 메시지를 던지고, 결과가 되돌아오면 이를 다시 인사관리 객체에게 던지면서 "야, 인사관리 객체야! 수금 실적이 좋으니, 이번 달 보너스는 100% 지급해"라는 메시지(실제로는 프로그램 명령문)를 던지는 식이다.

만약, 이것이 규모가 큰 프로젝트라면 객체별로 여러 프로그래머가 나누어 짜게 된다. 따라서 내가 만약 메인 함수를 작성한다면 수금관리 객체는 다른 사람이 작성할 수도 있다. 이 경우, 나는 수금관리 객체가 내부적으로 어떤 방법을 사용하는지 알 필요도 없고 알아서도 안 된다. 단지 메시지를 던져 일만 시키면 된다. 그러나 여기서 객체지향이라는 것은 "누가 프로그램을 작성하는가"의 문제가 아니다. 즉, "내가 작성하는가, 남이 작성하는가"의 의미가 아니다. 즉, 모든 프로그램을 나 혼자 짜더라도 전체적인 프로그램을 설계할 때 수금관리, 인사관리, 재고관리라는 개념적인 객체를 설정하였는가, 아닌가의 문제다. 당연히 절차적 설계기법에서는 이처럼 객체를 설정할 필요가 없다.

객체지향 방법론이 바라보는 세상은 온통 객체들만으로 구성되어 있다. 그리고 그 객체 사이를 부지런히 오가는 것은 메시지다. 각각의 객체는 외부로부터 메시지가 들어올 때만 응답하되, 자신만이 아는 방식으로 메시지를 처리한다. 인근 꽃집주인이 부산에 있는 다른 꽃집주인에게 부탁할 수 있듯이, 어떤 객체가 메시지를 처리하는 과정에서 필요하다면 또 다른 객체에게 메시지를 전달해서 일을 시킬 수도 있다.

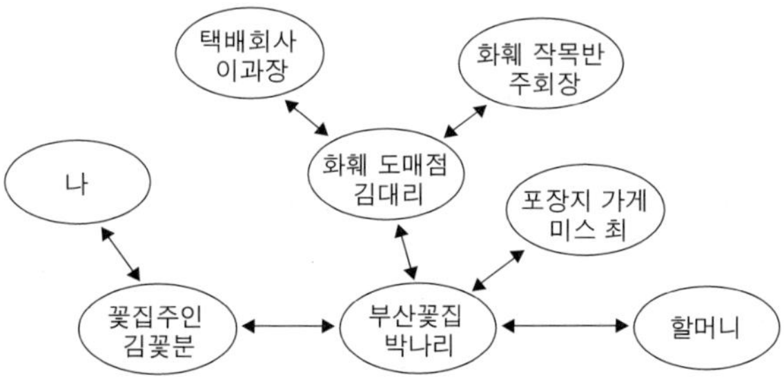

[그림 1-3] 객체지향의 메시지 전달

[그림 1-3]에서 꽃집주인 김꽃분이 부산꽃집의 박나리에게 메시지를 던져 일을 시키면, 부산꽃집 박나리는 다시 화훼 도매점 김대리에게 자신의 가게로 생화를 갖다달라는 메시지를 전달할 수도 있다. 김대리 역시 회훼 작목반의 주회장과 택배회사 이과장에게 메시지를 전달해서 일을 시킬 수 있다. 일을 시킬 때에는 그 실행 결과를 돌려 줄 것을 요구할 수도 있지만 그렇지 않고 단지 일을 시키기만 할 수도 있다. 어찌 되었든 우리가 일상 생활에서 겪는 일 대부분이 타인의 서비스를 요구하는 부분이라는 측면에서 객체지향적 사고방식은 우리가 생각하는 방식과도 일치한다.

시뮬레이션 (Simulation, 모의실험)

객체지향 설계기법이 많이 사용되는 것이 **시뮬레이션(Simulation, 모의실험)** 프로그램이다. 예를 들어, 전쟁 시뮬레이션(War Game)은 아군과 적군 간에 전투력과 관련된 모든 인수(Factor)를 데이터로 하여 최종적으로 어느 쪽이 승리할 것인지를 예측하는 프로그램이다. 이를 위해서는 지휘부, 육군, 해군, 공군 외에도 장비, 날씨, 전쟁상황, 승패판정 등의 수많은 유무형의 객체를 설정해볼 수 있다. 어느 순간에 적의 공격징후를 포착한 '전쟁상황' 객체가 '지휘부' 객체에게 적이 침입했다는 메시지(Message, Event)를 넘긴다. '지휘부' 객체는 이 메시지에 응답하여 '육군', '해군', '공군' 등 객체에게 전투를 준비하라는 메시지를 넘긴다. '육군' 객체는 다시 이 메시지에 응답하여 '장비' 객체에게 이동 명령 메시지를 넘긴다.

이처럼 객체지향 설계에서는 이벤트 하나가 발생함으로 말미암아 모든 객체 간에 서로 뒤엉키면서 메시지가 오가는 상황으로 바뀐다. 이렇게 되면 프로그램을 실행해보기 전까지는 전체적인 메시지 흐름을 미리 한 눈에 조망하여 어느 쪽이 승자인지 예측하는 것은 불가능해진다. 결국, 프로그래머로서는 절차적 프로그램처럼 전체적인 프로그램의 흐름에 주목하기보다 객체 하나하나의 코딩에 충실해야 한다. 즉, 각각의 객체에 대해서, 이러한 메시지가 오면 이러한 반응을 보인다고 작성하면 그만이다. 객체 사이에 수많은 메시지가 오간 결과, 최종 승패는 '승패판정' 객체가 알려줄 것이기 때문이다.

"각자의 역할에만 충실하라. 그러면 이 세상은 돌아간다."

Section

02 객체 클래스와 상속

유사한 특징을 지닌 객체를 묶어서 그룹지은 것이 객체 클래스(Object Class)다. 그리고 **인스턴시에이션**(Instantiation)이란 '추상적 개념으로부터 구체적 실례 하나를 만듦'을 의미한다. 따라서 해당 클래스에 속하는 실례를 클래스 인스턴스(Class Instance) 또는 객체(Object)라 한다. 꽃 파는 사람이라는 유사한 특징을 지닌 사람을 그룹지어 '꽃집주인' 클래스로 정의하면, 해당 클래스에 속하는 김꽃분은 객체가 된다. 다시 말해, 객체 김꽃분은 클래스 꽃집주인에 속하는 많은 사람 중 하나다.

인스턴시에이션(Instantiation)

같은 클래스에 속한 모든 객체는 동일한 메시지에 대해 동일하게 반응한다. 즉, 동일한 **메소드(Method, 방법)**를 사용한다. 예를 들어, 꽃집주인 클래스에 속한 객체 김꽃분에게 "꽃을 보내 달라"라는 메시지를 보냈을 때 "네, 알겠습니다. 보내겠습니다"라는 메소드를 동원한다면 다른 꽃집주인 박나리도 똑같은 메소드를 동원한다는 의미다. 그러나 클래스가 다르면 동일한 메시지에 대해서 달리 반응할 수도 있다. 전화를 잘못 걸어서 치과의사 클래스에 속한 객체인 김치과에게 "꽃을 보내 달라"라는 메시지를 보내면 "전화를 잘못 거셨습니다"라는 메소드를 동원할 수도 있다. 동일한 메시지에 대해서, 클래스에 따라서 달리 반응할 수 있게 하는 것도 객체지향에서 말하는 **다형성**(多形性, Poly-morphism)의 일례라 할 수 있다.

메소드(Method, 방법)

다형성(多形性, Poly-morphism)

꽃집주인은 상점주인의 특수한 경우(Specialization)다. 상점주인에는 꽃집주인도 있지만 음식점주인, 노래방주인 등 많은 경우가 있다. 또, 상점주인은 인간이라는 카테고리의 특수한 경우다. 인간은 상점주인만 있는 것이 아니다. 이런 식으로 클래스를 바라보면 클래스 간에 **계층구조**(Hierarchy)가 존재하는 것을 알 수 있다. 다시 말해, 어떤 클래스(Child Class, Sub Class, Derived Class)는 더 높은 일반적인 클래스(Parent Class, Super Class, Base Class)에 속하고, 그 클래스는 다시 더 높고 포괄적인 클래스에 속한다고 볼 수 있다. [그림 1-4]를 보면 '인간 → 상점주인 → 꽃집주인' 순으로 일반적인 클래스에서 특수한 클래스로 이행한다.

계층구조(Hierarchy)

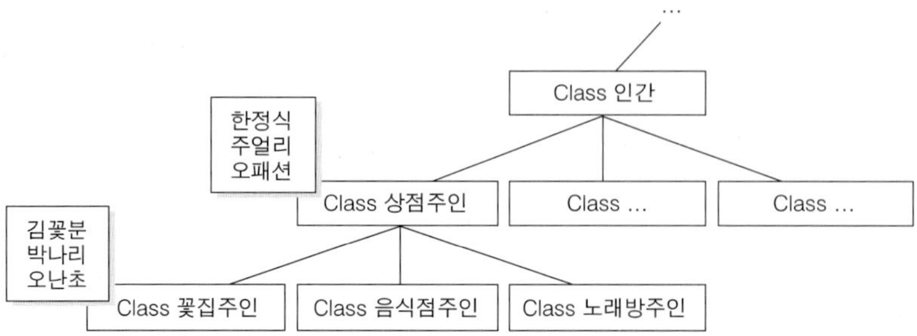

[그림 1-4] 클래스 계층구조

속성(Attribute)
상속(Inheritance)

객체지향 언어에서 클래스 간에 계층구조를 선언하는 것은 상위 클래스의 **속성**(Attribute)을 **상속**(Inheritance) 받기 위함이다. 예를 들어, 모든 상점주인은 물건값을 받으면 영수증을 주는 속성(Attribute)이 있다. 따라서 상점주인 클래스에서 "물건값을 받는다"라는 메시지에 대응하여 "영수증을 준다"라는 메소드를 한번 선언하였으면, 꽃집주인 클래스에서는 그러한 메소드를 굳이 다시 선언하지 않아도 자동으로 "영수증을 준다"라는 메소드가 실행된다. 즉, 상위 클래스에서 메소드를 선언하였을 때, 어떤 클래스가 그 하위 클래스라고 선언하기만 하면 자동으로 상위 메소드를 상속받게 된다. 자신의 소속을 밝힘으로써 자신이 속한 단체의 재산을 거저 얻어오는 행위라고도 할 수 있다.

따라서 어떤 문제를 풀기 위해서 객체지향적으로 설계하려면 다음과 같은 과정을 거쳐야 한다.

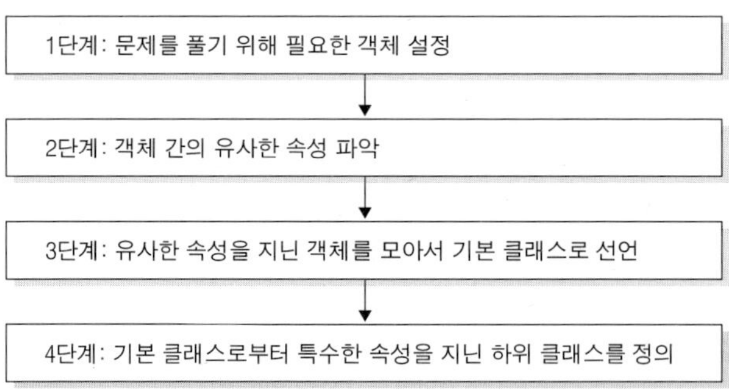

[그림 1-5] 객체지향 설계 과정

Section

03 C++와 객체지향

소프트웨어 규모가 커질수록 혼자서 일일이 모든 프로그램을 짜기는 어려워진다. 따라서 메인 함수를 짜는 사람과 수금관리 객체를 짜는 사람이 서로 다를 수 있다. 다른 객체의 내부 프로그램이 어떻게 돌아가는지 모르면서도(Information Hiding) 프로그램이 가능한 것이 객체지향의 특성이다. 즉, 수금관리 객체가 어떤 방법(Method)을 사용하는지 몰라도 메인 함수는 단지 "지난 달 수금액 합계가 얼마나 되니?"라는 메시지를 던지고 해당 객체로부터 응답(Response)만 받아오면 된다. 이 메시지는 이런 의미므로 이렇게 해석하여 처리해달라는 사전 약속만 한다면 객체별로 서로 다른 사람이 프로그래밍해도 아무런 문제가 없다는 것이다.

단위성(Modularity)

내가 짜든, 남이 짜든 간에 객체 단위로 프로그램이 작성되기 때문에 프로그램의 **단위성(Modularity)**이 높아진다. 큰 문제 전체를 하나로 놓고 한꺼번에 모든 세부사항을 처리하는 것보다는 그 문제를 잘라서 작은 단위(Module)로 분할한 다음 이들 개별 단위별로 구현하는 것이 훨씬 수월한 방법이다. 해결하려는 문제의 크기가 줄어들기 때문이다. 즉, 문제 해결에 필요한 주요 단위를 객체로 설정하고 객체 단위로 구현에 집중하는 것이다. 이처럼 객체 단위로 잘라 놓으면 나중에 다른 문제를 해결할 때에도 필요한 객체만 가져다가 조합함으로써 **재사용성(Reusability)**을 높일 수 있다.

재사용성(Reusability)

인터페이스 파일 (Interface File, Header File)

구현 파일 (Implemenation File)

객체지향 언어의 일종인 C++ 프로그램 소스 파일은 일반적으로 객체별로 나뉘어 구성된다. 객체 하나에 대해서 확장자 .h로 끝나는 **인터페이스 파일(Interface File, Header File)**과, 확장자 .cpp로 끝나는 **구현 파일(Implemenation File)** 등 두 가지를 작성해야 한다.

인터페이스 파일은 문자 그대로 객체를 불러서 사용할 외부 사용자와의 인터페이스를 위한 파일이다. 여기에는 해당 객체가 할 수 있는 일, 즉 외부에서 객체에게 던질 수 있는 메시지들이 나열되어 있다. 따라서 외부 사용자 입장에서는 구현 파일은 보지 않고, 인터페이스 파일만 보고도 필요한 메시지를 던질 수 있다. 이 경우, 실제로 그 메시지를 구현하는 사람은 그냥 갖다 쓰는 사람을 위해서 해당 메시지가 무엇을 위한 것인지 친절하고도 정확한 주석

(Comment)을 써두는 것이 좋다. 카드놀이 프로그램용 객체 card를 선언하기 위한 인터페이스 파일인 card.h를 예로 들어 보자.

1 인터페이스 파일

[코드 1-1] card.h 인터페이스 파일

```
enum suits { diamond, clover, heart, spade}  타입 suit는 카드무늬 집합 중 하나
enum colors { red, black}                    타입 colors는 카드색 집합 중 하나

class card{
public:
        card();                              생성자 함수
        ~card();                             소멸자 함수
        colors  Color();                     현재 카드의 색깔을 되돌려 주는 함수
        bool    IsFaceUp();                  앞면이 위인지 아래인지 되돌려주는 함수
        int     Rank();                      카드에 쓰인 숫자를 되돌려주는 함수
        void    SetRank(int x);              카드의 숫자를 x로 세팅하는 함수
        void    Draw();                      카드를 화면에 그려내는 함수
        void    Flip();                      카드를 뒤집는 멤버 함수
private:
        bool    Faceup;                      그림이 위로 향하고 있는지 나타내는 변수
        int     Rval;                        카드 숫자를 나타내는 변수
        suits   Sval;                        카드 종류를 나타내는 변수
};
```

C++의 인터페이스 파일은 객체 클래스를 선언하는 부분이다. 클래스 선언은 class라는 키워드로 시작된다. 클래스 선언은 public 섹션과 private 섹션 등 두 부분으로 구성된다. public은 '공유'라는 뜻으로 그 내부에 선언된 메시지를 외부 사용자가 공유할 수 있다는 의미다. 따라서 외부 사용자는 여기에 선언된 메시지를 사용하여 이 클래스의 객체에게 일을 시킬 수 있다. 이 예에서는 메시지 여덟 개가 선언되어 있다.

멤버 함수 (Member Function)

객체지향 개념에서의 메시지(Message)를 C++에서는 **멤버 함수**(Member Function)라고 부른다. 클래스 선언은 인터페이스 역할만 하면 충분하므로 멤버 함수의 구체적인 구현 내

용은 나타나지 않고 함수명(Function Prototype)만 표시한다. 카드 객체를 불러서 사용하는 외부에서는 구체적인 구현 내용을 볼 필요가 없기 때문이다. 대신, 외부에서 이 파일만 보고 메시지를 던져야 하는 사람을 위해서 메시지가 구체적으로 무엇을 해주는 것인지 쉽게 알아볼 수 있도록 명확하고도 자세한 주석을 적어 주어야 한다.

멤버 함수 중, 클래스명과 동일한 함수명을 사용하되 리턴 타입을 선언하지 않는 함수가 **생성자(Constructor)** 함수다. 이 함수는 문자 그대로 새로운 객체를 만드는 함수로써, 객체 선언 시에 자동으로 불려져 온다. 예를 들어, card Mycard;라고 선언하면 이 생성자 함수에 의해 card 클래스의 객체 Mycard가 생성된다. 반면에, 객체를 없애고 그 객체가 사용하던 메모리 공간을 운영체제에게 반납하기 위한 함수가 **소멸자(Destructor)** 함수다. 소멸자 함수는 클래스명 앞에 물결(Tilde, ~) 표시로 구분하며, 생성자 함수와 마찬가지로 리턴 타입을 선언하지 않는다.

생성자(Constructor)

소멸자(Destructor)

C++ 클래스 선언의 두 번째 섹션은 private이라는 키워드로 시작한다. 문자 그대로 이 부분은 사적인 것으로서 외부 사용자와 공유하는 부분이 아니다. 다시 말해, 이 섹션에 선언된 변수나 함수를 읽고 쓰려고 외부에서 직접 접근(Access)할 수 없다. 이 부분을 접근할 자격을 지닌 것은 자체 클래스의 멤버 함수 뿐이다. 따라서 외부에서 이 부분을 접근하는 유일한 방법은 멤버 함수 호출을 통하는 것이다. 일반적으로 private 섹션에 나타나는 것은 멤버 함수를 수행하는 데 필요한 객체 내부의 저장 공간 즉, 변수들로서 이를 C++에서는 **멤버 데이터**(Member Data)라고 부른다. 객체 자신의 변화상태를 나타내는 변수라는 의미에서 객체 지향에서는 이를 **상태 변수**(State Variable, Instance Variable)라고도 한다.

멤버 데이터
(Member Data)

상태 변수
(State Variable,
Instance Variable)

외부 사용자 입장에서 보면 private 섹션은 무의미하다. 즉, 아예 읽어볼 필요가 없는 부분이고 따라서 그러한 것은 구현 파일에 포함시켜야 한다. 따라서 외부 사용자 입장에서는 불러 쓸 수 있는 public 섹션만 읽어보면 그만이다. 그럼에도 불구하고 C++의 인터페이스 파일에 private 섹션을 두는 이유는 C++ 자체가 처음부터 객체지향 언어로서 설계되지 않고, 기존의 C 문법에 추가적인 요소를 반영하여 만들어졌기 때문이다.

요약하자면, C++의 객체 클래스 선언은 두 부분으로 나뉜다. 공유 가능한 public 섹션과 공유 불가능한 private 섹션이다. 각각의 섹션에는 멤버 함수 뿐만 아니라 멤버 데이터도 들어갈 수 있다. 외부 사용자 입장에서 볼 때, 멤버 함수는 일종의 동사에 해당하며 그 객체가 처리할 수 있는 메시지에 해당한다. 멤버 데이터는 일종의 명사에 해당하며, 객체가 메시지를 실행하기 위해 필요로 하는 변수를 말한다.

2. 구현 파일

메소드(Method)

외부에서는 메시지를 사용해서 객체에게 일을 시키면 되지만, 최종적으로 누군가는 그 메시지를 처리하는 **메소드(Method)**를 구현해야만 한다. C++에서는 메시지명 자체가 메소드명이 된다. 즉, '메시지 = 메소드 = 멤버 함수'라 할 수 있다. 카드 객체의 메시지를 구현한 card.cpp 파일의 일부를 살펴보자.

[코드 1-2] card.cpp 구현 파일

```
#include "card.h"
card::card()
{     Sval = diamond;              카드 종류는 다이아몬드
      Rval = 7;                    카드 숫자는 7로
      Faceup = TRUE;               앞면을 위로
}
int card::Rank()
{     return Rval;                 현재의 카드 숫자를 되돌려 줌
}
```

구현 함수에서는 클래스명을 먼저 쓰고 콜론(:) 두개를 붙인 다음 이어서 메시지명을 써야 한다. 이렇게 함으로써 어느 클래스에 속한 함수인지를 나타낼 수 있다. 같은 이름의 메시지라 할지라도 클래스에 따라서 처리 방식이 달라질 수 있기(Polymorphism) 때문이다. 위 생성자 함수는 멤버 데이터를 초기화하는 데 있어서 카드 종류는 다이아몬드, 카드 숫자는 7, 앞면을 위로 향하게 하고 있다. Rank( ) 함수는 현재의 카드 숫자를 되돌려 주는 함수로서 상태 변수 Rval에 그 값이 저장되어 있다. 멤버 함수는 private 섹션을 자유로이 접근할 수 있으므로 그 값을 읽어서 되돌려주면 된다.

[표 1-1] C++ 소스 파일의 구성

인터페이스 파일(.h)	구현 파일(.cpp 또는 .c 또는 .cc)
클래스 선언	클래스 구현
#define: 매크로 정의 #include: 다른 인터페이스 파일 포함 typedef: 타입 선언	#include: 자체 헤더 파일 포함 데이터/ 객체 선언

이처럼 C++ 소스파일은 인터페이스 파일(Interface File, 헤더 파일)과 구현 파일(Implementation File)로 구성되어 있다. 각 파일에 들어가는 요소는 [표 1-1]과 같다. 매크로 정의, 타입 선언, 다른 인터페이스 파일 등의 요소는 일반적으로 인터페이스 파일에 포함시킨다. card.cpp 파일이 #include "card.h"로 시작하는 것처럼, 구현 파일의 첫 부분에는 항상 인터페이스 파일을 포함시킨다.

3_ 메시지 전달 요령

객체별로 인터페이스 파일과 구현 파일을 작성했다면 메인 함수를 비롯한 다른 객체들은 다음과 같은 형식으로 원하는 객체에 메시지를 던질 수 있다.

```
int main()
{    card MyCard;               내 카드 객체 하나 만들기
     MyCard.Flip();             내 카드여! 뒤집어라.
     cout << MyCard.Rank();     내 카드여! 현재 네 숫자가 얼마인지 화면에 찍어라.
       ...
}
```

어떤 클래스에 속한 객체를 선언하려면 클래스명 다음에 객체명을 선언하면 된다. 위 예에서 card는 클래스명이고 MyCard는 해당 클래스에 속한 객체명이다. 이는 마치 C 언어에서의 int x;와 유사하다. 앞의 int는 타입명이고 뒤의 x는 해당 타입의 변수기 때문이다. 즉, 타입명에 해당하는 것이 클래스명이며, 변수에 해당하는 것이 객체다. 생성자 함수는 card MyCard;라고 선언하는 순간 자동으로 불려온다. [코드 1-2]의 생성자 함수에서는 새로운 카드가 생성될 때 그 숫자 값을 임의로 7이란 숫자로 초기화했으므로 이 프로그램을 실행하면 결과적으로 숫자 7이 찍히게 된다.

C++에서 메시지 전달(Message Passing)은 메시지를 받을 객체 다음에 점을 찍고 메시지명을 대면 된다. 즉, MyCard.Flip( )에서 MyCard는 객체고 Flip은 그 객체가 수행할 수 있는 메시지다. 필요하다면 괄호 안에 파라미터(Parameter, Argument)를 같이 넣어서 전달하면 된다. 객체의 멤버 데이터를 지정할 때에도 객체명 다음에 점을 찍고 변수명을 지정한다. 예를 들어, MyCard.Rval이라고 하면 객체 MyCard의 상태 변수 중 RVal을 지칭한다. 메시지, 즉 멤버 함수 다음에는 파라미터가 없더라도 빈 괄호를 넣는 것이 상례다. 괄호가 없을 경우에는 그것이 멤버 함수인지 멤버 데이터인지 헷갈리기 때문이다.

클래스 하나에 객체 여러 개를 선언할 수 있다. 만약, 위 main 함수에서 card MyCard, YourCard;라고 선언하였다면 실제로 같은 클래스에 객체 두 개가 생성되는 것이다. 이 경우, 멤버 데이터는 해당 객체별로 따로 존재한다. 따라서 MyCard.SetRank(10); YourCard.SetRank(5);라고 하였다면 MyCard 객체의 멤버 데이터 Rval 값은 10으로, YourCard 객체의 멤버 데이터 Rval 값은 5로 설정된다.

4. 상속과 다형성

삼각형 객체를 만들기 위해 다음과 같이 클래스 삼각형(Triangle)을 선언해보자.

[코드 1-3] 삼각형 객체 선언

```
class triangle: public shape{
public:
    triangle();                 생성자 함수
    ~triangle();                소멸자 함수
    void Draw();                현재 객체를 화면에 그리는 함수
    float Area();               현재 객체의 면적을 계산하는 함수
    float GetBase();            현재 객체의 밑변 길이를 되돌려주는 함수
private:
    float Base;                 밑변의 길이를 나타내는 변수
    float Height;               높이의 길이를 나타내는 변수
};
```

코드 첫 줄에 class triangle: public shape라고 한 것은 클래스 triangle이 클래스 shape의 하위 클래스임을 밝힌 것이다. 이는 [그림 1-6]과 같이 클래스 shape의 하위 클래스로서 클래스 triangle, 클래스 circle, 클래스 rectangle을 가정한 것이다.

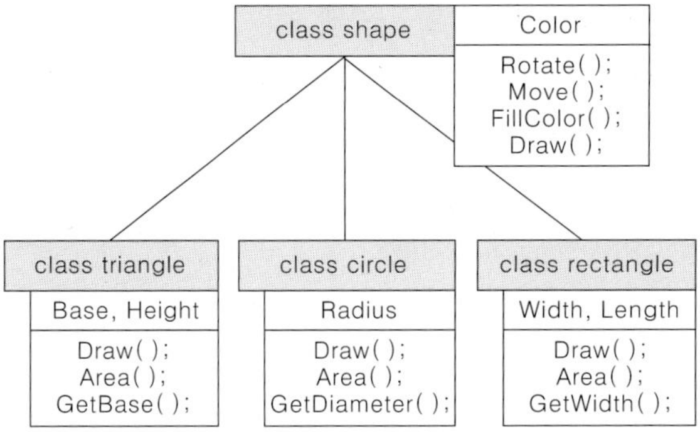

[그림 1-6] 클래스 계층구조의 예

클래스 속성(Attribute)은 멤버 함수와 멤버 데이터 모두를 일컫는다. 예를 들어, [그림 1-6]의 클래스 shape의 속성은 Rotate 등의 멤버 함수 외에도 멤버 데이터인 변수 Color까지 포함하는 개념이다. 따라서 하위 클래스가 상위 클래스의 속성을 이어받는다는 것은 멤버 함수와 멤버 데이터 모두를 이어받는다는 것이다.

먼저, 멤버 함수를 상속받는 경우를 보자. triangle T;라고 선언하고 T.Rotate( ); 명령을 내릴 수 있다. 클래스 Triangle을 정의한 [코드 1-3]에는 분명 Rotate라는 멤버 함수가 없음에도 이러한 명령을 내릴 수 있는 것은 상위 클래스인 class shape에 Rotate라는 멤버 함수가 정의되고 구현되어 있기 때문이다. 즉, 상속에 의한다.

객체와 어떤 멤버 함수가 연결되는지는 주의를 요한다. 예를 들어, T.Rotate( );라고 하면 일단 T의 클래스인 triangle 클래스에 해당 함수가 있는지 먼저 검색된다. 만약, 해당 함수가 있다면 triangle 클래스에 선언된 함수가 직접 실행된다. 그 곳에 없을 때에 한해서만 그 상위 클래스인 shape 클래스로 가서 다시 그 함수가 있는지 찾게 된다. 이런 식으로 계속적으로 상위 클래스로 올라가면서 가장 먼저 선언된 것이 사용된다. 이러한 객체와 메시지의 연결(Binding)은 컴파일 시(Compile Time)에 일어나는 것이 아니라 실행 시(Run Time)에 일어난다는 의미에서 이를 **동적 연결(Dynamic Binding)**이라 한다.

동적 연결
(Dynamic Binding)

예를 들어, T.Draw( );라고 하면 triangle 클래스의 Draw 함수가 실행된다. 이 경우, shape 클래스의 Draw 함수는 triangle 클래스에 Draw 함수가 정의되어 있지 않을 때 실행된다. 하위 클래스에서 상위 클래스와 동일한 함수를 정의할 때에는 그 상위 클래스의 함수를 덮어 씌우고자 하는 것이다. 이는 상위 클래스의 함수가 일반적인 함수일 때, 하위 클래스가 그 함수를 자체 특성에 맞게 특화(Specialization)시킬 때 사용하는 기법이다.

동일한 메시지를 서로 다른 클래스의 객체에게 던졌을 때 다르게 반응하는 것이 다형성이다. 예를 들어, triangle T; circle C; rectangle R;이라고 선언하고 T.Draw( ); C.Draw( ); R.Draw( );라고 하면 Draw라는 명령은 동일하지만 삼각형, 원, 사각형 등 서로 다른 그림이 그려진다. 각각의 클래스에 Draw( )라는 동일한 메시지를 보냈지만 그 메시지가 서로 다른 방법으로 구현되어 있기 때문이다. Draw라는 동일한 메시지에 대해서 객체가 알아서 자신의 특성을 반영한다는 점에서 이는 프로그래머에게 매우 유용한 기능이다.

상위 클래스의 상태 변수나 메시지들이 private 섹션에 정의되어 있다면, 이는 상위 클래스의 자체에 속하는 객체들만 접근할 수 있다. 그러나 때에 따라서는 하위 클래스가 상위 클래스의 상태 변수나 메시지를 사용해야 할 때가 있다. 이를 가능하게 하려면 상위 클래스에서 이들을 protected 섹션 내부에 정의하면 된다. protected 섹션에 의해서 다른 클래스 객체와 자신의 하위 객체의 접근성을 차별화시킨다. 즉, 다른 객체는 접근할 수 없지만 같은 가족인 하위 클래스 객체는 접근할 수 있게 한 것이다.

5. 간단한 계층구조

급여 관리를 위한 가장 단순한 계층구조를 설계해보자. 객체지향 설계의 가이드라인에 의해서 다음과 같이 진행해 볼 수 있다.

1단계. 문제를 풀기위해 필요한 객체를 설정한다.

① 풀타임 직원

② 파트타임 직원

2단계. 객체들 간의 유사한 속성을 파악한다.

① ID 번호

② 성명

③ 부서명

3단계. 유사한 속성을 지닌 객체를 모아서 기본 클래스를 선언한다.

```
class Employee
{
protected:
        long myIdNum;            직원 사원번호
        char Name[12];           성명
```

```
        int DeptCode;            부서코드
        .....
public:
        .....                    필요한 멤버 함수 정의
};
```

4단계. 기본 클래스로부터 특수 속성을 지닌 하위 클래스를 정의한다.

①
```
class FullTimeEmployee : public Employee
{ public:
        ...                      풀타임 직원용 멤버 함수
  protected:
        double mySalary;
};
```

②
```
class PartTimeEmployee : public Employee
{ public:
        ...                      파트타임 직원용 멤버 함수
  protected:
        double WeeklyWage;
        int HoursWorked;
};
```

6 연산자 오버로딩

객체지향 언어의 다형성(Polymorphism)은 여러가지 형태로 나타난다. 동일한 메시지에 대해 객체에 따라 서로 달리 반응하는 것도 다형성이지만 연산자(Operator)의 의미를 다르게 정의하는 것도 다형성이다. 예를 들어, 할당을 위한 Equal(=)을 보자. 우리가 일반적으로 int x; x = 2;에 의해 정수 변수 x에 정수값 2를 할당하는 것은 별 무리가 없다. 그러나 카드 클래스에 속하는 객체를 card C1, C2;라고 선언하고 프로그램 중간에 C1 = C2;처럼 할당하였다고 해보자.

이 경우, 프로그래머로서는 C2의 값이 C1으로 복사되기를 원하는 것이다. 그러나 C2는 단순한 데이터 타입이 아니라 카드 클래스의 객체다. 따라서 이 경우에는 카드 클래스 객체 내부의 모든 상태 변수 값이 복사되어야 한다. 즉, C2의 상태 변수 FaceUp, Rval, Sval의 현재 값이 C1로 각각 복사되어야 한다. 이렇게 하려면 Equal 연산자에 또 다른 의미를 부여해야만 한다. 즉 x = 2;를 수행할 때 사용되는 연산자와 C1 = C2를 수행할 때 사용되는

연산자 오버로딩 (Operator Overloading)

연산자는 달리 정의되어야 한다. 이처럼 동일한 연산자에 두 개 이상의 의미를 부여하는 것을 **연산자 오버로딩**(Operator Overloading)이라 한다. 오버로딩을 위해서는 [코드 1-4]와 같은 함수를 추가하면 된다.

[코드 1-4] 오버로딩을 위한 함수

card.h 파일

```
void operator = (card C);
```

card.cpp 파일

```
void card::operator = (card C)
{ FaceUp = C.FaceUp;
  Rval = C.Rval;
  Sval = C.Sval;
}
```

우선 헤더파일의 클래스 선언 내부에 멤버 함수로서 void operator = (card C);라고 정의한다. 연산자의 우변에 card C라고 한 것은 연산자 우변에 card 클래스의 객체가 올 때에는 operator =이라는 멤버 함수를 사용하라는 것이다. 이 멤버 함수는 별도로 구현 파일에 정의해줘야 한다. 위 구현 파일에서 FaceUp = C.FaceUp;이라고 한 것은 우변에 넘겨진 객체의 FaceUp 변수 값을 현재 이 메시지를 수행하는 객체의 FaceUp 변수에 복사하라는 것이다. C1 = C2;라고 할 때에는 당연히 우변이 C2가 되므로 C2.FaceUp 값이 C1.FaceUp으로 복사된다.

프로그램 실행 시에 일반적인 Equal 연산자 함수를 부를 것인지, 아니면 위에 정의된 연산자 함수를 부를 것인지는 소스 코드의 형태에 의해 파악된다. Equal 연산자 우변에 객체가 없으면 당연히 일반 연산자가 불려 오고, 반대로 객체가 있으면 위에 정의된 연산자가 불려 온다.

Section

04 절차적 설계와의 비교

객체지향 언어는 '객체'를 강조하는 반면, 파스칼이나 C와 같은 절차적 언어(Procedural Language)는 '작업'을 강조한다. 객체지향 역시 결국은 작업(Operation, Message, Method, Member Function)을 구현해야 하므로 어찌 들으면 같은 말인 것 같으나 이 두 가지 사이에는 "내 카드 객체에게 뒤집으라는 작업을 시킬 것인가, 아니면 뒤집으라는 함수에게 내 카드를 전달할 것인가"라는 엄연한 차이점이 존재한다. 전자가 객체지향적 접근방식이라면 후자는 절차적인 접근방식이다.

절차적 설계에서는 어떤 작업을 함수로 정의하고 이를 반복해서 호출함으로써 재사용성을 높인다. 예를 들어, 어떤 문제를 해결하기 위해 최소치를 구하는 계산이 필요하면 최소치 함수를, 또 평균값을 구하는 계산이 필요하면 평균치 함수를 만들어서 라이브러리 형식으로 재사용한다.

반면에 객체지향 설계에서는 이러한 모든 함수를 수행할 수 있는 객체를 설정하는 것을 우선시 한다. 일단, 계산기라는 객체 클래스를 만들고 거기에 일반적으로 계산기가 수행해야 하는 모든 작업을 선언한 다음, 내 계산기라는 객체를 선언하면 내 계산기는 최소치, 평균치를 포함하여 일반적인 계산기 클래스가 할 수 있는 모든 작업을 수행할 수 있게 된다. 이처럼 어떤 객체를 설정하여 그 객체가 할 수 있는 모든 기능을 한 군데 모아 놓는 접근 방법이 재사용성 면에서는 더욱 유리하다.

구조면에서 볼 때, 객체지향 언어는 객체가 수행할 수 있는 작업과 작업에 필요한 변수를 묶어서 한꺼번에 정의한다. 다시 말해, public 섹션에는 작업을, private 섹션에는 변수를 선언하여 그 두 개를 클래스 하나로 묶어버린다. private 섹션의 변수는 해당 public 섹션의 작업에만 사용되게 함으로써 어떤 변수가 어떤 작업에 이용되는지가 분명해진다.

반면, 기존의 절차적 언어에서는 어떤 변수가 어떤 함수에 사용되는지 분간하기 어렵다. 예를 들어, 전역 변수나 지역 변수를 막론하고 절차적 프로그램에서는 함수 윗부분에 int A; long B; char C; bool D;라는 식으로 필요한 변수를 나열한 후, 그 아래 함수에서는 선언된 어떤 변수를 가져다 써도 무방하기 때문이다. 때에 따라서는 변수 하나가 서로 다른 함수에 의해 재사용되기도 한다.

객체지향에서 무엇보다 중요한 점은 인터페이스와 구현의 분리다. 외부에서 객체를 사용하는 사람의 입장에서는 인터페이스만 알면 된다. 객체 내부가 구체적으로 어떻게 구현되는지는 몰라도 된다. 또 몰라야 한다. 이처럼 객체 내부가 외부에 공개되지 않도록 "외부와 벽을 쌓고 있다"라는 의미에서 이를 **인캡슐레이션**(Encapsulation)이라 한다.

인캡슐레이션
(Encapsulation)

이는 캡슐로 둘러싸여 있다는 의미다. 다시 말해, [그림 1-7]처럼 외부 사용자의 눈에는 객체 내부가 전혀 들여다보이지 않는 일종의 블랙 박스(Black Box)로 보인다. 외부 사용자는 그 객체가 할 수 있는 작업이 어떤 것들이 있는지, 또 그 작업이 무엇을 하는 작업인지만 알고 있으면 된다. 필요하면 메시지를 던져서 일만 시키면 그만이기 때문이다. 반면, 객체 내부에서 그 객체를 구현하는 사람은 구체적으로 작업이 어떻게 구현되는지, 상태 변수가 어떻게 변하는지 알아야 한다.

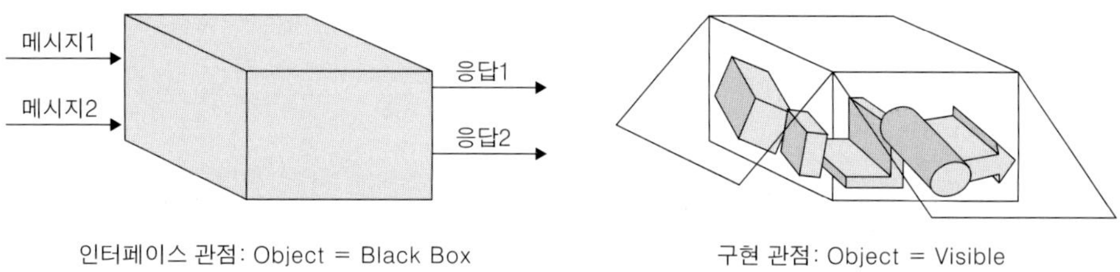

[그림 1-7] 인터페이스 관점과 구현 관점

생활 속의 자료구조

컴퓨터공학과에 다니는 박군이 학생회장에 당선되었다. 학생들을 위해 무엇을 할까? 아니 무엇을 할 수 있을까? MT, 축제, 자금, 사전답사, 학회지, 여러 고민 끝에 그가 내린 결론은 한 가지였다. 기획부장, 총무부장, 섭외부장, 문화부장을 선출하기로 한 것이다. 적재적소에 인물을 배치하고 이 사람들만 잘 다루면 된다는 일종의 노하우다. 그런데 담당 부장을 뽑은 후, 한달이 지나도록 박군은 노심초사하고 있다. 과연 문화부장이 이번 학회지 기안을 제대로 진행할 수 있을지, 학생회비는 제대로 걷히고 있는지 자세히 알 수가 없어서다. 그러나 일을 시켜놓고 못 믿을 거라면 무엇 때문에 일을 맡겼는지 문화부장으로서도 고민이다.

컴퓨터공학과 최군은 비디오방 프로그램을 짜오라는 이번 숙제를 객체지향적으로 작성하기로 했다. 그래서 숙제가 나오자마자 향우회 후배인 이군에게 넘겨버렸다. 이군 역시 객체지향적으로 과감하게 CC인 조양에게 넘겨버렸다. 조양도 숙고 끝에 다른 남자 친구에게 넘겼다. 객체지향이란 결국 무한루프인가?

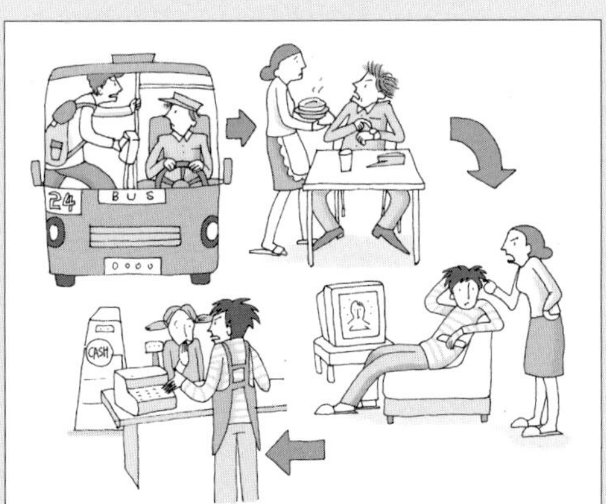

등교 길에 사소한 일로 버스 기사에게 화를 냈다. 버스 기사는 점심식사 중에 식당 주인에게 좋지 않은 소리를 했다. 식당 주인은 집에 가서 대학생 아들에게 잔소리를 했다. 대학생 아들은 편의점에서 아르바이트를 하면서 손님에게 불친절하게 대한다. 아마도 어떤 메시지는 누군가에 의해 단절되는 것이 좋을 것 같다.

요약

객체지향이란 객체에게 작업을 시키는 형태로 "프로그램의 조직화"를 말한다. 이를 위해서는 필요한 구성요소를 객체 클래스 단위로 조직화해야 한다. 조직화된 클래스에 속한 객체에게 작업을 시키려면 메시지를 전달하면 된다.

계층적으로 선언된 클래스에서 하위 클래스 객체는 상위 클래스 객체의 메시지를 상속받는다. 동일한 메시지라도 전달 받는 객체에 따라서 다르게 반응하도록 배려한 것이 객체지향의 다형성이다.

객체지향 언어는 인터페이스 파일과 구현 파일을 철저히 분리한다. 이렇게 함으로써 사용자 입장에서는 구현 파일 내용을 전혀 모르는 상태에서 단지 인터페이스 파일만 참조하여 메시지를 전달함으로써 객체에게 작업을 시킬 수 있게 된다.

절차적 설계에서는 객체라는 개념이 아예 존재하지 않는다. 반면 객체지향적 설계에서는 객체라는 개념 아래 그 객체가 처리할 수 있는 작업과 이에 필요한 데이터를 묶어서 캡슐화한다. 외부 사용자 입장에서는 이 캡슐 내부를 들여다 볼 수 없고, 단지 메시지를 통해 캡슐화된 객체에게 작업을 시킬 수 있을 뿐이다.

연습 문제

1 객체지향 프로그래밍에서 인캡슐레이션(Encapsulation)의 의미와 그것이 필요한 이유를 간략히 설명하라.

2 객체지향 프로그래밍을 일명 디스크리트 이벤트 시뮬레이션(Discrete Event Simulation)이라 부르는 이유를 간략히 설명하라.

3 다음 중 함수의 오버로딩을 설명한 것은 무엇인가?

가. 서로 다른 파라미터와 서로 다른 이름을 가진 함수
나. 동일한 파라미터와 서로 다른 이름을 가진 함수
다. 서로 다른 파라미터와 동일한 이름을 가진 함수
라. 동일한 파라미터와 동일한 이름을 가진 함수

4 다음 중 상속의 목적이 아닌 것은 무엇인가?

가. 상위 클래스의 인터페이스를 재사용하기 위한 것이다.
나. 상위 클래스에서 구현 내용 일부를 재사용하기 위한 것이다.
다. 하위 클래스에서는 상위 클래스에 없는 작업만 정의하기 위한 것이다.
라. 상위 클래스의 프라이빗 상태 변수에 접근하기 위한 것이다.

5 다음 중 프로그램 출력 결과는 무엇인가?

```
class A {
public:
        int F () { return 1; };
};

class B: public A {
public:
        int F () { return 2; };
};

A a; B b; cout << a.F() << "," << b.F() << endl;
```

가. 1,1　　나. 1,2　　다. 2,1　　라. 2,2

6 어떤 클래스의 멤버 함수가 같은 클래스의 다른 멤버 함수를 사용할 수 있는가?

가. 사용할 수 없다.
나. public 멤버 함수만 사용할 수 있다.
다. private 멤버 함수만 사용할 수 있다.
라. public, private 할 것 없이 모두 사용할 수 있다.

연습 문제

7 서로 다른 클래스 두 개가 같은 이름의 멤버 함수를 가질 수 있는 경우는 어떤 때인가?

가. 가질 수 없다.
나. 두 클래스 모두 같은 이름일 때만 그렇다.
다. 메인 프로그램이 두 클래스를 모두 선언하지 않을 때만 그렇다.
라. 항상 가질 수 있다.

8 다음 중 맞는 것을 고르라.

가. 멤버 함수와 멤버 데이터 모두 private이다.
나. 멤버 함수는 private이고 멤버 데이터는 public이다.
다. 멤버 데이터는 private이고, 멤버 함수는 public이다.
라. 멤버 함수와 멤버 데이터 모두 public이다.
마. 모든 문항이 모두 옳지 않다.

9 기본 생성자(Default Constructor)가 필요한 주목적은 무엇인가?

가. 프로그램 하나에 여러 가지 클래스를 사용하려고
나. 함수 호출 시 함수에 전달되는 매개변수를 복사하려고
다. 각각의 객체가 선언될 때, 객체를 초기화하려고
라. 어떤 클래스에 몇 개의 객체가 선언되었는지 세려고

10 어떤 클래스에 대해서 Equal 기호에 대한 오버로딩 연산이 정의되어 있지 않다. 이 경우 a = b;에 의해 객체 간에 할당 명령을 가하면 어떻게 되는가?

가. 자동 할당 연산자가 사용된다.
나. 복사 생성자가 사용된다.
다. 컴파일러 오류(Compiler Error)가 발생한다.
라. 실행 오류(Run-time Error)가 발생한다.

11 헤더 파일에 함수 프로토타입이 int day_of_week(int year, int month, int day);로 선언되어 있다. 다음과 같은 명령을 순차적으로 수행했을 때 이 중 함수 호출 몇 개가 잘못된 명령인가?

```
cout << day_of_week();
cout << day_of_week(2004);
cout << day_of_week(2001, 10);
cout << day_of_week(1995, 10, 4);
```

가. 모두 제대로다. 나. 한 개 다. 두 개 라. 세 개 마. 모두 잘못되었다.

12 다음의 클래스 인터페이스 정의를 기준으로 할 때, 오류가 없는 것을 고르라.

```
class Date {
public:
          Date (int m, int d, int y);
          int Day ();
private:
          int month, day, year;
}
```

가. Date d(7,14,2002); cout << Day( );
나. Date d; d.Date(7,14,2002);
다. Date d(7,14,2002); cout << d.year;
라. Date d(7,14,2002); cout << d.Month( );

13 다음 클래스 선언을 참고로 물음에 답하라.

```
class Hello {
public:
          void Greet (string name);
};
```

이 함수가 불려지면 Greet라는 멤버 함수는 Hello, 〈name〉을 출력한다. 여기서 〈name〉은 파라미터로 넘겨진 사람 이름을 뜻한다. 화면에 사람 이름을 입력하면 Hello 〈name〉을 출력하는 완전한 프로그램을 작성하라.

14 클래스 복소수(Complex Number)를 정의하기 위한 다음 선언을 참조하여 아래 명령어의 출력을 써보라.

```
class Complexity {
public:
          Complexity ();
          Complexity (int, int);
          Complexity AddTo (Complexity);
          Complexity operator += (Complexity c);
          void Print ();
private:
          int myReal;
          int myImaginary;
};
```

연습 문제

```
Complexity::Complexity ()
{  myReal = 0;
   myImaginary = 0;
}

Complexity::Complexity (int r, int i)
{  myReal = r;
   myImaginary = i;
}

Complexity Complexity::AddTo (Complexity c)
{  myReal += c.myReal;
   myImaginary += c.myImaginary);
   return Complexity (myReal, myImaginary);
}

Complexity Complexity::operator += (Complexity c)
{ return AddTo (c);
}

void Complexity::Print ()
{  cout << myReal;
   if (myImaginary >= 0)
        cout << '+';
   cout << myImaginary << 'i' << endl;
}
```

가. Complexity c; c.Print( );
나. Complexity c(1,2); c.Print( );
다. Complexity c(1,-2); c.Print( );
라. Complexity a(1,2), b(3,4); a.AddTo(b); a.Print( );
마. Complexity a(1,2), b(-3,-4); a+=b; a.Print( );

15 자동 기본 생성자(Automatic Default Constructor)란 무엇인지 인터넷 자료를 찾아서 발표하라.

16 다음 C++ 프로그램이 화면에 무엇을 출력한다면 그것은 무엇인가? 만약, 이 프로그램이 실행시간 오류를 일으킨다면 어디서, 왜 일어나는지 지적하라.

```
#include <iostream.h>
class BaseClass {
public:
        char * getMessage() {
        return "Good morning, World!";
        }
};

class SubClass: public BaseClass {
public:
        char * getMessage() {
        return "Good evening, World!";
        }
};

int main(){
        BaseClass b, *p;
        SubClass s;
        p = &s;
        cout << p->getMessage() << endl;
        return 0;
}
```

17 다음 클래스 선언이 주어졌을 때, Pen::special과 ColorPen::CPspecial의 라인별로 X, P, CP, D라고 표시하라. 단, 멤버 함수 호출이 있든 없든 간에 해당 라인이 컴파일되지 않을 때는 X, 이 멤버 함수의 Pen 버전을 호출할 때에는 P, 이 멤버 함수의 ColorPen 버전을 호출할 때에는 CP, 컴파일은 되지만 멤버 함수를 호출하지 않을 때에는 D라고 표시한다.

```
class Pen {
public:
        Pen();
        void move(int x, int y);
        void penUp();
        void penDown();
        void special();
protected:
        int getX ();
        int getY ();
private:
```

```
            int x, y;
            bool isUp;
};

void Pen::special()
{  penDown();
   int savex = getX();
   move(3,5);
   bool saveStat = isUp;
   setColor(32);
   int c = color;
}

class ColorPen : public Pen {
public:
            ColorPen();
            void move(int x, int y);
            void setColor(int color);
            void CPspecial();
protected:
            int color;
};

void ColorPen::CPspecial()
{  penDown();
   int savex = getX();
   move(3,5);
   bool saveStat = isUp;
   setColor(32);
   int c = color;
}
```

18 객체지향 프로그래밍(OOP, Object Oriented Programming)은 "스위치문이 없는 프로그래밍"으로 알려져 있다. 객체지향의 무엇이 이를 가능하게 하는지 한 단어로 답하라.

Chapter 02

추상 자료형

*** 학습목표**

- 프로그램 설계를 위해 추상 자료형을 정의해야 하는 이유를 이해한다.
- 추상 자료형의 구성요소가 무엇인지 파악한다.
- 객체지향 언어가 추상 자료형을 정의하기에 유리한 이유를 이해한다.
- 정보의 은닉, 인캡슐레이션 등 관련 용어의 의미를 파악한다.

Point

자료구조론에서 가장 중요한 개념 중 하나가 바로 '추상 자료형(抽象 資料型, ADT, Abstract Data Type)' 또는 '추상 데이터 타입' 개념이다. 추상 자료형은 프로그램의 대상이 되는 사물이나 현상을 추상화하여 정의한 것이다. 추상화되어 있기 때문에 그 자료형은 일반적으로 정의되어 있고 따라서 구체적인 여러 가지 경우에 재사용될 수 있다. 또, 그 자료형의 세부적인 내용을 모르는 상태에서도 여러 사용자가 이용할 수 있다.

따라서 추상 자료형의 사용 여부는 프로그램 작성의 효율에 지대한 영향을 미친다. 1970년대에 도입된 이 추상 자료형 개념은 여러 가지 중요한 특성을 지니며, '자료구조'는 단지 추상 자료형을 구성하는 하나의 요소에 불과하다. 이 장에서는 추상 자료형 개념이 도입된 배경과 그 특징을 알아보고, 이러한 추상 자료형이 C와 C++에 어떻게 적용되는지 설명한다.

Section

01 추상 자료형 개념

1. 사용과 구현의 분리

추상 자료형의 가장 큰 특징 중 하나가 사용자와 구현자의 분리다. 즉, 내가 어떤 데이터 타입을 추상적으로 정의해서 사용하였다면, 실제로 그 데이터 타입을 구체적으로 구현하는 것은 남에게 맡길 수도 있다는 시각이다. 다시 말해, 나로서는 남들이 구현한 다양한 추상 자료형을 힘들이지 않고 가져다 쓰기만 하면 된다. 역으로, 내가 구현한 것이 있으면 남들도 이를 쉽게 가져다 쓸 수 있다. 추상 자료형은 이처럼 사용하는 관점과 구현하는 관점을 명확히 분리함으로써, 프로그램 하나를 여러 사람이 나누어서 짜는 데 매우 유용하다.

2. 사용자 관점

추상 자료형(ADT, Abstract Data Type)은 문자 그대로 추상적인 데이터 타입을 의미한다. 데이터 타입이란 우리가 잘 알듯이 int x; char y; 할 때의 int, char 등이다. 컴파일러에서 제공하는 데이터 타입은 이 외에도 double, float 등 여러 가지가 있을 수 있다. 그러나 이러한 원초적인(Primitive) 데이터 타입만으로 프로그램을 짠다는 것은 매우 어려운 일이다.

추상 자료형(ADT, Abstract Data Type)

우리가 어떤 문제를 해결할 때, 추상화를 생각해볼 수 있다. 집을 설계하는 데 있어서 못, 볼트, 너트, 2mm 유리 등의 기본적인 단위로 설계하는 것보다는 화장실, 거실, 침실 등의 추상적인 단위로 설계하는 것이 훨씬 용이함은 두말할 나위가 없다. 마찬가지로 프로그램에서도 우리가 필요로 하는 데이터 타입을 추상적으로 정의하고 사용할 필요가 있다. 예를 들어, 누가 성적관리 프로그램을 짠다면 당연히 학과목별로 성적을 나열하고 보여주는 추상적 기능을 먼저 생각할 것이다.

[그림 2-1] 집 설계 추상화

기본 데이터 타입을 기준으로 생각한다면 일은 어려워진다. 예를 들어, "학번을 int 타입으로 잡고, 학생 이름을 최대 4글자인 배열로 잡을까?"부터 생각하는 경우다. 다시 말해, 볼트, 너트 단위로 집을 설계하는 셈이다. 이에 반해 추상화는 필요한 작업을 생각하는 데에서 출발한다. "뭔지 잘 모르지만 어떤 데이터를 나열하고 보여줄 수 있는 것?", 이것을 추상적으로 표현하면 '리스트(List)' 정도가 좋을 것이다. 만약, 이 추상 자료형 '리스트'를 정의하면 이후에는 이 리스트를 기본 데이터 타입으로 간주하고 그 위에서 프로그램을 짜 나갈 수 있다.

작업(Operation)

그렇다면 추상 자료형을 정의하는 데 필요한 것은 무엇인가. 위 예에서 보는 바와 같이 '리스트'라는 추상적인 단어를 끄집어내는 데에는 단지, "어떤 데이터를 나열하고 보여줄 수 있는 것"이라는 생각만으로 충분하다. 다시 말해, 내가 필요한 **작업**(Operation)만 떠올리면 충분하다. 여기서 중요한 것은 추상 자료형을 선언하는 사용자 입장에서는 구체적으로 어떤 방법으로 그 작업이 이루어지는지는 알 바가 아니고, 알고 싶지도 않다는 것이다. 다시 말해, 해당 작업을 어떻게 구현하는지는 전적으로 구현자 책임이다. 이처럼 사용자와 구현자 사이에 뚜렷한 책임의 한계를 설정한 것이 바로 추상 자료형이다.

또 다른 예를 들어보자. "구체적으로 어떻게 만들어야 할지는 모르겠지만, 버튼만 누르면 냉수도 나오고, 부순 얼음도 나오고, 각진 얼음도 나오는 뭐 그런 놈이 하나 있으면 좋겠다. 나는 이런 일을 할 수 있는 놈을 얼음 제조기라고 불러야겠다"라고 말하면 이미 추상 자료형으로 '얼음 제조기(IceDispenser)'를 정의한 것이다.

[그림 2-2] 얼음 제조기 추상화

[코드 2-1] 얼음 제조기

```
ADT IceDispenser
- Operation
        : GetMeChilledWater();  냉수 주시오.
        : GetMeCrushedIce();    부순 얼음 주시오.
        : GetMeCubeIce();       각진 얼음 주시오.
```

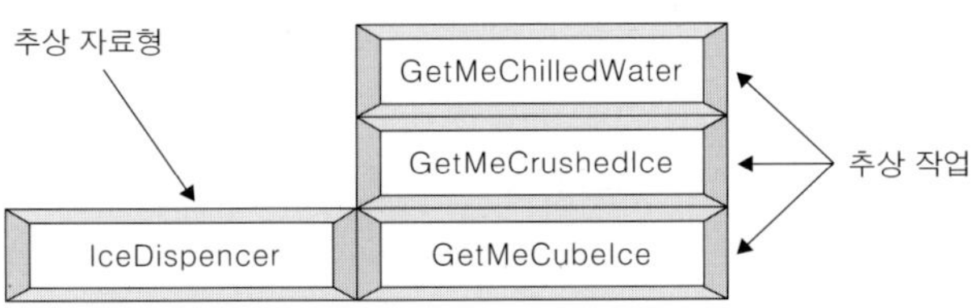

[그림 2-3] 추상 자료형 얼음 제조기

대표적인 추상화의 속성으로는 **일반성**(Generality)을 들 수 있다. 일반성은 작업을 정의하는 데 있어서 특수한 경우는 무시한다는 것이다. 즉, 일반적으로 필요할 것처럼 보이는 작업만 정의하고, 어느 한 사람이 필요로 하는 특정 목적의 작업은 정의하지 않는다는 것이다. 예를 들어, 도넛 모양의 얼음을 달라든지, 별 모양 얼음을 달라든지 하는 것은 그리 일반적이지 않다는 것이다. 이는 어떤 특정한 목적을 배제함으로써 해당 작업의 **범용성**(General Usability)을 높이기 위한 것이다. 비유적으로 말하자면 맞춤복은 어느 한 사람에게만 맞지만, 표준 체형을 감안한 기성복은 여러 사람에게 맞을 수 있기 때문이다.

일반성(Generality)

범용성
(General Usability)

사용자 관점
(User View,
Interface View)

추상화 수준
(Level of
Abstraction)

이처럼 추상적인 또는 개념적인 데이터 타입을 정의함으로써 코드 작성이 용이해진다. **사용자 관점**(User View, Interface View)에서는 필요한 부분이 있으면 추상적인 수준에서 어떤, 어떤 작업을 할 수 있다고 가정하고 코딩을 계속하면 된다. 구체적으로 그것이 어떻게 구현되어야 하는지에 대해서는 일체 생각하지 말고, 일단 그런 것이 있다고 가정하고 그 위에서 코딩할 수 있다는 의미다. 크고 복잡한 문제를 공략하려면 당연히 이처럼 **추상화 수준**(Level of Abstraction)을 높이는 것이 유리하다.

③ 구현자 관점

프로그래머로서 이 책의 독자는 사용자 관점과 구현자 관점을 모두 알아야 한다. 사용자 입장에서 타인의 추상 자료형을 가져다 쓰기도 하지만, 반대로 타인을 위해 자신이 책임진 추상 자료형을 구현할 수도 있어야 하기 때문이다.

얼음 제조기를 가져다 쓰는 사람은 작업 명령만 내리면 된다. 그러나, 이 얼음 제조기를 구현(Implementation) 해야 하는 사람의 입장에서는 '냉수 만들기', '부순 얼음 만들기', '각진 얼음 만들기' 등의 작업을 실제로 구현해야 한다. 뿐만 아니라, 이 작업을 수행할 수 있는 재료나 도구도 필요하다.

구현자 관점
(Implementation View)

구현자 관점(Implementation View)에서 추상 자료형은 작업을 수행하기 위한 구체적인 방법과 그 방법을 적용하기 위한 데이터 집합을 말한다. 추상 자료형을 문자 그대로 해석하면 추상 데이터 타입이다. 그러나 구현자 관점에서 이 데이터 타입은 정수, 문자, 부동소수 등 일반적인 데이터 타입과는 달리, 데이터 집합과 그 데이터에 가해지는 작업을 묶은 것을 의미한다. 추상 자료형은 작업을 기준으로 정의된 데이터 타입이므로 작업과 데이터를 분리해서 생각할 수 없기 때문이다. 즉, 구현자 관점에서 추상 자료형은 데이터 집합과 그 위에 가해지는 작업을 합친 것으로 정의한다. 얼음 제조기를 예로 들면 다음과 같다.

[코드 2-2] 얼음 제조기

```
ADT IceDispenser
- Data
      : Water, Motor, Button  물, 모터, 버튼
- Operation
```

```
: GetMeChilledWater()     "냉수 주시오"의 구체적 구현
  {
  }
: GetMeCrushedIce()       "부순 얼음 주시오"의 구체적 구현
  {
  }
: GetMeCubeIce()          "각진 얼음 주시오"의 구체적 구현
  {
  }
```

구현자 입장에서는 데이터와 그 데이터를 처리하는 작업을 분리해서 생각하면 안 된다. 공이라는 데이터가 던지고 차는 작업에 사용되고, 종이라는 데이터가 읽고 쓰는 작업에 사용된다면, 공은 던지고 차기 좋게 만들어야 하고, 종이는 읽고 쓰기 좋게 만들어야 한다. 다시 말해, 데이터는 그 데이터를 가공할 작업을 전제로 그 목적에 알맞도록 설계되어야 한다.

'**자료구조**(Data Structure)'는 이처럼 가장 효율적으로 작업을 수행할 수 있도록 조직화한 데이터 집합을 말한다. 비유적으로 말하자면 물, 모터, 버튼 등의 데이터 집합을 구조체(Structure)로 가져갈지 아니면 배열(Array)로 가져갈지가 바로 자료구조의 문제라 할 수 있다. 물론, 추상 자료형을 사용하는 사람의 입장에서는 자료구조에는 관심이 없다. 이는 구현과 관련된 일이기 때문이다. 사용자 관점의 추상 자료형과 구현자 관점의 추상 자료형을 요약하면 [표 2-1]과 같다.

자료구조
(Data Structure)

[표 2-1] 추상 자료형에 대한 관점의 차이

사용자 관점의 추상 자료형	구현자 관점의 추상 자료형
1) 작업명 2) 용도	1) 작업의 구체적 구현 방법 2) 구현을 위한 데이터 집합

Section

02 추상 자료형과 C

추상 자료형 개념은 어떤 특정 언어에만 적용되는 것이 아니다. 어떤 문제를 풀기 위해 프로그래머가 사용해야 하는 일종의 방법론이다. 객체지향 언어가 아닌, 기존 C 언어에서 추상 자료형 개념은 사용자 파일과 구현자 파일을 별도로 나누는 형태로 나타난다. 확장자 .h로 끝나는 헤더(Header) 파일은 사용자 관점의 인터페이스 파일이며, 확장자 .c 파일은 구현자 관점의 구현 파일이다. 예를 들어, C의 헤더 파일 IceDispense.h에는 다음과 같은 내용을 넣을 수 있다.

[코드 2-3] C로 구현한 얼음 제조기

```
typedef struct
{  int Water;                   물의 양
   int Motor;                   모터 회전수
   int Button;                  버튼 1, 2, 3
} materialType;

 void GetMeChilledWater();      냉수 주시오.
 void GetMeCrushedIce();        부순 얼음 주시오.
 void GetMeCubeIce();           각진 얼음 주시오.
```

이 인터페이스 파일은 추상 자료형을 사용하는 사람과 구현하는 사람 사이에서 일종의 계약서와 같은 역할을 한다. 따라서 이 계약서는 계약자 간의 오해를 방지할 수 있도록 자세할수록 좋다. 다시 말해, 헤더 파일의 주석은 그 주석 내용만을 읽고서도 사용하는 사람이 정확하게 각 작업이 무엇을 하기 위한 것인지 알 수 있도록 자세하고도 정확하게 서술되어야 한다.

외부 사용자는 이 헤더 파일만 읽고 필요한 작업을 불러서 사용하면 된다. 각 작업을 구체적으로 구현한 IceDispenser.c 파일은 볼 필요가 없다. 구현 방법이 사용자 눈에 보이지 않으므로 이는 **정보의 은닉(Information Hiding)**에 해당한다. 만약, 어떤 C 프로그램이

정보의 은닉
(Information Hiding)

추상 자료형을 사용하지 않는다면 이처럼 별도 헤더 파일을 작성할 필요가 없다. 그러나 추상 자료형을 사용한다면 구현자 코드는 일체 보이지 않는다. 단지 블랙 박스로서의 구현자 코드가 있을 뿐이다. 사용자 코드는 이 블랙 박스에게 필요한 함수명을 대고 그 결과를 받아갈 수 있을 뿐이다.

구현 방법이 숨겨져 있으므로 사용자 입장에서는 구현 방법을 기준으로 자신의 코드를 작성할 수 없게 된다. 따라서 사용자는 단지 계약서인 헤더 파일에 나타난 작업명(Function Prototype)만을 기준으로 짜게 된다. 그 결과, 블랙 박스 내부의 구현 방법이 바뀌어도 불러서 쓴 사람의 코드가 바뀔 필요는 없다. 이는 코드의 단위성(Modularity)을 높이는 가장 효율적인 방법이다. 코드 하나가 바뀌면 그 코드를 사용하는 다른 여러 가지 코드가 바뀐다는 것은 프로그램 유지보수에 있어서 가장 지루하고 힘든 작업 중 하나기 때문이다.

그러나 C는 절차적 언어므로 독자적인 명칭을 가진 추상 자료형의 존재를 인정하지 않는다. 얼음 제조기의 예를 다시 들면, 얼음 제조기라는 추상적인 객체를 인정하지 않은 채, 단지 필요한 작업명과 그 작업이 가해지는 데이터 타입을 헤더 파일에 명시하는 데 그친다. 따라서 C에 의한 추상 자료형의 구현은 추상 자료형의 이름, 즉 다시 말해 추상 자료형의 존재가 드러나지 않는다. 언어의 특성상 그러한 추상 자료형을 정의할 여지가 없는 것이다. 반면에 이러한 추상적인 데이터 타입의 존재를 선언할 수 있게 하는 것이 객체지향 언어다.

Section

03 추상 자료형과 C++

사용과 구현의 분리, 작업 위주로 정의된 자료형 등 추상 자료형의 개념은 객체지향 개념과 정확히 일치한다. 추상 자료형 선언은 객체지향의 클래스 선언에 해당한다. 또, 추상 자료형의 작업은 객체지향 클래스의 메시지에 해당한다. 추상 자료형에서 작업의 구현이 외부로부터 숨겨진 것과 마찬가지로, 객체지향에서 메시지의 구현도 외부로부터 숨겨져 있다.

정보의 은닉
(Information Hiding)

이는 **정보의 은닉**(Information Hiding)에 해당한다. 얼음 제조기를 사용하는 사람은 구체적으로 그 부순 얼음을 어떻게 만들었는지 알 필요가 없다. 외부 사용자로서는 얼음 제조기 내부를 들여다 볼 필요도 없고 또 들여다봐서도 안 된다. 모터를 돌려서 갈아내든, 아니면 기계 뒤에서 서비스맨이 망치로 부수든지 간에 하여간 부순 얼음만 나오면 되지, 구체적인 구현 방법은 알 필요가 없다. 또, 외부 사용자 입장에서는 어떤 재료, 즉 어떤 자료구조를 사용하는지 조차도 알 필요가 없다. 단지 원하는 버튼을 눌러서 얼음제조기 객체(Object)에게 메시지(Message)를 전달하기만 하면 된다.

인캡슐레이션
(Encapsulation)

객체지향에서 **인캡슐레이션**(Encapsulation)을 말할 때는 두 가지 의미를 포함한다.

첫째 의미의 인캡슐레이션은 [그림 2-4]처럼 캡슐(Capsule, Package) 밖에서 안을 들여다 볼 수 없다는 의미다. 외부와 내부 사이에는 캡슐 벽(Wall, Barrier)이 가로막고 있기 때문에 객체 밖의 사용자가 객체 안의 구현 방법이나 자료구조를 알 수 없다. 캡슐의 외부와 내부 사이에 교신을 위해 열린 유일한 창구는 메시지 전달을 위한 창구뿐이고, 다른 곳을 통해서 내부를 들여다보려면 벽에 부딪칠 뿐이다. 이는 정보의 은닉을 의미한다.

둘째 의미의 인캡슐레이션은 하나 이상의 요소를 캡슐이 둘러싸고 있다는 의미다. 즉, '작업 구현 방법'과 '자료구조'라는 두 가지를 묶어서(Coupling) 한 캡슐 안에 집어넣었다는 의미다. 이처럼 둘을 묶는 이유는 작업을 떠나서 데이터를 생각할 수 없기 때문이다.

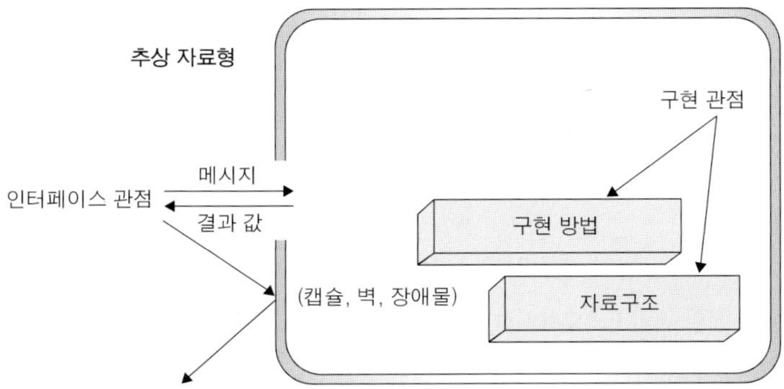

[그림 2-4] 정보 은닉과 인캡슐레이션

둘째 의미에서 C와 C++에는 차이가 있다. 물론, C 언어의 헤더 파일에 작업명과 데이터 타입이 같이 들어가 있기는 하지만 그냥 같이 들어가 있는 정도다. 일종의 느슨한 커플링(Loose Coupling)이다. 객체를 선언할 수 없으므로 이 두 가지가 어떤 객체에 소속되어 있는지 전혀 나타나지 않기 때문이다. 반면 C++는 객체 선언을 허용하므로 객체 클래스 정의를 통하여 작업과 데이터라는 두 가지 요소를 단단히 묶어버린다(Tight Coupling).

일반적으로 인캡슐레이션을 지원하는 언어의 소스 파일은 여러 개로 구성된다. 인캡슐레이션은 언어 설계(Language Design)의 문제다. 즉, 프로그램 언어에 따라서 이 개념이 지원되기도 하고 그렇지 않기도 한다. 어떤 언어가 추상화 내부에 감춰진 정보를 보지 못하게 하는 기능이 있을 때만 효율적인 인캡슐레이션이라 할 수 있다. ADA 패키지(ADA Package)라든지, C++ 클래스(C++ Class), 그리고 제한적이나마 C 모듈(C Module)이 인캡슐레이션 개념을 지원한다.

추상 자료형 '얼음 제조기'를 C++로 만들면 다음과 같다.

[코드 2-4] C++로 구현한 얼음 제조기

```
class IceDispenser                          클래스 얼음 제조기

{ public:
      void GetMeChilledWater();             냉수 주시오.
      void GetMeCrushedIce();               부순 얼음 주시오.
      void GetMeCubeIce();                  각진 얼음 주시오.
```

```
private:
    int Water, Motor, Button;          메시지 실행을 위한 데이터 집합
}
```

추상 자료형의 자료구조는 C++의 멤버 데이터에 해당한다. 또, 추상 자료형의 작업은 C++ 멤버 함수에 해당한다. 멤버 함수인 GetMeCrushedIce 함수는 멤버 데이터인 Water를 재료로 이 물이 얼음으로 바뀌도록 상태 변화를 유도한다. 이처럼 멤버 함수는 멤버 데이터의 상태를 바꿔가면서 자신이 원하는 기능을 수행한다. 객체지향, 추상 자료형, C++에서 사용되는 유사 용어를 통합하여 정리하면 [표 2-2]와 같다.

[표 2-2] ADT = 작업 + 데이터 집합

추상 자료형	ADT	=	작업(또는 연산)	+	데이터 집합
일반 용어	프로그램	=	알고리즘	+	자료구조
객체지향 방법론	클래스	=	메시지(사용자 관점) 또는 메소드(구현자 관점)	+	상태 변수 또는 인스턴스 변수
C++			멤버 함수	+	멤버 데이터

저자 한마디

C와 C++의 혼용

5장 이후에 설명하고자 하는 것이 다양한 추상 자료형이다. 리스트, 스택, 큐, 트리, 그래프 등이 그것이다. 각 추상 자료형의 개념을 설명하려면 필요한 작업을 나열하고, 해당 작업을 기준으로 추상 자료형을 정의하면 된다. 그러나 독자들이 구현자의 입장이 될 수도 있으므로 그러한 작업들을 구체적으로 어떻게 구현하는지에 대해서도 설명이 필요하다.

다양한 추상 자료형의 개념을 도입하려면 당연히 객체 클래스 선언을 허용하는 C++를 사용하는 것이 설명에 유리하다. 그러나 경우에 따라서는 C를 사용하여 설명하고자 한다. 구현의 상세한 부분에 있어서 C로 설명하면 간단하게 전달될 수 있는 내용이 C++로 설명하면 오히려 장황해질 수 있기 때문이다. 다시 말해, 사용자 관점에서 강조할 때는 C++를, 구현자의 구현 방법을 강조할 때는 C를 사용하기로 한다.

생활 속의 자료구조

존 F. 케네디(John F. Kennedy):

Ask not what your country can do for you. Ask what you can do for your country.
(나라가 여러분을 위해 무엇을 해줄 것인지를 묻지 말고, 여러분이 나라를 위해 무엇을 해줄 것인지를 물어라)

추상 자료형(Abstract Data Type):

Ask not what you can do for your data structure. Ask what your data structure can do for you.
(여러분이 자료구조를 위해 무엇을 해줄 것인지를 묻지 말고, 자료구조가 여러분을 위해 무엇을 해줄 것인지를 물어라)

조립식 주택은 문짝이나 창문 단위로 사다 붙인다. 그러면 주택은 금방 조립된다. 문고리, 창틀, 유리 단위로 집을 짓자면 너무 많은 시간이 걸린다. 정수 타입, 캐릭터 타입 등 모두 좋지만 그건 문고리나 창틀일 뿐이다. 우리는 좀더 포괄적인 개념을 수용하는 데이터 타입을 원한다. 그것이 무엇을 해주길 원하는지 우리의 요구사항을 말해보면 그 정체가 분명해지고, 비로소 이름을 지을 수 있다. 우리가 이름지은 이 추상 자료형의 몸체는 두 부분으로 이뤄졌다. 기존의 데이터 타입이 저장 공간이라면 이젠 그 저장 공간을 필요로 하는 작업까지 한 울타리에 넣어야 비로소 하나의 온전한 몸체를 이룬다.

요약

프로그램을 설계하려면 정수나 구조체 등 기본적 데이터 타입도 필요하지만 이보다는 더 추상화된 고수준의 데이터 타입이 필요하다. 인간의 사고방식을 기준으로 생각해볼 때 어떤 자료를 삽입하고 삭제하는 수준에서 생각하는 것이, 삽입을 위해 몇 바이트 공간을 확보해야 하는지까지 고려하는 수준보다는 훨씬 편리하다.

상세한 구현 방법에 연연하기보다는 그런 것은 이미 구현되어 있다고 보고 그 위에서 추상적인 작업만 불러서 프로그램을 완성하는 것이 쉽기 때문이다. 추상 자료형을 정의하기 위해서 사용자 관점에서는 필요한 작업만 추상적으로 나열하면 그만이다.

그렇지만 구현자 관점에서는 나열된 작업을 구체적으로 구현해야 하고, 또 구현에 가장 적합한 자료구조를 생각해내야 한다. 객체지향 언어를 사용하면 추상 자료형의 이러한 정의를 쉽사리 수용할 수 있다. 객체 클래스가 바로 추상 자료형에 해당하기 때문이다.

연습 문제

1 데이터 추상화는 그 데이터를 사용하는 응용프로그램(Applications)과 데이터의 표현(Representation)을 분리하는 것이다. (True/False)

2 데이터 인캡슐레이션은 특정 응용에만 적용되는 세부적인 내용을 무시함으로써 데이터의 논리적인 특성을 데이터 구현으로부터 분리해내는 것이다. (True/False)

3 자주 사용되는 추상 자료형을 기본 데이터 타입으로 내장한 컴퓨터가 존재할 수 있다. (True/False)

4 다음 중 추상화에 따른 이점에 해당하는 것을 모두 선택하라.

가. 코딩의 대상을 추상적으로 바라봄으로써 코딩이 쉬워진다. 어떤 면에서는 추상화 자체가 프로그램 문서화 또는 주석 역할을 한다.

나. 자세하고 명확히 정의된 인터페이스를 확립함으로써 오류 발생 가능성을 줄일 뿐만 아니라 오류 발생 시 디버깅이 쉽게 이루어진다.

다. 자료구조를 인터페이스 뒤에 숨김으로써, 자료구조가 바뀌더라도 인터페이스는 변함없이 그대로 사용될 수 있게 한다.

라. 한 가지 목적을 지닌 자료형을 명확히 정의하면 이들 자료형 여러 개를 조합하여 새로운 응용프로그램을 쉽게 만들 수 있다. 즉, 코드의 재사용성(Reusability)이 높아진다.

마. 큰 프로젝트에서 여러 프로그래머가 일을 분담하기 쉬워진다.

5 프로그램이 아닌 실제 현실에서 추상화된 데이터를 제시하라.

6 인캡슐레이션에 의해 정보를 은닉하는 행위가 바람직한 이유를 제시하라.

7 사용자는 어떤 방법으로 인캡슐레이션 된 데이터를 사용할 수 있는가?

8 추상화의 목적은 무엇인가? 사용자 관점과 구현자 관점으로 분리하여 답하라.

9 프로그램 유지보수의 용이성, 프로그램 실행 속도, 프로그램 크기, 프로그램 작성 시간 중 좋은 프로그램이 지녀야 할 가장 중요한 요소가 무엇인지 선택하고 그 이유를 제시하라.

10 추상 자료형(ADT)과 자료구조(Data Structure)의 용어상의 차이점을 간명하게 설명하라.

연습 문제

11 다음 추상 자료형에 필요한 작업을 C++ 인터페이스 파일 형식을 사용하여 정의하되, 파라미터와 주석을 포함하여 최대한 자세하게 정의하라.

가. 전화기
나. 자동차
다. 세탁기
라. 다항식
마. 복소수
바. 집합

12 필요한 구성요소를 나열함으로써 추상 자료형을 정의하라. 단, 사용자 관점과 구현자 관점을 구별하여 별도로 정의하라.

13 대학 캠퍼스 내에 공조제어 시스템(Air Conditioning System)을 설계하기 위해 필요한 추상 자료형들을 나열하고 각각에 필요한 작업, 작업에 필요한 파라미터, 작업 간의 상호작용 등을 C++ 인터페이스 파일을 사용하여 최대한 자세히 정의하라.

14 고속도로 톨게이트의 요금 정산을 무인자동화 시스템으로 설계하기 위해 필요한 추상 자료형들을 나열하고 각각에 필요한 작업, 작업에 필요한 파라미터, 작업 간의 상호작용 등을 C++ 인터페이스 파일을 사용하여 최대한 자세히 정의하라.

15 직접 자료구조를 다루지 않고 그 자료구조 위에 세워진 추상 자료형을 통해 일을 함으로서 얻게 되는 이점을 프로그래머의 관점에서 세 가지 정도만 나열하라.

Chapter 03

포인터, 배열, 구조체

＊학습목표

- 포인터, 배열, 구조체의 기본 정의를 이해한다.
- 동적 메모리의 할당 및 반납, 주소 연산자 등에 대해 이해한다.
- 참조 호출과 값 호출의 차이점을 이해한다.
- 함수 호출 시에 배열, 구조체의 전달 메커니즘을 이해한다.
- 복사 생성자가 필요한 근본적인 이유를 이해한다.
- 활성화 레코드가 필요한 이유과 그 구성요소를 이해한다.
- 어서트(assert) 매크로를 사용하는 방법을 익힌다.

Point

고급 C/C++ 언어 프로그래머가 가장 많이 사용하는 것이 포인터다. 잘만 사용하면 효율적인 프로그램 도구가 될 수 있으나, 일반 사용자 입장에서는 그만큼 이해하기 어려운 개념이 바로 포인터다. 배열과 구조체는 데이터 여러 개를 묶었다는 의미에서 군집 데이터 타입(Aggregate Data Type)이라 불린다. 이 두 가지는 기본적인 자료구조 형태로서 중요한 역할을 한다.

C/C++ 언어에서는 함수 호출 시에 원본을 넘기는지, 아니면 복사본을 넘기는지의 구분이 중요하다. 포인터, 에일리어스는 이러한 관점에서 바라볼 때만이 제대로 이해될 수 있다. 또, 함수 호출 시에는 호출 환경을 저장하고 복원하기 위해 활성화 레코드가 생성된다. 이 활성화 레코드가 어떻게 만들어지는지 제대로 이해하는 것은 4장에 전개할 재귀호출을 이해하기 위해서 필수적이다. 이 장에서는 프로그램의 기본요소인 C/C++에서의 포인터, 배열, 구조체를 설명한 후에 함수 호출시의 전달 메커니즘과 활성화 레코드에 대해 알아본다.

Section

01 포인터

포인터(Pointer)

주소 값(Address)

포인터(Pointer)란 문자 그대로 어떤 변수를 가리키는 것을 말한다. 여기서 가리킨다는 말은 그것을 따라가면 원하는 변수를 찾을 수 있다는 뜻이다. 이를 위해, 포인터는 그것이 가리키는 변수의 **주소 값**(Address)을 저장한다. 주소 값을 따라가면 해당 변수를 찾을 수 있기 때문이다. 포인터 자체도 변수다. 따라서 포인터 값을 바꿈으로써 A라는 변수를 가리켰다가 다시 B라는 변수를 가리키게 할 수 있다. 그러나 포인터 변수에는 주소 값만이 저장될 수 있다.

[그림 3-1]과 같이 변수는 메인 메모리 내에 어떤 주소에 저장된다. 물론, 변수명도 그 변수를 나타내는 식별자(ID, Identifier)지만, 변수 주소도 그 변수를 확인할 수 있는 식별자다. [그림 3-1]의 변수 X는 주소 12번지에 있으며 현재 변수 값(Value)으로 4200을 가지고 있다. 마찬가지로 포인터 변수 p는 주소 49번지에 있으며 현재 변수 값 12를 가진다. 그런데 이 포인터 변수 값 12는 어떤 변수 값을 의미하는 것이 아니라 주소 값, 즉 번지수 12번지를 의미한다. 그런데 메인 메모리 12번지에 있는 것은 변수 X므로, "포인터 변수 p는 변수 X를 가리킨다"라고 말할 수 있다.

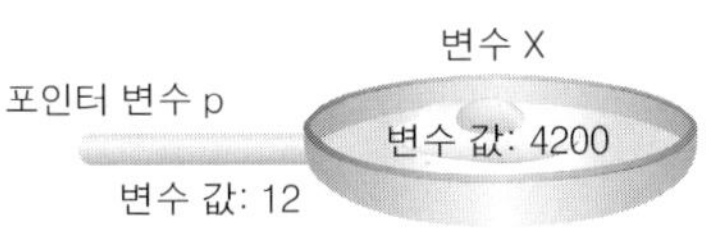

주소	값	변수
12	4200	X
16	8600	Y
48	9400	Z
49	12	p

[그림 3-1] 포인터, 변수, 변수 값

핸들(Handle)

포인터를 일명 **핸들**(Handle)이라고도 한다. 이해하기 쉽게 프라이 팬(Fry Pan)을 연상해 보자. 우리가 프라이팬을 붙잡을 때는 손잡이(Handle)를 사용한다. 실제 달걀이 요리되는 부분은 동그란 그릇이지만 우리가 그 부분을 직접 붙잡지는 않는다. 즉, 손잡이를 통해서 간접적으로(Indirection) 팬을 붙드는 꼴이다. [그림 3-1]과 같이 동그란 그릇이 변수고, 그 안에 올려지는 계란이 변수 값이라면, 그릇을 가리키는 손잡이는 일종의 포인터라고 할 수 있다.

❶ 동적 메모리 할당

메인 메모리의 모든 변수에는 주소 값이 있다. 예를 들어, 프로그램에서 int Date, Month;라고 선언하였다면 프로그램 시작 시에 시스템 소프트웨어는 각 변수에게 일정한 주소 값을 할당한다. 주소 200번지에는 변수 Date의 값이, 주소 204번지에는 변수 Month의 값이 들어간다고 가정하자. 누가 포인터 변수 p를 선언하고 거기에 200이라는 주소 값을 할당하였다면, 당연히 그 포인터가 가리키는 것은 Date 변수가 된다. 프로그램에 다음과 같이 선언했다고 가정하자.

```
int Date, Month;          Date Month 변수는 정수 타입
int *p;                   p가 가리키는 것은 정수 타입
float *q;                 q가 가리키는 것은 부동소수 타입
```

int *p;는 "p가 가리키는 것은 정수 타입"이라는 뜻이다. 애스터리스크(Asterisk, *)는 참조의 대상을 찾아내는(Dereference, Indirection) 연산자로서 Something pointed by의 의미다. 따라서 int *p;는 'Something pointed by p is of type integer' 로 해석하면 된다.

이처럼 가리키는 변수가 정수 타입일 때의 포인터 p를 정수 포인터라 한다. 같은 맥락에서 q는 부동소수 포인터가 된다. 포인터는 그 가리키는 대상에 따라 정수 포인터, 부동소수 포인터, 문자 포인터 등으로 구별되며 타입이 다르기 때문에 정수 포인터로 선언된 포인터가 부동소수를 가리킬 수는 없다. C나 C++ 모두, 타입의 매칭 여부에 매우 민감한 언어(Strongly Type-Driven Language)기 때문에 이러한 점에 유의해야 한다.

int *p;에 의해 정수 포인터 p가 선언되었다면 프로그램이 시작되자마자 포인터 변수 p를 위한 메모리 공간이 할당된다. 이는 주소 값을 넣기 충분한 만큼의 메모리 공간이다. 이것이 몇 바이트인지는 운영체제에 따라 다르다. 위 코드에 이어서 예를 들어보자.

```
*p = 15;
```

주소	값	변수
200		Date
204		Month

404	?	p
408	?	q

[그림 3-2] 포인터 값 할당

현재 상태에서 이와 같이 명령하는 것은 명백한 오류다. p가 가리키는 것, 즉 *p는 정수 타입의 변수다. 따라서 위 명령은 p가 가리키는 정수 타입 변수에 15라는 변수 값을 할당하라는 것이다. 그러나 방금 선언한 포인터 변수 p에는 아무런 주소 값이 할당되어 있지 않다. 즉, 가리키는 변수가 없는 상태에서 그걸 따라 가서 그 변수에 값을 할당하라는 것은 오류다. 이 명령이 오류가 되지 않게 하려면 다음과 같이 할당 이전에 미리 포인터가 어떤 변수를 가리키게 하면 된다.

```
p = (int *)malloc(sizeof(int));
*p = 15;
```

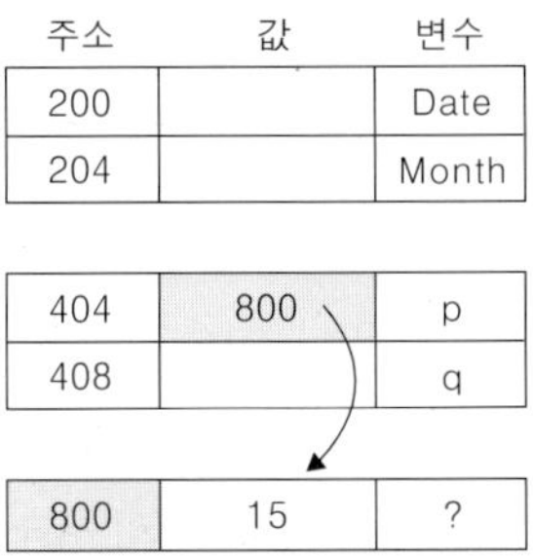

[그림 3-3] malloc 함수

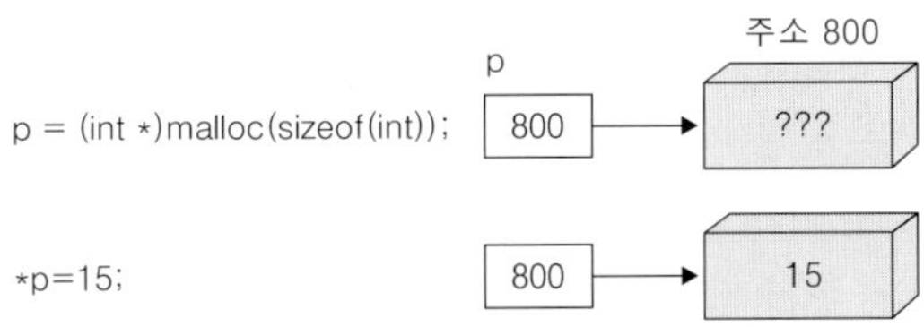

[그림 3-4] 명령어별 상태변화

malloc 함수는 C의 붙박이(Built-in) 함수로서 메모리 할당(Allocate Memory)의 의미다. malloc(sizeof(int)) 명령이 뜻하는 바는, int 타입에 필요한 size 만큼 메모리 공간을 만들고, 그 공간의 시작 주소 값을 되돌려 달라는 것이다. 이 메모리 공간을 몇 번지에 만들지는 운영체제가 알아서 결정한다. 프로그래머는 그것이 몇 번지인지 사실상 알 필요가 없다. 포인터에 의해 그 공간을 활용하기만 하면 되기 때문이다. 이처럼 이름이 없는 변수지만 포인터에 의해 조작될 수 있는 변수를 **익명 변수**(Anonymous Variable)라 한다. [그림 3-3]과 [그림 3-4]는 이 명령에 의해서 메모리 800번지에 필요한 메모리 공간이 만들어지

익명 변수 (Anonymous Variable)

고, 그 공간의 시작주소인 800번지가 포인터 변수 p의 값으로 할당된 것을 보여준다.

타입 변환 (Type Conversion, Type Casting)

(int *)는 **타입 변환**(Type Conversion, Type Casting) 연산자로서 되돌려진 주소 값이 정수를 가리키는 주소 값이 되게 하라는 것이다. 메모리 공간의 시작 주소만 준다면, 포인터가 그로부터 몇 바이트까지를 가리키는지가 불분명해진다. 만약, 800번지에 있는 문자 하나만 가리킨다면 (char *)로 변환해서 문자 포인터가 되어야 하고, 800번지부터 803번지까지에 걸쳐 있는 4바이트 정수 전체를 가리키려면 (int *)로 변환해서 정수 포인터가 되어야 한다.

사실, 이 경우에는 p가 이미 정수형 포인터로 선언되어 있으므로 p = malloc(sizeof(int)); 라고만 해도 무방하다. 그러나 이렇게 함으로써 프로그램을 읽는 사람에게 p가 정수형 포인터라는 사실을 한 번 더 상기시킬 수 있다. C의 malloc 함수에 해당하는 것이, C++의 new 함수다. 따라서 위 두 번째 명령어를 C++로 쓴다면 p = new int;라고 하면 된다.

여기서 p가 가리키는 공간에 변수명을 별도로 부여하지는 않았다. 그러나 값을 저장하기 위한 공간이 할당되었으니, 이제는 *p = 15에 의해 그 변수 공간에 15라는 값을 넣을 수 있게 된다. 변수명이 없더라도 해당 변수를 붙잡고 있는 포인터가 있으니, 이 포인터를 통해서 얼마든지 변수에 값을 읽고 쓸 수 있기 때문이다.

정적 메모리 할당 (Static Memory Allocation)

동적 메모리 할당 (Dynamic Memory Allocation)

이 같은 공간은 프로그램 실행 중에 만들어진다. 예를 들어, 위 int Date, Month;처럼 선언에 의해 만들어지는 변수는 프로그램이 시작될 때 이미 각 변수를 위한 메모리 공간과 주소가 할당된 상태에서 시작한다. 이른바 **정적 메모리 할당**(Static Memory Allocation)이다. 그러나 malloc(또는 new)에 의해 만들어지는 공간은 해당 명령어가 실행되는 순간에 만들어지는, **동적 메모리 할당**(Dynamic Memory Allocation)이다.

동적 메모리 할당은 프로그램 실행 중 수시로 필요한 만큼의 변수 공간을 만들어 쓸 수 있다. 여기서 '필요한 만큼'이라는 말은 실행 중의 '필요'를 의미한다. 예를 들어, if (x = = 1) p = new int;라고 했다면 프로그램 실행 중 x 값이 1일 때만 정수 메모리 공간을 만들면 된다. 실행 중 x 값이 1이 아닐 수도 있으므로 정적 변수처럼 컴파일러가 미리 그러한 공간을 만들 필요가 없다는 뜻이다.

따라서 실행 전부터 예상되는 변수 모두를 선언하는 정적인 메모리 할당에 비해 동적 메모리 할당이 메모리 공간을 더 효율적으로 활용할 수 있다. 주의해야 할 것은 int *p; 선언에 의한 포인터 변수 p는 여전히 정적인 메모리라는 점이다. 여기서 동적인 메모리는 malloc

에 의해 이 포인터에 매달리는 변수 공간을 말한다.

필요에 의해 동적 메모리 공간을 만들었다면 그 공간을 반납하는 것도 프로그래머의 책임이다. 즉, 프로그램 실행 도중 더 이상 사용하지 않을 공간을 반납하여 운영체제로 하여금 그 공간을 다른 목적으로 재활용할 수 있게 해야 한다. 특히 반복문(Iteration Loop) 내부에서 malloc 함수를 사용함으로 인해 누적 생성된 변수 공간을 반납하지 않고 계속 쌓아둔다면 메모리 부족으로 프로그램이 정지할 수도 있다.

포인터에 의해 만들어진 변수 공간을 반납하기 위한 C 명령어가 free라면 C++에서의 명령어는 delete다. 예를 들어, 포인터 p가 가리키는 변수 공간을 반납하려면 C 언어에서는 free p;라고 하면 되고, C++에서는 delete p;라고 하면 된다. 동적 변수의 할당과 해제에 관련된 C와 C++의 명령을 비교하면 [표 3-1]과 같다.

[표 3-1] C와 C++의 동적 변수 명령 비교

	C	C++
동적 변수 할당	p = (int *)malloc(sizeof(int));	p = new int;
동적 변수 해제	free(p);	delete p;

동적 변수 해제 시에 주의해야 할 점은 포인터 변수 p의 운명이다. 해제에 의해 p가 가리키는 변수공간은 운영체제에 반납되었지만 포인터 변수 p의 자체 공간은 프로그램이 끝날 때까지 반납되지 않는다. 변수 p는 정적으로 할당된 메모리기 때문이다.

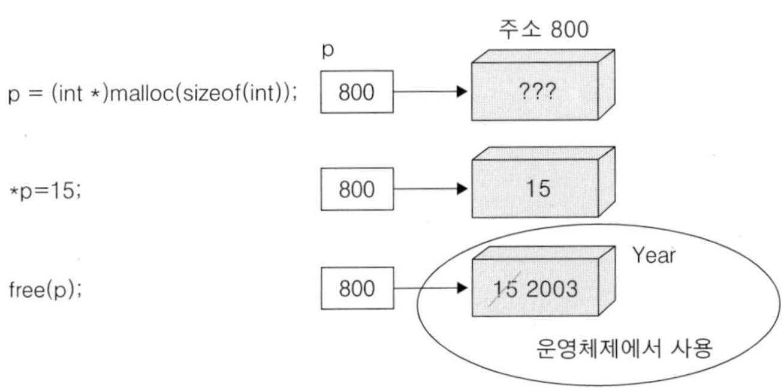

[그림 3-5] 동적 메모리의 반납

더욱이 [그림 3-5]와 같이 현재의 포인터 변수 p 안에는 이전 주소 값이 그대로 존재한다. free에 의해 주소 800번지에서 시작하는 메모리 공간을 반납했으므로 운영체에서는 이 공간을 Year라는 변수를 저장하기 위한 공간으로 재활용할 수도 있다. 만약, 현재 포인터 변수 p의 값이 여전히 800이라고 해서, 포인터를 따라가서 그 값을 건드린다면 이것은 문제가 된다. 즉, 이미 반납되어 운영체제가 다른 프로그램을 위해 사용할지도 모르는 메모리 공간을 찾아가는 꼴이 된다.

접근 위반(Access Violation)

일반적으로 이러한 시도는 **접근 위반**(Access Violation)으로 오류 처리된다. 오류를 예방하려면 [그림 3-6]처럼 free에 의해 공간을 반납한 포인터에는 항상, 그 즉시 널(NULL)이라는 값을 넣는 것이 좋다.

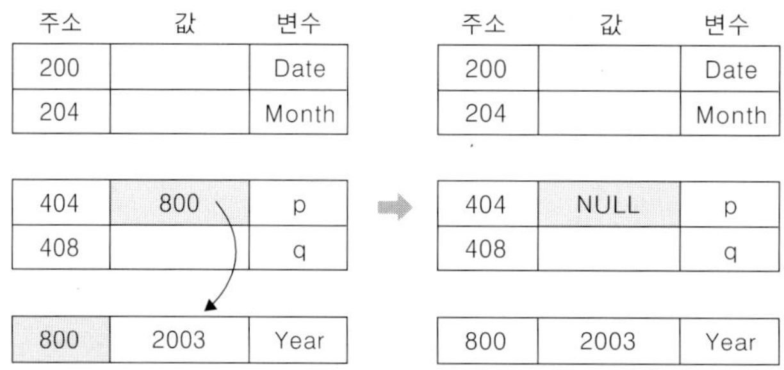

[그림 3-6] 메모리 반납 후 널 처리

널은 '현재 아무 것도 가리키지 않고 있다'는 의미를 전달하기 위해 #define에 의해 정의한 매크로(Macro)다. 이런 의미에서 널 값을 지닌 포인터는 그 값이 정의가 안 된(Undefined) 포인터와는 의미가 다르다. 널을 사용하면 항상 포인터를 따라가기 전에는 반드시 널인지 아닌지를 테스트함으로써 접근 위반 오류를 방지할 수 있다. 결국, 조금 세심한 프로그래머라면 메모리 공간을 반납할 때 다음과 같이 해야 한다.

```
free (p);          p가 가리키는 변수 공간을 반납
p = NULL;          p를 따라가지 않도록
```

2. 주소 연산자

포인터 변수를 통해 동적으로 새로운 공간을 만들어 사용할 수도 있지만 기존의 변수와 연계될 수도 있다. 다음과 같은 코드를 생각해보자.

```
int Date, Month;
int *p;
p = &Date;
```

여기서 주소(Address) 연산자 앰퍼샌드(Ampersand, &)는 'Address of' 라는 뜻을 지니고 있다. 즉, 세 번째 명령문은 변수 Date의 주소 값을 포인터 변수 p에 할당하라는 의미다. 이렇게 하면, 이제부터 변수 Date는 두 가지 방법으로 접근할 수 있다. 변수명을 직접 써서 Date = 12;로 접근할 수도 있고, 포인터 변수를 써서 간접적으로 *p = 12;로 접근할 수도 있다. 두 가지 모두 Date 변수 값을 12로 바꾼다는 점에서 정확히 동일한 효과를 낳는다. [그림 3-7]은 포인터 변수에 의해 12를 할당하는 과정을 보여준다.

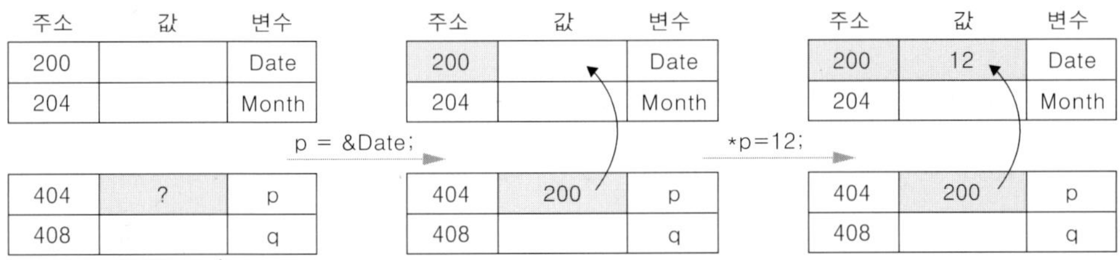

[그림 3-7] 포인터 변수 사용

C 문법에 의하면 변수 값은 일반적으로 할당문의 오른쪽에 온다. 예를 들어 date = 15;라고는 할 수 있지만 15 = date;라고는 할 수 없다. 할당문의 오른쪽에 올 수 있는 표현을 **RValue(Right Value)**, 왼쪽에 올 수 있는 표현을 **LValue(Left Value)**라고도 한다. *p는 LValue로도 사용되고 RValue로도 사용된다. 예를 들어, *p = 15;라고 표현하면 "p가 가리키는 변수에다 15라는 값을 할당하라"라는 의미고 date = *p;라고 하면 "현재 p가 가리키는 변수 값을 date라는 변수에 할당하라"라는 의미다.

RValue (Right Value)

LValue(Left Value)

앰퍼샌드(&) 연산자는 애스터리스크(*) 연산자와 서로 역함수 관계에 있다. 물론, 둘 다 그 뒤에 피연산자(Operand) 하나가 오는 단일 연산자(Unary Operator)다. 여기서 단일 연산자라는 말은 + 연산자처럼 피연산자가 두 개인 연산자(Binary Operator)에 대응되는 개념이다. 그리고 연산자 두 개가 서로 **역함수(Inverse Mapping)**라 함은 서로의 기능이 정반대라는 의미다. 다음 코드를 보자.

역함수 (Inverse Mapping)

```
*&date = 15;
```

좌변은, 정확히는 *(&date)로써, "변수 date의 주소 값이 가리키는 것"을 의미한다. 변수 date의 주소 값이 가리키는 것은 당연히 변수 그 자체다. 즉, 변수를 주소 값으로 매핑(Mapping)시키는 함수가 앰퍼샌드(&)고, 역으로 주소를 그 주소가 가리키는 변수로 매핑시키는 함수가 애스터리스크(*)다. 따라서 date라는 변수에 대해 역함수 두 개를 순차적으로 가했으니 그 결과는 [그림 3-8]처럼 변수 그 자체에 15를 할당하는 것과 같다.

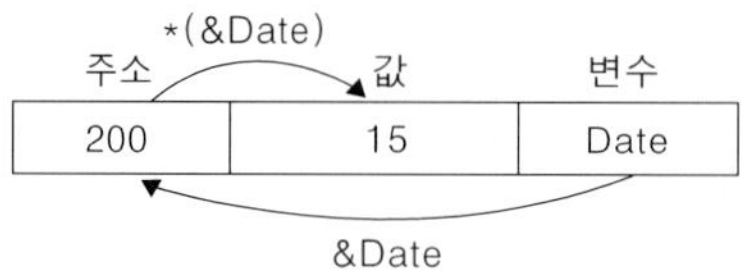

[그림 3-8] 포인터 매핑

3 저네릭 포인터

C나 C++ 모두 변수 타입이 매칭되는지의 여부를 매우 엄밀하기 따지는 언어로서 이러한 언어를 강한 타입 기반 언어(Strongly Type-Driven Language)라고도 한다. 문자를 가리키는 포인터는 그 가리키는 대상이 문자므로, 1바이트인 반면에 정수를 가리키는 포인터는 그 가리키는 대상이 정수므로 4바이트 일수도 있다. 따라서 포인터 타입에 따라서 해당 주소에서 읽어 와야 할 내용의 크기 자체가 달라진다. 이러한 점에서 정수 포인터에 문자 포인터를 할당하는 것은 오류라 할 수 있다.

저네릭 포인터
(Generic Pointer)

저네릭 포인터(Generic Pointer)란 제너럴(General) 즉 일반적인 포인터를 의미한다. 이는 타입에 대한 이러한 제약을 완화시키기 위한 것으로 포인터를 선언할 당시에는 그 포인터가 구체적으로 정수를 가리키는지, 문자를 가리키는지 그 대상을 명시하지 않는 그러한 포인터를 말한다. 포인터 변수명을 Ptr이라고 하면 저네릭 포인터는 void *Ptr;에 의해 선언된다. 포인터가 가리키는 대상의 타입이 아직 확정되어 있지 않다는 의미다. 이러한 포인터는 프로그램 실행 중에 필요에 따라 적당한 타입을 할당할 수 있다. 예를 들어, 이 포인터가 malloc에 의해 만들어진 부동소수 변수를 가리키게 하려면 다음과 같이 하면 된다.

```
Ptr = (float *)malloc(sizeof(float));
```

여기서 (float *)는 포인터 타입을 부동소수 포인터로 변경시키라는 뜻의 타입변환 연산자다. 만약, Ptr이 저네릭 포인터라면 이러한 타입변환 연산자를 반드시 사용해야 된다. 만약, Ptr이 float *Ptr;로 선언되었다면 Ptr 자체가 이미 부동소수를 가리키는 포인터므로 위의 할당문에서 (float *)는 없어도 된다. 그러나 이 경우에도 일반적으로 타입 캐스팅을 사용하는 이유는 소스 코드를 읽는 사람이 부동소수 포인터라는 것을 알 수 있도록 일종의 주석을 가하는 것과 같은 효과다.

❹ 댕글링 포인터, 가비지

포인터에 의해 생성된 동적 메모리 공간을 반납할 때에는 **댕글링 포인터**(Dangling Pointer, **매달린 포인터**)에 유의해야 한다. 예를 들어, 다음과 같은 소스 코드를 생각해보자.

댕글링 포인터(Dangling Pointer, 매달린 포인터)

```
int *p, *q;
p = (int *)malloc(sizeof(int));
*p = 15;
q = p;
free (p);
p = NULL;
*q = 30;
```

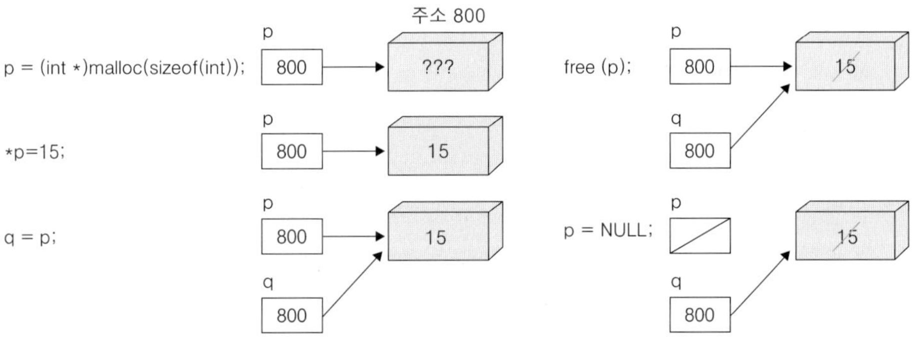

[그림 3-9] 댕글링 포인터

넷째 줄 q = p;에 의해 [그림 3-9]와 같이 포인터 q도 p와 동일한 메모리 공간을 가리키게 된다. 이후 p가 그 공간을 반납하고 오류 방지를 위해 자신을 널로 만들었다고 가정하자. 그러나 q로서는 여전히 이미 반납된 이전의 메모리 공간을 가리키는 상태가 된다. 따라서 이미 반납된 공간에 대해 마지막 줄에서 *q = 30;을 명령하는 것은 오류다. 이미 반납된 공간에 줄을 대고 있는 이러한 포인터를 댕글링 포인터라고 한다. 비유적으로 말하면 이미 이사 간 옛 집에서 친구를 찾는 격이다.

프로그래머는 일반적으로 어떤 포인터가 가리키는 공간을 반납하면 그 포인터를 널로 만드는 것까지만 신경 쓴다. 그러나 그 이전에 그 포인터와 같은 포인터를 만든 적이 있는지 확인하여 그것까지 널로 만드는 데에는 대단한 기억력 내지 주의력을 요한다.

때에 따라서는 부주의로 인해 사용하지 않을 메모리 공간을 제대로 반납하지 않는 경우도 발생한다. 예로 다음 소스 코드를 보자.

```
int *p; *q;
p = (int *)malloc(sizeof(int));
q = (int *)malloc(sizeof(int));
*p = 5; *q = 20;
p = q;
```

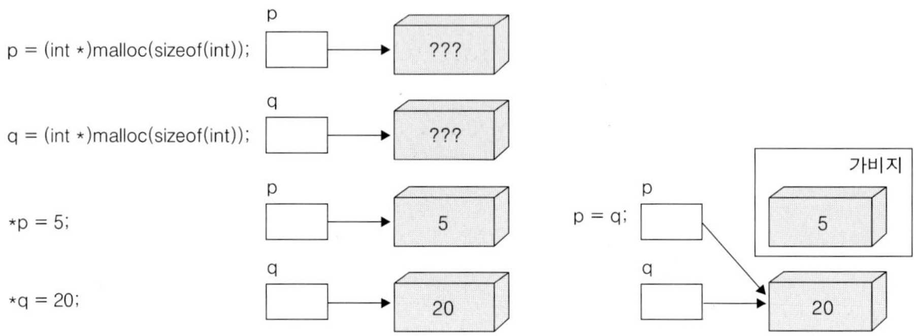

[그림 3-10] 가비지

마지막 할당문에 의해 [그림 3-10]처럼 p는 q가 가리키던 메모리 공간을 가리키게 된다. p와 q는 동일한 변수를 가리키므로 p는 q의(또는 q는 p의) 에일리어스(Alias, 별명)라고 할 수 있다. 할당에 의해 어떤 포인터를 다른 포인터의 에일리어스로 만들 때는 주의를 요한다. 위 예의 마지막 명령에 의해서 p의 값이 변하고 따라서 p는 더 이상 이전에 가리키던 메모리 공간을 가리키지 않는다. 위 예처럼 무작정 연결을 끊어버리면 이전에 가리키던 공간은 반납되지 않은 상태로 머물게 된다. 이러한 메모리 공간을 **가비지(Garbage, 쓰레기)**라고 한다. 프로그래머로서는 포인터 A에 다른 포인터 B를 할당할 때에는 반드시 A를 반납하고 나서 할당함으로써, 이러한 가비지가 생기지 않도록 해야 한다.

가비지 (Garbage, 쓰레기)

5 상수 포인터

포인터가 가리키는 데이터가 변하지 않도록(불변, Constant) 선언할 수 있다. 이는 프로그래머가 데이터 변경을 원치 않음에도 자신의 오류에 의해 변경되는 것을 방지하기 위한 것이다. 포인터명을 Ptr이 가리키는 변수 a의 값이 변하지 않도록 하려면 다음과 같이 선언하면 된다.

```
int a = 24;
const int* Ptr = &a;
```

포인터 자체의 값이 불변이 되도록 선언할 수도 있다. 즉, 포인터가 항상 동일한 메모리 주소를 가리킴으로써 원치 않게 다른 포인터 값이 할당되는 것을 방지하기 위한 것이다. 이렇게 하려면 다음과 같이 const를 포인터 변수 바로 앞에 두면 된다.

```
int* const Ptr = new int;
int a;
*Ptr = 25;
Ptr = &a;
```

물론, 이 경우에는 포인터 값이 불변이라는 것이지 그 주소 안에 있는 변수 값이 불변이라는 것은 아니다. 따라서 위 셋째 줄의 명령어는 오류 없이 처리되지만 넷째 줄의 명령어는 오류로 처리된다. 배열 변수에 있어서 배열명은 그 배열의 첫번째 요소를 가리키는 포인터다. 즉, 배열명은 배열의 시작 주소 값을 나타낸다. 변수 선언에 의해 만들어지는 배열은 프로그램 시작 시에 그 배열이 들어갈 메모리 위치가 고정되고 프로그램 실행 중에 변하지 않는다. 따라서 배열명은 본질적으로 상수 포인터라 할 수 있다.

Section

02 참조 호출과 값 호출

참조 호출
(Call by Reference,
Pass by Reference)

값 호출
(Call by Value)

원본전달 호출

사본전달 호출

함수의 호출(Function Call)은 파라미터 전달방식에 따라 두 가지로 나뉜다. Call by Reference와 Call by Value가 그것이다. Call by Reference(또는 Pass by Reference)를 우리말로 **참조 호출**, Call by Value를 **값 호출**이라고 한다. 쉽게 표현하면, Call by Reference는 원본을 전하면서 호출하는 **원본전달 호출**이고, Call by Value는 사본을 전하면서 호출하는 **사본전달 호출**이다.

피호출 함수 CallMe(int a);가 있을 때, 호출 함수가 CallMe(n);을 부른다고 가정해보자. 이 때, 호출 함수의 파라미터(Parameter: 매개변수) n을 실제 파라미터(Actual Parameter)라고 하고 피호출 함수의 파라미터 a를 형식 파라미터(Formal Parameter)라 한다. 참조 호출은 실제 파라미터와 형식 파라미터가 완전히 동일한 변수임을 의미하며, 값 호출은 두 개가 서로 다른 변수임을 의미한다.

1 값 호출

다음 코드를 예로 살펴보자.

[코드 3-1] 값 호출(1)

```
void fcn(int i)
{ i = 5;
}
void main()
{ int n = 3;
  fcn(n);
  printf("%d", n);
}
```

메인 함수에서 변수 n의 값을 3으로 할당한 후, fcn 함수를 호출하였다. 피호출 함수(Called Function) fcn은 호출 함수(Calling Function)에서 넘긴 파라미터 n을 i로 받아서 여기에 5라는 값을 할당하였다. 그러나 피호출 함수 실행이 끝나고 메인 함수로 되돌아왔을 때의 n 값을 출력하면 그 결과는 여전히 이전에 메인 함수에서 할당한 3이 된다.

이는 호출 함수가 변수 n 자체를 넘기는 것이 아니라, n의 값만을 넘기기 때문이다. 즉, n의 값을 i로 복사하여 넘길 뿐 n 자체는 따로 가지고 있기 때문이다. 물론, 복사본이 들어가는 변수 i의 주소와 원본 변수 n의 주소는 서로 다르다. [그림 3-11]처럼 원본이 200번지에 있었다면 복사본은 800번지에 위치할 수 있다. 따라서 피호출 함수에서 복사본인 변수 i의 내용을 5로 변경한들, 호출 함수의 n 값은 여전히 이전에 할당한 원본 값인 3이 그대로 유지된다. 이처럼 어떤 함수에서 다른 함수로 파라미터를 넘길 때, 사본을 넘기면서 호출하는 것을 값 호출이라고 한다.

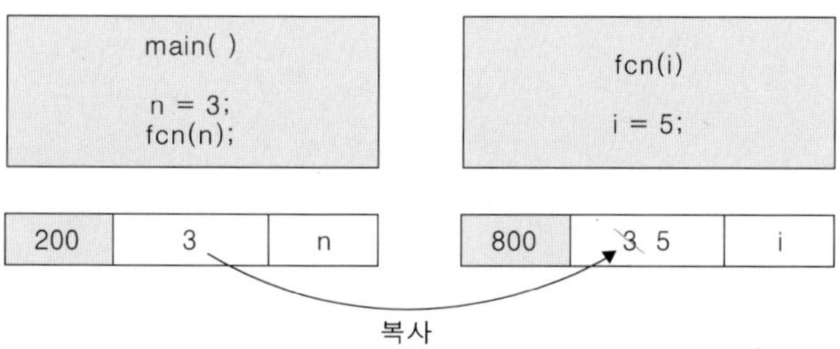

[그림 3-11] 값 호출

C와 C++ 모두 값 호출 방식만을 사용한다. 그렇다면 피호출 함수 수행이 끝나고 호출 함수로 되돌아왔을 때, 실제로 파라미터 값이 바뀌게 하려면 어떻게 해야 할까. 바로 이런 경우에 필요한 것이 참조 호출이다. 만약, 원본을 넘겨주고 피호출 함수가 그것을 변경하면 그 여파는 나중에 호출 함수로 되돌아 왔을 때에도 지속된다. C와 C++는 기본적으로 값 호출만을 지원하므로 이러한 참조 호출의 효과를 위해서 포인터라는 편법을 사용한다.

함수의 리턴 값이 있다면 이 리턴 값은 복사에 의해 리턴된다. [코드 3-2]를 보자.

[코드 3-2] 값 호출(2)

```
int fcn(int a)
{  int b = a;
   ...
   return b;
}
```

만약, 어떤 함수가 위 함수를 호출하였다면 호출 결과, 리턴되는 것은 변수 b 자체가 아니고, 변수 b를 복사한 값이다. 메인 함수를 포함한 모든 함수 내부에 선언된 지역변수(Local Variable)는 함수 실행이 끝나는 순간 그 수명(Lifetime)을 다한다. 즉, 호출 함수로 되돌아온 순간에는 더 이상 존재하지 않는다. 함수 실행 결과, 호출 함수에게 지역 변수를 리턴하지 않고 복사 값을 리턴하는 것은 이러한 이유에서다.

2. 참조 호출

다음 코드를 예로 들어보자.

[코드 3-3] 참조 호출(1)

```
void fcn(int *pi)
{ *pi = 5;
}
void main()
{ int n = 3;
  fcn(&n);
  printf("%d", n);
}
```

호출 함수인 main에서 넘기는 것은 변수 n이 아니고 &n 즉, 변수 n의 주소 값이다. 다시 말해, 변수 n을 가리키는 포인터 값이다. 이 포인터 값, 즉 주소 값이 값 호출에 의해 피호출 함수 pi로 복사되어 들어간다. [그림 3-12]와 같이 변수 n의 주소 값 200번지가 피호출 함수의 변수 pi에 복사되어 들어간다. 여기서 유의해야 할 점은 전달 메커니즘은 여전히 값 호출이라는 점이다. 다만 복사되는 것이 변수 값이 아니고 포인터 값이다. 피호출 함수의 파라미터 선언에 int *pi라고 한 것은 "pi가 가리키는 것은 정수 타입"이라는 선언이므로 pi는 포인터 변수임을 시사한다. 따라서 정수 변수의 주소 값 &n이 pi로 복사되어 들어가는 데에 있어서 타입 매칭에는 전혀 무리가 없다.

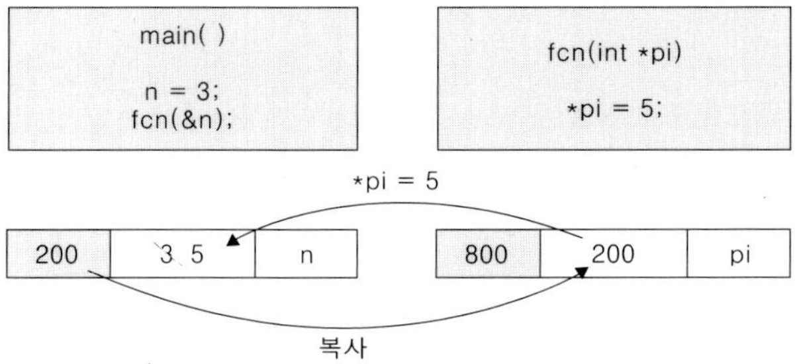

[그림 3-12] 포인터의 값 호출

여기서 중요한 것은 "왜 이렇게 하면 참조 호출 결과가 되는가?"라는 물음이다. [그림 3-12]에 보는 것처럼 만약, 변수 n이 주소 값 200번지에 있다면, &n은 200이 된다. 호출에 의해 메모리에 또 다른 포인터 변수 pi가 만들어지고 거기에 200이 복사되어 들어간다면, pi가 가리키는 것 역시 200번지에 있는 변수 n이 된다. 즉, 호출 함수의 원본 변수 n이다. 따라서 pi가 가리키는 변수 값을 5로 하라는 피호출 함수의 내부 명령은 원본을 직접 건드리는 것이 된다. 그 결과, 피호출 함수 수행이 끝나도 효과는 지속되고 결국 [코드 3-3] 메인 함수의 출력 명령은 5를 찍게 된다.

C 언어에서 주어진 데이터를 화면에 출력하기 위한 명령은 printf다. 반대로 화면에 입력된 데이터를 읽어오기 위한 명령은 scanf다. 매개변수 전달 측면에서도 이 두 함수는 다르다. 예를 들어보자.

```
int a = 5; printf("%d", a);
int b; scanf("%i", &b);
```

printf 명령이 변수 값을 값 호출로 복사해서 넘기면서 실제 라이브러리에 있는 출력 함수를 호출하는 데 비해서 scanf 명령은 읽어올 데이터가 있는 변수의 주소를 넘기면서 해당 함수를 호출한다. scanf에서 이처럼 포인터에 의해 참조 호출 효과를 기해야 하는 이유는 화면에서 읽어온 값이 반드시 호출 함수에게 전달되어야 하기 때문이다.

전달된 변수 값을 바꾸고 싶지 않을 때에도 참조 호출이 필요한가. 다시 말해, 피호출 함수가 변수 값을 읽어보기만을 원할 때에도 원본을 전달할 필요가 있는가. 어찌 생각하면 이 경우엔 당연히 사본을 넘기면 된다. 사본 역시 원본과 완전히 동일하므로 그 값을 읽어 보는 데에는 문제가 없다. 또 사본이므로 실수로 원본을 손상할 우려가 전혀 없다는 점에서 사본을 전달하는 것이 안전하다. 다음과 같은 C++ 함수를 생각해보자.

[코드 3-4] 값 호출(3)

```
void fcn(bookclass b)
{ cout << b.Number;                    책의 일련번호를 출력하기
}                                      C++의 cout는 C의 printf에 해당
void main()
{ bookclass MyBook;                    bookclass에 속하는 MyBook 객체 선언
  fcn(MyBook);
}
```

이렇게 하면 당연히 값 호출에 의해서 MyBook 객체의 모든 상태 변수들이 피호출 함수 객체 b의 상태 변수들로 복사되어 들어간다. 이처럼 함수 호출 시에 객체 단위로 값 호출에 의한 복사를 수행하는 함수는 C++의 복사 생성자(Copy Constructor) 함수다. 피호출 함수 역시 복사된 객체의 변수 중 하나를 읽어서 출력만 하면 되므로 복사본만으로도 충분하다.

그런데, 만약 객체 MyBook의 변수가 대용량 데이터로 구성되어 있다면 어떨까. 사본 전달 호출이므로 당연히 모든 데이터를 복사해야 하고, 따라서 대용량 데이터 복사에 걸리는 시간이 문제가 된다. 이 경우, 변수 값의 변경이 필요하지 않더라도, 복사에 걸리는 시간을 배제하기 위해 원본 전달 호출인 참조 호출을 사용하기도 한다. 객체 뿐만 아니라 구조체(Structure) 역시 큰 용량의 데이터 필드로 구성되어 있다면 참조 호출을 사용한다. 포인터를 사용하여 위 코드를 참조 호출로 변경하면 다음과 같다.

[코드 3-5] 참조 호출(2)

```
void fcn(bookclass *b)          b는 객체의 시작 주소를 가리키는 포인터
{ cout << (*b).Number;          b가 가리키는 객체의 상태 변수 중 Number를 출력
}
void main()
{ bookclass MyBook;
  fcn(&MyBook);                 객체 MyBook의 시작 주소를 넘김
}
```

③ 에일리어스

참조 호출 효과를 기하기 위해 C++는 두 가지 방법을 사용한다. 첫째는 앞서 설명한대로 포인터를 사용하는 방법이다. 둘째는 이른바 에일리어스(Alias)에 의한 방법이다. 예를 들어보자.

[코드 3-6] 에일리어스

```
void fcn(int &pi)
{    pi = 5;
}
void main()
{ int n = 3;
  fcn(n);
  cout << n;
}
```

에일리어스
(Alias, Reference)

여기서 앰퍼샌드(&) 기호는 **에일리어스**(Alias, Reference)라 불리는 것으로 우리말로 '일명' 또는 '별명' 을 의미한다. 이는 Address 연산자가 아니다. 이를 주소 값으로 해석하면 피호출 함수 괄호 안의 타입 선언과도 맞지 않는다. 여기서 앰퍼샌드는 호출 함수에서 던져준 변수 n을 피호출 함수가 '나는 그것을 pi라는 별명' 으로 부르겠다는 의미다.

별명으로 부르나 본명으로 부르나 결국 동일한 사람을 지칭한다. 따라서 피호출 함수 내에서 pi = 5;라고 한 것은 결국 원래 변수 n에 5를 할당하는 것이기 때문에 호출 함수로 되돌아 온 후에 찍은 n 값은 5가 된다. 다시 말해, 위 함수의 수행 결과는 포인터를 사용한 참조 호출(원본전달 호출)의 예와 완전히 동일하다.

에일리어스의 장점은 문법적으로 간결하다는 데에 있다. 즉, 호출 함수가 주소 값을 던져줘야 하는 번거로움과 피호출 함수가 포인터를 사용하는 번거로움을 덜면서 참조 호출 효과를 이루기 위한 것이다. 다시 말해, 호출 함수 쪽에서는 신경 쓰지 않고 변수 그 자체를 넘기고, 피호출 함수에서 에일리어스로 받으면 참조 호출을, 그냥 변수로 받으면 값 호출을 기할 수 있는 융통성까지 누릴 수 있다. 실제적으로 C++ 내부에서 에일리어스의 구현은 여전히 포인터를 사용하지만, 사용자 입장에서는 포인터없이 참조 호출 효과를 기할 수 있다는 데 에일리어스의 장점이 있다.

에일리어스는 주로 함수 호출에 사용되지만 가끔은 일반적인 용도로 사용되기도 한다. 에일리어스를 사용할 때에는 포인터라는 생각은 접어두고 그냥 변수라고 생각하는 것이 편하다. 그러나 이 변수는 별명이므로 선언과 동시에 무엇의 별명인지를 반드시 밝혀야 한다. 다음 코드를 보자.

```
int Kim = 0;
int& BigMouth = Kim;
BigMouth = 10;
```

둘째 줄은 Kim이라는 변수를 BigMouth라는 별명으로 부르겠다는 선언이다. 이렇게 함으로써, BigMouth라는 변수와 Kim이라는 변수는 완전히 동일한 것이 되어버린다. 결국 셋째 줄에서 BigMouth = 10이라고 하면 Kim이라는 변수 값도 10으로 바뀐다.

4. 스와핑의 예

주어진 변수 값을 서로 바꾸기(Swap, 이하 스왑) 위해 다음과 같은 코드를 작성했다고 가정하자.

[코드 3-7] 잘못된 스와핑

```
void swap (int x, int y)
{ int temp;
  temp = x; x = y; y = temp;
}
void main()
{ int a = 20;
  int b = 40;
  swap(a, b);
  cout << a; cout << b;
}
```

결론부터 말하면 이 코드는 제대로 동작하지 않는다. 값 호출에 의해 사본이 전달되었으므로 main으로 되돌아오면 이전의 a, b 값이 그대로 유지되기 때문이다. 실제 a, b 변수의 값을 스왑하려면 코드를 다음과 같이 바꿔야 한다.

[코드 3-8] 포인터를 이용한 스와핑

```
void swap (int *x, int *y)
{ int temp;
  temp = *x; *x = *y; *y = temp;
}
void main()
{ int a = 20;
  int b = 40;
  swap(&a, &b);                    변수 a, b의 주소 값 전달
  cout << a; cout << b;
}
```

만약, 에일리어스를 사용하여 스와핑 효과를 보려면 다음과 같은 코드를 사용하면 된다.

[코드 3-9] 에일리어스를 이용한 스와핑

```
void swap (int& x, int& y)       int& x와 int &x는 동일한 기호임
{ int temp;
  temp = x; x = y; y = temp;
}
void main()
{ int a = 20;
  int b = 40;
  swap(a, b);                          변수 a, b를 그대로 전달
  cout << a; cout << b;
}
```

복사 생성자
(Copy Constructor)

5. 복사 생성자와 할당 연산자

C++의 **복사 생성자(Copy Constructor)** 함수는 다음과 같은 세 가지 경우에 자동으로 불려온다.

① 함수 호출시 객체가 파라미터로 전달될 때
② 객체 선언과 함께 선언된 객체를 다른 객체 값으로 초기화할 때
③ 피호출 함수가 호출 함수에게 객체를 리턴 값으로 전달할 때

Base, Height라는 상태 변수를 가진 triangleClass 객체를 예로 들면 ①은 호출 함수 내부에서 triangleClass T1;로 선언된 객체가 Call(T1);에 의해 피호출 함수에게 전달되는 경우를 말한다. ②는 triangleClass T1;로 선언된 객체에 T1.Base = 10; T1.Height = 20;에 의해 상태 변수 값을 할당한 상태에서 이후 triangleClass T2 = T1;에 의해 T2를 만들면서 T1로 그 값을 초기화하는 경우를 말한다. ③은 피호출 함수에서 triangleClass T1;을 선언하고 작업 결과, return T1;에 의해 실행 결과 객체를 리턴하는 경우다.

일반적으로 복사 생성자 함수는 프로그래머가 직접 관리하는 것이 가장 바람직하다. 프로그래머가 직접 인터페이스 파일에 선언하고, 또 직접 구현하는 것이다. 만약, 프로그래머가 이처럼 직접 선언하고 구현하지 않으면, 컴파일러에서 제공하는 기본(Default) 복사 생성자가 자동으로 불려온다. 그러나 이 기본 복사 생성자 함수는 그리 믿을 만한 것이 못 된다.

C 언어에서는, 객체라는 개념 대신 변수라는 개념만이 존재한다. 따라서 위 세 가지 경우에 단순히 변수 단위로 복사만 일어나면 되므로 전혀 문제 될 것이 없다. 그러나 C++에서 하나의 객체는 여러 개의 상태 변수로 구성될 수도 있고, 또 각각의 상태 변수가 복잡한 구조를 지닌 것일 수도 있다.

[그림 3-13]처럼 상태 변수 세 개 중 하나가 배열인 경우를 예로 들어보자. 복사 생성자는 당연히 원래의 배열을 복사하여 동일한 내용을 가진 또 하나의 배열을 만들어야 한다. 즉, 오른쪽 위 그림과 같은 복사본을 만들어야 한다. 그러나 기본 복사 생성자는 배열 내에 몇 개의 요소가 있는지 알 수 없을 뿐더러, 변수의 이름만으로 그것이 배열인지 단순한 타입의 변수인지 알 도리가 없다. 따라서 배열을 단순 변수로 취급하여 변수의 값을 복사하는 데 그친다. 배열 변수명은 배열의 시작 주소를 의미하므로 오른쪽 아래 그림과 같이 변수 N에 200을 복사하는 것으로 만족한다.

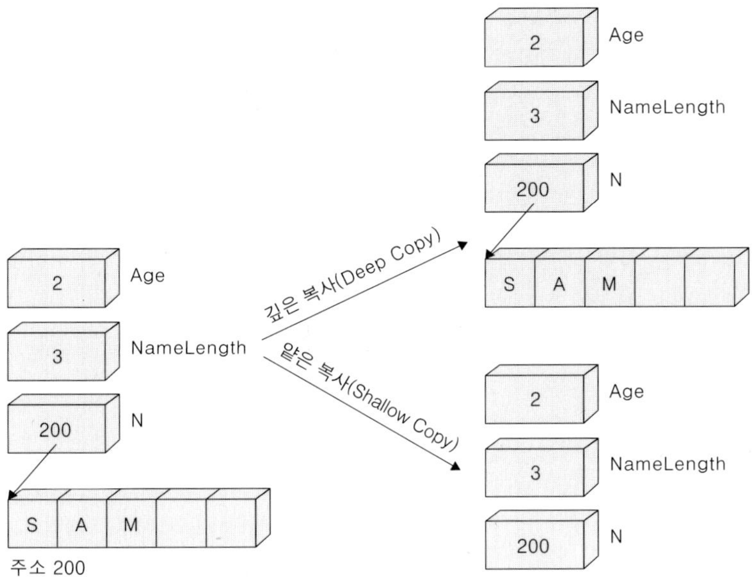

[그림 3-13] 깊은 복사, 얕은 복사

사용자가 복사 생성자 함수를 직접 관리하는 것은 이러한 이유에서다. 만약, 사용자가 함수를 작성한다면 당연히 현재 배열의 상태를 알고 있으므로 요소 하나 하나를 모두 복사할 수 있다. 예를 들어, [그림 3-13]에서 NameLength라는 변수를 사용하여 현재 배열 요소의 개수를 추적한다면 그만한 개수의 요소를 복사하면 된다. 이처럼 사용자 복사 생성자에 의해 만들어진, 원본과 완전히 동일한 복사본을 **깊은 복사**(Deep Copy)라고 한다. 반면 기본 복사 생성자에 의해 만들어진, 불완전한 복사본을 **얕은 복사**(Shallow Copy)라고 한다. 만약, 사용자 복사 생성자 함수가 선언되었다면, 항상 이것이 기본 복사 생성자에 우선하여 불려온다.

깊은 복사 (Deep Copy)

얕은 복사 (Shallow Copy)

복사 생성자가 불려오는 위 세 가지 경우 중, 두 번째 경우와 **할당 연산자**(Assignment Operator)는 구별해야 한다.

할당 연산자 (Assignment Operator)

[표 3-2] 복사 생성자와 할당 연산자의 비교

복사 생성자	할당 연산자
triangleClass T1; T1.Base = 10; T1.Height = 20; triangleClass T2 = T1;	triangleClass T1, T2; T1.Base = 10; T1.Height = 20; T2 = T1;

[표 3-2]처럼 복사 생성자는 문자 그대로 생성자므로 선언에 의해 객체가 생성될 때 불려온다. 일반적인 생성자와 차이점은 생성하면서 다른 객체를 복사해 넣으라는 것이다. 반면에 할당 연산자는 생성과 무관하게 할당만을 의미한다. [표 3-2] 오른쪽 칼럼의 마지막 명령어가 바로 할당에 해당한다. 동일한 Equal 기호를 사용하지만 두 가지가 서로 차이가 있음에 유의해야 한다.

할당 명령에 대해 복사 생성자가 불려오지는 않는다. 그러나 위 예에서는 객체 단위의 할당문이므로 제대로 된 할당을 하려면 연산자 오버로딩을 사용하여야 한다. 이를 위해서는 사용자가 정의한 연산자 오버로딩 함수에 의해 객체 내부의 모든 상태 변수들을 제대로 복사할 수 있도록 해야 한다.

Section

03 배열

❶ 배열 인덱스

동일한 데이터 타입의 변수 여러 개를 하나로 묶어서 관리하기 위한 것이 배열(Array)이다. 배열을 사용하지 않고 동일한 정수 타입의 변수 열 개가 필요하다면 이를 int N1, N2, N3, …, N10;으로 선언해야 하는 수고를 감수해야 한다. 배열을 사용하면 이는 int A[10];으로 간단히 선언할 수 있다.

배열의 가장 큰 특징은 인덱스를 사용하여 필요한 요소(Element)가 있는 곳을 단번에 찾아갈 수 있다(직접 접근, Direct Access)는 것이다. 예를 들어, A[200]에 의해 바로 201번째 요소를 찾아갈 수 있다는 것이다.

이처럼 단번에 원하는 요소를 찾기 위해서는 해당 요소가 있는 주소를 알아내는 것이 선결 요건이다. 해당 인덱스로부터 주소를 찾는 작업은 컴파일러가 계산한다. 컴파일러에 따라 다르지만 정수 타입 변수를 4바이트에 저장한다고 가정해 보자. [그림 3-14]처럼, 배열 A의 시작 주소가 200번지라면 A[0]는 200번지에, A[1]은 204번지에서 시작한다. A[0]을 첫 번째 요소라 할 때 이를 일반화하면 i번째 요소의 시작 주소는 다음과 같이 계산된다.

```
i번째 요소의 시작 요소 = &A[0] + (i - 1) × sizeof(Element Type);
```

A[ ]

A = &A[0] = 200

주소	배열요소	인덱스
200	98	0
204	92	1
208	88	2
212		3
216		4

[그림 3-14] 배열의 주소 값

이러한 계산이 가능한 근본적인 이유는 배열요소가 메모리 내에 서로 붙어 있기 때문이다. 만약, 배열의 첫 요소가 200번지에, 둘째 요소가 400번지에 있다고 하면 i번째 요소의 주소를 찾기 위한 이러한 계산은 틀린 계산이 되어버린다. C/C++ 언어에서 배열명은 그 배열의 시작 주소와 동일하다. 배열 A의 첫 요소가 시작하는 주소는 &A[0]이므로 이는 A = &A[0]임을 의미한다. 따라서 위 식은 다음과 같이 쓸 수도 있다.

```
&A[i - 1] = A + (i - 1) × sizeof(Element Type);
```

때에 따라서는 2차원 배열을 사용하기도 한다. 이는 행과 열로 구성된 도표를 저장하기에 유리한 형태의 배열이다. 2차원(평면)이란 말은 행렬의 모습이 그렇다는 것이지 실제로 메모리 내의 배열은 [그림 3-15]처럼 여전히 1차원(선형)으로 진행한다. [그림 3-15]는 행렬(Matrix)의 값을 배열로 저장한 모습이다. 포트란에서 **열 우선 순서(Column-Major Order)**를 사용한다면 C에서는 **행 우선 순서(Row-Major Order)**를 사용한다.

열 우선 순서 (Column-Major Order)

행 우선 순서 (Row-Major Order)

행 우선에서는 문자 그대로 행이 우선시 된다. 배열이 A[2][3]으로 선언되었다면 앞에 나오는 [2]가 행의 개수고 뒤에 나오는 [3]이 열의 개수가 된다. 인접한 배열요소를 볼 때 행 우선 순서에서는 행이 천천히 변하고 열이 빠르게 변한다. 다시 말해, 첫 행의 요소를 모두 나열한 다음에 둘째 행을 모두 나열하는 방식이다.

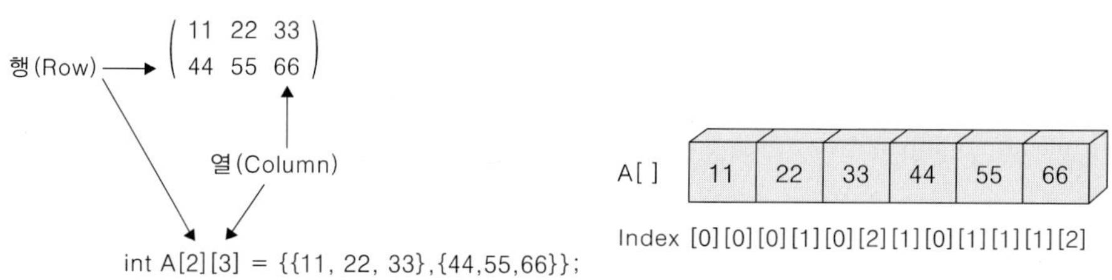

[그림 3-15] 행 우선 2차원 배열

C/C++에서 문자열(String, Character String)은 배열에 저장된다. 예를 들어, 다음과 같이 선언되고 초기화된 배열의 모습은 [그림 3-16]과 같다.

```
char C = 'H';
char Name[10] = "Kwon Eun";
```

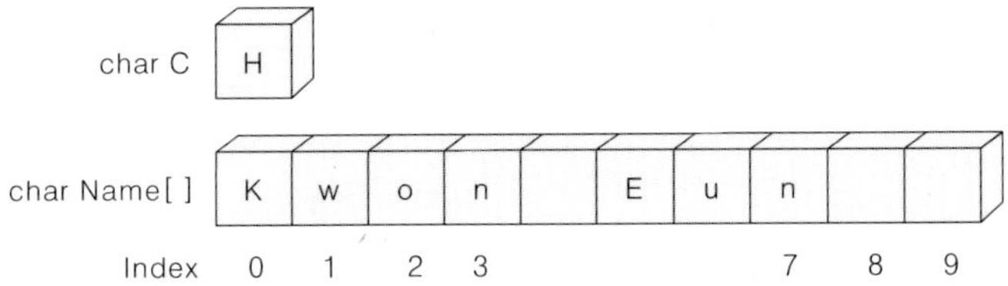

[그림 3-16] 배열의 구성

배열의 선언은 요소 타입을 먼저 제시하고 그 다음에 배열명, 배열크기 순으로 명시한다. [그림 3-16]은 문자(Character) 타입의 요소를 지닌 크기 10의 배열에 "Kwon Eun"이라는 문자열을 집어넣은 것이다. 배열 크기가 10이라면 인덱스는 0에서 9까지 진행한다. 파스칼(Pascal) 언어에서 인덱스가 1로 시작하는 데 비해 C 언어에서 인덱스를 0부터 시작하게 한 것은 사용자로서는 불편한 사양이다. 일반적으로 사람이 생각할 때에는 1번째, 2번째 하는 식으로 생각하지 0번째, 1번째 순으로 생각하지는 않기 때문이다.

배열 크기는 선언 시에 고정된다. 따라서 프로그램 실행 도중에 배열의 크기를 줄이거나 늘릴 수 없다. 소스 코드에 char Name[10];이라고 하면 프로그램이 시작되자마자 메인 메모리에 10 × sizeof(char) = 10이므로 10바이트의 연속된 공간이 할당된다. 프로그래머는 이 공간 내에서 필요한 모든 작업을 수행해야 한다. 허용된 공간 밖에 있는 Name[10]을 접근할 때에는 인덱스 범위 초과(Array Index out of Range) 오류에 직면하게 된다.

크기가 고정된다는 배열의 특성은 사용자로서는 불편한 사양이다. 예를 들어, Name[10]으로 잡아놓고 프로그램 실행 도중에 매우 이름이 매우 긴 사람이 들어오면 더 이상 여기에 넣을 수 없게 된다. 따라서 사용자로서는 가장 긴 이름이 몇 글자인지 미리 예상해야 하는 부담을 안게 된다. 그렇다고 무조건 크게 잡아서 Name[200]으로 잡는다면 대부분의 경우 배열의 앞부분만 사용되고 뒷부분은 비게 되므로 메모리 공간이 낭비된다.

② 배열과 포인터

배열의 정체는 포인터다. 예를 들어, int A[3] = {20, 80, 50};이라고 선언하면 컴파일러에서는 이 명령을 다음과 같은 어셈블리 명령어(Assembly Language Command)로 번역한다.

① 연속된 4바이트 공간 세 개를 확보하라.

② 각각의 공간에 20, 50, 80 값을 넣어라.

③ 정수 포인터 A를 만들어라.

④ 포인터 A의 값을 배열 첫 요소의 시작 주소 값으로 초기화하라.

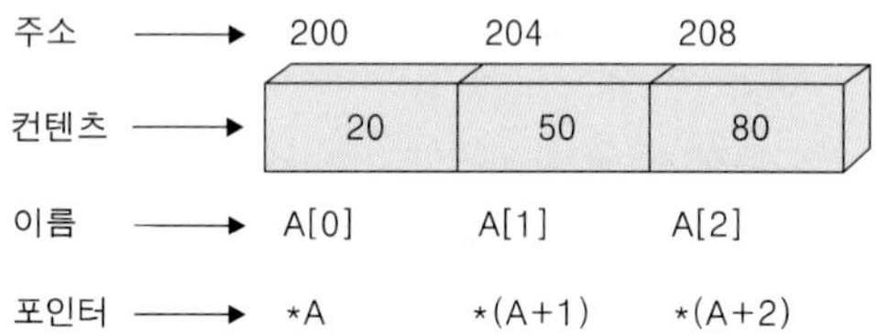

[그림 3-17] 배열의 포인터 표현

결과적으로 포인터 변수인 배열 A = &A[0]이 되어버리므로 배열의 첫 요소는 A[0] 또는 *A라 표현할 수 있다. 따라서 [그림 3-17]처럼 배열은 포인터를 사용하여 접근할 수도 있게 된다. 이 때 주의해야 할 점은 *(A + 1)에서 (A + 1)은 A에다 1을 더한 것이 아니라는 점이다. 이는 A에다 배열 요소 한 개가 차지하는 공간을 더하라는 것이다. 그림에서 요소는 4바이트 정수 타입이므로 (A + 1)은 200 + 4 = 204가 된다. 따라서 *(A + 1)은 204번지에 있는 것, 즉 A[1]과 동일한 의미가 된다. 이러한 덧셈 연산은 더하기 연산자의 오버로딩에 의해 이루어진다.

실제로 프로그래머가 작성한 A[1]이라는 표현은 컴파일러에 의해 *(A + 1)이라는 표현으로 번역된다. C 언어에서 첫 요소의 배열 인덱스가 0으로 시작하는 것 역시 이와 관련이 있다. 인덱스 0부터 시작하면 A[i] = *(A + i)로 번역할 수 있으나, 인덱스 1부터 시작하면 A[1] = *A가 되므로 A[i] = *(A + i − 1)로 추가의 빼기 연산을 가해야 하기 때문이다.

배열명은 포인터지만 이 포인터는 상수 포인터다. 따라서 프로그램 실행 중에 그 내용인 주소 값을 변경할 수 없다. 실행을 위해 프로그램을 메인 메모리에 올릴 때(Loading Time) 배열 위치가 고정되기 때문이다. 그러나 다른 포인터에 이 포인터 값을 복사할 수는 있다. 예를 들어, int *Ptr;로 선언하고 Ptr = A;라고 해도 전혀 무리가 없다. 이렇게 함으로써 배열 A[ ]를 Ptr이라는 또 다른 포인터로 접근할 수 있게 된다. 나아가 Ptr[2] = 40;이라는 표현을 사용해도 된다. 컴파일러가 이를 *(Ptr + 2)로 번역하기 때문에 *(A + 2)와 동일한 것이 되기 때문이다.

포인터 산술 연산 (Pointer Arithmetic)

이처럼 **포인터 산술 연산**(Pointer Arithmetic)을 사용하면 배열과 관련된 프로그램을 포인터로 작성할 수 있게 된다. 예를 들어, [표 3-3]의 두 프로그램은 완전히 동일하다.

[표 3-3] 포인터 산술연산

배열 인덱스	포인터 산술연산

int Buffer[1024];
for (int i = 0; i < 1024; i++)
    Buffer[i] = 5;
	int Buffer[1024];
	for (int* p = Buffer; p < &Buffer[1024]; p++)
	    *p = 5;

여기서 또 한 가지 중요한 것은 컴파일러는 위 네 가지 작업 외에 다른 일은 하지 않는다는 점이다. 즉, 필요한 크기의 빈 공간을 할애하고 그 시작 주소를 가리키는 포인터만 만들어 놓았을 뿐, 프로그램 실행 중에 현재 그 공간에 몇 개가 채워져 들어가는지, 소스 코드에 A[400]이라는 표현을 써 놓았는지에 대해서는 컴파일로서는 전혀 관심이 없다. 현재 몇 개가 채워져 있는지는 프로그래머가 알아서 관리해야 한다. 또, 허용된 배열 공간 바깥을 접근할 때 오류 메시지를 생성하는 것은 컴파일러 책임이 아니라 프로그램 실행 중 시스템 소프트웨어의 책임이다.

3 배열 전달

배열 역시 함수 호출 시 파라미터로 넘겨질 수 있다. 주어진 배열 내용의 합을 구하는 다음 예를 보자.

[코드 3-10] 배열 요소의 합 구하기

```
int SumUp(int A[], int size)
{  int Sum = 0;
   for (int i = 0; i < size; i++)
        Sum += A[i];
   return Sum;
}
void main()
{  int Total; int Score[5];
   Score[0] = 98; Score[1] = 92; Score[2] = 88;
   Total = SumUp(Score, 3);
}
```

배열을 넘길 때는 해당 배열의 크기(Size) 또는 길이(Length)를 함께 넘기는 것이 상례다. 여기서 크기란 현재 배열 내에 있는 요소의 개수를 의미한다. 이는 배열을 선언할 때 사용한 최대 크기일 수도 있지만 그 보다 작을 수도 있다. 크기 변수를 사용함으로써, 배열의 일부만 채워져 있는 상태에서 이들만을 대상으로 작업을 가할 수 있게 된다. 컴파일러로서는 배열의 크기를 알 수 없고 따라서 크기 정보를 관리하는 것은 프로그래머의 책임이다.

정수나 문자 변수 등 단순 타입과 달리 배열 변수는 함수 호출시 배열 전체가 피호출 함수의 배열로 복사되지 않는다. 이는 C와 C++ 모두에 적용된다. 위 예에서는 Score 배열이 A 배열로 복사되지는 않는다. 실제로 호출 함수에서 피호출 함수로 전달되는 것은 단지 배열 변수의 값, 즉 포인터 값이다. 이 포인터 값이 값 호출에 의해 복사되어 넘어간다. [그림 3-18]은 배열의 시작 주소인 200이란 값이 피호출 함수의 A 변수로 복사된 것이다. 주소 값이 넘어갔으므로 피호출 함수가 거기에 작업을 가하면 그 결과는 당연히 참조 호출이 된다.

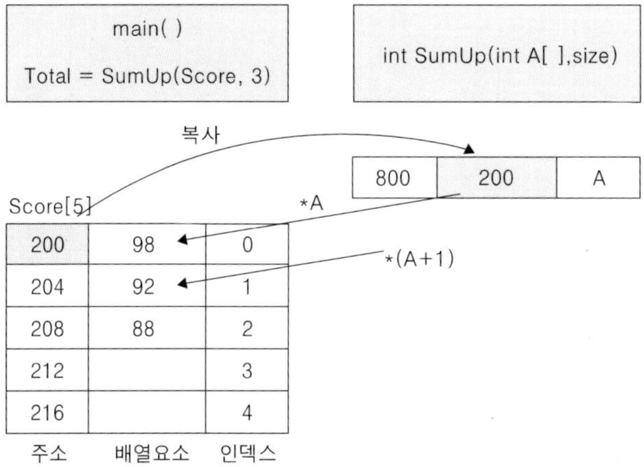

[그림 3-18] 호출 시 배열의 전달

이처럼 포인터 값이 넘어가는 과정은 값 호출이다. 그러나 그 포인터로 해당 데이터를 접근했을 때에는 원본 배열을 건드리는 참조 호출 효과를 이루게 된다. C나 C++에서 기본적으로 이러한 방법을 취하는 이유는 배열 요소 모두를 값 호출로 복사할 경우에 걸리는 시간적 부담을 줄이기 위한 것이다. 물론, C++에서는 사용자가 정의한 복사 생성자에 의해 깊은 복사를 가할 수도 있다.

피호출 함수에서 함수 프로토타입을 int SumUp(int A[ ], int size)에 의해 선언하더라도 결국 호출 함수가 넘기는 것은 포인터 값 뿐이다. 호출 시에 이처럼 배열이 포인터 하나로 축소된다는 사실을 아는 프로그래머는 배열을 직접 포인터로 받아서 처리하기도 한다. 예를 들어, 위 함수를 다음과 같이 짜기도 한다.

[코드 3-11] 피호출 함수

```
int SumUp(int *A, int size)
{  int Sum = 0;
   for (int i = 0; i < size; i++)
   {      Sum += *A;
          ++A;
   }
   return Sum;
}
```

Score라는 배열 변수의 값이 A로 복사되어 들어갔으니, *A 즉, 포인터 A가 가리키는 것은 배열의 첫 요소고 이는 정수 타입이다. 따라서 int *A는 정확한 표현이다. for문 내부의 ++A는 포인터 산술연산(Pointer Arithmetic)으로서 일반 산술연산과 다르다. A 값이 200번지일 때 보통의 산술연산이라면 ++A에 의해 A 값이 201번지로 바뀌지만, 포인터 산술연산은 200 +(배열요소의 크기)가 된다. 위 코드를 유심히 관찰하면 A 값이 바뀌는 것을 알 수 있다. A++에 의해 A 값을 마음대로 바꾸어도 되는 이유는 이 A가 복사본이기 때문이다. 원본 배열을 가리키는 상수 포인터 Score는 여전히 원본 그대로 보존된다.

이처럼 C나 C++에서 배열을 넘기면 원하는 원본 배열이 넘어간다. 따라서 참조 호출을 원하는 사용자에게는 아무런 문제가 없다. 그러나 값 호출에 의해서 안전하게 원본을 그대로 놓아두고 사본만 참조하기 원하는 사용자 입장에서는 이러한 메커니즘이 상대적으로 불안하다. 물론, 피호출 함수에서 읽기만 하고 쓰지 않으면 되지만 실수로 쓰는 코드가 들어간 경우에 대비하기 위한 것이 **const(상수, Constant)**다.

const
(상수, Constant)

```
int SumUp(const int A[], int size)
int SumUp(const int *A, int size)
```

피호출 함수에서 이렇게 선언하면 배열 내부 요소를 변경할 수 없다. 배열의 요소 앞에 상수(Constant)를 의미하는 const를 사용함으로써 "읽을 수만 있지, 쓸 수는 없다"고 정의하는 것이다. 이러한 정의는 컴파일러가 피호출 함수 내부에 쓰기 명령이 있는지 없는지 검증하는 데 사용된다.

4. 동적 배열

정적 배열
(Static Array)

동적 배열
(Dynamic Array)

동적 배열은 프로그램 실행 중(Run Time)에 새로운 배열을 만드는 것을 말한다. 동적 배열을 이해하는 데에는 주의를 요한다. 엄밀히 말해서 동적 배열은 C 언어의 malloc이나 C++ 언어의 new에 의해서 새로운 메모리 공간을 만들어내는 것과 완전히 동일하다. 단지 차이점은 동적 배열을 사용하면 객체 여러 개를 묶어서 한꺼번에 만든다는 것이다. **정적 배열**(Static Array)과 **동적 배열**(Dynamic Array)을 비교해보자.

[코드 3-12] 정적 배열과 동적 배열 비교

```
void Function1(int Size)
{  int MyArray[ Size] ;                          정적 배열 선언
   ...
}
void Function2(int Size)
{  int *MyArrayPtr = new int[ Size] ;            동적 배열 선언
   ...
   delete[ ] MyArrayPtr;
}
```

Function1은 문법 오류(Syntax Error)를 일으킨다. 지역 변수인 정적 배열 MyArray를 선언하는 데 있어서 배열 크기는 컴파일 시에 고정되어야 한다. 즉, 실행시간(Run Time)에 넘겨질 파라미터인 Size 값으로 배열의 크기를 잡을 수는 없기 때문이다. 정적 배열을 비롯한 모든 지역 변수는 **스택 메모리**(Stack Memory)라는 메모리 공간에 올려지며, 이 스택 메모리는 항상 프로그램 실행 전에 그 크기가 정해져야 한다.

스택 메모리
(Stack Memory)

반면 Function2의 동적 배열은 실행시간에 new에 의해 새롭게 만들어 질 수 있다. new에 의해 만들어지는 변수는 **힙 메모리**(Heap Memory)라는 메모리 공간에 올려지며, 이 힙 메모리는 프로그램 실행 중 필요에 따라 그 크기를 정할 수 있다. 따라서 파라미터로 넘겨진 Size 만큼의 공간을 생성할 수 있게 된다. 물론, 이러한 동적 배열 역시 malloc에 의해 만들어진 공간과 마찬가지로 더 이상 사용되지 않을 때에는 반드시 delete[ ]를 사용하여 모든 공간을 운영체제에게 반납해야 한다.

힙 메모리
(Heap Memory)

주의해야 할 것은 배열의 크기가 실행 중에 자유로 늘어나거나 줄어들게 하는 것이 동적 배

열의 개념은 아니라는 점이다. new에 의해 만들어진 동적 배열 역시 한번 만들어지면 그것이 delete에 의해 없어지기까지 배열크기는 고정된다.

이미 만들어진 배열에 어떤 데이터를 넣은 상태에서 배열의 크기를 늘리는 C 명령어가 있기는 하다. realloc이 그것이다. 그러나 이 함수 역시 내부적으로 볼 때에는 기존의 배열 공간을 그대로 사용하는 것이 아니라 새로운 공간에 더 큰 배열을 만든 후, 이전 배열에 있던 데이터를 복사하는 함수다. 프로그램 실행시간 면에서 볼 때 이러한 배열 요소의 복사 작업은 상당한 시간적 비효율성을 의미한다. 따라서 이 책의 설명에서는 이러한 함수를 가능한 사용하지 않는 것을 전제로 한다.

Section

04 구조체

필드(Field)

데이터를 조직화하는 데 있어서 필요한 기본 단위는 **필드(Field)**다. [그림 3-19]의 학생 신상정보에서 성명, 성별, 나이, 전화번호 등은 필드에 해당한다. 각각의 필드가 모인 것이 레코드(Record)다. 레코드 여러 개가 모여서 하나의 파일(File)을 이룬다.

필드(Field) ↓

파일(File) ↘

레코드(Record) ⟶ (김무성 행)

정지희	여	19	011-388-3031
박하영	여	19	02-445-5059
김무성	여	19	031-330-6432
정건호	남	19	019-301-3001

[그림 3-19] 필드, 레코드, 파일

구조체(Structure)란 레코드를 의미한다. 즉, 필드 여러 개를 조합해서 하나의 단위로 묶은 자료구조를 말한다. 배열, 구조체 등은 데이터 여러 개를 모아서 그룹화한 것으로, 이러한 데이터 타입을 **군집 데이터 타입**(Aggregate Data Type)이라 한다. 배열이 동일한 타입의 데이터를 묶은 데 반해서, 구조체는 일반적으로 서로 다른 타입의 데이터를 묶은 것이다.

군집 데이터 타입 (Aggregate Data Type)

1 구조체 선언

자동차에 관한 정보를 구조체로 묶기 위한 선언의 예를 살펴보자.

```
struct car
{ char Title[12];         자동차명
  int Year;               연식
  int Price;              가격
};
```

위와 같이 선언하면 struct car는 일종의 타입명이 된다. 이 타입은 Title, Year, Price라는 필드 세 개로 구성된다. 그 중 Title 필드는 문자열을 담기 위해 배열로 잡혀 있다. [그림 3-20]처럼 문자수는 11개지만 배열 크기를 12로 잡은 것은 문자열을 조작하기 위한 스트링 함수를 위해서다. 문자열의 끝을 표시하기 위해 '\0' (Backslash Zero)를 사용한다.

위 예처럼 타입이 선언되면 struct car MyCar;와 같이 변수를 선언할 수 있다. 이처럼 구조체 타입명을 사용할 수도 있지만 프로그램의 가독성(Readability)을 좋게 하기 위해 typedef 지시어를 사용하는 것이 일반적이다.

```
typedef struct car
{  char Title[12];
   int Year;
   int Price;
}  carType;
```

필드명	값	시작 주소
Title	RedS	200
	Port	204
	Car	208
Year	2005	212
Price	1200	216

[그림 3-20] carType 구조체

typedef는 프로그래머가 새로운 타입을 정의하겠다는 뜻이다. typedef A B;는 기존의 A 타입을 내가 B라는 이름으로 명명한다는 것이다. 따라서 위 경우는 struct car 대신 carType이라는 내가 정의한 타입(User-defined Type)을 사용하겠다는 것이다. "struct car 어쩌고 보다 그냥 carType MyCar;"라고 하는 편이 조금 더 읽고 쓰기에 좋다. 마찬가지로 포인터에 대해서도 int *p; 대신 다음과 같이 하는 것이 일반적이다.

```
typedef int* ptrType;
ptrType p;
```

배열 구성요소 각각을 인덱스를 통해 지정한다면, 구조체의 구성요소를 지정하기 위해서는 필드 변수명을 사용한다. MyCar라는 구조체 변수는 Title, Year, Price라는 세 개의 필드로 구성되어 있고 각 필드는 .(Dot) 기호를 사용하여 지정할 수 있다. 예를 들어, MyCar의 Year(연식)를 2001로 할당하려면 MyCar.Year = 2001;이라고 하면 된다. 또, 선언하면서 필드 값을 초기화하려면 carType MyCar {"RedSportsCar", 2005, 2000};과 같이 하면 된다.

차량 여러 대가 필요할 경우, 구조체 여러 개를 정의할 수 있다. 예를 들어, carType MyCar, YourCar, HerCar;처럼 하면 된다. 그러나 이것이 번거롭다면 배열을 사용하면 된다.

```
carType CarArray[100];              자동차 최대 100대
```

이 경우, 배열을 구성하는 요소는 carType이라는 구조체 타입이다. 결과적으로 자료구조는 [그림 3-21]과 같이 구조체 배열(Array of Structure) 형태가 된다. 여기서 예를 들어, 세 번째 차량의 연식 필드를 접근하려면 CarArray[2].Year라고 표현하면 된다.

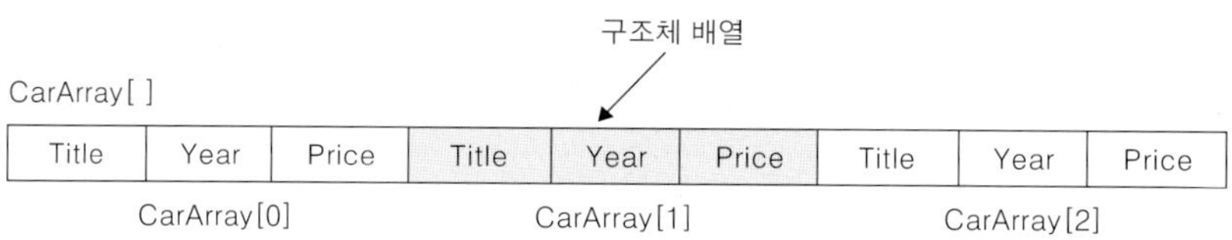

[그림 3-21] 구조체 배열

❷ 구조체와 포인터

구조체 변수를 가리키는 포인터를 생각해보자. 예를 들어, carType *p;로 선언하면 p가 가리키는 것은 carType의 구조체 변수가 된다. 이어서 p = &MyCar;라고 하면 p는 MyCar를 가리키게 된다. 이 경우, 포인터 p를 통해서 MyCar의 연식을 나타내려면 (*p).Year라고 하면 된다. 이는 [그림 3-22]처럼 포인터 p가 가리키는 구조체 MyCar 중 Year 필드를 지칭한다.

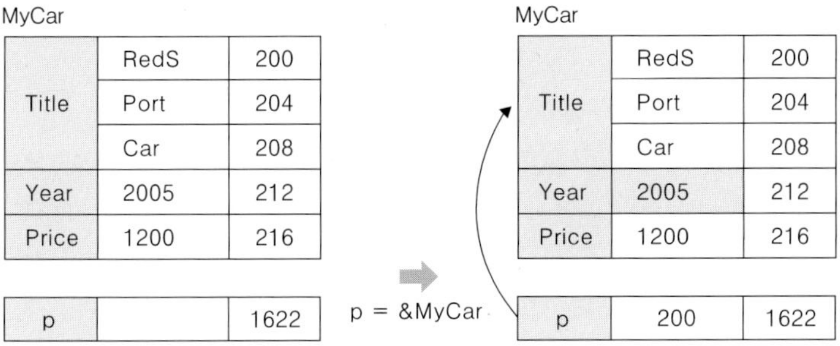

[그림 3-22] 구조체 포인터

이를 *p.Year라고 표현하면 안 된다. 연산자 우선순위(Operator Precedence)에 의하면 .(Dot) 연산자가 *(Asterisk)보다 우선적으로 평가되기 때문에 그렇게 쓰면 *(p.Year)가 되어 버린다. 포인터 p 자체가 Year라는 필드를 가지고 있지 않기 때문에 이렇게 쓰는 것은 오류다. 이러한 번거로운 표현 방식을 단순화한 것이 ->(Right Arrow, 우측 화살표) 기호다. (*p).Year 대신에 p->Year라고 하면 된다. 말로 하면 "p가 가리키는 것 중에 Year라는 필드"에 해당한다. 화살표 기호는 구조체 뿐만 아니라 C++ 객체에도 사용된다. 객체 역시 여러 가지 데이터의 집합이므로, 만약에 그 객체를 포인터 p로 붙잡았으면 개별 필드는 이와 같이 표시된다.

구조체를 가리키는 포인터를 사용하는 중요한 이유 중 하나는 **개념적인 재정의**다. [그림 3-23]의 왼쪽 그림은 어떤 사람의 인적사항으로서 성명, 나이, 체중, 소유 자동차의 연식, 가격 등의 정보를 나타낸다.

개념적인 재정의

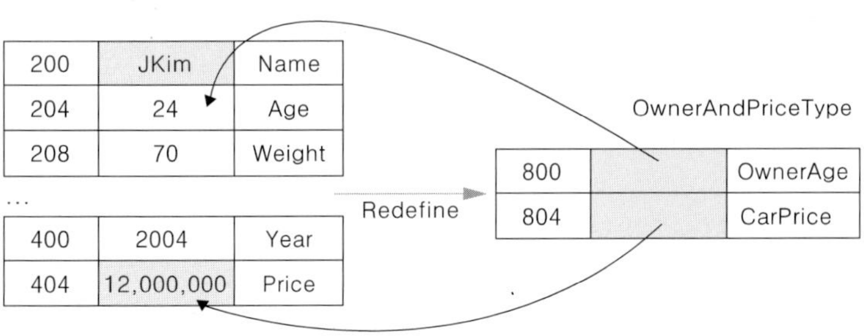

[그림 3-23] 포인터에 의한 자료의 재정의

이들 여러 정보 중, 나이별로 소유 차량의 가격 정보만을 필요로 할 때에는 다음과 같이 구조체를 정의할 수 있다.

[코드 3-13] 구조체 정의

```
typedef struct OwnerAndPrice
{ int *OwnerAge;
  int *CarPrice;
} OwnerAndPriceType;
OwnerAndPriceType P;
P.OwnerAge = &Age;
P.CarPrice = &Price;
```

즉, 나이별 차량가격이라는 새로운 개념을 구조체를 사용하여 만든 것이다. 여기서 중요한 것은 실제로 구조체 내부에는 나이나 차량가격을 저장하지 않았다는 점이다. 구조체 내부에는 포인터만 있고 그 포인터가 실제로는 다른 곳에 저장된 변수를 가리키게 한다. 이렇게 함으로써 원래의 변수를 복사하지 않고 그대로 둔 채, 그 변수를 바라보는 관점만 새롭게 정의할 수 있게 된다. 예를 들어, 나이별 차량연식이라는 또 다른 관점의 구조체를 정의할 수도 있다.

이후에 전개될 여러 가지 추상적인 자료구조의 개념은 자료를 바라보는 관점이다. 관점이 바뀌면 해당 관점을 구현하기 위한 자료구조도 바뀌어야 한다. 그러나 이처럼 포인터를 사용하면 원래의 데이터를 그대로 놓은 채, 그 데이터를 가리키는 포인터 변수를 조직화함으로써 다양한 관점을 구현할 수 있게 된다. 그러나 이해의 편의를 도모하기 위해 이 책에서는 포인터보다는 데이터를 직접 조직화하는 방법을 예시하기로 한다.

프로그램 실행 중 동적으로 구조체를 만들 수도 있다. C 언어에서는 다음과 같은 명령으로 포인터 p가 동적으로 생성된 구조체를 가리키게 할 수 있다. 물론, C++에서는 이보다 간단하게 p = new carType;이라는 명령을 사용한다.

```
carType *p;
p = (carType*)malloc(sizeof(carType));
```

③ 구조체 전달

함수 파라미터로서의 구조체를 전달할 때에는 배열과는 달리 개별 필드가 모두 복사되어 전달된다. 마찬가지로 어떤 피호출 함수가 리턴 값으로 구조체를 전달할 때에도 개별 필드가 모두 복사되어 리턴된다. 다시 말해, 구조체는 필드 단위의 값 호출에 의해 전달된다. 예를 들어 보자.

[코드 3-14] 구조체 전달

```
FunctionCall(carType ThisCar);
{...
}
main()
{ carType MyCar;
  FunctionCall(MyCar);
}
```

이 경우 MyCar를 구성하는 필드 세 개가 모두 피호출 함수의 ThisCar로 복사되어 넘어간다. 그러나 이러한 필드 단위의 복사는 얕은 복사(Shallow Copy)라는 점에 유의해야 한다. 필드 단위의 복사에서 carType의 첫 필드인 Title 변수는 다름 아닌 배열이다. 배열의 복사는 기본적으로 포인터만 복사되어 넘어가지, 배열 내부 데이터가 복사되지는 않는다.

원한다면 구조체를 가리키는 포인터를 넘김으로써 참조 호출 효과를 기할 수도 있다. 이렇게 하려면 위 예의 main 함수에서 FunctionCall(&MyCar);라고 부르고 피호출 함수에서 FunctionCall(carType *ThisCar)로 받으면 된다. 또, 함수 실행 결과로 구조체를 가리키는 포인터 값을 리턴 할 수도 있다. 이때 그 구조체가 함수 내부에서 선언된 지역 변수라면 주의해야 한다. 모든 지역 변수는 그것이 선언된 함수 실행이 끝남과 동시에 해당 메모리 공간이 없어진다. 따라서 없어진 공간을 가리키는 포인터 값을 호출 함수에게 되돌리지는 않아야 한다.

Section

05 활성화 레코드

코드 섹션
(Code Section)

데이터 섹션
(Data Section)

전역 메모리
(Global Memory)

스택 메모리
(Stack Memory)

힙 메모리
(Heap Memory)

프로그램을 실행할 때 메모리는 두 개의 섹션으로 나뉜다. 기계어 코드(Machine Code)가 들어있는 **코드 섹션(Code Section)**과 데이터가 들어있는 **데이터 섹션(Data Section)**이다. 코드 섹션은 프로그램 실행을 위해 읽을 수만 있는 부분이다. 데이터 섹션은 다시 **전역 메모리(Global Memory)**와 **스택 메모리(Stack Memory)**, 그리고 **힙 메모리(Heap Memory)**로 나뉜다. 프로그램 내에서 데이터가 어떻게 선언되어 있느냐에 따라서 컴파일러는 이들 세 가지 중의 한 가지 메모리를 할당하게 된다.

모든 지역 함수(Local Function)의 바깥에 선언된 변수(Global Variable)에 할당되는 것이 전역 메모리다. 메인 함수 역시 프로그램을 실행하기 위해 운영체제가 호출하는 일종의 지역 함수다. 따라서 메인 함수 내부에 선언된 변수들은 지역 변수다. 전역 변수는 메인 함수를 부르기 전에 이미 할당되어 프로그램이 종료되기 전까지는 그대로 남아 있게 된다.

함수 내에 선언된 지역 변수는 그 함수가 호출될 때 비로소 그 공간이 확보된다. 이렇게 하기 위해서 지역 변수는 필요한 공간의 크기를 컴파일 시에 확정해야 한다. 지역 변수를 위한 공간은 스택 메모리에 할당되며 이 스택 메모리에는 해당 함수 실행이 끝나면 자동으로 해제되어 더 이상 사용할 수 없게 된다. 지역 변수가 함수 호출 시 생성되며 함수에서 빠져나올 때 소멸된다는 것은 스택 메모리가 이러한 방식으로 운영되기 때문이다.

프로그램이 시작될 때 일정한 양의 힙 메모리가 프로그램에 할당된다. 프로그램 실행 중 필요에 의해 동적으로 할당되는 메모리가 힙 메모리다. 즉, C의 malloc이나 C++의 new에 의해 할당되는 메모리다. 힙 메모리의 크기는 운영체제가 정한 최대 가상 메모리(Virtual Memory) 만큼이다. 시스템에 따라 다르지만 프로그램이 실행 시의 메인 메모리 공간을 단순화시키면 대략 [그림 3-24]와 같이 묘사할 수 있다.

높은 번지⇩ (High Address)	힙(Heap) ⇩
	미사용 공간(Available)
	스택(Stack) ⇧
	전역 변수(Global Variables)
낮은 번지⇧ (Low Address)	기계어코드(Machine Code)

[그림 3-24] 프로그램 실행 시의 메인 메모리 구성

맨 아래 부분에 프로그램이 들어간다. 물론, 이 프로그램은 컴퓨터가 바로 실행할 수 있는 이진수 형태의 기계어 코드다. 그 위에 프로그램에서 선언한 전역 변수들이 들어간다. 힙(Heap) 메모리는 프로그램 실행 중에 동적으로 할당되며 함수 호출이 계속됨에 따라 점차로 아래(낮은 번지)로 자라게 된다. 스택 메모리 역시 함수 호출 시에 정적으로 할당되며 점차로 위(높은 번지)로 자란다. 따라서 아래로 자라는 힙 메모리와 위로 자라는 스택 메모리 사이에 있는 가용 메모리는 점차 줄어들게 된다.

스택 메모리는 활성화 레코드와 직결되어 있다. 재귀호출을 비롯한 모든 함수 호출에는 반드시 **활성화 레코드(Activation Record)**가 수반된다. 여기서 '활성화' 라는 말은 피호출 함수가 활성화(가동) 되는 데 필요하다는 의미에서 붙여진 이름이다. 함수 하나가 다른 함수를 부를 때 일어나는 일들을 다음 코드로 살펴보자.

활성화 레코드 (Activation Record)

[코드 3-15] 함수 호출

```
① int a;                    전역 변수
  void main()
② { int b; char *s;         지역 변수(스택)
③   s = malloc(10);         10바이트짜리 동적 변수(힙)
④   b = fcn(5);
⑤   free (s);
  }
  int fcn(int p)            파라미터(스택)
  { int b = 2;
⑥   b = b + p;
⑦   return (b);
  }
```

운영체제가 메인 함수를 호출함으로써 프로그램이 시작된다. 운영체제 입장에서 볼 때는 메인 함수 역시 위의 다른 함수와 마찬가지로 하나의 지역 함수(Local Function)에 불과하다. 함수 호출 시마다 하나씩 생성되는 것이 활성화 레코드므로 main 함수가 호출되는 순간 활성화 레코드 하나가 생성된다. 메인 함수가 호출된 직후 변화된 메모리 모습은 [그림 3-25]와 같다.

힙		*s
미사용 공간		
스택 (main 함수의 활성화 레코드)	지역 변수(Local Variables)	b, s
	리턴 주소(Return Address)	204
	값 파라미터(Value Parameters)	
	리턴 값(Return Value)	
전역 변수		a
기계어 코드		main( ), fcn( )

[그림 3-25] main 함수를 위한 활성화 레코드

전역 변수는 함수 밖에 선언되는 것으로서 위 예에서는 메인 함수 바깥쪽 ①에 선언된 a 변수가 이에 해당한다. 이 전역 변수는 스택과 무관하게 별도의 고정된 메모리 공간에 위치하며 이 공간은 프로그램이 완전히 끝나기 전에는 없어지지 않는다.

스택 프레임 (Stack Frame)

운영체제가 메인 함수를 호출하는 순간 메인 함수의 활성화 레코드가 생성된다. 활성화 레코드는 스택에 저장되는 것으로서 일명 **스택 프레임**(Stack Frame)이라고도 한다. [그림 3-25]와 같이 활성화 레코드는 대략 네 부분으로 나누어 볼 수 있다.

리턴 값 (Return Value)

리턴 값(Return Value)은 피호출 함수가 호출 함수에게 되돌려 주는 값을 말한다. 따라서 이 부분을 채워 넣는 것은 피호출 함수의 몫이다. 피호출 함수가 프로그램 수행 결과인 리턴 값을 여기에 복사해서 갖다 놓으면 호출 함수는 이 곳을 참조하여 리턴 값을 가져간다. 그러나 위 경우, 피호출 함수인 메인 함수의 리턴 값이 Void로 선언되었으므로 이 부분은 결국 채워지지 않는다.

값 파라미터 (Value Parameter)

값 파라미터(Value Parameter)는 호출 함수가 피호출 함수에게 넘기고자 하는 값을 써 놓는 부분이다. 즉, 호출 함수가 피호출 함수를 부르면서 여기에 파라미터 값을 복사해놓으면 피호출 함수는 이곳을 참조하여 그 값을 읽어간다. 값 호출에 의한 파라미터 전달을 위한 것이다. 위 예의 경우에는 호출 함수인 운영체제가 피호출 함수에 넘겨준 파라미터가 없다. 이는 메인 함수의 프로토타입 main( )에서 괄호 안에 파라미터가 없는 것을 보면 알 수 있다.

귀환 주소
(Return Address)

귀환 주소(Return Address)는 호출 함수가 채워 넣어야 한다. 즉, 호출 함수인 운영체제 프로그램의 번지수 200번지에 있는 명령문에서 메인 함수를 불렀다면, 메인 함수 수행이 끝난 다음에는 다시 운영체제 프로그램의 바로 다음 명령문(예를 들어, 명령문 길이가 4 바이트라면 204번지)을 수행해야 하기 때문에 여기에 204를 기록해야 한다.

지역 변수
(Local Variables)

지역 변수(Local Variables)는 함수 내에서 선언된 지역 변수를 저장하기 위한 곳이다. 위 예에서는 ②에 선언된 정수 타입 변수 b와 정수를 가리키는 포인터 타입 변수 s가 저장된다. 함수 수행 도중 ③에 의해서 힙 메모리 10바이트가 할애됨으로써, 힙 메모리 공간(*s)이 10바이트로 자라게 된다.

메인 함수 수행 도중 ④에 의해서 다른 함수 호출을 시도하는 순간, 다시 피호출 함수를 위한 활성화 레코드가 생성되고 이 레코드는 [그림 3-26]과 같이 기존의 활성화 레코드 위에 쌓이게 된다.

힙		*s
미사용 공간		
스택 (fcn 함수의 활성화 레코드)	지역 변수(Local Variables)	b
	리턴 주소(Return Address)	⑤번
	값 파라미터(Value Parameters)	5
	리턴 값(Return Value)	
스택 (main 함수의 활성화 레코드)	지역 변수(Local Variables)	b, s
	리턴 주소(Return Address)	204
	값 파라미터(Value Parameters)	
	리턴 값(Return Value)	
전역 변수		a
기계어 코드		main( ) fcn( )

[그림 3-26] fcn 함수 호출 직후의 활성화 레코드

fcn 함수의 활성화 레코드를 살펴보자. 리턴 값 필드는 함수 수행이 끝날 즈음에 ⑦번 명령에 의해 7이 들어가게 된다. 값 파라미터에는 main에서 5를 넘겨준 상태다. 또, 이 함수 수행이 끝나고 되돌아가서 실행해야 할 명령어의 주소는 호출 함수인 main의 ⑤번 명령문의 시작 주소다. fcn 함수 수행에 사용되는 b 변수는 main 함수에서 사용하는 변수와 이름은

같지만 별도의 변수다. 따라서 ⑥에 의해 여기에 있는 지역 변수 b를 fcn 함수가 어떻게 바꾸든지 간에, 아래 쪽 메인 함수의 활성화 레코드에 저장된 b 변수 값은 변하지 않는다.

fcn 함수의 실행이 끝나는 순간 fcn 함수의 활성화 레코드는 날아간다. 그 결과 스택에는 메인 함수의 활성화 레코드만 남게 된다. 이제 스택의 가장 위에 있는 것은 메인 함수의 활성화 레코드다. 함수 실행이 끝나고 빠져 나올 때, 해당 함수의 모든 지역 변수가 날아간다는 것은 이러한 의미다. 따라서 메인 으로 되돌아가서 ⑤에 있는 명령어가 다시 시작되는 상태에서의 지역 변수 b는 fcn 함수 호출 이전에 메인 에 있던 b 값을 회복한다. 파라미터 역시 지역 변수와 마찬가지로 원래 값을 회복한다. 함수가 실행되는 도중에는 현재 가장 위에 있는 활성화 레코드의 변수, 파라미터 값을 참조하기 때문이다.

집에서 책을 보고 있는데, 집배원 아저씨가 초인종을 눌렀다고 상상해보자. 그냥 책을 덮고 의자에서 일어나 현관으로 나가서 우편물을 받고, 서명하고, 문 닫고 다시 의자에 앉았다면, 다시 책을 펼쳤을 때, 내가 어디까지 읽었는지 처음부터 다시 찾아야 한다. 반면, 내가 일어나기 전에 읽던 페이지에 책갈피를 끼워 놓고 나갔다면 다시 왔을 때, 그 즉시 읽고 있던 곳을 찾아낼 수 있다. 책 읽는 모드에서 집배원 아저씨를 상대하는 모드로, 다시 책 읽는 모드로 전환하는 과정을 전산학에서는 **컨텍스트 스위칭**(Context Switching, **맥락의 전환**)이라고 표현한다.

컨텍스트 스위칭 (Context Switching, 맥락의 전환)

메인 함수를 수행하던 맥락에서 피호출 함수를 수행하는 맥락으로 전환할 때, 메인 함수를 수행하던 맥락과 관련된 모든 정보를 저장해두고 간다면, 나중에 피호출 함수에서 되돌아 왔을 때 원래의 상태를 복구하는 것이 용이해진다. 활성화 레코드는 이처럼 현재 수행되고 있는 함수의 상태와 관련된 모든 정보를 저장하는 곳이다.

활성화 레코드는 함수의 호출이 일어날 때마다 피호출 함수를 대상으로 하나씩 만들어 진다. 예를 들어, 위 fcn 함수가 수행 도중 다시 fcn2 함수를 불렀다면 fcn2의 활성화 레코드가 fcn 함수의 활성화 레코드 위에 쌓이게 된다. 이 역시 fcn2가 끝나면 다시 해당 활성화 레코드가 삭제되어 이전 fcn의 활성화 레코드가 스택의 가장 위에 있는 상태로 된다.

즉, 스택이 늘어났다 줄어들었다 하면서 현재 실행 중인 함수의 상황을 저장하고 복원하게 된다. 만약, 실수로 무한 루프(Infinite Loop) 내에서 함수 호출을 계속한다면 활성화 레코드가 무한정 쌓이게 되고 그 결과 운영체제가 할당한 메모리 공간을 초과함으로 인해 **스택 오버 플로우**(Stack Overflow) 오류에 직면하게 된다.

스택 오버 플로우 (Stack Overflow)

만약, 실수로 무한 루프 내에서 new int;를 계속하였다면 이번에는 힙 오버 플로우에 직면한다. 동적 메모리는 힙 메모리에 할당되기 때문이다. 포인터는 실제로 전역 메모리, 스택 메모리, 힙 메모리에 할당된 어떤 변수라도 가리킬 수 있다. 그러나 공간 반납을 시도해야 되는 변수는 힙 메모리에 할당된 변수에 국한된다. 전역 변수는 프로그램이 끝나기 전까지는 사라지지 않고, 지역 변수는 함수 실행이 끝나면 자동으로 사라지기 때문이다.

만약, 프로그램에서 동적 메모리 할당을 요구할 때 힙 메모리가 이미 소진되어 더 이상의 공간이 없다면 명령 실행결과 널(NULL) 값이 되돌아온다. 따라서 프로그래머는 이러한 경우에 대비할 수 있는 코드를 작성하는 것이 바람직하다.

[코드 3-16] 힙 메모리 소진을 대비한 코드

```
int *Ptr = new int;                    힙 변수를 만들어라.
if (Ptr == NULL)                       만약 힙 메모리 공간이 부족하면
{  cout << "No More Memory\n";         오류 메시지를 출력하고
   exit(-1);                           프로그램을 종료하라.
}
```

이 경우 실제로는 if문 대신 assert 매크로를 사용하여 assert (Prt != NULL);이라고 하는 것이 좀더 편리하다.

Section

06 디버깅을 위한 매크로

프로그램을 작성할 때, 디버깅에 대비해서 소스 코드 중간 중간에 출력 명령을 넣는 경우가 있다. 예를 들어, 어떤 숫자의 루트 값을 계산하기 위한 다음 코드가 계속 오류가 난다고 가정하자.

```
float SquareRoot (float t)
{  return sqrt(t);
}
```

현재 넘어온 파라미터 값에 문제가 있는 것이 아닌지 확인하기 위해 다음과 같은 소스 코드를 추가하는 경우가 있다.

```
float SquareRoot (float t)
{  printf ("%f", t);
   return sqrt(t);
}
```

t가 음의 값이라면 루트를 구하는 함수에 넘겨졌을 때 오류가 난다. 따라서 프린트 출력 명령으로 t의 값을 확인해 볼 수 있다. 그러나 이처럼 출력 명령을 사용할 경우, 나중에 프로그램이 제대로 작동하면 디버깅을 위한 이같은 출력문은 지워야만 한다.

디버거(Debugger)

디버깅에는 이보다 효율적인 방법이 있다. 첫째, **디버거**(Debugger)를 사용하여 소스 코드 한줄 한 줄이 실행될 때마다 변수 값의 변화를 추적하는 방법이다. 디버거 기능은 거의 모든 컴파일러가 부수적으로 제공하는 유틸리티 기능으로써, 전문 프로그래머에게는 놓칠 수 없는 필수적인 기능이다. **통합 개발 환경**(IDE, Integrated Development Environment)을 제공하는 최근의 컴파일러에는 이러한 디버거가 기본적으로 내장되어 있다.

통합 개발 환경 (IDE, Integrated Development Environment)

어서트 매크로 (Assert Macro)

둘째, **어서트 매크로**(Assert Macro)를 사용하는 방법이다. 매크로란 문자열의 치환을 의미하는 것으로서 C 언어에서는 #define에 의해 정의된다. 예를 들어, #define MAX 100

이라고 선언하면, 해당 소스 코드 내의 모든 MAX라는 문자열이 자동으로 100으로 치환된다. 유의해야 할 것은 이는 **명령문(Instruction)**이 아니고, **지시어(Directive)**라는 점이다. 명령문과 달리 지시어는 세미콜론(;)으로 끝나지 않는다. 또, 지시어는 명령문과 달리 컴파일의 대상이 될 수 없다. 즉, 매크로에 의한 치환은 컴파일 전 단계(Pre-Compilation Time)에 일어난다.

명령문(Instruction)

지시어(Directive)

프로그래머로서 어서트 매크로를 사용하기란 매우 쉬운 일이다. 위의 예라면 다음과 같이 사용하면 된다.

```
①  #include <assert.h>
     float SquareRoot (float t)
②  { assert (t >= 0);
       return sqrt(t);
    }
```

②번 어서트는 “여기서 t 값이 0보다 크거나 같은지 확인하라” 라는 의미다. 만약, 그렇지 않으면 프로그램 실행이 중단되고 여기에서 오류가 일어났음을 알리게 된다. 즉, 소스 코드 중간 중간에 어떤 조건이 만족되는지를 확인하기 위해 어서트 매크로를 사용한다. ANSI(American National Standard Interface) 표준을 따르는 C 컴파일러는 표준 헤더 파일로서 assert.h를 포함한다. ①에 의해 포함되는 헤더파일에는 실제 #define에 의해 assert라는 문자열 대신에 무엇을 넣을 것인지가 정의되어 있다.

이 매크로는 출력 명령과는 달리 나중에 디버깅이 끝난 후에 지울 필요가 없다. 아니, 절대로 지워서는 안 된다. 왜냐하면 어서트라는 것이 일종의 주석 역할을 하기 때문이다. 일반적으로 어떤 함수가 실행되려면 반드시 전제조건과 후속조건이 있다. 함수가 실행되려면 이러이러한 조건이 만족되어야 한다는 것은 **전제조건(Precondition)**시 필요하며 함수 실행 이후에는 이러이러한 조건이 만족되어야 한다는 것은 **후속조건(Postcondition)**이 필요하다.

전제조건 (Precondition)

후속조건 (Postcondition)

함수 시작부분과 끝부분에 어서트를 삽입함으로써 그 소스를 읽는 사람에게 프로그래머의 이러한 의도를 알릴 수가 있는 것이다. 코드 작성이 완료된 상태에서 어서트를 지우지 않고 그대로 유지하려면 다음과 같이 하면 된다.

[코드 3-17] 프로그램 완성 후의 모습

```
① #define NDEBUG
② #include <assert.h>
  float SquareRoot (float t)
③ { assert (t >= 0);
     return sqrt(t);
  }
```

디버깅이 끝난 프로그램 실행에서는 ③번 어서트가 무시된다. 디버깅 시에 ②에 의해 assert를 사용하였지만, 프로그램이 완료된 후에는 더 이상 사용할 필요가 없고 따라서 assert 기능을 해제하려고 ①번 지시어를 넣는다. ②의 헤더 파일 내용을 살펴보자.

[코드 3-18] assert 헤더 파일

```
① #if defined (NDEBUG)
      #define assert(expr)   ((void) 0)
  #else
②     #define assert(expr)
          if (!(expr))
          {   printf("\n%s%s\n%s%s\n%s%d\n",
              "Assertion Failed: ", #expr, "in file", _FILE_,
              "at line ", _LINE_);
              abort ();
          }
  #endif
```

조건부 매크로
(Conditional Macro)

이러한 매크로를 **조건부 매크로**(Conditional Macro)라고 부른다. 조건부 매크로는 매크로 자체가 if문을 포함함으로써 치환의 조건을 명시하게 된다. ①의 첫 두 줄의 의미는 만약, NDEBUG라는 것이 이미 정의되어 있으면 소스에 나타나는 모든 assert(expr)을 ((void) 0)으로 바꾸라는 것이다. [코드 3-17]의 ①에서 프로그램 작성이 완료된 후에 NDEBUG를 명시하면 소스의 어서트가 무시되는 것은 이런 이유 때문이다.

NDEBUG가 정의되어 있지 않으면 어서트문은 ②에 의해 if문으로 치환된다. 즉, 어서트의 파라미터로 넘겨진 표현(Expression)이 사실이 아니면 오류 메시지를 보내고, 종료

(Abort) 하라는 명령어다. 여기서 _FILE_이나 _LINE_은 예약어(Reserved Word)로서 입력 파일명과 행 번호를 가리킨다. 따라서 표현이 사실이 아니면 "Assertion Failed: t 〉= 0 in file Myfile at line 25"라는 식으로 오류 메시지가 발생한다.

포인터 역시 어서트 매크로의 대상이 될 수 있다. 예를 들어, 어느 순간에 포인터 값이 반드시 널이 아니어야만 다음 명령을 수행할 수 있다면, 당연히 "여기서 포인터 값은 반드시 널이 아님을 확인하라"라는 매크로를 쓰는 것이 좋다. 예를 들어, 어떤 함수의 시작부분에 if(Curr –〉 Data = = 24)라고 하려면 미리 assert(Curr != NULL)을 선언함으로써 널 포인터를 따라가는 오류를 방지할 수 있다.

Section

07 표준 라이브러리 헤더와 프로그래밍

이 책에 예시된 코드에서는 include에 의해 포함되어야 할 표준 라이브러리 헤더 파일을 대부분 생략하였다. 코드를 간략하게 하려는 목적도 있지만 컴파일러에 따라서 헤더 파일이 달라질 수 있기 때문이다. 컴파일 전처리 단계에서 해당 파일을 포함시키라는 이 지시어는 #include "A.h" 또는 #include 〈A.h〉 형식으로 사용한다. 겹따옴표로 했을 경우 컴파일러는 해당 헤더 파일을 1차적으로 소스파일과 같은 폴더에서 찾고 그 다음에 컴파일러 환경설정에 들어가 있는 표준폴더(대부분 컴파일러 설치폴더 내의 include 폴더)에서 찾는다. 꺾쇠로 했을 경우에는 표준폴더에서만 찾는다. C와 C++의 표준 라이브러리 헤더(Standard Library Header) 파일 중 자주 사용되는 몇 가지만 요약하면 [표 3-4]와 같다.

[표 3-4] 표준 라이브러리

언어	표준 라이브러리 헤더	포함된 정의
C	〈assert.h〉	어서트 매크로
	〈stddef.h〉	널 포인터
	〈stdio.h〉	printf, scanf, fprinf, fscanf, EOF
	〈stdlib.h〉	malloc, free
	〈string.h〉	strcpy, strcmp, memcpy, memcmp
	〈bool.h〉	TRUE, FALSE
C++	〈iostream〉	cin, cout
	〈new〉	new, delete
	〈list〉	오버로딩 리스트 함수
	〈stack〉	오버로딩 스텍 함수

ANSI C++ 표준에서 C++ 자체의 표준 라이브러리 헤더 파일에는 확장자 h를 붙이지 않는 것을 원칙으로 한다. 또, C 언어에서 유래된 헤더 파일은 〈cstdio〉처럼 앞에 c를 붙여서

표기해야 한다. 그러나 이러한 표준을 따르지 않는 컴파일러도 있으므로 컴파일러의 특성에 맞도록 표기하는 것이 좋다. 기존의 C에서는 부울(Boolean) 타입이 별도로 정의되어 있지 않으나 0을 FALSE로 인식하고, 그 나머지 모든 값을 TRUE로 인식한다. 정확히 부울 타입의 값을 정의하려면 다음과 같은 내용의 boolean.h 파일을 작성하여 포함(include)시키면 된다.

```
typedef int boolean;
const boolean FALSE = 0;
const boolean TRUE = 1;
```

생활 속의 자료구조

C++에서는 일반적으로 C 표준 라이브러리 입출력 함수인 printf를 사용하지 않는다. 대신 C++의 입출력 스트림 라이브러리를 사용한다. C++에서 출력하려면 객체 cout에게 〈〈 라는 메시지를 전달하면 된다. 예를 들어, cout 〈〈 5; 또는 cout 〈〈 "x = " 〈〈 x 〈〈 " times y = " 〈〈 y 〈〈 " is equal to " 〈〈 x*y 〈〈 endl;이라고 할 수 있다.

이제까지 학습한 C와 C++ 사이의 명령문 차이는 [표 3-5]와 같다.

[표 3-5] C와 C++의 명령 비교

	C	C++
동적 변수 할당	p = (int *)malloc(sizeof(int));	p = new int;
동적 변수 해제	free p;	delete p;
화면 출력 명령	printf("%d\n", x);	cout 〈〈 x 〈〈 endl;

요약

포인터 변수는 변수의 주소 값을 통해서 해당 변수를 간접적으로 붙잡아서 조작하기 위한 것이다. 포인터에 의해 힙 공간에 동적 메모리를 만들었으면 그것이 불필요해질 때는 반드시 운영체제에게 반납해야 한다.

동일한 데이터 타입의 변수를 묶은 것이 배열이고, 서로 다른 데이터 타입의 변수를 묶은 것이 구조체다. 구조체 필드에 포인터를 사용함으로써 기존 데이터를 그대로 둔 상태에서 데이터를 바라보는 시각을 재정의할 수 있다.

배열의 본질은 포인터로서 배열명 자체가 포인터 변수다. 메모리 내에 인접한 요소가 서로 붙어있는 배열에서 각 구성 요소의 위치는 간단한 주소 계산에 의해 단번에 찾아갈 수 있다.

참조 호출은 원본이 전달되는 호출이고, 값 호출은 사본이 전달되는 호출이다. C/C++ 언어에서 모든 호출은 값 호출 형태를 취한다. C/C++에서 참조 호출 효과를 기하려면 포인터나 에일리어스를 사용한다.

배열의 전달은 항상 참조 호출로 이루어지며, 구조체의 전달은 항상 값 호출에 의해 이루어진다. 값 호출에 의해 객체 내부의 집합 데이터가 부분적으로 복사되는 것을 방지하고, 모든 데이터가 정확히 복사되어 넘어가게 하기 위한 것이 복사 생성자다.

프로그램 실행 시에 변수 메모리는 전역 메모리, 스택 메모리, 힙 메모리 등의 세 가지로 나누어 할애된다. 활성화 레코드는 컨텍스트 스위칭을 하기 전에 함수 상태를 기록하고 복원하기 위한 것으로써, 해당 함수의 리턴 값, 값 파라미터, 지역 변수, 귀환 주소 등의 정보가 기록된다.

연습 문제

객관식 문제에 대해 오답은 감점으로 처리할 수 있음

1 다음 True/False 문제에 답하라.

가. 포인터 변수는 구조체 변수다. (True/False)
나. 포인터 변수는 레코드 타입의 변수만 가리킬 수 있다. (True/False)
다. C++에서 new p; delete p; 이후에 p의 값은 자동으로 널이 된다. (True/False)

2 배열 int A[10][10]의 시작 주소(Base Address)가 100이라고 할 때, A[5][6]의 시작 주소는 몇 번지인가? 단, 이 시스템에서 정수는 4바이트에 저장하며, 행 우선 순서(Row Major Order)로 배열을 저장한다.

가. 100　나. 156　다. 224　라. 324

3 문자(char) 타입을 1바이트에, 정수(int) 타입을 4바이트에, 부동소수(double) 타입을 8바이트에 저장하는 시스템에서 다음 구조체 변수 s의 시작 주소를 100번지라고 할 때, s.StudentName.First[0]의 시작 주소는 몇 번지인가?

```
struct Name
{ char First[20];  char Middle[2];  char Last[20];
};
struct Student
{ Name StudentName;  int Age;  double GPA;
} s;
```

가. 100　나. 112　다. 120　라. 132

4 다음 프로그램의 출력 결과는 얼마인지 선택하라.

```
int main ()                   void Average (int x, int y)
{ int avg = 3;                { int avg = 0;
   Average (4, 6);                       avg = (x + y) / 2;
   cout << avg;               }
}
```

가. 0　나. 3　다. 4　라. 5

5 다음 중 for (i = 0; i < 10; i++) n += i;와 효과가 동일한 것은 무엇인가?

가. while (i > 0) { n += i; } i = 10;
나. i = 0; while (i < 10) { n += i; i++; }
다. i = 0; while (i < 10) { i++; n += i; }
라. i = 0; do { n += i; } while (i < 10);

6 포인터가 할 수 있는 일 중 에일리어스가 할 수 없는 일은 무엇인가?

가. 데이터 공유 메커니즘을 제공한다.
나. 객체 전체를 복사하지 않고 파라미터만 전달한다.
다. 사용 중에 가리키는 객체를 바꿀 수 있다.
라. 파라미터를 사용하여 함수가 데이터를 전달할 수 있게 한다.

7 다음 명령문 중 포인터 p에 의해 변수 i에 0을 할당하는 것은 무엇인가?

가. int i, * p = i, * p = 0;
나. int i, * p = & i, * p = 0;
다. int i, * p = i, p = 0;
라. int i, * p = & i, p = 0;

8 int *p; int i; int k; i = 42; k = i; p = &i;라는 명령문을 순차적으로 실행한다고 하자. 실행 이후에 다음 중 어떤 명령문이 i의 값을 75로 할당하겠는가? 맞는 것을 모두 골라라.

가. k = 75; 나. *k = 75; 다. p = 75; 라. *p = 75;

9 다음 명령의 실행 결과는 무엇인가?

```
int i = 1; int k = 2; int *p1; int *p2;
p1 = &i; p2 = &k; p1 = p2; *p1 = 3; *p2 = 4;
cout << i;
```

가. 1 나. 2 다. 3 라. 4

10 객체를 요소로 하는 배열을 만들 때, 배열 내부의 모든 객체를 초기화하려면 어떤 생성자 함수를 사용해야 하는가?

가. 자동 복사 생성자(Automatic Copy Constructor)
나. 선언에 의해 정의된 생성자(Constructor Specified at Declaration)
다. 기본 생성자(Default Constructor)
라. '가-다' 모두 옳지 않다.

연습 문제

11 동적 변수가 저장되는 공간은 어디인가?

가. 코드 세그먼트　　나. 데이터 세그먼트　　다. 힙　　라. 실행 스택

12 포인터 p가 레퍼런스 파라미터로 제대로 사용되는 경우는 언제인가?

가. 함수가 p를 바꾸고, 사용자가 포인터 값을 바꾸려 할 때
나. 함수가 p를 바꾸고, 사용자가 포인터 값을 바꾸려 하지 않을 때
다. 함수가 *p를 바꾸고, 사용자가 포인터가 가리키는 것을 바꾸려 할 때
라. 함수가 *p를 바꾸고, 사용자가 포인터가 가리키는 것을 바꾸려 하지 않을 때
마. 포인터가 대용량의 객체를 가리킬 때

13 int x[10]; void CallMe(int z[ ]);로 선언되어 있을 때, x를 인수(Argument)로 하여 CallMe 함수를 호출하는 옳은 방법은 무엇인가?

가. CallMe(x);
나. CallMe(x[ ]);
다. CallMe(x[10]);
라. CallMe(&x);
마. CallMe(&x[ ]);

14 13번 문제에서 CallMe 함수가 z[1]의 값을 변경한다고 가정하자. 호출 함수로 되돌아 왔을 때 변경된 내용이 x 배열에 영향을 미치는가?

가. 그렇다　　나. 아니다

15 a가 어떤 정수를 가리키는 포인터라고 하고 *a가 0이라고 하자. void CallMe(int* x) {*x = 1; }이라는 함수가 있을 때 CallMe(a)를 실행한 후에 *a를 출력하면 어떤 결과가 되는가?

가. 0　　나. 1　　다. a의 주소　　라. x의 주소　　마. '가-라' 모두 아니다.

16 할당(Assignment)을 위한 연산자 Equal(=)을 void operator =(const objectClass &source); 선언에 의해 오버로딩하였다. 프로그램에서 a = b;라고 하였다면 source에 해당하는 파라미터는 무엇인가?

가. a　　나. b

17 할당 연산자(Assignment Operator), 복사 생성자(Copy Constructor), += 연산자를 프로그래머가 직접 구현했다고 가정하자. 이 함수 중 스스로에게 작업을 가할 가능성이 있는 것은 어떤 것인가? 즉, 함수를 사용하는 객체와 함수에게 파라미터로 넘겨진 객체가 같을 수 있는 것은 어떤 것인가?

가. 셋 중 하나만이다.
나. 할당 연산자와 복사 생성자

다. 할당 연산자와 += 연산자
라. 복사 생성자와 += 연산자
마. 셋 모두다.

18 동적 메모리를 사용하는 클래스는 어떤 멤버 함수를 제공해야 하는가?

가. 할당 연산자　　나. 복사 생성자　　다. 소멸자　　라. '가-다' 모두

19 다음 중, 복사 생성자가 사용되지 않는 경우는 언제인가?

가. 참조 호출시
나. 값 호출시
다. 기존 객체의 복사판 객체를 선언할 때
라. 함수가 실행 결과 리턴 값을 되돌려 줄 때
마. '가-라' 모두 복사 생성자를 사용한다.

20 다음 코드의 실행 결과 'X'를 출력하지 않는 명령어는 어떤 것인가?

```
struct charNode
{  char  ch; charNode  *p;
}
charNode *head, *next1, *next2;
char charout = 'Y'; head = new charNode; head->ch = 'X';
head->p = NULL; next1 = head; charout = next1->ch;
```

가. cout << (*next1).ch;　나. cout << charout;　다. cout << charnode.ch;　라. cout << head -> ch;

21 다음 코드의 실행 결과, 'X'를 가진 구조체가 'Z'를 포함한 구조체를 가리키게 하는 명령은 무엇인가?

```
struct charNode
{ char  ch; charNode  *p;
}
charNode *head, *next1, *next2;
head = new charNode; head->ch = 'X'; next1 = head;
next2 = new charNode; next2->ch = 'Z'; next1->p = NULL;
```

가. next2-> p = head;
나. head -> ch = next2;
다. head -> p = NULL;
라. next1 -> p = next2;

연습 문제

22 정확히 9문자로 구성된 문자열을 넣을 수 있는 C++ 배열을 선언하려 한다. 다음 중 어떤 것이 가장 좋은가?

가. char s[8]; 나. char s[9]; 다. char s[10]; 라. char s[11]; 마. char s[12];

23 C++에서 문자열(Character String) 두 개인 x와 y가 있다. x, y가 완전히 동일한 문자열일 때 다음 중 어떤 표현이 TRUE 값을 되돌려 주는가?

가. (x = y) 나. (x = = y) 다. (x != y) 라. (strcmp(x, y) = = 0)

24 char 타입은 1바이트, int 타입은 4바이트라 할 때, 다음 프로그램의 ①, ②, ③에서의 size 변수 값은 얼마인가?

```
char buffer[ 1024] ;  char* bp = buffer;  char* ep = buffer + 1024;
int size = ep - bp;                       ①
int a[ 10] ;  int *start = &a[ 0] ; int *end = &a[ 10] ;
int size = end - start;                   ②
void *p = &a[ 0] ;  void *q = &a[ 10] ;
int size = q - p;                         ③
```

25 다음 프로그램의 출력을 쓰고 그렇게 되는 이유를 설명하라.

```
#include <stdio.h>
int main ()
{  char *s = "string 1"; char *t = "string 2";
   if (s = = t) printf("yes\n");
        else printf("no\n");
   if (*s = = *t) printf("yes\n");
        else printf("no\n");
}
```

26 지희는 자신의 수강과 관련하여 프로그램 하나를 작성하려 한다. 이 프로그램에서는 각각의 수강과목에 대해서 다음 정보를 추적하려 한다.

가. 강사명(char 타입 20개 이내로)
나. 고사별 성적(과목당 시험 횟수는 최대 다섯 번이며 성적은 정수로 매겨짐)
다. 고사별 성적 누계
라. 자신이 예상하는 학점(A, B, C, D로 구분)
마. 수강에 대한 만족도(0.0에서 100.0까지)

지희가 매 학기 최대 7과목까지 수강하는 것으로 예상할 때, 이 프로그램을 작성하기 위한 자료구조를 선언하라. 가능하다면 상수는 직접 숫자를 사용하지 말고 #define에 의한 매크로 형태로 정의하라.

27 포인터의 개념을 확인하기 위해서 다음 프로그램을 실행하라. 또, 자신의 실행 결과를 다른 사람의 실행 결과와 비교하라.

```
#include <iostream>
void main()
{ int i = 11, j = 22; double d = 3.3, e = 4.4;
  int * iptr, * jptr;  double * dptr, * eptr;
  iptr = &i;  jptr = &j; dptr = &d; eptr = &e;
  cout << "&i = " << (void*)iptr << endl;
  cout << "&j = " << (void*)jptr << endl;
  cout << "&d = " << (void*)dptr << endl;
  cout << "&e = " << (void*)eptr << endl;
}
```

28 만약, 프로그래머가 new 함수를 호출하였을 때, 힙 메모리 공간에 여분이 없으면 어떤 일이 일어나는가?

29 다음 명령문을 순차적으로 실행한 이후의 메모리 모습을 그림으로 그려라.

```
int i = 42; int k = 80;
int* p1; int* p2; p1 = &i; p2 = &k;
```

30 이전 명령문에 이어서 다음 명령을 실행한 후의 메모리 모습을 그려라.

가. *p1 = *p2;
나. p1 = p2;

31 void exam(const double data[ ]);라는 함수 프로토타입 선언이 시사하는 모든 정보를 두세 줄로 요약하라.

32 function CallMe (const int * p);에서 키워드 const는 CallMe 함수의 구현에 어떤 제약조건을 부여하는가?

33 포인터 변수 ptr1, ptr2로 가정할 때, if (ptr1 = = ptr2), if (*ptr1 = = *ptr2), if (&ptr1 == &ptr2)라는 if문 세 개가 어떻게 서로 다른 의미를 지니는지 설명하라.

34 정수 타입 4바이트로 표현하는 시스템에서 struct pair {int x, y;};라고 했을 때 sizeof (pair)의 값은 얼마인가? pair p = {0, 1};이라고 했을 때와, pair *p = new pair; p->x = 0; p->y = 1;이라고 했을 때의 근본적인 차이점은 무엇인지 설명하라.

연습 문제

35 *&*&p가 의미하는 것은 무엇인가? 이를 줄여 쓰면 어떻게 되는지 설명하라.

36 int **p;라고 선언하는 것은 어떤 의미를 지니고 있는가? 이를 그림으로 그려라.

37 2차원 C 배열 int A[2][3];으로 선언했을 때, A[1][2]의 주소를 A를 사용하여 표시하라.

38 Array of Structure, Structure of Array의 차이점을 기술하라.

39 [그림 3-19]를 구조체 배열로 선언하라.

40 포인터를 리턴하는 다음 각각의 경우에 일어날 일을 예측하라.

가.
```
char * fcn()
{ char Buffer[2048];
  ...
  return Buffer;                    변수가 스택의 활성화 레코드에 존재
}
```

나.
```
char * fcn()
{ static char Buffer[2048];         정적(static) 변수 선언
  ...
  return Buffer;
}
```

다.
```
char * fcn()
{ char Buffer = new char[2048];
  ...
  return Buffer;                    변수가 힙에 존재
}
```

41 개에 관한 다음 필드 정보를 저장하기 위한 구조체를 선언하라.

가. 이름을 저장하기 위한 문자열 필드(20 캐릭터)
나. 암수(Female, Male) 구분을 위해 'F' 또는 'M'을 저장하기 위한 필드
다. 개의 품종을 저장하기 위한 문자열 필드(20 캐릭터)
라. 나이를 저장하기 위한 정수 필드

42 다음 C++ 코드의 main 함수를 수행한 출력 결과를 손으로 추적하라.

```
void f1(int *t) {*t = 30;}
void f2(int t) {t = 40;}
void f3(int &t) {t += 50;}
main () { int k = 10; f1(&k); f2(k); f3(k); cout << k;}
```

43 x = 2, y = 10이 전달되었을 때, 다음 프로그램의 출력을 써라.

```
void InOrder (int x, int& y)
{     if (y > x)
      {    ++x;
           --y;
           cout << x << " " << y << endl;
           InOrder(x, y);
           cout << x << " " << y << endl;
      }
}
```

44 복소수를 실수부와 허수부로 나누어 하나의 구조체로 선언하려 한다.

가. 구조체를 사용하여 타입을 선언하라.

나. 위 구조체를 typedef를 사용하여 새로운 타입으로 선언하고, 새로운 타입명에 의해 변수를 선언하라.

다. 선언된 변수 중의 실수부 값을 15로 할당하는 문장을 작성하라.

45 다음 프로그램을 보고 물음에 답하라.

```
void main ()
{ int x=3; int *p;
  CallByValue(x);                    ①
  printf("%d\n", x);                 ②
  p = CallByReference(     );        ③
}

void CallByValue (int x)
{ x = 3 * x; }
```

가. ②번 명령문에 의해 출력되는 값은 얼마인가?

나. ②는 값 호출의 예다. 이를 참조 호출로 만들기 위한 ③번 명령문의 괄호 안을 완성하라.

다. ③번에 의해 호출되는 함수를 작성하라. 단, 함수명은 CallByReference며, 함수는 전달된 값을 제곱하되 호출 함수에게는 포인터를 되돌려야 한다.

연습 문제

46 신입생 개인정보는 학번(StudentNumber), 이름(Name), 나이(Age) 등으로 구성되어 있다. 이러한 신입생 5,000명에 대한 정보처리가 필요하다고 가정할 때, 이들 모두의 개인정보를 담을 수 있는 자료형 또는 자료구조를 선언하라.

47 strcpy(string1, string2) 함수는 string2 변수의 문자열을 string1 변수로 복사하는 함수다. 이 경우, string1, string2는 배열명이면서 동시에 배열의 첫 요소를 가리키는 포인터로 볼 수 있다. 완전한 strcpy(string1, string2) 함수를 작성하라.

48 다음 main 함수를 참조하여 평균을 계산하는 함수의 A, B 부분을 채우되, A는 배열 기호를 사용하고 B는 포인터 산술연산을 사용하라. 함수 두 개에서 A, B가 서로 바뀌어도 무방한지 '예/아니오'로 답하라.

```
void main()
{ int a[5] = {10, 40, 50, 20, 15};
  printf("%d\n", Average(a, 4));
}
int Average(int b[], int n)
{ A }
int Average(int *b, int n)
{ B }
```

Chapter 04

재귀호출

＊ 학습목표

- 재귀호출이라는 개념 자체를 명확히 이해한다.
- 재귀호출 함수의 내부구조를 이해한다.
- 재귀호출에 내재하는 효율성에 대해 이해한다.

Point

재귀호출(Recursive Call)이란 프로그램을 실행하기 위해 자기 자신을 호출(Self Call)하는 것을 말한다. 재귀(再歸)란 '다시 되돌아 옴'을 의미하는 한자어로, 시각적으로 말하자면 던져서 되돌아오는 일종의 부메랑과 같다. 재귀호출은 이후 전개될 스택, 트리 등의 자료구조와 매우 긴밀한 관계가 있을 뿐만 아니라, 그 자체로 다양한 응용프로그램이나 시스템 프로그램에 직접적으로 활용된다. 따라서 자료구조에서 재귀호출은 매우 중요한 위치에 있다고 할 수 있다. 이 장에서는 재귀호출의 정의, 필요성을 비롯하여 재귀호출이 사용되는 다양한 실례를 반복적으로 제시함으로써 재귀호출의 특성을 명확히 설명한다.

Section

01 상징적 의미

일렬로 늘어선 막대 중 처음 막대를 밀면 다음 막대가 쓰러지고, 다시 그 다음 막대가 쓰러지는 연쇄 현상을 **도미노(Domino)** 현상이라 한다. 물론, [그림 4-1]처럼 인접한 막대가 쓰러지게 하려면, 막대 길이는 항상 막대 사이의 간격보다 크게 설정되어 있어야 한다. 일렬로 세워진 막대 100개로 구성된 도미노를 가정하고, 첫 막대를 밀었을 때 마지막 100번째 막대가 반드시 쓰러진다는 사실을 증명해보자.

도미노(Domino)

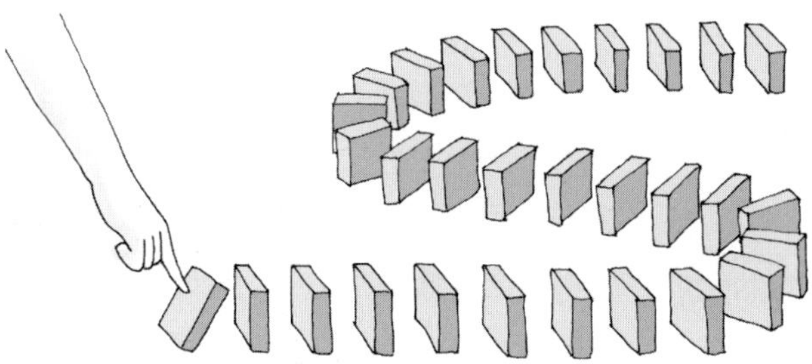

[그림 4-1] 도미노 현상

당연한 사실이지만 이를 수학적 **귀납법(Mathematical Induction)**으로 증명해보자. 먼저 "처음 막대는 직접 밀었으니 반드시 쓰러진다." 또 길이가 간격보다 크므로 일반적으로 "K 번째 막대가 쓰러졌다면 인접한 (K + 1)번째 막대는 반드시 쓰러진다." 이 두 가지 사실에 의해서, 처음(K = 1) 것이 쓰러지면 두 번째(K = 2) 것이 쓰러진다. 또, 두 번째(K = 2) 것이 쓰러지면 세 번째(K = 3) 것도 쓰러진다. 이를 반복하면 최종적으로 100번째 것도 쓰러진다.

귀납법 (Mathematical Induction)

재귀적 방법은 이러한 수학적 귀납법 순서를 반대로 적용한다. 즉, "100번째 것이 반드시 쓰러진다는 사실을 증명하라"는 문제를, 99번째 것이 쓰러지면 인접한 100번째 것이 쓰러지니, "99번째 것이 반드시 쓰러진다는 사실을 증명하라"는 문제로 되돌린다. 이 문제 역시 98번째 것이 쓰러지면 인접한 99번째 것이 쓰러지니, "98번째 것이 반드시 쓰러진다는 사실을 증명하라"라는 문제로 되돌릴 수 있다. 이를 반복하면 결국 이 문제는 "처음 것이 반드시 쓰러진다는 사실을 증명하라"는 문제로 되돌려지며, 이는 "그건 직접 밀었기 때문에 반드시 쓰러진다"라고 함으로써 증명된다.

문제 크기
(Problem Size)

주어진 문제를 그보다 작은 문제로 환원하는 것이 재귀(Recursion)다. **문제 크기(Problem Size)**는 데이터 양(Data Size)을 말한다. 위 예에서는 크기 100의 문제를 크기 99의 문제로, 이를 다시 크기 98의 문제로 환원해서, 결국에는 곧바로 해결 가능한 크기 1의 문제로 환원하고 있다. 이처럼 큰 문제를 보다 작은 문제로 환원하여 이를 해결함으로써 큰 문제의 해결에 이르는 접근 방식을 **분할 정복(Divide and Conquer)** 전략이라 부른다. 때에 따라서는 큰 문제가 하나 이상의 작은 문제들로 환원될 수도 있다.

분할 정복
(Divide and Conquer)

주의해야 할 것은 "작은 문제 역시 성격상 큰 문제와 동일하다"라는 점이다. 문제 크기만 달라졌지, 완전히 동일한 문제라는 것이다. 예를 들어, 99번째 막대가 쓰러짐을 증명하라는 것이나 98번째 막대가 쓰러짐을 증명하라는 것이나 동일한 스타일의 문제다.

재귀호출
(Recursive Call, Self Call)

재귀호출(Recursive Call, Self Call)이란 어떤 함수가 실행 중에 자기 자신을 호출하는 것을 말한다. 재귀호출 함수가 자기 자신을 호출하는 이유는 작은 문제의 스타일이 원래의 큰 문제 스타일과 동일하기 때문이다. 원래의 문제를 분할 정복 전략에 의해 풀다보니 작은 문제를 풀어야 할 필요성이 생기고, 그 작은 문제 역시 원래 문제와 같은 스타일이기 때문에 자기 자신을 호출하는 것이다.

베이스 케이스
(Base Case)

디제너릿 케이스(退化, Degenerate Case)

문제의 크기가 직접 해결할 수 있을 정도로 작아졌을 때를 **베이스 케이스(Base Case)**, 또는 **디제너릿 케이스(退化, Degenerate Case)**라고 한다. 예를 들어, "처음 것이 반드시 쓰러진다는 사실을 증명하라"가 바로 베이스 케이스다. "그건 밀었기 때문에 넘어진다"라고 직접적으로 해결할 수 있기 때문이다. 재귀호출은 문제 크기를 계속적으로 줄여 나가서, 결국 직접 정복 가능한 베이스 케이스로 환원함으로써 문제를 해결한다. 모든 재귀호출은 최종적으로는 이처럼 직접 정복할 수 있는 베이스 케이스로 환원될 수 있어야 한다.

Section

02 이진탐색

사전을 찾을 때 가장 단순한 탐색 방법은 첫 페이지부터 시작해서 원하는 단어가 나올 때까지 뒤지는 것이다. **순차탐색**(Sequential Search) 또는 **선형탐색**(Linear Search)이라 불리는 이 방법에서 얼마나 빨리 찾을 수 있는지는 순전히 운에 달려 있다. 예를 들어, 알파벳 순으로 정렬된 영한사전의 앞에서부터 Adventure를 찾는다면 비교적 빨리 찾겠지만 Zebra를 찾는다면 최악이 될 것이다. 얼마나 빨리 찾는지를 탐색의 효율(Efficiency)이라고 정의할 때, 효율이 이처럼 운에 달린 방법에서는 사실 사전 자체가 정렬되어 있을 필요조차 없다. 어떤 단어를 찾을지 모르기 때문이다.

순차탐색
(Sequential Search)

선형탐색
(Linear Search)

정렬된 사전을 전제로 할 때, 이보다 나은 탐색 방법이 **이진탐색**(Binary Search)이다. **유사코드**(Pseudo-Code)로 이진탐색 방법을 나타내면 다음과 같다.

이진탐색
(Binary Search)

유사코드(類似코드, Pseudo-Code)
프로그램의 논리만을 강조하고자 할 때에는 프로그램 언어 대신 우리가 사용하는 일반 언어(자연어, Natual Language)를 사용할 수 있다. 이 경우 특정 프로그램 언어가 지닌 지엽성과 세부성을 피할 수 있기 때문에 표현이 간명해진다. 유사코드는 이처럼 자연어로 표현된 코드를 말한다.

[코드 4-1] 이진탐색

```
BinarySearch(SearchRange)                       괄호 안은 탐색 범위
if (One Page)                                   베이스 케이스
    Scan Until Found;
else
{   Unfold the Middle Page;                     가운데 펼침
    Determine Which Half;                       전반부, 후반부 판단
    if First Half
        BinarySearch(First Half);               전반부 재귀호출
    else BinarySearch(Second Half);             후반부 재귀호출
}
```

사전의 한 가운데를 펼치면 찾는 단어가 펼친 페이지보다 앞에 있을지 뒤에 있을지를 판단할 수 있다. 만약, 앞에 있다면 다시 전반부의 한 가운데를 펼쳐서 찾는 단어가 앞에 있을지 뒤에 있을지를 판단한다. 이러한 과정을 반복하면 결국 포위망은 한 페이지로 줄어들게

되고 그 페이지를 위에서부터 스캔하면 해당 단어를 찾을 수 있게 된다. 문제의 크기 면에서 바라보면 처음 사전 한 권에서 원하는 단어를 찾는 문제가, 다음 단계에서 사전 반 권(전반부 또는 후반부)에서 단어를 찾는 문제로 환원된다. 반 권의 한 가운데를 펼쳐 다시금 앞인지 뒤인지를 판별한다면 이는 결국 포위망을 사전의 1/4권 분량으로 압축한 결과가 된다.

도미노에서 문제 크기가 1씩 줄어가는 데 비해 이진탐색에서는 이처럼 문제 크기가 반씩 줄어든다. 이진탐색의 이진(Binary)라는 용어는 한 번에 문제 크기가 반으로 줄어든다는 데에서 유래한다. 이를 계속하면 최종적으로 한 페이지만이 남게 되며, 이를 베이스 케이스로 보고 직접 해당 쪽의 위에서 아래로 읽어가며 찾으면 된다. 물론, 한 페이지 자체를 다시 반으로 나누어 위, 아래로 계속 나누어 간다면 아예 원하는 단어가 있는 줄을 찾을 수도 있다. 이렇게 한다면 베이스 케이스는 한 페이지가 아니라 한 줄이 된다.

함수명이 BinarySearch인 위 유사코드 내부에서 다시 BinarySearch를 부르는 것이 바로 재귀호출이다. 같은 함수를 부른다고 해서 프로그램 실행 도중 메인 메모리에 동일한 함수가 하나 더 생기는 것은 아니다. 메인 메모리에는 여전히 단 하나의 함수만 있으며, 단지 Goto 명령에 의해 다시 함수의 첫 줄이 실행된다고 간주하면 된다. 원하는 단어를 사전 한 권에서 찾는 문제나 사전 반 권에서 찾는 문제나 문제의 성격은 완전히 동일하다. 따라서 문제의 크기는 줄었지만 문제 자체가 동일하므로 재귀호출을 사용한다. 이 경우, 실제로 줄어든 문제 크기를 반영하는 것은 함수 선언의 괄호 안에 있는 파라미터 부분이다.

재귀호출에서 반드시 검증해야 하는 것이 문제의 크기다. 호출할 때마다 문제의 크기는 작아져야 하고, 그것이 최종적으로는 베이스 케이스와 일치해야 한다. 만약, 호출할 때마다 문제의 크기가 커진다면 베이스 케이스에 결코 도달할 수 없게 되고, 결국에는 프로그램 자체를 종료할 수 없다. 즉, **무한 루프**(Infinite Loop)가 되어 버린다.

무한 루프
(Infinite Loop)

계속 자기 자신을 부르는 재귀호출에서 빠져나오는 유일한 방법은 베이스 케이스에 도달하는 것뿐이다. 만약, 어떤 함수에서 문제 크기는 줄어들지만 베이스 케이스로 정의한 조건과 일치하지 않고 이를 피해 간다면 이 역시 제대로 된 재귀호출이라 할 수 없다.

이진탐색은 순차탐색에 비해 매우 효율적이다. 1,000페이지를 순차탐색하면 최악의 경우에 1,000페이지를 모두 봐야 한다. 또, 평균적으로 말하자면 대략 500페이지 정도는 봐야 한다. 이진탐색은 한 번 펼칠 때마다 포위망이 대략 반으로 줄어드니 1,000, 500, 250,

125, 63, 32, 16, 8, 4, 2, 1의 과정을 거쳐 거의 10번만 펼치면 원하는 단어를 포함하는 페이지를 찾을 수 있다. 이는 찾고자 하는 단어가 어떤 것인지와 전혀 무관한 횟수다. 이와 같이 이진탐색에서의 데이터 크기는 기하급수적으로 줄어서 빠르게 베이스 케이스에 도달하게 된다. 단, 이러한 이진탐색을 적용하려면 원래의 데이터가 정렬되어 있어야 한다.

Section 03

재귀적 팩토리얼

자연수 n에 대해서 n!(n 팩토리얼)은 다음과 같이 정의된다.

$$n! = n \times (n-1) \times (n-2) \times \dots \times 1 \quad (\text{단}, 1! = 0! = 1)$$

숫자 n이 주어졌을 때, n 팩토리얼을 계산하는 문제를 재귀적으로 생각해보자. 크기 n의 문제를 재귀적으로 생각하면 그보다 작은 문제로 환원해야 한다. 예를 들어, 1만큼 작은 문제? 그건 (n−1)!이다. 그렇다면 둘 사이의 관계는? n! = n * (n−1)! 다시 말해, n!이 뭔지는 잘 모르겠는데 (n−1)!만 구하면 거기다 n을 곱해서 금방 결과를 내어 줄 수 있다는 것이다. 그럼 (n−1)!은? 그거 역시 뭔지 잘 모르겠지만 (n−2)!만 구하고 거기다 (n−1)을 곱하면 해결된다. 그렇다면 5!이 4!을 구하는 문제로, 이것이 다시 3!을 구하는 문제로 바뀐다. 결국 이 문제는 재귀적으로 해결할 수 있는 문제다.

베이스 케이스는 1!로 하면 된다. 1! = 1로 정의되었기 때문이다. 그러나 여기서 반드시 고려해야 할 것은 항상 베이스 케이스에 도달하는지에 대한 문제다. 숫자 5, 20, 400 모두 1씩 줄여 가면 반드시 1!이라는 베이스 케이스를 만난다. 만약, 숫자 −5가 들어오면 어떻게 될까. −6, −7, ... 결국 베이스 케이스를 만나지 못하게 되고 아울러 재귀호출에서 빠져나오지 못한다. 그러나 그러한 입력은 n이 자연수라야 한다는 팩토리얼의 원래 정의에 어긋나기 때문에 여기서는 그러한 경우는 일어나지 않는다고 가정하자.

[코드 4-2] 팩토리얼

```
① int Factorial(int n)
② { if (n = = 1)
          return 1;
    else
③         return(n * Factorial(n-1));
  }
```

일반적으로 재귀 함수 내부에서 가장 먼저 들어가는 것이 베이스 케이스 처리를 위한 명령문이다. 당연히 이 명령문은 베이스 케이스인지 판별을 위한 if문으로 시작한다. ②에서 n이 1인 경우 즉, 베이스 케이스에는 1! 값인 1을 리턴하도록 한다. 만약, 베이스 케이스가 아니면 문제 크기를 줄이기 위해 ③에 보인 것과 같이 (n−1)!을 재귀호출해야 한다. 물론, 함수의 리턴 값은 현재의 n 값과 호출의 결과 값인 (n−1)!을 곱한 값이 된다.

호출 함수인 Factorial(n)이 Factorial(n−1)을 부르면 (n−1)이 ①의 파라미터 n에 값 호출로 복사되어 들어가면서 피호출 함수(Called Function)가 실행된다. 호출 함수로서는 피호출 함수의 리턴 값인 (n−1)!이 자신에게 되돌아와야만, 그때 가서 거기에 n을 곱해서 자신을 부른 함수에게 자신의 리턴 값을 돌려줄 수 있다. [그림 4-2]를 중심으로 4!을 구하는 과정을 추적해보자.

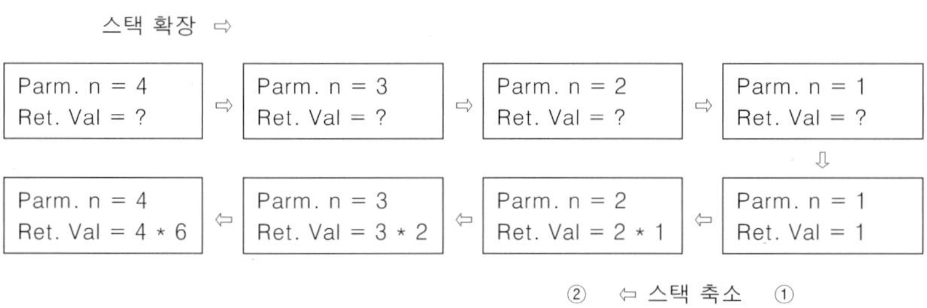

[그림 4-2] 재귀호출에 따른 활성화 레코드

지역 변수는 없으니 무시하고, 귀환 주소를 생략하면 스택이 변화하는 모습은 [그림 4-2]와 같다. 윗줄 왼쪽에서 오른쪽으로 활성화 레코드가 스택에 쌓여가고, 다시 아래 줄 오른쪽에서 왼쪽으로 활성화 레코드가 스택에서 사라지는 모습이다.

왼쪽 위의 활성화 레코드는 4!을 구하는 함수가 시작될 때 만들어진 것이다. 자신이 넘겨받은 파라미터 n 값이 4로 저장되어 있고, 또 자신을 호출한 함수에게 리턴할 Return Value 값이 아직 미확정인 채로 남아 있다. 이 리턴 값은 나중에 3!이 되돌아오면 거기에 현재의 n인 4를 곱해서 결정된다. 두 번째 활성화 레코드는 3!을 구하는 함수가 시작될 때 만들어진 것이다. 이 함수 역시 현재 자신의 파라미터 값을 저장하고 있다.

윗줄 오른쪽 끝에서 베이스 케이스 1!에 도달하면 리턴 값이 1로 결정된다. 이 값은 1! 함수를 호출하고 그 결과를 기다리고 있는 2! 함수에게 되돌려 진다. 2! 함수는 그 결과 값을 2 * (1!) 계산의 (1!) 대신 삽입함으로써 자신의 리턴 값을 결정하고, 그 값을 다시 자신을 호출한 n = 3일 때의 3! 함수에게 되돌려 준다.

모든 피호출 함수는 실행이 끝나면 바로 이전에 자신을 호출한 함수의 다음 명령어로 되돌아간다. 엄밀히 말하자면 피호출 함수인 (1!)의 수행이 끝나면 당연히 호출 함수로서는 2 * (1!)을 계산하는 것이 바로 다음 실행할 명령어가 될 것이다. [그림 4-2]에서 파라미터 n 값이 1인 ①의 상태에서 ②의 상태로 되돌아 왔을 때, 호출 이전의 파라미터 n 값인 2를 회복할 수 있는 것은 바로 활성화 레코드 덕택이다.

호출된 함수마다 별도의 활성화 레코드가 만들어지기 때문에, 호출될 때마다 그 상태에서의 파라미터 n 값이 저장된다. 또, ①의 상태에서 ②의 상태로 되돌려지는 순간, ①의 활성화 레코드는 삭제되고 ②의 활성화 레코드가 스택의 가장 위에 놓이게 된다. 함수는 항상 현재 스택의 가장 위에 있는 활성화 레코드를 참조하기 때문에 결과적으로 n 값은 이전 상태인 2를 회복한 후에 2 * (1!) 계산에 임하게 된다.

재귀호출을 시각적으로 연상해볼 필요가 있다. 이는 [그림 4-3]과 같은 모습이다. 호출이 계속됨에 따라 안쪽으로 깊숙이 파고 들어가는 과정이 있으면, 되돌아오는 과정은 가장 안쪽에서 바로 그 이전으로, 다시 바로 그 이전으로 되돌아온다. 예를 들어, 호출이 F4, F3, F2, F1 순서로 이루어졌으면 빠져나올 때에는 역으로 F1, F2, F3, F4 순으로 된다는 것이다. F1, F4 순서로 빠져 나올 수는 없다. 항상 피호출 함수는 자기 자신을 부른 바로 직전의 함수로 되돌아가야 한다는 점, 또 이를 위해 스택의 활성화 레코드는 스택의 제일 위에서부터 한 꺼풀씩 벗겨져 나간다는 점에서 이는 너무나 당연한 순서다.

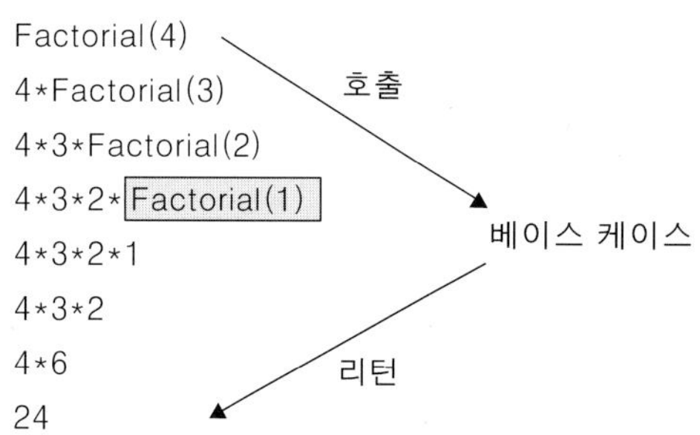

[그림 4-3] 재귀호출의 들어가기와 나오기

Section

04 문자열 뒤집기

길이 n인 문자열을 뒤에서 앞으로 거꾸로 써나가는 문제를 생각해보자. 예를 들어, 길이 4인 문자열 "Good"을 거꾸로 쓰면 "dooG"가 된다. 이 문제를 재귀적으로 풀려면 길이 n의 문제를 길이 (n-1)의 문제로 환원하면 된다. 또, 주어진 문자열의 길이를 하나 줄이려면 당연히 문자 하나를 떼어내면 된다. 어떤 문자를 떼어내느냐에 따라서 이 문제에 대한 해결책은 두 가지로 나뉜다.

1 마지막 문자 제거

문자열을 뒤집으려고 마지막 문자를 떼어낸다고 생각하면, 일단 그 문자를 먼저 쓰고 떼어내면 된다.

[코드 4-3] 문자열 뒤집기(1)

```
   void Reverse(char S[], int Size)
①  { if (Size = = 0)
          return;                         호출 함수로 되돌아감
     else
②    {    printf("%c", S[Size-1]);        마지막 문자를 쓰기
③         Reverse(S, Size-1);             재귀호출
④    }
   }
```

주어진 문자열을 배열 S에 넣어 전달한다고 가정하자. 베이스 케이스에 해당하는 길이가 0인 문자열이 들어오면 ①에 의해 아무 일도 하지 않고 호출 함수로 되돌려진다. 베이스 케이스가 아니라면 ②에 의해 마지막 문자를 찍고 ③에 의해 재귀호출을 가한다. 이때 파라미터 값으로 (Size – 1)을 넘김으로서 배열의 길이를 하나 줄이는 효과를 얻는다. 즉, 실제 배

열의 모든 내용은 그대로 있으나, 길이 변수를 줄임으로서 배열의 끝을 한 칸 앞쪽으로 당긴 것으로 간주할 수 있다.

이러한 형태의 재귀호출은 호출에 의해서 깊숙이 파고 들어가는 과정에서 실제 작업이 이루어진다. 즉, ②에 의해 재귀호출 이전에 실제로 화면에 찍는 작업을 수행한 후에 재귀호출을 하는 것이다. 찍고 들어가고, 찍고 들어가는 식이다. 베이스 케이스 실행이 끝나고 호출 함수로 되돌아오면 그 함수의 다음 명령문은 ④의 위치가 되고, 따라서 더 이상의 아무 명령도 실행하지 않고 자신을 호출한 함수로 되돌려진다. 다시 말해, 재귀호출에서 되돌아가는 과정에서는 아무런 작업도 하지 않는다.

❷ 첫 문자 제거

주어진 문자열의 첫 문자를 제거하는 방법으로 재귀호출을 시도해보자.

[코드 4-4] 문자열 뒤집기(2)

```
  void Reverse(char S[], int First, int Last)
① { if (First > Last)
          return;
    else
②   {     printf("%c", S[First]);
③         Reverse(S, First+1, Last);
    }
  }
```

첫 글자를 떼어내는 효과를 가하려면 배열의 첫 문자를 가리키는 인덱스를 증가시키면 된다. 현재 고려되고 있는 문자의 처음을 First로, 마지막을 Last라는 인덱스로 표시하자. "Good"을 예로 들면, 메인 함수에서는 Reverse(S, 0, 3);을 호출한다. 이 함수가 First 인덱스를 증가시켜 ③처럼 Reverse(S, 1, 3)을 부르면 된다. 물론, 이 경우의 베이스 케이스는 ①처럼 First가 Last보다 크게 되는 경우로 잡을 수 있다. 그러나 위 코드를 추적해보면 우리가 원하는 결과를 얻을 수 없다. 즉, "Good"이 들어오면 그대로 "Good"이 찍히게 되는 잘못된 코드다.

[코드 4-4]를 변형해서 제대로 된 코드를 만드는 것은 간단하다. 그러나 왜 그렇게 되는지 이해하는 것은 조금 까다롭다. [코드 4-5]를 살펴보자.

[코드 4-5] 문자열 뒤집기(3)

```
  void Reverse(char S[], int First, int Last)
① { if (First > Last)
          return;
    else
②   {     Reverse(S, Fist+1, Last);
③         printf("%c", S[First]);
    }
  }
```

결론부터 말해서 이 코드는 [코드 4-4]의 명령문 ②, ③의 위치를 바꾼 것에 불과하다. 그러나 놀랍게도 이 코드는 정확하게 우리가 원하는 결과를 출력한다. 활성화 레코드의 변화를 추적해보자.

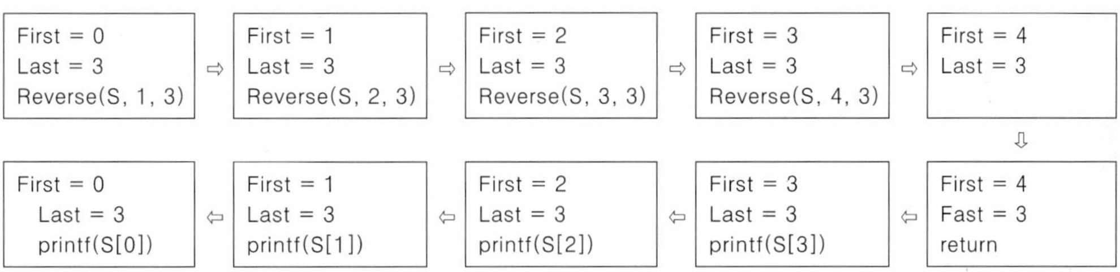

[그림 4-4] 문자열 뒤집기의 활성화 레코드

처음 First = 0, Last = 3인 상태에서 Reverse(S, 1, 3)의 바로 다음 명령어는 S[First]를 찍는 것이다. 즉, 현재 상태에서의 S[First]인 S[0]을 찍는 명령을 Reverse(S, 1, 3)의 수행이 끝날 때까지 유보하겠다는 것이다. 그런데 Reverse(S, 1, 3) 역시 나중에 S[1]을 찍는 것을 전제로 일단 Reverse(S, 2, 3)을 호출한다. 같은 방식으로 이러한 호출이 반복된다.

이 코드에서 실제 작업은 빠져 나오는 과정에서 이루어진다. 즉, 재귀호출에 의해 깊숙이 파고 들어가는 과정에서는 아무런 일도 일어나지 않는다. 그저 호출만 계속 일어날 뿐이다.

First = 3, Last = 3인 상태에서 ②번 명령에 의해 Reverse(S, 4, 3)을 부르면 베이스 케이스로 리턴되어 돌아온다. 따라서 호출 함수에서 다음에 수행해야 할 명령어는 ③으로써, 그 상황에서의 S[First]인 S[3]이 찍히게 된다. 이렇게 함으로서 First = 3, Last = 3인 상태의 함수는 종료되고, 다시 이를 호출한 First = 2, Last = 3인 상태의 함수로 되돌려진다. 같은 논리로 이 함수 역시 이제 S[2]를 찍고, 다시 First = 1, Last = 3인 상태의 함수로 되돌려진다. 경우에 따라서는 이처럼 재귀호출에서 빠져나오면서 실제 작업이 이루어지는 때도 있다.

Section

05 K번째 작은 수 찾기

정렬되지 않은 숫자들 중 K번째 작은 수를 찾아보자. 예를 들어, 10, 7, 2, 8, 3, 1, 9, 6이라는 숫자 중에서 세 번째 작은 수는 3이 된다. 이 문제를 해결하는 방법 중 하나는 당연히 정렬이다. 오름차순으로 정렬하고 왼쪽에서 세 번째 숫자를 취하면 그것이 세 번째 작은 수다. 문제는 "정렬하지 않고 K번째 작은 수를 찾을 수 있는가"다.

이 문제를 재귀적으로 생각해보자. 예를 들어, 숫자 8개를 반으로 갈라서 10, 7, 2, 8과 3, 1, 9, 6으로 나누어 생각해보자. 10, 7, 2, 8 중 세 번째로 작은 수는 8이고, 3, 1, 9, 6 중 세 번째로 작은 수는 6이다. 큰 문제를 잘라서 작은 문제로 환원했을 때, 작은 문제의 해결책이 큰 문제의 해결책으로 이어지는 것이 재귀다. 그러나 이 경우는 작은 문제의 해결책인 8, 6과 큰 문제의 해결책인 3과 연관지어지지 않는다. 그렇다면 이 문제의 재귀적인 해결책은 무엇인가?

파티션(Partition)이란 어떤 수를 중심으로 나머지 수를 두 그룹으로 나누는 작업을 말한다. 즉, 기준이 되는 수를 중심으로 그보다 작은 것들은 왼쪽, 그보다 큰 것들은 오른쪽에 위치하도록 나누는 것이다. 이때 기준이 되는 숫자를 **피벗(Pivot, 중심점)**이라고 한다. 위 문제를 해결하기 위해 파티션을 가해보자. 파티션 방법은 다음과 같다.

파티션(Partition)

피벗(Pivot, 중심점)

1) 임의로 피벗을 설정한다. 예를 들어, 마지막 숫자를 피벗으로 해 보자.

							피벗
10	7	2	8	3	1	9	6

2) 오른쪽에서 왼쪽으로 내려가는 **다운 포인터**(Down Pointer)와, 반대로 왼쪽에서 오른쪽으로 올라가는 **업 포인터**(Up Pointer)를 설정한다.

다운 포인터 (Down Pointer)

업 포인터 (Up Pointer)

⇨						⇦	
10	7	2	8	3	1	9	6

3) 두 포인터를 움직이되, 다운 포인터는 피벗보다 작거나 같은 것, 업 포인터는 피벗보다 크거나 같은 것에서 멈춘다.

⇨					⇦		
10	7	2	8	3	1	9	6

교환(Swapping)

4) 다운 포인터와 업 포인터 위치의 숫자를 서로 **교환(Swapping)**한다.

⇨					⇦		
1	7	2	8	3	10	9	6

교차(Cross Over)

5) 위 3), 4)의 작업을 반복하되 두 포인터가 일치하거나 **교차(Cross Over)**하면 정지한다.

	⇨			⇦			
1	7	2	8	3	10	9	6

	⇨			⇦			
1	3	2	8	7	10	9	6

		⇦	⇨				
1	3	2	8	7	10	9	6

6) 업 포인터 위치에 있는 숫자와 피벗 숫자를 교환한다.

			피벗				
1	3	2	6	7	10	9	8

결과 모습은 피벗을 중심으로 파티션된 모습이다. 즉, 피벗보다 작은 수는 피벗의 왼쪽에, 큰 수는 오른쪽에 위치한다. 주의해야 할 점은 왼쪽 숫자들끼리 또는 오른쪽 숫자들끼리는 정렬되지 않았다는 점이다. 파티션은 이처럼 피벗을 중심으로 작은 것들을 왼쪽(정렬되지 않은 채), 큰 것들을 오른쪽(정렬되지 않은 채)으로 몰아넣었다는 점에서 조금 느슨한 의미의 정렬이라고 말할 수 있다.

만약, 우리가 찾는 것이 네 번째 작은 수였다면 그것은 당연히 현재 피벗인 6이 된다. 왼쪽 숫자들끼리 정렬을 하고, 또 오른쪽 숫자들끼리 정렬을 하여 모든 정렬을 완료하더라도, 피벗인 6의 위치는 변하지 않기 때문이다. 만약, 우리가 찾는 것이 세 번째 작은 숫자라면 그것은 피벗의 왼쪽에 있다. 따라서 이번에는 피벗 왼쪽의 숫자들만에 대해 파티션을 가하고 결과적인 피벗 위치에 주목하면 된다. 다시 말해 1, 3, 2에 대해 마지막 요소인 2를 기준으로 파티션을 하면 시작하자마자 두 포인터가 교차하고 따라서 피벗은 두 번째 작은 수가 된다.

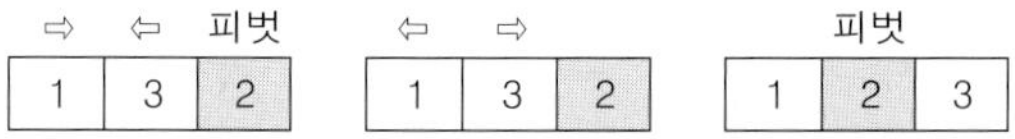

우리가 찾는 것은 세 번째 작은 수므로 이번에는 피벗의 우측에 있는 3을 대상으로 파티션을 해보자. 사실 이 경우는 재귀호출로 말하면 베이스 케이스에 해당한다. 즉, 숫자 하나는 그 자체가 이미 파티션된 결과다. 따라서 이 문제를 풀기 위해 순차적으로 파티션을 가한 결과, 피벗의 위치는 네 번째, 두 번째, 세 번째에 나타나고, 따라서 우리가 찾고자 하는 숫자는 세 번째에 나타난 숫자 3이 된다.

결과적으로 K번째 작은 숫자를 찾는 문제는 재귀적으로 해결할 수 있다. 임의로 피벗을 선정하여 파티션을 가하고 결과적인 피벗 위치가 K번째 인지 확인한다. 만약, 그렇다면 바로 그 피벗 숫자가 우리가 찾는 K번째 작은 수가 된다. 만약, K가 피벗 위치보다 크면 현재 피벗의 오른쪽에 대해서, 그렇지 않으면 왼쪽에 대해서 같은 방법으로 재귀호출에 의해 파티션을 계속한다.

문제 크기를 줄여가며 포위망을 좁힌다는 면에서 이 방법은 이진탐색과 유사하다. 그러나 이진탐색이 항상 8, 4, 2, 1 하는 식으로 문제 크기를 정확히 반씩 줄여나가는 데 비해, 위 예에서 문제의 크기 즉, 파티션 대상의 크기는 8, 3, 1로 줄어들고 있다. 문제 크기가 얼마로 줄어드느냐는 파티션 결과, 피벗의 위치가 어디냐에 따라서 좌우된다. 물론, 파티션할 때마다 피벗을 중심으로 왼쪽, 오른쪽에 정확히 동일한 개수의 숫자가 분포한다면 문제 크기는 8, 4, 2, 1로 줄어들 것이다.

이처럼 파티션에 의해 전체 데이터를 정렬하지 않은 채 K번째 작은 수를 찾아낼 수 있다. 즉, K번째 작은 수가 있을 것으로 생각되는 부분에 한해서만 계속적으로 파티션을 가했지, 나머지 부분에 대해서는 파티션을 가하지 않았기에 정렬과는 무관하다. 만약, 우리가 처음 피벗 6을 중심으로 한 파티션 결과에서, 왼쪽만을 파티션하지 않고, 왼쪽 오른쪽 모두를 파티션했으면 어떻게 될까. 그리고 숫자 하나만 남는 베이스 케이스를 만날 때까지 계속해서 이러한 왼쪽, 오른쪽 파티션을 반복했으면 어떻게 될까. 당연히 모든 데이터가 정렬되며 이를 **쾌속 정렬**(Quick Sort)이라고 한다.

쾌속 정렬
(Quick Sort)

Section

6 피보나치 수열

0, 1, 1, 2, 3, 5, 8, 13, 21, ...로 진행하는 수열을 피보나치 수열(Fibonacci Sequence)이라 한다. 자연현상에서 많이 볼 수 있는 이 수열의 처음 0을 제외한 다음 항부터 시작해서 F(0) = 1, F(1) = 1로 잡으면 F(n)은 다음과 같은 일반식으로 표시할 수 있다.

F(n) = F(n–1) + F(n–2) (단, F(0) = F(1) = 1)

재귀 관계식
(Recurrence Relation)

재귀적인 연관성을 나타내는 이러한 식을 **재귀 관계식(Recurrence Relation)**이라 한다. 피보나치 관계식은 큰 문제 하나를 그보다 작은 문제 두 개로 나누고, 각각의 해결책을 합해서 큰 문제의 해결책에 이른다. 이진탐색의 경우 큰 문제 하나가, 반 크기로 줄어든 작은 문제 하나로 환원되었고, 팩토리얼의 경우 큰 문제 하나가, 1만큼 크기가 줄어든 작은 문제 하나로 환원되었음을 상기해보면 이 관계식과는 차이가 있음을 알 수 있다. 이처럼 재귀호출 하나가 다른 여러 재귀호출의 조합 형태로 나타날 수도 있다. 이 관계식을 이용하여 n번째 피보나치 수열을 구하는 함수는 다음과 같다.

[코드 4–6] 피보나치 수열

```
int Fibonacci(int n)
{  if (n < 2)                                          베이스 케이스
       return 1;                                       F(0) = F(1) = 1
   else return (Fibonacci(n-1) + Fibonacci(n-2));      재귀호출
}
```

n = 5일 때 Fibonacci(5)에 의해 재귀호출되는 함수는 [그림 4–5]와 같다.

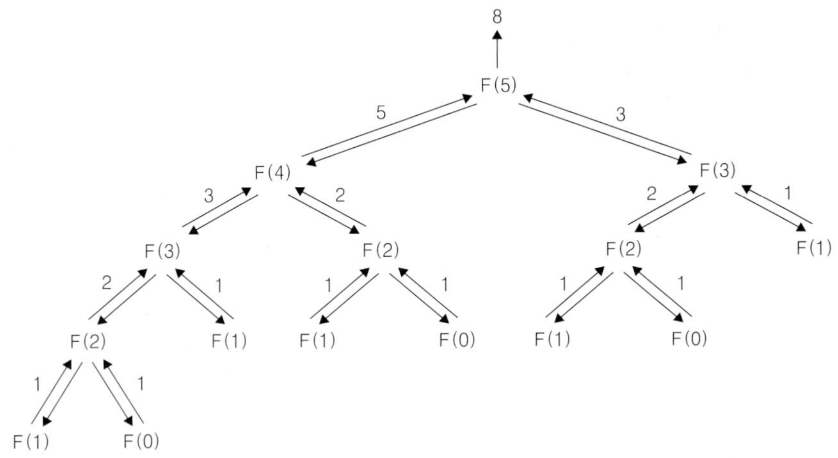

[그림 4-5] 피보나치 수열의 재귀호출

F(5)는 F(4)와 F(3)의 호출로, F(4)는 F(3)과 F(2)의 호출로 이어진다. 그런데 그림을 유심히 관찰하면 동일한 호출이 반복되는 것을 볼 수 있다. 예를 들어 F(3) 호출은 두 번, F(2) 호출은 세 번, F(1) 호출은 무려 다섯 번이 반복됨을 알 수 있다. 한번 계산해 놓은 것을 저장하고 재사용하는 방법에 비해, 동일한 계산을 반복하는 것은 프로그램의 효율성(Efficiency)이 그만큼 떨어짐을 의미한다.

Section

07 재귀 함수의 작성

명확한 규칙은 없지만 재귀 함수를 작성하기 위한 단계를 일반적으로 요약하면 다음과 같다.

1단계: 주어진 문제를 더 작은 문제로 표시할 수 있는지 시도하고, 만약 그렇다면 문제의 크기에 해당하는 파라미터 N을 알아낸다. 이 단계에서는 문제 크기를 하나씩 줄이는 방법, 반으로 줄이는 방법, 다른 여러 개의 작은 문제의 조합으로 표시하는 방법 등을 시도해야 한다.

2단계: N이 작아져서 문제를 직접 풀 수 있는 것이 어떤 경우인지 베이스 케이스를 알아낸다. N이 충분히 작아져서 문제를 직접 해결할 수만 있다면 베이스 케이스를 그 이하로 책정할 필요는 없다.

3단계: 일반적인 N이 주어졌을 때, 그 N이 줄어들어 반드시 베이스 케이스를 만나게 되는지를 확인한다. 이는 N이 양수인지 음수인지, 짝수인지 홀수인지, 또는 부동소수인지 정수인지 각각의 경우에 대해 모두 검증되어야 한다.

4단계: 베이스 케이스와 베이스 케이스가 아닌 경우를 나누어서 코드를 작성한다.

Section

08 재귀호출의 효율성

재귀호출은 효율 면에서 크게 불리하다. 일반적으로 재귀호출은 아름다울 정도로 간명한 모습이지만, 실행에 걸리는 시간이나 공간 면에서는 불리함을 안고 있다. 재귀호출이 한번 일어날 때마다 새로운 활성화 레코드가 만들어져야 하기 때문이다. 특히, 활성화 레코드에는 3장에서 언급한 내용 외에도 구체적으로는 활성화 레코드의 주소, 계산 결과를 임시 저장하는 필드, 레지스터 내용을 저장하는 필드 등 추가적인 내용이 저장된다.

반복적인 재귀호출에 따른 활성화 레코드의 관리에는 시간적, 공간적 자원을 필요로 한다. 시간(CPU Time)적으로는 활성화 레코드를 쓰기 위한 시간, 또 나중에 되돌아오면서 이전 상태를 복원하기 위해 쓰인 내용을 다시 읽는 시간을 필요로 한다. 공간(Memory Space)적으로는 호출할 때마다 활성화 레코드를 쌓아나가기 위해 스택 메모리 공간을 필요로 한다.

주어진 문제를 재귀호출로 해결할 것인가. 아니면 다른 방법으로 해결할 것인가. 재귀 호출에 내재하는 비효율성을 감안할 때, 재귀호출 없이 해결될 수 있으면 당연히 그 방법을 사용해야 한다. 그러나 때에 따라서는 재귀호출 외에 다른 방법을 생각해내기 무척 어려운 경우도 존재하며, 그러한 경우에만 재귀호출을 사용하는 것이 바람직하다. 재귀호출을 피하기 위한 몇 가지 예를 들어보자.

대부분의 경우, 재귀호출은 **반복문**으로 대체할 수 있다. for문이나 while문 등이 그것이다. 반복문에 의한 팩토리얼, 문자열 뒤집기, 피보나치 프로그램을 순차적으로 써보자.

반복문
(Iterative Statements)

[코드 4-7] 반복문에 의한 팩토리얼

```
int Factorial(int n)                  팩토리얼
{ int product = 1;                    곱셈의 결과 값을 초기화
  for (int i = 1; i <= n; i++)        1부터 n까지
      product *= i;                   계속 곱해서 저장
  return product;                     결과를 리턴
}
```

[코드 4-8] 반복문에 의한 문자열 뒤집기

```
void Reverse(char S[], int Size)          문자열 뒤집기
{ while (Size > 0)                        한 글자라도 남아 있을 때까지
  { printf("%c", S[Size-1]);              일단 마지막 문자를 찍고
    --Size;                               문자열 마지막을 한 칸 앞으로
  }
}
```

[코드 4-9] 반복문에 의한 피보나치 수열

```
int Fibonacci(int n)                      피보나치 수열
{ int F[Max];                             배열 크기를 n보다 크게 잡음
  F[0] = 1; F[1] = 1;                     수열의 처음 두 숫자 초기화
  for (int i = 2; i <= n; i++)            F[2]부터 n까지
       F[i] = F[i-2] + F[i-1];            앞에서 뒤로 채워나감
   return (F[n]);                         배열의 마지막 요소를 돌려줌
}
```

이렇게 함으로써 활성화 레코드에 따른 시간적, 공간적 부담을 배제할 수 있다. 특히 [코드 4-9]의 경우, 활성화 레코드가 없을 뿐만 아니라, 한 번 계산한 피보나치 수열의 값을 절대로 다시 계산하지 않는다는 장점이 있다.

Section

09 꼬리재귀

꼬리재귀(Tail Recursion)란 재귀호출 명령이 함수의 제일 마지막에 오는 것이다. 엄밀히 말해서 꼬리재귀는 호출의 리턴 값이 수식 표현(Expression)의 일부여서는 안 된다. 예를 들어, return (N * Factorial(N−1));이라고 하면 괄호 안의 N * Factorial(N−1)은 일종의 수식 표현이다. 따라서 이 명령문이 재귀호출 함수의 마지막 명령문이라고 하더라도 이는 꼬리재귀가 아니다. 재귀호출에서 되돌아 와서 N과 Factorial(N−1) 결과를 곱해야 하는 일이 남아있기 때문이다.

꼬리재귀
(Tail Recursion)

꼬리재귀의 특성은 재귀호출에서 되돌아오면서는 할 일이 전혀 없는 것이다. 예를 들어, 문자열을 뒤집기 위한 [코드 4-3]이 그렇다. 대부분의 컴파일러는 꼬리재귀의 이러한 특성을 이용한다. 즉, 재귀호출이 일어날 때 새로운 활성화 레코드를 쌓아 올리는 대신 꼬리재귀에서는 이전의 활성화 레코드에 새로운 활성화 레코드를 덧씌워(Overwriting) 버린다. 즉, 이전 활성화 레코드가 사용하던 공간을 새로운 활성화 레코드로 대치시킴으로써 메모리의 공간적 효율을 기한다. 나중에 되돌아오면서 할 일이 없으므로 그 이전 상황을 복원할 필요가 없기 때문이다.

팩토리얼 함수를 재귀호출로 표시하되 꼬리재귀를 사용하면 다음과 같다.

```
int Factorial(int n, int a)
{  if (n = = 0)
        return a;                       a에 결과 값이 축적됨
   else
        return Factorial(n-1, n*a);     꼬리재귀
}
```

예를 들어, 4!을 구하려면 factorial(4, 1)을 실행하면 된다. 이렇게 되면 호출은 factorial(4, 1) -> factorial(3, 4) -> factorial(2, 12) -> factorial(1, 24) -> 24로 된다. 즉, 리턴 될 값을 a에 쌓아가면서 재귀호출을 계속하되, 베이스 케이스에 a를 리턴해버리면 나중에 호출 함수로 되돌아가면서 할 일이 없어져 버린다.

어떠한 재귀호출도 반복문으로 치환할 수 있다. 프로그래머 입장에서 볼 때에는 위 예의 for나 while 루프처럼 손쉽게 반복문으로 치환할 수 있는 경우도 있지만, 달리 치환하기가 매우 까다로운 경우도 존재한다. 이러한 점을 감안하여, 프로그램의 간명함이 중시될 때에는 재귀호출을 사용하는 것이 좋다. 그러나 간명함보다 효율이 중요시 될 때에는 어렵더라도 반드시 반복문으로 치환해야 한다. 컴파일러 역시 재귀호출을 반복문으로 치환하여 처리하고 있다. 단지 그 반복문이 활성화 레코드를 쌓고 없애는 반복문이기에 비효율이 수반된다는 것이다.

생활 속의 자료구조

어떤 사전에 다음과 같은 정의가 나열되어 있다고 하자. 무엇이 문제인가?

돌: 자연적으로 단단해진 광물 덩어리
광물: 돌처럼 단단한 모습을 지닌 자연적 물질

1부터 50 사이의 숫자 중 하나를 머릿속으로 선택해보라. 네가 생각하는 그 숫자를 단 몇 번만에 Yes/No 질문만으로 알아맞히겠다. 25보다 큰가, 작은가? 크다면 37보다 큰가, 작은가? 작다면 31보다 큰가, 작은가?

어떤 사람이 내게 다가와서 만원을 요구한다. 왜 내가 당신에게 그걸 줘야 하는지 물었더니, "당신도 다른 사람에게 그렇게 하면 된다."라고 말한다. 나아가 "다른 사람에게 두 배를 요구하라"고 한다. 그래서 나도 다른 사람에게 다가가 "내게 2만원을 주고, 대신 다른 사람에게 내게 준 액수의 두 배를 요구하라"고 똑같이 말한다. 과거 어떤 해 캘리포니아 특정 지역의 주민 전체의 70%가 다단계 판매회사 직원이었다고 한다. 주민 모두가 직원이어도 소득이 발생하는가? 베이스 케이스가 존재하려면 어떻게 요구해야 하는지 생각해보자.

알고리즘이란 "문제를 해결하기 위한 방법"을 의미하며, 프로그램이란 "그 방법을 구체적으로 구현한 것"으로 정의된다. 기원전 400년 그리스 수학자 유클리드는 소위 '역사상 첫 알고리즘'을 만들었다. 예를 들어, 1440과 408의 최대 공약수를 구하라는 문제에 그는 이렇게 답하고 있다. "그 문제는 408과 216(1440 % 408)의 최대 공약수를 구하는 문제입니다." 그렇다면 408과 216의 최대 공약수는 뭐냐고 되물었더니 "그 문제는 216과 192(408 % 216)의 최대 공약수를 구하는 문제입니다. 계속 이렇게 하시다가 나중에 두 번째 숫자가 0이 되면 첫째 숫자가 최대 공약수입니다."

[그림 4-6] 노틸러스 바다 조개

자연적인 모습에는 소위 자아 유사성(Self-Similarity)이 존재한다. [그림 4-6] 노틸러스 바다 조개(Nautills Sea Shell)를 보라. 자신의 일부가 자신의 전체 모습을 담고 있고, 일부를 반복(Iteration)하면 전체에 이른다.

생활 속의 자료구조

[그림 4-7] 나뭇가지 하나하나를 자기자신의 모습으로 치환하면 [그림 4-10]에 이른다. 자신의 정체성을 끊임없이 되묻는 과정이 재귀호출이 아닌가?

[그림 4-7] 1단계

[그림 4-8] 2단계

[그림 4-9] 4단계

[그림 4-10] 5단계

요약

큰 문제를 그보다 작은 문제, 다시 그보다 더 작은 문제로 줄여서 해결하는 것이 재귀호출이다. 문제가 아주 작아져서 단번에 풀 수 있는 경우를 베이스 케이스라 한다.

재귀호출에서는 베이스 케이스를 향해서 호출해 들어가는 과정이 있고, 또 베이스 케이스로부터 되돌아오는 과정이 있다. 실제 작업은 들어가면서 할 수도 있고 나오면서 할 수도 있다.

들어가는 매 순간마다 들어간 함수의 상태를 저장하기 위한 것이 활성화 레코드다. 물론, 이 레코드는 나중에 되돌아오면서 이전 상태를 복원하기 위한 것이다.

간명한 프로그램을 강조하려면 재귀호출을, 활성화 레코드에 따른 시간적 공간적 부담을 줄이려면 반복문을 사용하는 것이 합리적이다.

연습 문제

1 다음 가, 나, 다의 fcn1이 실행되면 각각 어떤 값이 되돌아오는가?

```
int fun1 (int x)
{ if (x < 5)
       return (3 * x);
  else
       return (2 * fun1(x-5) + 7);
}
```

가. fun1(4)　　나. fun1(10)　　다. fun1(12)

2 다음 가, 나, 다의 fcn2가 실행되면 각각 어떤 값이 되돌아오는가?

```
int fun2 (int x, int y)
{ if (y < x)
       return (-4);
  else
       return (fun2(y - x, x - 3) + y);
}
```

가. fun2(2,7)　　나. fun2(5,3)　　다. fun2(15,3)

3 가비지 컬렉션(Garbage Collection) 작업은 일반적으로 함수를 빠져나올 때 전역 변수에 대해 가해진다. (True/False)

4 하나의 함수 선언 내부에서 가능한 재귀호출 명령문의 개수는 최대 몇 개인가?

가. 1　　나. 2　　다. n(n은 파라미터 값)　　라. 고정된 최대 값은 없다

5 함수 하나가 호출할 수 있는 재귀호출의 최대 깊이는 얼마인가?

가. 1　　나. 2　　다. n(n은 파라미터 값)　　라. 고정된 최대 값은 없다

6 다음 함수에서 Asterisk(5)를 호출할 때 출력되는 *의 개수는?

```
void Asterisk(int i)
{ if (i > 1)
  {    Asterisk(i / 2);
       Asterisk(i / 2);
  }
```

```
    cout << "*";
  }
```

가. 3　　나. 4　　다. 7　　라. 8　　마. 다른 숫자

7 실제 컴퓨터에서 문제 크기가 줄지 않는 재귀호출을 가하면 그 결과는 어떻게 되는가?

가. 운영체제가 무한 재귀호출이 일어나는 것을 발견한다.
나. [Ctrl] + [C] 키를 누를 때까지 프로그램은 계속 돌아간다.
다. 결과를 예측할 수 없다.
라. 스택 오버플로우에 의해 프로그램이 멈춘다.

8 함수 호출 결과, 활성화 레코드에 저장되지 않는 정보는 다음 중 무엇인가?

가. 현재 재귀호출의 깊이
나. 전달된 파라미터 값
다. 함수 실행이 끝나고 되돌아갈 주소
라. 지역 변수

9 다음 함수에서 Recurse(4)를 불렀을 때 그 결과는 무엇인가?

```
void Recurse(int n)
{ cout << n << " ";
  if (n > 0)
     Recurse(n-2);
}
```

가. 0 2 4　　나. 0 2　　다. 2 4　　라. 4 2　　마. 4 2 0

10 다음 함수에서 Recurse(4)를 불렀을 때 그 결과는 무엇인가?

```
void Recurse(int n)
{ if (n > 0)
      Recurse(n-2);
  cout << n << " ";
}
```

가. 0 2 4　　나. 0 2　　다. 2 4　　라. 4 2　　마. 4 2 0

연습 문제

11 자연수 N이 입력될 때, 1 2 3 ... N을 순차적으로 출력하는 프로그램을 재귀호출로 작성해서 직접 실행시켜라.

12 정렬하지 않고 다음 숫자 중에서 여섯 번째 작은 것을 구하라. 단, 파티션에 의해 숫자의 배열이 바뀌는 과정을 도식화해야 한다.

7 10 2 8 16 1 3 4 22 14 12 13

13 Recurse (2, 5)가 호출되었을 때, 다음 프로그램의 출력을 쓰라.

```
void Recurse (int X, int& Y)
{ if (Y > X)
  {     ++X;
        --Y;
        cout << X << " " << Y << endl;
        Recurse (X, Y);
        cout << X << " " << Y << endl;
  }
}
```

14 주어진 문자열 S를 뒤에서부터 앞으로 거꾸로 써 가는 다음 재귀 함수를 완성하라. 단, 배열 인덱스는 0부터 시작하며, 문자열을 구성하는 글자의 개수는 Size 변수로 나타낸다.

```
void WriteBackward (char S[], int Size)
```

15 주어진 십진수를 거꾸로 쓰기 위한 다음 소스 코드를 완성하라.

```
void PrintDecimalReverse(int n)
{ if (          )                              베이스 케이스
      cout << endl;
  else
  {   cout << n % 10;                          뒷자리 수를 출력
      PrintDecimalReverse(        );           문제 크기를 줄임
  }
}
```

16 배열 A 값 중, X와 같은 것이 몇 개 있는지를 구하는 다음 재귀적 프로그램의 빈칸을 채워 넣어라. 단, N은 재귀호출의 각 단계에서 처리하는 배열의 크기다.

```
int NumberEqual(const int A[], int N, int X)
{ int Count;
  if (N <= 0)
        (              );
  else
  {   if (A[N-1] = = X)
            (              );
      else
            (              );
      (              );
  }
}
```

17 정수 배열 A가 있을 때, 처음 데이터 값 N개의 합을 구하기 위한 재귀호출 함수를 작성하라.

18 이진탐색 알고리즘을 구현하는 C++ 또는 C 프로그램을 작성하라.

19 두 정수의 최대 공약수를 구하는 재귀호출 함수를 작성하라.

20 화면으로부터 정수 열 개를 입력 받아서 그 합계를 출력하는 C 함수를 다음 두 가지 형식으로 작성하라.

가. 재귀호출　　　나. 반복문

21 배열에 다음과 같은 요소가 들어 있을 때, 이진탐색 알고리즘을 사용하여 주어진 키를 찾기 위한 과정을 추적하라. 단, 끝까지 매 과정마다 first, middle, last 인덱스 값을 표시하라.

0	1	2	3	4	5	6	7
6	13	28	39	40	42	56	64

[그림 4-11] 문제 21

가. 키 22　　　나. 키 6

22 다음 팩토리얼 함수에서 두 개의 출력 명령문 ①, ②에 주목하여 아래 물음에 답하라.

```
int Factorial (int n)
{ cout << n << endl;              ①
  if (n <= 1)
      return 1;
  else
  {   int fact = Factorial (n - 1);
```

연습 문제

```
            cout << fact << endl;          ②
            return n * fact;
        }
    }
```

가. f = Factorial(1); cout << f << endl; 수행 결과 출력은 무엇인가?
나. f = Factorial(3); cout << f << endl; 수행 결과 출력은 무엇인가?
다. f = Factorial(-1); cout << f << endl; 수행 결과 출력은 무엇인가?

23 재귀호출의 일반적인 구조에 대해서 설명하라.

24 S = 12 + 22 + ... +N2를 계산하기 위한 재귀호출 함수를 작성하라.

25 다음 애커만 함수(Ackermann' s Function)는 함수자체가 파라미터로 사용되는 특이한 형태의 재귀호출(Nested Recursion)이다. 연필로 A(3, m), A(4, m)을 계산해보고, 그 값이 증가하는 속도에 대해서 논하라.

$$A(n, m) = \begin{pmatrix} m+1 & \text{if } n=0 \\ A(n-1,1) & \text{if } n>0,\ m=0 \\ A(n-1,\ A(n,\ m-1)) & otherwise \end{pmatrix}$$

26 0보다 크거나 같은 정수의 승수(Power)를 계산하기 위한 다음 함수에서 2의 1000승을 계산하기 위해 몇 번의 함수 호출이 필요한지 답하라.

가.
```
int Pow1(int x, int n)
{ int Exp, Temp = 1;
  for (Exp = 1; Exp <= n; ++Exp)
  Temp = Temp * x;
  return Temp;
 }
```

나.
```
int Pow2(int x, int n)
{ if (n = = 0)
      return 1;
  else
      return x * Pow2(x, n-1);
 }
```

다.
```
int Pow3(int x, int n)
{ if (n = = 0)
```

```
        return 1;
    else
    { int temp = Pow3(x, n/2);
        temp = temp * temp;
        if ((n % 2) = = 0)
              return temp;
        else
              return temp*x;
    }
}
```

27 Asterisk(5);라는 명령에 의해 애스터리스크(*) 다섯 개를 화면에 출력하는 함수를 재귀호출로 작성하라.

28 지역 변수나 반복문을 사용하지 말고 다음 두 조건을 만족하는 함수를 작성하라.

가. 입력조건: 파라미터 n은 0보다 큰 정수.

나. 출력조건: 첫 줄은 n, 다음 줄은 2n, 그 다음 줄은 4n, ... 이처럼 출력하되 3,600보다 큰 첫 숫자를 만날 때까지만 출력한다. 이후 프로그램은 거꾸로 이전에 출력했던 숫자를 역순으로 표시해야 한다.

29 양의 정수 파라미터 n이 주어졌을 때, 다음과 같은 패턴의 숫자를 출력하는 함수를 작성하라. 단, 나열되는 숫자의 개수는 (2의 n승 - 1)개다.

n = 1: 1
n = 2: 1 2 1
n = 3: 1 2 1 3 1 2 1
n = 4: 1 2 1 3 1 2 1 4 1 2 1 3 1 2 1
...

n일 때 출력은 항상 (n-1)일 때의 출력을 나열하고, 그 다음에 n 자체를 찍고, 다시 (n-1)일 때의 출력을 나열하는 모습이다.

30 재귀호출 함수 실행을 반드시 끝내기 위해서 존재해야 해야 할 두 가지 특성은 무엇인가?

31 컴퓨터 그래픽에서 어떤 영역을 주어진 색깔로 채우는 알고리즘 중의 하나가 번짐(Flood Fill) 알고리즘이다. 이 알고리즘은 재귀호출에 의해 주어진 색깔을 주변으로 확장해 나가되 경계색에 닿으면 되돌아온다. 다음 그림의 검은 점을 주변으로 확장하되, 일단 점을 그린 후에 좌우상하의 순으로 재귀호출한다면 각 화소별로 칠해지는 순서는 어떻게 될까?

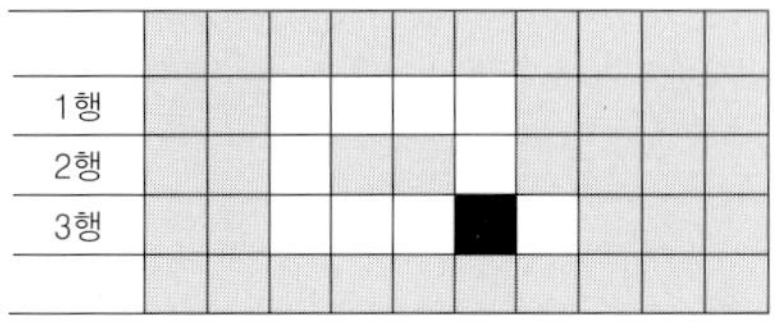

[그림 4-12] 문제 31

32 다음 프로그램의 출력에 대해 설명하라.

```
#include <stdio.h>
main()
{ recursive(1);
}
int recursive(int n)
{ if (n > 10) return;
  printf("%i\n",n);
  recursive(n + 1);
}
```

33 다음 파티션 함수를 가, 나, 다 각각의 배열에 가한 결과를 써라.

```
void partition (int a[])
{ int p = a[0];
  int left = 1;
  int right = a.length-1;
  while (1)
{    while (left < right && a[left] <= p) left++;
       while (left < right && a[right] >= p) right--;
       if (left >= right) break;
       swap(a, left++, right--);
}
swap(a, 0, right);
}
```

가. 5 0 6 1 7 2 8 3 9 4　　나. 8 0 6 1 7 2 5 3 9 4　　다. 4 9 8 7 6 5 3 2 1 0

34 문자열 "Korea"가 넘겨질 때 [코드 4-5]의 first와 last 값이 어떻게 변하는지 또 어떤 순서로 문자가 찍히는지 확인하라.

35 다음 함수는 재귀호출이라고 하기에는 문제가 있다. 어떤 점이 문제며 어떻게 고치는 것이 바람직한가?

```
void Recurse(int n)
{ printf("%d\n", n);
  if (n % 2 = = 0)
      Recurse(n / 2);
  else Recurse(3*n + 1);
}
```

36 10진수 N을 2진수로 변환하여 출력하기 위한 다음 C 함수의 빈 곳을 완성하라.

```
void Convert(int N)
{ if (N = = 0)
      return;
  else
  { Convert(         );
    printf("%d",         );
  }
}
```

37 동그란 피자 하나를 가운데를 중심으로 자르면 두 조각이 된다. 한 번 더 자르면 네 조각이 되고 다시 한번 더 자르면 여섯 조각이 된다. 그런데 만약에 가운데를 통과하지 않고 자르면 세 번 잘라서 일곱 조각이 되게 할 수 있다. 다시 말해, 이전에 자른 자국에 모두 걸쳐가면서 자르면 최대의 조각 수를 확보할 수 있다. 이처럼 3, 4, 5번 자를 때의 조각 수를 써보고 이를 재귀 관계식으로 표현하라.

38 다음 재귀호출 두 개가 서로 완전히 같은지 아닌지를 판단하라. 또, 어떤 표현 방식이 개념적으로 더욱 명확한지 판단하고 그 이유를 제시하라.

```
void Recurse(int N)
{ if (N < 1)
      return;
  else
  {  Recurse(N-1);
     cout << N;
  }
}
```

```
void Recurse(int N)
{ if (N < 1)
      return;
  Recurse(N-1);
  cout << N;
}
```

Part

02

기본 자료구조

Chapter

05

리스트

＊학습목표

- 추상 자료형으로서 리스트 개념과 필요 작업을 이해한다.
- 배열로 구현하는 방법, 연결 리스트로 구현하는 방법을 숙지한다.
- 리스트를 C로 구현할 때와 C++로 구현할 때의 차이점을 이해한다.
- 자료구조로서 배열과 연결 리스트의 장단점을 이해한다.

Point

추상 자료형 리스트는 목록 또는 도표를 추상화한 것이다. 즉, 여러 데이터 항목을 모아서 한꺼번에 관리할 수 있도록 한 것이 리스트다. 리스트는 프로그램에서 가장 많이 사용되는 추상 자료형의 하나다. 우리 주변의 수많은 정보들이 도표로 조직화되어 있기 때문이다. 리습(LISP, List Processing)이라는 프로그램 언어에서는 모든 데이터를 리스트로 표현하고 조작하기도 한다. 다음 장에 설명할 스택이나 큐 역시 리스트의 일종으로, 특수한 경우의 리스트라 할 수 있다. 이러한 점에서 리스트는 중요하다. 이 장에서는 추상 자료형 리스트를 정의하고, 이어서 리스트를 구현하는 방법과 구현에 사용된 자료구조의 장단점을 알아본다.

Section

01 추상 자료형 리스트

리스트(List)
도표(Table)

리스트(List)란 문자 그대로 목록이다. 우리가 사용하는 대부분의 목록은 **도표(Table)** 형태로 표시된다. 추상 자료형 리스트는 이러한 목록 또는 도표를 추상화한 것이다. 예를 들어, 내가 해야 할 일을 하나하나 나열한 것도 리스트고, 어떤 요리에 필요한 재료를 나열한 것도 리스트다. 성적 리스트, 외울 단어 리스트, 합격자 리스트, 일정 리스트, 취항 도시 리스트 등 프로그램 대상이 되는 우리 주변의 수많은 정보가 리스트다. [표 5-1]과 같이 시장에서 장 볼 리스트를 생각나는 대로 적어보자.

[표 5-1] 구매 물품 리스트

일련번호(Position)	물품명(Name)	수량(Quantity)
1	Beer	10
2	Gum	5
3	Apple	4
4	Potato	8
5	Onion	8
...	...	...

[표 5-1]의 각 행의 개별 항목(Item)이 레코드(Record)며, 레코드는 다시 일련번호(Position), 물품명(Name), 수량(Quantity)이라는 데이터 필드로 구성되어 있다. 이처럼 실제로 목록을 구성하는 항목은 데이터 필드 여러 개를 망라하는 레코드지만 설명을 단순화하기 위해서 여기서는 레코드 대신 데이터라는 용어를 사용하기로 한다. 다시 말해, 데이터 필드 하나만으로 구성된 레코드로 단순화시켜 설명하고자 한다.

장 볼 리스트에 국한하지 않고, 일반적인 리스트가 우리에게 제공할 수 있는 작업은 무엇인가. 다시 말해 사용자 입장에서 볼 때, 추상 자료형 리스트에서 우리가 원하는 작업은 어떤 것이 있는가. 당연히 리스트에 어떤 데이터를 추가할 수 있어야 하며, 또 필요할 경우 삭제할 수 있어야 한다. 또, 리스트를 만드는 가장 큰 이유는 그 리스트에서 필요한 데이터를 찾아보기 위한 것이다. 이러한 관찰을 근거로 필요한 작업을 써보면 **삽입(Insertion)**, **삭제(Deletion)**, **검색(Retrieval)** 등 임을 알 수 있다.

삽입(Insertion)
삭제(Deletion)
검색(Retrieval)

이를 조금 더 자세하게 정의해보자. 삽입은 반드시 삽입할 대상을 넘겨주면서 명령해야 하므로 Insert(Data)로 해야 한다. 그렇다면 그 데이터는 표의 어느 위치로 들어갈 것인가. 추상 자료형에서 중요한 것은 사용자와 구현자 사이의 약속이다. 물론, 이 약속은 상세할수록 좋다. "삽입은 무조건 도표 끝에 넣기로 하자"라고 약속할 수도 있지만, 그렇지 않고 "위치를 지정해서 몇 번째 넣기로 하자"라고 정할 수도 있다. 물론, 이렇게 하려면 삽입 명령은 Insert(Position, Item)으로 변경되어야 한다.

위치 기반 리스트
(Position-Oriented List)

위치 기반 리스트(Position-Oriented List)를 만들 것인지, 일반적인 리스트를 만들 것인지의 판단은 사용자의 필요성에 따른다. 예를 들어, 앞에 나오는 데이터가 우선적으로 사야 할 중요물품이라는 의미를 부여한다면 위치 기반 리스트를, 순서 자체에 아무런 의미가 없다면 일반적인 리스트를 정의하면 된다. 이처럼 사용자의 필요에 따라 작업이 의미하는 바가 달라질 수 있으며 그 결과, 작업을 호출하기 위한 명령어 형태가 달라질 수 있다. 위치 기반 리스트라면 다음과 같은 작업을 정의할 수 있다.

```
Insert(Position, Data)    데이터를 해당 위치(Position)에 넣기
Delete(Position)          해당 위치(Position)의 데이터를 삭제
Retrieve(Position, Data) 해당 위치(Position)의 데이터를 Data 변수에 복사

Create()                  빈 리스트 만들기(종이 준비)
Destroy()                 리스트 없애기(종이 버리기)
IsEmpty()                 빈 리스트인지 확인(아무 것도 안 적혔는지 확인)
Length()                  몇 개의 항목인지 계산(몇 개나 적혔는지 세어보기)
```

작업을 정확하게 정의하려면 좀더 세심한 주의를 요한다. 예를 들어, [표 5-1] 리스트에서 Insert(1, Ramen)이라고 하면 그 수행 결과는 어찌될 것인가. 현재 첫 위치에 맥주가 있는 상태에서 라면을 집어넣으면 맥주는 지워질 것인가, 아니면 모두 한 칸씩 뒤로 밀릴 것인가. 어떻게 정의해도 상관없지만, 구현자로서는 사용자가 이러한 의문을 품지 않도록 인터페이스 파일의 주석을 명확하게 작성해야 한다.

공리
(公理, Axiom, 액시엄)

추상 자료형에서 각각의 작업이 의미하는 바를 명확히 하려고 수학적인 **공리(公理, Axiom, 액시엄)** 형태로 주석을 만들기도 한다. 항상 성립해야 하는 사실을 공리로 표현하는 것이다.

구현된 작업이 반드시 해당 공리를 만족시켜야 함은 물론이다. 리스트 클래스의 객체 aList가 있다고 가정하면 다음과 같은 공리를 세울 수 있다.

```
① (aList.Create( )).Length( ) = 0
② (aList.Insert(i, Data)).Length( ) = aList.Length( ) + 1
③ (aList.Create( )).IsEmpty( ) = TRUE
④ (aList.Insert(i, Data)).Delete(i) = aList
⑤ (aList.Create( )).Delete(i) = ERROR
```

①은 새로 만든 리스트의 길이가 0인 것을, ②는 새로운 항목을 추가한 결과, 리스트의 길이가 1만큼 증가함을, ③은 새로 만든 리스트가 비어 있음을, ④는 i번째 항목을 삽입한 결과 리스트에서 i번째 항목을 삭제하면 원래의 리스트가 됨을, ⑤는 빈 리스트에 삭제를 명령하면 오류로 처리됨을 의미한다.

그러나 이 같은 공리에 의해 어떤 작업이 의미하는 바를 모두 설명할 수는 없다. 라면을 삽입하는 경우가 그 예다. 또 다른 예로, 현재 리스트에 항목 두 개가 있는 상태에서 Insert(50, Data)라고 했을 때 그것이 50번째에 삽입되는지, 아니면 모든 항목을 이어서 붙이기로 했으니 세 번째에 삽입되는지 등의 **사양(스펙, Specification)**은 공리 형태로 제시하기 어렵다. 따라서 이럴 때에는 주석으로 처리하는 것이 유리하다.

사양
(스펙, Specification)

리스트의 구현은 배열을 사용하는 방법과 포인터를 사용하는 방법으로 나뉜다. C와 C++의 차이점을 조명하기 위해서 이 장에서는 각각의 언어에 대해서 두 가지 방법으로 나누어서 구현 방법을 살펴볼 것이다.

Section

02 C에 의한 리스트 구현

1. C 배열에 의한 리스트 구현

리스트를 배열로 구현하기는 상대적으로 쉽다. 특히, 위치기반 배열이라면 더욱 수월하다. 인덱스에 의해 해당 위치에 직접 접근할 수 있기 때문이다. 예를 들어, 리스트 다섯 번째에 데이터를 넣으려면 배열 인덱스 4의 위치에 넣으면 된다. C/C++ 언어의 배열 인덱스는 0부터 시작하기 때문이다.

[표 5-1]의 리스트에서 행(Row)은 레코드므로 배열의 요소(Array Element)에 해당한다. 따라서 표의 레코드는 다음과 같은 자료구조로 선언할 수 있다.

```
#define MAXCHAR 20                  물품명 문자열의 최대 길이
#define MAXLIST 100                 삽입할 수 있는 최대 항목 수

typedef struct data
{  char Name[MAXCHAR];              품명
   int Quantity;                    수량
}  dataType;
dataType List[MAXLIST];             구조체 배열
```

구조체 배열
(Array of Structure)

구조체로서의 dataType은 두 개의 필드로 구성되며 이 구조체는 위치 정보를 제외하고는 도표의 한 행(Row)에 있는 모든 정보를 담을 수 있어야 한다. 바로 이 구조체가 배열 List의 구성요소가 된다. 배열요소가 단순 데이터 타입이 아닌 구조체인 이러한 자료구조를 **구조체 배열(Array of Structure)**이라 한다. 구조체의 Name 필드가 실제로는 배열이므로 이 자료구조를 좀더 엄밀히 말한다면 "Array of Structure of Array of Character and Integer"라고 부를 수도 있다. 여기서 구조체 내부에 위치(Position) 필드를 생략한 것은 위치 정보는 배열 인덱스에 의해 별도로 처리할 수 있기 때문이다. 물론, 필요하다면 위치 필드를 구조체 내부에 포함시킬 수도 있다.

설명의 편의를 위해 이제부터는 배열 요소가 정수 데이터 필드 하나만으로 구성되었다고 가정하자. 또, 위치기반 리스트를 구현하기로 하자. 리스트 길이를 추적하기 위한 변수까지 포함하여 더욱 일반적 형태의 리스트를 선언한 인터페이스 파일은 다음과 같다.

[코드 5-1] ListA.h(C Interface by Array)

```
#define MAX 100                                           최대 데이터 100개를 저장
typedef struct listRecord
{  int Count;                                             리스트 길이(데이터 개수)를 추적
   int Data[MAX];                                         리스트 데이터는 정수형
}  listType;                                              리스트 타입은 구조체
void Insert(listType *Lptr, int Position, int Item);      데이터 삽입
void Delete(listType *Lptr, int Position);                데이터 삭제
void Retrieve(listType *Lptr, int Position, int *ItemPtr);
                                                          데이터 검색
void Init(listType *Lptr);                                초기화
bool IsEmpty(listType *Lptr);                             비어있는지 확인
int Length(listType *Lptr);                               리스트 내 데이터 개수
```

위 코드에서 구조체가 필요한 이유는 리스트 길이를 나타내는 변수 때문이다. 리스트 데이터 개수와 그 데이터를 저장한 배열을 분리하여 생각할 수는 없다. 따라서 이를 리스트라는 개념 아래에 구조체로 묶어서 선언하는 것이 합리적이다. 또, 리스트 길이를 전역 변수 형태로 분리하여 밖으로 내놓을 수는 없다. 예를 들어, listType List1, List2;라고 선언했을 때 두 리스트의 길이가 다를 수 있으므로 이를 공유할 수 없기 때문이다. 리스트 구조체를 그림으로 나타내면 [그림 5-1]과 같다.

Lptr ⇨	Count	Data[ ]					
	2	0	1	2	...	(MAX-1)	Index
		324	256				
		1	2	3	...	MAX	Position

[그림 5-1] C 배열에 의한 리스트 구현

배열을 사용하든지, 연결 리스트를 사용하든지를 막론하고 C 언어로 리스트를 구현할 때는 리스트 자체를 함수 호출의 파라미터로 넘기는 것이 일반적이다. 물론, 리스트를 전역 변수로 선언한다면 이처럼 넘길 필요가 없다. 그러나 가능하면 전역 변수 대신 지역 변수를 사용하여 이를 함수 간에 주고받는 것이 함수의 단위성(Modularity)을 높일 수 있는 바람직한 C 프로그래밍 스타일이다.

[코드 5-1] 함수의 첫 파라미터 listType *Lptr은 리스트를 가리키는 포인터를 Lptr로 복사해달라는 것이다. 리스트는 구조체 형태므로 구조체의 시작 주소 값이 Lptr로 복사되어 넘어간다. 여기서 포인터를 사용하는 이유는 참조 호출 효과를 기하기 위해서다. 삽입, 삭제는 원본 자체를 바꾸는 작업이고, 따라서 원본을 변경할 수 있는 참조 호출을 사용하는 것은 당연한 일이다. 또한 포인터를 넘길 경우에는 포인터 값만 복사되지, 리스트 자체 데이터는 복사되지 않으므로 복사에 따른 시간도 줄어든다.

검색을 위한 Retrieve 함수의 마지막 파라미터는 조금 유의할 필요가 있다. int *ItemPtr이라고 한 것은 호출 함수의 원본 데이터 변수를 가리키는 포인터 값을 ItemPtr로 복사해 달라는 것이다. 검색 결과는 반드시 호출 함수에게 전달되어야 의미가 있다. Retrieve 함수가 검색 결과, 찾아낸 데이터를 *ItemPtr에 복사하면 호출 함수의 원본 데이터 값이 변하게 된다. 즉, 포인터에 의한 참조 호출 효과를 기할 수 있다. 예를 들어, 메인 함수 호출은 다음과 같이 진행한다.

```
void main()
{ listType List1;
  int Result;
  Insert(&List1, 1, 23);            첫 위치에 23을 넣기
  Retrieve(&List1, 1, &Result);     첫 위치 데이터를 Result에 넣기
}
```

C 배열로 구현한 리스트의 구현 파일 중 몇 가지 함수를 살펴보자.

[코드 5-2] ListA.c(C Implementation by Array)

```
#include <ListA.h>                       헤더파일을 포함
void Init(listType *Lptr)                초기화 루틴
{ Lptr->Count = 0;                       데이터 수를 0으로 세팅
}
```

```
bool IsEmpty(listType *Lptr)                          비어있는지 확인하는 함수
{ return (Lptr->Count = = 0);                         빈 리스트라면 TRUE
}
void Insert(listType *Lptr, int Position, int Item)   삽입 함수
{ if (Lptr->Count = = MAX)                            현재 꽉 찬 리스트
      printf("List Full");
  else if ((Position > (Lptr->Count+1)) || (Position < 1))
      printf("Position out of Range");                이격된 삽입위치 불허
  else
  { for (int i = (Lptr->Count-1); i >= (Position-1); i--)
                                                      끝에서부터 삽입위치까지
        Lptr->Data[i+1] = Lptr->Data[i];              오른쪽으로 한 칸씩 이동
    Lptr->Data[Position-1] = Item;                    원하는 위치에 삽입
    Lptr->Count += 1;                                 리스트 길이 늘림
  }
}
```

삽입, 삭제에는 전제조건이 있다. 배열 내부 데이터는 이어져서 들어간다는 것이다. 예를 들어, 현재 데이터 세 개가 있다면 이는 Data[0], Data[1], Data[2]에 인접해서 저장된다. 다시 말해, Data[0], Data[1], Data[5] 식으로 드문드문 떨어져 있는 것을 불허한다. 여기서 위치는 현재 데이터를 기준으로 상대적인 위치를 의미하므로, 삽입위치는 현재 데이터의 내부 또는 바로 뒤에 국한된다. 물론, 첫 데이터는 인덱스 0에 들어가도록 되어 있다.

새로운 데이터가 현재 데이터의 내부에 삽입될 때에는 이동이 수반된다. 예를 들어, 현재 Data[0], Data[1], Data[2], Data[3]까지 들어가 있는 상태에서 두 번째 위치(Position)에 삽입 명령이 일어나면 현재 두 번째인 Data[1]을 포함하여 그 오른쪽 데이터가 모두 한 칸씩 오른쪽으로 **이동(Shift Right)**해야 한다. 이때 주의해야 할 점은 만약, Data[1]부터 시작해서 오른쪽으로 이동하면 Data[1]이 현재의 Data[2] 위에 덧쓰이기(Overwrite) 때문에, 다음에 Data[3]으로 이동해야 할 Data[2]가 날아가 버린다. 따라서 오른쪽으로 이동하려면는 위 [코드 5-2]에 예시된 것처럼, 반드시 오른쪽 끝부터 시작해서 왼쪽으로 가면서 이동시켜야 한다.

이동(Shift Right)

리스트를 배열로 구현할 때의 최대 장점은 직접 접근이 가능하다는 점이다. 즉, 배열 인덱

스를 사용하여 검색하려는 데이터를 단번에 찾아내기 때문에 매우 빠른 속도의 검색이 가능하다. 그러나 배열은 다음과 같은 단점이 있다.

첫째, 배열 크기, 즉 데이터의 최대 개수를 컴파일 이전에 미리 선언해야 한다는 점이다. 따라서 프로그램 실행 도중에 최대 개수를 넘는 추가 데이터가 들어오는 경우에 대처하지 못한다. 만약, 충분히 큰 최대 개수를 예상해서 잡아 놓았는데, 실행할 때 데이터가 몇 개 안 들어온다면 이는 메모리 공간의 낭비에 해당된다.

둘째, 이동에 따르는 시간적 부담이다. 만약, 아이템 10만 개가 있는데, 첫번째에 삽입하면 10만 개 모두가 이동해야 한다. 삭제의 경우도 마찬가지다. 중간에 하나가 삭제되면 이번에는 삭제 위치의 오른쪽에 있는 모든 데이터가 한 칸씩 왼쪽으로 이동해야 한다. 데이터 N개일 때, 평균적으로 말하면 N/2개 정도가 움직여야 하고, 위 예처럼 최악의 경우에는 N개 모두가 움직여야 한다. 배열이 지닌 이러한 단점을 배제할 수 있는 자료구조가 바로 연결 리스트다.

2 C 연결 리스트에 의한 리스트 구현

연결 리스트 역시 추상 자료형 리스트를 구현하기 위한 방법으로서, 포인터와 동적 메모리 할당을 근간으로 한다. 설명을 용이하게 하기 위해서 일단 연결 리스트의 개념과 기본적인 조작 방법을 제시하고 이어서 C 언어를 사용하여 주요 작업을 구현해 보기로 하자.

연결 리스트의 개념

배열에서는 어떤 데이터에 이어서 다음 데이터를 찾으려면 인덱스만 증가시키면 된다. 예를 들어, 데이터 하나가 4바이트 크기라면 배열 데이터는 200번지, 204번지, 208번지 식으로 메인 메모리 내에 서로 인접해있다. 따라서 인덱스 값만 주면 단번에 그 데이터의 시작 주소를 계산해낼 수 있다. 그러나 연결 리스트에는 인덱스 개념이 없다.

연결 리스트
(Linked List)

Link, Chain

연결 리스트(Linked List)란 데이터 아이템을 줄줄이 엮은(Link, Chain) 것이다. [그림 5-2]처럼 엮은 굴비, 엮은 메주 등을 연상하면 된다. 리스트 자체가 데이터를 모아 놓은 것이므로 이처럼 엮을 필요가 존재한다. 여기서 엮는다는 것은 어떤 데이터가 있으면 거기에 이어진 다음 데이터가 있고, 다시 거기 이어진 데이터가 있다는 것을 말한다. 이어진 데이터를, 배열에서는 인덱스를 증가시켜 찾아 내지만, 연결 리스트에서는 포인터로 찾아낸다.

즉, 앞 데이터가 다음 데이터를 가리키는 포인터를 갖고 있기 때문에, 포인터를 따라감으로써 다음 데이터를 찾아내는 것이다. 따라서 포인터가 바로 데이터를 엮기 위한 끈이라 할수 있다.

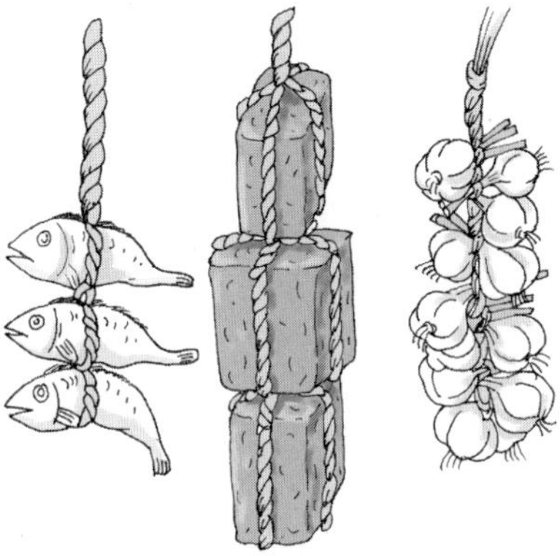

[그림 5-2] 연결 리스트

연결 리스트에서 앞 뒤 데이터는 메모리 내에 서로 인접해 있을 필요가 없다. 예를 들어, 메모리 200번지에 첫 데이터가 있고, 메모리 900번지에 다음 데이터가 있어도 된다. 단지 첫 데이터가 "다음 것은 900번지에 있다"라는 주소 값 정보만 갖고 있으면 된다. 결과적으로 연결 리스트의 데이터는 데이터 필드뿐만 아니라 다음 것을 가리키는 포인터 필드를 가져야 한다. 이 두 가지를 합쳐서 **노드(Node, 마디)**라 부른다. 노드는 두 가지 복합적인 데이터 타입을 가져야 하므로 다음과 같이 구조체로 선언된다.

노드(Node, 마디)

```
typedef struct nodeRecord
{  int Data;                       노드 내부의 실제 데이터 또는 레코드
   struct nodeRecord* Next;        Next가 가리키는 것은 노드 타입, 즉 자기 자신 타입
}  node;                           구조체에 node라는 새로운 타입명 부여

typedef node* Nptr;                Nptr 타입이 가리키는 것은 노드 타입
Nptr p, q;                         Nptr 타입 변수 p, q를 선언
```

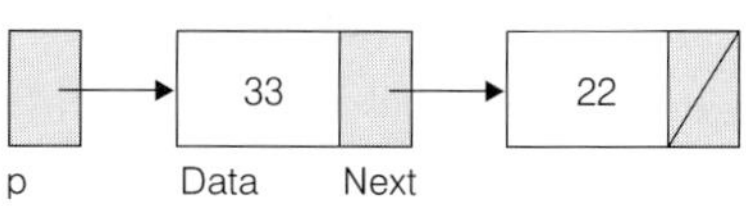

[그림 5-3] 노드, 노드 포인터

노드 타입은 구조체 타입으로서 Data 필드와 Next 필드로 구성된다. [그림 5-3]과 같이 Next 필드는 다음 노드를 가리키는 포인터다. 이 포인터가 가리키는 것은 다음 노드 전체지, 다음 노드의 데이터 부분만을 가리키는 것이 아니라는 점에 유의해야 한다. 정수를 가리키는 포인터를 정수 포인터라 한다면 이 포인터는 구조체인 노드 전체를 가리킨다는 점에서 노드 포인터라 할 수 있다. 노드 포인터는 노드 전체를 가리키기 때문에, Next 포인터를 따라가면 다음 노드의 데이터 필드와 포인터 필드 모두에 접근할 수 있다.

노드끼리만 이어져 있다면 그 어떤 것도 접근할 수가 없다. 예를 들어, 어떤 노드를 찾아서 그 노드의 Next 포인터를 따라가면 다음 노드를 접근할 수 있다. 하지만 그 어떤 노드는 또 어떻게 찾아가는가. 달리 말하면, 이어진 노드 중 하나를 가리키는 포인터가 최소한 하나는 존재해야만 한다. 이는 마치 꾸러미를 붙잡을 수 있는 실마리와 같은 것이다. 그림의 포인터 p는 맨 첫 노드를 붙잡는 실마리 역할을 한다. 이와 같이 첫 노드를 가리키는 포인터를 **헤드 포인터**(Head Pointer)라고도 한다. 이 포인터는 노드를 가리키는 포인터지 그 자체가 노드가 아니라는 점에 유의해야 한다. 다시 말해, p는 노드 타입이 아니다. 노드를 가리키는 변수라는 점에서 오히려 Next와 타입이 일치한다.

헤드 포인터
(Head Pointer)

[그림 5-3]의 결과를 얻기 위한 코드를 써 보자.

```
① p = (node *)malloc(sizeof(node));
② p->Data = 33;
③ p->Next = (node *)malloc(sizeof(node));
④ p->Next->Data = 22;
⑤ p->Next->Next = NULL;
```

노드를 만들려면 우선적으로 메모리 공간을 부여하고, 그 공간의 시작 주소를 포인터에 할당하면 된다. 물론, 이 메모리는 힙 공간에 마련되는 동적 메모리다. 위 ①에 의해서 p에 새로 만든 노드의 주소가 할당된다. 또, ②에 의해서 (*p).Data 즉, p가 가리키는 노드 중 데이터 필드에 33을 저장할 수 있다.

③에 의해 또 다른 메모리 공간이 마련되고 그 시작 주소가 좌변인 첫 노드의 Next 변수에 할당된다. 이를 풀어서 쓰면 q = (node *)malloc(sizeof(node)); p->Next = q;라고 해도 되지만, p->Next 역시 ①의 p와 같이 노드를 가리키는 포인터 타입이므로 이렇게 써도 전혀 무리가 없다. 두 번째 노드에 숫자 22를 써 넣으려면 ④와 같이 하면 된다. p->Next가 첫 번째 노드의 Next 필드를 의미하므로 p->Next->Data는 p->Next가 가리

키는 노드(두 번째 노드)의 Data 필드를 의미한다.

매달린 노드가 전혀없는 포인터를 따라가는 것은 문제가 된다. 따라서 아무런 노드도 매달려 있지 않음을 표시하려면 반드시 **널(NULL)**을 사용해야 한다. 예를 들어, 더 이상 매달린 노드가 없는 위 두 번째 노드의 Next 필드 값은 ⑤에 의해 널로 만든다. 그림으로 널을 표시할 때에는 포인터 필드에 대각선을 그어 표시한다. 프로그래머로서는 어떤 포인터를 따라가기 전에 반드시 포인터 값이 널이 아님을 확인해야 한다.

널(NULL)

①에 의해 malloc 함수를 불렀을 때, 새로 만든 노드의 시작 주소가 되돌려지지 않고 널 값이 되돌려져 p에 할당되는 경우도 있다. 드문 경우지만, 이는 운영체제가 "더 이상 마련할 메모리 공간(Heap Memory)이 없다"라는 뜻을 호출 함수에게 전달하기 위해 널 값을 되돌려 준 것이다. 설명을 단순화시키기 위해서 이 책에서는 이러한 경우가 없다고 가정하지만 세심한 프로그래머라면 반드시 malloc 다음에 assert(p != NULL);을 통해서 공간부족에 따른 오류처리를 해주는 것이 좋다.

헤드 포인터 하나로 연결 리스트 전체를 나타낼 수 있다. 헤드를 따라가면 첫 노드를, 첫 노드의 Next를 따라가면 둘째 노드를, 둘째 노드의 Next를 따라가면 셋째 노드를 찾아갈 수 있기 때문이다. 헤드 포인터를 생성하려면 Nptr Head;라고만 선언하면 된다. 주의할 점은 이렇게 선언하면 Head 포인터가 생성된 직후의 값은 미확정(Undefined)이라는 점이다. 미확정 값은 뒤에 매달린 노드가 없다는 NULL 값과는 의미가 다르다. "뭔지 모른다"는 의미와 명백히 "현재 아무것도 매달려 있지 않다"라는 의미는 차이가 있기 때문이다. 다음 코드를 살펴보자.

```
① Nptr Head;
② Head = (node *)malloc(sizeof(node));
③ Head -> Data = 11;
④ Head -> Next = NULL;
⑤ Head = NULL;
```

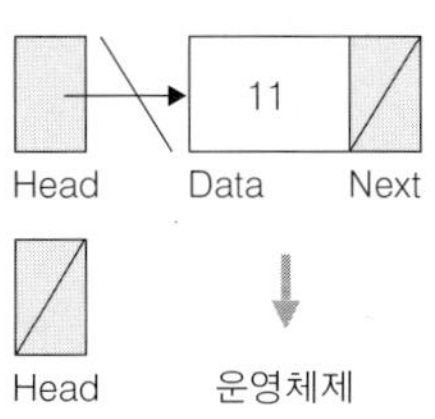

[그림 5-4] 공간 반납

C 언어에서 malloc의 반대말은 free다. ①에 의해 선언된 헤드 포인터에 ②에 의해 첫 노드를 매달고 ③에 의해 데이터를 집어넣고 ④에 의해 "다음 노드는 없다"라고 하는 것 까지는 좋다. 그러나 "헤드에 매달린 노드가 없다"라는 ⑤가 문제다. 물론, 이미 첫 노드가 더 이상 필요치 않기에 이렇게 했겠지만 이렇게 되면 첫 노드의 메모리 공간은 행방불명이 된다. malloc에 의해 프로그램 실행 도중, 필요에 따라 동적으로 메모리를 사용했으면, 그것이 불필요해지는 순간, 그 공간을 동적으로 운영체제에게 반납해야 한다. 운영체제가 반납된 메모리를 다른 용도로 재사용할 수 있기 때문이다. 반납을 위해서는 위 ⑤ 직전에 free Head;라고 하면 된다.

연결 리스트의 기본 조작

[그림 5-5]를 참고로, 리스트 내의 모든 데이터를 출력하는 프로그램을 작성해보자.

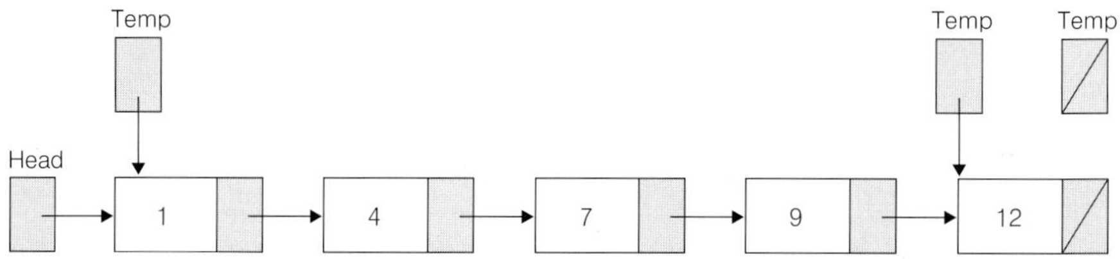

[그림 5-5] 연결 리스트의 출력

```
① Temp = Head;
② While (Temp != NULL)
   {    printf("%d ", Temp->Data);
③       Temp = Temp->Next;
   }
```

순회(Traversal)

첫 노드부터 마지막 노드까지 가로 질러(**순회, Traversal**) 가면서 해당 노드의 데이터를 출력하면 된다. 일단 ①에 의해 헤드 포인터 값을 Temp에 복사한 다음, ③에 의해 하나씩 전진시킨다. 이처럼 헤드 포인터를 복사하지 않고, 직접 Head를 전진시키면 어떻게 되는가. Head = Head->Next;라고 하면 당연히 헤드 값이 바뀌어 그 다음 것을 가리키게 된다. 그러나 우리가 원하는 것은 노드를 출력하는 것이지 이처럼 헤드 값을 바꾸는 것이 아니다. 리스트의 첫 노드를 가리킨다는 점에서 헤드는 리스트를 전체를 대변한다. 따라서 헤드 값을 바꾼다는 것은 리스트 자체를 변경하는 것이다.

②의 조건문은 현재 Temp 값이 널인지 아닌지에 대한 테스트다. Temp 값이 널이라면 그것이 가리키는 노드가 없으므로 당연히 출력할 데이터도 없고 또, ③처럼 그것이 가리키는 노드의 Next 필드 값을 할당할 수도 없다. 연결 리스트를 사용한 프로그램에서 가장 흔한, 그리고 가장 말썽 많은 오류가 바로 널 포인터를 따라가는 것이다. ②의 널 테스트는 그러한 오류를 방지하기 위한 것이다.

Temp가 계속 전진하면 나중에는 마지막 노드인 데이터, 즉 12인 노드를 가리키게 된다. 이 상태에서 Temp는 널이 아니므로 데이터를 출력하고, 다시 Temp = Temp->Next;를 실행한다. 이 할당문의 우변 즉, 마지막 노드의 Next 값은 널이므로 좌변의 Temp에 널 값이 할당된다. 그 결과, 루프를 빠져나오게 된다. 이처럼 리스트의 끝을 테스트하기 위해 사용되는 것이 널 테스트다.

[그림 5-6]을 사용하여 간단한 삽입 예를 들어보자.

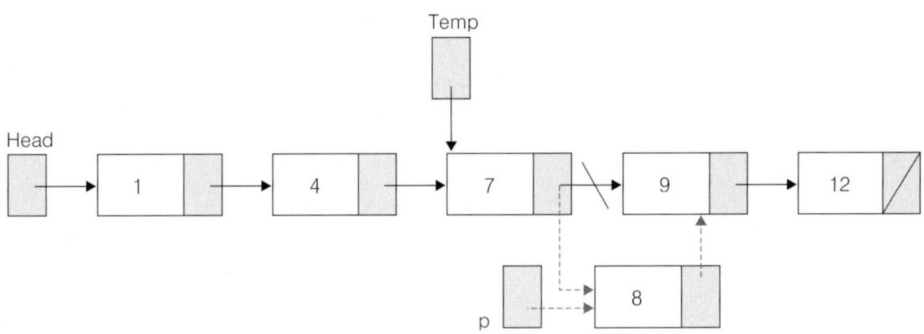

[그림 5-6] 간단한 삽입

데이터 7인 노드와 9인 노드 사이에 데이터 8인 노드를 삽입해보자. 그림에서 Temp가 이미 데이터 7인 노드를 가리키고 있으므로 여기에 이어서 데이터 8인 노드를 만들어 붙이면 된다. 또 데이터 8인 노드는 데이터 9인 노드를 가리키게 하면 된다. 이를 코드로 나타내면 다음과 같다.

```
① p = (node *)malloc(sizeof(node));
② p->Data = 8;
③ p->Next = Temp->Next;
④ Temp->Next = p;
```

①에 의해 일단 새 노드 공간을 확보하고 ②에 의해 새 노드에 데이터 필드를 8로 채운다.

현재 Temp->Next가 가리키는 것은 데이터 9인 노드므로 ③에 의해 이 주소 값을 새 노드의 Next에 할당하면 결국 새 노드가 데이터 9인 노드를 가리키게 된다. 그리고 p는 새 노드를 가리킨다. 따라서 ④에 현재 데이터 7인 노드의 Next에 p를 넣으면 데이터 7인 노드가 새 노드를 가리키게 된다. 이같은 작업에서 명령문의 순서는 대단히 중요하다. 예를 들어, ③번, ④번 명령문의 순서가 바뀌면 연결이 끊어지는 엉뚱한 결과를 낳는다는 점 등에 유의해야 한다.

이 방법에서 Temp가 데이터 7인 노드를 이미 가리키고 있는 것으로 전제했다. 만약, 그런 것이 주어져 있지 않고 우리가 직접 삽입 위치를 찾으려면 어떻게 해야 하는가. 당연히 Temp를 사용해서 처음부터 찾아 들어가야 한다.

```
① Temp = Head;
② while (Temp -> Data != 7)
       Temp = Temp->Next;
```

①에 의해 Head 값을 Temp에 복사했으므로, 이제 Temp는 첫 노드를 가리키게 된다. 또, ②에 의해, Temp가 현재 가리키는 노드가 7이 아닌 한, 하나씩 전진하게 된다. 따라서 Temp가 멈추었을 때에는 데이터 7인 노드를 가리키게 된다.

간단한 삭제 예를 [그림 5-7]로 확인해보자.

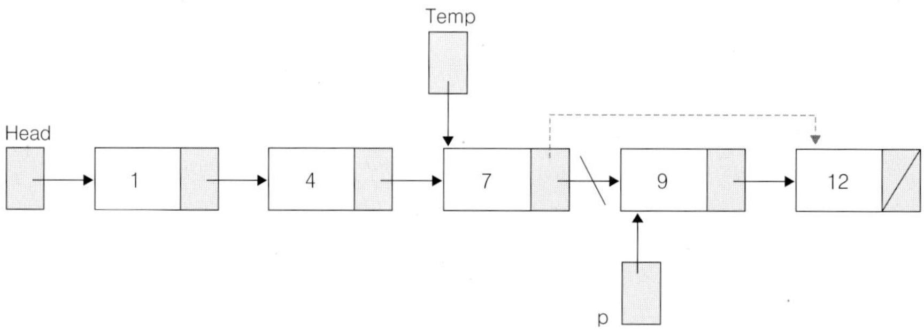

[그림 5-7] 간단한 삭제 예시

이번에는 데이터 9인 노드를 삭제하는 프로그램을 짜보자. Temp가 바로 앞 노드인, 데이터 7인 노드를 가리키고 있다고 가정하면 다음과 같이 쓸 수 있다.

```
① p = Temp->Next;
② Temp->Next = Temp->Next->Next;
③ free p;
```

①은 삭제하고자 하는 노드를 가리키는 포인터를 p에 **백업(Backup)**하는 작업이다. ②에 의해 데이터 9인 노드의 Next 값이 데이터 7인 노드의 Next로 복사된다. 데이터 9인 노드의 Next 값은 데이터 12인 노드를 가리키므로 결과적으로 데이터 7인 노드가 데이터 12인 노드를 가리키게 된다. 이로써, 데이터 7인 노드와 데이터 9인 노드의 연결은 끊어진 것이다.

백업(Backup)

데이터 9인 노드의 메모리 공간은 반납되어야 한다. 만약, 우리가 ①에 의해서, 삭제될 노드를 가리키는 포인터를 백업해놓지 않고 직접 ②를 실행했다면 반납 자체가 불가능해진다. 반납을 하려면 반납될 공간을 가리키는 포인터를 넘겨줘야 하지만 이미 포인터가 끊긴 상태기 때문이다. 따라서 ①에 의해 일단 삭제될 노드를 가리키는 노드를 백업해놓고, ③에 의해 백업된 포인터를 free 명령어의 파라미터로 넘겨주는 것이 안전한 방법이다. 연결 리스트의 삽입, 삭제는 이처럼 간단해 보이지만 실상은 조금 더 까다롭다. 위에 예시되지 않은 다양한 경우를 감안해야 하기 때문이다. 이를 조금 더 자세히 알아보자.

C 연결 리스트에 의한 리스트

추상 자료형 리스트를 배열로 구현하느냐, 연결 리스트로 구현하느냐는 구현자의 문제일 뿐 사용자로서는 관심 밖의 일이다. 따라서 사용자 인터페이스 파일의 내용은 배열로 구현할 때의 인터페이스 파일과 별반 차이가 없다. 특히 사용자가 참조해야 하는 가장 중요한 부분인 작업 부분의 정의는 완전히 동일하다. 연결 리스트를 사용하는 C 인터페이스 파일은 다음과 같다.

[코드 5-3] ListP.h(C Interface by Linked List)

```
typedef struct nodeRecord
{ int Data;                 노드 내부의 실제 데이터 또는 레코드
  nodeRecord* Next;         Next가 가리키는 것은 node 타입, 즉 자기 자신 타입
} node;                     구조체에 node라는 새로운 타입명 부여
typedef node* Nptr;         Nptr 타입이 가리키는 것은 node 타입
typedef struct
{ int Count;                리스트 길이를 추적
  Nptr Head;                헤드 포인터로 리스트 전체를 대변함
```

```
} listType;
void Insert(listType *Lptr, int Position, int Item): 데이터 삽입
void Delete(listType *Lptr, int Position);     데이터 삭제
void Retrieve(listType *Lptr, int Position, int *ItemPtr);
                                        찾은 데이터를 *ItemPtr에 넣음
void Init(listType *Lptr);                     초기화
bool IsEmpty(listType *Lptr);                  비어있는지 확인
int Length(listType *Lptr);                    리스트 내 데이터 개수
```

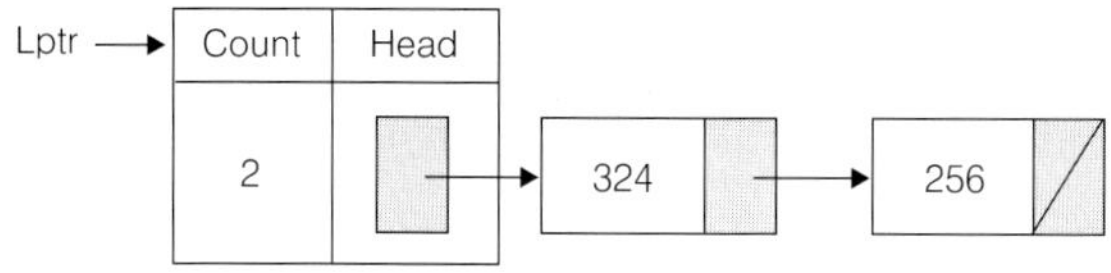

[그림 5-8] 연결 리스트 표현을 위한 구조체

배열로 구현할 때와 마찬가지로 연결 리스트로 구현할 때에도 함수로 전달되는 것은 리스트 구조체를 가리키는 포인터다. 이 구조체는, 배열에서는 Count와 데이터 배열로 구성되는 반면, 연결 리스트에서는 [그림 5-8]과 같이 Count와 첫 노드를 가리키는 헤드 포인터만으로 구성된다. C 연결 리스트로 구현한 리스트 함수 중 삽입 함수를 살펴보자.

[코드 5-4] ListP.c(C Implementation by Linked List)

```
#include <ListP.h>                             헤더파일을 포함
void Init(listType *Lptr)
{ Lptr->Count = 0;                             리스트 길이를 0으로 초기화
  Head = NULL;                                 헤드 포인터를 널로 초기화
}
bool IsEmpty(listType *Lptr)                   빈 리스트인지 확인하기
{ return (Lptr->Count = = 0);                  리스트 길이가 0이면 빈 리스트
}
void Insert(listType *Lptr, int Position, int Item)
{ if ((Position > (Lptr->Count+1)) || (Position < 1))
      printf("Position out of Range");         이격된 삽입위치 불허
```

```
    else
    {   Nptr p = (node *)malloc(sizeof(node));     삽입될 노드의 공간 확보
        p->Data = Item;                             데이터 값 복사
①       if (Position = = 1)                         첫 위치에 삽입할 경우
        {     p->Next = Lptr->Head;                 삽입노드가 현재 첫 노드를 가리킴
              Lptr->Head = p;                       헤드가 삽입노드를 가리키게
        }
②       else                                        첫 위치가 아닐 경우
        {     Nptr Temp = Lptr->Head;               헤드 포인터를 Temp로 복사
③             for (int i = 1; i < (Position-1); i++)
                    Temp = Temp->Next;              Temp가 삽입직전 노드를 가리키게
              p->Next = Temp->Next;                 삽입노드의 Next를 설정
              Temp->Next = p;                       직전노드가 삽입된 노드를 가리키게
        }
        Lptr->Count += 1;                           리스트 길이를 늘림
      }
}
```

조금 복잡해 보이지만 몇 가지만 유의하면 된다. 배열과 마찬가지로 삽입할 위치는 현재 데이터의 내부 또는 바로 뒤로 국한시킨다. 이어서 삽입하고자 하는 노드 공간을 확보하고 파라미터로 넘어온 데이터 값을 삽입 노드의 데이터 필드에 복사한다.

특수한 경우에 대처 (Special-Case Handling)

연결 리스트 프로그램 작성에서 가장 중요한 것이 **특수한 경우에 대처**(Special-Case Handling)하는 것이다. 예를 들어, 삽입 위치가 처음이냐, 끝이냐 또는 리스트가 현재 비어 있느냐에 따라서 코드 자체가 달라질 수 있다. 프로그램을 작성할 때에는 항상 이러한 특수한 경우에 고려하여 코드가 바뀌어야 하지 않는지를 의심해야 한다.

예를 들어, 첫 위치에 노드를 삽입하는 ①은 나머지 위치에 삽입하는 ②와는 전혀 다르다. 첫 위치에 삽입할 때에는 헤드 포인터 자체가 변해야 하기 때문이다. ②에서 Temp 포인터를 전진시키되, 삽입 위치 직전 노드를 가리키게 하는 것도 중요하다. 직전 노드의 Next 필드가 새로 삽입된 노드를 가리키게 해야 하기 때문이다. 또, 삽입된 노드의 Next 필드 역시 직전 노드가 가리키던 것으로 대체되어야 한다.

이 코드와 배열의 삽입 코드와의 차이점을 비교하면 다음과 같다.

직접 접근 (Direct Access)

① 연결 리스트에서는 배열처럼 공간이 꽉 찬 상태인지를 테스트할 필요가 없다. 필요에 따라 얼마든지 동적으로 새로운 노드를 추가할 수 있기 때문이다.

② 현재 데이터 중간에 삽입이 일어나더라도 나머지 데이터가 이동(Shift)할 필요가 전혀 없다. 데이터가 배열처럼 서로 붙어 있을 필요가 없고 메모리의 어디에 있든 간에 포인터 값만 연결하면 되기 때문이다.

③ 삽입직전 노드를 찾아가는 작업이 배열에 비해 오래 걸린다. 배열에서 인덱스 계산에 의해 i번째 데이터를 **직접 접근**(Direct Access)할 수 있는 이유는 데이터끼리 붙어 있기 때문이다. 연결 리스트에서 데이터는 서로 떨어져 있기 때문에 이러한 주소계산이 불가능하다. 결국 헤드부터 출발해서 삽입 직전노드까지 계속해서 포인터를 따라가야 하기 때문에 많은 시간이 소요될 수 있다.

삭제를 위한 코드는 다음과 같다. 메모리 공간을 운영체제에게 반납하기 위해 미리 포인터를 백업 받아놓고 연결을 조정하는 것에 유의해야 한다.

[코드 5-5] 위치기반 연결 리스트의 삭제

```
void Delete(listType *Lptr, int Position)
{ if (IsEmpty(Lptr))
      printf("Deletion on Empty List"); 빈 리스트에서 삭제요구는 오류
  else if (Position > (Lptr->Count) || (Position < 1))
      printf("Position out of Range"); 삭제 위치가 현재 데이터 범위를 벗어남
  else
  {   if (Position = = 1)                  첫 노드를 삭제하는 경우
       { Nptr p = Lptr->Head;              삭제될 노드를 가리키는 포인터를 백업
         Lptr->Head = Lptr->Head->Next; 헤드가 둘째 노드를 가리키게
       }
       else
       { Nptr Temp = Lptr->Head;
         for (int i = 1; i < (Position-1); i++)
               Temp = Temp->Next;   Temp가 삭제직전 노드를 가리키게
         Nptr p = Temp->Next;         삭제될 노드를 가리키는 포인터를 백업
         Temp->Next = p->Next;     직전노드가 삭제될 노드 다음 노드를 가리키게
      }
      Lptr->Count -= 1;               리스트 길이 줄임
      free (p);                       메모리 공간 반납
  }
}
```

[코드 5-5]의 첫 줄은 빈 리스트에 삭제 명령이 들어왔는지를 테스트하기 위한 것이다. 만약, 그렇다면 당연히 오류로 처리되어야 한다. 실제로 이 테스트는 리스트 아이템 개수를 사용하여 바로 if (Nptr->Count == 0)으로 써버릴 수도 있다. 그러나 이렇게 IsEmpty 함수를 쓴 것은 함수의 재사용성을 높이기 위한 것이다. 만들어 놓고 우리가 자주 이용하지 않으면 그 함수가 무슨 의미가 있겠는가.

위치기반(Position Oriented) 리스트에서는 아홉 번째 노드에 작업이 가해지려면 여덟 번째 노드까지 Temp 포인터를 이동하면 그만이다. 그러나 경우에 따라서는 삽입, 삭제 위치가 값을 기준으로 정해질 수도 있다. 이러한 리스트를 값 기반(Value Oriented) 리스트라 한다. 데이터 값을 기준으로 오름차순으로 정렬된 리스트(Ordered List)에서 Delete(listType *Lptr, int Item) 함수를 생각해보자. 이 함수는 삭제 위치 대신 데이터 값을 주고 그 값을 지닌 노드를 삭제하는 함수다. 이 함수에서 삭제 위치를 결정하려면 다음과 같이 해야 한다.

```
Temp = Lptr->Head;
while((Temp != NULL) && (Temp->Data != Item))
    Temp = Temp->Next;
```

처음 Temp를 Head 포인터로 초기화한 이후에 while문에 의해 삭제할 데이터를 찾을 때까지 전진해야 한다. 여기서 while문의 첫 테스트(Temp != NULL)는 두 가지 의미를 내포한다. 현재 Temp 값이 널이라는 것은 빈 리스트에서 삭제를 명령하는 경우거나, 아니면 리스트 내부에 삭제될 노드가 없어서, 즉 삭제될 데이터를 지닌 노드가 없어서 리스트 끝까지 온 경우에 해당한다.

이러한 이유로 Temp 값이 널이 된다면 당연히 두 번째 조건 테스트를 실행하지 말아야 한다. Temp->Data로 널 포인터를 따라가는 오류를 범하기 때문이다. C 문법에서는 조건 두 개가 있으면 반드시 첫째 조건이 먼저 테스트된다. 만약, 첫째 조건 테스트 결과가 False라면 둘째 조건 테스트는 아예 진행하지 않고 그대로 루프를 빠져 나오게 된다. 위 코드에서 널 테스트를 먼저 가하는 이유는 바로 여기에 있다.

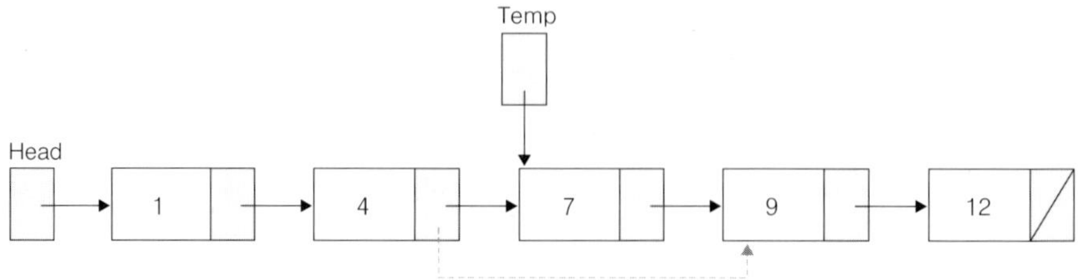

[그림 5-9] 정렬된 리스트의 삭제

실제로 이 코드의 문제점은 [그림 5-9]처럼 Temp 포인터가 정지하는 위치에 있다는 것이다. 데이터 7인 노드를 삭제하라고 할 때 while문의 두 번째 조건에 의해서 Temp 포인터는 삭제될 노드를 가리키고서야 비로소 빠져 나온다. 삽입, 삭제를 위한 Temp 포인터는 항상 직전 노드에서 멈춰야 함에도 불구하고, 삭제할 노드를 찾는 순간 이미 직전노드를 지나친 것이다.

결과적으로 데이터 4인 직전노드를 찾아갈 길이 없어진다. 데이터 7인 노드에서 데이터 4인 노드로 뒤로 되돌아가는(Backward, Previous) 포인터가 없기 때문이다. 데이터 7인 노드가 삭제되려면 데이터 4인 노드의 Next가 데이터 9인 노드를 가리키도록 바뀌어야 함에도 불구하고 데이터 4인 노드를 접근하는 자체가 불가능하다는 것이다. 이 문제를 해결하려면 다음과 같이 **예견(豫見, Look Ahead)**하는 방식을 생각할 수 있다.

예견
(豫見, Look Ahead)

```
Temp = Lptr->Head;
while((Temp != NULL) && (Temp->Next->Data != Item))
    Temp = Temp->Next;
```

Temp가 데이터 4인 노드를 가리킬 때, 그 다음 노드의 데이터 값을 미리 내다보고 그 값이 7이면 빠져 나가 버리는 것이다. 그러나 이 방식도 그리 간단한 것은 아니다. 예를 들어, [그림 5-9]에서 데이터 15인 노드를 삭제한다고 해보자. 현재 노드 중 데이터 15를 지닌 것은 없기 때문에 Temp 포인터는 계속 뒤로 간다. Temp가 데이터 12인 노드를 가리킬 때, Temp는 널이 아니지만 Temp->Next는 널이다. 따라서 while문의 두 번째 테스트가 널 포인터를 따라가는 것이 되어버린다. 또, 위 코드는 첫 노드인 데이터 1인 노드를 삭제하지 못한다. 이처럼 특수한 경우를 모두 감안하면 예견 방식을 사용할 수 있지만 결과적인 코드가 그리 간명하지는 않다.

이 문제를 해결하는 또 다른 방법은 포인터 두 개를 사용하는 방법이다. 즉, Temp가 전진할 때마다, 전진하기 직전 값을 Prev(Previous) 포인터에 저장하고 나서 전진하는 방법이다. 이렇게 되면 Prev는 항상 Temp에 한발 뒤쳐져서 따라오는 모습이 된다. 따라서 Temp가 삭제할 노드를 찾았을 때 Prev는 직전노드를 가리키게 된다. 이 방법을 사용하여 정렬된 연결 리스트의 삭제 함수를 작성하면 다음과 같다.

[코드 5-6] 정렬된 연결 리스트의 삭제

```
Delete(listType *Lptr, int Item)
{       Nptr Prev = NULL;                        Prev는 널로 초기화
        Nptr Temp = Lptr->Head;                  Temp는 헤드로 초기화
①       while((Temp != NULL) && (Temp->Data != Item))
        {     Prev = Temp;                       Prev가 Temp를 가리키게
              Temp = Temp->Next;                 Temp는 다음 노드로 전진
   }
② if (Prev = = NULL)                            Temp가 한번도 전진하지 않았음
③ {     if (Temp = = NULL)                      처음부터 빈 리스트
              printf("No Nodes to Delete");
④       else                                    삭제 대상이 첫 노드
        {     Lptr->Head = Lptr->Head->Next;
              free (Temp);
              Lptr->Count - = 1;
        }
   }
⑤ else                                          Temp가 전진했음
⑥ {     if (Temp = = NULL)                      리스트 끝까지 삭제대상이 없음
              printf("No Such Nodes");
⑦       else                                    삭제대상이 내부에 있음
        {     Prev->Next = Temp -> Next;         직전노드가 삭제될 다음 노드를
                                                 가리킴
              free (Temp);                       공간반납
              Lptr->Count - = 1;                 리스트 길이 줄임
        }
   }
}
```

플랙(Flag, 표시)

Prev를 널로 초기화한 것은 일종의 **플랙(Flag, 표시)**으로 사용하기 위해서다. ①의 while 루프 내부가 한 번이라도 실행되었다면 Prev 값은 널 아닌 값이 할당된다. 따라서 ①을 빠져나왔을 때 ②처럼 Prev 값이 그대로 널이라면 while 루프가 시작하자마자 조건 테스트에서 곧바로 빠져나온 것이 된다. 이는 첫째 Temp 값이 널인 경우, 둘째 Temp가 가리키는 데이터가 삭제할 데이터인 경우다. 루프가 전혀 실행되지 않았으므로 Temp 역시 한번도 전진하지 않은 채 Head 값을 그대로 지니고 있다. 따라서 Temp 값이 널이라는 것은 빈 리스트를 말하므로 ③에 의해 오류로 처리된다. 반면에 Temp가 가리키는 데이터가 삭제할 데이터라면 첫 노드가 바로 삭제될 노드므로 ④에 의해 삭제된다.

⑤는 Prev가 널이 아닌 경우다. 즉, Temp가 한번이라도 전진했다는 것을 의미한다. 그럼에도 불구하고 빠져나올 때 Temp가 널이 되어 빠져 나왔다는 것은 삭제할 데이터를 지닌 노드가 리스트 내에 없다는 말이 되고 결국 ⑥에 의해 오류 처리된다. ⑦은 가장 일반적인 경우로, 삭제대상이 리스트 내부에 있을 경우에 삭제처리를 가한 것이다.

이중 연결, 원형 연결, 원형 이중 연결

단순 연결 리스트(Singly-Linked List)

지금까지 설명한 연결 리스트를 단순 연결 리스트(Singly-Linked List)라고 한다. 단순 연결 리스트의 변형으로, 이중 연결 리스트를 생각할 수 있다. 가장 단순한 이중 연결 형태는 [그림 5-10]과 같다.

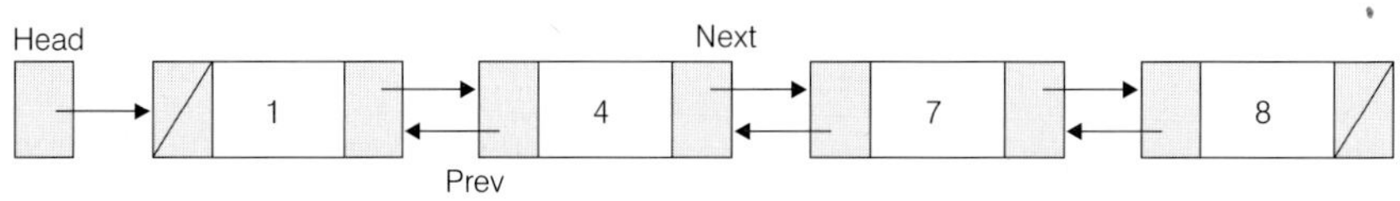

[그림 5-10] 이중 연결 리스트

모든 노드에 대해 직전 노드로 가는 연결(Link)을 추가한 것이 이중 연결이다. 이렇게 되면 정렬된 연결 리스트의 삽입, 삭제에 있어서 이전 노드로 되돌아가기가 쉬워진다. Prev 포인터만 따라가면 되기 때문이다. 물론, 노드 구조는 다음과 같이 재정의되어야 한다.

```
typedef struct nodeRecord
{  int Data;
   struct nodeRecord *Prev, *Next;        Prev는 이전 노드를, Next는
                                          다음 노드를 가리킴
}  node;
```

단순 연결 리스트에서 삽입 작업이 주로 리스트 끝에서 일어난다면 삽입할 때마다 헤드로부터 시작해서 리스트 끝까지 포인터를 따라가는 데 많은 시간을 요한다. 이를 피하기 위해서는 [그림 5-11]과 같이 리스트의 마지막 노드를 가리키는 포인터 즉, **테일 포인터**(Tail Pointer, **꼬리 포인터**)를 하나 더 두면 된다. 새로운 노드를 삽입하려면 현재의 테일이 가리키는 노드의 Next가 새 노드를 가리키게 한 후, 원래 테일을 이동시켜 새 노드를 가리키게 하면 된다. 그림은 현재 데이터 9인 노드에 데이터 12인 노드가 추가되어 테일 위치가 Tail에서 Tail ' 으로 옮겨간 모습이다.

테일 포인터 (Tail Pointer, 꼬리 포인터)

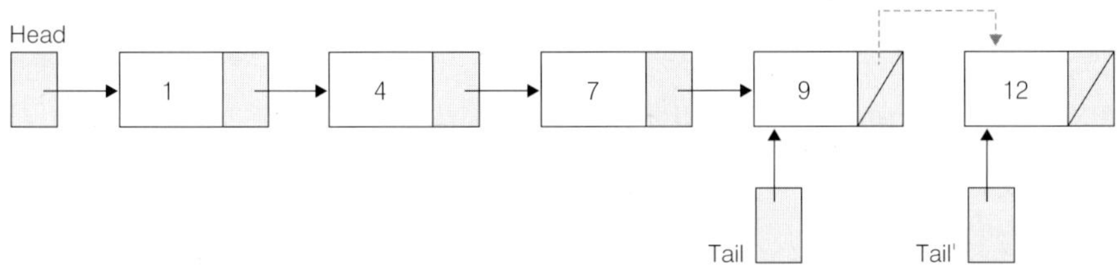

[그림 5-11] 단순 연결 리스트의 테일 포인터

그러나 이렇게 하면, 삽입은 쉬울지 몰라도 삭제는 어렵다. 마지막 노드인 데이터 9를 삭제하려면 테일이 직전 노드인 데이터 7로 후퇴해야 한다. 그러나 단순 연결 리스트에서는 직전 노드로 직접 가는 포인터가 없으므로 테일 위치를 찾으려면 다시 헤드로부터 포인터를 따라 가야 한다.

이중 연결 리스트(Doubly-Linked List)에서는 이러한 작업이 가능하다. 따라서 일반적인 형태의 이중 연결 리스트는 [그림 5-12]처럼 헤드와 테일이라는 포인터 두 개를 갖게 된다.

이중 연결 리스트 (Doubly-Linked List)

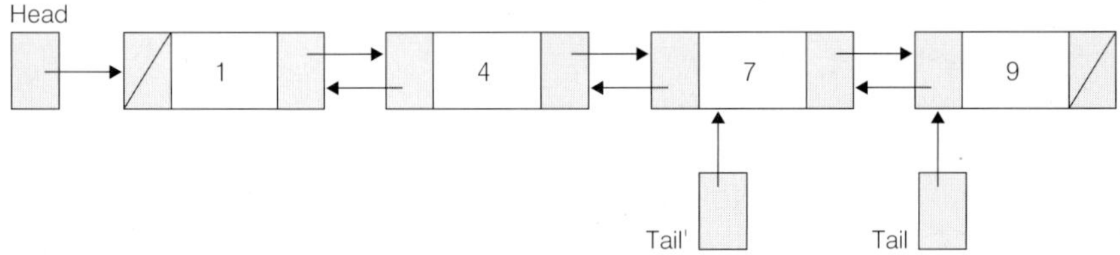

[그림 5-12] 헤드, 테일에 의한 이중 연결 리스트

이렇게 하면 테일에 의해 리스트 끝을 직접 찾아갈 수 있으므로 리스트 끝에 추가하는 작업이 빨라진다. Prev가 있으므로 삭제 시 테일의 조정도 쉽게 이루어진다. 이중 연결 리스트는 다른 목적으로 사용될 수도 있다. 예를 들어, 오름차순으로 정렬된 리스트에 대해, 테일

부터 출발하여 Prev를 타고 역주행하면 내림차순으로 순회할 수 있다. 그림에서 리스트 데이터가 기차의 출발시간을 의미한다고 가정해보자. 누가 7시 기차에 관한 것을 물어보다가, 그 이전 기차는 몇 시냐고 물어봤을 때는 즉시 Prev를 타고 이동하여 직전 노드의 정보를 검색할 수도 있게 된다.

트레이드 오프
(Trade Off, 타협, 균형)

이중 연결 리스트는 이러한 장점도 있지만 단점도 있다. 프로그래머 입장에서는 삽입, 삭제 시 항상 Prev 포인터에 대한 처리까지 해주어야 한다는 것이다. 예를 들어, [그림 5-12]의 마지막에 새로운 노드가 추가되면 추가된 노드의 Prev 포인터가 현재의 마지막 노드를 가리키게 해주어야 한다. 또, 이중 연결 리스트에서는 노드 하나에 포인터 두 개를 둠으로써, 포인터 변수 자체가 차지하는 메모리 공간이 늘어난다. 이중 연결에 의해 찾아가는 시간이 줄면 공간은 늘어나고 역으로 단순 연결에 의해 찾아가는 시간이 늘면 공간은 줄어든다. 시간과 공간이라는 두 가지 리소스 사이에는 일종의 **트레이드 오프**(Trade Off, **타협**, **균형**) 관계가 성립한다.

시공유 시스템
(TSS: Time Sharing System, TSO: Time Sharing Option)

시간 간격(Time Slice)

대형 컴퓨터에서 사용하는 운영체제를 **시공유 시스템**(TSS: Time Sharing System, TSO: Time Sharing Option)이라고 한다. CPU는 하나인데 여러 사용자가 공유해야 하므로 CPU를 사용할 수 있는 권한을 여러 사람이 짧은 **시간 간격**(Time Slice)을 두고 나눠 가지는 것이다. 예를 들어, 사용자 A가 .01ms 동안 사용하고, 이어서 사용자 B가 .01ms를 사용하는 식으로 사용권을 교대한다. 사용자가 마치 자기 혼자 CPU를 쓰고 있다는 착각이 들 정도로 무척 짧은 시간 간격을 두고 교대된다.

원형 연결 리스트
(Circular Linked List)

만약, A, B, C 세 사람이 하나의 컴퓨터를 쓰고 있다면 C가 사용한 다음의 CPU 주도권을 당연히 A로 되돌아가야 한다. 리스트를 사용하여 이를 표현한다면 A, B, C 다음에 다시 A로 이어져야 한다. 이러한 상황에 적합한 것이 [그림 5-13]과 같은 **원형 연결 리스트**(Circular Linked List)다.

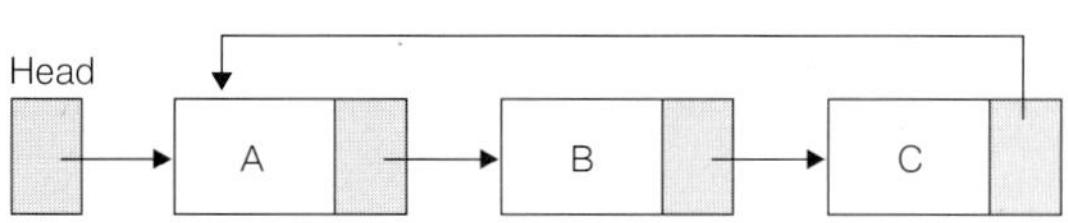

[그림 5-13] 원형 연결 리스트

마지막 노드의 Next 필드가 다시 첫 노드를 가리킴으로써 강강수월래하듯이 모든 노드가 서로 붙잡고 돌아가는 모습이다. 유의해야 할 점은 이러한 리스트에서도 최소한 포인터 하나는 어떤 노드를 붙잡아야 한다는 것이다. 그림에서 만약 헤드 포인터가 없으면 그 어느 노드로도 접근할 수 없기 때문이다.

이중 연결과 원형 연결의 장점을 모두 필요로 할 경우에는 [그림 5-14]와 같이 **원형 이중 연결 리스트**(Circular Doubly-Linked List)를 생각할 수도 있다. 여기서 테일 포인터가 불필요한 이유는 첫 노드의 Prev 포인터가 마지막 노드를 가리키기 때문이다.

원형 이중 연결 리스트 (Circular Doubly-Linked List)

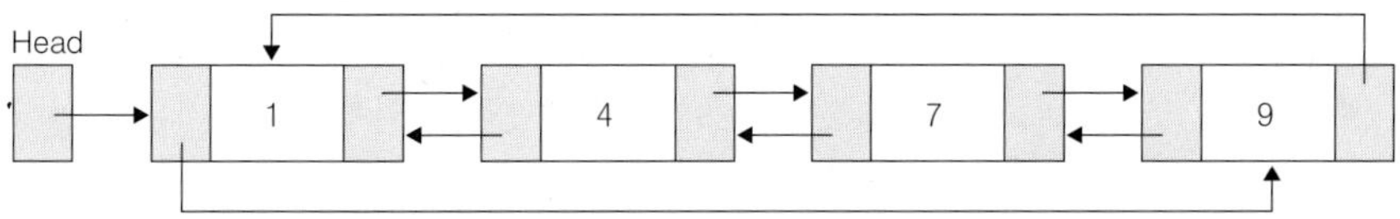

[그림 5-14] 이중 원형 연결 리스트

Section

03 C++에 의한 리스트 구현

배열 또는 연결 리스트로 구현한 추상 자료형 리스트를 설명함에 있어서 지금까지는 C 언어에 의한 구현 방법을 살펴보았다. C++라는 객체지향 언어를 사용하여 리스트를 구현하더라도 배열과 연결 리스트라는 두 가지 방법을 사용한다. 여기서는 C++로 구현하는 방법을 제시하되, 특히 C로 구현할 때와의 차이점에 대해 중점적으로 설명하고자 한다.

1. C++ 배열에 의한 리스트 구현

C++ 배열에 의한 리스트와 C 배열에 의한 리스트 각각의 헤더 파일을 [표 5-2]를 통해 비교해보자.

[표 5-2] C++ 배열에 의한 리스트와 C 배열에 의한 리스트

ListA.h(C++ Interface by Arrary)			ListA.h(C Interface by Arrary)
const int MAX = 100;	①	①'	#define MAX 100
class listClass { public:			
listClass( );	②	②'	void Init(listType *Lptr);
listClass(const listClass& L);	③		
~listClass( );	④		

void Insert(int Position, int Item);
void Delete(int Position);
void Retrieve(int Position, int& Item);
bool IsEmpty( );
int Length( );
	⑤	⑤'	void Insert(listType *Lptr, int Position, int Item);
			void Delete(listType *Lptr, int Position);
			void Retrieve(listType *Lptr, int Position, int *ItemPtr);
			bool IsEmpty(listType *Lptr);
			int Length(listType *Lptr);

private: int Count; int Data[MAX]; }	⑥	⑥'	typedef struct { int Count; int Data[MAX]; } listType;

크게 봐서 왼편의 C++ 선언이 좀더 조직화된 모습이다. 이는 객체지향의 인캡슐레이션 특징에 기인하는 것으로, 데이터와 그 데이터에 가해질 함수를 클래스라는 울타리 하나 안에 넣었기 때문이다. 반면 오른편의 C 선언은 어떤 데이터가 어떤 함수에 이용되는지 분간이 어렵다. 헤더 파일 하나에 서로 다른 목적의 함수 여러 개와 함수 각각이 사용하는 데이터가 흩어져 선언된 경우에는 특히 이러한 분간이 어렵게 된다.

C++의 ①은 C의 ①' 에 매칭된다. 물론 C++에서도 ①' 을 사용할 수 있지만 일반적으로 ①이 더 선호된다. #define은 일종의 **매크로(Macro)**로서 **컴파일 전처리(Pre-Processing)** 단계에서 프로그램에 나타난 모든 MAX라는 문자열을 100으로 치환하라는 것이다. 컴파일을 위한 이러한 지시어(Directive)는 실제로 실행해야 할 명령문이 아니므로 세미콜론(;)을 쓰지 않는다. 반면, C++에서는 ①에 의해 명령문을 실행한다. 변수를 선언하고 값을 할당하되 그 변수를 상수(Constant)로 선언함으로써 값이 바뀌는 것을 허용하지 않으면 된다.

매크로(Macro)

컴파일 전처리 (Pre-Processing)

⑥번 선언은 C의 ⑥' 선언 즉, 구조체 선언과 대응된다. C는 필요한 여러 데이터를 묶어서 하나의 단위로 전달하기 위해서 구조체를 사용하지만, C++에서는 이처럼 묶을 필요가 없다. 클래스 선언에 의해 변수 두 개가 이미 객체라는 한 울타리 안에 묶여 있기 때문이다.

⑤번의 작업 선언은 C의 ⑤' 선언과 대응된다. 두 개의 차이는 리스트 자료구조를 파라미터로 넘기느냐, 마느냐의 차이로 이것이 C와 C++의 중요한 차이점 중 하나라고 할 수 있다.

C++에서는 이러한 자료구조를 넘길 필요가 없다. 예를 들어, 어떤 함수가 listClass List1; 이라고 선언하고 List1.Delete(3);이라고 하면 List1이라는 객체가 지닌 리스트 자료구조 중 세 번째 데이터를 지우라는 것이 된다. 즉, 객체마다 작업이 가해져야 할 자료구조가 미리 정해져 있기 때문에 작업을 시키면서 대상이 되는 자료구조를 파라미터로 넘길 필요가 없다. 예를 들어, listClass List1, List2;로 객체 두 개를 선언하면 각 객체마다 별도의 자료구조가 할당된다. 따라서 List1.Delete(3);이라고 할 때와 List2.Delete(3);이라고 할 때 작업이 가해지는 대상 자료구조는 말하지 않아도 정해져 있다.

반면, C에서는 listType List1;로 선언하고 Delete(&List1, 3);에 의해 작업의 대상이 되는 자료구조를 넘겨주면서 삭제하라고 해야 한다. 객체 개념이 없으므로 C++처럼 미리 지정해놓은 자료구조가 없기 때문이다. 특히 삭제 작업은 삭제 결과, 원본 리스트 자체가 변형되어야 한다. 이렇게 하기 위해 C에서는 포인터를 복사해서 넘김으로써 참조 호출 효과를 기한다. 반면 C++에서는 객체 자신의 유일한 자료구조에 작업을 직접 가함으로써 자동으로 참조 호출이 이루어진다.

C++와 C의 근본적인 차이점을 ⑤, ⑤' 의 선언에서도 엿볼 수 있다. 동일한 삽입 작업을 C에서는 void Insert(listType *Lptr, int Position, int Item);으로 호출하고, C++에서는 void Insert(int Position, int Item);으로 호출한다. C에서는 리스트를 넘길 때 포인터 형식으로 넘기라는 구체성이 내포되어 있다. 이렇게 포인터를 넘기려면 포인터가 가리키는 것이 구조체라는 점, 또 그 구조체가 어떻게 구성되어 있는지를 알아야만 한다. C++에서는 이러한 부담이 없다. 즉, 리스트 객체라는 추상적인 개념만 가지면 되지, 그것을 구체적으로 어떤 자료구조로 선언해서 넘겨야 한다는 것은 전혀 몰라도 가능하다. 이러한 점에서 C++가 추상화(Data Abstraction) 개념을 수용하기에 유리하다는 것이다.

Retrieve 함수의 선언은 조금 유의해야 한다. 검색 함수를 호출하는 함수는 당연히 검색 결과를 받아 보고자 하는 것이다. 만약, 호출 함수가 넘긴 원본 변수가 값 호출로 넘어간다면 검색 결과가 사본에 저장될 지라도 원본 변수 값은 변하지 않는다. 따라서 호출 함수로서는 검색 결과를 확인할 수가 없다.

C에서 어떤 함수가 int Result;라고 선언하고 Retrieve(&List1, 3, &Result);를 호출한다고 가정하자. Retrieve 함수가 전달받은 &Result라는 포인터를 따라가서 결과 값을 저장하면 당연히 호출 함수의 원본 변수인 Result가 바뀐다. 이는 포인터에 의해 참조 호출 효과를 준 것이다. 반면 C++에서는 int Result;라고 선언하고 List1.Retrieve(3, Result);에 의해 호출된다. 이 경우, Retrieve 함수는 호출 함수의 원본 변수 Result를 Item이라는 별명으로 부른다. 별명이나 본명이나 동일한 대상을 가리키므로, Retrieve 함수가 별명에 결과를 저장하면 본명인 Result도 자동으로 바뀐다. 이처럼 C++에서는 일반적으로 에일리어스를 사용하여 참조 호출 효과를 기한다.

생성자 함수 (Constructor Function)

②는 **생성자 함수(Constructor Function)**로서 객체가 새로 만들어 질 때 자동으로 실행된다. 예를 들어, listClass List1;이 실행되는 순간, 객체 List1에 대해 자동으로 생성자 함수가 실행된다. 따라서 초기화(Initialization)를 위한 명령을 생성자 함수 안에 넣으면 편리하다. 반면, C 언어에서는 listType List1;이라고 선언한 후에 반드시 별도로 Init(&List1);을 해줘야 초기화가 된다.

전역 변수(Global Variable)가 아닌 모든 변수는 스택(Stack) 메모리나 힙(Heap) 메모리에 할당된다. 스택 메모리는 함수 내에 선언된 지역 변수에 자동으로 할당되는 정적 메모리인 반면에 힙 메모리는 C의 malloc 함수 또는 C++의 new 함수에 의해 만들어지는 동적 메모리다. 다음 코드를 예로 보자.

```
void fcn (int P)
{ int R, S[20], *T;
  T = (int*)malloc(sizeof(int));
}
```

여기서는 파라미터 P를 비롯하여 R, S[ ], T가 스택 변수가 된다. 즉, 이 함수가 호출되는 순간, 스택에 새로운 활성화 레코드가 생기면서 이들을 위한 공간이 할애된다. 주의해야 할 점은 포인터 변수 T의 공간이 힙 메모리에 만들어지는 것이 아니라는 점이다. malloc에 의해 T가 가리키는 변수는 힙에 만들어지지만 변수 T는 여전히 스택 메모리에 존재한다. 모든 스택 변수는 함수 실행이 끝나는 순간, 자동으로 사라진다. 해당 함수의 활성화 레코드가 스택에서 사라지기 때문이다. 따라서 스택 변수의 공간 반납은 자동으로 일어난다. 반면 힙에 만들어진 변수 공간은 반드시 사용자 코드에 의해 직접 반납해야 한다. C의 free 명령이나 C++의 delete 명령이 바로 힙 메모리를 반납하기 위한 명령이다.

소멸자 함수 (Destructor Function)

④의 **소멸자 함수**(Destructor Function)는 생성자 함수와 함께 C++ 클래스 선언에 반드시 따라다니는 함수다. 클래스명 앞에 틸드(Tilde, 물결, ~)를 붙임으로써 이 함수를 나타낸다. 생성자 함수와 마찬가지로, 함수의 리턴 값은 없으며 void 표시도 하지 않는다. 소멸자 함수는 함수를 빠져 나올 때 자동으로 실행되는 함수다. C나 C++를 막론하고 스택 메모리를 사용하는 변수는 함수를 빠져 나올 때 자동으로 공간 반납이 이루어지므로 특별히 이 함수를 실행할 필요가 없다.

문제가 되는 것은 동적 메모리를 사용할 때다. 만약, 함수 내부에서 동적으로 만들어진 노드를 연결하여 리스트로 사용하였다면, 함수를 빠져나오기 전에 반드시 모든 노드 공간을 반납하고 나와야 한다. 그냥 빠져 나오면 메모리 공간은 반납이 안 되기 때문이다. 이를 위해 모든 함수의 끝부분에 일일이 노드를 삭제하는 명령을 가할 수도 있으나, 이는 무척 번거로운 일이다. 이러한 명령을 소멸자 함수 내부에 한번만 정의해 놓으면 함수가 빠져 나올 때마다 자동으로 소멸자 함수가 실행되고 따라서 자동으로 공간을 반납하게 할 수 있다.

복사 생성자 함수 (Copy Constructor Function)

③은 **복사 생성자 함수**(Copy Constructor Function)다. C++에서 복사 생성자를 실행할지 아니면 그냥 생성자를 실행할지는 객체 생성 시에 파라미터가 있으냐, 없느냐에 따른다. 예를 들어, listClass List2 = List1;이라고 선언하면 List2 다음에 복사해야 할 원본 파라미터가 있으므로 복사 생성자 함수가 불려온다.

기본 복사 생성자

깊은 복사 (Deep Copy)

그러나 C++로서는 복사 생성자라는 메커니즘을 제공할 뿐이다. 다시 말해, 복사 생성자 함수 내부에 코드를 채워 넣을 책임은 프로그래머에게 있다. 물론, 이 코드를 비워 놓아도 **기본 복사 생성자**가 실행된다. 이렇게 되면 배열의 길이를 추적하기 위한 Count는 단순 타입의 변수므로 제대로 복사되어 들어간다. 그러나 기본 복사 생성자는 Data[ ] 배열을 그냥 단순 포인터 변수 Data로 취급하여 배열의 시작 주소 값만 복사한다. 즉, 얕은 복사(Shallow Copy)에서는 배열 내부의 요소를 복사하지 않는다. listClass List1 = List2;에 의해 완벽한 복사를 바라는 프로그래머로서는 이러한 부분적 복사는 기대에 못 미치는 것이므로 생성자 함수 내에, **깊은 복사**(Deep Copy)에 필요한 코드를 직접 작성할 필요가 있다.

복사 생성자는 이처럼 복사에 의해 객체를 만들 때에도 실행되지만 파라미터 전달에도 자동으로 실행된다. 이는 함수 실행을 위해 다른 함수에게 객체를 넘기는 것을 말한다. 예를 들어, List1.Merge(List2);에 의해 List1 객체의 Merge 함수에게 List2라는 객체를 넘겨 주면서 호출할 수도 있다. 이 때 Merge 함수가 Merge(ListClass L);로 선언되어 있다면 호출에 의해 List2가 L로 복사되어 들어가야 한다. 즉, 값 호출에 의해 객체를 넘길 때에도 자동으로 실행되는 것이 복사 생성자다.

C++ 배열에 의해 리스트에서 삽입, 삭제, 검색을 하는 함수는 C의 구현과 거의 동일하다. 따라서 이를 생략하고 생성자, 소멸자, 복사 생성자만 구현해보자.

[코드 5-7] ListA.cpp(C++ Implementation by Array)

```
#include <ListA.h>
listClass::listClass()                        생성자
{ Count = 0;                                  리스트 길이를 0으로 초기화
}
listClass::~listClass()                       소멸자
{
}
listClass::listClass(const listClass& L)      복사 생성자
{ Count = L.Count;                            리스트 길이를 복사
  for (int i = 1; i <= L.Count; ++i)          깊은 복사에 의해
       Data[i-1] = L.Data[i-1];               배열 요소 모두를 복사
}
```

배열로 구현할 때의 소멸자 함수 내부는 비워져 있다. 카운트 변수나 데이터 배열 모두, 정적 메모리기 때문에 함수에서 빠져나올 때 자동으로 공간반납이 이루어진다.

복사 생성자의 파라미터 L은 넘겨진 원본에 대한 에일리어스다. 즉, listClass A = B;라고 할 때 우변의 B에 대한 별명이다. 여기서 const는 원본인 B는 건드리지 않겠다는 의미다. 이 함수를 실행하는 객체는 좌변의 A다. 일반적으로 함수 내부에서 해당 함수의 실행 대상이 되는 객체 자신의 이름은 생략된다. 다시 말해, Count = L.Count;라는 것은 A.Count = B.Count;와 동일한 의미다. 굳이 객체 자신을 표현할 필요가 있을 때에는 **This**라는 예약어(Reserved Word)를 쓰면 된다. 예를 들어, This.Count = B.Count;라고 하면 된다.

This 예약어

2. C++ 연결 리스트에 의한 리스트 구현

C++ 연결 리스트를 사용하여 리스트를 구현하기 위한 인터페이스 파일은 다음과 같다.

[코드 5-8] ListP.h(C++ Interface by Linked List)

```
typedef struct nodeRecord
{  int Data;
   struct nodeRecord* Next;
}  node;
typedef node* Nptr;
class listClass
{  public:
      listClass();
      listClass(const listClass& L);
     ~listClass();
      void Insert(int Position, int Item);
      void Delete(int Position);
      void Retrieve(int Position, int& Item);
      bool IsEmpty();
      int Length();
   private:
      int Count;
      Nptr Head;
}
```

여기서 함수 정의는 문법까지도 C++ 배열의 인터페이스 파일과 완전히 동일하다. 만약, 이것이 서로 다르다면 사용자로서는 구현자가 배열로 구현했는지, 아니면 연결 리스트로 구현했는지 해당 인터페이스 파일을 스스로 파악하여 사용해야 하고, 그렇다면 그것은 사용과 구현을 완전히 분리하겠다는 객체지향의 근본 취지에 어긋난다.

구현과 관련된 자료구조 부분은 C++ 배열의 인터페이스 파일과 다르다. 데이터 배열이 헤드 포인터로 대치되었고, 이 헤드 포인터가 가리키는 노드가 제일 위에 구조체로 선언되어 있다. C++ 연결 리스트에 의한 리스트의 구현을 살펴보자.

[코드 5-9] ListP.cpp(C++ Implementation by Linked List)

```
#include <ListP.h>
listClass::listClass()                      생성자 함수
{ Count = 0;                                리스트의 길이를 0으로 초기화
  Head = NULL;                              헤드를 널로 초기화
}
bool listClass::IsEmpty()                   빈 리스트인지 확인하는 함수
{ return (Count = = 0);                     배열 길이 0이면 True
}
void listClass::Delete(int Position) 삭제 함수
{ Nptr Temp;
  if (IsEmpty())
       cout << "Deletion on Empty List"; 빈 리스트에 삭제 요구는 오류
  else if ((Position > Count) || (Position < 1))
       cout << "Position out of Range";  삭제위치가 데이터 범위를 벗어남
  else
  {    if (Position = = 1)                  삭제될 노드가 첫 노드일 경우
       {    Nptr p = Head;                  삭제될 노드를 가리키는 포인터를 백업
            Head = Head->Next;              헤드가 둘째 노드를 가리키게
       }
       else                                 삭제노드가 첫 노드가 아닌 경우
       {    for (int i = 1; i < (Position-1); i++)
                Temp = Temp->Next;          Temp가 삭제될 노드인 직전노드로 이동
            Nptr p = Temp->Next;            삭제될 노드를 가리키는 포인터를 백업
            Temp->Next = p->Next;           직전노드가 삭제될 노드 다음을 가리키게
      }
     Count - = 1;                           리스트 길이 줄임
```

```
        delete (p);                         메모리 공간 반납
    }
}
listClass::~listClass()                     소멸자 함수
{  while (!IsEmpty())                       리스트가 완전히 빌 때까지
        Delete(1);                          첫번째 것을 계속 지우기
}
listClass::ListClass(const listClass& L)    복사 생성자 함수
{  Count = L.Count;                         일단 리스트 개수를 동일하게
   if (L.Head = = NULL)
        Head = NULL                         넘어온 게 빈 리스트라면 자신도 빈 리스트
   else
   {    Head = new node;                    빈 리스트가 아니라면 일단 새 노드를 만들고
        Head->Data = L.Head->Data;          데이터 복사
        Nptr Temp1 = Head;                  Temp1은 사본을 순회하는 포인터
        for (Nptr Temp2 = L.Head->Next;
        Temp2 != NULL; Temp2 = Temp2->Next)
        {     Temp1->Next = new node;       사본의 현재 노드에 새 노드를 붙임
              Temp1 = Temp1 -> Next;        새 노드로 이동
              Temp1->Data = Temp2->Data;    새 노드에 원본 데이터를 복사
        }
        Temp1->Next = NULL;                 사본의 마지막 노드의 Next에 널을 기입
   }
}
```

소멸자 함수를 제외하고는 생성자 함수, 빈 리스트인지 확인하는 함수, 그리고 삭제 함수 모두 C 연결 리스트에 의한 구현과 거의 동일하다. 그렇지만 소멸자 함수는 조금 특이하다. 직접 코드를 작성하지 않고, 다른 함수를 불러서 끝내버린 것이다. 즉, 리스트가 완전히 빌 때까지 처음 노드만 계속 지워나가면 된다는 것이다. C++ 언어에서 하나의 함수가 다른 함수를 불러서 사용할 수 있음은 너무나 당연한 일이고, 그렇게 함으로써 **추상화 수준** (Abstraction Level)은 높아진다. 이 경우에 실제적인 힙 메모리 공간의 반납은 Delete 함수 내부에서 이루어진다.

추상화 수준
(Abstraction Level)

복사 생성자는 약간 복잡하다. listClass A = B;라고 했을 때 B가 A로 복사되어 오므로 B를 원본, A를 사본이라 하자. 일단 리스트 길이를 복사한 다음, B가 빈 리스트라면 당연히 A의 헤드 포인터를 널로 하여 빈 리스트를 만들면 된다. 노드가 하나라도 있을 경우에는 일단 헤드에 새로운 노드를 매달아 데이터를 복사한다. 그리고 복사를 하기 위해서 포인터 두 개를 유지한다. for 루프 안에서, 원본을 가리키는 포인터 Temp2와 사본을 가리키는 포인터 Temp1을 각각 전진시키면서 복사가 이루어진다. 이러한 코드를 이해하려면 그림을 그려가면서 추적하는 것이 가장 효과적인 방법이다.

Section

04 배열과 연결 리스트 비교

경우에 따라서는 배열을 **선형 자료구조**(Linear Data Structure), 연결 리스트를 **연결 자료구조**(Linked Data Structure)라고 부르기도 한다. 여기서 선형이란 말은 데이터가 일렬로 붙어있음을 의미하고, 연결이라는 말은 떨어져 있지만 포인터에 의해 연결됨을 의미한다. 두 가지 방식의 장단점을 비교해보자. 일단 배열로 짜는 것이 연결 리스트로 짜는 것보다 쉽다고 할 수 있다. 그러나 이는 포인터 활용이 어려운 사람의 주관적인 견해에 불과하다.

선형 자료구조 (Linear Data Structure)

연결 자료구조 (Linked Data Structure)

공간 면에서 생각해보자. 배열은 정적인 메모리를 차지해야 하기 때문에 미리 최대 아이템 수를 예상하고 선언해야 한다. 즉 배열 크기가 컴파일 시에 미리 고정된다. 만약, 실행 시에 데이터 수가 선언한 것보다 많지 않다면 공간 낭비가 초래 된다. 반면, 연결 리스트는 실행 시에 필요한 만큼의 노드만 동적으로 활용한다는 점에서 유리하다. 배열 아이템은 메모리 내에 서로 붙어있으나 연결 리스트의 노드는 서로 떨어져 있다. 서로 떨어져 있음에도 마치 이어진 것처럼 하기 위해서 포인터를 사용하고, 따라서 연결 리스트는 포인터 변수에 할당되는 메모리 공간을 필요로 한다. 그러나 포인터 변수가 차지하는 공간은 일반적으로 데이터가 차지하는 공간에 비해서는 상대적으로 미미한 공간이다.

포인터란 결국 주소 값을 담는 그릇이다. 프로그래머가 활용할 수 있는 컴퓨터 메모리의 양은 메모리 칩의 용량이 결정하는 것이 아니라 운영체제나 컴파일러가 제한하는 것이다. **어드레싱(주소지정**, Addressing)할 수 있는 메모리 공간이 크다면 최대 번지수도 클 것이고 따라서 번지수를 담기 위한 포인터 변수의 비트 수도 늘어나야 한다. 때에 따라서는 메모리 내의 절대 주소를 저장하는(Absolute Addressing) 대신, 현재의 명령어 주소와 그 포인터가 가리키는 변수 주소와의 차이 값만 저장함으로써 포인터 변수의 크기를 줄이기도 한다. 이러한 방식을 상대 주소 지정방식(Relative Addressing)이라고 한다. 가까운 곳을 가리키는 포인터를 **NEAR 포인터**, 먼 곳을 가리키는 포인터를 **FAR 포인터**라고 해서 필요한 비트 수를 별도로 정의하기도 한다.

어드레싱(주소지정, Addressing)

Absolute Addressing

Relative Addressing

NEAR 포인터

FAR 포인터

묵시적 어드레싱(默示, Implicit Addressing)

현시적 어드레싱(顯示, Explicit Addressing)

검색 면에서 생각해보자. 요소끼리 서로 인접해 있기 때문에 배열에서는 i번째 아이템을 찾아갈 때 주소 계산에 의해 단번에 찾아가지만(Direct Access, Constant Time Access), 연결 리스트라면 헤드로부터 시작해서 포인터를 계속 따라가야 한다(Pointer Traversal). 배열처럼 데이터가 인접해 있는 것을 전제로 내부적으로 아이템 주소를 계산하여 찾아가는 방법을 **묵시적 어드레싱(默示, Implicit Addressing)**이라 하고 포인터처럼 구체적인 주소값을 읽어서 찾아가는 방법을 **현시적 어드레싱(顯示, Explicit Addressing)**이라 한다. 결국, 검색 시간 면에서는 배열이 유리하다.

삽입, 삭제 면에서 생각해보자. 배열의 경우, 삽입이 일어나면 삽입될 위치 오른쪽 아이템들은 모조리 오른쪽으로 한 칸씩 밀려나야 한다. 반대로 삭제가 일어나면 그 오른쪽 아이템들이 모조리 왼쪽으로 이동해서 빈 칸을 메워야 한다. 이처럼 데이터가 이동하는 데에는 많은 시간을 요한다. 반면, 연결 리스트일 경우에는 삽입 직전 노드의 포인터, 그리고 삽입노드의 포인터만 조정하면 된다. 삭제에도 삭제 직전 노드의 포인터 값만 바꾸면 된다. 엄밀히 말하면, 동적 메모리의 할당이나 삭제에도 약간의 시간을 요하지만 이는 상대적으로 무시할 수 있을 정도의 시간이다. 전체적으로 볼 때, 삽입, 삭제에 걸리는 시간 면에서는 연결 리스트가 유리하다.

그렇다면 리스트를 구현할 때 배열을 사용할 것인가. 아니면 연결 리스트를 사용할 것인가. 일단, 최대 아이템 수를 예측할 수 있다면 배열을 생각해볼 수 있다. 그러나 이 경우에도 검색이 많을 때에는 배열이 좋으나, 삽입이나 삭제 위주라면 연결 리스트가 오히려 유리하다. 다시 말해, 한번 작성한 리스트를 주로 열람하는 작업이 위주라면 배열이 유리하지만, 수시로 데이터를 썼다 지웠다하는 작업이 위주라면 연결 리스트가 유리하다. 물론, 아이템 수가 예측 불가라면 당연히 연결 리스트를 사용할 수 밖에 없다. 응용프로그램에서 어떤 자료구조를 선택할 것인지는 이처럼 데이터 크기의 예측 가능성이나 가해지는 작업의 특성을 충분히 고려하여 결정해야 한다.

생활 속의 자료구조

[그림 5-15] 영화 「쉰들러 리스트(1993)」중에서

나치 독일 치하에서 폴란드로 이주한 독일인 사업가 한 명이 있었다. 보수조차 줄 필요 없던 유태인을 시켜 거의 공짜로 주방기구를 만들던 그는 군납을 위해 독일장교에게 아첨과 뇌물을 마다하지 않았다. 그러나 직원들에 가해지는 참상을 접한 후 점차 양심의 가책을 느끼기 시작한다. 학살 캠프로 옮겨질 운명의 유태인들 앞에서 그는 뭔가를 결심했다. 다음날 그는 독일 장교에게 뇌물을 주며, "이 사람들은 우리 군수공장에 반드시 있어야하는 사람들"이라며 서류 뭉치를 내 놓았다. 약 1,100명의 유태인의 목숨을 이렇게 살렸다. 나중에 그는 '내 것을 좀더 포기했으면 한 사람이라도 더 구할 수 있었을 텐데' 하며 후회하기도 했다.

가끔 연말이면 우리는 주변 사람의 전화번호를 옮겨 적는다. 대부분의 경우에 옮겨 적고 나면 리스트 길이가 줄어든다. 몇 년째 연락하지 않았는데, 옮길 필요가 있을까? 망설임 끝에 결국 그렇게 사라지는 것이다. 그러면서도 우리는 매일 그렇게 될지도 모를 사람들의 전화번호를 부지런히 더해가며 살고 있다. 삭제만 기다리는 삽입, 검색이 따르지 않을 삽입 등처럼 말이다. 데이터 삽입은 가능하면 좀더 신중해져야 할 것 같다. 이건 휴대폰도 마찬가지다. 정리라는 미명하게 무참하게 키를 눌러 뇌리에서 지우기를 시도할 때가 있는가 하면 집 전화, 사무실 전화로 또 다시 새로운 만남을 기억하고자 하는 때가 있다.

요약

도표 또는 목록을 추상화한 것이 리스트로서 이 추상 자료형의 주요 작업은 삽입, 삭제, 검색이다. 리스트는 배열 또는 연결 리스트로 구현할 수 있다. 리스트를 구성하는 개별 항목은 레코드에 해당한다. 배열로 구현한 리스트에서는 개별 항목을 배열의 요소로 취급한다. 그러나 정적 메모리 할당에 의존하는 배열에서는 리스트 크기가 고정되어 있다.

동적 메모리 할당에 의해 필요에 따라 리스트 크기를 늘리거나 줄이는 방법이 연결 리스트다. 연결 리스트는 개별 노드를 포인터로 연결한 것으로써, 각 노드는 레코드 필드와 포인터 필드로 이루어진다.

C 언어에서 자료구조는 파라미터 형태로 전달되는 반면, C++ 언어에서 자료구조는 객체별로 유일하게 지정되어 있으므로 전달될 필요가 없다. 추상 자료형의 사용과 구현은 완전히 분리되어야 한다. 자료구조를 배열로 구현하든 연결 리스트로 구현하든 사용자로서는 그러한 사실을 몰라도 함수를 불러 쓸 수 있어야 한다.

C 언어에서는 함수 호출 프로토타입에 구현과 관련된 내용이 포함되어 있기 때문에 사용과 구현의 완벽한 분리가 어렵다. 배열을 사용하면 검색 작업이 빨라지고, 연결 리스트를 사용하면 삽입, 삭제 작업이 빨라진다. 검색 시 배열 레코드는 인접해 있기 때문에 단번에 주소를 계산할 수 있는 반면, 연결 리스트의 노드는 서로 떨어져 있기 때문에 포인터를 따라가는 시간을 요한다.

연습 문제

문제를 푸는 데 있어서 별도의 자료구조가 정의되어 있지 않다면 다음의 연결 리스트 자료구조를 사용할 수 있다.

```
typedef struct nodeRecord
{  int Data;
   struct nodeRecord* Next;
}  node;
typedef node* Nptr;
```

1 삽입/삭제를 위해 연결 리스트를 전달할 때에는 헤드 포인터를 값 호출로 넘기면 된다. (True/False)

2 Cursor라는 포인터가 어떤 노드를 가리키는 상태에서 다음 중 어떤 명령이 그 커서가 다음 노드를 가리키게 하겠는가?

가. cursor++;　나. cursor += 1;　다. cursor = cursor->Next;　라. cursor = cursor->Data;

3 커서가 마지막 노드(Tail Node)를 가리킬 때, 어떤 불리언 표현이 True 값을 가지겠는가?

가. (cursor = = NULL)
나. (cursor->Next = = NULL)
다. (cursor->Data = = NULL)
라. (cursor->Data = = 0)
마. 어떤 것도 아니다.

4 포인터 p가 널 값을 가지고 있다. 만약, 프로그램에서 *p를 읽으려 한다면 어떤 일이 일어나는가?

가. 컴파일 시에 문법 오류로 처리된다.
나. 실행 중 *p가 평가될 때 실행시간 오류가 일어난다.
다. 프로그램이 끝날 때 실행시간 오류가 일어난다.
라. 결과를 예측하기 어렵다.

5 void f(___ head_ptr);과 같은 함수 f의 프로토타입이 인터페이스 파일에 선언되어 있다. head_ptr은 연결 리스트의 첫 노드를 가리키는 포인터다. 이 함수는 리스트 내의 노드 데이터를 읽어서 필요한 계산을 수행하지만 리스트 자체를 변형하지는 않는다. head_ptr의 데이터 타입으로서 어느 것이 가장 적절한가?

가. node　나. const node　다. node*　라. const node*

연습 문제

6 void f(___ head_ptr);과 같은 함수 f의 프로토타입이 인터페이스 파일에 선언되어 있다. head_ptr은 연결 리스트의 첫 노드를 가리키는 포인터다. 이 함수는 리스트 내의 노드 데이터를 조작하며 리스트에 처음에 새로운 노드를 삽입하기도 한다. 이 경우 head_ptr의 데이터 타입으로서 어느 것이 가장 적절한가?

가. node　　나. node&　　다. node*　　라. node*&

7 리스트의 n번째 아이템이 무엇인지 찾아내기에는 어떤 종류의 자료구조가 가장 유리한가?

가. 배열　　나. 이중 연결 리스트　　다. 단순 연결 리스트　　라. '나, 다' 모두 가장 유리

8 본문의 C 배열로 구현한 위치기반 리스트에서 삭제에 필요한 함수를 작성하라.

9 본문의 C 연결 리스트로 구현한 위치기반 리스트에서 검색에 필요한 함수를 작성하라.

10 본문의 [코드 5-4]에서 빈 리스트의 첫 위치에 삽입이 가해져도 코드가 제대로 동작하는지 확인하라.

11 본문의 [코드 5-4]에서 현재 세 개의 노드가 있을 때 네 번째 위치에 삽입이 가해져도 코드가 제대로 동작하는지 확인하라.

12 본문의 [코드 5-5]에서 노드 하나짜리 리스트에서 첫 노드를 삭제해도 코드가 제대로 동작하는지를 그림을 그려가면서 확인하라.

13 본문의 [코드 5-5]에서 현재 세 개의 노드가 있을 때 세 번째 노드에 삭제가 가해져도 코드가 제대로 동작하는지를 그림을 그려가면서 확인하라.

14 본문의 C++ 배열로 구현한 리스트에서 삭제에 필요한 함수를 작성하라.

15 본문의 [코드 5-9]를 이용해서 아이템 세 개짜리 리스트에서의 복사 생성자 함수의 실행 과정을 추적하되 손으로 그림을 그려가면서 추적하라.

16 "Structure of Array"에 해당하는 자료구조를 그려보고, 어떤 경우에 그런 자료구조를 사용하는지 예를 들어보라.

17 길이 20짜리 문자열 필드와 다음 노드를 가리키는 필드를 구성요소로 지닌 노드를 이용하여 연결 리스트를 만들기 위한 자료구조를 선언하라.

18 [그림 5-16]의 노드가 다음과 같은 자료구조로 선언되어 있을 때, 다음 가, 나, 다 표현의 값을 구하라.

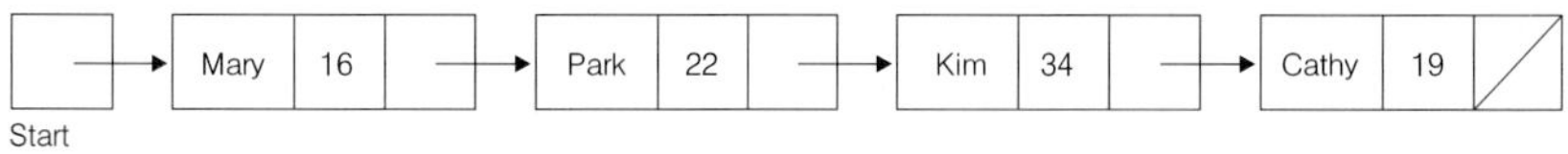

[그림 5-16] 문제 18

```
struct node
{  char name[10];   int age;   struct node * ptr;
}
```

가. Start->ptr->age　　　나. *((*Start).name+2)　　　다. Start->ptr->ptr->name

19 배열 MyArray[ ] 내용이 [그림 5-17]과 같을 때, 배열 인덱스 4번(현재 30이 있는 위치)에 숫자 27을 삽입하기 위한 코드를 써 보라.

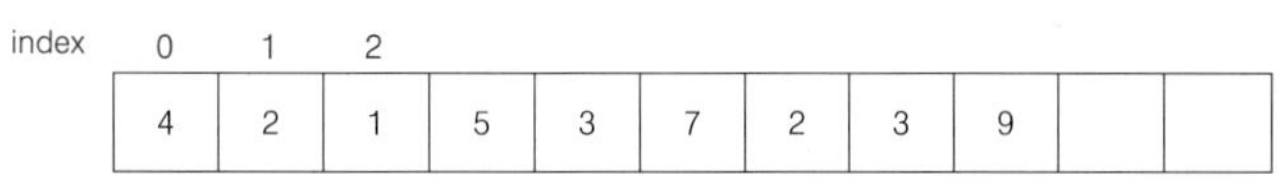

[그림 5-17] 문제 19

20 현재의 연결 리스트 상태가 [그림 5-18]과 같다. 아래 선언을 참고로 물음에 답하라.

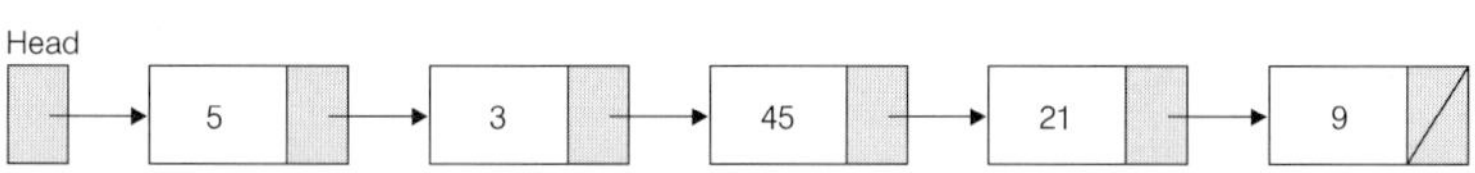

[그림 5-18] 문제 20

```
struct Node
{  int Data;   struct Node* Next;
};
struct Node *Head, *Prev, *Cur;
```

가. 첫번째 노드를 삭제하기 위한 코드를 써라. 단, 삭제된 메모리 공간을 반드시 반납해야 한다.
나. Cur 포인터가 네 번째 노드를 가리키게 하기 위한 코드를 써라. 단, 반드시 'for' 루프를 사용해야 한다.
다. 숫자 33인 노드를 제일 마지막에 삽입하기 위한 코드를 써라. 단, 반드시 'for' 루프를 사용해야 한다.

21 다음 선언문을 바탕으로 물음에 답하라.

```
typedef struct node* ptrType;
struct node
```

연습 문제

```
{ Char  Items;  prtType Next;
};
ptrType Head, newPtr;
```

가. 그림의 연결 리스트를 구성하라.

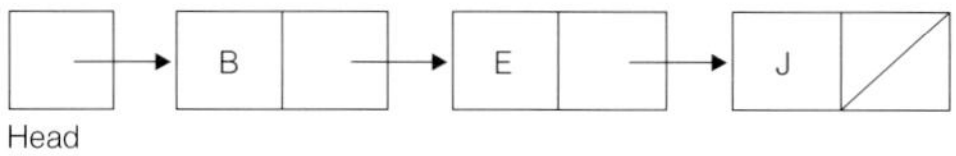

[그림 5-19] 문제 21

나. 그림의 가운데 노드인 E를 삭제하는 코드를 작성하라.

22 다음 선언문을 사용하여 Ch 필드를 기준으로 오름차순으로 정렬된 연결 리스트를 구현하고, 삽입 삭제를 반복하였다.

```
struct node
{ Char Ch;  node* Next;
};
typedef node* ptrType;   ptrType Head;
```

가. 현재 리스트에 문자 'K'를 가진 노드를 삽입하는 코드를 작성하라.
나. 현재 리스트에서 문자 'P'를 가진 노드를 삭제하는 코드를 작성하라.

23 ADT LIST에 대해 Delete(int Position) 및 IsEmpty( )가 이미 정의되어 있을 때, 이 함수를 사용해서 소멸자 함수인 listClass::~listClass( )를 작성하라.

24 주어진 연결 리스트를 역순으로 복사하여 새로운 연결 리스트의 첫 노드를 가리키는 포인터를 되돌려주는 다음 C 함수를 완성하라.

```
ptrType ReverseList (ptrType Head)
{ ptrType NewHead, Curr, Prev;
  if (Head != NULL)
  {     Curr=Head;
        NewHead=new node;
        (                   );
        (                   );
        Curr=Curr->Next;
        while (Curr != NULL)
        {
        (         ); (          ); (          ); (          ); (          );
  }
```

```
    }
    else
          (                   );
    return (                  );
}
```

25 Head1, Head2로 표시되는 각각의 연결 리스트가 오름차순으로 정렬되어 있다고 가정하자. 이 연결 리스트 두 개를 파라미터로 받아서 합병(Merge)된 연결 리스트의 첫 노드를 가리키는 Head3을 리턴하는 C 함수를 작성하라. 단, 합병된 연결 리스트는 정렬되어 있어야 한다.

26 포인터 200개로 구성된 다음 배열의 자료구조를 C 언어로 선언하라. 단, 배열명은 TotalList다. 또 배열 요소의 타입명은 HeadPtr로 하고 노드 타입명은 WaitNode로 한다.

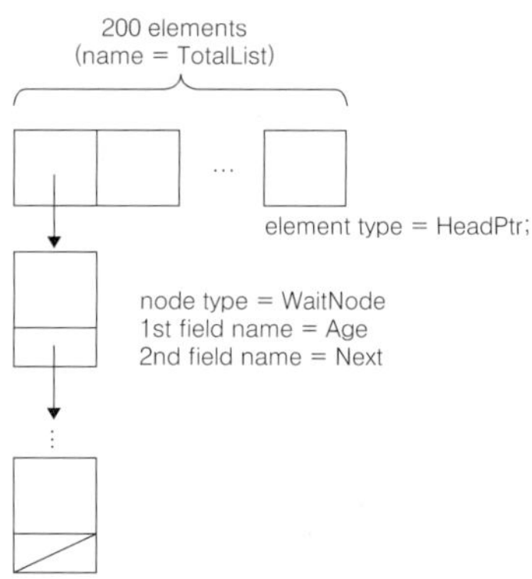

[그림 5-20] 문제 27

27 오름차순으로 정렬된 연결 리스트에서 데이터 필드 값이 25인 노드를 찾아서 그 노드를 가리키는 포인터를 호출 함수에게 되돌려 주기 위한 다음 C 함수를 완성하라. 단, 해당 데이터 값이 없을 경우에는 NULL 값을 되돌려 준다.

```
node * ListRetrieve (node * Head)
```

28 다음 소스 코드는 무엇을 하기 위한 것인지 설명하라.

```
void DoThat (ptrType& Head)
{ ptrType P, Q;
  P = Head;
  Q = Head;
  Head = NULL;
```

```
        while (Q !=NULL)
        {     Q = Q->Next;
              P->Next = Head;
              Head = P;
              P = Q;
        }
      }
```

29 다음 소스 코드는 무엇을 하기 위한 것인지 설명하라.

```
ptrType DoThis (ptrType& Head)
{ ptrType NewHead, Cur, P;
  if (Head != NULL)
  { Cur = Head;
    NewHead = new node;
    NewHead->Data = Cur->Data;
    NewHead->Next = NULL;
    Cur = Cur->Next;
    while (Cur != NULL)
    {    P = new node;
         P->Next = NewHead;
         P->Data = Cur->Data;
         NewHead = P;
         Cur = Cur->Next
    }
   }
   else
       NewHead = NULL;
   return(NewHead);
}
```

30 정수 데이터 필드를 가진 연결 리스트를 순회하면서 데이터 값이 홀수인 노드의 데이터 값을 출력하는 C++ 함수를 구현하라. 단, 데이터 값은 모두 양수로 가정해도 좋다.

31 정수 데이터 필드로 구성된 연결 리스트의 노드 중 가장 큰 데이터를 지닌 노드 바로 앞에 데이터 25를 가진 새 노드를 삽입하는 C++ 함수를 구현하라. 단, 중복되는 데이터를 지닌 노드는 없다고 가정하라.

32 p가 연결 리스트의 노드를 가리키는 포인터고, *p가 마지막 노드가 아니라고 하자. *p 다음의 노드를 삭제하려면 단계적으로 어떤 명령을 수행해야 하는가?

33 p가 연결 리스트의 노드를 가리키는 포인터고, *p가 마지막 노드가 아니라고 하자. *p 다음에 새로운 노드를 삽입하려면 단계적으로 어떤 명령을 수행해야 하는가?

34 Head가 연결 리스트의 첫 노드를 가리키고 있을 때, 같은 데이터 값을 지닌 노드의 데이터를 출력하기 위한 C++ 함수를 작성하라.

35 연결 리스트에서 숫자 42를 지닌 노드가 몇 번 나타나는지를 출력하기 위한 다음 C 함수를 작성하라. 단, head_ptr은 첫 노드를 가리키며, 리스트가 비어있을 수도 있다.

```
int Count42(const node* head_ptr)
```

36 연결 리스트에 나타난 각 노드의 키 값의 합을 출력하기 위한 다음 C 함수를 작성하라. 단, 비어있는 연결 리스트일 때는 0을 출력해야 한다.

```
int sum_data(const node* head_ptr)
```

37 연결 리스트의 끝에 새로운 노드를 삽입하기 위한 다음 C 함수를 재귀호출 형태로 작성하라.

```
void list_tail_insert(node* head_ptr, int Data);
```

38 연결 리스트의 마지막 노드를 가리키는 테일 포인터(Tail Pointer)를 유지하는 것이 안 하는 것보다 유리한 것은 어떤 경우인지 예를 들어 보라.

39 어떤 프로그램이 노드 포인터 Nptr Head, NewHead, NewTail;를 선언하였다. 프로그램 일부를 실행한 후, Head는 비어있지 않은 연결 리스트의 첫 노드를 가리키고 있다. 이 시점에서 Head가 가리키는 연결 리스트의 완전한 복사판을 새로 만드는 C++ 함수를 작성하라. 단, 소스 코드 실행이후 Head는 변하지 않아야 하며, NewHead는 새로운 리스트의 첫 노드를 가리켜야 하며, NewTail은 NewHead가 가리키는 리스트의 마지막 노드를 가리켜야 한다. 필요하다면 다른 Nptr 변수를 선언하여 사용해도 좋다.

40 배열 내에 현재의 리스트 아이템 수를 추적하기 위해서 Count라는 변수를 사용한다. 이 변수 없이 아이템 수를 추적하려면 어떻게 해야 하며, 그 경우 불리한 점은 무엇인가? 또 만약, 연결 리스트를 사용하였다면 이러한 Count 변수를 사용하지 않을 때 불리한 점은 무엇인가?

연습 문제

41 C++에서 복사 생성자가 불려오는 세 가지 경우를 나열하라.

42 이중 연결 리스트에서 노드 하나는 포인터 두 개를 가지고 있다. 예를 들어, Next는 다음 노드를, Prev는 이전 노드를 가리키게 할 수 있다. 마지막 노드의 Next 포인터 값은 처음 노드의 Prev 포인터 값과 마찬가지로 널로 놓아야 한다. 다음과 같이 선언된 이중 연결 리스트를 가정해보자.

```
typedef struct nodeRecord
{ int Data; struct nodeRecord* Next; struct nodeRecord* Prev;
} node;
typedef node* Nptr;

class List {
private:
        Nptr Head;
public:
        bool DeleteNum(int Num);
}
```

정수 Num을 파라미터로 받아서 불리언 값을 리턴하는 C ++ 함수 DeleteNum을 작성하라. 이 함수는 Head로부터 시작해서 리스트를 순회하면서 Num이 처음으로 나오는 노드를 제거하고 True를 리턴한다. 만약, 리스트 내에 Num이 없으면 False를 리턴한다.

43 리스트 객체 L이 주어졌을 때, 만약 L 내부의 모든 데이터가 오름차순으로 정렬되어 있으면 True를, 그렇지 않으면 False를 리턴하는 다음 C++ 함수를 완성하라.

```
bool listClass::IsSorted()
```

44 연결 리스트에서 주어진 데이터 값을 지닌 노드를 찾는 C++ 함수 FindOrAdd를 완성하라. 찾고자 하는 데이터가 있으면 해당 노드를 가리키는 포인터를 리턴해야 한다. 만약, 그러한 노드가 없으면 찾고자 하는 데이터를 지닌 새로운 노드를 만들어 리스트의 처음에 삽입하고, 첫 노드를 가리키는 포인터를 리턴 해야 한다. 다음 자료구조 선언을 참조하라.

```
typedef struct NodeRecord
{ DataType Data;  struct NodeRecord* Next;
} Node;
typedef Node* NodePtr;

NodePtr FindOrAdd(NodePtr &Head, Datatype Value )
{ NodePtr Cur = Head;
```

```
    NodePtr Temp;
    while ((Cur != NULL) && (Cur->Data != Value))
        Cur = Cur->Next;
    if (               )            찾는 노드가 없으면
    {   Temp = new NodePtr;
        Temp->Data = Value;
        Temp->Next = Head;
        (               );          만든 노드를 첫 노드로
        return (Head);
    }
    else
        (               );
}
```

45 무의미한 노드 하나를 항상 리스트의 첫 노드로서 내세우기도 한다. 일명 더미 노드(Dummy Node, 가짜, 모조품)라고 불리는 이 노드를 설정하는 이유는 코딩이 쉬워질 수 있기 때문이다. 이렇게 되면 실제로는 빈 리스트도 첫 노드(더미 노드)를 가지게 된다. 물론, 이 경우 빈 리스트는 (Head = = NULL)로 테스트하지 않고 (Head->Next = = NULL)로 테스트한다. 더미 노드를 전제로 할 때 정렬된 연결 리스트에서 삽입을 위한 C 함수를 작성하라.

46 더미 노드를 지닌 이중 연결 리스트가 다음과 같이 선언되어 있다고 가정하자.

```
struct node
{ int key;  struct node *next, *prev;
};
typedef struct node listnode;
```

리스트의 첫 노드를 가리키는 포인터 first와 정수 키가 입력될 때, 리스트에서 입력된 키를 지닌 노드와 바로 다음 노드를 스왑하기 위한 C 함수 void swap(listnode *first, int swapkey)를 작성하라. 단, 키 값만 스왑해서는 안 되고 노드 자체를 스왑해야 한다. 예를 들어, 리스트가 Dummy<->1<->2<->3<->4<->5<->NULL로 구성되어 있는 상태에서 swap(first, 4)를 부르면 그 결과는 Dummy<->1<->2<->3<->5<->4<->NULL로 변해야 한다. 단, 마지막 노드에는 swapkey가 존재하지 않는다고 가정한다.

47 포인터 a, b가 가리키는 각각의 리스트를 노드 단위로 하나씩 합병(Merge)하여 새로운 리스트를 리턴하기 위한 다음 C 함수의 빈칸을 채워보라. 단, 새로운 리스트의 첫 노드를 가리키는 포인터를 first, 마지막 노드를 가리키는 포인터를 last라고 한다.

```
Nprt Merge(Nptr a, Nptr b)
{ NPtr first, temp, last;
```

연습 문제

```
    last = NULL;
    while (a != NULL && b != NULL)
    { if (a != NULL)
      {    temp = malloc(Node);
           (                   );      a의 데이터 필드 복사
           temp->next = NULL;
           if (first = = NULL)
           (                   );      만든 것이 첫 노드
           if (last != NULL)
           (                   );      만든 것이 마지막 노드 다음으로
     (                   );            마지막 노드는 만든 것
     a = a->next;
      }
      if (b != NULL)
      {    temp = malloc(Node);
           (                   );
           temp->next = NULL;
           if (first = = NULL)
           (                   );
           if (last != NULL)
           (                   );
           last = temp;
           (                   );
       }
    }
    return first;
  }
```

48 다음 프로그램에 의해 만들어지는 자료구조를 그림으로 그려라.

```
#include <stdio.h>
#include <stdlib.h>
struct node
{ int value;  struct node * next;
};
struct node *func(struct node *p, int val)
{ struct node *Temp;
  Temp = (struct node *)malloc(sizeof(struct node));
  Temp -> value = val;
```

```
    if (p = = NULL)
        Temp -> next = Temp;
    else
    {   Temp -> next = p -> next;
        p -> next = Temp;
    }
    return Temp;
}
main()
{ int i, data[] = {7, 9};
  struct node *ptr = NULL, *current;
  for (i = 0; i < 2; i++)
       ptr = func(ptr, data[i]);
}
```

49 C 배열로 구현한 위치기반 리스트에서 데이터 중간에 새로운 삽입이 일어날 때에는 삽입위치를 포함하여 오른쪽 데이터가 모두 오른쪽으로 이동해야 한다. 이 때 이동은 배열 오른쪽 끝에서부터 왼쪽으로 일어난다. 그러나 삭제 시 이동은 삭제 위치 바로 다음인 왼쪽에서부터 오른쪽으로 가면서 이동한다. 그 이유를 설명하라.

50 실행 파일이 Merge.exe라고 할 때 프로그램의 실행 모습은 다음과 같다. 프로그램 문제

A> Merge
Enter 1st Linked List: 31 2 63 -3 71
Enter 2nd Linked List: 5 7 1 92 -5 200
The merged linked list is, -5 -3 1 2 5 7 31 63 71 92 200

첫 줄의 데이터를 가지고 정렬된 연결 리스트 하나를 구성하고, 또 둘째 줄의 데이터를 가지고 정렬된 연결 리스트 또 하나를 구성한 후, 이 둘을 합병(Merging)하여 통합된 연결 리스트 하나를 구성한 후 그 내용을 오름차순으로 출력하는 C++ 프로그램 Merge를 작성하라. 단, 다음과 같은 조건을 전제로 한다.

가. 입력 데이터는 모두 정수며 연결 리스트 한 개에 최대 입력은 여섯 개다.
나. 문자, 부동소수 등의 잘못된 데이터는 입력되지 않는다.
다. 반드시 연결 리스트로 구성해야 한다.
라. 연결 리스트 각각의 데이터 수는 다를 수 있다.

Chapter

06

스택

＊학습목표

- 추상 자료형 스택의 개념을 이해한다.
- 배열과 연결 리스트로 구현할 때의 차이점을 이해한다.
- 추상 자료형 리스트로 구현하는 방법을 명확히 이해한다.
- 스택의 응용 예, 특히 깊이우선 탐색 방법을 이해한다.
- 스택과 재귀호출의 연관성을 이해한다.

Point

스택(Stack)은 프로그램에서 가장 자주 사용되는 추상 자료형의 하나로서, 그만큼 전산학에서 차지하는 중요성이 크다. 프로그램의 대상이 되는 많은 현상을 스택이라는 추상적인 데이터 타입으로 나타낼 수 있기 때문이다. 프로그래머가 직접 만들어 사용하는 스택을 사용자 스택(User Stack)이라 하고, 컴퓨터 내부의 시스템 소프트웨어가 만들어 사용하는 스택을 시스템 스택(System Stack)이라 한다. 이 장에서는 추상 자료형으로서의 스택 개념을 정의하고 구현해본다.

Section

01 스택 개념

스택(Stack)

스택(Stack)이란 '쌓아올린 더미'를 말한다. 책상 위에 쌓아놓은 책, 설거지를 위해 쌓아놓은 식판, 창고에 쌓인 박스 등이 모두 스택이다. 편의점 선반에 놓여있는 물건도 일종의 스택이다. 새로운 음료수가 입고되었다면 이전 것을 뒤로 밀고 그 앞에 놓게 된다. 물론, 이 경우에는 아래, 위로 물건이 쌓이는 대신 뒤쪽에서 앞쪽으로 물건이 쌓이게 된다.

[그림 6-1] 식판 스택

쌓아놓은 식판을 예로 들어보자. 일반적으로 식사가 끝나고 식판을 반납할 때에는 이미 쌓인 식판의 가장 위에 올려놓게 된다. 다시 말해, 누군가 가장 최근에 올려놓은 식판 위에 올려놓게 된다. 또, 설거지를 하려고 식판을 꺼낼 때에도 가장 위에 있는 식판, 즉 가장 최근 것부터 먼저 빼내게 된다. 편의점 선반에 놓인 물건 역시 같은 맥락에서 가장 최근에 입고된 물건인 가장 앞쪽 물건부터 빠져나가게 된다.

이러한 개념을 추상화 한 것이 스택이다. 추상 자료형 리스트와 마찬가지로 이 자료형의 주요 작업은 삽입, 삭제, 검색이다. 그러나 임의의 위치에 삽입, 삭제가 가능한 리스트와는 달리 스택의 모든 작업은 항상 최근의 위치에 국한된다. 다시 말해, 들어온 시간 순으로 데이터를 쌓아갈 때 가장 위, 즉 가장 최근에 삽입된 위치에 있는 데이터를 삭제하거나 아니면 거기에 이어서 새로운 데이터를 삽입할 수 있도록 하는 추상 자료형을 말한다. 이렇게 정의된 스택에서 처음이나 중간에 위치한 데이터는 아예 접근할 수도 없고, 따라서 그러한 위치에 대해서는 삽입, 삭제 및 검색을 허용하지 않는다.

스택 탑(Stack Top)
푸시(Push)
팝(Pop)

스택의 가장 위를 **스택 탑(Stack Top)**이라 한다. [그림 6-2]의 교과서 스택에서는 가장 위에 놓인 책(자료구조)의 위치가 스택 탑이 된다. 스택에 어떤 데이터를 삽입하는 작업을 **푸시(Push)**라 하고 삭제하는 작업을 **팝(Pop)**이라 한다. 따라서 스택 탑에 있는 책을 꺼내는 작업이 팝에 해당되며, 스택 탑 바로 위에 새 책(알고리즘)을 올려놓는 작업이 푸시에 해당한다.

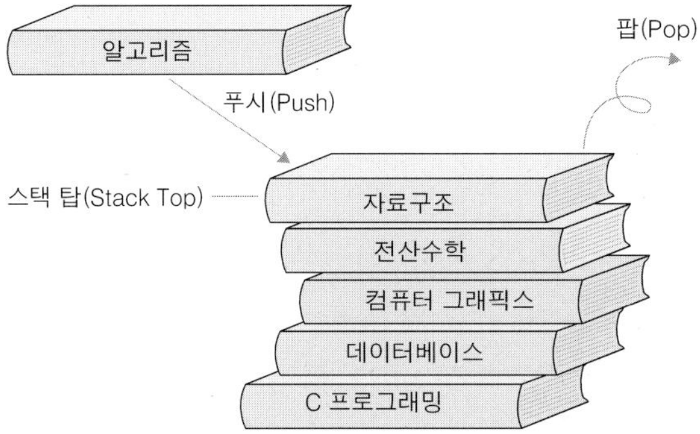

[그림 6-2] 교과서 스택

후입선출(後入先出)
LIFO(Last-In First-Out: 라이포 또는 리포)
LCFS(Last-Come First-Served)
FIFO(First-In First-Out: 파이포 또는 피포)

스택 구조를 일반적으로 **후입선출(後入先出)** 구조라 부른다. 가장 나중에 들어온(삽입된) 데이터가 나갈(삭제될) 때에는 가장 먼저 빠져나가기 때문이다. 이는 식판의 예를 상기하면 쉽게 이해할 수 있다. 스택 구조의 이와 같은 특성을 영어로는 **LIFO(Last-In First-Out: 라이포 또는 리포)** 또는 **LCFS(Last-Come First-Served)**라고 하며 이는 다음 장에 설명할 큐 구조의 **FIFO(First-In First-Out: 파이포 또는 피포)** 특성과 정면으로 대치된다.

시각적으로 볼 때 스택에서의 삽입, 삭제는 한 쪽 끝에서만 일어난다. 즉, 푸시나 팝 모두 스택 탑 부근에서 일어난다. 식판을 예로 들면 현재 쌓여 있는 식판의 가장 위쪽에 국한되어서 삽입, 삭제가 일어난다는 것이다. 물론, 현실적으로는 누가 고의로 중간이나 제일 밑에 깔려있는 식판을 조심조심 꺼낼 수도 있겠지만 추상 자료형에서 정의하는 스택에서 이러한 작업은 아예 할 수 없다고 약속한다.

Section

02 추상 자료형 스택

추상 자료형 스택은 스택에 가할 수 있는 작업을 나열함으로써 정의된다. 물론, 필요에 따라 다르지만 일반적으로 생각해볼 수 있는 작업은 다음과 같다.

- Create: 새로운 스택을 만들기
- Destroy: 사용되던 스택을 파기하기
- Push: 스택 탑 바로 위에 새로운 데이터를 삽입하기
- Pop: 스택 탑 데이터를 삭제하기
- GetTop: 스택 탑 데이터를 검색하기

여기서 팝 작업은 단순히 스택 탑 데이터를 없애 버리는 것이다. 따라서 이 작업에 의해 스택 탑 데이터를 읽어볼 수는 없다. 팝을 이렇게 정의하면 이는 [그림 6-3]의 Pop1( )에 해당한다. 팝에 의해서 스택 탑은 없어지지만 리턴 값은 되돌려 주지 않는 경우다. 반면, GetTop 작업은 [그림 6-3]처럼 스택 탑 데이터를 보기만 하는 작업이다. 팝 작업을 가하지 않고 읽기만 하므로 작업 결과, 현재의 스택이 그대로 유지된다.

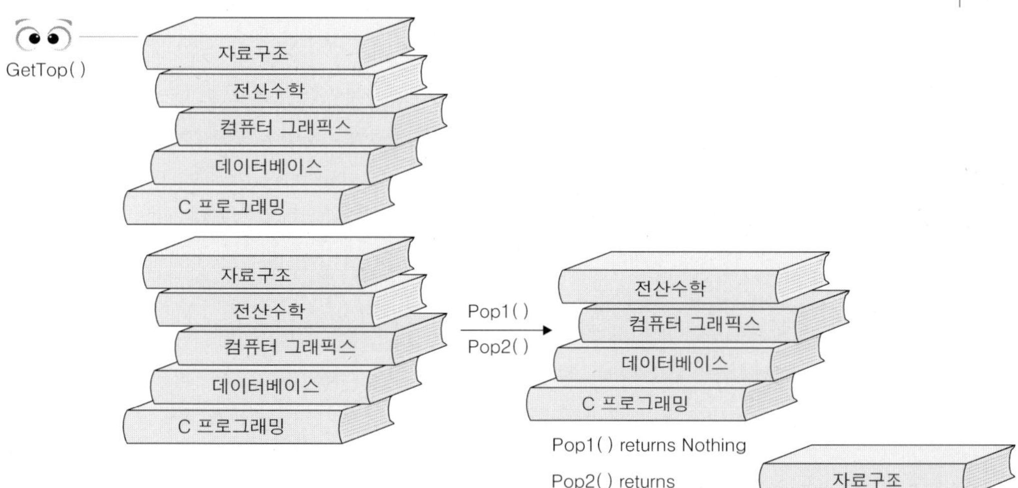

[그림 6-3] GetTop, Pop1( ), Pop2( )

경우에 따라서는 팝 작업을 달리 정의하기도 한다. 스택 탑 데이터를 없앰과 동시에 그 데이터를 가져와서 읽어볼 수 있게 하는 것이다. 팝을 이렇게 정의할 때에는 [그림 6-3]의 Pop2()처럼 함수의 리턴 값이 존재하게 된다. 물론, 이렇게 정의하면 GetTop 함수는 없어도 된다. 팝에 의해 리턴된 데이터를 읽은 다음, 그 데이터를 다시 푸시하면 원래의 스택 모습이 회복되기 때문이다.

빈 스택에 팝을 가하는 것은 오류다. 반대로, 꽉 찬 스택에 삽입을 시도하는 것도 오류다. 따라서 비어있는 스택인지 꽉 찬 스택인지를 확인할 필요가 있다. 때에 따라서는 현재 스택 내부에 데이터 몇 개가 있는지 확인할 필요도 생긴다. 이와 같은 작업이 수시로 일어난다면 다음과 같이 별도의 작업을 설정해야 편리하다.

- IsEmpty: 현재 스택이 비어있는지를 확인하기
- IsFull: 현재 스택이 꽉 차 있는지를 확인하기
- GetSize: 현재 스택에 들어가 있는 데이터의 개수를 알려주기

추상 자료형 스택에서 이와 같은 작업의 정의를 더욱 명확하게 하려면 다음과 같은 공리를 명시할 수도 있다.

```
① GetTop(Push(S, X)) = X
② Pop(Push(S, X)) = S
③ IsEmpty(Create()) = TRUE
④ IsEmpty(Push(S, X)) = FALSE
⑤ GetSize(Push(S, X)) = GetSize(S) + 1
```

①은 스택에 새로운 데이터를 넣으면 그것이 스택 탑 데이터가 되므로 GetTop을 가하면 그 데이터가 보인다는 것이다. ②는 데이터 하나를 넣었다 빼면 원래의 스택이 된다는 것이다. ③은 새로 만든 스택은 비어있다는 것이다. ④는 스택에 하나라도 푸시되면 이미 빈 스택이 아니라는 것이다. ⑤는 새로운 데이터를 넣은 스택의 크기는 이전 크기보다 하나 더 크다는 뜻이다.

Section

03 C에 의한 스택 구현

① C 배열에 의한 스택 구현

[코드 6-1] StackA.h(C Interface by Array)

```
#define MAX 100                               최대 100개 데이터를 저장
typedef struct StackRecord
{  int Top;                                    스택 탑의 인덱스를 추적
   int Stack[MAX];                             스택 데이터는 정수형, 최대 100개
}  stackType;                                  스택 타입은 구조체
void Push(stackType* Sptr, int Item);          스택 데이터를 정수로 가정
int Pop(stackType* Sptr);                      스택 탑의 데이터 값을 리턴함
void Init(stackType* Sptr);                    스택 초기화
bool IsEmpty(stackType* Sptr);                 비어 있는지 확인
bool IsFull(stackType* Sptr);                  꽉 차 있는지 확인
```

[코드 6-2] StackA.c(C Implementation by Array)

```
#include <StackA.h>                           헤더파일을 포함
void Init(stackType* Sptr)                     스택 초기화 함수
{  Sptr->Top = 0;                              탑 인덱스 0으로 빈 스택을 표시
}
boolean IsEmpty(stackType* Sptr)               비어 있는지 확인하는 함수
{  return (Sptr->Top == 0);                    탑 인덱스 0이면 True
}
void Push(stackType* Sptr, int Item)           스택의 삽입 함수
{  Sptr->Stack[ Top] = Item;                   현재 탑에 삽입 후 탑 인덱스를 증가
   Sptr->Top++;
}                                              IsFull인지를 미리 확인해야 함
int Pop(stackType* Sptr)                       스택의 삭제 함수
{  return Sptr->Stack[--Top];                  탑 인덱스 바로 아래 데이터를 리턴
}                                              IsEmpty인지를 미리 확인해야 함
```

예시한 바와 같이 스택의 인터페이스 파일과 구현 파일은 리스트와 거의 유사하다. 작업 대상이 되는 스택을 함수에 전달하려면 스택 구조체를 가리키는 포인터를 넘기면 된다. 푸시 함수는 삽입 이전에 항상 IsFull( ) 함수 호출에 의해 배열이 꽉 찬 상태인지 미리 확인해야 한다. 같은 맥락에서 팝 함수도 삭제 이전에 항상 IsEmpty( ) 함수에 의해 빈 스택인지를 확인해야 한다.

이동(Shift)

푸시, 팝은 배열의 가장 오른쪽 끝에서 이루어진다. 스택 탑 데이터를 맨 왼쪽에 놓는다면 푸시가 일어날 때마다 나머지 데이터가 뒤로 **이동(Shift)**해야 하기 때문이다. 이처럼 푸시, 팝 위치를 관리하려면 Top 인덱스를 써서 현재 배열의 마지막 요소를 추적하면 된다.

인덱스와 관련하여 주의할 점이 있다. 빈 스택을 초기화할 때 탑 인덱스를 0으로 잡았으면 바로 그 위치가 첫번째 아이템이 들어올 위치가 된다. 즉, 탑 인덱스가 다음 삽입할 데이터의 위치를 나타내므로 푸시 명령이 들어오면 곧바로 탑 인덱스 위치에 삽입되어야 한다. 그리고 탑 인덱스는 다음 푸시를 위해서 그 즉시 1만큼 증가한다. 따라서 이 경우, 스택의 가장 위에 있는 아이템은 [그림 6-4] (a)처럼, 항상 현재의 탑 인덱스 바로 아래 있는 아이템이 된다. 팝 작업 시에 미리 인덱스를 감소시키는 것은 이러한 이유 때문이다.

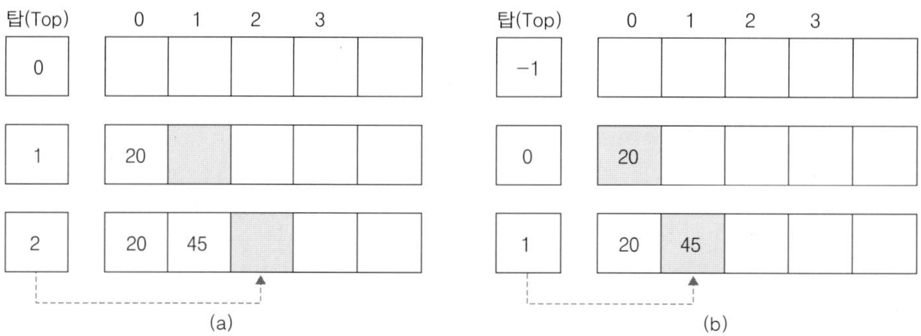

[그림 6-4] 두 가지 탑 인덱스

프로그래머에 따라서는 탑 인덱스를 −1로 초기화하기도 한다. 이 방법에서는 미리 탑 인덱스를 증가시킨 후에 푸시가 가해져야 한다. 이렇게 하면 스택 탑은 [그림 6-4] (b)처럼 항상 현재 스택의 가장 위에 있는 데이터를 가리키게 된다. 따라서 팝은 현재 탑 인덱스에 있는 아이템을 그대로 내보내고 나서 즉시 탑 인덱스를 1만큼 줄이면 된다. 두 가지 방법 중 어떤 방법을 사용해도 무관하지만 항상 한 가지 방법만을 일관성 있게 사용하는 것이 바람직하다.

팝 함수 역시 유의할 점이 있다. [코드 6-2]의 팝 함수는 결과 데이터를 호출 함수에게 리턴하는 형식의 함수로서 앞서 언급한 Pop2( )를 구현한 것이다. 스택 데이터가 단순한 정수 타입이라면 이처럼 쉽게 리턴 할 수 있지만 배열로 구성되어 있다면 이것이 어렵게 된다. 여러 값을 동시에 리턴 할 수는 없기 때문이다. 예를 들어, 스택 데이터가 문자열 배열이라면 이러한 문제가 발생한다. 이 때에는 참조 호출을 이용하면 된다. 즉, 팝 함수의 프로토타입을 void Pop(stackType *Sptr, *ItemPtr);로 선언하면 리턴 값은 없지만 ItemPtr에 의해서 원본 데이터를 건드릴 수 있다. 호출 함수에서 Pop(&MyStack, Item[ ]);으로 호출하고, 팝 함수에서 ItemPtr을 사용하여 리턴 값들을 Item[ ] 배열로 복사해 놓으면 호출 함수에서는 이를 읽을 수 있게 된다.

2. C 연결 리스트에 의한 스택 구현

연결 리스트로 구현한 스택에서 탑은 항상 첫번째 노드다. 따라서 첫번째 노드를 가리키는 Top 포인터(리스트의 Head 포인터)만 있다면 스택 자체의 타입을 구조체로 선언할 필요가 없다. 배열에서는 데이터를 저장하기 위한 데이터 배열과는 별도로 Top 인덱스를 저장하기 위한 변수가 필요했기 때문에 구조체로 선언한 것이다. 연결 리스트에서 구조체로 선언되어야 하는 것은 노드다. 즉, 데이터와 포인터를 묶어서 하나의 노드 구조체를 선언하면 된다.

[코드 6-3] StackP.h(C Interface by Linked List)

```
typedef struct
{ int Data;                        스택 데이터를 정수 타입으로 가정
  node* Next;                      다음 노드를 가리키는 포인터 변수
} node;                            노드는 구조체 타입
typedef node* Nptr;                Nptr 타입이 가리키는 것은 노드 타입
void Push(Nptr Top, int Item);     스택 데이터를 정수로 가정
int Pop(Nptr Top);                 스택 탑의 데이터 값을 리턴함
void Init(Nptr Top);               스택 초기화
bool IsEmpty(Nptr Top);            비어 있는지 확인
void FreeList(Nptr Top);           연결 리스트 공간을 반납
```

연결 리스트로 구현한 스택에서는 IsFull() 함수가 필요 없다. 크기가 고정된 배열에서는 항상 푸시 이전에 더 넣을 공간이 있는지 확인해야 하지만, 연결 리스트에서는 새로운 노드를 얼마든지 만들어 넣을 수 있기 때문이다. 그러나 연결 리스트에서는 이처럼 동적으로 할당된 메모리를 반납할 필요가 있다. FreeList() 함수는 연결 리스트에 매달린 모든 노드에 할당된 메모리를 반납하기 위한 함수다.

[코드 6-4] StackP.c(C Implementation by Linked List)

```
#include <StackP.h>                          헤더파일을 포함
void Init(Nptr Top);                         초기화 함수
{ Top = NULL;                                탑 포인터를 널로
}
bool IsEmpty(Nptr Top);                      빈 스택인지 확인하는 함수
{ return (Top = = NULL);                     탑 포인터가 널이면 TRUE
}
void Push(Nptr Top, int Item)                스택의 삽입 함수
{ Nptr Temp = (Nptr)malloc(sizeof(node));    새로운 노드 공간을 확보하고
  Temp->Item = Data;                         넘어온 데이터 복사
  Temp->Next = Top;                          새 노드가 현재 상태의 첫 노드를 가리키게
  Top = Temp;                                탑이 새로운 노드를 가리키게
}
int Pop(Nptr Top)                            스택의 삭제 함수
{ if (Top = = NULL)                          빈 리스트면
      printf("Empty Stack");                 오류처리
  else
  {   Nptr Temp = Top;                       탑 포인터를 백업
      int Item = Temp->Data;                 이전 탑 데이터 백업
      Top = Top -> Next;                     탑이 다음 노드를 가리키게
      free Temp;                             이전 탑 노드 공간반납
      return Item;                           이전 탑 데이터 리턴
  }
 }
void FreeList(Nptr Top )                     연결 리스트 공간반납 함수
{ Nptr Temp = Top;
  while (Temp != NULL)                       리스트가 완전히 빌 때까지
  {    Top = Top->Next;                      탑 포인터 전진
       free Temp;                            이전 탑 노드 공간반납
```

```
        Temp = Top;                    탑 포인터 백업
    }
}
```

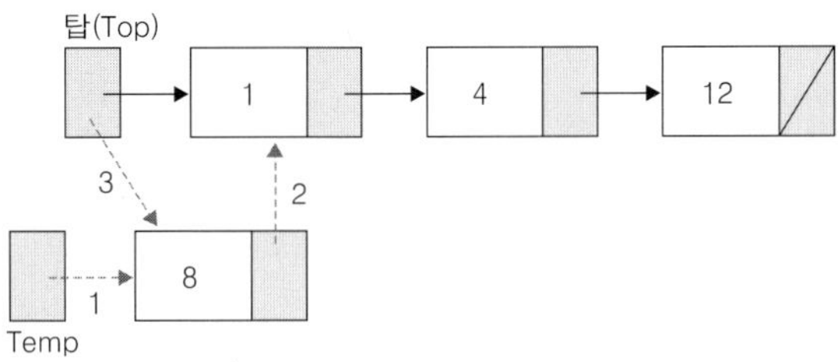

[그림 6-5] 스택 푸시

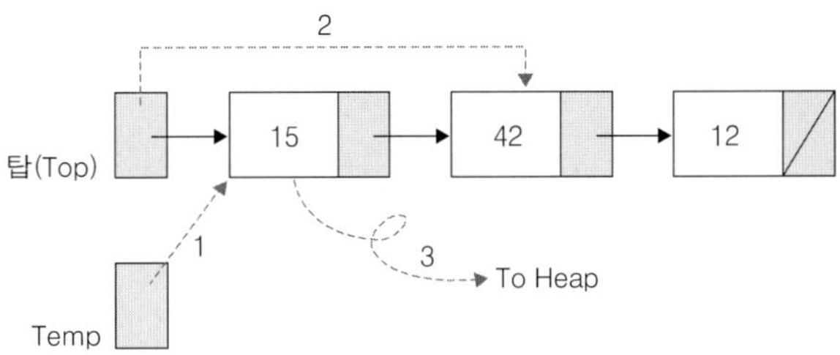

[그림 6-6] 스택 팝

푸시 함수는 [그림 6-5]에 표시한 1, 2, 3의 순서로 진행한다. 먼저 (Nptr) malloc(sizeof(node));에 의해 새로운 노드 공간의 시작 주소를 가리키는 포인터 값이 Temp로 복사된다. 새로운 노드가 스택 탑 노드가 되어야 하므로 이 노드의 다음 필드가 현재의 스택 탑 노드를 가리키게 한다. 최종적으로 탑 포인터가 새로 만든 노드를 가리키게 하면 된다.

팝 함수는 [그림 6-6]에 보인 것처럼 일단 탑 포인터를 Temp로 백업한다. 현재 탑이 가리키는 첫 노드가 차지하는 공간을 나중에 반납해야 하기 때문이다. 이어서 탑이 두 번째 노드를 가리키게 한 후에 Temp가 가리키는 첫 노드의 공간을 반납한다. 물론, 반납 이후에 팝 된 데이터를 리턴하려면 탑 데이터를 미리 복사해 놓아야 한다.

스택의 이러한 작업은 추상 자료형 리스트를 연결 리스트로 구현했을 때와 유사하다. 단지, 다른 점은 리스트에서 위치를 지정하여 삽입, 삭제할 수 있는 데 비해서 스택에서는 삽입, 삭제 위치가 항상 스택 탑 위치인 맨 처음으로 고정되어 있다는 점이다. 따라서 스택은 리스트의 특수한 경우로서 취급할 수 있다.

연결 리스트로 스택을 구현할 때 스택 탑 노드를 가장 처음에 두는 이유는 시간적 효율성을 위한 것이다. 만약, 스택 탑 노드가 연결 리스트의 마지막에 온다면 매번 푸시, 팝이 실행될 때마다 첫 노드부터 포인터를 따라서 마지막 노드까지 이동해야 한다. 스택이 커질수록 이 시간은 증가한다. 이처럼 연결 리스트로 구현할 때 스택 탑이 앞에 놓인다는 점은 배열로 구현할 때 스택 탑이 배열의 가장 뒤에 놓인다는 점과는 뚜렷하게 대조된다.

Section

04 C++에 의한 스택 구현

1. C++ 배열에 의한 스택 구현

[코드 6-5] StackA.h(C++ Interface by Array)

```
const int MAX = 100;
class stackClass
{ public:
    stackClass();                              생성자 함수
    stackClass(const stackClass& S);           복사 생성자 함수
    ~stackClass();                             소멸자 함수
    void Push(int Item);                       Item 값을 스택에 삽입
    int Pop();                                 스택 탑의 데이터 값을 리턴 함
    boolean IsEmpty();                         비어 있는지 확인
    boolean IsFull();                          꽉 차 있는지 확인
  private:
    int Top;                                   스택 탑의 인덱스를 추적
    int Stack[ MAX] ;                          스택 데이터는 정수형, 최대 100개
}
```

[코드 6-6] StackA.cpp(C++ Implementation by Array)

```
#include <StackA.h>
stackClass::stackClass()                            생성자 함수
{   Top = 0;                                        탑 인덱스 0으로 초기화
}
stackClass::stackClass(const stackClass& S) 복사생성자
{  Top = S.Top;                                     탑 인덱스를 복사
  for (int Index = 0; Index <= S.Top; ++ Index)    인덱스 0부터 S.Top까지
      Stack[ Index] = S.Stack[ Index] ;             배열 요소 복사
```

```
}
stackClass::~stackClass()                      소멸자 함수
{                                              실행할 일 없음
}
boolean stackClass::IsEmpty()                  빈 스택인지 확인하는 함수
{ return boolean (Top = = 0);                  탑 인덱스 0이면 TRUE
}
```

C++ 배열로 스택을 구현하기 위한 코드는 C 배열로 스택을 구현한 것과 유사하다. C 배열에서는 탑 인덱스와 데이터 배열을 합쳐서 구조체로 선언하였으나 C++에서는 그렇게 할 필요가 없다. 변수 두 개가 이미 객체라는 울타리 안에 구조화되어 있기 때문이다.

C 배열은 초기화 함수 Init()를 사용해서 탑 인덱스를 0으로 세팅한다. 그러나 C++에서는 이를 생성자 함수에 포함시킴으로써 초기화 함수를 별도로 부를 필요가 없어진다. stackClass S;에 의해 객체 S를 선언함과 동시에 자동으로 생성자 함수가 실행되어 인덱스 값이 초기화 된다. 푸시와 팝 함수는 유사하므로 생략하기로 한다.

C++ 연결 리스트로 구현할 때에는 소멸자 함수를 통해서 동적 메모리를 반납해야 한다. 그러나 지역 변수로 선언된 배열 공간은 함수 실행이 끝날 때 해당 함수의 활성화 레코드가 팝 됨으로 인해 자동으로 공간 반납이 이루어진다. 따라서 위 소멸자 함수는 그냥 비워놓으면 된다.

복사 생성자
(Copy Constructor)

[코드 6-6]의 **복사 생성자(Copy Constructor)**는 stackClass A = B;로 선언할 때 불려온다. 현재의 A, B는 스택 데이터를 저장한 배열 구조기 때문에 깊은 복사를 하려면 B에 있는 데이터 하나 하나를 모두 A로 복사해야 한다. 기본 복사 생성자는 구체적으로 배열 B에 데이터 몇 개가 있는지 조차 알 재간이 없다. 따라서 위 예처럼 프로그래머가 직접 복사 생성자 내부를 채워주어야 깊은 복사가 가능하다.

2. C++ 연결 리스트에 의한 스택 구현

[코드 6-7] StackP.h(C++ Interface by Linked List)

```
typedef struct
{ int Data;                              스택 데이터를 정수 타입으로 가정
  node* Next;                            다음 노드를 가리키는 포인터 변수
} node;                                  노드는 구조체 타입
typedef node* Nptr;                      Nptr 타입이 가리키는 것은 노드 타입
class stackClass
{ public:
    stackClass();                        생성자 함수
    stackClass(const stackClass& S);     복사 생성자 함수
    ~stackClass();                       소멸자 함수
    void Push(int Item);                 Item 값을 스택에 삽입
    int Pop();                           스택 탑의 데이터 값을 리턴 함
    boolean IsEmpty();                   비어 있는지 확인
    boolean IsFull();                    꽉 차 있는지 확인
  private:
    Nptr Top;                            첫 노드를 가리키는 포인터
}
```

[코드 6-8] StackP.cpp(C++ Implementation by Linked List)

```
#include <StackP.h>
stackClass::stackClass()               생성자 함수
{ Top = NULL;                          탑 포인터 값을 널로 세팅
}
stackClass::~stackClass()              소멸자 함수
{ int Temp;
  while (!IsEmpty())                   스택이 완전히 빌 때까지
      Temp = Pop();                    계속해서 팝
}
boolean stackClass::IsEmpty()          비어있는지 확인하는 함수
{ return boolean(Top = = NULL);        탑이 널이면 TRUE
}
void stackClass::Push(int Item)        스택의 삽입 함수
```

```
{ Nptr NewTop = new Node;              새로운 노드 공간을 확보하고
  NewTop->Data = Item;                 넘어온 데이터 복사
  NewTop->Next = Top;                  새 노드가 현재상태의 첫 노드를 가리키게
  Top = NewTop;                        탑이 새로운 노드를 가리키게
}
int stackClass::Pop()                  스택의 삭제 함수
{ if (IsEmpty())                       빈 스택이라면 오류처리
      cout << "Deletion on Empty Stack";
  else                                 빈 스택이 아니라면
  {     Nptr Temp = Top;               탑 포인터를 백업
        int Item = Temp->Data;         탑 노드의 데이터를 백업
        Top = Top->Next;               탑이 다음 노드를 가리키게
        delete Temp;                   이전 탑 노드 공간반납
        return Item;                   이전 탑 데이터 리턴
  }
}
```

C++ 인터페이스 파일의 작업 부분은 C++ 배열로 구현했을 때와 완전히 동일하다. 구현을 배열로 하든, 연결 리스트로 하든지 간에 사용자 입장에서는 인터페이스 파일만 보고 원하는 작업을 불러다 쓰면 그만이다. 그러나 구현자 입장에서는 연결 리스트 구성을 위한 자료구조를 선언해야 한다.

소멸자 함수는 스택이 빌 때까지 계속해서 첫 노드를 팝 해버림으로써 공간 반납을 시도한다. 실제로 공간 반납은 팝에 의해서 이루어진다. 팝 함수의 밑에서 둘째 줄, delete Temp가 바로 그것이다. 푸시, 팝 함수는 C로 구현했을 때와 거의 유사하며, 각각을 비교해 봄으로써 문법적인 차이에 대한 이해를 넓힐 수 있다.

Section

05 리스트에 의한 스택 구현

스택이 리스트의 특수한 경우고, 역으로 스택보다 더 일반화된 자료구조가 리스트라는 점을 고려한다면 추상 자료형 리스트를 사용하여 스택을 구현할 수도 있다. 다시 말해, 추상 자료형 리스트의 함수를 사용하여 추상 자료형 스택의 함수를 구현할 수 있다.

절차적 언어에서는 라이브러리 함수를 불러 쓰는 것이 바람직하듯이 추상 자료형에서도 이전에 작성된 함수를 새로운 추상 자료형의 함수를 만드는 데 사용하는 것이 바람직하다. 이미 만들어진 벽돌을 쌓아서 집을 짓는 것이 벽돌 하나 하나를 만드는 것보다 쉽기 때문이다. 이처럼 기존의 함수로 새로운 함수를 만듦으로서 프로그램의 **재사용성**(Reusability)은 높아진다.

재사용성(Reusability)

[코드 6-9] StackL.h(C++ Interface by ADT LIST)

```
#include <ListP.h>
class stackClass
{ public:
      [ 코드 6-7] (또는[ 코드 6-5] )와 동일
  private:
      listClass L;
};
```

이렇게 선언하면 스택 클래스의 객체 S는 데이터 변수 L을 가진다. 그런데 이 변수는 listClass 타입의 객체므로 리스트 클래스의 함수를 불러 쓸 수 있다. 단, 이처럼 listClass의 객체를 선언하려면 listClass의 헤더파일을 포함해야 한다. 이 헤더파일이 〈ListA.h〉라면 배열로 구현된 리스트 함수가, 위 예처럼 〈ListP.h〉라면 연결 리스트로 구현된 리스트 함수가 불려온다. 어떤 경우든 사용자 입장에서는 구현 방법을 알 필요가 없다.

[코드 6-10] StackL.cpp(C++ Implementation by ADT LIST)

```
#include <StackL.h>
stackClass::stackClass()                           생성자 함수
{
}
stackClass::stackClass(const stackClass& S)  복사 생성자 함수
{ L = S.L;
}
boolean stackClass::IsEmpty()                      빈 스택인지 확인하는 함수
{ return boolean(L.IsEmpty());
}
void stackClass::Push(int NewItem)                 푸시 함수
{ L.Insert(1, Item);
}
void stackClass::Pop()                             팝 함수
{ L.Delete(1);
}
void stackClass:GetTop(int& Item)                  스택 탑을 읽는 함수
{L.Retrieve(1, Item);
}
```

생성자 함수는 비워져 있다. 리스트 객체 하나만 만들면 되기 때문이다. 스택 클래스 객체 S의 L 필드 즉, S.L 필드는 객체 S가 선언되는 순간에 만들어져야 한다. 그런데 L은 리스트 클래스 객체기 때문에 리스트 클래스의 생성자 함수를 부른다. 결과적으로 L은 리스트 클래스 생성자 함수를 통해 자동으로 초기화된다. 스택 클래스의 생성자 함수 내부에 어떤 명령이 있더라도 객체 L의 초기화가 먼저 진행된 후에 그 명령이 수행된다.

stackClass A = B;라고 선언하면 스택 클래스의 복사 생성자가 불려온다. 그런데 이 복사 생성자 내부에 A.L = B.L;로 선언되어 있으므로 결과적으로 리스트 클래스의 복사 생성자를 부르게 된다. 이 경우, 할당 연산자가 수행되지 않고 복사 생성자가 수행되는 이유는 L을 생성하면서 복사가 이루어지기 때문이다. IsEmpty( ) 함수를 보자. 리스트 객체를 통해서 스택 객체를 구현하였으므로 스택이 비었다는 것은 리스트가 비었다는 것과 같다.

위치기반 리스트에서 리스트의 처음 위치를 스택 탑으로 간주하면 스택의 푸시 작업은 리스트의 처음 위치에 데이터를 삽입하는 것에 해당한다. 반대로 스택의 팝 작업은 리스트의

위치기반 리스트

첫 데이터를 삭제하는 것에 해당한다. 위 예의 팝은 결과 데이터를 리턴하지 않는 것으로 가정하였다. 만약, 스택 탑 데이터를 읽기만 하려면 리스트의 검색 함수를 사용하면 된다.

결국 추상 자료형 스택을 구현하기 위한 방법은 세 가지가 된다. 배열에 의한 구현, 연결 리스트에 의한 구현, 추상 자료형 리스트에 의한 구현이다. 그 중에서도 가장 간단한 구현 방법이 추상 자료형 리스트에 의한 구현이다.

이처럼 추상 자료형 하나에 정의된 작업을, 다른 추상 자료형을 정의하기 위해 사용하는 것은 프로그램의 작성의 효율성 면에서 볼 때 매우 이상적인 일이다. 이미 정의된 추상 자료형이 있고 그것을 사용하면 추상적인 수준에서 쉽게 프로그램을 할 수 있는 데도 불구하고 또 다시 배열이나 연결 리스트를 가지고 프로그래밍을 하려 드는 것은 그리 효율적이 되지 못한다. 이는 조립식 주택을 지을 때, 문고리를 사고, 합판을 사서, 대문을 만드는 것보다, 문짝 통채로 사다 붙이는 것이 훨씬 효율적인 것과 같다.

여기서 한 가지 의문은 이와 같이 "왜 별도로 스택을 정의하는가"다. 즉, "프로그램 시에 묵시적으로 리스트를 스택으로 간주하고 푸시 대신에 첫 위치에 삽입하면 되는 것 아닌가"하는 의문이다. 그러나 이와 같이 스택을 정의함으로써 리스트에서 허용된 광범위한 작업을 스택만을 위한 작업으로 제한할 수 있다. 다시 말해, 리스트에서는 임의의 위치 데이터에 접근할 수 있는 데 반해서 이처럼 정의된 스택에서는 스택 탑에 해당하는 첫 위치에만 접근할 수 있게 된다.

Section

06 스택 응용 예

1 백 스페이스 키

화면에 STACK이라는 단어를 입력한다고 가정해보자. 오류로 인해 STA 다음의 문자를 V로 입력했다면 그 즉시 백 스페이스(⟨bs⟩) 키를 치고 다시 C를 입력하게 될 것이다. 만약, 어떤 사람이 KY⟨bs⟩OTW⟨bs⟩⟨bs⟩REA 순서로 입력하였다면 화면에 보이는 최종 단어는 어떻게 될 것인가. 또, 프로그램이 이런 일을 수행하여야 한다면 어떤 기능이 요구되는가.

새로운 문자가 입력될 때마다 현재 문자열 끝에 추가하되 백 스페이스가 입력되면 현재 문자열의 마지막 문자를 삭제해야 한다. 이렇게 하면 위 예의 문자는 K, KY, K, KO, KOT, KOTW, KOT, KO, ... 의 순으로 변화하게 된다. 두 번째 백 스페이스가 W에 가해지면 KOT 상태로 바뀌며, 세 번째 백 스페이스는 그 상태에서 마지막 문자인 T에 가해진다. 따라서 프로그램으로서는 현재 문자열 끝에 데이터를 삽입하는 기능과 함께, 마지막 문자를 삭제할 수 있는 기능이 필요하다. 다시 말해, 스택이 필요하다.

2 후위표현의 연산

5 + 7처럼 연산자(Operator)가 피연산자(Operand)의 가운데에 들어가는 표현을 **중위표현**(中位, In-Fix Expression)이라 하고, 5 7 +처럼 연산자가 뒤로 가는 표현을 **후위표현**(後位, Post-Fix Expression)이라 한다. 폴란드의 논리학자에 의해 개발되었기 때문에 후위표현을 RPN(Reverse Polish Notation)이라고도 한다. 우리가 수식을 프로그램 할 때에는 중위표현을 사용하지만 이 표현은 나중에 컴파일러에 의해 후위표현으로 변환되어 실행된다.

중위표현(中位, In-Fix Expression)

후위표현(後位, Post-Fix Expression)

RPN(Reverse Polish Notation)

(2 + 5) * 3 − 1의 후위표현은 2 5 + 3 * 1 − 가 된다. 이 후위표현을 가지고 연산을 실행해보자. [그림 6-7]처럼 연산의 규칙은 단순하다. 언제라도 피연산자가 들어오면 스택에 푸

시한다. 연산자가 들어오면 스택에 쌓인 피연산자 두 개에 대해 해당 연산을 가하고 그 결과를 다시 스택에 푸시한다. 단, 그림처럼 먼저 팝 된 피연산자가 연산자의 오른쪽으로 가게 해서 연산을 가한다.

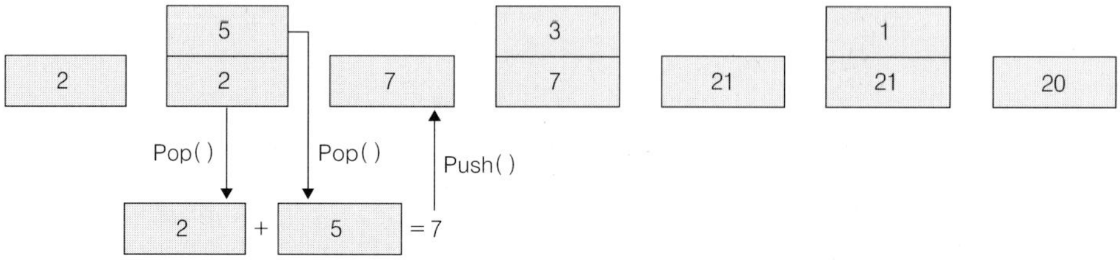

[그림 6-7] 2 5 + 3 * 1 - 의 연산

후위 표현의 연산 과정을 유사코드로 나타내면 다음과 같다.

[코드 6-11] 후위표현의 연산

```
Read Symbol Ch                                  첫 문자 읽기
While Not End of Expression                     수식의 끝을 만날 때까지
{     If Ch Is an Operand                       읽은 문자가 피연산자면
          Push Ch                               스택에 푸시
      Else                                      읽은 문자가 연산자면
      {   Pop Operand2                          두 번째 피연산자 팝
          Pop Operand1                          첫 번째 피연산자 팝
          Result = Operand1 Ch Operand2         결과계산
          Push Result                           결과를 스택에 푸시
      }
      Read Symbol Ch                            새로운 문자 읽기
}
Pop Stack and Print Result                      결과를 출력
```

❸ 진법 변환

10진수 26을 2진수로 변환한다고 해보자. 먼저, 26을 2로 나누었을 때, 나머지인 0을 스택에 푸시 한다. 그 몫인 13을 다시 2로 나누고, 나머지인 1을 스택에 푸시한다. 다시 그 몫인 6을 2로 나눈 나머지인 0을 스택에 푸시한다. 다시 그 몫인 3을 2로 나눈 나머지인 1을 푸시 한다. 더 이상 나눠지지 않는 몫인 1을 마지막으로 스택에 푸시하였다면 최종 결과는 결과 스택을 순차적으로 팝해서 출력하면 된다. 스택이 변화하는 과정을 [그림 6-8]과 같다.

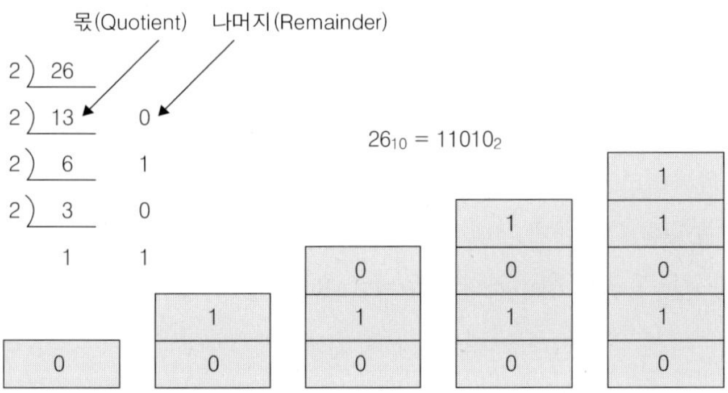

[그림 6-8] 10진수의 2진 변환

❹ 문자열 뒤집기

주어진 문자열이 들어오는 대로 스택에 푸시했다고 가정하면 마지막 문자는 스택 탑에 위치하게 된다. 따라서 문자열을 역순으로 표시하려면 순차적으로 팝을 가하면 된다. 이 과정은 [표 6-1]의 왼쪽 칼럼에 표시되어 있다.

[표 6-1] 스택과 재귀호출의 비교

스택	재귀호출

while (! StackIsEmpty)
{ NewCharacter = Pop( )
Print NewCharater
}
	void Reverse(char S[ ], int First, int Last)
	① { if (First 〉 Last)
	return;
	else
	② { Reverse(S, First+1, Last);
	③ printf("%c", S[First]);
	}
	}

이 방법을 [코드 4-5]의 재귀호출과 비교해보자. 재귀호출에서는 ②에 의해서 첫 글자의 인덱스인 First를 다음으로 이동시키면서 호출이 진행된다. 물론, 호출 직전에 현재의 파라미터 First 값은 활성화 레코드 형태로 스택에 저장된다. 나중에 빠져 나오면서 ③에 의해 현재의 First 값을 복원하여 해당 문자를 찍기 위해서다. ②에 의해 호출이 계속되고 최종적으로 First가 Last 다음으로 갔을 때 ①의 베이스 케이스에 도달한다. 재귀호출에서 빠져나오면서 ③에 의해 역순으로 문자가 찍히는 것은 활성화 레코드 역시 스택구조에 저장되기 때문에 가장 최근의 활성화 레코드가 스택 탑에 위치하기 때문이다.

함수 호출이 일어날 때마다 시스템 스택에는 계속적으로 활성화 레코드가 푸시되고, 스택은 계속 자라게 된다. 또, 피호출 함수에서 호출 함수로 되돌아 올 때마다 현재 시스템 스택 탑에 있는 활성화 레코드가 팝되어 사라짐으로써, 호출 함수의 이전 상황이 복원된다. 활성화 레코드에는 자신이 넘겨받은 파라미터(Argument, Value Parameter) 값 외에도, 지역 변수(Local Variable) 값, 자신을 호출한 함수에게 실행 결과를 리턴 할 장소(Return Value), 실행이 끝나면 되돌아가야 할 자신을 호출한 함수의 명령문 주소(Return Address) 등이 포함되어 있다.

사용자 스택 (User Stack)

시스템 스택 (System Stack)

결론적으로 말해서 재귀호출 역시 일반적인 호출과 마찬가지로 내부적으로는 스택에 의해 구현된다. [표 6-1]의 왼쪽 칼럼은 사용자가 직접 만든 스택을 통해서 구현한 것이고, 오른쪽 칼럼은 컴파일러가 활성화 레코드 스택을 통해서 구현한 것이다. 전자를 **사용자 스택**(User Stack)이라고 하고, 후자를 **시스템 스택**(System Stack)이라고 한다.

5 괄호 매칭

C/C++ 언어에서는 중괄호(Curly Brace, { })를 사용하여 소스 코드를 묶는다. 소스 코드에 여는 괄호가 두 번 나왔다면 닫는 괄호도 반드시 두 번 나와야 한다. 따라서 다음과 같은 코드는 오류로 처리된다.

```
main()
{ if (A = = B)
  {   while (C = = D)
      { E = F;
      }
}
```

실제로 이러한 문법 검증 작업은 컴파일에 의해 이루어지며 이를 위해 컴파일러는 스택을 사용한다. 매칭을 확인하기 위한 컴파일러 프로그램의 유사코드는 다음과 같다.

[코드 6-12] 괄호의 매칭

```
InitializeStack();                                  스택 초기화
Matched = TRUE;                                     매칭 상태를 표시하는 변수 초기화
while (Index < String.Length && Matched)            소스 코드 끝까지
{    Character = String[Index++];                   새로운 문자를 읽어서
     if (Character is '{')                          여는 중괄호면
          Push('{');                                스택에 푸시
     else if (Character is '}')                     닫는 중괄호면
     {    if (Not StackIsEmpty)                     만약 스택이 비어있지 않다면
               Pop()                                팝에 의해 여는 괄호 제거
          else                                      스택이 비어 있다면
          {    Matched = FALSE;                     매칭되는 여는 괄호가 없었음
               Break;                               루프를 빠져나감
          }
     }                                              여타문자는 무시함
}
return Matched;                                     매칭결과를 리턴
```

Section

07 깊이우선 탐색

노드(마디, Node)

정점(頂點, 꼭지점, Vertex)

간선(間線, 邊, Edge)

인접 노드(隣接, Adjacent Node)

[그림 6-9]에서 원으로 표시한 것은 그래프 이론에서 **노드(마디, Node)** 또는 **정점(頂點, 꼭지점, Vertex)**이라고 부르는 것으로서, 어떤 도시를 의미할 수 있다. 또 노드 사이를 연결한 것은 **간선(間線, 邊, Edge)**이라 부르는 것으로서 도시 사이의 경로를 의미할 수 있다. 이 같은 그래프에서 A -> B는 A 도시에서 B 도시로 직접 가는 길이 있음을 의미한다. 직접 갈 수 있는 노드를 **인접 노드(隣接, Adjacent Node)**라고 한다. 즉, A의 인접노드는 G, B가 된다.

"노드 A에서 출발해서 노드 F로 가는 경로가 존재하느냐?"라는 문제를 던져보자. 물론, 그림을 보자마자 눈으로 A-B-E-F라는 경로를 쉽게 찾아낼 수 있다. 그러나 예를 들어, 미국의 모든 도시를 노드로 나타내고, 해당 도시 간의 직항로 유무를 간선으로 나타낼 경우, 도시 수백 개 사이에 그물같이 얽혀있는 간선을 상상한다면 더 이상 눈으로 판단하기 어려워진다. 따라서 이러한 질문에 대답할 수 있는 조직적인 탐색 방법이 필요하다.

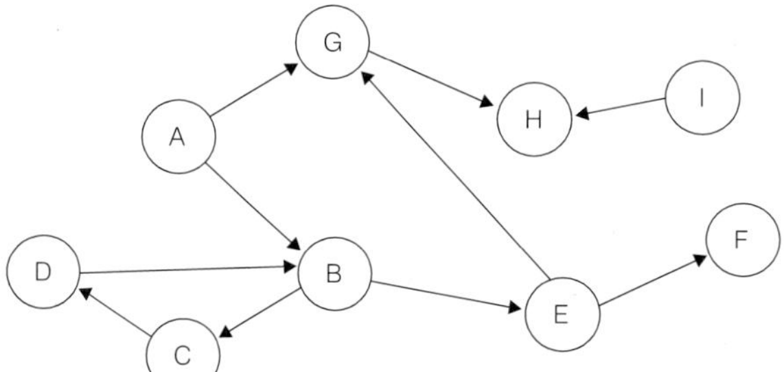

[그림 6-9] 탐색을 위한 그래프

소모적 탐색(消耗, Exhaustive Search)

이 문제를 해결하려면 A에서 출발하여 갈 수 있는 모든 곳을 다 가보는 수 밖에 없다. 갈 수 있는 길을 모두 가보고 그래도 가는 길이 없다면 그 때 가서 "가는 길 없다"라고 말하면 된다. 이러한 방법을 **소모적 탐색(消耗, Exhaustive Search)**이라 한다. 물론, 여러 길을 시도하는 도중에 한 가지 길이라도 있으면 더 이상 다른 길을 찾지 말고, 그 즉시 "가는 길 있다"라고 결론지으면 된다. 소모적 탐색에는 깊이우선 탐색과 너비우선 탐색의 두 종류가 있다.

여기서는 스택과 직결된 깊이우선 탐색에 대해서 알아본다.

깊이우선 탐색(DFS, Depth First Search)은 문자 그대로 깊이를 우선적으로 추구하는 탐색이다. 즉, 갈 수만 있다면 끝까지 깊숙이 가 보고, 거기서 길이 없으면 되돌아오는 방식이다.

깊이우선 탐색
(DFS, Depth First Search)

A에서 출발하여 일단 갈 수 있는 곳으로 한번 이동해보자. 아마도 B나 G가 될 것이다. 만약, 지금 이 도시가 목적지인 F와 일치한다면 즉시 "갈 수 있다"고 결론지으면 된다. 그렇지 않으므로 여기서 출발해서 또 다른 도시로 가보자. 이렇게 이동한 도시가 F라면 "갈 수 있다"고 하고, 그렇지 않으면 다시 한걸음 더 나가 보자. 이렇게 계속하면 그 결과는 대략 세 가지 경우가 된다.

① 목적지까지 제대로 간다.
② 어떤 도시로 갔는데, 거기서 더 나갈 곳이 없는 막다른 곳이 된다.
③ 어떤 길을 따라서 계속 원을 그리며 돈다.

A-B-E-F라는 길을 따라가서 ①번 결과를 얻었다면 운이 좋은 것이다. 그러나 프로그램에서 항상 이런 요행을 기대할 수는 없다. ②번 결과는 A-G-H를 따라가서 H에서 더 이상 빠져 나갈 곳이 없게 된다. 이른바 **막다른 길(데드 엔드,** Dead End)이다. 그러나 이는 길을 잘못 든 것에 불과하다. 다시 말해, 막다른 곳에 도달했다고 해서 A에서 F까지 가는 길이 없다고 결론지을 수는 없다. ③번은 무한 루프로서 A-B-C-D-B-C-D 경로가 이에 해당한다. 이 역시 길을 잘못 든 것이다.

막다른 길(데드 엔드, Dead End)

②번과 ③번의 결과를 방지하려면 규칙이 필요하다. ②번에 대해서는 "막다른 도시라면 다시 바로 그 이전 도시로 되돌아간다"라는 규칙을 세우면 된다. 이때 되돌아가는 행위를 **백트래킹**(Backtracking)이라 한다. 되돌아 간 곳에서 막다른 도시 아닌 다른 곳을 시도해보면 된다. ③번 문제는 "한번 가본 도시는 다시 안 간다."라는 규칙을 설정하면 해결된다.

백트래킹
(Backtracking)

이러한 탐색 방법은 스택과 긴밀한 관계에 있다. 어떤 도시를 선택해서 갈 때마다 그 도시를 스택에 푸시한다면 스택의 내용은 A로부터 출발해서 지금까지 거쳐 온 일련의 도시를 나타낸다. 이렇게 되면 백트래킹은 스택의 팝 작업에 해당한다. 가장 최근에 거쳐 온(Most Recent) 도시로 되돌아가는 행위기 때문이다.

[그림 6-10]은 A-G-H의 경로를 밟아가면서 스택에 푸시를 가한 것이다. H는 막다른 곳이므로 팝 작업에 의해 이전의 G로 되돌아온다. 그런데 G 역시 H를 제외하고는 더 이상 갈 곳이 없으므로 사실상 막다른 곳이 되어버린다. 따라서 "막다른 도시라면 다시 바로 그 이전 도시로 되돌아온다."라는 규칙에 따라서 스택에 팝을 가한 결과 A로 되돌아온다. 만약, G에서 갈 수 있는 다른 곳이 있었다면 A로 되돌아오기 전에 그리로 가야 함은 물론이다. 그림은 A로 되돌아온 상태에서 다시 새로운 곳인 B를 가기위해 푸시를 가한 모습이다.

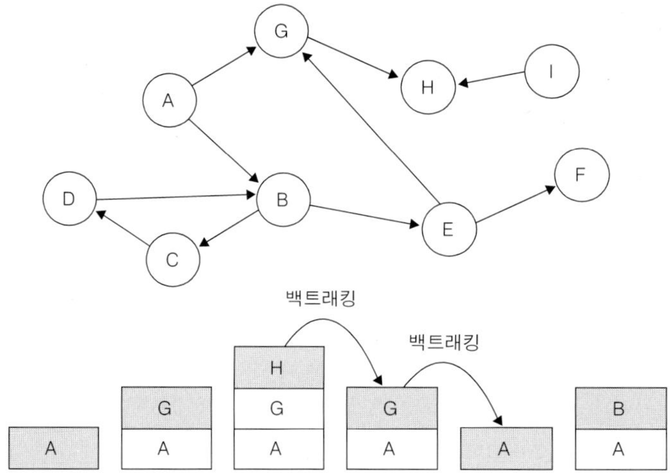

[그림 6-10] 백 트래킹

[그림 6-11]의 첫 스택은 A-B-C-D-B-E의 경로를 표시한 것이다. 이 스택 내부에서는 B가 두 번 나타난다. B에서 출발하여 C, D를 거쳐 다시 B로 왔기 때문이다. 그러나 이 경로는 사실상 A-B-E로 직접 가면 그만이다. 불필요하게 중간도시 C, D를 거칠 필요가 없다. "한번 가본 도시는 다시 안 간다."는 규칙을 적용해보자. A-B-C-D 상태에서 D에서 갈 수 있는 도시는 B 뿐이다. 그러나 B는 이미 가본 도시므로 다른 곳을 가야한다. 그런데 D에서 B를 제외하고는 갈 곳이 없으므로 막다른 곳이 되어 버리고, 따라서 C로 되돌아간다. C 역시 D를 제외하고는 막다른 곳이므로 다시 B로 되돌아간다. 이제 B에서 새로이 갈 수 있는 곳은 E므로 스택에 쌓인 경로는 A-B-E가 된다. 이렇게 함으로써 어떤 길을 따라서 원을 그리며 도는 현상을 배제할 수 있다.

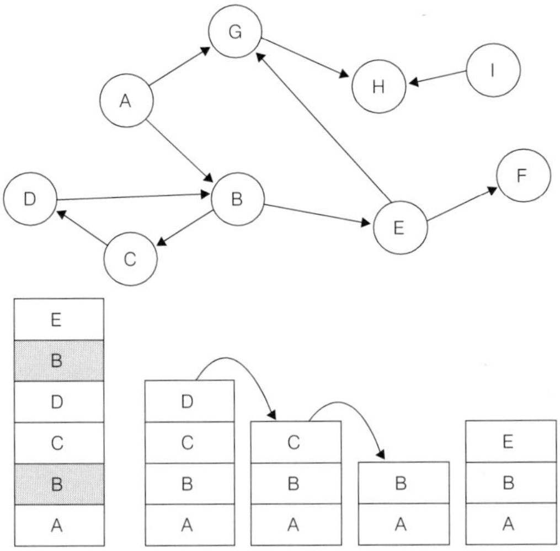

[그림 6-11] 재방문 회피(1)

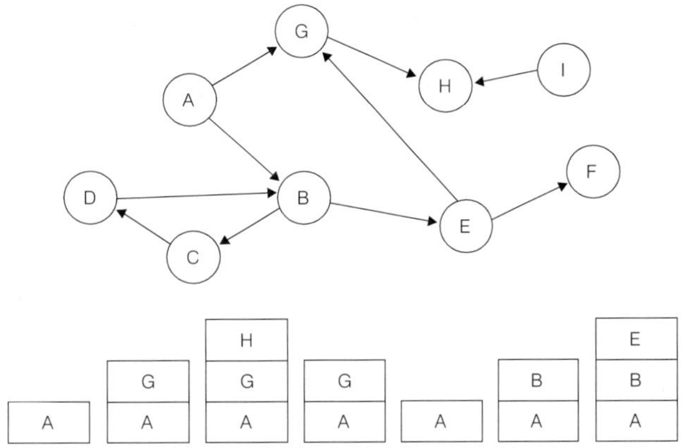

[그림 6-12] 재방문 회피(2)

"한번 가본 도시는 다시 안 간다"는 규칙은 또 다른 경우에도 적용된다. [그림 6-12]는 A-G-H로 진행하다가 G로 백트랙된 이후 다시 A로 백트랙 한 상태에서 새로이 B로 가서 E로 가는 모습을 스택으로 그린 것이다. 이 상태 즉, A-B-E인 상태에서 E가 갈 수 있는 곳은 G 또는 F다. 여기서, "이미 가본 G로 갈 필요가 있을까?"의 문제를 생각해보자.

깊이우선 탐색의 기본 원리는 어느 곳에서건 거기서 갈 수 있는 곳은 모두 시도해본다는 것이다. 또, 그 과정에서 목적지를 찾지 못하거나 더 이상 나아갈 길이 없으면 이전 도시로 되돌아간다는 것이다. 따라서 이전에 G에서 가는 길은 모두 시도 해본 것이다. 거기서 가는 길이 없었기에 A로 되돌아 온 것이 아닌가. 결과적으로 A-B-E인 상태에서는 G로 다시 가볼 필요가 없다. 따라서 F로 가야한다.

스택을 기준으로 할 때, 이미 지나온 도시는 두 가지 경우다. 첫째, 현재 스택 내부에 들어가 있는 도시와 둘째 스택 내부에는 없지만 백트랙에 의해 이전에 팝 된 도시다. 이 두 가지 모두 이미 지나온 도시므로 재방문을 피하기 위해서는 아예 스택에 푸시를 가할 때 표시를 해두어야 한다.

"A에서 F까지 가는 길이 있는가?"라는 질문에 대한 깊이우선 탐색 순서는 여러 가지가 있을 수 있다. [그림 6-13]은 그 중 하나를 나타낸다. A-G-H-B-C-D-E-F가 그것이다. 물론, 이러한 표현은 새로이 스택 탑에 푸시되는 노드들만 나타낸 것으로서, 백트랙에 의해 스택 탑에 나타나는 노드는 포함시키지 않은 것이다. 마지막 스택 내부에 있는 A-B-E-F가 실제 목적지까지 가는 경로를 나타낸다.

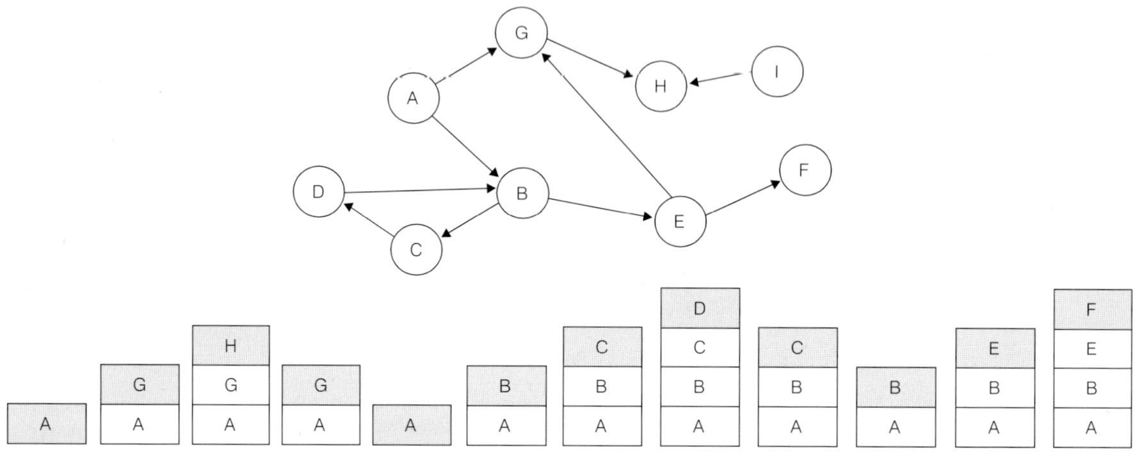

[그림 6-13] 깊이우선 탐색 순서(1)

어떤 노드에 인접한 노드가 여럿 있을 때 어떤 노드로 먼저 가느냐에 대해서는 규칙을 세우고 그 규칙을 일관성 있게 적용하면 된다. 예를 들어, 노드 C와 D가 있다면 알파벳 순서로 해서 C를 먼저 가게 할 수 있다. 이렇게 할 경우에 A에서 출발하여 F까지 가는 길이 있는지를 확인하기 위한 깊이우선 탐색 순서는 [그림 6-14]와 같다.

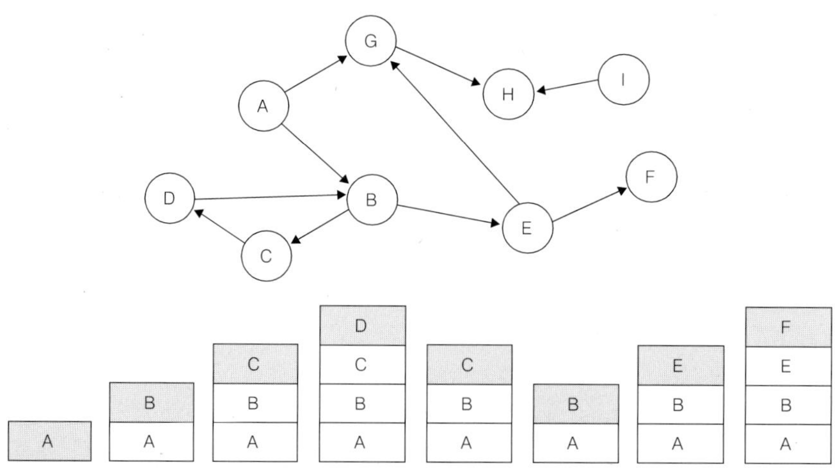

[그림 6-14] 깊이우선 탐색순서(2)

만약, 질문을 바꿔서 "A에서 K로 가는 길이 있느냐?"고 물었을 때의 깊이우선 탐색 순서는 [그림 6-15]와 같이 된다. 단, 인접노드 중 먼저 가 볼 노드는 알파벳 순서로 선택한 것이다. 이 경우, 원하는 목적지로 가는 길이 없으므로 최종 단계에서 스택의 팝 작업이 계속되어 결국 빈 스택(Empty Stack)이 됨으로써 "가는 길이 없다"라고 결론지을 수 있게 된다.

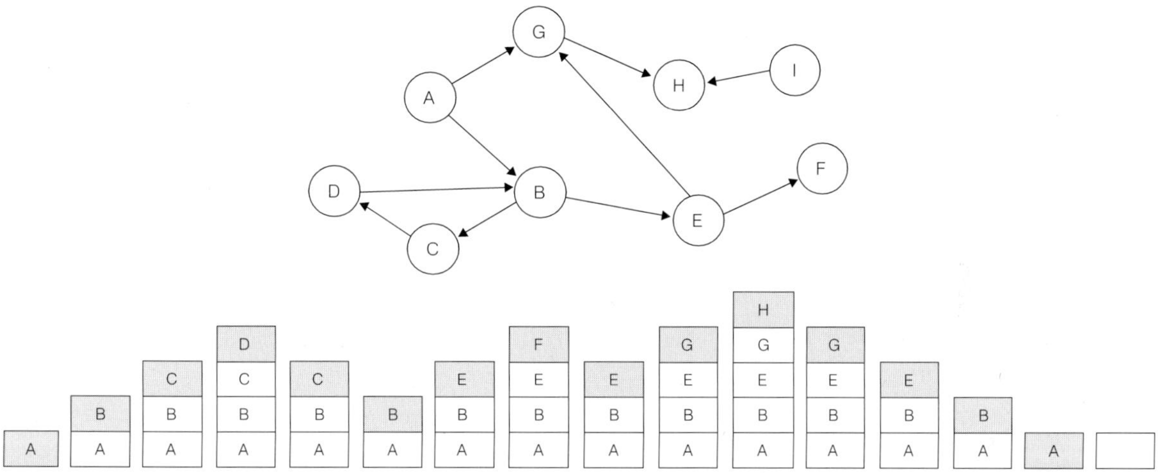

[그림 6-15] 깊이우선 탐색순서(3)

깊이우선 탐색 알고리즘을 유사코드로 나타내면 다음과 같다.

[코드 6-13] 깊이우선 탐색 유사코드

```
DepthFirstSearch(Origin, Destination)
{  S.Create();                              새로운 스택을 만들기
   Mark All Nodes as Unvisited;             일단 모든 도시를 안 가본 도시로 표시
   S.Push(Origin);                          출발지를 푸시
   Mark Origin as Visited;                  푸시된 도시는 가본 것으로 표시
   While (!S.IsEmpty() && Destination != S.GetTop())
   {  if (All Adjacent Cities Are Visited)      스택 탑의 인접도시가 모두
                                                가 본 도시면
           S.Pop();                         이전 도시로 되돌아 감
      else
      {    Select a New City C;
           S.Push(C);                       새로운 도시를 선택해서 푸시
```

```
            Mark C as Visited;                    그 도시를 가본 도시로 표시
        }
    }
    if
        (S.IsEmpty()) return "No";                스택이 비어서 빠져나오면
    else                                          가는 길 없다고 대답
        return "YES";                             현재의 스택 탑이 목적지와 일치하면
}                                                 가는 길 있다고 대답
```

그래프 순회 (Graph Traversal)

깊이우선 탐색은 **그래프 순회**(Graph Traversal) 방법 중 하나다. 이 예처럼 어떤 정해진 목적지를 찾는 문제에도 사용될 수 있지만 주어진 그래프 내부에 있는 모든 노드를 빠짐없이 하나씩 찾아가서 해당 노드에 대해서 필요한 작업을 수행하는 데도 사용된다. 물론, 그러한 목적이라면 위 코드에서 목적지(Destination)와 관련된 부분만 없애면 된다.

Section

08 스택과 재귀호출

깊이우선 탐색은 재귀호출에 의해서도 가능하다. 처음 출발지에서 목적지까지 갈 수 있느냐의 문제는 출발지에서 한 걸음 나아간 도시에서 목적지까지 갈 수 있느냐의 문제와 동일한 문제기 때문이다. 또, 한 걸음 나아갔다는 것은 문제의 크기가 하나 줄어들었다는 것을 의미한다. 목적지까지의 거리가 그만큼 줄어들었기 때문이다. 깊이우선 탐색을 위한 재귀호출을 유사코드로 표현하면 다음과 같다.

```
DepthFirstSearch(Origin, Destination)
{   if (Origin = = Destination)          출발지와 목적지가 같으면
        return "YES";                    가는 경로가 있다고 대답
    else
        for (Each Unvisited Cities C Adjacent to Origin)
                                         모든 안 가본 인접도시에 대해
            DepthFirstSearch(C, Destination);
                                         거기서부터 목적지까지 재귀호출
}
```

if문은 베이스 케이스에 해당한다. 즉, 새로운 탐색을 위해 출발하려는 도시가 이미 목적지와 같다면 목적지까지 가는 경로가 이미 존재한다는 것을 의미한다. 그렇지 않다면 for 루프에 의해서 인접한 모든 도시로부터 출발해서 목적지까지 가는 경로를 검색하게 된다. 이 루프가 다 돌아서 더 이상 안 가본 도시가 없으면 위 함수는 이전의 호출 함수로 리턴 된다. 이 리턴하는 행위가 스택을 사용한 탐색에서의 백트래킹에 해당한다.

좀더 자세히 살펴보자. 처음 DepthFirstSearch(A, F)로 호출이 이루어졌고, for 루프에서 G를 선택한다고 가정하면 재귀호출은 DepthFirstSearch(G, F)로 바뀐다. 다시 for 루프에서 H를 선택한다고 가정하면 재귀호출은 다시 DepthFirstSearch(H, F)로 바뀐다. H에서 안 가본 인접 도시는 없으므로 이 함수 실행이 끝나면 호출 함수인 DepthFirst Search(G, F)로 되돌아간다. 즉, 출발 도시가 G에서 이전의 H 상태로 백트랙 된 것이다.

어떤 방법을 사용하든 간에 스택을 사용하는 것은 마찬가지다. 이전 방법에서 우리가 직접 만든 스택(User Stack)을 사용하여 방문한 도시는 푸시하고 또 더 이상 갈 곳 없어서 팝을 했다면, 재귀호출에서는 이러한 푸시, 팝이 자동으로 일어난다. 재귀호출은 활성화 레코드라는 시스템 스택(System Stack)을 써서 호출이 일어날 때마다 현재의 파라미터를 푸시하고 또 호출에서 되돌아올 때 그 파라미터를 팝하는 것 뿐이다.

사용자 스택과 시스템 스택 중 어떤 것이 유리한가. 당연히 사용자 스택이 유리하다. 이 경우 스택에 저장되어야 하는 것은 도시명 뿐이다. 그러나 시스템 스택이 사용하는 활성화 레코드에는 리턴 주소 값, 지역 변수, 레지스터 내용 등 호출 함수의 상태와 관련된 모든 정보가 푸시 팝이 되어야 하기 때문에 더 많은 저장 공간을 요한다. 또, 이 모든 내용을 푸시하고 팝하는 데 따른 시간을 요한다. 재귀호출을 사용하면 프로그램은 단순해지지만 모든 것을 시스템에 맡겨야 하기 때문에 이러한 비효율을 감수해야 한다. 사용자 스택이 유리한 것은 스택의 내용뿐만 아니라 스택 사용을 사용자가 자유자재로 제어할 수 있다는 점에도 있다.

Section

09 재귀호출 제거

시간적 공간적 효율 면에서 재귀호출이 지니는 불리함은 이미 지적한 바 있다. 여기서는 재귀호출을 제거(Removal of Recursion)하기 위한 방법을 생각해보자.

[표 6-2] 꼬리 재귀의 제거

int Recurse(int N)	int NonRecurse(int N)
```{ A; if (B) return C; else { D; return Recurse(NewN); } }```	```{ for (; ;) ① { A; ② if (B) return C; ③ D; ④ N = NewN; } }```

```
int Recurse(int N)
{ A;
  if (B)
      return C;
  else
  {   D;
      return Recurse(NewN);
  }
}
```

```
    int NonRecurse(int N)
    { for ( ; ; )
①     { A;
②       if (B)
          return C;
③       D;
④       N = NewN;
      }
    }
```

[표 6-2]의 오른쪽 칼럼은 왼쪽 칼럼의 재귀호출 함수를 **비재귀 함수**(Non-Recursive Function)로 변환한 형태다. 이 경우, 재귀호출은 재귀호출 명령이 함수의 가장 끝부분(Tail, 꼬리)에 위치하는 **꼬리 재귀**(Tail Recursion, End Recursion) 형태다.

비재귀 함수 (Non-Recursive Function)

꼬리 재귀 (Tail Recursion, End Recursion)

꼬리 재귀의 제거는 상대적으로 쉽다. 표의 오른쪽 함수에서 보듯이 for문을 사용하여 재귀호출을 반복 루프(Iteration Loop)로 바꿀 수 있기 때문이다. 루프 내부에서 재귀호출의 베이스 케이스인 ②가 만족되면 루프를 빠져나온다. 그렇지 않으면, ①, ③, ④에 의해 원래의 재귀호출과 동일한 순서로 명령어가 실행된다. ④는 재귀호출에 넘겨지는 파라미터 값을 바꾸기 위한 것이다. 이처럼 꼬리재귀는 스택을 전혀 사용하기 않고도 반복문에 의해 제거될 수 있다.

재귀호출 명령이 함수의 가운데 위치한 경우는 이보다 조금 더 복잡하다. 재귀호출이 끝난 이후에 추가로 수행해야 될 명령이 남아 있기 때문이다. 따라서 이 경우에는 재귀호출이 끝난 이후에 원래의 호출상태를 복원하기 위해서 스택을 필요로 한다. 물론, 이를 위해서 호출하는 순간의 모든 상황을 스택에 푸시 해야 한다. [표 6-3]의 왼쪽 칼럼은 일반적인 형태의 재귀호출을, 오른쪽 칼럼은 이를 비재귀 함수(Non-Recursive Function)로 변환한 것이다.

[표 6-3] 일반적인 재귀 함수와 비재귀 함수의 변환

재귀 함수	비재귀 함수

int Recurse(int N)
{ int Locals, Temp;
A;
if (B)
C;
else
{ D;
①' Temp = Recurse(NewN);
F;
}
②' return G;
}
	int NonRecurse(int N)
	① { int Locals, Temp;
	stackClass S;
	
	② A;
	③ while (!B)
	{ D;
	S.Push(Locals);
	N = NewN;
	A;
	}
	④ C;
	⑤ while (!S.IsEmpty( ))
	{ Locals = Pop( );
	⑥ Temp = G;
	F;
	}
	⑦ return G;
	}

일반적인 경우를 예시하기 위해 지역 변수가 있음을 전제로 하자. 비재귀 함수에서 스택을 필요로 하므로 ①에서 스택 클래스의 스택 변수 S를 선언한다. ②번 명령문은 재귀호출의 첫 명령으로서 비재귀 함수에서도 처음에 위치한다. ③의 루프는 재귀호출에서 파고 들어가는 과정에 해당한다. B가 사실이 아닌 경우, 즉 베이스 케이스가 아닌 경우에는 일단, 루프를 돌면서, 그리고 D 명령을 계속 실행하면서 ①에 선언된 모든 변수를 스택에 쌓아간다. 물론, 파고 들어가는 과정이므로 N = NewN에 의해 전달되는 파라미터 값도 바꿔줘야 하며, 호출 시 처음 수행되는 명령인 A 명령도 포함되어야 한다.

이 루프가 빠져나오는 것은 B가 TRUE인 경우, 즉 재귀호출의 베이스 케이스에 해당하는 경우다. 따라서 ④에 의해 베이스 케이스에서 실행할 명령을 처리한다. 이후 베이스 케이스로부터 되돌아오는 과정이 ⑤의 루프에 해당한다. 이 루프가 끝나는 것은 스택이 비어 있을 때, 즉 최초의 호출이 일어났을 때다. 베이스 케이스로부터 그 때까지 되돌아가면서,

Locals = Pop( )에 의해 이전의 호출이 일어났던 시점의 상황을 복원한다. 물론, 지역 변수가 여러 개인 경우에는 모든 지역 변수 값을 호출이 일어났던 시점으로 되돌려야 한다.

왼쪽 칼럼의 원래 함수의 ①' 을 보면 재귀호출의 결과 리턴 값이 Temp라는 변수에 할당된다. 그런데 ②' 을 보면 그 리턴 값은 바로 피호출 함수가 되돌려 주는 G 값이다. 따라서 오른쪽 칼럼의 ⑥ 명령에 의해서 리턴된 G의 값이 연속적으로 Temp에 할당된다. 물론, 왼쪽 칼럼과 마찬가지로 그 다음 명령인 F도 이어서 수행되어야 한다. ⑦에 의해 스택이 비었을 때, 즉 최초 명령 시에 해당하는 G 명령의 값이 되돌아온다. 물론, 대부분의 경우에는 Temp, F, G 등이 서로 연관되어 있다. 예를 들어, F가 Temp+1이고 G가 F+2일 수도 있다.

※ 생활 속의 자료구조

[그림 6-16] 쌓여있는 메모 확인

어머님이 월요일 아침에 네 책상 위에 메모를 올려놓으셨다. 화요일에 또 다른 메모를 그 위에 올려놓으셨다. 수요일 또 다른 메모를 그 위에 올려놓으셨다. 목요일, 또 다른 메모를 그 위에 올려놓으셨다. 금요일 날 어머님이 오셔서 "내가 월요일 날 올려놓은 메시지를 봤느냐"라고 하신다. 내 책상 위에는 넉 장으로 구성된 메모지 스택이 있다. 월요일 메모는 가장 바닥에 깔려있다. 그것을 보기 위해 나는 목요일 메모를 내려놓는다. 다시 수요일 것을 내려놓는다. 다시 화요일 것을 내려놓는다. 마지막으로 월요일 것을 집어 본다.

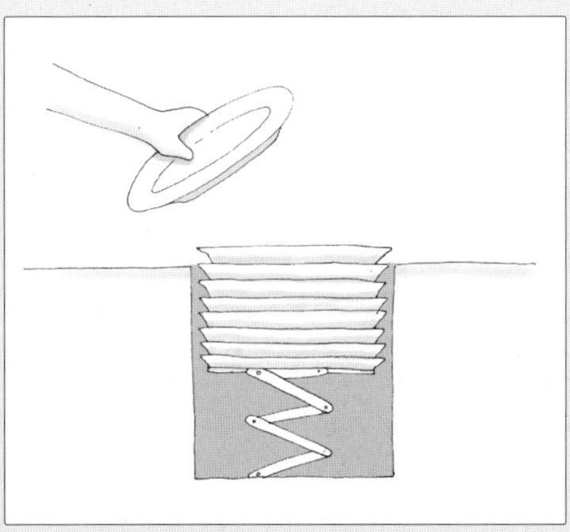

[그림 6-17] 접시 스택

어떤 식당에는 접시 스택 아래 스프링이 달려있다. 새로운 접시가 그 위에 올려지면 그 무게로 인해 스프링이 수축하고 따라서 그 아래 접시들이 카운터 높이 아래로 내려간다. 즉, 가장 위에 놓인 접시만 카운터 높이 위에 위치한다. 가장 위 접시를 치우면 스프링이 팽창하여 바로 밑에 있던 접시 한 개만 카운터 위로 올라온다. 항상 접근할 수 있는 유일한 접시는 가장 위에 있는 접시고 나머지 접시는 카운터 아래에 있으므로 무너져 깨질 염려가 없게 된다.

요약

추상 자료형 스택은 추상 자료형 리스트와 마찬가지로 집합적인 데이터를 다룬다. 리스트의 삽입, 삭제, 검색 작업과는 달리 스택의 모든 작업은 스택 탑 부근에 제한되어 일어난다. 배열로 구현할 때의 스택 탑은 배열의 오른쪽 끝에 위치하며, 연결 리스트로 구현할 때의 스택 탑은 헤드 포인터가 가리키는 첫 노드가 된다.

추상 자료형 스택은 추상 자료형 리스트를 사용하여 구현할 수도 있는데, 이것이 가장 간단한 방법이다. 깊이우선 탐색은 어떤 노드에서 가볼 수 있는 길 모두를 가보고 안 되면 백트랙하는 방법이다. 방문하는 노드를 스택에 푸시하면서 나갈 때, 백트랙은 팝에 해당한다.

재귀호출은 컴파일러에 의해 활성화 레코드의 푸시, 팝 작업으로 바뀜으로써, 결국은 시스템 스택을 이용하는 방법이다. 일반적으로 사용자 스택이 시스템 스택보다 공간 및 시간 면에서 효율적이므로 가능하다면 재귀호출보다는 사용자 스택을 만들어 사용하는 것이 바람직하다.

연습 문제

문제에 특별한 자료구조를 지정하지 않는 한, 본문에 인용된 자료구조를 사용해야 한다.

1 (( ))(( ))(( )))라는 괄호의 매칭을 확인하기 위해 스택을 사용할 때, 어느 순간 스택에 쌓이게 되는 최대의 괄호의 개수는 몇 개인가?

가. 한 개　　나. 두 개　　다. 세 개　　라. 네 개　　마. 다섯 개 이상

2 배열로 구현한 스택에서 현재 Data[0]부터 Data[19]까지 레코드 20개가 차 있는 상태다. 배열 크기가 40이라고 할 때 이 상태에서 푸시 명령이 들어오면 그 레코드는 다음 중 어디로 삽입되는가?

가. Data[0]　　나. Data[1]　　다. Data[19]　　라. Data[20]

3 연결 리스트로 구현한 스택에서 노드 1, 노드 2, ..., 노드 20으로 현재 레코드 20개가 차 있다. 이 상태에서 푸시 명령이 들어오면 그 레코드는 다음 중 어느 위치로 삽입되는가?

가. 노드 1　　나. 노드 2　　다. 노드 20　　라. 노드 21

4 2 5 - 8 + 4 / 연산의 결과 값을 손으로 계산하라. 그리고 중위 표현으로 이 계산은 어떻게 표현되는지 추측하라.

5 다음 후위표현의 결과 값을 구하라. 또 그 과정에서 스택 내용이 변하는 과정을 그려보라.

8 9 3 2 + - 4 3 % + /

6 후위표현 6 3 2 4 + - *의 결과 값은 무엇인가?

7 모든 재귀호출은 항상 제거될 수 있다. (True/False)

8 포인터로 구현한 스택에서 Head라는 포인터는 현재의 스택 탑에 있는 노드를 가리킨다. 객체 클래스 스택에 정의된 다음 푸시 함수의 if문 내부를 채워보라. 단, 여기서 Success는 푸시가 제대로 이루어졌는지를 판단하기 위한 에일리어스 변수다.

```
void stackClass::Push(Char NewItem, boolean& Success)
{  struct node* NewHead = new node;
   Success=boolean(NewHead != NULL)
   if (Success)
   {
   }
}
```

9 인터넷 검색을 이용해서 다음 용어를 자세히 설명하라.

가. Activation Record　　나. User Stack　　다. System Stack

10 다음은 리스트 함수를 사용하여 C++ 소멸자 함수를 작성하라.

```
ListIsEmpty(); ListDelete(int Position);
```

11 [코드 6-2]의 푸시 함수에서 스택이 꽉 찬 경우에 대처하기 위해 함수를 수정하라. 또, 팝 함수에서 스택이 비어있는 경우에 대처하기 위해 함수를 수정하라.

12 [코드 6-2]에서 제외시킨 IsFull( ) 함수를 작성하라.

13 [코드 6-4]의 푸시 함수에서 메모리 공간 부족으로 인해 운영체제가 Temp 값으로 널을 되돌려 줄 경우에 대비하기 위한 어서트 매크로를 추가하라.

14 [코드 6-6]에 빠져 있는 푸시 함수를 작성하라.

14번 힌트
초기화 시에 설정된 탑 인덱스 값에 유의해야 한다.

15 [코드 6-8]의 푸시 함수에는 동적 메모리가 부족하여 널이 되돌아 올 때에 대한 처리 부분이 빠져있다. 어서트 매크로를 사용해서 이 부분을 추가하라.

16 [코드 6-12]의 유사코드를 사용하여 본문의 바로 위쪽 메인 코드가 미스 매치임을 손으로 스택 상태를 그려가면서 확인하라.

17 C++ 연결 리스트로 스택을 구현했을 때 int GetTop( ) 함수를 구현하라.

18 C로 스택을 구현했을 때와 C++로 스택을 구현했을 때에는 사용할 수 있는 변수 또는 객체 숫자 면에서 차이가 있다. C에서 스택이 파라미터로 전달되는 것이 귀찮다면 전역 변수로 선언할 수도 있다. 그러나 이 경우 여러 개의 전역 변수를 선언했다면 각각에 대해 별도로 관리해야 한다. 이러한 제약에 비해서 C++로 선언한 스택은 어떤 장점이 있는지에 대해 설명하라.

연습 문제

19 다음 자료구조를 참조로, 포인터로 구현한 스택의 모든 노드를 완전히 지우는 C 코드를 작성하라. 단, 일체의 다른 ADT 함수를 사용하지 않아야 한다.

```
struct node
{ int Item;
  struct node* Next;
};
struct node Head;
```

20 다음 그림을 기준으로 각각에서 출발하는 깊이우선 탐색 순서를 나열하라. 단, 각 노드는 단 한번 나타나야 하며 노드 여러 개를 선택할 수 있을 때에는 알파벳 순서로 선택하라.

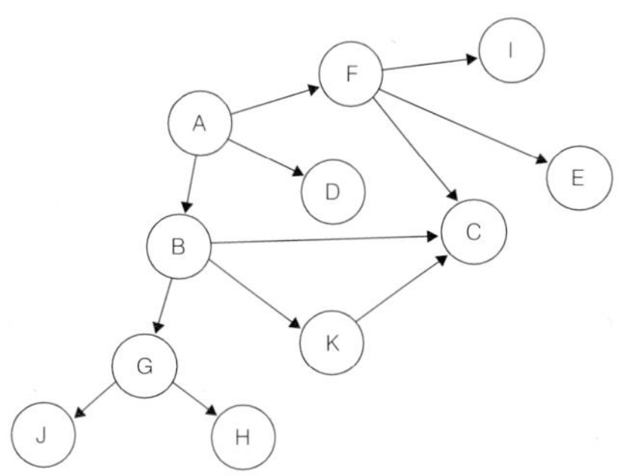

[그림 6-18] 문제 20

가. A에서 출발　　나. B에서 출발　　다. F에서 출발

21 다음 그래프에서 A에서 L까지 갈 수 있는지 탐색하려 한다. 깊이우선 탐색을 가할 때 스택의 내용이 변하는 모습을 순차적으로 그려라. 단, 인접 노드가 여럿일 때에는 알파벳 순으로 방문한다.

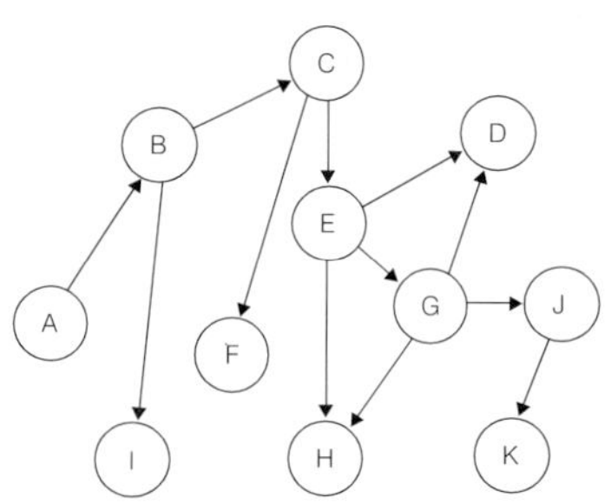

[그림 6-19] 문제 21

22 추상 자료형 스택을 구현하기 위한 다음 소스 코드를 완성하라.

```
int stack[200]; int top;
void init() {top= - 1;}
void push(int val) { }
int pop() { }
```

23 빈 스택 S1, S2가 있다. 다음 각각의 작업 후에 각 스택 모습을 개념적으로 그려보라. 단, 반드시 스택 탑을 표시해야 한다.

가.
```
S2.Push(7); S2.Push(4); S2.Push(6); S1.Push(2);
S1.Push(1);  S1.Push(8);
while( !S2.IsEmpty() )
{    X = S2.Pop();
     S1.Push(X+2);
     S1.Push(X);
}
```

나.
```
S2.Push(1);  S2.Push(2);  S1.Push(3);  S1.Push(4);
S2.Push(5);  S2.Push(6)
while( !S2.IsEmpty() )
{    X = S2.Pop();
     S1.Push(S2.Pop());
}
```

24 다음 'stack.h' 파일을 참고하여 아래 함수를 구현하라.

```
class Stack
{ public:
     Stack ();
     void Push (int v);
     int Pop ();
  private:
     int A[10], top;
};
#include "stack.h"
Stack::Stack () { }
void Stack::Push (int v)
{ A[top ++] = v;
```

연습 문제

```
    }
    int Stack::Pop () { }
```

25 다음 중 스택의 응용 사례에 해당하는 것 모두를 골라라.

가. 주소 목록을 관리하기 위한 컴퓨터 프로그램
나. 먼저 온 환자가 먼저 진료 받을 때의 환자 목록
다. 연속적으로 UNDO 명령을 실행하기
라. 컴파일러 중 문법 분석기(Syntax Analyzer)
마. 실행 시 지역 변수를 추적하기 위한 활성화 레코드

26 정수 스택 S에 대하여 stackClass S; S.Push(20); S.Push(10); S.Push(30); S.Pop( );을 실행했을 때 그 결과를 그리되 배열로 구현 했을 때와 연결 리스트로 구현 했을 때를 나누어서 그려보라.

27 배열로 구현한 스택 S에서 스택의 탑을 배열 첫 요소로 잡으면 어떤 점이 문제로 발생하는가?

28 재귀호출을 사용하여 10진수를 2진수로 변환하는 C 함수를 작성하라. 또, 동일한 함수 스택을 사용하여 변환하는 C 함수를 작성하라. 두 방법 사이의 유사성 및 차이점에 대해 논의하라.

29 동일한 타입의 레코드로 구성된 두 개의 스택을 요구할 때가 있다. 두 개를 별도의 배열에 저장하면, 한 배열이 꽉 차서 더 이상 넣을 수 없을 때에도 다른 배열은 거의 빈 상태에 있을 수도 있다. 이러한 문제를 해결하는 방법은 배열 하나에 두 개의 스택을 넣는 방법이다. 어떻게 하면 이렇게 할 수 있는지 그림으로 설명하라. 또, 배열이 꽉 찬 경우를 인덱스를 사용하여 어떻게 검증할 수 있는지 설명하라.

30 스택 S와 정수 X가 주어졌을 때, S 내부에 X가 몇 개나 있는지를 세어서 리턴하는 다음 C++ 함수를 작성하라. 단, 원래 스택은 변하지 않아야 한다.

```
Int stackclass::Count X(stackClass& S, int X)
```

31 문자(Character)를 데이터 타입으로 하는 스택 S가 주어졌을 때, 스택 내부의 문자를 순서대로 출력하는 C++ 함수를 작성하라. 이 함수는 스택에서 정의된 함수를 사용해야 하며, 재귀 호출을 사용해야 한다. 단, 문자 출력은 스택의 가장 아래에 있는 것이 먼저 출력되어야 한다.

```
void stackclass::RecurseStack(stackClass& S)
```

32 다음의 스택 클래스 선언을 참고로 해서 아래 푸시 함수의 빈칸을 채워보라.

```
const int MAXSTACK=10;  typedef int ItemType;
class StackType
{ public:
        StackType();                        top = -1로 초기화
        ~StackType();
        bool Push(const ItemType Value);   제대로 푸시되면 TRUE를 리턴
        bool Pop(ItemType &Value);         제대로 팝되면 TRUE를 리턴
        bool IsEmpty();
        bool IsFull();
  private:
        ItemType Stack[MAXSTACK];
        int top;
 };
bool StackType::Push(const ItemType Value)
{ bool Success = (              );
  if(!IsFull())
  {   top++;
     (              );
     (              );
  }
  return Success;
}
```

33 다음 코드에서 꼬리 재귀 함수의 메인 함수는 recurse(1);에 의해 호출된다. 이를 비재귀 함수로 바꾸기 위한 아래 프로그램을 완성하라.

```
int recurse(int n)
{ if (n > 10)
        return;
   printf("%i\n",n);
   recurse(n + 1);
}
main()
{ int x = 1;
  while (       )
 {      (                          );
        (                          );
  }
}
```

연습 문제

34 드랍 아웃 스택(DOS: Drop Out Stack)은 일종의 밑 빠진 스택이다. 예를 들어, 스택의 크기가 N개일 때 (N+1)번째 푸시가 일어나면 스택의 바닥(Bottom)에 깔려있는 데이터가 없어진다. 따라서 바로 그 위에 있던 데이터가 스택의 바닥에 위치하게 된다. 이는 스택 크기가 제한되어 있을 때, 가장 오래 동안 쌓여있던 물건을 차례로 없애는 방법이다. 이러한 특성을 가진 스택을 배열로 구현하려면 어떻게 해야 하는지 설명하라. 또 그 경우의 삽입을 위한 탑 인덱스는 구체적으로 어떻게 표현해야 하는가?

프로그램 문제

35 유사코드인 [코드 6-11]을 C 또는 C++로 구현한 프로그램을 작성하라. 단, 입력은 후위표현으로서 연산자는 사칙 연산, 피연산자는 정수로 입력된다. 또, 구현을 위해서는 본문에 제공된 인터페이스/구현 파일을 반드시 이용해야 한다.

프로그램 문제

36 유사코드인 [코드 6-12]를 C 또는 C++로 구현한 프로그램을 작성하라. 단, 입력은 프로그램 소스 파일이며 출력은 그 파일에 중괄호가 매칭 되는지 안 되는지를 나타내야 한다.

Chapter

07

큐

*학습목표

• 추상 자료형 큐의 기본 개념을 스택과 비교하여 이해한다.
• 추상 자료형 큐를 구현하기 위한 세 가지 방법을 이해한다.
• 원형 배열이 필요한 이유와 동작 원리를 이해한다.
• 큐의 응용 예를 구체적으로 명확하게 이해한다.

Point

추상 자료형 큐(Queue)는 스택과 정 반대되는 개념이다. 가장 나중에 삽입된 것이 가장 먼저 삭제되는 스택과 달리, 가장 먼저 삽입된 것이 가장 먼저 삭제되는 것이 큐다. 이를 한자로는 선입선출(先入先出), 영어로는 FIFO(First-In, First-Out) 또는 FCFS(First Come, First Served)라 한다. 스택 구조와 함께, 큐 구조 역시 자연 현상을 모델링하여 프로그램 하는 데 빈번히 사용된다.

뭔가를 기다리며 서 있는 줄이 큐다. 예를 들어, 신호등이 바뀌기를 기다리며 서 있는 차들을 큐로 보면 교통 흐름을 실험하는 프로그램에 큐 구조가 사용된다. 컴퓨터 키보드 명령은 한 줄을 다 칠 때까지는 입력되지 않고 키보드 버퍼 메모리에 큐를 형성한다. 마지막 Enter 키를 누름과 동시에 큐에 대기 중이던 문자열이 입력된다. 여러 파일에 인쇄 명령을 계속 가하면 프린터 큐가 형성된다. 물론, 먼저 인쇄 명령을 내린 파일이 먼저 인쇄된다. 네트워크 파일 서버에서는 파일 하나를 여러 사용자가 읽기 원할 때 접속 순서대로 사용자 큐를 형성한다. 이 장에서는 이처럼 다양한 목적으로 사용되는 큐의 특성을 추상 자료형으로 정의하고 구현한다.

Section

01 큐 개념

큐(Queue)에 의해서 모델링하고자 하는 것은 바로 기다리는 **줄**(Waiting Line, **待期列**)이다. 은행 창구 앞에 줄 서 있는 사람들, 공유된 프린터 하나를 사용하여 인쇄될 차례를 기다리는 파일 등이 그것이다.

큐(Queue)

줄
(Waiting Line, 待期列)

가장 나중에 넣은 것이 가장 먼저 빠져 나오는 스택과는 반대로, 가장 먼저 넣은 것이 가장 먼저 빠져 나오는 것이 큐의 특성이다. 영화관 앞에 늘어선 사람들을 생각해보자. 일단, 나중에 온 사람은 줄 끝에 서야 한다. 즉, 큐에서의 삽입은 줄의 맨 뒤에서 이루어진다. 그러나 입장이 시작되면 줄의 가장 앞에 서 있던 사람이 가장 먼저 들어간다. 즉, 큐에서의 삭제는 줄의 맨 앞에서 이루어진다. 스택에서 삽입, 삭제 모두가 맨 뒤에서 일어나는 데 비해서, 큐에서 삽입은 맨 뒤에서, 삭제는 맨 앞에서 이루어진다. 다시 말해, 큐에서는 양쪽 끝이 모두 사용된다.

[그림 7-1] 대기열

스택에 비해서는 큐가 공정하다고 말할 수 있다. 입장 시에 가장 먼저 영화관 안으로 들어가는 것은 가장 먼저 줄을 선 사람이다. 민약, 이 줄을 스택으로 간주하면 가장 나중에 줄에 선 사람이 가장 먼저 입장하는 형국이 되어 버린다. "전원 뒤로 돌아 앞으로 가!"라고 하면 줄을 설 사람은 아무도 없을 것이다.

큐 프런트(Front)
큐 리어(Rear)
큐 리무브(Remove)
인큐(Enqueue)
디큐(Dequeue)

줄의 맨 앞을 **큐 프런트(Front)**, 맨 뒤를 **큐 리어(Rear)**라 한다. 또, 큐 리어에 데이터를 삽입하는 작업을 **큐 애드(Add)**, 큐 프런트의 데이터를 삭제하는 작업을 **큐 리무브(Remove)**라 한다. 따라서 삽입, 삭제를 스택에서는 푸시(Push), 팝(Pop)으로 부르는 반면, 큐에서는 애드(Add), 리무브(Remove)로 부른다. 때에 따라서는 애드, 리무브 대신에 **인큐(Enqueue)**, **디큐(Dequeue)**라고 표현하기도 한다. 이처럼 동일한 작업을 [표 7-1]처럼 서로 다르게 부르는 이유는 추상 자료형끼리 서로 분간하기 쉽게 하기 위해서다.

[표 7-1] 추상 자료형별 용어 차이

	삽입	삭제	검색
ADT 리스트	Insert	Delete	Retrieve
ADT 스택	Push	Pop	GetTop(PeekTop)
ADT 큐	Add(Enqueue)	Remove(Dequeue)	GetFront(PeekFront)

스택과 마찬가지로 큐에서도 삽입, 삭제를 가할 수 있는 위치를 제한한다. 스택에서 스택 탑을 제외한 나머지 모든 위치에 접근을 허용하지 않는 것처럼, 큐에서는 양 끝을 제외한 나머지 모든 위치에서의 삽입과 삭제를 허용하지 않기로 정의한다. 예를 들어, 배열 A[0] ... A[9]까지 데이터 10개가 모여서 큐를 형성하고 있다면, 정의에 의해 양쪽 끝을 제외한 A[3], A[8] 등의 위치는 임의로 접근할 수 없다. 이 위치의 데이터를 읽거나 이 위치에 삽입, 삭제를 가할 수는 없다는 것이다.

Section

02 추상 자료형 큐

추상 자료형(ADT, Abstract Data Type) 큐는 거기에 가해지는 작업을 추상적으로 나열함으로써 정의된다. 필요에 따라 다를 수 있으나 일반적으로 생각해볼 수 있는 큐의 작업은 다음과 같다.

- Create: 새로운 큐를 만들기
- Destroy: 사용되던 큐를 파기하기
- Add: 현재의 리어 바로 뒤에 새로운 데이터를 삽입하기
- Remove: 프런트에 있는 데이터를 가져오기

스택의 팝(Pop)과 마찬가지로 리무브(Remove)는 두 가지 방식으로 정의할 수 있다. 첫째, 단순히 현재 프런트에 있는 데이터를 제거하는 방식과 둘째, 제거와 동시에 제거된 데이터를 되돌려 주는 방식이다. 둘째 방식은 Remove 함수의 리턴 값으로 제거된 데이터를 돌려줌으로써 구현된다. 때에 따라서는 현재 프런트에 어떤 데이터가 있는지 읽기만 하고 싶을 때가 있다. 읽기만 하고 그 자리에 그대로 놓아두고자 하는 경우다.

스택과 마찬가지로 빈 큐에 삭제를 가하는 것은 오류다. 반대로, 꽉 찬 큐에 삽입을 시도하는 것도 오류다. 따라서 큐가 비어있거나 꽉 차 있지 않은지 확인 할 필요가 있다. 필요에 따라서는 현재 큐 내부에 데이터 몇 개가 있는지 확인 할 때도 있다. 이와 같은 작업이 수시로 일어난다면 다음과 같이 별도의 작업을 설정해야 편리하다.

- GetFront: 현재 큐 프런트에 있는 데이터를 검색하기(읽기)
- IsEmpty: 현재 큐가 비어있는지 확인하기
- IsFull: 현재 큐가 꽉 차 있는지 확인하기
- GetSize: 현재 큐에 들어가 있는 데이터 수를 알려주기

추상 자료형 큐에서 이와 같은 작업의 정의를 더욱 명확히 하려면 다음과 같은 공리를 적용할 수도 있다.

```
① GetFront(Add(Create(Q), V)) = V
② GetFront(Add(Add(Q, W), V)) = GetFront(Add(Q, W))
③ IsEmpty(Create(Q)) = TRUE
④ Remove((Create(Q)) = ERROR
⑤ GetFront(Create(Q)) = ERROR
```

①은 새로 만든 Q에 V를 삽입하고 프런트 데이터를 읽으면 V가 된다는 것이다. 빈 큐에 데이터 하나가 삽입되었으니 그것이 프런트 데이터며 동시에 리어 데이터기 때문이다. ②는 어떤 Q에 W를 삽입한 결과에 다시 V를 삽입한 후에 프런트 데이터를 읽으면, 그것은 원래의 Q에 W를 삽입한 상태에서 프런트를 읽는 것과 같다는 것이다. 삽입된 V는 맨 뒤로 가므로 맨 앞 데이터는 여전히 이전 것과 같다는 것이다. ③은 새로 만든 큐는 비어 있다는 것이며, ④는 빈 큐에 삭제 명령이 오류라는 것이며, ⑤는 빈 큐의 프런트 데이터를 읽으라는 것이 오류라는 것이다.

'5장. 리스트'와 '6장. 스택'에서 C와 C++의 차이점은 충분히 살펴보았으므로 이번에는 C++만 사용해서 추상 자료형 큐를 설명해보기로 하자.

Section

03 C++ 연결 리스트에 의한 큐 구현

[코드 7-1] QueueP.h(C++ Interface by Linked List)

```
typedef struct
{ int Data;                              큐 데이터를 정수 타입으로 가정
  node* Next;                            다음 노드를 가리키는 포인터 변수
} node;                                  노드는 구조체 타입
typedef node* Nptr;                      Nptr 타입이 가리키는 것은 노드 타입
const int MAX = 100;
class queueClass
{ public:
        queueClass();                            생성자 함수
        queueClass(const queueClass& Q);         복사 생성자 함수
        ~queueClass();                           소멸자 함수
        void Add(int Item);                      Item 값을 큐에 삽입
        void Remove();                           큐 프런트를 삭제, 리턴 값 없음
        boolean IsEmpty();                       비어 있는지 확인
        boolean IsFull();                        꽉 차 있는지 확인
 private:
        Nptr Rear;                               마지막 노드를 가리키는 포인터
}
```

연결 리스트로 큐를 구현하기 위해서 필요한 요소를 생각해보자. 연결 리스트로 스택을 구현할 때에는 리스트의 첫 데이터인 스택 탑을 가리키는 포인터 하나로 충분했다. 그러나 큐는 프런트와 리어라는 양 끝으로 접근해야 하므로 기본적으로 포인터 두 개를 예상할 수 있다. 따라서 리스트의 첫 데이터를 프런트로, 마지막 데이터를 리어로 간주하고 각각을 가리키는 프런트 포인터, 리어 포인터라는 포인터 두 개를 유지해야 한다.

이렇게 되면 삽입, 삭제에 대해 각각 별도의 포인터가 사용된다. 삽입 명령에 대해서는 현재의 리어 포인터가 가리키는 노드 바로 다음에 이어 붙이면 되고, 반대로 삭제 명령에 대

해서는 프런트 포인터가 현재 가리키고 있는 노드 바로 다음 노드를 가리키게 하면 된다.

물론, 리어 포인터 없이 프런트 포인터 하나만 가지고 큐를 유지할 수도 있다. 이 경우, 삽입 명령이 들어오면 프런트 포인터로부터 시작해서 연결 리스트의 끝까지 순회(Traversal)한 다음, 마지막 노드 바로 다음에 삽입하면 된다. 그러나 이렇게 되면 매번 삽입 명령이 들어올 때마다 처음부터 끝까지 포인터를 따라 이동하는 시간적 부담을 안게 된다. 만약, 노드 개수가 수백 개 내지 수천 개라면 이 부담은 크게 늘어난다.

원형 연결 리스트 (Circular Linked List)

[코드 7-1]처럼 리어 포인터 하나만으로 큐를 구현할 수도 있다. 이는 [그림 7-2]는 큐를 **원형 연결 리스트**(Circular Linked List)로 구현하고, 마지막 데이터가 다시 처음 데이터를 가리키게 한 것이다. 이 경우 큐의 마지막 데이터는 Rear 포인터로, 첫 데이터는 Rear->Next 포인터로 단번에 접근이 가능하게 되므로 리스트 전체를 순회하는 데 따른 시간적 부담이 전혀 없이 삽입 삭제가 가능해 진다. 소스 코드의 예를 들어보자.

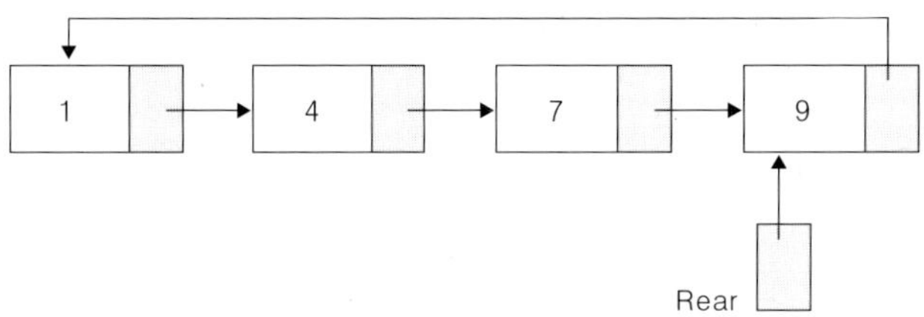

[그림 7-2] 원형 연결리스트에 의한 큐

[코드 7-2] 원형 연결리스트 큐의 삽입

```
void queueClass::Add(int Item)
{ if (! IsEmpty())                    현재 하나 이상의 노드가 있다면
  {   Nptr p = new node;              포인터 p가 새 노드의 시작 주소를 가리키게
      p->Data = Item;                 새 노드의 데이터 필드를 채우고
      p->Next = Rear->Next;           이 노드가 결국 마지막 노드가 될 것이니
                                      이 노드가 현재의 프런트 노드를 가리키게
      Rear->Next = p;                 현재의 마지막 노드가 새 노드를 가리키게
      Rear = p;                       새 노드를 마지막 노드로
  }
  else                                현재 비어있는 큐라면
  { Nptr p = new node;                포인터 p가 새 노드의 시작 주소를 가리키게
      p->Data = Item;                 새 노드의 데이터 필드를 채우고
```

```
        p->Next = p;                    자기 자신을 가리키게
        Rear = p;                       새 노드를 마지막 노드로
    }
}
```

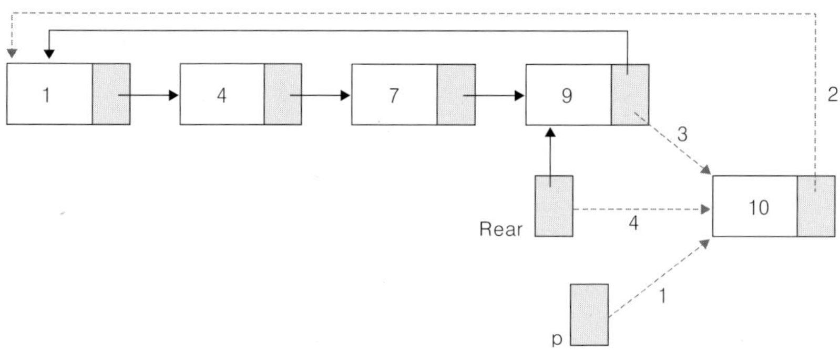

[그림 7-3] 원형 연결리스트 큐의 삽입

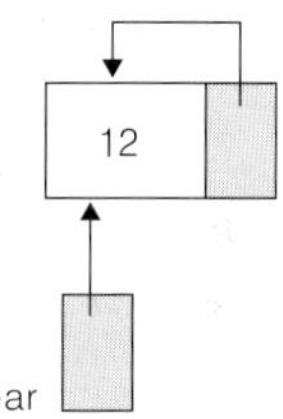

[그림 7-4] 큐

[그림 7-3]은 위 코드에 나타난 포인터의 연결 순서를 보여준다. 그림의 1은 새로운 노드를 만드는 작업, 2는 새 노드가 현재의 첫 노드를 가리키게 하는 작업이며, 3은 현재의 마지막 노드가 새 노드를 가리키게 하는 작업, 4는 리어 포인터가 새 노드로 이동하는 작업이다. 현재, 비어있는 큐에 새 노드를 삽입할 때에는 그 노드 자체가 처음이자 마지막 노드가 된다. 즉, 프런트 노드이자 리어 노드다. 따라서 이 노드의 Next 포인터는 [그림 7-4]처럼 스스로를 가리켜야 한다. 이와 같은 노드를, **자신을 가리키는 노드**(Self-Pointing Node)라고 한다.

자신을 가리키는 노드 (Self-Pointing Node)

[코드 7-3] 원형 연결리스트 큐의 삭제

```
void queueClass::Remove()
{ Nptr Front = Rear->Next;              편의상 프런트 포인터를 별도로 생성
  if (GetSize() >= 2)                   노드가 두 개 이상일 때
  {    Rear->Next = Front->Next;        마지막 노드가 두 번째 노드를 가리키게
       delete Front;                    첫 노드가 사용하던 공간을 반납
  }
  else if (GetSize() = = 1)             노드 하나일 때
  {    Rear = NULL;                     삭제하면 빈 큐가 되므로 빈 큐를 표시
```

```
        delete Front;                    첫 노드이자 마지막 노드의 공간 반납
    }
    else if (GetSize() = = 0)            빈 큐에 삭제 명령은 오류로 처리
    {    cout << "Deletion on Empty Queue";
    }
}
```

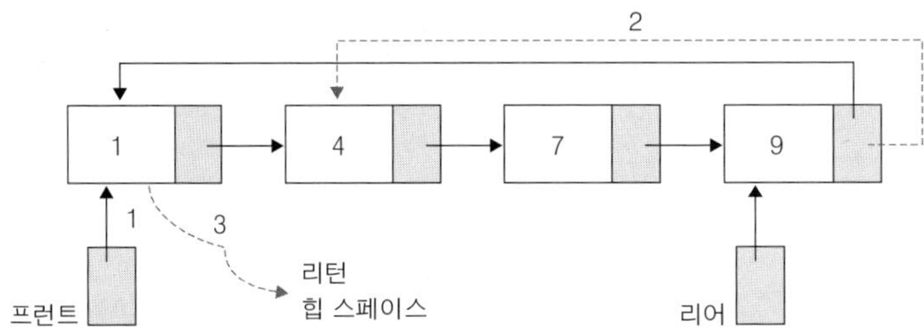

[그림 7-5] 원형연결 리스트 큐의 삭제

원형 연결리스트 큐의 삭제는 특수한 경우를 일일이 고려하여 처리해(Special Case Handling) 주어야 한다. 현재 큐의 데이터가 두 개 이상일 때는 [그림 7-5]처럼 1, 2, 3의 순서로 작업이 가해진다. 1에 의해 임시로 Front 포인터 변수를 만들어 현재의 첫 노드를 가리키게 한다. 2에 의해 현재의 마지막 노드가 둘째 노드를 가리키게 한다. 다음 3에 의해 첫 노드가 사용하던 힙 메모리 공간을 반납한다. 현재 큐에 데이터가 한 개일 때는 리어 포인터 값을 널로 만들어 빈 큐임을 표시한다. 물론, 빈 큐에 대한 삭제 명령은 오류로 처리해야 한다.

Section

04 C++ 배열에 의한 큐 구현

[코드 7-4] QueueA.h(C++ Interface by Array)

```
const int MAX = 100;
class queueClass
{ public:
    queueClass();                            생성자 함수
    queueClass(const queueClass& Q);         복사 생성자 함수
    ~queueClass();                           소멸자 함수
    void Add(int Item);                      Item 값을 큐에 삽입
    void Remove();                           큐 프런트를 삭제, 리턴 값 없음
    boolean IsEmpty();                       비어 있는지 확인
    boolean IsFull();                        꽉 차 있는지 확인
  private:
    int Front, Rear;                         프런트, 리어 인덱스를 추적
    int Count;                               원형 연결 배열에 사용
    int Queue[MAX];                          큐 데이터는 정수형, 최대 100개
}
```

배열로 구현한 큐는 배열로 구현한 스택과의 차이를 관찰함으로써 쉽게 이해할 수 있다. 배열로 구현한 스택에서 [그림 7-6]처럼 Top이라는 변수 하나로 현재의 스택 탑 데이터가 인덱스 몇 번에 있는지를 추적한다면, 큐에서는 Front, Rear라는 변수 두 개를 두어야 한다. 큐의 삭제는 앞에서 일어나고 삽입은 뒤에서 일어난다는 점을 고려해서 첫 데이터와 마지막 데이터의 인덱스를 모두 추적해야 하기 때문이다. 스택에서 가장 마지막에 삽입된 데이터의 위치인 스택 탑이 배열의 가장 오른쪽이라면 큐에서 가장 마지막에 삽입된 데이터의 위치인 큐 리어도 배열의 가장 오른쪽이다. 즉, 스택이나 큐를 막론하고 가장 마지막에 삽입된 데이터가 배열의 오른쪽 끝에 위치한다.

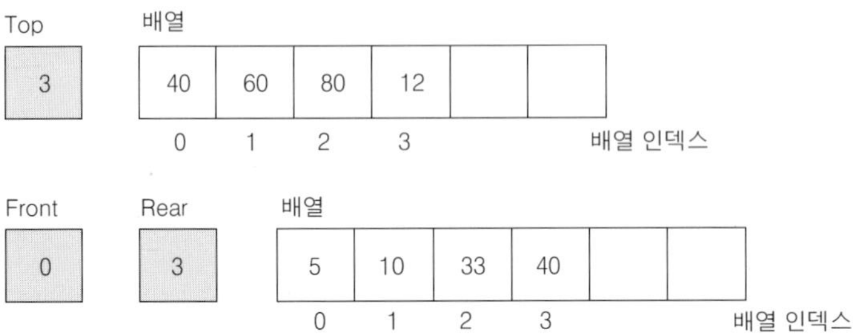

[그림 7-6] 스택과 큐의 비교

일반적으로 스택의 Top은 −1로 초기화되어 푸시가 가해질 때마다 Top++ 한 후의 인덱스에 데이터를 넣게 된다. 따라서 푸시할 때마다 Top 인덱스는 증가하고 데이터는 배열의 오른쪽으로 쌓여간다. 스택의 특성상 팝은 현재 Top 인덱스에 있는 데이터를 삭제해야 하므로 오른쪽 끝에 있는 데이터가 제거된다. 따라서 스택 배열을 시각적으로 보면 왼쪽 끝은 고정되어 있고 오른쪽 끝에서 줄어들고 늘어나고 하는 모습이 된다.

이에 반해 큐는 양쪽 끝에서 작업이 일어난다. 즉, 들어오는 순서대로 배열의 오른쪽 끝에 밀어 넣기 때문에 삽입은 배열의 오른쪽 끝에서 일어나지만, 삭제는 가장 먼저 들어온 데이터가 있는 배열의 왼쪽 끝에서 일어난다.

일반적으로 큐의 Front 인덱스는 0으로, Rear 인덱스는 −1로 초기화된다. 새로운 데이터를 삽입하려면 Rear++ 한 후에 해당 인덱스에 삽입한다. 예를 들어, 빈 큐에 데이터 두 개를 삽입하였다면 Front 인덱스는 0 그대로고, Rear 인덱스가 −1, 0, 1 순서로 증가했을 것이다.

반면, 큐에서 삭제를 가하려면 단순히 Front++하면 된다. 이렇게 함으로써 원래 가장 왼쪽에 있던 프런트 데이터를 지울 필요 없이 그냥 무시해 버릴 수 있다. 프런트 값이 증가했으므로 이제 바로 다음 데이터가 프런트 데이터가 된다. 이 방법에서 큐에 데이터가 하나만 있는지는 if (Front = = Rear)로 간단히 알아낼 수 있다. 또, 빈 큐인지 아닌지는 if (Front 〉 Rear)에 의해 알아낼 수 있다. 다시 말해, 프런트 인덱스와 리어 인덱스의 상호관계에 의해 큐 내부에 있는 데이터 수를 쉽게 판단할 수 있다.

그러나 배열로 구현한 큐는 기본적으로 메모리 공간 낭비라는 문제점을 안고 있다. 즉, 삽입에 의해 Rear 인덱스가 증가하여 오른쪽으로 큐가 계속 자라는 반면, 삭제에 의해 Front 인덱스가 증가하여 점차로 왼쪽에 버려진 공간이 늘어나게 된다. [그림 7-7]을 보

자. 현재 Front = 0, Rear = 3인 큐가 있을 때, 삽입을 네 번, 삭제를 네 번 가하면 최종 인덱스는 Front = 4, Rear = 7이 된다. 즉, 데이터 네 개짜리 큐가 처음엔 배열의 왼쪽에 모여 있다가 반복되는 삽입, 삭제에 의해 오른쪽으로 이동한 모습이다. 이처럼 삽입, 삭제에 의해 큐의 내용이 점차 오른쪽으로 흘러가는 것을 **표류 현상(Drift, Rightward Shift)**이라 부른다.

표류 현상(Drift, Rightward Shift)

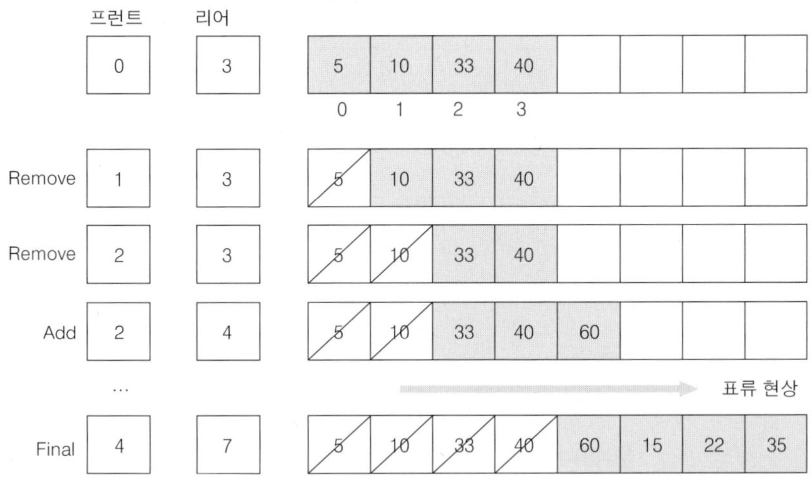

[그림 7-7] 표류 현상

만약, 이 배열에 들어가는 데이터 개수를 MAX = 8로 선언했다면 인덱스 0부터 7까지므로 더 이상, 삽입이 불가능한 상태가 되어 버린다. 이 때, 문제가 되는 것은 Front 인덱스 왼쪽의 빈 공간들이다. 오른쪽은 MAX 인덱스에 막혀 더 이상 삽입할 공간이 없지만, 실제 왼쪽의 인덱스 0부터 3까지는 과거 프런트에 있던 데이터들이 사용했던, 이제는 필요 없는 공간으로써, 재사용이 가능한 공간이다.

표류 현상으로 인한 이러한 문제점을 해결하기 위한 방법으로서 **왼쪽 이동(Shift Left)**을 생각해볼 수 있다. 삭제가 일어날 때마다 현재 큐의 모든 데이터를 왼쪽으로 한 칸씩 이동하고 그에 따라 Rear 인덱스를 감소하는 것이다. 이동에 따른 시간적 부담을 줄일 수 있는 조금 더 영리한 방법은 Rear 인덱스가 오른쪽 끝까지 와서 더 이상 증가될 수 없을 때에 한해서, 왼쪽 끝에 빈 공간이 있는지를 확인하고 모조리 한꺼번에 왼쪽으로 몰아넣는 것이다. 즉, 삽입할 때마다 이동하는 것이 아니고 큐가 꽉 찰 때에 한해서 한꺼번에 이동시키는 것이다. 그러나 두 방법 모두가 데이터의 이동에 따른 시간적 부담을 피하기는 어렵다.

왼쪽 이동(Shift Left)

원형 배열 (Circular Array)

왼쪽 이동을 피하면서 빈 공간을 재사용하고자 고안된 것이 **원형 배열**(Circular Array)이다. 이는 원형 연결 리스트에서 마지막 노드가 다시 첫 노드를 가리키게 한 것과 매우 유사하다. 위 예를 기준으로 하자면 배열 인덱스 7에서 1을 증가시킨 인덱스가 8이 아니라 0으로 하자는 것이다. 즉, 리어 인덱스를 증가시킬 공간이 없으니 다시 처음 인덱스인 0으로 되돌려 거기에 삽입하자는 것이다.

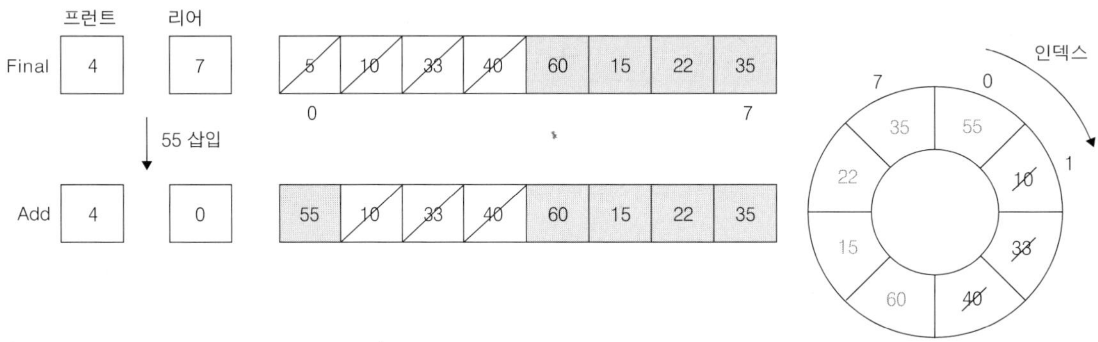

[그림 7-8] 원형 배열

[그림 7-8]은 원형 배열을 사용하여 데이터를 삽입한 모습이다. 프런트 인덱스 4, 리어 인덱스 7인 상태에서 데이터 55를 리어 인덱스 0에 추가한 모습이다. 배열 자체가 둥그런 모습을 띨 수는 없다. 배열은 메모리 주소 공간에 일직선(Linear) 형태로 나열되어 있을 뿐이다. 단지, 우리가 개념적으로 그처럼 둥그렇게 이어진다고 간주하는 것이다.

모듈로(Modulo, %)

이처럼 리어 인덱스를 다시 배열의 처음으로 돌릴 수 있게 하는 연산자가 **모듈로**(Modulo, %) 함수로서, 정수 나눗셈의 결과 나머지를 되돌려주는 함수다. 인덱스 8을 0으로, 9를 1로, 10을 2로 되돌리자면 해당 인덱스에 모듈로 8을 가하면 된다. 따라서 원형 배열에서 삽입을 위한 인덱스를 구하는 함수는 (Rear + 1) % MAX로 표시할 수 있다. 이렇게 하려면 삽입 명령마다 위치를 계산하기 위해서 반드시 모듈로 함수를 실행해야 하지만 이 계산에 걸리는 시간은 모든 데이터를 이동시키는 시간에 비할 바는 아니다.

배열을 원형으로 간주하면 큐의 마지막 요소는 한바퀴 돌아서(Wrap Around) 앞쪽으로 가서 붙게 된다. 이러한 큐는 시각적으로 볼 때, 프런트에서 출발하여 리어까지 시계방향으로 하나의 덩어리를 형성한다. 예를 들어, Front = 4, Rear = 1이라면 인덱스 4, 5, 6, 7, 0, 1이 큐를 이루게 된다. 이처럼 원형 배열을 사용하면 Rear 인덱스가 Front 인덱스보다 작을 수도 있게 된다.

원형 배열에서 IsEmpty와 IsFull 상황을 판단하기 위해서 주의가 필요하다. [그림 7-9]의 상황을 보자. 왼쪽 그림은 현재 프런트 3, 리어 3으로서 큐 내에 데이터 하나만이 존재한다. 여기에 삭제를 가하면 프런트 인덱스가 4로 증가하여 리어 인덱스보다 하나 많게 되고 결국, 이 상태가 빈 큐를 표시한다. 오른쪽 그림은 프런트 5, 리어 3으로서 시계 방향으로 돌면서 큐가 형성되어 있다. 여기에 삽입이 가해지면 리어가 증가하여 리어 4에 데이터 60이 들어옴으로써 꽉 찬 큐가 된다. 결과적으로 인덱스만으로 보면 두 가지 상황 모두 (Front = = Rear + 1)이 되어 버린다.

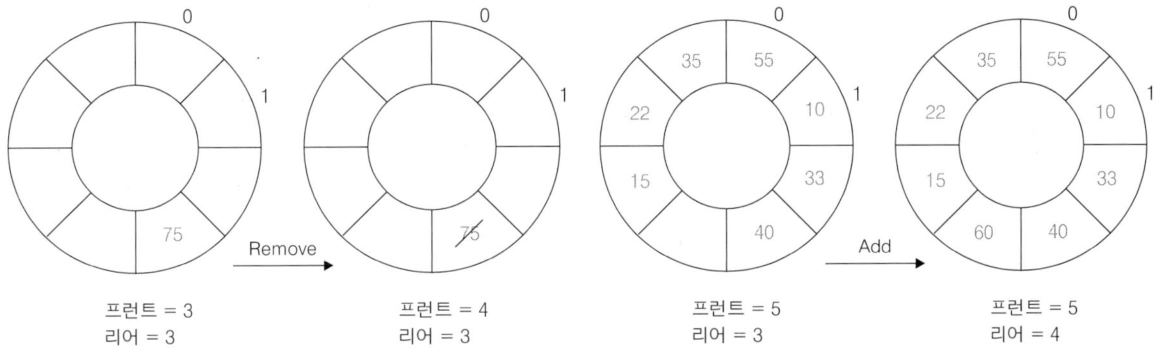

[그림 7-9] 빈 큐와 꽉 찬 큐

IsFull 상황과 IsEmpty 상황을 인덱스만으로 판단해야 하는 프로그래머로서는 난감한 일이다. 이를 해결하기 위한 방법이 별도의 Count 변수를 유지하는 방법이다. 이 변수는 현재 큐에 데이터 몇 개가 있는지를 추적하기 위한 것으로서 삽입이 일어날 때마다 Count++, 삭제가 일어날 때마다 Count--를 해주면 된다. 이렇게 한다면 인덱스 대신에 Count 변수만으로 현재 큐의 상황을 체크할 수 있다. 따라서 삽입하기 전에 반드시 if (Count = = MAX)에 의해 큐가 완전히 차 있는지를 확인하고, 삭제하기 전에 반드시 if (Count = = 0)에 의해 비어있는 큐인지를 확인하면 된다. 이러한 점을 모두 반영한 원형 배열의 코드는 다음과 같다.

[코드 7-5] 원형 배열 큐의 초기화, 삽입, 삭제

```
queueClass::queueClass()                    생성자 함수
{ Front = 0;
  Rear = -1;
```

```
  Count = 0;                                   데이터 수 0으로 초기화
}
void queueClass::Add(int Item)
{ if (Count <= Max)                            아직 데이터 수가 최대가 아니라면
   {     Rear = (Rear + 1) % MAX;              리어 인덱스 증가(원형으로)
         Queue[Rear] = Item;                   큐 배열에 데이터 복사
         Count++;                              데이터 수 증가
   }
}
void queueClass::Remove()
{ if (Count > 0)                               데이터가 하나라도 있다면
  {     Front = (Front + 1) % MAX;             프런트 인덱스 증가(원형으로)
        Count--;                               데이터 수 감소
  }
}
```

Section

05 추상 자료형 리스트에 의한 큐 구현

스택과 마찬가지로 큐 역시 위치 기반 추상 자료형 리스트를 이용하여 간단하게 구현할 수 있다.

[코드 7-6] QueueL.h(C++ Interface by ADT LIST)

```
#include <ListP.h>
class queueClass
{ public:
    [ 코드 7-1] (또는 [ 코드 7-4] )와 동일
  private:
    listClass L;
};
void queueClass::Add(int Item)                   삽입 함수
{ L.Insert(L.Length() + 1, Item);
}
void queueClass::Remove()                        삭제 함수
{ L.Delete(1);
}
int queueClass::GetFront(int& FrontItem)         검색 함수
{ L.Retrieve(1, FrontItem) ;
}
```

리스트를 큐로 간주할 때, 큐의 프런트는 리스트의 첫 위치가 되고 큐의 리어는 리스트의 마지막 위치가 된다. 따라서 삽입을 하려면 Length()에 의해 마지막 위치를 구하고 여기에 1을 더한 위치에 삽입하면 된다. 삭제는 리스트의 첫 데이터를 제거하면 된다. 큐의 프런트 데이터를 보는 함수 역시 리스트의 검색 함수에 의해 구현될 수 있다.

Section

06 큐 응용 예

❶ 회문

회문
(廻文, Palindromes)

앞에서 읽으나 뒤에서 읽으나 똑같은 단어나 문장을 **회문(廻文, Palindromes)**이라 한다. 예를 들어, '기러기', '토마토', '소주 만병만 주소' 등 가운데 문자를 중심으로 대칭적으로 서 있는 문자열을 말한다. 'ABLE WAS I ERE I SAW ELBA'(유배지인 엘바 섬을 보기 전까지는 난 뭔가 할 수 있었다)라고 번역된 나폴레옹의 말도 회문이다.

주어진 문자열이 회문인지 아닌지를 판별하기 위한 코드를 생각해보자. 들어오는 문자열을 순서대로 읽어서 스택과 큐, 두 가지 자료구조에 넣고 각각의 자료구조에서 하나씩 끄집어 내서 비교해보자. 스택에서 튀어 나오는 것은 가장 마지막에 들어간 문자인 반면, 큐에서 나오는 것은 가장 먼저 들어간 문자므로 문자 두 개가 매칭되면 된다. 이 두 개가 일치한다면 해당 문자를 제거하고, 다시 그 다음 것을 비교하면 된다. 즉, 뒤에서 두 번째 글자와 앞에서 두 번째 글자를 비교한다. 이 과정을 유사코드로 나타내면 다음과 같다.

[코드 7-7] 회문 판정

```
Q.Create(); S.Create();                     큐와 스택을 생성
for (i = 0; i < stringLength(); i++)  문자열 끝까지
{     Read Character into C;                하나씩 읽어서 변수 C에 저장
      Q.Add(C); S.Push(C);                  큐에 삽입, 스택에 삽입
}
Matched = TRUE:                             매칭된 것으로 초기화
while (!IsEmpty() && Matched)               비어 있지 않고, 미스매치 되지 않는 동안
{     if (Q.GetFront() = = S.GetTop())  큐 프런트와 스택 탑이 일치하면
      { Q.Remove(); S.Pop();                각각 삭제
      }
      else Matched = FALSE;                 일치하지 않으면 빠져나감
}
```

```
return Matched;                     비어서 빠져나오면 TRUE를 리턴
}
```

2. 시뮬레이션

어떤 은행의 고객이 기다리는 시간(Waiting Time)이 너무 길다고 불평한다. 은행에서는 창구를 늘려야 할지 어쩔지 고민이 된다. 창구를 하나 늘리면 만족도가 얼마나 늘어날까. 대기 시간이 얼마나 줄어들까. 은행으로서는 당연히 창구를 늘릴 때 드는 비용과 대기시간이 줄어들어 더 많은 손님을 받았을 때 창출되는 이윤을 고려해 봐야 할 것이다. 그렇다면 일단은 대기시간을 얼마나 줄일 수 있는지가 관건이 된다.

시뮬레이션(Simulation)이란 우리말로 모의실험에 해당하는 것으로 실제로 일을 실행하기에 앞서서 프로그램으로 미리 실험해본다는 의미가 있다. 시뮬레이션은 주어진 시스템을 일단 수학적으로 모델링하는 데에서 출발한다. "손님이 몇 분마다 도착하는가", "한 손님당 일처리에 몇 분 정도가 걸리는가" 등이 그것이다. 이러한 모델링에 사용되는 통계적 이론이 **큐잉 이론**(Queueing Theory)이다. 때에 따라서는 "손님별로 어떤 창구직원을 선호하는가", "점심시간 전후에 손님이 몰리는가" 등의 변수도 있을 수 있으며 필요하다면 이러한 변수까지 포함하여 수학적으로 모델링해야 한다.

시뮬레이션(Simulation)

큐잉 이론 (Queueing Theory)

직원이 아침에 출근하자마자 타이머를 0분으로 설정했다고 하자. 개점 후 10분 만에 첫 손님이 와서 일 처리가 시작된다. 22분에 둘째 손님이 왔으나 첫 손님 일이 아직 끝나지 않아서 대기에 들어간다. 40분에 첫 손님의 일이 끝나고 둘째 손님의 일처리가 시작된다. 이렇게 되면 둘째 손님이 기다린 **대기 시간**(Waiting Time)은 18분이 된다. 물론, 은행에 창구가 하나 밖에 없다고 가정한 것이다. (A, 20, 4)가 업무 개시 후 20분에 4분짜리 일처리를 요하는 A 손님이 들어온 것을 의미한다고 할 때, (A, 20, 5) (B, 22, 4) (C, 23, 2) (D, 30, 3)의 순서로 일이 발생할 때 총 대기시간은 몇 분인가.

대기 시간 (Waiting Time)

20분에 A가 오자마자 일 처리가 시작된다. 22분에 B가 왔으나 줄 서서 기다려야 한다. 23분에 온 C 역시 기다려야 한다. 25분에 A가 일을 마치니 줄에 서 있던 B가 일을 시작한다. 이 사람의 대기 시간은 25 − 22 = 3분이었다. 시작한지 4분만인 29분에 B가 일을 마치니 C가 일을 시작한다. 이 사람의 대기시간은 29 − 23 = 6분이었다. 각 손님의 대기시간을 합

쳐서 사람 수로 나누면 평균 대기시간이 된다. 위 네 사람이 들어오는 순서가 바뀌면 평균 대기시간도 달라진다.

시간 구동 시뮬레이션 (Time-Driven Simulation)

사건 구동 시뮬레이션 (Event-Driven Simulation)

프로그램에 의한 시뮬레이션에는 두 가지가 있다. 타이머가 0, 1, 2, ...로 진행할 때마다 새로운 사람이 들어오는지 아니면 현재 서비스 받는 사람의 일처리가 끝났는지 확인해보고 이에 따라 필요한 행동을 취한다면 이는 **시간 구동 시뮬레이션**(Time-Driven Simulation)이다. 반면, 프로그램이 아무런 일을 하지 않다가 만약에 누가 들어오거나 일처리가 끝나면 그럴 때에 한해서 행동을 취하게 할 수 있다. 이를 **사건 구동 시뮬레이션**(Event-Driven Simulation)이라 한다. 즉, 사건이 일어날 때만 필요한 액션을 취하도록 한 것이 사건 구동 시뮬레이션이다. 이 문제를 사건 구동 시뮬레이션으로 짜기 위해 필요한 요소를 생각해보자.

이 문제는 기본적으로 큐를 필요로 한다. 일단, 들어오는 사람을 줄을 세워야 하므로 CustomerQueue[ ]라는 배열을 만들어 볼 수 있다. 이 큐에서는 새로운 손님이 도착하면 줄 뒤에 삽입이 일어나고, 줄의 맨 앞 손님이 창구로 가면 삭제가 일어난다. 그렇다면 무엇이 줄의 맨 앞 손님이 창구로 가도록 구동하는가.

사건(Event)

당연히 그 전 손님이 일처리가 끝나는 **사건**(Event)에 의해 구동된다. 그런데 그 끝나는 시간은 그 전 손님이 일처리를 시작하는 시간에 그 손님의 일처리에 걸리는 시간을 더해야 한다. 따라서 현재 일처리를 하고 있는 사람에 대해서는 일처리 시작시간과 종료시간을 지속적으로 추적해나가야 한다. 시작시간은 그 시간에서 도착시간을 빼서 대기시간을 구하기 위해서며, 일처리 종료시간은 다음 사람이 일처리를 시작할 수 있도록 구동하기 위해서다.

[표 7-2] (A, 20, 5) (B, 22, 4) (C, 23, 2) (D, 30, 3)의 처리

Event	CustomerQueue			Arrival	Start	End
20	A			A: 20	20	25
22	B					
23	B	C				
25	C			B: 22	25	29
29				C: 23	29	31
30	D					
31				D: 30	31	34
34						

[표 7-2]의 왼쪽 칼럼을 보면 20, 21, 22, 23, 24 식으로 되어 있지는 않다. 시간 구동이 아니라 이벤트 구동이기 때문에 이벤트가 일어난 시간에만 계산이 가해진다. 새로운 손님이 들어오는 것도 이벤트다. 이로 인해서 CustomerQueue에 삽입이 일어나야 하고, 또 그 손님의 도착시간을 기록해 놓아야 하기 때문이다. 20분에 첫 손님 A는 줄에 서자마자 삭제되어 일처리를 시작한다. 마지막 세 칼럼은 각각 현재 서비스를 받는 사람의 도착시간, 일처리 시작시긴, 일처리 종료시간을 나타낸다.

A는 일처리 시작시간이 20분이며, 일 처리로 5분을 소요하니 종료시간은 25분이 된다. 일처리의 종료는 새로운 이벤트를 발생시켜야 하므로 이 정보를 마지막 칼럼에 기록한다. 22분에 B가 도착하면 줄을 서게 되고, 23분에 C도 줄을 서게 된다. 25분에는 누가 도착한 것이 아니다. 그 순간에 다른 이벤트 즉, 현재 서비스를 받고 있던 A의 일처리가 끝나는 이벤트가 발생한 것이다. 따라서 큐의 맨 앞 손님인 B가 빠져 나오고 이제 마지막 세 칼럼에 B에 관한 정보를 기록한다.

가장 왼쪽 칼럼에 표시된 시간은 두 가지 이벤트에 의해 결정된다. 첫째, 새 손님이 들어오는 시간에 이벤트가 발생하는 것이고 둘째, 현재 서비스 받는 손님의 일처리가 끝나는 시간에 이벤트가 발생하는 것이다. 총 대기시간은 각각의 손님이 큐에서 삭제되는 시간에서 해당 손님이 줄 끝에 서는 시간을 빼면 된다. 예를 들어, 위 시뮬레이션의 결과 대기시간은 A: 20-20, B: 25-22, C: 29-23, D: 31-30으로써, 총 대기시간은 10분, 평균 대기시간은 2.5분이 된다.

이러한 시뮬레이션은 고객 대기시간 뿐만 아니라 네트워크 설계에도 이용된다. 네트워크 데이터를 중계하는 라우터(Router)는 다른 곳으로부터 날아오는 데이터를 큐 구조에 넣어놓고 하나씩 꺼내서 원하는 목적지(IP Address)로 방출한다. 큐는 **입력 버퍼 메모리(Input Buffer Memory)**에 형성되며, 단위 시간당 라우터가 처리할 수 있는 용량 이상의 데이터가 입력되면 입력 버퍼가 차서 더 이상 데이터를 받을 수 없게 된다. 이 경우, 시간당 입력되는 데이터의 양을 통계적으로 모델링하고 대기 시간을 미리 예측해 봄으로써 시뮬레이션 결과를 네트워크 구성요소 설계에 반영할 수 있다.

입력 버퍼 메모리
(Input Buffer Memory)

❸ 그래픽 입력 모드

상호작용
(Interaction)
메저(Measure)
트리거(Trigger)

컴퓨터 입력 장비와 응용프로그램 사이에 어떤 방법으로 **상호작용**(Interaction)이 일어나는지에 따라서 입력 모드가 구분된다. 이를 설명하려면 **메저**(Measure)와 **트리거**(Trigger)를 구분해야 한다.

메저는 측정된 값으로써 입력 장비가 응용프로그램에 전달하는 값이다. 반면, 트리거는 입력 장비로부터의 메저를 전달하라는 신호에 해당한다. 즉, 입력 값을 가져가라는 방아쇠를 당기는(Trigger) 작업에 해당한다. 예를 들어, 문자열을 입력받는 키보드에서 사용자가 dir〈enter〉라고 쳤다면 dir은 메저며, 〈enter〉는 트리거에 해당한다. 또, 마우스를 어떤 위치에 갖다놓고 클릭을 가했다면, 그 위치의 좌표 (x, y)가 메저며, 마우스 클릭이 트리거에 해당한다.

메저 프로세스
(Measure Process)
초기화(Initialization)

트리거에 의해 메저 값이 응용프로그램에게 전달되려면, 메저 값이 이미 저장되어 있다는 전제 조건을 필요로 한다. **메저 프로세스**(Measure Process)는 메저 값을 인식하여 저장하는 과정으로써, 일반적으로 장비의 **초기화**(Initialization) 단계에서 시작된다. 예를 들어, 윈도우 시스템에서 처음 시스템을 켜서 마우스를 초기화한 이후에는 응용프로그램이 그 값을 요구하든, 말든 간에 항상 현재 마우스의 위치 값이 추적되어 시스템 버퍼(System Buffer)에 저장된다. 메저 프로세스와 트리거와의 관계에 의해 입력 모드를 세 가지로 구분할 수 있다.

리퀘스트 모드
(Request Mode)

리퀘스트 모드(Request Mode)

프로그램이 수행 중에 메저 값을 요구하는 방식이다. 사용자가 이에 응답하여 메저 값을 준 후, 트리거를 행함으로써 프로그램에게 메저 값이 전달된다. 예를 들어, C 프로그램에서 scanf라는 명령어를 수행하면 화면으로부터 해당 데이터가 입력되고, 〈enter〉 키에 의해 트리거될 때까지 프로그램은 대기상태(wait state)에 놓인다.

샘플 모드
(Sample Mode)
직접 모드
(Immediate Mode)

샘플 모드(Sample Mode)

직접 모드(Immediate Mode)라고도 부르는 이 방식에서는 트리거 작업이 불필요하다. 프로그램은 무조건 현재의 메저 값을 가져간다. 따라서 사용자로서는 프로그램의 해당 함수를 호출하기 전에 이미 필요한 키보드 데이터를 입력해서 넣은 상태거나 혹은 마우스의 경우에는 필요한 위치로 마우스를 옮겨 놓은 상태여야 한다.

메뉴를 선택하는 작업을 기준으로 리퀘스트 모드와 샘플 모드를 비교해보자. 리퀘스트 모드를 사용하는 패키지에서는, 예를 들어, 그래픽 소프트웨어에서 [회전] 메뉴를 선택하면 프로그램에서 어떤 물체를 회전할 것인지 선택하라는 식이다. 사용자가 이에 응답하여 마우스를 원하는 물체 위로 가져가면 메저 값이 측정된다. 이어서 마우스를 누르는 순간(Trigger), 현재의 메저 값(구체적으로는 물체의 ID)이 프로그램에 전달된다. 반면 샘플 모드에서는 미리 회전될 물체를 마우스로 눌러서 선택한다. 이후 [회전] 메뉴를 선택하면, 프로그램이 자동으로 이미 메저 값으로 들어와 있는 물체를 회전을 위한 메저 값으로 가져가는 식이다. 영어의 문법으로 비유하자면 동사가 먼저 나오고 목적어를 물어보는 것이 리퀘스트 모드고, 반대로 목적어를 미리 지정하고 동사를 불러내는 것이 샘플 모드다.

이벤트 모드(Event Mode)

이벤트 모드
(Event Mode)

리퀘스트나 샘플 모드에서 유의할 점은 프로그램에서 요구하는 입력 장비 이외의 어떤 입력 장비로부터의 입력도 무시된다는 점이다. 바꾸어 말하면 사용자로서는 프로그램 자체가 수행 중에 요구하는 장비에서만 입력을 행할 수 있다. 그렇지만 이러한 방식이 문제가 될 때가 있다. 예를 들어, **모의 비행 시험**(Flight Simulator) 프로그램의 입력 장비는 다이얼을 비롯하여 버튼, 스위치, 조종간 등 다양한 입력 장비가 사용된다. 고도가 급격히 떨어짐을 인지한 조종사가 조종간을 당기려고 할 때에 현재 프로그램이 무조건 서리 제거 버튼을 눌러줄 것을 요구한다면 프로그램의 효용성은 떨어진다.

모의 비행 시험
(Flight Simulator)

이벤트 모드에서는 사용자가 선택한 입력 장비가 우선권을 쥔다. 즉, 프로그램이 돌다가 어느 순간에 입력 장비를 지정해서 사용자에게 데이터 입력을 요구하는 것이 아니다. 아무 때고 사용자가 임의로 선택한 입력 장비를 사용하여 입력 데이터를 프로그램에게 전달할 수 있고, 프로그램은 이에 맞추어서 해당 작업을 수행해야 한다. 입력 장비가 트리거되는 순간, 이벤트 하나가 발생한 것으로 본다.

이벤트가 발생하면, 해당 장비의 아이디와 함께 메저 값이 프로그램에게 전달된다. 그리고 순차적으로 여러 이벤트가 발생하기 때문에 이를 처리하려면 **이벤트 큐**(Event Queue)를 사용하게 된다. 어떤 장비로부터 이벤트가 발생하여 해당 정보가 이벤트 큐에 놓이는 과정은 응용프로그램과는 전혀 무관하게 돌아간다. 즉, 응용프로그램이 어떠한 작업을 수행 중이라고 하더라도, 이와 완전히 동시에(Simultaneously), 외부 입력 장비로부터의 이벤트 발생에 따른 해당 이벤트 정보는 이벤트 큐에 쌓이게 된다.

이벤트 큐
(Event Queue)

콜백 함수
(Callback Function)

응용프로그램이 이벤트 큐에 쌓인 이벤트를 처리하는 방법으로는 **콜백 함수**(Callback Function)를 들 수 있다. 이는 이벤트별로 프로그램이 수행해야 할 구체적인 함수를 미리 지정하는 방법이다. 예를 들어, 마우스의 버튼 클릭 이벤트가 발생하면, 응용프로그램이 수행해야 할 함수 내용은 이러이러한 것이라고 코드를 작성한다. 또, 〈Esc〉 키를 누르는 이벤트가 발생하면 응용프로그램에서 수행해야 할 함수는 현재의 응용프로그램을 종료하고 무조건 빠져 나가도록 콜백 함수를 작성할 수도 있다. 어떤 게임 프로그램을 보면 수행 도중에 〈Esc〉 키나 어떤 다른 키를 눌러도 빠져나가지 않는 것이 있다. 즉, 현재 주인공이 움직이고 있다면 무조건 〈화살표〉 키만 사용할 것을 요구하는 경우다. 이벤트 모드를 수용하지 않고 앞서 설명한 리퀘스트 모드를 사용한 프로그램일 경우, 이러한 일이 일어난다.

④ 운영체제

배치 작업(Batch Job, 일괄처리 작업)

시공유 시스템 (時共有, Time Sharing System)

조금 가상적으로 운영체제(Operating System)를 묘사해보자. 여러 사용자가 공유하는 대형 컴퓨터에서는 사용자 각각이 제출한 **배치 작업**(Batch Job, **일괄처리 작업**)들이 큐를 이룬다. 여기서 배치 작업이란 CPU가 하나의 작업을 처리하기 시작하면 그것이 끝나기 전까지는 일체의 다른 일을 하지 않는 것을 말한다. **시공유 시스템**(時共有, Time Sharing System)에서 아주 짧은 시간 간격을 두고 여러 사람의 작업을 번갈아 하는 온라인 작업(On-Line Transaction)과 대조되는 개념이다.

컴퓨터 사용자는 각자의 식별자(ID, Identifier)에 의해 분류된다. 예를 들어, 100-199가 가장 높은 우선순위의 ID, 200-299를 그 다음 높은 우선순위로, 다시 300-399를 그 다음 순위로 지정할 수 있다. 동일 우선순위를 지닌 ID라면 선입선출, 즉 먼저 제출한 작업이 먼저 처리된다. 만약, 더 높은 우선순위의 작업이 큐의 끝에 서면 다른 것에 우선하여 그것이 먼저 실행된다. 따라서 그보다 높은 우선순위의 작업이 없을 때에만 낮은 우선순위의 작업이 실행된다. 우선순위별로 큐가 존재해야 하므로 이를 자료구조로 표현하면 queue Type MultiQueue[MaxPriority];로 선언할 수 있다. 예를 들어, 우선순위가 세 가지면 MultiQueue[0], MultiQueue[1], MultiQueue[2]라는 세 개의 큐가 형성되는 셈이다.

누가 배치 작업을 제출하면 일단 해당 작업을 표시하는 토큰(Token, ID)을 할당하고 그 토큰을 해당 사용자가 속한 우선순위에 있는 큐의 끝에 삽입한다. 이는 운영체제 역할 중 처리할 일을 가져오는 **디스패처(Dispatcher)**의 역할이다. 실행 중이던 배치 작업이 끝나면 다음 실행을 기다리는 큐에서 우선순위가 가장 높은 작업을 가져오기 위해 큐의 삭제가 필요하다. 이는 운영체제 역할 중 작업의 일정을 관리하는 **스케줄러(Job Scheduler)** 역할이다.

디스패처
(Dispatcher)

스케줄러
(Job Scheduler)

Section

07 너비우선 탐색

너비우선 탐색 (BFS, Breadth First Search)

큐의 또 다른 응용 예로써, 그래프의 탐색을 살펴보자. **너비우선 탐색**(BFS, Breadth First Search)은 문자 그대로, 탐색 순서에 있어서 깊이보다는 폭을 우선적으로 취한다.

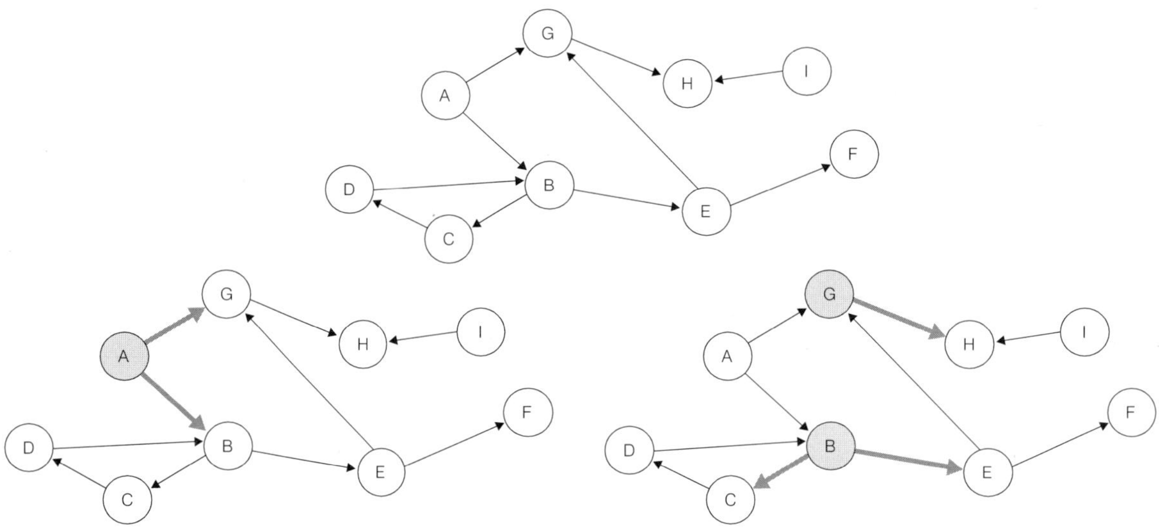

[그림 7-10] 너비우선 탐색

[그림 7-10]은 노드 A에서 시작하는 너비우선 탐색의 처음 두 단계를 보인 것이다. 일단 A에서 한 번에 갈 수 있는 노드 즉, 인접 노드인 B와 G를 우선적으로 방문한다. 인접 노드가 두 개 이상일 때 알파벳 순으로 방문한다는 규칙을 세우면 A-B-G 순서로 방문이 이루어진다. 그 다음 B와 G 각각에 대해서도 동일한 논리를 적용한다. B에 인접한 노드가 C, E를 모두 방문하고, 이어서 G에 인접한 노드가 H를 방문한다. 이런 식으로 계속하면 방문 순서는 A-B-G-C-E-H-D-F가 된다.

쉽게 말해서 주변노드를 먼저 방문하는 것이 너비우선 탐색이다. 너비우선 탐색의 이러한 접근 방식은 깊이우선 탐색과는 대조된다. 어떤 노드의 인접노드가 여러 개 있다고 가정할 때, 깊이우선 탐색은 인접노드를 우선적으로 먼저 방문하는 것이 아니다. 이들 중 하나를 방문하면 다시 거기서부터 갈 수 있는 모든 노드들을 먼저 방문하는 것이 깊이우선 탐색이다.

인접노드까지의 거리를 1이라고 정의하면 너비우선 탐색은 주어진 노드로부터 거리 1인 노드를 모드 방문하고, 다음 거기서부터 거리 1인 노드, 즉 원래의 노드로부터 거리 2인 노드를 방문하고, 다시 거리 3의 노드를 방문한다. 너비우선 탐색의 이러한 특성으로 인해, 만약에 목적지를 찾는 문제라면 그 목적지까지 가는 **최단 경로**(Shortest Path)를 찾을 수 있게 된다. 거리가 짧은 순서로 목적지를 찾아가기 때문이다.

최단 경로 (Shortest Path)

깊이우선 탐색이 스택을 사용한다면, 반대로 너비우선 탐색은 큐를 사용한다. [그림 7-11]처럼 탐색이 시작되면 일단 출발지인 A를 큐에 삽입한다. 다음, 큐 프런트인 A를 제거하면서 A에 인접한 B, G를 모두 큐에 삽입한다. 다음, 현재의 큐 프런트인 B를 제거하면서 B와 인접한 C, E를 삽입한다. 다시 현재의 큐 프런트인 G를 제거하면서 G와 인접한 H를 삽입한다. 이러한 작업을 반복하면서 큐에서 제거된 노드를 순차적으로 나열하면 그것이 너비우선 탐색 순서가 된다.

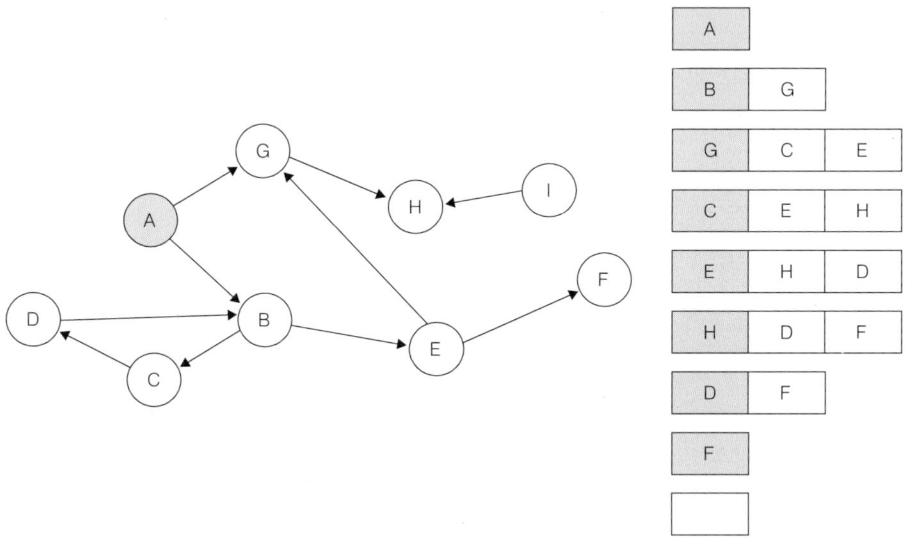

[그림 7-11] 너비우선 탐색과 큐

깊이우선 탐색과 마찬가지로 너비우선 탐색도 모든 노드를 빠짐없이 방문하기 위해 사용된다. 또, 깊이우선 탐색과 마찬가지로 "목적지까지 가는 길이 있는가?"라는 문제 해결에 사용될 수 있다. 예를 들어, "A에서 출발하여 K까지 가는 길이 있는가?"라는 질문에 [그림 7-11]과 같은 검색을 가했다면 K라는 노드는 없으므로 결국 큐가 비게 되어 "그런 길이 없다"고 답할 수 있게 된다. 만약 "A에서 출발하여 F까지 가는 길이 있는가?"라는 질문이라면 F가 큐 프런트인 상태에서 "그런 길이 있다"고 답하면 된다.

일반적인 너비우선 탐색을 위한 유사코드는 다음과 같다.

[코드 7-8] 너비우선 탐색

```
BreadthFirstSearch(Origin)
{    Q.Create();                               새로운 큐를 만들기
     Mark All Nodes as Unvisited;
     Q.Add(Origin);                            출발지를 큐에 삽입
     Mark Origin as Visited;                   출발지를 가 본 것으로 표시
     while (!Q.IsEmpty())                      빈 큐가 아닐 동안
     {    Q.GetFront(Front);                   큐 프런트에 있는 노드를 Front로 복사
          Q.Remove();                          큐 프런트를 제거
          for (Each Unvisited Nodes C Adjacent to Front)
          {    Q.Add(C);                       큐에 삽입
               Mark C as Visited;              가 본 것으로 표시
          }
      }
}
```

한번 가 본 도시를 다시 가지 않는 것은 깊이우선 탐색과 완전히 동일하다. 따라서 for 루프 내부에서 이러한 조건이 테스트 된다. 다시 말해, 안 가본 새로운 도시만을 큐에 삽입한다. 또, 스택에서 삽입과 동시에 가 본 도시로 표시하듯, 큐에서도 삽입과 동시에 가 본 도시로 표시한다. 너비우선 탐색 역시 안 가본 도시가 없을 때까지 모든 도시를 조직적으로 하나씩 방문하는 **소모적 탐색**(Exhaustive Search)의 한 방법이다.

소모적 탐색
(Exhaustive Search)

Section

08 덱

키보드 입력은 글자가 하나씩 들어오는 대로 메인 메모리 안의 입력 버퍼에 누적된다. 이 버퍼는 일종의 큐 구조로서 [그림 7-12]처럼 글자가 들어오는 순서대로 큐의 뒤쪽에 쌓이게 된다. CPU에서 이 데이터를 가져갈 때에는 먼저 들어온 글자를 먼저 가져가서 화면에 뿌려주게(화면 Echo) 된다. 즉, 일반적인 큐와 마찬가지로 큐 프런트에서 삭제가 일어난다. 그러나 입력된 글자가 ← 키(백 스페이스 키)라면 이 키는 큐의 제일 마지막 글자에 적용되어야 한다. 즉, 큐의 리어에서 삭제가 일어나야 하는 것이다.

[그림 7-12] 키보드 입력

되돌리기(UNDO)

다른 예를 들어보자. 대부분의 응용프로그램에서는 **되돌리기(UNDO)** 명령을 내릴 수 있다. 방금 실행한 작업을 취소하라는 것이다. 프로그램으로서는 화면에 표시된 내용 역시 이전 상태로 되돌려야 한다. 예를 들어, 어떤 그림을 확대하고, 회전하고, 이동시키는 명령을 내렸다고 하자. 이후, UNDO에 의해 가장 최근에 내린 이동 명령을 취소했다면 당연히 마지막에 있는 이동 명령을 삭제할 수 있어야 한다. 마지막 명령에 삭제가 이루어지므로 스택을 사용하면 충분할 것으로 생각되지만 그렇지만은 않다. 프로그램이 화면을 이전상태로 돌리려면 다시 처음부터 확대하고 회전하는 작업까지를 순차적으로 가해야 하기 때문이다. 즉, 가장 오래된 명령부터 순차적으로 실행하려면 스택의 바텀(Bottom)에 해당하는 데이터에 접근해야 한다.

화면 스크롤 (Screen Scroll)

[그림 7-13]의 **화면 스크롤(Screen Scroll)**을 생각해보자. 한 화면에 5줄까지 표시할 수 있는 화면을 가정할 때, 첫 그림은 현재 문서의 라인 4부터 라인 8까지 표시한 모습이다. 이 때, 큐의 프런트는 라인 8을, 큐의 리어는 라인 4를 가리킨다. 만약, 이 상태에서 문서의 위

쪽을 보려고 휠 마우스로 스크롤 업(Scroll Up)을 가한다면, 리어에 새로운 라인이 삽입되고, 프런트의 기존 라인이 삭제되므로 일반적인 큐 작업에 해당한다.

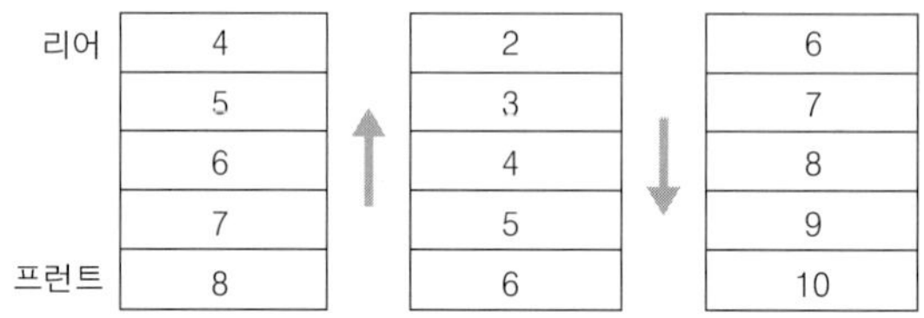

[그림 7-13] 화면 스크롤

그러나 마지막 그림처럼 스크롤 다운(Scroll Down)을 가한다면 프런트에 새로운 라인이 삽입되어야 하는 반면, 리어에서는 이전에 있던 라인이 삭제되어야 한다. 즉, 큐의 프런트에서 삽입이, 리어에서 삭제가 일어날 수도 있어야 한다.

덱, 디큐(DEQUE, Double Ended Queue)

덱 또는 디큐(DEQUE, Double Ended Queue, 디큐라는 말은 큐의 Remove를 의미하는 Dequeue와 혼동되므로 사용치 않는 것이 바람직 하다)는 특수한 형태의 큐로서 삽입 삭제가 프런트와 리어 양 끝에서 가해질 수 있도록 허용한 자료구조다. 허용되는 작업을 이렇게 정의하면 이 구조는 사실상 큐로 작동할 수도 있고, 반면에 스택으로 작동할 수 있다. 다시 말해, 큐 개념과 스택 개념을 일반화시킨 것이 된다. 덱의 이러한 측면은, 일반적인 추상 자료형인 리스트를 사용해서 특수한 자료형인 큐와 스택을 모두 구현할 수 있다는 점과도 유사하다.

덱의 추상 자료형 중 삽입 삭제를 위한 작업을 생각해보자. 양 끝의 삽입 삭제를 허용하려면 당연히, AddLast(), AddFirst(), RemoveLast(), RemoveFirst()라는 네 가지가 정의되어야 한다. 그중 RemoveFirst(), AddLast() 만을 사용한다면 큐가 되고, 반면에 RemoveLast(), AddLast() 만을 사용한다면 스택이 될 것이다. 객체지향의 관점에서 볼 때, 덱이 일반적인 클래스(General Class)라면 큐나 스택은 이를 특수화한 클래스(Special Class, Adaptor Class)라 할 수 있다.

양 끝에서 삽입 삭제가 일어난다는 점을 감안하면 덱 구조에서는 포인터 두 개를 유지하는 것이 유리하다. 그리고 연결 리스트라면 이는 헤드 포인터와 테일 포인터 두 개를 가져야 함을 의미한다. 또, 테일이 가리키는 마지막 노드에서 삭제가 일어나면, 테일은 바로 그 이전 노드를 가리켜야 한다는 점을 감안하면 그 구조는 이중연결 리스트가 가장 적당하다.

덱을 선형 배열(원형 배열과 대조되어)로 구현할 때에도 프런트와 리어, 이처럼 인덱스 두 개가 필요하다. 이 경우, 고정된 한 쪽 끝에서 Add나 Remove가 이루어지면 이동(Shift)에 따른 시간이 소요된다. 예를 들어, [그림 7-14]의 위쪽 그림인 프런트 0 리어 4인 선형 배열 덱에서 AddFirst(22)가 일어나면 그 오른쪽의 모든 데이터가 오른쪽으로 이동해야 한다. 이러한 시간적 부담을 줄이기 위해서는 원형 배열을 사용하면 된다. 물론, 이 경우 프런트와 리어가 앞뒤로 자유자재로 움직일 수 있어야 한다.

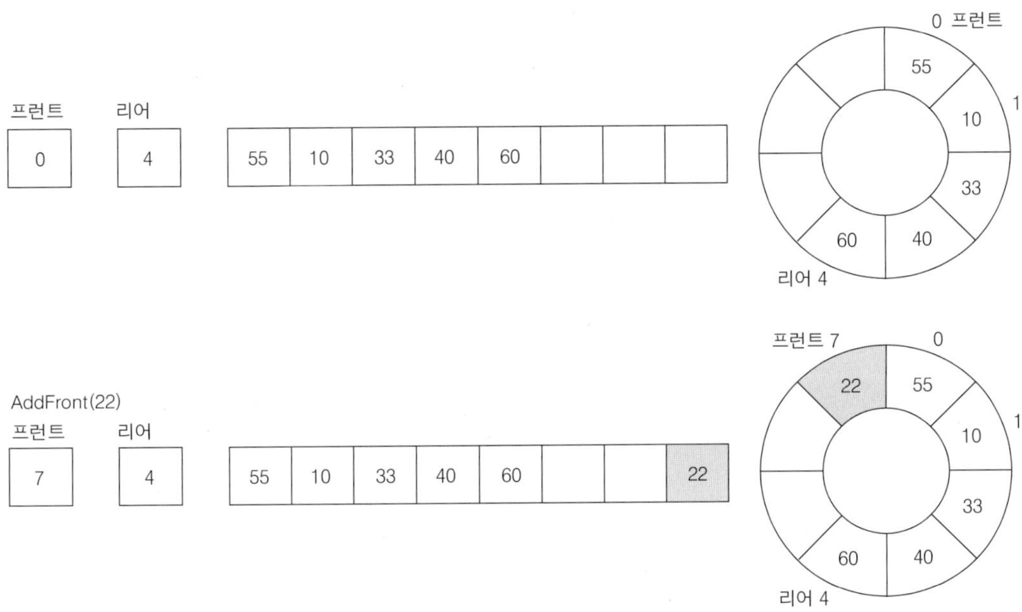

[그림 7-14] 원형 배열 덱

[그림 7-14]의 원형 배열은 AddFirst(22)를 위해 프런트가 뒤로 가는 것을 묘사한다. 일반 큐에서 삭제 시에 Front ++;에 의해 프런트 인덱스가 전진하지만 덱에서는 삽입 시에 Front --;에 의해 프런트가 후진할 수도 있다. 원형 배열이므로 프런트가 0에서 -1로 변하는 것이 아니라 배열 마지막 인덱스인 7로 변해야 한다. 이렇게 함으로서 데이터 이동에 따른 시간을 없앨 수 있다.

생활 속의 자료구조

深庵夜寂靜談玄　깊은 암자에서 밤늦도록 논하던 현담이 조용해지니
冷篆香殘斷穗烟　차가운 선향 소각에서 피어오르던 향연도 끊기었다.
心似月淸肌似鶴　마음은 달과 같이 맑고 몸은 학처럼 야윈 채
書書入妙養天全　그윽하게 묘한 경지에 들어 온전한 천성을 기르네

玄談靜寂夜庵深　고요한 현담이 잦아지니 암자의 밤은 깊어가고
烟穗斷殘香篆冷　이삭처럼 피던 향연은 끊기고 전향도 싸늘히 식었네
鶴似肌淸月似心　기골은 학처럼 맑고 마음은 달처럼 밝은데
全天養妙入書書　천성을 묘하게 기르려고 그윽한 경계로 들어가네

李奎報의 天壽寺偶書廻文, 2수 중 첫번째 작품, 『동국이상국집』

편의점 선반에 올려진 물건을 생각해보자. 일반적으로 점원은 새 물건이 들어오면 오래된 물건을 뒤로 밀고 맨 앞에 새 것을 진열한다. 또, 손님은 가장 앞에 있는 물건을 주로 꺼내간다. 삽입, 삭제가 한쪽에서 일어나는 스택이다. 그러나 이렇게 하면 오래된 물건일수록 점차 뒤로 밀려나고 심지어는 유통기한이 지나게 된다. 주인도 불만이겠지만 자꾸 뒤로만 밀려나는 물건도 기분이 좋지는 않을 것이다. 점원이 가끔씩 뒤에 있는 물건과 앞에 있는 물건의 위치를 서로 바꿔 주기도 하지만, 어떤 가게에서는 새 물건이 들어오면 선반 뒤로 돌아가서 밀어 넣기도 한다.

요세푸스(Josephus)의 문제는 다음과 같다. 유대인 41명이 로마군에 쫓겨 동굴에 갇혔다. 잡혀 죽기를 원치 않던 이 사람들은 [그림 7-15]와 같이 둥글게 둘러앉아 아무도 남은 사람이 없을 때까지 다음 세 번째 사람(Every 3rd Person)을 죽이기로 했다. 요세푸스는 이러한 죽음을 원치 않았다. 생존자 두 사람 중 한 사람이 되려면 몇 번째에 서야 하는가?

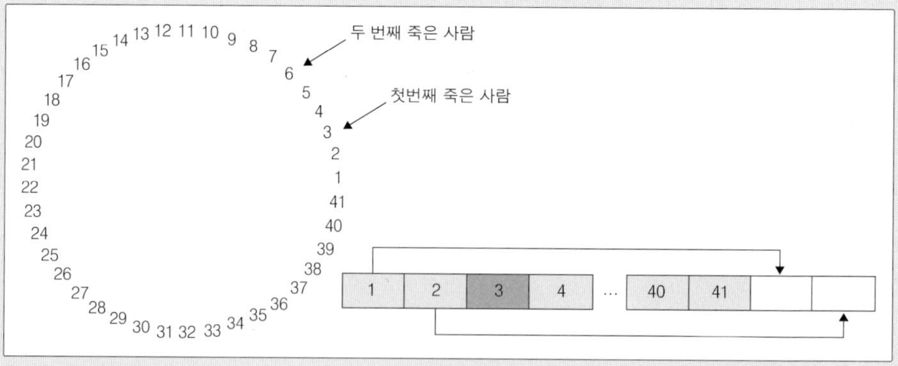

[그림 7-15] 요세푸스의 문제

요약

추상 자료형 큐는 리스트나 스택과 마찬가지로 집합적인 데이터를 다루기 위한 것으로 삽입, 삭제, 검색 작업을 위주로 한다. 리스트가 어느 위치에나 삽입, 삭제가 가능한 가장 일반적인 자료형이라면, 스택은 선입후출, 큐는 선입선출이라는 논리에 의해 작업 범위가 제한된다.

스택의 삽입, 삭제가 한 쪽 끝에서 이루어지는 데 반해, 큐의 삽입은 앞쪽에서, 또 삭제는 뒤쪽에서 이루어지기 때문에 양쪽을 모두 접근할 필요가 생긴다.

큐 역시 스택과 마찬가지로 배열, 연결 리스트, 추상 자료형 리스트 등의 세 가지 방식으로 구현할 수 있다. 연결 리스트로 구현한 큐에서는 원형 연결 리스트를 활용함으로써 리어 포인터 하나만으로 충분히 큐를 구현할 수 있다.

배열로 구현한 큐에서 삽입 삭제가 반복되면 전체적으로 데이터가 오른쪽으로 이동하는 표류현상이 발생하여 왼쪽의 빈 공간이 생긴다. 이 공간을 이용하기 위해 고안된 것이 원형 배열이다. 원형 배열은 개념적인 것이지 실제로는 선형 배열이다.

큐는 시뮬레이션이나 너비우선 탐색 등 대기열로 모델 할 수 있는 모든 상황에 적용된다. 덱은 양쪽 끝에서 삽입 삭제를 허용함으로써 스택과 큐를 일반화한 자료형이다.

연습 문제

문제에 특별한 자료구조를 지정하지 않는 한, 본문에 인용된 자료구조를 사용해야 한다.

1 다음 중 큐와 스택의 차이점에 해당하는 것은 무엇인가?

가. 큐는 동적 메모리를 요하지만 스택은 그렇지 않다.
나. 스택은 동적 메모리를 요하지만 큐는 그렇지 않다.
다. 큐는 양 끝을 이용하지만 스택은 한쪽 끝만 이용한다.
라. 스택은 양 끝을 이용하지만 큐는 한쪽 끝만 이용한다.

2 만약 문자 E, U, E, U, Q가 순서대로 큐에 삽입된 후, 하나씩 삭제해서 출력하면 다음 중 어떤 것이 되겠는가?

가. EUEUQ　나. QUEUE　다. EUQEU　라. UEQUE

3 원형 배열로 구현한 큐에서 배열 크기를 MAX라 하자. 현재 프런트 인덱스가 0이고 리어 인덱스가 (MAX-1)이라면 큐 요소의 개수는 몇 개인가?

가. 반드시 0　나. 반드시 MAX　다. 0 또는 MAX　라. 답 없음

4 연결 리스트로 큐를 구현하면서 프런트 포인터와 리어 포인터 모두를 유지했다. 현재 비어있지 않은 큐에 삽입을 가하면 다음 중 어떤 포인터가 변하겠는가?

가. 프런트만　나. 리어만　다. 모두 다　라. 모두 다 불변

5 연결 리스트로 큐를 구현하면서 프런트포인터와 리어 포인터 모두를 유지했다. 현재 비어있는 큐에 삽입을 가하면 다음 중 어떤 포인터가 변하겠는가?

가. 프런트만　나. 리어만　다. 모두 다　라. 모두 다 불변

6 만약 큐나 스택이 배열로 구현되었다면 사용자는 배열 내부의 어떤 위치의 요소라도 접근할 수 있다. (True/False)

7 다음 중 큐를 응용할 수 있는 상황을 모두 고르시오.

가. 구매할 식료품 리스트
나. 컴퓨터 CPU의 스케쥴링
다. 현금인출기 앞에 늘어선 줄
라. 서랍 안에 접어서 쌓아놓은 양말
마. 활주로에서 이륙을 기다리는 항공기들

8 다음 각각의 상황에서 스택이 유용할 것 같으면 S, 큐가 유용할 것 같으면 Q로 답하라.

가. 근무연한을 기준으로 가장 최근에 고용된 사원이 우선적으로 일시해고(Lay-off) 된다.
나. 수퍼마켓에서 오래된 재고품을 먼저 반품 처리하려 한다.
다. 미로 문제(Maze Problem)에서 막다른 길에 다다르면 바로 직전 위치로 되돌아간다.
라. 미로 문제(Maze Problem)에서 막다른 길에 다다르면 처음 출발 위치로 되돌아간다.

9 다음 그래프에서 너비우선 탐색 순서를 써보라. 단 각 노드는 단 한번씩만 나타나야 하며, 선택할 수 있는 노드가 여러 개 일 때에는 알파벳 순서로 지나간다.

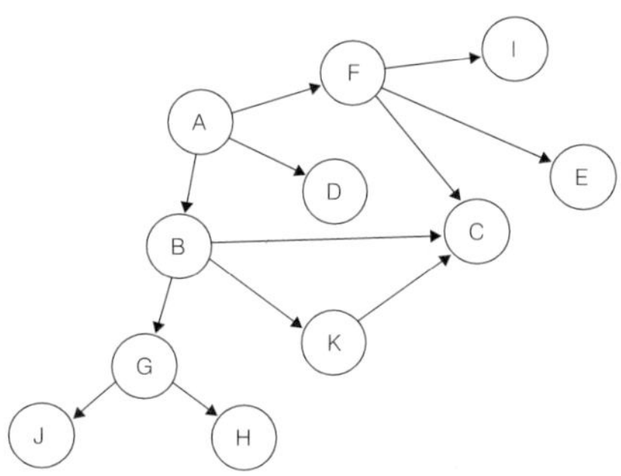

[그림 7-16] 문제 9

가. 노드 A에서 출발　　　　나. 노드 B에서 출발

10 다음 그래프에서 A에서 출발하는 깊이우선 탐색순서와 너비우선 탐색순서를 각각 써라. 단 각 노드는 단 한 번씩만 나타나야 하며, 선택할 수 있는 노드가 여러 개 일 때에는 알파벳 순서로 지나간다. 화살표가 없는 간선은 양쪽으로 경로가 있음을 의미한다.

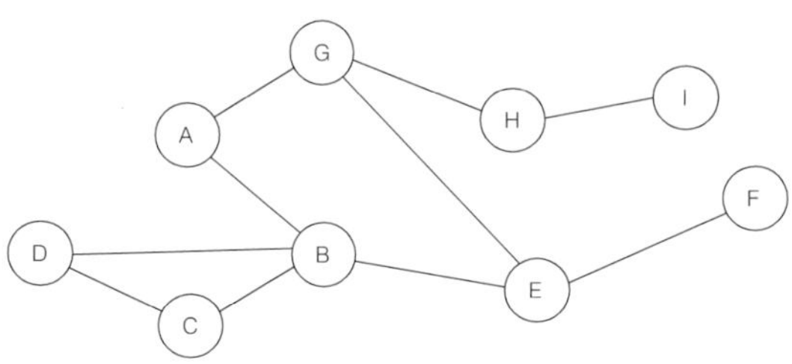

[그림 7-17] 문제 10

연습 문제

11 연결 리스트로 구현한 다음 큐에서 BackPtr이라는 포인터는 마지막 노드를 가리키고 있다. 다음 선언을 바탕으로 데이터 값 3인 새로운 노드를 추가하기 위한 소스코드를 작성하라.

```
typedef struct {
   Int Item;
   ptrType Next;
} node;
typedef node* ptrType;
```

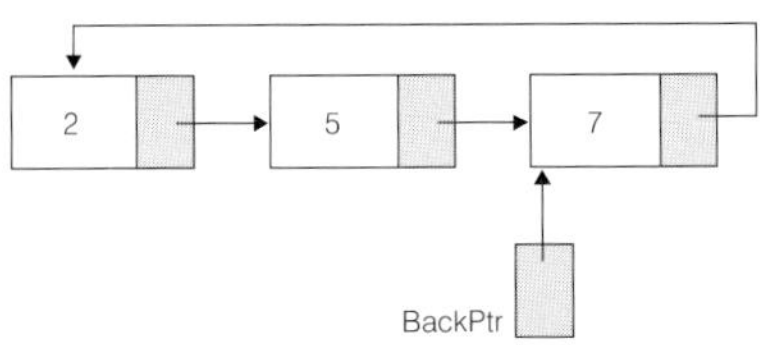

[그림 7-18] 문제 11

12 ADT 큐를 배열로 구현할 때, 표류 현상이 생기는 이유를 설명하고 이에 대한 대응책을 제시하라.

13 이미 구현된 위치기반 ADT LIST가 있고, 거기에 정의된 다음과 같은 함수가 있다고 가정하자.

```
bool ListIsFull( )
bool ListIsEmpty( )
int ListLength( )
void ListInsert(int Position, dataType Newitem, boolean&
Success)
void ListDelete(int Position, boolean& Success)
```

가. 리스트 객체 L을 가정하고 위 ADT를 사용하여 QueueClass::QueueAdd(int Newitem, boolean& Success) 함수를 작성하라. 단 Success 변수는 삽입이 제대로 되었으면 TRUE를 그렇지 않으면 FALSE를 되돌려주는 참조 호출 변수다.

나. 위 ADT 함수를 사용하여 StackClass::~StackClass( )를 작성하라.

14 자기 자신을 가리키는 노드를 그림으로 그려보라.

15 [코드 7-3]에서 현재 큐의 노드가 두 개 이상일 때 가해지는 Rear->Next = Front->Next; 명령과 delete Front; 명령의 순서를 바꾸어도 되는지 판단하라. 만약, 안 된다면 왜 그런지에 대해서 그림으로 설명하라.

16 [코드 7-3]의 삭제작업을 변형하여 큐의 프런트 데이터를 리턴하는 함수로 바꾸어라.

17 선형 배열로 구현한 큐에서 (Front = = Rear)에 의해 큐에 데이터 하나만이 존재할 때, 해당 Front 인덱스 값은 항상 0인가? 아니라면 어떤 경우인지 예를 들어보라.

18 [코드 7-6]의 ADT 리스트를 사용한 구현에서 다음 큐 함수를 각각 작성하라.

가. 생성자　　나. 소멸자　　다. bool queueClass::IsEmpty( )　　라. bool queueClass::IsFull( )

19 오른쪽 차선을 따라 운전하고 있는데, 갑자기 앞에 가던 버스가 급정거하였다. 내 차가 급히 섰고, 내 뒤 차, 그 뒤의 차 모두 급정거하여 줄을 섰다. 앞 버스가 정비 불량으로 인해 완전히 멈추어선 상태다. 내가 맨 앞이니 추월하기 위해 왼쪽 차선으로 가려하니, 줄의 맨 끝으로 진입하던 차가 이미 상황을 파악하여 미리 왼쪽 차선으로 변경해서 무서운 속도로 먼저 달려오고 있다. 이 상황은 본문의 자료구조 중 어떤 것에 비유되는지 판단하고 그 이유를 설명하라.

20 다음 자료구조를 가진 크기 4의 원형 배열 큐를 가정하고, 다음 각각의 작업 직후, 배열 내부의 값을 표시하라. 단, 헤드와 테일 값을 표시해야 하며, 각 작업은 이전 작업 결과에 이어져서 가해진다.

```
typedef struct
{ char Contents [4];
  int Head = 0;
  int Tail = 0;
} queueType;

Insert 'a';. Insert 'b'; Insert 'c'; Remove;
Remove; Insert 'd'; Insert 'e'; Remove; Remove
```

21 원형 배열로 구현한 큐에 최대 데이터 여섯 개가 들어갈 수 있다. 현재 데이터 A, B, C가 큐에 들어가 있는 상태에서 다음 일련의 작업을 수행한 직후의 큐의 상태를 각각 표시하라. 단, 각 작업은 이전 작업 결과에 이어져서 가해진다.

```
Remove( ); Remove( ); Add(D); Add(E);
Remove( ); Add(A); Add(B);Remove( ); Remove( );
```

22 단순 연결 리스트로 구현한 큐의 끝이 첫 노드를 가리킴으로써 원형 연결 리스트로 만들었다. 포인터를 따라서 여러 노드를 순회하는 작업의 존재유무를 기준으로 하여, 있으면 '느리다', 없으면 '빠르다'로 답하라.

가. 리스트의 처음을 가리키는 포인터만 있을 때, Add 작업은 빠른가?

나. 리스트의 처음을 가리키는 포인터만 있을 때, Remove 작업은 빠른가?

다. 리스트의 마지막을 가리키는 포인터만 있을 때, Add 작업은 빠른가?

라. 리스트의 마지막을 가리키는 포인터만 있을 때, Remove 작업은 빠른가?

연습 문제

23 다음 코드를 수행한 후에 큐 Q1, Q2와 스택 S의 내부 상태를 표시하라. 또, 큐의 프런트와 리어, 스택의 탑을 표시하라.단, Q1, Q2, S는 처음에 비어있는 상태다.

```
Q1.Add(9); Q2.Add(2); Q1.Add(3); Q2.Add(8);
Q1.Add(6); Q2.Add(1); Q1.Add(7); Q2.Add(8);
while ( !Q2.isEmpty() )
{       x = 2;
        if (Q2.Remove() == 8)
        {     while ( !S.isEmpty() )
              {     y = S.pop();
                    x = x + y;
              }
              Q1.Add(x);
        }
        else
              S.push(x);
}
```

24번 힌트
임시스택을 활용하라.

24 추상 자료형 큐, 스택에 정의된 함수를 이용하여 스택으로부터 큐를 생성하는 함수 StackToQueue를 작성하라. 큐가 만들어진 후 큐 리어는 스택 탑이 되어야 하고, 큐 프런트는 스택의 바텀(Bottom)이 되어야 한다. 단, 함수 실행이 끝난 뒤 스택은 비어 있어야 한다.

25번 힌트
임시스택을 활용하라.

25 추상 자료형 큐, 스택에 정의된 함수를 이용하여 큐로부터 스택을 생성하는 함수 QueueToStack을 작성하라. 스택이 만들어 진 후 스택 탑은 큐의 프런트가 되어야 하고, 스택의 바텀(Bottom)은 큐 리어가 되어야 한다. 단, 함수 실행이 끝난 뒤 큐는 비어 있어야 한다.

26 두 개의 스택을 사용해서 추상 자료형 큐를 구현하려 한다. 어떤 방법으로 구현할 수 있겠는지 설명하라.

27 연결 리스트로 큐를 구현했을 때, 첫 노드를 큐의 리어로 잡는 것이 좋은 생각인지 아닌지에 대해서 판단하고 그 이유를 제시하라. 특히 마지막 노드를 큐의 리어로 잡는 방식과 비교하여 장단점을 논하라.

28 원형 배열로 구현한 큐에서 큐 프런트가 인덱스 4에 있고, 큐 리어가 인덱스 1에 있다. 다음 데이터는 인덱스 몇 번에 들어가야 하는가?

29 원형 배열로 구현한 큐에서 배열 크기가 MAX고 현재 리어의 인덱스를 CurrRear라 할 때, 다음 Add에 의해서 삽입해야 할 위치의 인덱스는 어떻게 나타낼 수 있는가?

30 본문의 유사코드를 사용하여 문자열 "Queue"가 회문인지 아닌지를 추적하되 변해가는 큐의 상태, 스택의 상태를 그려서 설명하라.

31 추상 자료형 DEQUE(Double Ended Queue)에 필요한 작업명을 선언하라. 또, 배열로 구현할 때의 구체적인 자료구조를 선언하라.

32 정수 데이터로 구성된 다음 클래스 선언의 큐를 가정할 때 아래 소스 큐를 데스티네이션 큐로 복사하는 함수를 완성하라. 단, 복사 생성자나, 오버로딩된 할당 연산자는 없다고 가정해야 하며, 필요하면 임시 큐를 만들어 쓸 수도 있다. 그리고 함수 실행 결과, 소스 큐는 변하지 않아야 한다.

```
class Queue {
  public:
         Queue();
         bool IsEmpty();
         bool Add(const int &item);
         bool Remove();
         bool Retrieve(int &item);
}
void copyQueue(Queue &source, Queue &dest)
```

33 요세푸스의 문제를 해결하기 위한 다음 코드를 완성하라.

```
#include <Queue.h>
const int N = 41;
const int M = 3;
main ()
{ int i;
  queueClass Q;
    for (i = 1; i <= N; i ++)
     (                  );
  while (                 )
  {    for (i = 0; i < (M-1); i ++)
       { Q.Add(Q.GetFront());
         Q.Remove();
       }
       cout << Q.Remove();
  }
}
```

33번 힌트
본문의 그림과 같이 살아남은 사람을 큐의 뒤쪽에 계속 집어넣는다.

Part

03

알고리즘 소개

Chapter 08

알고리즘과 효율

* 학습목표

- 알고리즘의 정의를 이해한다.
- 알고리즘의 정확성 증명 방법을 이해한다.
- 빅 오 기호에 의한 알고리즘 효율분석 기법을 이해한다.
- 선형, 제곱, 지수 알고리즘 차이가 의미하는 바를 이해한다.

Point

전산학에서 알고리즘이 차지하는 위치는 전산학 교과과정의 이정표(Road Map)를 보면 알 수 있다. 대부분의 대학의 교과 과정은 C/C++ 프로그램, 자료구조(Data Structure), 알고리즘(Algorithm), 계산이론(Theory of Complexity) 순으로 편성되어 있다. 이들 교과목은 내용적으로 긴밀히 연결되어 있다. 뒤로 갈수록 난이도가 높아지기 때문에 때에 따라서는 알고리즘이나 계산이론을 대학원 교과과정으로 취급하기도 한다. 이는 자료구조와 알고리즘이라는 통합 교과목으로 다루기에는 알고리즘 자체가 너무 많은 분량의 이론을 담고 있기 때문이기도 한다.

인터넷, 과학 계산, 공학 설계, 외과 수술, 전자 오락에 이르기까지 컴퓨터의 응용 분야는 무궁무진하다. 그러나 기본적으로 컴퓨터가 조작할 수 있는 대상은 단순히 2진수 0과 1의 집합이다. 그리고 기껏해야 그 값을 뒤집거나, 할당하거나, 테스트할 수 있을 뿐이다. 컴퓨터란 단순한 작업만 수행할 수 있는 기계다. 마술과도 같은 고급 응용 기능과 단순한 컴퓨터 기능 사이에 바로 알고리즘이 존재한다. 알고리즘을 통해서만이 단순한 컴퓨터가 놀라운 마술을 부릴 수 있다.

알고리즘이 어떤 문제의 해결 방법을 강조한다면 계산이론은 본질적으로 그 문제가 과연 해결될 수 있는 성질의 문제인지, 또는 해결된다 하더라도 상식적인 시간 내에 해결될 수 있는 문제인지 등의 좀더 내재적인 문제를 강조한다. 이 책의 목표는 자료구조를 중심으로 알고리즘과 계산이론의 기본 개념을 제시하는 데 있다. 그리고 그 기본 개념이 다루는 가장 중요한 주제는 바로 문제 해결의 방법과 시간이라는 두 가지 측면이다. 이를 위해 이 장에서는 일단 알고리즘의 근본적인 속성을 정의하고, 이어서 '문제 해결의 시간'을 측정하기 위한 도구에 대해서 설명한다.

Section

01 알고리즘

건포도 케이크를 만들기 위해서는 재료, 그릇, 오븐, 요리사 등이 필요하다. 케이크를 **출력**(Output)이라 한다면 재료는 **입력**(Input)에 해당한다. 그리고 그릇, 오븐, 요리사 등은 일종의 **하드웨어**(Hardware)로 바라볼 수 있다. 그릇이나 오븐 하드웨어는 재료를 담아서 굽는 데 사용된다. 또, 요리사 하드웨어는 오븐을 열고 반죽된 재료를 넣고 가끔씩 얼마나 익었는지 확인하는 행위도 할 수 있다. 그러나 여기에 빠진 것이 하나 있다. 바로 **조리법**(Recipe)이다.

출력(Output)
입력(Input)
하드웨어(Hardware)
조리법(Recipe)

[그림 8-1] 건포도 케이크 만들기

알고리즘(Algorithm)이 바로 이 조리법에 해당한다. 조리법을 추상적으로 그리고 개략적으로 기술한 것이 알고리즘이다. 이에 반해 알고리즘을 구체적으로 표현한 것이 프로그램이다. 알고리즘이라는 용어는 19세기 페르시아 수학자 모하메드 알 코와리스미(Mohammed Al Khowarizmi)가 10진수의 사칙연산 방법을 단계적으로 기술한 데서 유래한다. 조리법을 단계적으로 나열해보자.

알고리즘(Algorithm)

"초콜릿에 찻숟가락 두 개 분량의 물을 넣어 끓인다. 다 녹으면 분말 설탕을 넣고 젓는다. 버터를 조금씩 떼어 가며 넣는다. 다른 그릇에 계란 노른자위가 레몬색이 나도록 걸쭉해질 때까지 약 5분정도 젓는다."

상세성 수준
(Level of Detail)

여기서 생각해봐야 할 것은 **상세성 수준**(Level of Detail)의 문제다. "분말 설탕을 넣고 젓는다" 대신에 "설탕을 반 숟가락 넣고 젓는다. 다시 설탕을 반 숟가락 넣고 젓는다"라고 하면 조금더 상세한 것이 된다. 아예 "설탕 2,365 알갱이를 넣는다. 왼팔을 135도 각도로 해서 초당 30cm 속도로 젓는다"라고 하면 더욱 상세해지지 않겠는가. 그렇다면 조리법을 그렇게까지 상세하게 기술하지 않는 이유는 무엇인가.

알고리즘이 추상적이라면 프로그램은 구체적이다. 즉, 알고리즘은 구현과 무관하게 추상적으로 기술되는 반면에 프로그램은 구현 환경과 연관되어 기술된다. 따라서 구현 환경에 따라서 같은 알고리즘이라도 여러 가지 프로그램 형태로 구현된다. 다시 말해, 알고리즘을 기술할 때에는 "이 정도 얘기하면 프로그램이 구현 환경에 맞도록 알아서 할 거다"라는 가정이 내재해있다.

그렇다면 역으로 아예 "초콜릿 무스를 준비하라고 하면 되지 무얼 그리 설명하느냐"라는 반론이 나올 수 있다. 그러나 어떤 방법을 설명하고자 하는 것이 알고리즘이기에 이것이 너무 추상적이어도 또 너무 구체적이어도 곤란하다. 알고리즘 기술에서 강조하고자 하는 것은 기본적인 동작이다. 예를 들어, '젓는다', '붓는다', '섞는다' 가 기본 동작이다. 알고리즘에서 이 기본 동작을 아예 빼버리고 너무 추상적으로 기술해서도 안 된다.

Section

02 알고리즘의 정확성

2002년 경기도 내 고교 추첨에서 거의 모든 학생이 낮은 지망 순위로 적어낸 고교에 우선적으로 배정되었다. 1960년대 매리너 우주선은 비행 제어 프로그램의 오류로 인해 완전히 실종되어 버렸다. 1981년 캐나다 퀘벡주 지방선거에서는 선거 집계 프로그램의 오류로 인해 소수당이 이긴 것으로 공표되었다. 1990년대 덴마크의 107세된 할머니에게 초등학교 입학 통지서가 날아들었다. 고교배정 프로그램의 오류는 학부모의 집단항의 정도로 무마될 수 있을지 모르나, 경우에 따라서 소프트웨어 오류는 생사의 문제나 재앙의 문제와 직결된다.

[그림 8-2] 프로그램 오류

정확성 (Correctness)

허용된 입력 (Legal Input)

알고리즘은 기본적으로 **정확성**(Correctness)을 지녀야 한다. 여기서 정확성이란 말은 모든 **허용된 입력**(Legal Input)에 대해서 제대로 올바르게 동작해야 함을 의미한다. 다시 말해, 알고리즘은 '정확히 우리가 기대하는 것'을 수행해야 한다. 컴퓨터 오류의 유형은 다음과 같이 분류할 수 있다.

문법 오류 (Syntax Error)

첫째, **문법 오류**(Syntax Error)다. C 언어에서는 명령문 끝에 세미콜론(;)을 붙여야 한다. 명령 하나가 끝났다는 프로그래머의 의사 표시다. 만약, 이렇게 하지 않으면 문법 오류가 발생한다. 언어란 일종의 약속이다. 이러한 약속은 모호성(Ambiguity)을 배제하기 위한 것이고, 따라서 약속을 지킴으로써, 프로그래머와 컴퓨터 간에 명확한 의사소통이 이루어진다. 문법 오류는 약간의 노력으로 수정할 수 있는 것이므로 그리 심각한 문제는 아니다.

의미상의 오류 (Semantic Error)

둘째, **의미상의 오류**(Semantic Error)다. 예를 들어, "나는 A**B를 A×B로 알고 썼는데, 컴파일러는 이를 A^B으로 취급하더라" 또는 "if (A = 5)라고 써서 현재 A가 5인지 아닌지 확인하려 했는데, 컴파일러는 A에 5를 할당하고 나서는 무조건 TRUE라고 하더라" 등의 예가 바로 동일한 표현에 대해서 프로그래머와 컴파일러 사이의 인식 차이로 인한 오해가 낳는 오류다. 이 역시 피할 수 있는 것이므로 그리 심각한 문제는 아니다.

논리적인 오류 (Logical Error)

알고리즘 오류 (Algorithmic Error)

셋째, **논리적인 오류**(Logical Error)다. 일명 **알고리즘 오류**(Algorithmic Error)라고도 하는데, 가장 치명적인 오류라고 할 수 있다. 예를 들어, 다음 문장 중에 소득이라는 문자가 들어간 문장은 몇 개인지 찾아내는 알고리즘을 작성해보자.

> 소득이 부진했던 지난해 경제성장률이 외환위기 이후 최저인 3.1%에 불과한데, 국민소득이 10.1%가 늘어나게 된 이유는 국민소득의 개념 및 계산 방법의 차이에 있다.

직관적으로 보면 "소득이라는 문자가 나오고 이어서 문장의 끝을 의미하는 마침표가 나오면 한번 나온 것이니 파일 끝까지 읽으면서 카운트를 더해간다"가 될 것이다. 그러나 이 논리에 의하면 위 예에는 소득이라는 단어가 들어간 문장이 세 개가 된다. 숫자 사이의 점을 간과한 것이다. 논리적 오류는 이런 종류의 사소한 오류도 있지만 더욱 추상적인 수준의 오류도 적지 않다.

논리적 오류는 프로그램의 정확성(Correctness)을 해치는 가장 심각한 오류다. 건포도 케이크가 잘못되면 사람들은 하드웨어인 재료, 오븐, 조리사가 문제가 있거나 소프트웨어인 조리법을 탓한다. 그러나 엉뚱한 컴퓨터 출력이 나오게 되면 으레 듣는 말이 있다. "설마 하드웨어가 실수할 리가 있겠습니까. 소프트웨어요? 프로그램이라는 게 얼마나 치밀하게 짜여지는데 그걸 의심합니까. 컴퓨터만큼 정확한 기계가 어디 있습니까. 컴퓨터는 절대로 오류가 없습니다. 뭔가 다른 게 잘못되었겠지요"

Section

03 정확성 증명

프로그램이 제대로 동작한다는 것을 어떻게 증명하는가. 프로그램 숙제를 하거나 회사 프로젝트를 수행하면 결과를 제출하기 전에 반드시 해 보는 일이 있다. 이른바 샘플 테스트다. 샘플 입력을 넣고 결과가 제대로 나오는지 한 번 확인해 보는 것이다. 그렇다면 샘플 아닌 입력에 대해서도 제대로 된 결과가 나올지에 대해서는 어떻게 확신하는가. 이 프로그램이 생명이나 재앙과 직결된 것이라면 이는 매우 중요한 문제가 된다. 그러나 입력이라는 것이 무한한데, 그렇다고 그걸 다 넣어볼 수는 없지 않은가.

논리적 오류는 프로그램 수명이 다할 때까지 수 년 간 아니 수십 년 간 잠복해 있을 수도 있다. 다만 그 오류를 표면화 시킬만한 입력이 들어오지 않았을 뿐이다. 107세에 입학 통지서를 받은 할머니의 경우 코볼 프로그램의 나이 변수가 두 자리 수로 선언되었고, 이전에는 100살 넘는 분이 그 동네에 살지 않았을 뿐이다. 샘플 테스트는 소프트웨어에 오류가 있음을 증명하는 데 사용될 뿐이지 오류가 없음을 증명하는 데 사용될 수는 없다.

부정확한(Incorrect) 알고리즘의 결과는 일반적으로 세 가지 현상으로 나타난다. 첫째, 이른바 **어보트**(ABORT, Abnormal Termination) 또는 **앱앤드**(ABEND, Abnormal End)다. 이는 프로그램 실행 중 시스템이 다운되어 버리는 것을 말한다. 오류로 인해 컴퓨터 자체가 결과를 구할 수 없다고 아예 선언해 버리는 것이다. 둘째, 무한 루프(Infinite Loop)가 도는 경우다. 이틀이 지났건만 컴퓨터는 목하(目下) 계속 실행 중이라는 것이다. 이는 사용자의 인내력을 검증하는 수단이기도 하다. 셋째, 정상적으로 끝났지만 잘못된 결과가 나왔을 때다. 부정확성에 따른 이러한 불확실한 상황에 처하지 않으려면 알고리즘의 정확성을 증명할 필요가 있다.

어보트
(ABORT, Abnormal Termination)

앱앤드
(ABEND, Abnormal End)

정확성 증명에는 이른바 **분할 정복**(Divide and Conquer) 전략이 사용된다. 먼저, 전체 알고리즘을 단계별로 잘라서 부분 알고리즘(Sub-Algorithm)으로 나눈 다음, 각 알고리즘의 전후에 **단언**(**斷言, 잘라 말함**, Assertion)을 내세운다. 그리고 이 단언이 옳음을 증명해야 한다. [그림 8-3] 왼쪽에 1, 2, 3, ..., 9로 표시된 부분이 단언이다. 단언은 "이 상태에 이르면

분할 정복(Divide and Conquer)

단언(斷言, 잘라 말함, Assertion)

인베리언트(Invariant, 불변의 사실)

이런 사실이 성립한다"의 형태로 제시된다. 알고리즘의 정확성을 증명하려면 프로그램 수행 중에 단언이 항상 사실(TRUE)이어야 한다. 이러한 의미에서 단언을 일명 **인베리언트(Invariant, 불변의 사실)**라고도 한다.

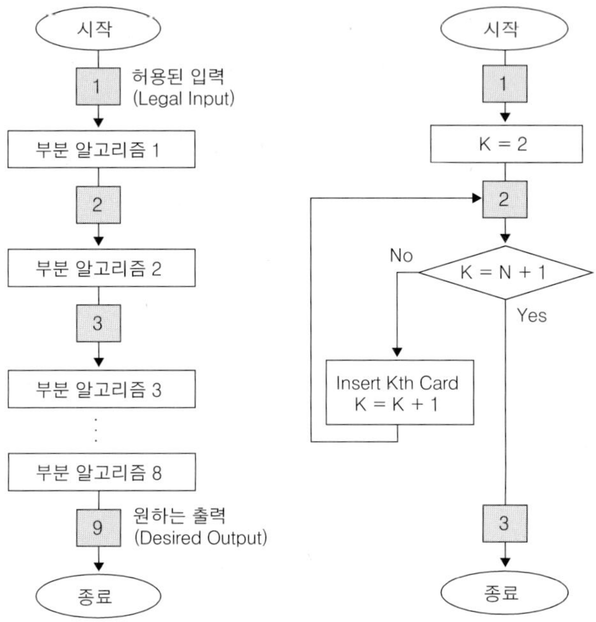

[그림 8-3] 부분 알고리즘과 단언

일반적으로 1번 단언은 "허용된 입력이 들어온다"가 되고, 마지막 9번 단언은 "원하는 출력이 나온다"가 된다. 우선 1번 단언이 사실인 상태에서 부분 알고리즘 1을 거치면 반드시 2번 단언도 사실임을 증명한다. 이어서 2번 단언이 사실인 상태에서 부분 알고리즘 2를 수행하면 반드시 3번 알고리즘도 사실임을 증명한다. 이를 계속하면 결국 9번 단언이 사실이 되고, 따라서 반드시 원하는 출력이 나온다는 것이 증명되는 것이다. 이는 마치 A가 사실이면 B가 사실이고, B가 사실이면 C가 사실임을 증명함으로써, 결국 A가 사실이면 C가 사실이라는 것을 증명하는 삼단 논법과도 유사하다.

종료(Termination)

알고리즘 정확성을 증명하려면 단계별로 단언이 사실이라는 것과 함께, 해당 단계가 반드시 **종료(Termination)**됨을 보여야 한다. 즉, N번 단언과 (N+1)번 단언 사이의 알고리즘이 반드시 종료된다는 사실을 보여야 한다. 알고리즘이 종료되지 않는다면 (N+1)번 단언 상태로 옮겨갈 수가 없고 따라서 (N+1)번 단언은 사실이 될 수 없다.

1부터 10사이의 숫자가 쓰인 카드 N개를 오름차순으로 정렬하는 알고리즘을 작성해보자. 삽입 정렬(Insertion Sort)은 우리가 카드를 정렬할 때 무의식적으로 사용하는 방법이다. 즉, 카드를 왼손에 펼쳐 쥔 상태에서 우선 맨 왼쪽 첫 카드는 무조건 정렬되어 있다고 본다. 카드가 하나니 당연히 정렬된 것으로 볼 수 있다. 다음, 두 번째 카드를 집어서 왼쪽과 크기를 비교하여 오름차순이 되도록 정리한다. 이렇게 함으로서 처음 두 장의 카드는 하나의 정렬된 그룹을 이룬다. 다음, 세 번째 카드를 집어서 다시 왼쪽의 정렬된 그룹 내부에 삽입한다. 이렇게 함으로써 이번에는 세 장의 카드가 정렬된 그룹을 이룬다. 이 과정을 반복하되 정렬된 그룹의 카드가 N개면 정렬이 완료된 것이다.

[그림 8-3]의 오른쪽 그림은 삽입 정렬 알고리즘을 단계별로 보인 것이다. "입력이 1부터 10사이의 숫자를 가진 카드다"가 1번 단언이다. 2번 단언은 "K번째 카드 즉 현재 집어낸 카드의 왼쪽에 있는 모든 카드는 정렬된 상태다"로 설정한다. 그리고 3번 단언은 "카드 N개가 모두 정렬된 상태다"로 설정한다.

1번 단언은 항상 사실이다. 문제의 스펙(Specification, 요구사항)에서 입력을 "1부터 10사이의 숫자를 가진 카드"만 허용하도록 제한했기 때문이다. 1번 단언이 사실인 상태에서 K = 2를 할당하고 나면 2번 단언도 사실이 된다. K(=2)번째 카드 왼쪽에는 첫 카드 한 장만 있으므로 그 자체로 정렬된 상태기 때문이다. 여기서 K = 2로 할당하는 알고리즘은 루프가 아니므로 반드시 끝나게 된다.

2번 단언 아래 다이아몬드 표시는 K = N+1인지 테스트하는 과정이다. 이는 정렬이 완료되었는지를 판단하기 위한 것이다. 현재 K = 2인 상태므로 여기서 NO를 따라가면 "K(=2)번째 카드를 정렬된 왼쪽 그룹에 삽입한 후, K를 K+1로 증가시켜 카드를 집어낸다"라는 알고리즘을 실행한다. 그 결과 K = 3인 상태에서 2번으로 진입하면 "현재 집어낸 카드(K=3)의 왼쪽에 있는 모든 카드는 정렬된 상태다"라는 2번 단언이 여전히 사실이 된다.

인베리언트 중에서 루프에 들어가기 전후를 통해 변치 않는 것을 **루프 인베리언트(Loop Invariant)**라 한다. 여기서는 "현재 집어낸 카드의 왼쪽에 있는 모든 카드는 정렬된 상태다"라는 2번 단언이 루프 인베리언트다. 루프가 돌 때마다, 왼쪽 정렬된 그룹이 하나씩 증가하고 집어낼 카드가 오른쪽으로 이동한다. 즉, K가 K+1로 증가한다. 입력 카드 수 N은 유한하므로 언젠가는 K가 N+1과 일치하게 된다. 따라서 2번에서 2번으로 가는 루프 알고리즘은 반드시 종료한다.

루프 인베리언트
(Loop Invariant)

"현재 집어낸 카드의 왼쪽에 있는 모든 카드는 정렬된 상태다"라는 2번 단언이 사실인 상태에서, 현재 집어낸 카드 K가 전체 카드 수 보다 하나 많은 오른쪽(N+1)을 가리키고 있다면 이 말은 결국 "왼편의 카드 N개가 모두 정렬된 상태다"라는 3번 단언이 사실임을 의미한다. 3번 단언이 사실이라는 말은 바로 이 알고리즘에 의해 우리가 원하는 정렬된 결과를 얻게 됨을 의미한다. 알고리즘의 정확성을 증명하려면 이처럼 단계별로 분할하여 정확성을 증명해야 한다.

Section

04 알고리즘의 효율

어떤 알고리즘이 제대로 동작함을 증명한 다음에는 그 알고리즘의 효율성을 고려해야 한다. 동일한 문제를 해결하기 위한 여러 가지 알고리즘이 있다면 효율성을 기준으로 그것 중 어떤 것이 최선인지 선택해야 한다.

알고리즘의 **효율**(Efficiency)은 **공간적 효율성**(Space Efficiency)과 **시간적 효율성**(Time Efficiency)이라는 두 가지 측면에서 고려된다. 공간적 효율성은 얼마나 많은 메모리 공간을 요하는지를 말한다. 즉, 알고리즘 수행에 필요한 변수나 자료구조의 크기를 말한다. 반면, 시간적 효율성은 얼마나 많은 시간을 요하는지를 말한다. 즉, 실행에 필요한 CPU 시간을 의미한다. 두 가지 측면 모두 중요하지만 일반적으로 문제가 될 정도로 과다한 메모리 공간을 요하는 알고리즘은 거의 없다는 점에서 공간적 효율성보다는 시간적 효율성이 더욱 강조된다. 효율성을 뒤집어 표현하면 **복잡도**(Complexity)가 된다. 알고리즘의 공간적, 시간적 복잡도가 높아질수록 효율성은 떨어진다.

효율(Efficiency)

공간적 효율성 (Space Efficiency)

시간적 효율성 (Time Efficiency)

복잡도(Complexity)

알고리즘의 시간적 복잡도를 분석하는 데에는 제약이 따른다. 동일한 알고리즘이라도 하드웨어 환경에 따라서 처리 시간이 달라지기 때문이다. 예를 들어, 부동소수 처리 프로세서(Floating Point Processor)가 있느냐, 덧셈이나 나눗셈을 가속시키는 기능이 있는 CPU냐에 따라서 실행시간은 달라질 수 있다. 하드 디스크와 같은 외부 저장장치와의 사이의 입출력은 CPU 실행시간에 비해 상대적으로 많은 처리 시간을 요한다. 따라서 입출력 장비의 성능은 실행시간을 크게 좌우한다. 만약, 외부 저장장치를 다른 사용자와 공유할 경우에는 훨씬 많은 시간이 필요하다.

소프트웨어 환경으로 말하면 이야기는 더 복잡해진다. 동일한 알고리즘을 C로 짤 수도 있지만 포트란이나 코볼로 짤 수도 있다. 물론, 이처럼 언어가 바뀌면 알고리즘의 실행시간도 달라진다. 또, 동일한 C 명령어일지라도 컴파일러에 따라서 서로 다른 어셈블리 명령으로 번역하기 때문에 실행시간이 달라질 수 있다. 컴파일러가 효율적이려면 프로그램이 실행되는 하드웨어를 염두에 두고 있어야 한다. 어떤 컴퓨터가 특정 하드웨어 기능을 가지고 있다면 컴파일러는 그 기능을 활용할 수 있는 어셈블리 명령으로 번역하는 것이 효율적이기 때문이다.

결과적으로 하드웨어를 비롯하여 운영체제, 컴파일러, 사용 언어 등 소프트웨어 모두가 직간접적으로 실행시간에 영향을 준다. 그렇다면 알고리즘의 복잡도를 분석할 때에는 어떤 환경을 기준으로 해야 하는가. 하드웨어와 소프트웨어 환경이 워낙 다양하기 때문에 어떤 한 가지만을 기준으로 평가할 경우에는 객관성이 결여된다.

1. 점근적 복잡도

실행환경과 무관하게 알고리즘의 효율을 높이려면 개략적인 알고리즘 분석을 사용할 수 밖에 없다. 그렇다면 개략적 분석은 어떤 것인가. 입력 데이터 수를 데이터 크기(Size)라고 말하며 이를 N으로 나타낸다. 당연히 실행에 걸리는 시간은 데이터 크기 N과 무관할 수 없다. 알고리즘의 실행시간을 N의 함수만으로 나타냄으로써 시간적 복잡도가 개략적으로 표시된다. 또 이 과정에서 환경적 변수에 의한 영향은 무시된다. 예를 들어 설명해보자.

[코드 8-1] 연결 리스트 데이터를 출력하는 함수

```
void Display(Nptr Head)
{ Nptr Temp = Head;                   헤드 포인터를 템프로 복사
  while (Temp != NULL)                템프가 널이 아닐 때까지
  {    printf("%d", Temp->Data);      템프가 가리키는 노드의 데이터를 출력
       Temp = Temp->Next;             템프를 다음 노드로 이동
  }
}
```

물론, 이 예는 알고리즘이라기보다는 프로그램이다. 프로그램을 예로 든 이유는 실행환경에 따른 변수가 알고리즘 분석에서 어떻게 무시되는지를 보이기 위해서다. 이 예에서 할당문의 개수는 처음에 헤드 포인터를 복사하는 데 한 번 나타난다. 또, 연결 리스트 내부에 노드가 N이라면 루프 내부에서 할당문이 N번 수행된다. 따라서 총 할당문은 (N+1)번 수행된다. 또, (Temp != NULL) 판단을 위한 비교문이 N번, 출력문이 N번 수행된다.

할당 한 번에 걸리는 시간을 a, 비교 한 번에 걸리는 시간을 b, 출력 한 번에 걸리는 시간을

c라고 하면 정확한 총 실행시간은 a(N+1) + bN + cN = (a+b+c)N + a가 된다. 물론, a, b, c 계수 값은 실행환경에 따라 달라진다. 이 알고리즘의 시간적 효율을 말할 때는 그냥 "실행시간이 데이터 개수 N에 비례한다"라고 말한다. 다시 말해, N에 정비례하는 1차 함수인 점만 밝히고, 실행환경에 따라 달라지는 계수는 무시해버린다.

그러나 효율에 대해서 이런 식으로 말할 때에는 어려움이 있다. 동일한 문제 해결을 위한 알고리즘 A와 B를 생각해보자. A가 'N에 비례' 하는 반면, B는 'N 제곱에 비례' 한다고 가정해보자. 상식적으로 봐서 N 제곱에 비례하는 알고리즘의 실행시간이 길다. 그러나 구체적인 실행시간이 A = 1500N, B = $2N^2$이라면 N = 10일 때 A는 15,000이고 B는 200으로서 오히려 B가 더 작게 된다. 이러한 현상은 우리가 실행환경에 따른 변수인 계수 값을 무시했기 때문이다.

그러나 시간적 효율을 말할 때에는 N이 무한히 큰 경우로 국한시킨다. 데이터 몇 십 개를 가지고 효율을 논하지 않겠다는 이야기다. "입력 크기 N이 무한대로 갈 때 알고리즘의 실행시간이 어디에 근접하느냐"하는 것을 **점근적 복잡도(漸近的 複雜度, Asymptotic Complexity)**라 한다. 위 예에서 N =1,000,000이라면 당연히 A = 1.5 $\times 10^9$인 반면에 B = 2 $\times$ 10^{12}으로서 B 알고리즘의 실행시간이 훨씬 커진다. 데이터 크기 N이 무한대로 갈수록 실행환경에 따른 계수 값은 얼마든지 무시될 수 있기 때문에 알고리즘의 효율을 말할 때에는 이를 전제로 한다.

점근적 복잡도 (漸近的 複雜度, Asymptotic Complexity)

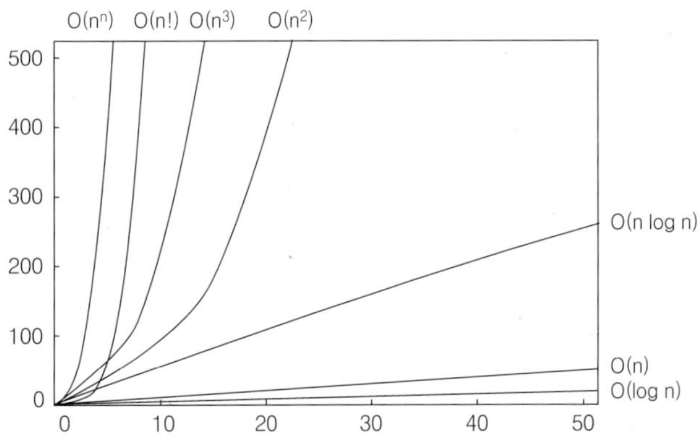

[그림 8-4] 입력크기에 따른 함수 값 비교

[그림 8-4]는 입력크기에 따른 함수 값을 비교한 것이다. 그림에 표시된 데이터 크기는 최대 50개 정도에 불과하지만 이미 실행시간에 크나큰 차이를 보인다. N^2 이상의 함수 실행

시간은 입력 크기 20개 근처에서 이미 너무나 커져 버린다. 함수의 크기 차이를 부등호로 표시하면 다음과 같다.

```
logN < N < NlogN < N2 < N3 < ... < 2N
```

데이터 수가 100개, 1,000개로 증가하면 각 함수의 효율차이는 더욱 벌어진나. 또, 상대적으로 느린 알고리즘의 실행시간은 엄청나게 커진다. 초당 명령 10^9개를 처리할 수 있는 1000MIPS(Millions of Instruction per Second) 컴퓨터라고 가정했을 때 함수별 실행시간은 [표 8-1]과 같다. N^3 알고리즘에 데이터 100만개를 입력하면 처리시간은 41년이 되며, 데이터 1,000만개를 입력하면 처리시간은 41,000년에 가까워진다. 이미 상식적인 컴퓨터 실행시간을 초과한 것이다.

[표 8-1] 데이터 증가에 따른 효율별 연산시간

		$1.3N^3$	$10N^2$	47NlgN	48N
연산시간	N = 1,000	1.3 sec	10 msec	0.4 msec	0.048 msec
	N = 10,000	22 min	1 sec	6 msec	0.48 msec
	N = 100,000	15 day	1.7 min	78 msec	4.8 msec
	N = 1,000,000	41 year	2.8 hours	0.94 sec	48 msec
	N = 10,000,000	41,000 year	1.7 week	11 sec	0.48 sec

실행시간이 입력 크기 N에 비례하는 알고리즘에서 입력이 10배가 되면 실행시간도 10배가 된다. 반면, N의 제곱에 비례하는 알고리즘에서 입력이 10배가 되면 실행시간은 100배가 된다. 컴퓨터는 무척 빠른 기계고 따라서 10배나 100배 정도의 시간이 그리 큰 것 같지 않지만 [표 8-2]에서 보듯이 10배 차이가 누적되면 실행시간은 기하급수적으로 늘어난다. [표 8-3]은 물체의 속도가 100배씩 증가하는 과정을 예시한 것이다. 이러한 차이가 누적되면 컴퓨터의 실행시간은 밀리 세컨드 단위의 **미시(微視) 세계**에서 수천 년 단위의 **거시(巨視) 세계**로 순식간에 이동해버린다.

미시(微視) 세계
거시(巨視) 세계

[표 8-2] 10의 승수변화에 따른 시간

초	1	10	10^2	10^3	10^4	10^5	10^6	10^7	10^8	10^9	10^{10}	..	10^{17}
시간	1초	10초	1.7분	17분	2.8시간	1.1일	1.6주	3.8달	3.1년	31년	310년	..	우주 나이

[표 8-3] 마이크로 스케일, 매크로 스케일

초속(m/sec)	해당속도	예
10^{-10}	3cm/10년	대륙의 표류
10^{-8}	30cm/년	머리카락 생장
10^{-6}	8.6cm/일	빙하 이동
10^{-4}	37cm/시간	장(腸) 운동
10^{-2}	62cm/분	개미
1	3.5km/시	인간 걸음
10^{2}	352km/시	비행기 프로펠러
10^{4}	592km/분	우주 왕복선
10^{6}	992km/초	지구 공전
10^{8}	99,200km/초	광속의 1/3

2 최악의 경우 효율

알고리즘의 효율을 말할 때 한 가지 더 생각할 것이 있다. 예를 들어, 정렬되지 않은 배열에서 어떤 레코드를 찾는다면 배열의 처음부터 원하는 키 값을 가진 레코드가 나올 때까지 순차적으로 읽어 가야 한다. 이 경우의 효율은 키의 비교 횟수를 기준으로 평가된다.

그런데, 배열 내부 데이터 N개라면 N개를 모두 비교하지 않을 수도 있다. 운이 좋으면 첫 번째 데이터가 찾고자 하는 것이고, 그렇게 되면 나머지 데이터를 볼 필요가 없다. 반면, 운이 나쁘면 배열 마지막까지 가서야 원하는 레코드를 발견할 수도 있다. 평균적으로는 대략 배열의 반 정도까지 가면 찾는다고 말할 수 있다.

알고리즘의 실행시간은 데이터 수뿐만 아니라 이처럼 데이터의 특성과도 관련되어 있다. 그렇다면 효율을 따질 때는 어떤 데이터를 기준으로 해야 하는가. 항상 **최선의 경우(Best Case)**가 나오기를 기대하기는 어렵다. 또 입력 데이터는 일반적으로 무작위로(Random) 분포하기 때문에 어떤 경우가 **평균적인 경우(Average Case)**인지 엄밀히 정의하기는 더욱 어렵다. 효율 분석은 항상 **최악의 경우(Worst Case)**를 기준으로 한다. 최악의 데이터가 들어오더라도 이 정도 시간이면 실행할 수 있다고 말하는 것이 안전한 발언이다. 실제 효율이 최소한 그보다는 좋게 나오기 때문이다.

최선의 경우 (Best Case)

평균적인 경우 (Average Case)

최악의 경우 (Worst Case)

요약하자면, 시간적 복잡도를 데이터 크기 N의 함수로 표시하되 계수를 무시한다. 단, N이 무한대로 갈 때를 기준으로 평가한다. 입력 데이터가 최악일 때를 기준으로 알고리즘의 효율을 평가한다. 이러한 제반 조건을 전제로 효율을 분석하기 위해 사용되는 수학적 도구가 빅 오(Big Oh) 기호다.

❸ 빅 오 기호

빅 오
(Big Oh, Capital Oh)

빅 오(Big Oh, Capital Oh) 즉, 알파벳의 대문자 O 기호는 알고리즘의 효율을 표시하기 위한 기호로서 수학적 정의는 다음과 같다.

> 임의의 상수 N_0와 c가 있어서 $N \geq N_0$인 N에 대해서 $c \cdot f(N) \geq g(N)$이 성립하면 $g(N) = O(f(N))$이라 한다.

조금 까다롭지만 예를 통해 설명해보자. 어떤 알고리즘의 실행에 걸리는 시간이 정확히 $g(N) = 2N + 5$라면 이 알고리즘은 O(N) 알고리즘이다. 이 경우, 알고리즘의 효율을 나타내는 O( )의 괄호 안에 들어가는 함수 $f(N) = N$이 된다. 이를 증명해보자. 데이터 크기 N이 충분히 커서 1,000보다 크다면 $40 \cdot f(N) \geq g(N)$이 항상 성립한다. N이 1000이라면 벌써 $40 \cdot f(N) = 40 \cdot N = 40000$이고, $g(N) = 2 \cdot 1000 + 5 = 2005$에 불과하기 때문이다. 이 경우의 N_0는 1000으로 c는 40에 해당한다. 이러한 값들은 임의로 할당할 수 있다.

간단히 말하면, 데이터 N이 충분히 클 때, 어떤 함수 f가 원래 함수 g보다 크다면 f를 해당 알고리즘의 빅 오 효율로 본다. 이 때 f를 g와 직접 비교하지 않고 f를 c배 한 것과 g를 비교한다. 이렇게 f 함수에 c를 곱하는 이유는 매우 큰 c를 내세움으로써 g 함수의 실행환경에 따른 자질구레한 계수를 무시해 버리기 위한 것이다. 예를 더 들어보자.

① $210N^2 + 90N + 200 = O(N^2)$
since $210N^2 + 90N + 200 \leqq 9000N^2$ for $N \geqq 8000$

② $10N^3 + 40N^2 + 90N + 200 = O(N^3)$
since $10N^3 + 40N^2 + 90N + 200 \leqq 1000N^3$ for $N \geqq 10000$

③ $5N + 15 = O(N)$
since $5N + 15 \leqq 1000N$ for $N \geqq 200$

④ $5N + 15 = O(N^2)$

since $5N + 15 \leqq 100N^2$ for $N \geqq 2000$

일반적으로 주어진 함수의 가장 높은 차수의 항만 끄집어내되 계수를 1로 하면 그것이 효율이 된다. 위 ②의 함수의 효율이 $O(N^3)$인 이유는 N이 충분히 크면 N^2은 그 앞에 붙은 계수가 아무리 크더라도 N^3 앞에서는 무시될 만큼 작은 것이 되기 때문이다.

빅 오 기호의 이러한 수학적 정의는 사실상 조금 느슨한 것이다. 위 예에 의하면 $5N + 12$는 $O(N)$이면서 동시에 $O(N^2)$이다. 같은 맥락에서 $5N + 12$는 $O(N^3)$, $O(N^4)$, $O(2^N)$도 될 수 있다. 빅 오 기호는 실행시간의 **상한(Upper Bound)**을 나타낸 것으로서 "길어야 이 정도 시간이면 된다"라는 의미다. 따라서 "길어야 N시간이면 된다"가 사실이라면 당연히 "길어야 N^2시간이면 된다"라거나 "길어야 N^3시간이면 된다"라고 해도 사실이다.

상한(Upper Bound)

그러나 일반적으로 어떤 알고리즘의 특성을 표현하는 데는 바짝 조인 상한(Tight Upper Bound)을 사용한다. 예를 들어, $5N + 12$는 $O(N)$이 가장 바짝 다가선 표현이라 할 수 있다. 데이터 개수 N이라 할 때, 다음 유사코드로 표시된 알고리즘의 효율을 분석해보자.

[코드 8-2] 루프 알고리즘(1)

```
① for i = 1 to N
②    for  j = 2 to (N-1)
③          do
           {  Read A[i, j];
              Write A[i, j];
           }
```

빅 오 기호에서 효율을 평가하려면 구체적인 시간보다 실행된 명령의 횟수를 세는 것이 중요하다. 할당문, 비교문, 읽기, 쓰기, 이동 등 모두 주요 작업이 명령에 포함된다.

③번 명령은 Read와 Write, 두 개다. 그런데 이 명령은 인덱스 j에 의해 제어되는 ②번 루프 내부에 있고, 이 루프는 j가 2에서 (N−1)로 갈 때까지 정확히 ((N−1)−2+1)번 실행된다. 따라서 ②번 루프 내부의 명령 실행 횟수는 2(N−2)번이다. 그런데 ②번 루프 내부의 모든 명령은 ①번 루프의 인덱스 i가 1부터 N으로 갈 때까지 정확히 N번 수행된다. 따라서 필요한 모든 명령의 횟수는 2N(N−2)고 이는 $O(N^2)$에 해당한다. 실행시간이 데이터 수의 제곱에 비

제곱시간 알고리즘 (Quadratic Time Algorithm)

례하는 이러한 알고리즘을 **제곱시간 알고리즘**(Quadratic Time Algorithm)이라 한다.

[코드 8-3] 루프 알고리즘(2)

```
#define MAX 9000000
① for i = 1000 to N-20000
②    for  j = 2 to MAX
③          do
           {   Read A[i, j];
               Write A[i, j];
           }
```

[코드 8-2]와 비슷하지만 이 경우의 효율은 O(N)이다. 먼저 ①번 루프는 (N-20000-1000+1)번 실행되니 매우 작을 것 같지만 여전히 N이 무한대로 가버리면 N만 남고 뒤의 상수는 하찮은 것으로 무시된다. ②번 루프에서 MAX는 그것이 아무리 크더라도 상수에 해당한다. 즉, 데이터 개수 N과 무관하다. 따라서 N이 무한대로 가버리면 이 상수 역시 하찮은 계수로 무시된다. 따라서 (N-20999) · (MAX - 1) · 2 = O(N)에 해당한다. 실행시간이 데이터 개수 N에 정비례하는 이러한 알고리즘을 **선형시간 알고리즘**(Linear Time Algorithm)이라 한다. 다음 예를 보자.

선형시간 알고리즘 (Linear Time Algorithm)

[코드 8-4] 단일 명령 집합

```
x = 20;
printf("%d", x);
```

이 명령은 두 번 수행된다. 즉, 2 = O(1)이라 할 수 있다. 이처럼 데이터 수 N에 무관하게 상수 번 수행되는 알고리즘을 **상수시간 알고리즘**(Constant Time Algorithm)이라 하며 O(1)로 표현한다. N의 함수로 나타내면 $2 = 2N^0 = O(N^0) = O(1)$이기 때문이다.

상수시간 알고리즘 (Constant Time Algorithm)

[코드 8-5] if문의 효율

```
if (x = = 1)
{  for i = 1 to N
      for  j = 2 to (N-1)
          do
```

```
            {   Read A[i, j];
                Write A[i, j];
            }
  }
  else
  { x = 20;
    printf("%d", x);
  }
```

[코드 8-5]의 효율은 $O(N^2)$이다. 물론, if문의 조건 평가에 의해서 x 값이 1이 아니라면 else로 분기되어 상수시간에 실행이 끝나게 된다. 그러나 빅 오 기호는 기본적으로는 최악의 효율을 표시하기 위한 것이다. 따라서 if문의 효율을 따질 때에는 가장 실행시간이 오래 걸리는 것을 효율 판단의 기준으로 해야 한다.

어떤 알고리즘을 부분부분 잘라서 효율을 평가했을 때, 그 알고리즘의 전체적인 효율도 쉽게 유추할 수 있다. 어떤 알고리즘의 첫 파트가 $O(N^2)$이고 두 번째 파트가 O(N), 마지막 파트가 $O(N^3)$이라면 알고리즘의 전체적인 효율은 $O(N^3)$이다. $O(N^2 + N + N^3) = O(N^3)$이기 때문이다. 빅 오 기호는 최악의 경우를 표시하는 기호기 때문에 가장 속도가 느린 부분이 전체적인 효율을 좌우하는 지배적인 요소(Dominant Factor)가 된다.

선형시간 알고리즘은 데이터 수에 정비례하므로 데이터 수가 10배 늘면 실행시간도 10배가 증가한다. 반면, 제곱시간 알고리즘은 데이터 수의 제곱에 비례하므로 데이터 수가 10배 늘면 실행시간은 100배가 증가한다. 실행시간 면에서 이러한 차이는 상상외로 크다. 예를 들어, 데이터가 1,000배 늘어날 경우에 제곱시간 알고리즘은 실행시간이 1,000,000배가 늘어 버린다. $O(a^N)$ 알고리즘은 **지수시간 알고리즘(Exponential Time Algorithm)**이라고 불리는 것으로서, 사실상 컴퓨터로 실행하기에는 아예 불가능할 정도의 많은 시간을 요하는 알고리즘들이다.

지수시간 알고리즘 (Exponential Time Algorithm)

O(logN) 알고리즘은 O(N)보다 훨씬 빠른 알고리즘으로서, **로그시간 알고리즘(Logarithmic Time Algorithm)**이라 한다. O(logN) 알고리즘에서 로그 함수의 밑수(Base)는 아무렇게나 표시할 수 있다. 로그 함수의 특성에 의해 $\log_b N = \log N / \log b = (1/\log b) \cdot \log N$이므로 밑수가 바뀌면 계수가 바뀐다. 그러나 빅 오 기호에서 계수는 무시되기 때문에 여전히 $O(\log_b N) = O(\log N)$에 해당한다. 밑수가 2인 로그 함수 즉, $\log_2 N$

로그시간 알고리즘 (Logarithmic Time Algorithm)

을 다른 로그 함수와 구분하기 위해 특별히 lgN으로 표시하기도 한다.

빅 오메가
(Big Omega, Ω)
하한(Lower Bound)

빅 오메가(Big Omega, Ω) 기호는 빅 오 기호의 반대 개념이다. 즉, 알고리즘 수행시간의 **하한**(Lower Bound)으로서 "최소한 이만한 시간은 걸린다"라는 의미다. 예를 들어 $N^2 + 100 = \Omega(N^2)$이고 $N + 1 = \Omega(N^{0.9})$이다. 빅 오메가 분석은 주로 문제 자체에 내재하는 속성을 파악함으로써 얻어진다. 예를 들어, 모든 정렬 알고리즘은 Ω(N)이라고 할 수도 있다. 데이터 N개를 정렬하는데, N개 모두를 읽지 않고 정렬을 완료할 수는 없기 때문이다.

Θ(N)(Big Theta)

어떤 문제가 주어졌을 때 그 문제를 해결할 수 있는 최선의 알고리즘은 무엇인가. 어떤 알고리즘이 제시되고 그것이 $O(N^2)$임을 증명함으로써 "길어야 이만한 시간이면 된다"라고 하였고, 또 어떤 사람이 그 문제는 Ω(N)임을 증명함으로써 "최소한 이만한 시간은 걸린다"라고 하였다면 그 문제에 관한한 우리가 모르는, N에서 N^2 사이에 있는 효율이 더 나은 알고리즘이 존재할 가능성이 있다. 알고리즘이 개발됨에 따라 사이는 점차 좁혀진다. Ω(N)인 문제에 O(N)인 알고리즘이 개발되면 그 알고리즘을 **Θ(N)(Big Theta)**이라 한다. 알고리즘 수행시간의 상한과 하한이 마주침으로써 더 이상 나은 알고리즘은 존재하지 않음이 증명된 셈이다.

Section

05 효율 분석 예

❶ 리스트의 삽입, 삭제

추상 자료형 리스트에서 정의된 몇몇 함수의 실행에 요구되는 시간적 복잡도를 [표 8-4]를 통해 살펴보자.

[표 8-4] 리스트 함수의 효율

	배열로 구현	연결 리스트로 구현
① Find List Length	O(1) / O(N)	O(1) / O(N)
② Insert an Item	O(1) / O(N)	O(1) / O(N)
③ Insert an Item at *Ith* Position	O(N)	O(N)

실행시간은 구체적으로 무엇을 하기 위한 알고리즘이며, 또 알고리즘을 위한 자료구조를 어떻게 가져가는지에 따라서 결정된다. 먼저, 배열로 구현할 때를 살펴보자. 리스트 내부 레코드의 개수를 찾는 ①번 작업은 O(1)이다. 단, 이 효율은 배열 내의 레코드 개수를 추적하는 변수를 별도로 두었을 경우에 한한다. 단번에 변수 값을 읽어버리면 그만이기 때문이다. 만약, 이러한 변수가 없다면 작업이 요구될 때마다 배열의 끝을 만날 때까지 레코드 하나씩 읽어가며 개수를 세어야 하므로 O(N)에 해당한다.

②번 작업 역시 구체적인 자료구조에 따라 달라진다. 만약, 정렬 안 된 배열이라면 굳이 정렬된 순서로 삽입할 필요가 없고 따라서 배열의 끝에 삽입하면 된다. 현재 배열의 마지막 요소가 있는 인덱스를 별도 변수로 추적한다면 단번에 삽입위치를 찾아가므로 O(1)이다.

만약, 정렬된 배열이라면 처음부터 키 값을 읽어가면서 새 레코드가 들어갈 삽입위치를 찾아야 한다. 최악의 경우, 제일 마지막에 삽입될 수도 있으며, 그 동안 배열 내 N개의 레코드 모두에 대해 비교가 진행된다. O(N)이다. 물론, 삽입위치를 찾는데, 이진 탐색을 사용하면 비교 횟수는 O(lgN)으로 줄어든다.

그러나 삽입위치를 찾았다고 끝난 것이 아니다. 배열의 중간에 삽입이 일어나면 삽입위치를 포함하여 그 오른쪽의 모든 레코드가 한 칸씩 오른쪽으로 밀려나야(Shift) 한다. 최악의 경우, 삽입위치가 배열의 처음이라면 데이터 N개 모두에 대해서 이동 작업을 가해야 한다. 삽입위치를 찾는 작업과 찾은 후의 이동 작업을 감안하면 정렬된 배열에 있어서 ②번 작업의 효율은 O(N) + O(N) 또는 O(lgN) + O(N)이다. 즉, O(N)이다.

③번 작업은 사용자가 위치를 직접 지정하여 삽입하는 경우다. 삽입하고자 하는 위치가 마지막이라면 단번에 배열 끝 인덱스로 접근하여 삽입하면 된다. 그러나 최악의 경우, 이 위치가 배열의 첫번째 일수도 있고 그렇게 되면 원래 첫 위치에 있던 것을 포함하여 그 뒤에 있던 것 모두가 한 칸 씩 오른쪽으로 밀려나야(Shift) 한다. 삽입위치를 찾는 작업은 배열 인덱스 계산에 의해 O(1)에 일어나지만 찾은 후 이동작업에 O(N)이 소요되므로 결과적인 효율은 O(1) + O(N) = O(N)이 된다.

연결 리스트로 구현할 때를 살펴보자. ①은 배열과 유사하다. 리스트 내부의 노드 개수를 추적하는 변수가 별도로 있으면 O(1)이고 그렇지 않으면 헤드로부터 포인터를 따라 마지막 노드까지 가면서 연결되어 있는 레코드 개수를 세어야 하므로 O(N)이다. 포인터에 적힌 주소로 가서 연결된 노드를 읽어오는 자체가 하나의 작업 횟수로 카운트되기 때문이다.

②번 작업에서 정렬 안 된 연결 리스트라면 새로운 노드는 어디에 넣어도 무방하다. 헤드에 직접 연결하여 첫 노드로 만들면 그 작업은 O(1)이다. 배열과 달리 연결 리스트에서는 포인터만 서로 연결시킬 뿐 나머지 데이터를 오른쪽으로 이동시킬 필요가 없다. ③번 작업을 하려면 헤드로부터 출발해서 포인터를 따라 i번째 노드 부근으로 이동해야 한다. 최악의 경우 삽입위치가 마지막이라면 노드 N개를 모두 순회한 것이 되므로 삽입위치를 찾는 데 O(N)의 시간이 소요된다. 이 때에도 배열과는 달리 삽입위치를 찾은 후에 데이터가 밀려나야 할 필요는 전혀 없다. 효율은 O(N)으로서 배열의 효율과 같지만 서로 다른 이유로 그렇게 됨에 유의해야 한다.

2. 선형탐색

선형탐색은 찾고자 하는 키를 지닌 레코드가 나올 때까지 배열 처음부터 끝까지 순차적으로 탐색하는 방법이다. 배열 요소가 recordType이라는 구조체고, 구조체 내부에 Key라는 변수가 키 값을 지닐 때, 선형탐색은 다음과 같은 코드로 표시할 수 있다.

[코드 8-6] 선형탐색(1)

```
int SequentialSearch(recordType A[], int SearchKey, int N)
{   for (int i = 0; i < N; i++)
        if (A[i].Key = = SearchKey)   찾는 키가 배열 요소의 키와 일치하면
            return A[i];              해당 요소 구조체를 리턴
    return(-1);                       찾는 레코드가 없음을 -1로 표시하여 리턴
}
```

여기서 N은 현재 배열 내에 탐색 대상이 되는 레코드 수를 의미한다. 물론, 배열 크기는 이보다 클 수 있다. for 루프의 인덱스가 0부터 (N−1)까지 진행하면서 if문에 의해 비교가 행해진다. 물론, 언제라도 원하는 레코드를 찾으면 더 이상 탐색할 필요가 없다. 그러나 최악의 경우 원하는 레코드가 배열 끝에 존재한다면 처음부터 끝까지 비교가 가해져야 하므로 효율은 O(N)이 된다.

때에 따라서는 **코드 최적화**(Optimization)를 통해 실행시간을 단축하기도 한다. [코드 8-6]을 자세히 보면 if문에 의해 키 비교가 일어나지만, for 루프의 조건문에서도 인덱스 i가 탐색 범위를 초과하는지를 살피는 비교가 행해진다. 따라서 엄밀히 말하면 2N번의 비교가 일어나고 있는 것이다. 이처럼 불필요한 인덱스 비교를 제거하려면 다음과 같이 하면 된다.

코드 최적화 (Optimization)

[코드 8-7] 선형탐색(2)

```
int SequentialSearch(recordType A[], int SearchKey, int N)
{   A[N].Key = SearchKey;
    for (int i = 0; A[i].Key != SearchKey; i++);
    if (i < N)                        배열 내부에 찾는 레코드가 있음
        return A[i];                  해당 요소 구조체를 리턴
    else                              그렇지 않으면
        return(-1);                   찾는 레코드가 없음을 -1로 표시하여 리턴
}
```

현재 배열 내부의 탐색범위가 인덱스 0..(N−1)이므로 A[N]은 범위 밖의 오른쪽 레코드를 의미한다. 여기에 찾고자 하는 키 필드를 복사한다. 이렇게 되면 만약, 인덱스 0...(N−1)에서 원하는 키를 가진 레코드가 없더라도 반드시 인덱스 N에서 찾을 수 있게 된다. 반드시

센티넬(Sentinel, Marker, 감시문자)

찾을 수 있으니 루프는 반드시 종료되고 따라서 인덱스 i가 범위를 벗어나는지 비교할 필요가 없어진다. 루프를 빠져나와서 찾은 위치가 배열 내부라면 해당 구조체를 리턴하고, 그렇지 않고 우리가 복사한 곳에서 찾았으면 찾는 레코드가 없음을 리턴하면 된다. 이와 같은 목적으로 사용된 레코드를 **센티넬(Sentinel, Marker, 감시문자)**이라고 한다. 물론, 이렇게 하너라도 빅 오 기호로 표시하면 여전히 O(N)이지만 비교 횟수 면에서 볼 때 [코드 8-6]이 O(2N)이라면 [코드 8-7]은 O(1N)에 해당한다.

❸ 이진탐색

결론부터 말해서 한 번 비교할 때마다 문제 크기가 반으로 줄어든다. 만약, 문제 크기가 128이라면 64, 32, 16, 8, 4, 2, 1로 베이스 케이스에 도달하므로 대략 7($\approx \log_2 128$)회 정도의 비교가 일어난다. 이를 수식으로 분석해보자. 이진 탐색의 재귀호출 형식은 $C_N = C_{N/2} + 1$로 표시된다. 한 번의 비교에 의해서 크기 N의 문제 C_N이 크기 N/2인 문제 $C_{N/2}$으로 바뀐다는 의미다. 데이터 크기 N을 N = 2의 n승으로 가정하면 이진탐색에서의 비교 횟수는 다음과 같다.

$$
\begin{aligned}
C_{2^n} &= C_{2^{n-1}} + 1 \\
&= C_{2^{n-2}} + 1 + 1 \\
&= \ldots \\
&= C_{2^0} + 1 + 1 + 1 + \ldots + 1 && \text{1이 n번 반복} \\
&= 1 + n && \text{베이스 케이스에서 한번 비교} \\
&\approx n = \log_2 N
\end{aligned}
$$

n번의 비교 끝에 베이스 케이스에 도달하고, 베이스 케이스인지 판단을 위해 1회의 비교가 필요하니 총 비교 횟수는 (1 + n)이 된다. 이는 대략 n으로 볼 수 있고 문제에서 $N = 2^n$으로 가정하였으니 $n = \log_2 N$이 된다. 결과적으로 이진탐색의 효율은 O(logN)이다. [표 8-5]에서 보듯이 데이터가 많아질수록 비교의 횟수에 있어서 이진탐색과 선형탐색은 큰 격차를 보인다. [표 8-5]는 선형탐색 10N + 10, 이진탐색 1000lgN + 1000으로 구현했을 때의 비교 횟수를 보여준다.

[표 8-5] 선형탐색과 이진탐색의 키 비교 횟수

N	선형탐색	이진탐색
10	110	4,322
100	1,010	7,644
1,000	10,010	10,966
10,000	100,010	14,288
100,000	1,000,010	17,610
1,000,000	10,000,010	20,932

Section

06 분할상각 복잡도

동일한 작업(Operation)도 경우에 따라서 소요되는 시간, 즉 복잡도가 바뀔 수 있다. 따라서 특정한 경우에 작업에 걸리는 시간을 무조건 알고리즘의 복잡도로 보기가 어려울 때도 있다. 이럴 때에는 하나하나의 작업에 소요되는 비용보다, 일련의 연속된 작업에 소요되는 복잡도가 더욱 중요할 수도 있다.

분할상각 복잡도(分割償却, 減價償却, Amortized Complexity)

분할상각 복잡도(分割償却, 減價償却, Amortized Complexity)는 연속된 작업의 전체적인 효율에 주목한다. 일반적 복잡도 분석에서 작업(Operation) 하나하나가 서로 전혀 무관하다는 전제에서 분석이 이루어지는 반면, 상각 복잡도에서는 모든 작업이 서로 연관되어 있다고 전제한다. 작업 A, B가 서로 연관되어 있다고 전제할 때, A가 느려지면 B가 빨라질 수도 있고 역으로 A가 빨라지면 B가 느려질 수도 있는 것이다.

이는 "A, B가 완전히 독립된 작업으로, 작업 속도가 서로 독립적이기 때문에 그 중에 복잡도가 큰 작업만을 기준으로 전체적인 복잡도를 평가한다"라는 일반적 분석 방법과는 다른 접근 방법이다. 상각 복잡도 분석에서는 연관된 일련의 작업들이 지닌 평균적인 효율을 분석한다. 물론, 이 경우에도 빅 오 기호를 사용하여 최악의 경우를 분석한다. 예를 들어 보자.

배열로 구현한 스택의 푸시 작업은 배열 끝에 데이터를 붙이기만 하면 된다. 또, 팝 작업은 배열 크기를 나타내는 변수 값을 하나 줄이면 그만이다. 이 작업의 효율은 각각 O(1)에 해당한다. 그런데, 만약 배열이 꽉 찬 상태에서 푸시 작업이 일어나면 어떻게 할 것인가. 오류 메시지를 보내는 대신, 현재 배열의 두 배 크기가 되는 새로운 배열을 만들고 일단 이전 스택 내용을 복사(푸시)한 후에 새로운 아이템을 푸시하면 된다. 이 작업을 유사코드로 쓰면 다음과 같다.

[코드 8-8] 동적 배열

```
push(Item)
{ if (StackIsFull)
  {    new DoubleArray[2 * StackSize];
       Copy Old Stack Data into DoubleArray;
       Push Item into DoubleArray;
       Increase StackSize;
  }
}
```

이 푸시 알고리즘을 일반적인 복잡도로 분석하면 O(N)의 효율이 된다. 현재, 배열이 꽉 찬 상태에서 푸시 작업이 들어오는 것이 최악의 경우다. 이렇게 되면 푸시 한번을 위해 이전 배열에 있던 모든 아이템을 새로운 배열에 복사해야 하기 때문이다.

그러나 분할상각 복잡도로 분석하면 이는 여전히 O(1)의 효율이다. 처음 크기 1짜리 배열로부터 시작해서 일어나는 일련의 푸시 작업을 생각해보자.

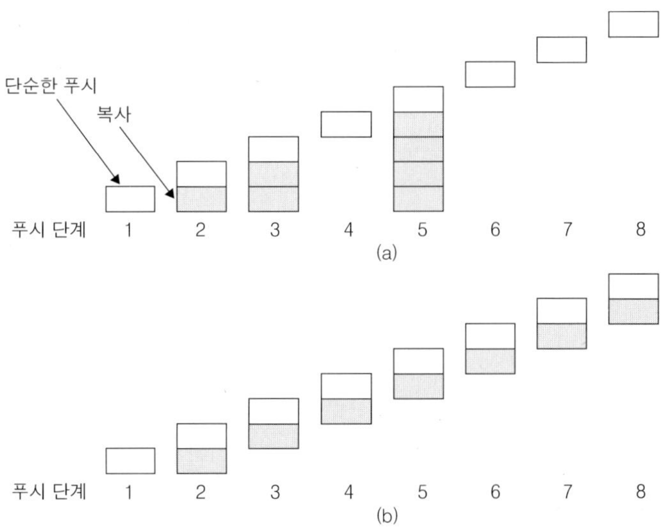

[그림 8-5] 분할상각

[그림 8-5] (a)처럼 배열 크기 1인 첫번째 푸시에서 레코드 하나를 넣는 것은 단순한 작업이다. 그러나 두 번째 푸시가 가해지면 더 들어갈 공간이 없으므로 배열 크기를 1에서 2로

늘리고, 이전 스택에 있던 레코드 하나를 복사한다. 물론, 새로운 레코드는 그 위에 푸시 된다. 세 번째 푸시가 가해지면 이번에는 배열크기가 2에서 4로 늘려지고 이전 배열크기 2에 있는 데이터 두 개가 복사된다. 물론, 새로운 데이터는 바로 위에 푸시된다. 현재 배열 크기가 4이므로 네 번째 푸시는 그대로 수용할 수 있다. 그러나 다섯 번째 푸시에서 다시 배열 크기를 8로 증가시켜야 하므로 이전 배열에 있던 데이터 네 개가 복사된다. 이처럼 계산하면 8번 푸시에 데이터 일곱 개가 복사된다.

일반적인 복잡도 분석에서 푸시 작업을 O(N)이라고 한 것은 최악의 한 순간을 가정한 것이다. 즉, 푸시 한번에 데이터 N개가 모두 복사되는 순간을 말한 것이다. 그러나 [그림 8-5]의 (a)에서 복사되는 레코드를 (b)처럼 분산시키면 실상은 여덟 번의 푸시에서 복사는 일곱 번 밖에 일어나지 않는다. 평균적으로 볼 때 대략 푸시 한 번에 복사 한 번이 일어나므로 O(1)에 해당한다. 다시 말해, 어떤 푸시에서 커다란 배열을 잡아놓으면 그 다음 푸시는 이전 푸시 덕분에 그냥 단순히 넣기만 하면 되기 때문에 복사에 따른 시간을 요하지 않고, 따라서 평균적인 복사 횟수를 낮추는 역할을 한다.

아모타이제이션 (Amortization)

아모타이제이션(Amortization)이란 감가상각을 의미한다. 강의실 책상을 5만원에 구입했을 때, 시간이 지날수록 책상 가치는 떨어져서 나중에 못쓰게 될 때는 그 값이 0으로 된다. 따라서 나중에 못쓰게 되고 나서야 새로이 거금 5만 원 예산을 책정하는 것보다는, 의자를 사용하는 동안에 매월 천 원씩 소비한 것으로 예산을 책정하는 것이 유리하다. 이처럼 감가상각이란 손실을 분할하여 갚는 것을 의미한다. 위 예로 보자면 어떤 푸시가 일어날 때, 단번에 모두 복사하는 것이 아니라, 이를 분할하여 푸시할 때마다 복사 한 번이 일어나는 것으로 간주하는 것이다.

엄밀히 말하면 위 예의 분할상각 효율은 O(2)가 된다. 즉, 모든 푸시가 일어날 때마다 단순히 푸시하는 비용 1에다가 분할된 복사비용 1을 합한 것이다. 물론, O(2) 역시 빅 오 기호로는 O(1)로 상수시간 알고리즘이다.

작업당 평균 효율

분할상각에서 말하는 평균적 효율은 **작업당 평균 효율**이다. 즉, 여러 개의 작업 전체를 놓고 볼 때 평균적으로 요하는 시간이다. 이는 일반적인 효율분석에서 말하는 최악의 경우(Worst Case), 최선의 경우(Best Case), 평균적 경우(Average Case)의 평균이란 용어와는 구별되어야 한다. 일반적인 효율분석에서 말하는 평균적 경우는 입력 데이터의 분포를 지칭한다. 정렬 안 된 배열에서 선형탐색을 가할 때 평균적으로 배열의 중간쯤 가면 찾을 수 있다고 할 때의 평균이라는 말은 입력 데이터가 무작위(Random)하게 분포되어 있는 경우를 지칭한다. 따라서 이는 입력 데이터와 무관하게 연속적인 작업의 평균적 효율을 의미하는 분할상각 복잡도와는 다른 이야기다.

멀티 팝(Multi Pop)

푸시, 팝 외에 **멀티 팝**(Multi Pop)이라는 스택 작업을 생각해보자. 이 작업은 스택에 있는 모든 아이템을 연속적으로 팝하는 것을 의미한다. 단순한 팝 한번이 O(1)의 효율이므로 아이템 N개인 스택의 모든 것을 꺼내는 멀티 팝 작업은 O(N)에 해당한다. 빈 스택에 대해서 일련의 푸시, 팝, 멀티 팝 작업이 대략 N번 일어난다고 가정할 때의 효율을 생각해보자.

일반적인 복잡도 분석에 의하면 이는 $O(N^2)$의 알고리즘이다. 최악의 경우, 복잡도 N의 멀티 팝이 N번 실행되기 때문이다. 그러나 일반적으로 스택에 한번 푸시된 레코드가 두 번 팝될 수는 없다. 멀티 팝이든 일반 팝이든 간에 한번 들어간 것은 한번 빠져나올 수 있을 뿐이다. 다시 말해, 알고리즘의 내부 논리가 어떻게 되어있건 간에 오류가 아닌 다음에야 한번 넣은 것을 여러 번 팝 할 수는 없다. 따라서 N번 푸시 된 스택에 대해서는 팝, 멀티 팝을 합쳐서 N번의 팝이 일어나야 한다. 다시 말해, 거시적으로 보면 푸시, 팝, 멀티 팝 모두 O(1)의 분할상각 복잡도를 지닌다는 것이다.

생활 속의 자료구조

1938년 설계된 워싱턴 주 타코마 협교는 세계에서 가장 긴 현수교였다. 기존 다리와 달리 바람에 약간씩 흔들리도록 설계된, 소위 가벼운 다리로 유명했다. 이 다리는 1940년 11월 7일 오전 11시에 무너져 내렸다. 바람에 의한 공진(共振, Resonance) 현상 때문이었다. 다행히 인명 피해는 없었지만 설계가 의미하는 바를 완전히 이해하지 못하는 인간의 한계를 드러낸 것이다. 교량을 설계할 때 우선 생각해야 할 것은 과연 그 다리가 견고한가의 문제다. 이를 위해서는 예측 불가능한 것까지도 예측하려는 노력이 필요하다. 얼마나 싼 비용으로 지을 수 있는가는 그 다음 문제다. 돌아가기만 하면 되는 프로그램, 급조된 프로그램은 무너져 내리는 교량보다 훨씬 더 위험할 수 있다.

중세 유럽에는 결혼할 때 여자 쪽에서 지참금을 내어야 했다. 어떤 해에 식량이 부족하면 지참금이 없어 노처녀가 늘어난다. 노처녀들이 고양이를 키우고 애완용 고양이가 많아져서 쥐들이 줄어든다. 쥐들이 식량 축내는 일이 없으므로 지참금이 늘어난다. 자연 현상에는 복원력과도 유사한 피드백 메커니즘이 존재한다. 논리학자들은 인구 증가율을' $P_{n+1} = C \cdot P_n(1-P_n)$로 모델링한다. 내년인구 P_{n+1}은 금년인구 P_n에 비례하지만 동시에 $(1-P_n)$에 의해 줄어드는 경향도 있다는 것이다.

[표 8-6] C = 4, P_0 = .4에 의한 반복문 실행

0	1	2	3	4	5	6	7	8	9	10
.400	.960	.154	.520	.998	.006	.025	.098	.355	.916	.307

[표 8-7] C = 2, P_0 = .35에 의한 반복문 실행

0	1	2	3	4	5	6	7	8	9	10
.350	.455	.496	.500	.500	.500	.500	.500	.500	.500	.500

C = 4, P_0 = .4로 놓고 증가를 반복한 결과는 [표 8-6]과 같다. 그런데 이 결과에는 어떠한 패턴도 보이지 않는다. 이 간단한 프로그램에 오류가 있을 수 있을까. 사실은 제한된 비트로 부동소수를 표시하다 보니 잘려나간 뒷자리 수에 의한 오차가 누적되어 엄청나게 커진 것이다. 이른바 카오스(Chaos)다. 놀랍게도 C = 2, P_0 =.35로 놓으면 [표 8-7]과 같이 어떤 값에 수렴한다. 조건을 바꾸어 예측 가능한 것이 됨으로써 이제 카오스의 정의는 '혼돈'이 아니라 '혼돈스러워 보이는 이면에는 논리 정연한 규칙이 존재한다'로 바뀌어 버린다. 컴퓨터는 만능이 아니다. 사용하는 사람의 논리가 정확할 때만이 컴퓨터가 제 역할을 해 낸다.

요약

알고리즘이란 문제를 해결하는 방법으로써, 요리로 말하면 일종의 조리법에 해당한다. 조리법은 너무 구체적이어서도 또 너무 추상적이어서도 안 된다. 문법 오류, 의미상 오류, 논리적 오류 중 가장 치명적인 것은 논리적인 오류다. 이 오류는 알고리즘의 정확성이 결여된 데 기인한다.

알고리즘의 정확성을 증명하기 위해서는 각 알고리즘을 분할하여 단계별로 인베리언트가 항상 사실인 것과 해당 단계가 항상 종료해야 함을 증명하면 된다. 알고리즘의 효율은 시간적 효율과 공간적 효율로 나뉜다. 시간적 효율을 분석하는데, 어려움은 알고리즘이 실행되는 하드웨어와 소프트웨어 환경에 따른 차이가 때문이다.

데이터 크기가 무한대로 갈 때의 점근적 행태를 기준으로 알고리즘의 효율을 평가하면 이러한 차이는 무시된다. 빅 오 기호는 점근적 효율을 평가하기 위한 수단으로서 실행시간의 상한을 표시함으로써 최악의 경우의 효율을 나타낸다. 이 기호를 사용하여 알고리즘의 효율을 분석하기 위해서는 명령문의 실행횟수가 얼마나 되는지에 주목한다.

선형시간, 제곱시간, 3제곱 시간, 지수 함수 시간 등으로 실행시간이 늘어남에 따라서 실제로는 상식적인 시간 내에는 실행 불가능한 알고리즘이 존재하게 된다. 선형탐색의 효율은 O(N)이고 이진탐색의 효율은 O(lgN)이다. 분할상각 복잡도는 알고리즘 효율 분석에 있어서 일련의 연관된 작업의 평균적인 효율을 분석하는 데 주력한다.

연습 문제

1 소프트웨어에 대한 검증은 프로그램이 모두 완성되고 나서 시작된다. (True/False)

2 프로그램의 정확성은 샘플 테스트에 의해 이루어질 수 있다. (True/False)

3 샘플 테스트는 프로그램의 정확성을 증명할 수 있는 유일한 수단이다. (True/False)

4 문법 오류와 논리적 오류는 컴파일러에 의해 발견할 수 있다. (True/False)

5 프로그램의 정확성 검증은 언제하는 것이 가장 바람직한가?

가. 설계 시　　나. 코딩 시　　다. 코딩이 완성되자마자

6 어떤 알고리즘이 0.3초 만에 입력 크기 50을 처리한다. 만약, 이 알고리즘이 선형 복잡도를 지니고 있다면 1분 만에 처리할 수 있는 입력의 크기는 얼마인가?

7 일반적으로 실행시간 분석에 사용되는 것은 무엇인가?

가. 주요 작업의 횟수
나. 프로그램 실행에 요구되는 초 단위 시간
다. 프로그램 실행에 요구되는 공간의 바이트 수
라. 산술 연산의 횟수

8 다음 중 $N^2 + 50N + 7$을 가장 잘 나타내는 것은?

가. $O(N^4)$　　나. $O(N^3)$　　다. $O(N^2)$　　라. $O(N)$

9 모든 입력에 대해 선형시간 알고리즘은 제곱시간 알고리즘에 비해 빠르다. (True/False)

10 O(N) 알고리즘의 시간적 복잡도를 나타내는 용어는 다음 중 무엇인가?

가. Constant　　나. Linear　　다. Logarithmic　　라. Quadratic

11 연결 리스트에서 삽입 직전 노드를 가리키는 포인터가 주어졌을 때 삽입에 걸리는 시간은 얼마인가?

가. 1　　나. logN　　다. N/2　　라. N

12 정렬된 배열의 첫 위치에 데이터를 삽입하는 데 요구되는 복잡도는 무엇인가?

가. O(1)　　나. O(N)　　다. $O(N^2)$　　라. O(lgN)

13 정렬된 배열의 첫 위치의 데이터를 삭제하는 데 요구되는 복잡도는 무엇인가?

가. O(1) 나. O(N) 다. $O(N^2)$ 라. O(lgN)

14 O(logN) 알고리즘으로 입력 데이터 1,000개를 처리하는 데 작업 횟수 110개가 요구된다. 입력 데이터가 2,000개로 늘면 요구되는 작업 횟수가 120개로 늘어난다. 입력 데이터가 다시 두 배인 4,000개로 늘 때 필요한 작업 횟수는 얼마인가?

가. 170 나. 160 다. 120 라. 130 마. 140

15 O(N)의 알고리즘에서 입력 데이터 수가 두 배로 늘었다면 실행시간은 어떻게 되겠는가?

가. 그대로 나. 상수만큼 증가 다. 두 배 라. 두 배 이상 마. 네 배

16 O(1)의 알고리즘에서 입력 데이터 수가 두 배로 늘었다면 실행시간은 어떻게 되겠는가?

가. 그대로 나. 상수만큼 증가 다. 두 배 라. 두 배 이상 마. 네 배

17 $O(N^2)$의 알고리즘에서 입력 데이터 수가 두 배로 늘었다면 실행시간은 어떻게 되겠는가?

가. 그대로 나. 상수만큼 증가 다. 두 배 라. 두 배 이상 마. 네 배

18 입력 N에 대하여 while (N > 0) N = N / 10;이라는 루프의 최악의 효율은 다음 중 어느 것인가? 단, /는 정수 나눗셈(Integer Division)의 몫을 의미한다.

가. O(1) 나. O(logN) 다. $O(N^2)$ 라. O(N)

19 프로그램을 테스트하는 다음 과정 중 불가능한 작업은 무엇인가?

가. 오류가 있음을 보인다.
나. 오류가 없음을 보인다.
다. 프로그램을 구성하는 각 부분이 제대로 동작함을 보인다.
라. 프로그램 구조는 무시하고 다양한 입력에 대해서 출력을 검증한다.

20 입력 크기가 N이라 할 때, 다음 알고리즘의 복잡도를 빅 오 기호로 나타내라.

가.
```
for (int i=1; i<=N; i++)
    for (int j=1; j<N-2; j++)
        cout << "hello";
```

나.
```
for (int i=1; i<=N; i++)
    for (int k=1; k<=60; k++)
```

```
            for (int j=1; j<N-2; j++)
                 cout << "hello";
```

다.
```
for (i=100, i++; i<=N)
      for (j=1; j++; j<=30000)
         cout<<"Hello";
```

라.
```
x+=2;
y-=22;
for(k=1;k++;k<=N)
     z+= 300;
```

마.
```
cout <<"That's It"
```

21 다음의 빅 오 효율 10개중에서 가장 효율적인 것부터 가장 비효율적인 것의 순서로 나열하라.

$N!$, $\ln(N)$, $N^2\lg(N)$, $\lg(N)$, N^5, $9N$, $47N+15N^2+3N^3$, 100000, $N^{0.5}$

22 다음 효율을 각각 빅 오 기호 하나로 나타내라.

가. $20N^5/3 + N^6/2$　나. $8\log2N + 6N$　다. $3N^2 + N\log3N$　라. $20N^2 + \log2N + N$

23 코드 for(i = 3; i <= N; i++) printf("%d", i);의 효율을 빅 오 기호가 아닌, 정확한 N의 함수로 표시하라.

24 다음 코드가 요하는 작업의 횟수를 빅 오 기호가 아닌, 정확한 N의 함수로 표시하라.

```
i = 1;
while (i <= N)
{   j = 1;
    while (j <= N)
    {   k = 1;
        while (k < N)
        {   printf("%d, %d, %d", i, j, k);
            k = k + 1;
        }
        j = j + 1;
    }
    i = i + 1;
}
```

25 Fcn( )의 효율이 $5N^2$일 때, 다음 코드의 효율을 빅 오 기호로 나타내라.

```
i = 1;
while (i <= n)
{   Fcn();
    i = i + 1;
}
```

26 Fcn( )의 효율이 O(lgN)일 때, 다음 코드의 효율을 빅 오 기호로 나타내라.

```
i = 2;
while (i < n)
{   j = n;
    while (j > 1)
    {   Fcn();
        j = j - 1;
    }
    i = i + 1;
}
```

27 Fcn( )의 효율이 O(N)일 때, for(i = 1; i <= N; i *= 2) Fcn( );의 효율을 빅 오 기호로 나타내라.

28 다음 도표에서 insert는 해당 자료구조에 새로운 레코드를 삽입하는 함수다. Delete는 삭제 함수, IsMember는 주어진 키를 가진 레코드가 있는지 확인하는 함수, getMin은 가장 작은 키를 가진 레코드를 돌려주는 함수, getSuccessor는 주어진 키의 레코드를 찾은 후, 바로 다음 레코드를 돌려주는 함수다. 각 작업의 효율을 빅 오 기호로 표시한 빈 칸을 O(N), O(lgN), 또는 O(1)으로 채워보라. 단, 사용된 알고리즘에 따라서 서로 다른 효율을 보일 경우는 전제조건을 설명하라.

[표 8-8] 문제 28

	Insert	Delete	IsMember	getMin	getSuccessor
정렬된 배열			O(lgN)		O(lgN)
정렬 안 된 배열					
정렬된 연결 리스트					
정렬 안 된 연결 리스트					

연습 문제

29 어떤 문제를 해결하기 위해 지희는 두 가지 알고리즘을 사용하였다. 첫째 알고리즘의 작업 수는 $1000N^2$, 둘째 알고리즘은 2^N이었다. 입력 크기가 작을 때는 어떤 것이 유리한지, 또 클 때에는 어떤 것이 유리한지, 그 이유를 수학적으로 제시하라.

30 프로그램/알고리즘 설계에 있어서 전제조건(Precondition), 후속조건(Postcondition), 루프 인베리언트(Loop Invariant)가 무엇을 의미하는지 정의하고 각각이 언제 사용되는지 설명하라.

31 크기 N이 1이상인 고정된 배열 A[0...(N-1)]의 요소 중 홀수인 것만 찾아서 B[0..(N-1)] 배열에 저장하는 프로그램을 작성하라. 단, 전제조건, 후속조건, 루프 인베리언트를 쓰라.

32 프로그래머에게 가장 빈번히 발생하는 세 가지 오류 타입을 나열하고 설명하라.

33 입력 크기 n이라 할 때, 다음 알고리즘의 복잡도를 빅 오 기호로 표시하라.

가.
```
procedure MatrixMultiply(n: integer);
var  i,j,k: integer;
begin
  for i := 1 to n do
      for j := 1 to n do begin
          C[i,j] := 0;
          for k := 1 to n do
              C[i,j] <- C[i,j] + A[i,k]*B[k,j]
      end
  end;
```

나.
```
procedure DontKnow(n: integer);
var   i,j,k: integer;
begin
  k := 0;
      for i := to n do
          if i mod 2 = 0 then
             for j := 1 to i do
                     k := k + j
end;
```

다.
```
procedure LoopIt(n: integer);
var   i,count: integer;
begin
```

```
      count := 0;
      i := 2;
      while i < n do begin
           i := 2*i;
           count := count + 1
      end
    end;
```

라.
```
procedure Recursive(n: integer);
begin
    if n <= 1 then
         return(1);
    else
         return(Recursive(n-1) + Recursive(n-1));
end;
```

34 위치기반 추상 자료형 리스트를 가정하고 배열로 구현한 것과 연결 리스트로 구현한 것 각각에 대해 위치를 지정하여 데이터를 검색할 때 요구되는 시간적 복잡도를 빅 오 기호로 표시하라.

35 입력 크기 N일 때 다음 알고리즘의 복잡도를 예측하라.

```
Min = 0;
Max = N;
while (Min < Max) Max = (Min + Max) / 2;
```

36 입력 크기가 N일 때 다음 알고리즘의 복잡도를 예측하라.

```
{ int Sum = 0;
  for (int k = 1; k <= N; k *= 2)
      for (int j = 1; j <= N; j++)
          Sum++;
}
```

37 0..(N-1)까지 배열 A의 요소 N개를 모두 더해서 합을 구하는 재귀 함수의 코드는 다음과 같다. 단, 호출 함수는 Sum(Array, N-1); 명령으로 부른다고 가정한다.

```
int Sum(float A[], int Last)
{ if (n < 0)
      return 0;
```

```
        else
            return (Sum(A, Last-1) + A[Last])
    }
```

이 함수의 재귀호출 형식을 T(N) = T(N-1) + 1로 표시했을 때, 알고리즘의 효율을 계산하라.

38 재귀호출은 일반적으로 T(N) = a T(N/b) + cN^k 으로 표시된다. 즉, 재귀호출의 매 단계마다 크기 N의 문제를 a개의 크기 N/b의 문제로 분할하며, 그 분할된 문제의 해결책을 조합하는 데 cN^k개의 작업이 요구된다. 예를 들어, 이진 탐색이라면 a = 2, b = 2, c= 1, k = 0에 해당한다. 물론, 이 경우의 cN^k = 1은 비교를 위한 것이다. 합병 정렬에서의 a, b, c, k 값을 제시하라.

39 알고리즘의 복잡도 분석을 위해서 프로그램의 실제 실행시간을 재기도 한다. 그러나 엄청나게 많은 데이터를 넣지 않는 한, 이 방법의 정확성은 떨어진다. 다른 방법은 Count 변수를 두고 중요한 작업이 실행될 때마다 카운트를 증가시켜 그 결과를 출력하는 방법이다.

그러나 이 방법도 단번에 효율을 분석해 낼 수는 없다. N = 32일 때 Count = 800이라는 결과는 O(1), O(N), O(N^2) 모두로 해석이 가능하다. 각각 O(800), O(25N), O(.78N^2)의 결과일 수 있기 때문이다. 또, 데이터에 따라서는 최악이 아닌 최선을 보일 수도 있다. 따라서 이 방법에서는 데이터 크기를 두 배로 늘리면서 약 4회~5회 정도 카운트를 측정하는 것이 일반적이다.

〔표 8-9〕는 O(1)이다. 입력 데이터의 내용에 따라 약간의 변동이 있을 수 있기 때문에 작은 값 차이보다는 전반적인 추세에 주목해야 한다. 〔표 8-10〕은 O(5N), 〔표 8-11〕은 O(5 · logN), 〔표 8-12〕는 O(NlogN), 〔표 8-13〕은 O(2 · 2^N)에 해당한다.

[표 8-9] 문제 39-1

N	Count(N)
2	10
4	10
8	10
16	11
32	8

[표 8-10] 문제 39-2

N	Count(N)
2	10
4	17
8	32
16	66
32	130

[표 8-11] 문제 39-3

N	Count(N)
2	10
4	10
8	15
16	20
32	25

[표 8-12] 문제 39-4

N	Count(N)
2	2
4	8
8	25
16	64
32	161

[표 8-13] 문제 39-5

N	Count(N)
2	8
4	32
8	500
16	65,600
32	4,300,257,300

다음 각각의 타이밍 도표를 기준으로 알고리즘의 복잡도를 판정하라.

가. **[표 8-14] 문제 39-6**

N	Count(N)
2	15
4	20
8	20
16	22
32	19

나. **[표 8-15] 문제 39-7**

N	Count(N)
2	3
4	12
8	35
16	98
32	240

Chapter 09

정렬 알고리즘과 효율

＊학습목표

- 정렬 알고리즘의 분류 방법을 이해한다.
- 정렬 알고리즘별로 동작 원리에 대해 이해한다.
- 정렬 알고리즘별로 효율분석 방법을 이해한다.
- 정렬 알고리즘에 따라 효율을 개선하기 위한 방법을 이해한다.

Point

응용프로그램 중 정렬을 필요로 하지 않는 것은 드물다. 학번 순으로 정렬된 출석부, 이름 순으로 정렬된 MP3 파일, 작성일자 순으로 정렬된 컴퓨터 폴더 등이 그 예다. 이진탐색을 가하려면 키 값을 기준으로 데이터베이스 레코드를 정렬해야 한다. 주어진 숫자 중 중간 값을 찾기 위해 정렬을 사용할 수도 있다. 메일 리스트에서 중복된 항목을 찾기 위해 아이디를 기준으로 정렬을 가할 필요도 있다. 분자 생물학에서는 A(Adenine), C(Cytosine), G(Guanine), T(Thynine)와 같은 DNA 핵산의 조합순서에 따라 단백질(Polypeptide)의 종류가 결정된다. ACGTAGACT로 구성된 단백질에서 AGCT라는 요소가 존재하느냐를 확인하기 위해서 정렬을 가하기도 한다. A로 시작하는 모든 시퀀스를 놓고 AGCT와 비교하기 위해서다. 이른바 패턴 매칭(Pattern Matching)을 위한 정렬이다.

정렬 알고리즘은 이처럼 대단히 많은 응용 분야에서 사용되기 때문에 그 효율에 관해서도 잘 알려져 있다. 최선의 정렬 알고리즘이란 존재하지 않는다. 항상 주어진 상황에서 가장 유리한 알고리즘을 택하여 사용하는 것이 최선이다. 이렇게 하려면 정렬 알고리즘별로 개별적 특성을 파악하고 있어야 한다. 이 장에서는 다양한 정렬 알고리즘을 설명하고 그 효율에 대해서 분석해본다. 단, 이 장의 목적이 효율분석에 있기 때문에 너무 복잡한 소스 코드에 대해서는 유사코드만 사용하여 설명하기로 한다.

Section 01

정렬의 분류

[그림 9-1] 오름차순, 내림차순

정렬(Sorting)의 대상은 **레코드**(Record, Structure)들이다. 레코드 내부의 여러 필드 중 정렬의 기준이 되는 것은 키 필드(Key Field)다. 레코드는 하나 이상의 키 필드를 가질 수 있다. 이들 중 정렬의 기준이 되는 필드를 정렬 키(Sort Key) 필드라고 한다. 정렬은 **오름차순**(Ascending Order)과 **내림차순**(Descending Order)으로 나뉜다. 오름차순은 2, 5, 7, 11처럼 키 값이 증가하는 순서로 정렬하는 것이고 내림차순은 11, 7, 5, 2처럼 키 값이 감소하는 순서로 레코드를 정렬하는 것이다. 내림차순은 오름차순의 논리를 뒤집기만 하면 된다. 설명의 편의를 위해 이 장에서는 레코드 전체를 나타내는 대신 키 필드만 표시하되 오름차순을 기준으로 설명하기로 한다. 또, 경우에 따라서는 레코드 대신 데이터라는 용어를 사용하기로 하자.

정렬(Sorting)

레코드 (Record, Structure)

오름차순 (Ascending Order)

내림차순 (Descending Order)

정렬을 **내부 정렬**(Internal Sorting)과 **외부 정렬**(External Sorting)로 구분할 수도 있다. 정렬할 레코드 모두를 한꺼번에 메인 메모리 내부에 올려놓고 정렬하는 방법을 내부 정렬이라 한다. 반면, 외부 정렬은 정렬할 레코드를 한꺼번에 메인 메모리로 올릴 수 없을 때 사용하는 방법이다. 즉, 정렬할 레코드들에 비해 메인 메모리가 작을 때 가해지는 정렬이다.

내부 정렬 (Internal Sorting)

외부 정렬 (External Sorting)

외부 정렬에서는 일단 정렬할 레코드들을 외부 기억장치에 놓아둔 상태에서, 메인 메모리가 정렬할 수 있는 양만큼씩만 갖다가 정렬하고 그 결과를 다시 외부 기억장치에 저장해야 한다. 레코드가 메인 메모리와 보조 기억장치를 들락날락하면서(Swapping) 조금씩 정렬되어 나가는 방법이다.

안정 정렬
(Stable Sorting)

불안정 정렬
(Unstable Sorting)

정렬을 **안정 정렬**(Stable Sorting)과 **불안정 정렬**(Unstable Sorting)로 구분하기도 한다. [표 9-1]은 학생 신상 레코드에 관한 기록이다. 이 목록은 학년을 키 필드로 해서 이미 오름차순으로 정렬이 완료된 결과다.

[표 9-1] 신상 정보

성명	학년	학점	주소지
김용태	1	C	대구
정지희	1	B	서울
유일근	1	A	서울
박하영	3	B	전주
정건호	3	C	인천
김무성	3	A	수원
최석	4	A	용인

이 결과에 대해서 다시 학점을 키 필드로 정렬을 가했을 때, 결과는 [표 9-2] 또는 [표 9-3]과 같게 된다. A, B, C 순으로 정렬되어있다는 점에서는 두 결과는 모두 동일하다.

[표 9-2] 불안정 정렬

성명	학년	학점	주소지
김무성	3	A	수원
최석	4	A	용인
유일근	1	A	서울
박하영	3	B	전주
정지희	1	B	서울
김용태	1	C	대구
정건호	3	C	인천

[표 9-3] 안정 정렬

성명	학년	학점	주소지
유일근	1	A	서울
김무성	3	A	수원
최석	4	A	용인
정지희	1	B	서울
박하영	3	B	전주
김용태	1	C	대구
정건호	3	C	인천

그러나 [표 9-2]에서 A학점인 학생들의 학년이 3학년, 4학년, 1학년 순서로 흩어져 버린데 비해서 [표 9-3]에서 A학점인 학생들은 이전의 [표 9-1] 순서인 1학년, 3학년, 4학년 순서를 그대로 유지하고 있다. 정렬 결과, 이전의 순서가 무너지는 정렬 방법을 불안정 정렬이라고 한다. 반면 정렬 키 값이 같은 레코드에 대해서는 이전의 순서를 그대로 유지하는 것이 안정 정렬이다. 다시 말해 유일근, 김무성, 최석이라는 [표 9-3]의 순서는 [표 9-1]에서 이들이 나타나는 순서와 동일하다는 것이다.

데이터베이스 용어로는 이 경우에 학점 필드를 **1차키**(Primary Key)라고 하고, 학년 필드를 **2차키**(Secondary Key)라고 부른다. 1차키를 기준으로 정렬이 되어 있되, 1차키가 같은 레코드들에 대해서는 2차키를 기준으로 정렬되도록 하는 것이 안정 정렬이다.

1차키(Primary Key)

2차키(Secondary Key)

일반적으로 효율은 좋지 않지만 간단한 정렬 방법이 안정 정렬을 보인다. 반면 효율은 좋지만 복잡한 정렬 방법이 불안정 정렬을 보인다. 물론, 예외도 존재한다. 안정 정렬이 필요한 경우는 정렬 키를 달리하면서 정렬할 때다. 예를 들어, 이름이 같은 경우에는 학번 순으로 정렬될 필요가 있을 수 있다. 안정 정렬은 이러한 경우에 유효하다.

정렬을 **직접 정렬**(Direct Sorting)과 **간접 정렬**(Indirect Sorting)로 구분할 때도 있다. [표 9-4]와 같이 배열 내부에 정렬 안 된 레코드 세 개가 순서대로 인덱스 0, 1, 2에 들어가 있다고 하자. 점수를 기준으로 이 레코드를 정렬하여 인덱스 0, 1, 2에 각각 박모 50점, 최모 70점, 김모 90점을 집어넣으면 그것이 직접 정렬이다. 이는 [표 9-5]와 같이, 레코드를 직접 옮겨서 정렬된 순서대로 갖다 놓는 것이다.

직접 정렬 (Direct Sorting)

간접 정렬 (Indirect Sorting)

[표 9-4] 입력 레코드

	0		1		2	
레코드	김모	90	박모	50	최모	70

[표 9-5] 직접 정렬

	0		1		2	
레코드	박모	50	최모	70	김모	90

[표 9-6] 인덱스 데이터

	0	1	2
인덱스	0	1	2

[표 9-7] 간접 정렬

	0	1	2
인덱스	1	2	0

반면, 간접 정렬은 레코드를 원래의 배열에 그대로 둔 채, [표 9-7]처럼 인덱스에 의해 정렬된 순서를 나다내는 방법이다. [표 9-7]에서 배열 첫 요소가 인덱스 1이라는 것은 [표 9-4]의 인덱스 1인 레코드를 가리킨다. 인덱스 1에 있는 박모가 가장 낮은 점수고, 인덱스 2에 있는 최모가 그 다음, 그리고 인덱스 0의 김모가 그 다음이 된다. 따라서 1, 2, 0이라는 인덱스만 저장해놓으면, 필요할 때 이 순서대로 원래의 [표 9-4]의 배열을 시나가면서 읽으면 정렬된 결과가 나온다.

이렇게 하려면 우선 [표 9-6]과 같이 인덱스 자체를 데이터로 하는 배열을 만들어야 한다. 이 배열의 데이터는 각각 [표 9-4]에 있는 레코드 인덱스를 의미한다. 정렬 과정에서 [표 9-4]에 있는 김모의 키 값과 박모의 키 값이 비교되고 만약, 두 레코드가 서로 스왑해야 한다면 이를 직접 스왑하는 대신 [표 9-6]의 인덱스 값만 스왑한다. 이처럼 간접 정렬에서는 레코드 대신 그 레코드가 존재하는 인덱스를 대상으로 정렬을 가한다.

간접 정렬은 레코드가 클 때 효율을 발휘한다. 대용량의 필드로 구성된 큰 레코드의 이동(Swapping)에는 필연적으로 많은 시간이 소요된다. 따라서 이처럼 인덱스만을 이동함으로써 정렬에 걸리는 시간은 상당히 줄어든다. [표 9-7]의 인덱스 값은 사실상 [표 9-4]의 원래 레코드를 가리키는 포인터로 볼 수 있다. 레코드 자체는 그대로 둔 채, 레코드를 가리키는 포인터(인덱스)만을 정렬한다는 의미에서 이를 **포인터 정렬**(Abstract Pointer Sort)이라고도 한다.

포인터 정렬 (Abstract Pointer Sort)

Section

02 선택 정렬

선택 정렬(Selection Sort)은 가장 큰 것을 선택하여 가장 마지막 것과 스와핑하는 방식이다. [그림 9-2]의 예를 들어보자.

선택 정렬 (Selection Sort)

22	37	15	19	12
22	12	15	19	37
19	12	15	22	37
15	12	19	22	37
12	15	19	22	37

[그림 9-2] 선택 정렬

1단계에서 22부터 12까지 모두를 스캔하면서 그 중 가장 큰 것인 37을 선택하여 이를 가장 마지막인 12와 스와핑한다. 이렇게 함으로써 전체에서 가장 큰 숫자인 37은 가장 오른쪽으로 간다. 이 자리는 정렬이 완료되었을 때 가장 큰 숫자가 들어갈 자리므로 37은 제자리를 찾아 간 것이다. 이제 마지막 칸은 정렬되었으므로, 2단계에서는 나머지 네 개만을 정렬하면 된다. 이 역시 네 개 중의 가장 큰 숫자인 22를 마지막 숫자인 19와 스와핑함으로써, 가장 큰 숫자인 22가 마지막인 네 번째에 들어간다.

이러한 과정이 반복될 때마다 오른쪽 정렬이 완료된 그룹이 점차 왼쪽으로 늘어난다. 최종적으로 왼쪽에 정렬이 안 된 레코드가 하나 남으면 그 자신이 마지막 자리므로 스와핑할 필요 없이 정렬이 끝나게 된다. 물론, 내림차순으로 정렬하려면 가장 작은 것과 마지막 것을 교환하면 된다.

[코드 9-1] 선택 정렬

```
  void Selection(int A[], int N)        A는 배열명, N은 정렬대상 레코드 수
①   {  for (int Last = N-1; Last >= 1; --Last)
                                        마지막 인덱스를 왼쪽으로 이동하면서
       {   int Largest = 0;             일단 처음 것이 가장 크다고 보고
```

```
②          for (int Current=1; Current<=Last; Current++)
                                          처음부터 마지막 인덱스까지
           {    if (A[Current] > A[Largest])    현재 것이 더 크면
                    Largest = Current;          가장 큰 레코드의 인덱스로
           }
           int Temp = A[Last];                이동을 위해 마지막 레코드를 잠시 저장
③          A[Last] = A[Largest];              가장 큰 레코드를 마지막으로 이동
           A[Largest] = Temp;                 마지막 것을 가장 큰 레코드 위치로 이동
       }
   }
```

정렬된 그룹이 왼쪽으로 늘어나므로 ①에 의해 정렬되지 않은 그룹의 마지막 인덱스는 점차 왼쪽으로 줄어든다. 여기서 변수 Last는 정렬되지 않은 그룹의 마지막 인덱스다. ②는 가장 큰 레코드가 있는 인덱스를 찾아내기 위한 것이다. 일단 가장 큰 것이 인덱스 0에 있다고 초기화 해놓은 다음, Current 인덱스를 증가시켜 Last까지 가면서 더 큰 것이 있으면 그 인덱스를 저장한다. ③에 의해 마지막 레코드와 가장 큰 레코드가 스와핑된다.

가장 많이 수행되는 명령어는 바로 if문이다. 바깥쪽 for문의 Last는 (N−1)에서 1까지 진행한다. Last 값 하나에 대해서 안쪽 for문은 1부터 Last까지 진행한다. 따라서 if문은 $(N-1) + (N-2) + \ldots + 1 = (N-1)N/2$번 수행된다. if문은 조건을 테스트하는 비교문, 그리고 그 조건이 맞으면 실행될 할당문으로 이루어져 있다. 물론, 비교 결과에 따라서는 할당문이 수행되지 않을 수도 있지만 효율분석에서는 항상 최악의 경우를 가정해야 하므로 매번 수행되는 것으로 간주한다. 따라서 if문은 비교와 할당이라는 명령 두 개로 볼 수 있다. 기타의 할당 문들은 $((N-1)-1+1) = (N-1)$번 수행된다. 따라서 명령의 숫자는 $2 \cdot (N-1)N/2 + 4 \cdot (N-1) = N^2 + 3N - 4 = O(N^2)$이 된다.

효율을 이처럼 엄밀하게 분석할 수도 있지만 그림만 가지고 직관적으로 분석할 수도 있다. [그림 9-2]의 1단계에서는 레코드 다섯 개가 모두 비교되었다. 다음 2단계에서는 나머지 네 개, 3단계에서 세 개로 줄어든다. 데이터 N개라면 단계도 대략 N단계다. 따라서 그림은 길이 N인 정사각형으로써, 이 정사각형의 대각선을 중심으로 왼쪽 위의 삼각형 면적이 비교의 횟수다. 즉, $N^2/2 = O(N^2)$이 된다. 한 단계에서 한 번의 스와핑이 일어났으므로 총 스와핑 횟수는 $O(N)$이다. 따라서 $O(N^2) + O(N) = O(N^2)$의 알고리즘이다. 물론, 이 방법은 비교 횟수만을 위주로 한 개략적 분석 방법이다.

정렬에 있어서 N^2의 효율이라는 것은 사실상 매우 느린 정렬이다. 따라서 데이터의 양이 많아지면 이러한 효율은 문제가 되지만, 데이터가 얼마되지 않는다면 선택 정렬도 좋은 방법이다. 코드가 상대적으로 간단하므로 프로그램 작성에 들어가는 노력이 적기 때문이다. 선택 정렬에서 비교 횟수는 $O(N^2)$인 반면, 데이터의 이동 즉, 스와핑 작업은 O(N)이다. 단계별로 스와핑은 단 한번만 일어나기 때문이다. 이러한 점을 감안한다면 선택 정렬은 용량이 큰 레코드의 정렬에 유리하다.

이중 선택 정렬(Duplex Selection Sort)은 선택 정렬의 효율을 높이기 위한 하나의 방법이다. 어차피 순차적으로 모든 데이터를 스캔해 나가야 하므로, 그 중 최대치를 기록할 수도 있겠지만 동시에 최소치도 기록해 나갈 수 있다. 따라서 이 방법에서는 스캔 한 번이 끝나면 최대치와 최소치를 동시에 발견할 수 있다. 최대치와 마지막 것을 스왑하고 최소치와 처음 것을 스왑한다. 이는 [표 9-8]에서 1단계 종료 후, 최소치인 12, 최대치인 40의 키 값을 가진 레코드가 각각 양 끝으로 스왑되는 것을 보면 알 수 있다. 결과적으로 한 단계에 최소치, 최대치 값 두 개가 제 자리를 찾아간다. 최소치, 최대치를 동시에 이용한다는 점에서 이중 선택 정렬을 **최소최대 정렬(민맥스 정렬**, Min-Max Sort)이라고도 한다.

이중 선택 정렬
(Duplex Selection Sort)

최소최대 정렬
(민맥스 정렬, Min-Max Sort)

[표 9-8] 이중 선택 정렬

	13	40	15	12	35	14	19	17
1단계 결과	12	17	15	13	35	14	19	40
2단계 결과		13	15	17	19	14	35	
3단계 결과			14	17	15	19		
4단계 결과				15	17			

이중 선택 정렬은 [코드 9-1]을 약간 변형하면 된다. 정렬 대상의 인덱스 범위가 좌우로 좁혀져야 하며, 단계별 스캔에서 최소치를 기록하는 부분, 그리고 최소치와 배열 첫 요소를 스왑하는 부분을 추가하면 된다.

이중 선택 정렬에서 가장 많이 수행되는 명령어 역시 선택 정렬과 마찬가지로 if문이다. 선택 정렬에서 if (A[Current] 〉 A[Largest]) Largest = Current;이었다면 이중 선택 정렬에서는 if (A[Current] 〉 A[Largest]) Largest = Current; else if (A[Current] 〈 A[Smallest]) Smallest = Current;로 바뀌어야 한다. 한번 비교에 최대치를 바꾸든, 최소치를 바꾸든 둘 중 한 가지 일만 일어나므로 if문의 복잡도는 선택 정렬과 완전히 동일하다. 즉, 비교와 할당이라는 명령 두 개다.

데이터 크기 N을 짝수로 가정하면 1단계에서 데이터 N개를 읽었고, 2단계에서 (N−2)개, 3단계에서 데이터 (N−4)개를 읽었으므로 읽은 데이터의 개수는 N + (N−2) + (N−4) + ... 4 + 2 = (1/2)(N+2)(N/2) = N(N+2)/4가 된다. 한 단계에 두 개가 제자리를 잡아가면서 단계의 수가 선택 정렬에 비해 반으로 줄어들기 때문이다. 이들 데이터를 대상으로 if문을 가했으므로 총 명령실행 횟수는 2 · N(N+2)/4 = N(N+2)/2가 된다. 따라서 선택 정렬을 $O(N^2)$으로 바라볼 때, 이중 선택 정렬은 $O(N^2/2)$에 가깝다. 물론, 두 가지 다 $O(N^2)$의 효율이다.

빅 오 기호에서 상수를 무시하는 데에도 불구하고 무엇 때문에 $O(1/2N^2)$, $O(N^2)$으로 표시하는가. 물론, 빅 오 기호는 N이 무한대로 갈 때의 접근적인 형태기 때문에 상수는 무시된다. 그러나 조금 더 현실에 가까운 실제 효율을 표시하려고 상수를 써 넣기도 한다.

Section

03 버블 정렬

[그림 9-3] 버블

버블 정렬(Bubble, **거품**)은 문자 그대로 마치 공기방울이 수면 위로 떠오르듯 가장 큰 레코드가 한 칸씩 한 칸씩 오른쪽으로 떠올라오는 정렬이다. [그림 9-4]의 예를 보자.

버블 정렬
(Bubble, 거품)

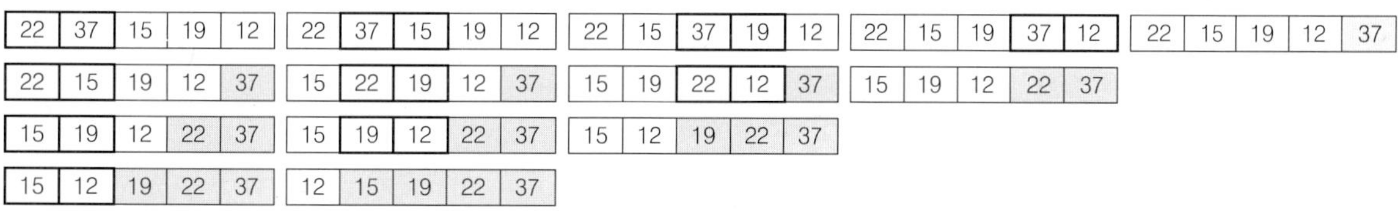

[그림 9-4] 버블 정렬

1단계에서 우선 가장 왼쪽의 한 쌍을 비교한다. 22와 37이니 오름차순으로 되어 있다. 다음 둘째, 셋째인 37과 15를 비교한다. 37이 크니 15와 스와핑된다. 다음 37과 19를 비교한다. 37이 크니 19와 스와핑된다. 마지막으로 37과 12를 비교한다. 37이 크니 12와 스와핑된다.

이 방법에서는 한 쌍씩 비교하되 이전 쌍의 둘째 레코드가 다음 쌍의 첫째 레코드가 되게 중복시킨다. 거시직으로 보면 가장 큰 키인 37인 레코드가 계속 오른쪽으로 스와핑되어 이동하여 오른쪽 끝에 박히게 된다. 가장 큰 것이 제 자리를 찾아갔으니 2단계에서는 나머지 레코드 네 개를 가지고 동일한 작업이 가해지고 그 결과 키 22인 레코드가 레코드 네 개 중 오른쪽 끝으로 이동한다. 이 작업은 최종적으로 레코드 하나만 남을 때까지 반복된다.

단계별로 가장 큰 레코드가 오른쪽 끝에 가서 박힌다는 점에서 버블 정렬은 선택 정렬과 유사하다. 그러나 선택 정렬에서는 가장 큰 레코드와 마지막 레코드가 단번에 스와핑되는 데 비해서, 버블 정렬에서는 가장 큰 레코드가 오른쪽으로 여러 번 스와핑을 거쳐서 마지막 위치로 이동하게 된다.

데이터 N개라면 버블 정렬의 단계 수는 대략 N에 가깝다. 그러나 버블 정렬은 중간 단계에서 정렬이 끝날 수도 있다. 예를 들어, 어떤 단계에서 스와핑이 한번도 일어나지 않았다면 이어지는 한 쌍끼리 모두 오름차순으로 되어 있음을 의미한다. 즉, 정렬이 완료된 상태인 것이다. 버블 정렬을 위한 코드는 다음과 같다.

[코드 9-2] 버블 정렬

```
void Bubble(int A[], int N)     A는 배열명, N은 정렬대상 레코드 수
{  bool Sorted = FALSE;         스와핑이 전혀없는 단계에서 빠져나가기 위한 변수
   for (int Pass = 1; (Pass < N) && (!Sorted); ++Pass)
   {     Sorted = TRUE;                          스와핑이 전혀 없다고 초기화
         for (int Current=0; Current<N-Pass; ++Current)
         {     if A[Current] > A[Current+1]   현재 것이 다음 것보다 크면
               {     int Temp = A[Current];    스왑
                     A[Current] = A[Current+1];
                     A[Current+1] = Temp;
                     Sorted = FALSE;   스왑이 한번이라도 일어나면 다음 단계로
               }
         }
    }
}
```

Sorted라는 부울 변수(Boolean Variable)는 어떤 단계에서 스와핑이 한 번도 안 일어났는지를 추적하기 위한 것이다. 바깥쪽 루프는 N-1까지 모든 단계(Pass)를 진행하거나, 아

니면 이 변수가 TRUE일 때 빠져 나온다. 안쪽 루프에서는 인덱스 0부터 (N-Pass-1)까지의 모든 키 값을 한 쌍씩 비교하고 필요하면 스와핑을 가한다. 스와핑이 한 번이라도 있으면 Sorted 변수를 FALSE로 세팅함으로써 루프 밖으로 빠져나갈 수 없게 된다.

중간 단계에 빠져나오지 않는다면 바깥쪽 루프는 1부터 (N-1)단계까지 모두 실행된다. 1단계에서 안쪽 루프는 0부터 (N-1-1)까지 총 (N-1)번 수행된다. 2단계에서 안쪽 루프는 0부터 (N-2-1)까지 총 (N-2)번 수행된다. 결과적으로 안쪽 루프 내부의 비교문은 (N-1) + (N-2) + ... + 1 = (N-1)N/2번 수행된다. 비교될 때마다 스와핑이 일어나는 최악의 경우를 가정하면 할당문 네 개가 각각 (N-1)N/2번 수행된다. 따라서 버블 정렬은 (N-1)N/2 + 2(N-1)N = $O(N^2)$의 알고리즘이다.

물론, 이렇게 하지 않고 크게 봐서 효율을 평가해도 된다. [그림 9-4]에서 비교되고 스왑되는 것은 사각형의 대각선을 기준으로 왼쪽 위 삼각형 면적이므로 그대로 $N^2/2 = O(N^2)$으로 결론지을 수 있기 때문이다.

스와핑이 잦으므로 큰 레코드에 대해서 버블 정렬은 선택 정렬보다 상당히 불리하다. 그러나 버블 정렬이 최선의 효율을 나타날 때가 있다. 어떤 데이터가 이미 정렬되어 있는데도 그 사실을 모르고 정렬시킨 경우다. 이렇게 되면 1단계가 끝나자마자 그대로 빠져나온다. 스와핑이 전혀 없기 때문이다. 1단계에서 끝난다는 것은 바깥쪽 루프가 한 번만 돈 경우므로 전체 알고리즘의 효율은 안쪽 루프만의 효율인 O(N)에 해당한다. 반면, 선택 정렬은 이미 정렬된 데이터에 대해서도 N단계가 지속적으로 가해지며 그 때마다 가장 큰 데이터인 마지막 데이터가 자기 자신과 스왑(Self Swap)함으로써 여전히 $O(N^2)$의 효율을 보인다.

Section

04 삽입 정렬

삽입 정렬
(Insertion Sort)

삽입 정렬(Insertion Sort)은 우리가 화투나 카드패를 정렬할 때 무심코 적용하는 방법이다. 실수로 노트를 떨어뜨렸을 때 뒤섞인 페이지를 정렬할 때도 이 방법이 사용된다. [그림 9-5]의 예를 보자.

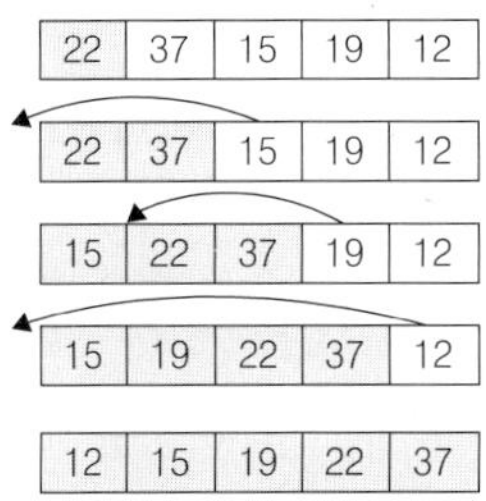

[그림 9-5] 삽입 정렬

1단계에서 가장 왼쪽의 첫 레코드 하나에만 주목한다. 키 22인 레코드가 하나므로 그 자체로 정렬된 것이다. 2단계에서 그 다음 레코드를 보되 왼쪽 것과 비교한다. 키 37은 왼쪽의 키 22보다 크므로 그대로 둔다. 이렇게 함으로써 처음 레코드 두 개는 정렬된 그룹을 이룬다. 다음 3단계에서 키 15는 왼쪽 37보다 작다. 따라서 15는 37의 왼쪽으로 가야 한다.

풀 스왑(Full Swap)

하프 스왑
(Half Swap)

이때, 이동 방법에는 두 종류가 있다. 첫째 방법은 일단 15와 37을 스왑한 후에, 다시 15가 그 왼쪽인 22를 본다. 15가 더 작으므로 다시 22와 스왑한다. 물론, 그 왼쪽에 15보다 큰 레코드가 더 있다면 스와핑은 계속된다. 이러한 스와핑을 **풀 스왑**(Full Swap)이라 한다. 둘째 방법은 **하프 스왑**(Half Swap)이다. 15가 왼쪽 37보다 작다면 즉시 스왑하지 않고 다시 37의 왼쪽인 22를 본다. 여전히 15가 22보다 작으므로 다시 그 왼쪽을 본다. 만약, 왼쪽에 레코드가 더 있다면 제 자리를 찾을 때까지 비교만을 계속한다. 최종적으로 삽입 위치가 발견되면, 삽입 위치의 레코드를 포함하여 그 오른쪽에 있는 모든 레코드를 한 칸씩 오른쪽으로 이동한 후에 해당 위치에 삽입한다.

나머지 레코드가 한 칸씩 오른쪽으로 이동해야 한다는 면에서는 풀 스왑과 하프 스왑이 동일하다. 그러나 풀 스왑에서는 삽입될 레코드가 제 위치를 찾기까지 계속적으로 왼쪽으로 스와핑하지만 하프 스왑에서는 삽입될 레코드는 단 한 번만 스와핑한다는 면에서 더욱 효율적이라 할 수 있다.

단계별로 이러한 삽입을 계속하면 정렬된 그룹은 점차 오른쪽으로 자라나고 결국 정렬이 종료된다. 삽입 정렬의 소스 코드를 보자.

[코드 9-3] 삽입 정렬

```
void Insertion(int A[], int N)
{  for (int Pick=1; Pick<N; ++Pick)       왼쪽부터 카드를 하나씩 집어내면서
   {     int Current = Pick;                집어낸 카드의 인덱스를 현재 인덱스로
         int Temp = A[Pick];
         for (; (Current > 0) && (A[Current-1]>A[Temp]); --Current)
               A[Current] = A[Current-1];   집어낸 카드 보다 크면 오른쪽으로 이동
         A[Current] = A[Temp];              집어낸 카드를 제 위치에 삽입
   }
}
```

이 코드는 하프 스왑을 사용하고 있다. 안쪽 루프는 현재 집어낸 레코드의 삽입 위치를 찾기 위한 것이다. 왼쪽으로 비교해가면서 집어낸 것보다 큰 것들은 오른쪽으로 한 칸씩 이동시키고 있다. 인덱스가 뒤에서 앞으로 이동하는 것에 유의해야 한다. 앞에서 뒤로 이동시키면 다음 레코드에 덧쓰이기(Overwriting) 때문이다. 마지막으로 제 위치에 삽입하는 작업은 단 한번 일어난다.

바깥쪽 루프의 인덱스 Pick 값은 1부터 (N−1)까지 변한다. 최악의 경우에 안쪽 루프는 이 인덱스만큼 돈다. 즉, 집어낸 레코드가 그 왼쪽의 정렬된 그룹 모두보다 작다면 그룹 내 모든 카드들이 오른쪽으로 움직여야 한다. 따라서 안쪽 루프의 명령문은 $1 + 2 + \ldots + (N-1) = (N-1)N/2$번 실행된다. 안쪽 for문 자체에 비교 두 번, 할당 한 번 그리고 안쪽 for문 내부에 할당이 한 번이므로 명령은 총 $4 \cdot (N-1)N/2 = 2(N-1)N$번 실행된다. 따라서 알고리즘의 효율은 $O(N^2)$이라 할 수 있다. 크게 봐서는 [그림 9-5]의 왼쪽 아래 삼각형이 비교와 스왑의 대상이 되므로 삼각형 면적인 $N^2/2$를 기준으로 그대로 $O(N^2)$이라고 결론지어도 된다.

이미 정렬된 데이터에 대해 삽입 정렬은 최선의 효율을 보인다. 정렬된 상태에서 K번째 레

코드를 집어내어 왼쪽 것과 비교하면 집어낸 것이 더 큰 것이므로 더 이상 왼쪽 그룹과 비교가 행해지지 않는다. 다시 말해, 그 왼쪽의 정렬된 그룹과 비교할 필요 없이 집어낸 위치 자체가 제자리인 것이다. 단계의 수가 N인데, 단계마다 단 한번의 비교만이 일어나므로 이 경우의 효율은 O(N)이 된다.

어떤 회사에 2,000명의 사원 레코드가 이름 순으로 정렬되어 있다고 가정하자. 물론, 이 경우 데이터 크기 N = 2,000이다. 신입사원 10명을 추가하려고 삽입 정렬을 가해보자. 기존 사원 파일 끝에 신입사원 파일을 붙여(Append) 하나로 만든 다음 삽입 정렬을 가하면 된다. 이 경우의 효율을 살펴보자. 처음 2,000명은 이미 정렬되어 있으므로 O(N)으로 지나간다. 나머지 사원을 삽입하는데, 최악의 경우 각 사원이 배열의 맨 앞까지 가면서 비교와 스왑을 하게 되지만 이 작업은 10명에 불과하므로 10N의 시간이면 충분하다. 따라서 전체적인 효율은 O(N) + O(10N) = O(N)이므로 매우 빠른 알고리즘이 된다.

선택 정렬, 버블 정렬, 삽입 정렬 등 기초적인 정렬 방법들은, 코딩은 간단하지만 대량의 데이터에 대해서는 적용하지 않는 것이 바람직하다. [표 9-9]에 보인 것과 같이 이들 세 가지 정렬이 보이는 최악의 효율은 모두 $O(N^2)$이다. 정렬의 안정성 면에서 볼 때, 버블 정렬과 삽입 정렬은 안정 정렬이지만 선택 정렬은 불안정 정렬이다. 버블 정렬과 삽입 정렬에서는 레코드가 순차적으로 이동(Shift)하기 때문에 원래의 순서가 유지되지만, 선택 정렬에서는 스왑(Swap)에 의해 단 번에 멀리 떨어진 곳으로 이동해 버리기 때문에 원래의 순서가 무너져 버린다.

[표 9-9] 기본 정렬 방식의 효율

	선택 정렬	버블 정렬	삽입 정렬
효율	$O(N^2)$	$O(N^2)$	$O(N^2)$
안정 정렬	No	Yes	Yes

Section

05 셸 정렬

[그림 9-6] 삽입 정렬과 셸 정렬

셸 정렬(Shell Sort)

셸 정렬(Shell Sort)은 삽입 정렬을 개선한 것이다. 삽입 정렬에서는 키 값이 작은 레코드가 왼쪽으로 올 때 그보다 큰 데이터는 모두 한 칸씩 오른쪽으로 이동해야(Shift Right) 하고 여기에 많은 시간이 소요된다. 한 칸씩 이동하는 대신 한 번에 여러 칸 이동을 시도하는 것이 셸 정렬이다.

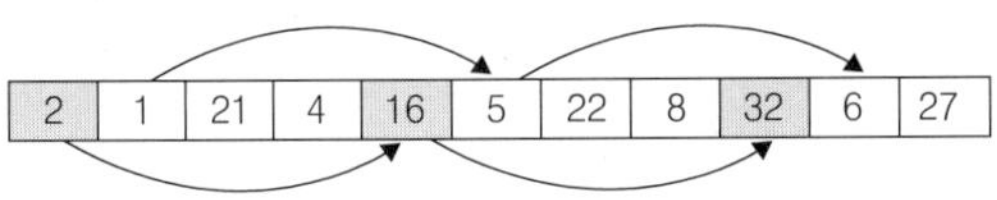

[그림 9-7] 4-정렬

셸 정렬에서는 7-정렬, 4-정렬 등의 용어를 사용한다. 7, 4라는 숫자는 간격(Step, Hop)을 말한다. [그림 9-7]은 4-정렬(4-Sorted)된 상태다. 전체적으로는 정렬되어 있지 않지만 네 칸 단위로 정렬된 것이다. 다시 말해, 키 2에서 네 칸 떨어진 키 16, 그리고 거기서 다시 네 칸 떨어진 키 32는 정렬된 것이다. 또 키 1에서 시작하는 1, 5, 6도 정렬되어 있다. 마찬가지로 21, 22, 27과 4, 8도 정렬된 순서다. 모든 데이터에 대해 이처럼 네 칸 단위로 정렬되었을 때를 4-정렬된 상태라 부른다.

셸 정렬은 입력 데이터에 일련의 h-정렬을 가하는 것이다. 예를 들어, 15-정렬, 7-정렬, 4-정렬, 1-정렬로 갈 수도 있고, 10-정렬, 3-정렬, 1-정렬로 갈 수도 있다. 마지막 정렬은 항상 1-정렬이어야 한다. 한 칸 단위의 1-정렬이 우리가 일반적으로 말하는 삽입 정렬이다. 그렇다면 1-정렬 이전에 미리 큰 단위의 정렬을 가하는 이유는 무엇인가.

12	32	50	21	25	5	19	8	3
3	32	50	21	12	5	19	8	25
…								
3	5	19	8	12	32	50	21	25

[그림 9-8] h-정렬의 필요성

예를 들어, [그림 9-8]에 4-정렬을 가하면 일단 12, 25, 3이 정렬 대상이 된다. 세 개를 놓고 삽입 정렬을 가해보자. 12는 그 자리고, 25도 그 자리다. 3이 25보다 작고 다시 12보다 작다. 따라서 25가 3의 자리로, 12가 25의 자리로, 그리고 3이 12의 자리로 들어감으로써 최종 결과는 3, 12, 25가 된다. 중요한 것은 이 과정에서 나머지 중간에 위치한 32, 50, 21, 5, 19, 8 등의 숫자는 제자리에 가만히 있었다는 것이다.

이러한 과정 없이 처음부터 직접 삽입 정렬(1-정렬)을 가했다고 가정하면 가장 작은 레코드인 마지막 3이 처음 위치로 오는 과정에서 대부분의 데이터가 모두 한 칸씩 이동해야 했을 것이다. 3의 왼쪽에 정렬된 그룹이 형성되어 있더라도 이들 모두가 3보다 크기 때문이다.

셸은 껍질 혹은 틀을 의미한다. 따라서 셸 정렬은 큰 틀을 먼저 잡는다는 말이 된다. 다시 말해 대략적으로 정렬하고 점차 세부적으로 정렬해 들어가는 방법이다. 이 경우, 크기가 작은 레코드는 단번에 앞쪽으로 이동하고, 반대로 크기가 큰 레코드는 단번에 뒤쪽으로 이동한다. 이렇게 함으로써 그 사이에 있는 레코드의 이동(Shifting)이 일어나는 확률을 줄여보자는 것이다. 물론, 항상 이렇게 되는 것은 아니고 확률적으로 그렇다는 말이다. h 순서 값의 설정에 따라 달라지지만, 통계적으로 볼 때 셸 정렬의 효율은 $O(N\sqrt{N})$에 가깝다. 삽입 정렬의 $O(N^2)$보다는 빠르지만 $O(N\log N)$보다는 느린 효율이다. 그러나 삽입 정렬이 안정 정렬인데 비해 셸 정렬은 불안정 정렬이다. 축지법 쓰듯이 단숨에 원거리 스와핑이 일어나기 때문이다.

Section

06 합병 정렬

[그림 9-9] 합병

합병 정렬
(Merge Sort)

합병 정렬(Merge Sort)은 재귀호출의 성격을 띤다. 또, 호출의 순서에 있어서 퀵속 정렬(Quick Sort)과는 정반대되는 것으로서, 퀵속 정렬과의 차이점에 유의해야 한다. 먼저, 합병에 관해 살펴보자. 합병 정렬의 중간 단계에서는 두 그룹의 정렬된 데이터를 서로 합쳐서 정렬된 그룹 하나를 만들어야 한다. [그림 9-10]의 예를 들어보자.

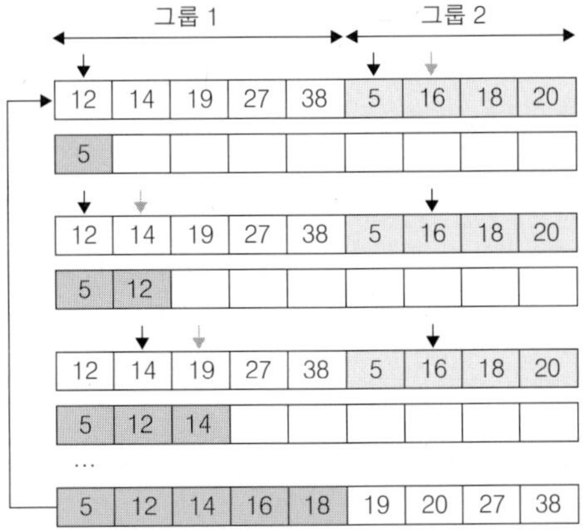

[그림 9-10] 정렬된 두 그룹의 합병

임시 저장공간 (Storage Space)

[그림 9-10]은 이미 정렬된 두 그룹을 합병하여 정렬된 그룹 하나를 만드는 과정이다. 이렇게 하려면 두 그룹 모두를 합친 것 만한 별도의 **임시 저장공간**(Storage Space)을 필요로 한다. 여기서는 별도의 배열을 사용한다. 개념적 의미의 포인터 두 개를 일단 각 그룹의 첫 레코드인 12와 5에 위치시킨다. 이들을 비교하여 작은 것을 먼저 저장공간에 복사하면 5가 쓰이게 된다. 복사한 것에 대해서는 그 즉시 포인터를 다음으로 이동시킨다. 그 결과, 두 번째 그룹의 포인터가 이제 16을 가리키게 된다.

다시 현재의 포인터가 가리키는 것끼리 비교한다. 12와 16이 그 대상이 된다. 키 12가 작으므로 그것을 저장 공간으로 복사한다. 그 즉시 포인터는 다음 것인 14를 가리키게 된다. 다시 현재의 포인터가 가리키는 14와 16을 비교하고 작은 것인 14를 쓰고 포인터를 이동시킨다. 이같은 합병 과정이 원래의 데이터 순서를 보존하므로 합병 정렬은 일반적으로 안정 정열에 속한다. 이 과정을 반복하면 결국 두 그룹 중 하나는 먼저 처리가 완료되어 포인터가 밖으로 나가버린다. 남은 그룹의 나머지 데이터를 순서대로 써나가면 합병이 완료된다. 남은 그룹의 현재 포인터가 가리키는 것이 처리 완료된 그룹의 마지막 데이터보다 크고, 또 남은 그룹 자체적으로는 정렬되어 있기 때문이다.

이렇게 하면 임시 저장공간에 옮겨 적은 것이므로, 원래의 배열 레코드는 그대로 존재한다. 따라서 정렬이 끝난 뒤에는 반드시 임시 저장공간에 있던 데이터를 원래의 배열로 다시 옮겨 적어야 한다. 위 예의 경우에는 5, 12, 14, 16, 18을 원래 12, 14, 19, 27, 38이 있던 곳으로 옮겨 적는다. 19, 20, 27, 38도 마찬가지로 원래 배열로 옮겨 적어야 한다. 이와 같은 합병 과정을 코드로 표시하면 다음과 같다.

[코드 9-4] 합병 함수

```
void Merge(dataType A[], int F, int Mid, int L)
                                             F, Mid, L은 그룹 분리를 위한 인덱스
{  dataType Temp[MAX];                       dataType의 배열 데이터를 가정
   int First1 = F;  int Last1 = Mid;         F부터 Mid까지가 첫 그룹
   int First2 = Mid + 1;  int Last2 = L;     (Mid+1)부터 L까지가 둘째 그룹
   int Index = First1;
   for (; (First1 <= Last1) && (First2 <= Last2); ++Index)
                                             그룹 인덱스가 밖으로 안 나갈 동안
   {   if (A[First1] < A[First2])            첫 그룹의 데이터가 작으면
       {    Temp[Index] = A[First1];         임시 저장 공간에 복사
            ++First1;                        포인터를 이동
```

```
        }
        else                                  둘째 그룹의 데이터가 작거나 같으면
        {    Temp[Index] = A[First2];         임시 저장 공간에 복사
             ++First2;                        포인터를 이동
        }
    }
for (; First1 <= Last1; ++First1, ++Index)        첫 그룹에 남은 데이터를
         Temp[Index] = A[First1];             순서대로 임시 저장 공간에 복사
for (; First2 <= Last2; ++First2, ++Index)        둘째 그룹에 남은 데이터를
         Temp[Index] = A[First2];             순서대로 임시 저장 공간에 복사
for (Index = F; Index <= L; ++Index)          임시 저장 공간의 데이터를
         A[Index] = Temp[Index];              원래 배열로 복사시킴
}
```

[코드 9-4]를 호출하는 합병 정렬의 메인 함수는 다음과 같다.

[코드 9-5] 합병 정렬의 메인 함수

```
① void MergeSort(int A[], int First, int Last)
② { if (First < Last)
③   {    int Middle = (First + Last) / 2;
④        MergeSort(A, First, Middle);
⑤        MergeSort(A, Middle+1, Last);
⑥        Merge(A, First, Middle, Last);
     }
  }
```

크게 봐서 함수 내용은 "반 잘라서 왼쪽에 대해서 재귀호출, 오른쪽에 대해서 재귀호출 한 뒤 그 두 개를 합병하라"는 것이다. ①의 First, Last는 현재 합병 대상이 되는 데이터의 인덱스 범위를 표시한다. ②는 베이스 케이스가 아닌 경우를 말한다. 베이스 케이스는 First = Last로 대상이 하나로 압축되거나 First 〉 Last로 되어버리는 때다. 이 때에는 아무 일도 할 필요가 없기 때문에 오히려 베이스 케이스가 아닌 경우를 조건으로 명시하고 있다. ③은 First 인덱스와 Last 인덱스의 정 중앙의 인덱스를 계산하는 부분이다.

가장 중요한 부분이 ④, ⑤, ⑥이다. 그런데 코드를 추적해보면 들어오자마자 반 뚝 잘라서 왼쪽에 대해서 재귀호출하고 호출을 따라가 보면 이 왼쪽이 다시 반 잘려서 왼쪽에 대해서 재귀호출을 하니 도무지 데이터에 정렬을 가한 적이 없다. 계속적으로 이런 식으로 재귀호출을 하면 도대체 데이터는 언제 정렬되는 것인가.

합병 정렬에서 실제로 정렬이 일어나는 부분은 ⑥이다. 즉, ④, ⑤의 재귀호출이 깊이 파고 들어가서 베이스 케이스에 도달하면, 그로부터 빠져나와 호출 함수로 되돌아 오는 과정에서 ⑥이 실행되고 그 실행 과정에서 합병에 의해 정렬이 일어난다. [그림 9-11]을 사용하여 이를 살펴보자.

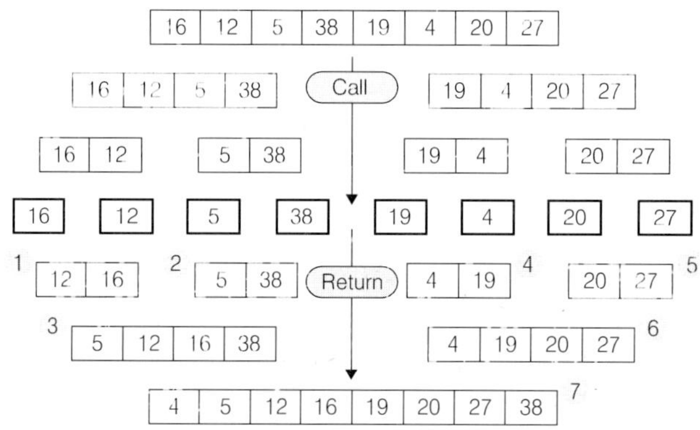

[그림 9-11] 합병 정렬의 실행 과정

[그림 9-11]의 가운데 줄(Row)이 베이스 케이스에 해당한다. 잘리고 잘려서 데이터 하나씩 남은 경우다. 가장 왼쪽의 16과 12는 그 이전 단계인 16-12인 단계에서 호출에 의해 반으로 갈린 것이다. 따라서 베이스 케이스에서 빠져 나가면 다시 16-12단계 호출 함수로 되돌아간다. 되돌아 간 상태에서 ⑥이 실행되니 두 개가 합병되어 12-16으로 변한다.

합병 순서는 호출 순서의 역순으로써, 그림의 ①, ②, ③ 순서로 합병됨을 알 수 있다. ③은 16-12-5-38인 단계로 되돌아 간 뒤에 ⑥에 의해 합병된 결과다. 즉, ①, ②의 두 그룹이 합병된다. 합병 정렬의 이와 같은 특성을 "Divide and Conquer"라고 부를 수 있다. 무심코 일단 잘게 잘라서 아주 작은 단위가 되었을 때 정렬해서 정복해버리고, 그 정렬된 작은 그룹들을 다시 합병함으로써 점차로 더 큰 정렬된 그룹을 형성하는 것이다.

합병 정렬의 효율을 분석해보자. 실제로 정렬이 일어나는 것은 되돌아오면서다. 되돌아오면서 몇 단계를 거치는지는 처음에 몇 단계를 거쳐서 들어가는지와 동일하다. 예를 들어,

데이터가 128개라면 128, 64, 32, ..., 1로 진행하여 베이스 케이스에 도달하므로 재귀호출의 횟수는 [그림 9-12]와 같이 대략 $\log_2 N(=\lg N)$이 된다.

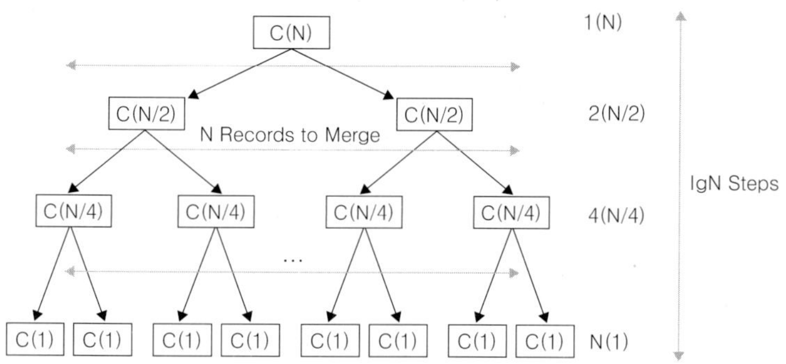

[그림 9-12] 합병 정렬의 재귀호출

합병은 [그림 9-12]에서 보듯이 되돌아오면서 단계별로 일어난다. 그림에서 한 단계는 줄(Row) 하나에 해당한다. 물론, 서로 다른 순간에 합병이 일어나지만, 한 줄 전체를 놓고 볼 때 합병해야 할 데이터 수는 모두 N개가 된다. 합병 함수는 데이터 하나하나를 모두 비교해야 하므로 비교가 대략 N번, 비교 결과 다른 배열로 옮겨 적는 작업이 N번, 정렬 완료 후 다시 원래 배열로 옮겨 적는 것이 N번이므로 대략 3N의 작업이 일어난다. 따라서 합병 정렬의 효율은 $3N \cdot \log_2 N = O(N\log_2 N)$이 된다.

효율을 수학적으로 분석할 수도 있다. 주어진 데이터를 무조건 반으로 나누어서 왼쪽 반 정렬, 오른쪽 반을 정렬한 후, 그 결과를 서로 합병하는 것이 합병 정렬이다. 따라서 합병 정렬의 재귀호출 형식은 $C_N = 2\ C_{N/2} + N$으로 표시할 수 있다. 여기서 N은 왼쪽 반, 오른쪽 반을 합병하기 위해 필요한 비교의 횟수다. 데이터 크기 N을 $N = 2^n$으로 가정하면 합병 정렬의 효율은 다음 수식에 의해 $O(N\lg N)$이 된다.

$C_N = 2\ C_{N/2} + N$이므로 $C_{2^n} = 2\ C_{2^{n-1}} + 2^n$이 된다.

양변을 2^n으로 다음처럼 나눠보자.

$$\frac{C_{2^n}}{2^n} = \frac{C_{2^{n-1}}}{2^{n-1}} + 1$$
$$= \frac{C_{2^{n-2}}}{2^{n-2}} + 1 + 1$$

$$= \ldots$$

$$= \frac{C_{2^0}}{2^0} + 1 + 1 + \ldots + 1 \qquad \frac{C_{2^0}}{2^0} = C_1 \text{은 데이터 하나므로 이미 정렬}$$

$$= 0 + \log_2 N \qquad 1 \text{이 } n(=\log_2 N) \text{번 반복}$$

$$\text{Hence, } C_{2^n} = 2^n \sum \log_2 N = N \log_2 N$$

O(NlgN)의 효율은 O(N²)의 효율에 비해서 매우 빠른 것이다. 데이터량이 커질수록 효율 차이는 극명하게 드러난다. 임시 저장 공간을 필요로 한다는 단점, 그리고 그 저장 공간으로 옮겨가고 다시 옮겨오는 데 걸리는 시간이 단점이지만, 합병 정렬의 장점은 재귀호출의 단계수가 lgN으로 고정적이라는 점이다. 즉, 입력 키 값과 무관하게 무조건 데이터 크기를 반으로 잘라 나갔으므로 단계수도 고정된다.

좋은 알고리즘은 수퍼 컴퓨터보다 훨씬 낫다. 개인용 컴퓨터가 초당 10^8번의 비교를 할 수 있다면 수퍼 컴퓨터는 대략 초당 10^{12}번의 비교를 할 수 있다. [표 9-10], [표 9-11]은 속도를 기준으로 삽입 정렬과 합병 정렬의 실제적인 효율을 비교한 것이다. 10^9 단위의 데이터가 들어올 때 합병 정렬은 18분 만에 정렬을 완료하지만 삽입 정렬은 317년을 필요로 한다. 상식적으로 받아들일 수 없는 처리 속도다. 알고리즘에 따른 이러한 속도의 차이는 실행 환경이 일반 컴퓨터냐, 수퍼 컴퓨터냐의 차이와는 비교할 수 없을 정도로 큰 차이다.

[표 9-10] 삽입 정렬(O(N²))

컴퓨터	$N=10^3$	$N=10^6$	$N=10^9$
PC	순간적	2.8시간	317년
수퍼 컴퓨터	순간적	1초	1.7주

[표 9-11] 합병 정렬(O(NlgN))

컴퓨터	$N=10^3$	$N=10^6$	$N=10^9$
PC	순간적	1초	18분
수퍼 컴퓨터	순간적	순간적	순간적

Section

07 쾌속 정렬

[그림 9-13] 쾌속

쾌속 정렬(Quick Sort)은 1960년 호어(C. A. R. Hoare)에 의해 개발된 알고리즘으로써, 문자 그대로 매우 빠른 정렬법이다. 이 역시 재귀호출의 성격을 띠고 있으나 재귀호출의 순서 면에서 합병 정렬과 다르다. 유사코드로 두 가지 정렬 방법을 비교하면 다음과 같다.

쾌속 정렬 (Quick Sort)

[표 9-12] 합병 정렬과 쾌속 정렬 비교

합병 정렬	쾌속 정렬

MergeSort
{ MergeSort(Left);
  MergeSort(Right);
  Merge;
}
	QuickSort
	{ Partition;
	  QuickSort(Left);
	  QuickSort(Right);
	}

크게 보면 쾌속 정렬은 재귀호출에 들어가면서 일을 하는 모습이다. 이는 재귀호출에서 빠져 나오면서 일을 하는 합병 정렬과 대조된다. 합병 정렬에서 실제 정렬 작업이 마지막 Merge에서 일어나는 것과 반대로 쾌속 정렬에서는 처음의 Partition에서 일어난다. 둘 다

문제를 잘라서 해결하는 "Divide and Conquer" 전략이지만, 이런 의미에서 합병 정렬을 "Divide and Conquer"로, 쾌속 정렬을 "Conquer and Divide"라고 부르기도 한다. 파티션 방법에 관해서는 4장의 재귀호출에서 설명했으므로 여기서는 생략하기로 한다. 쾌속 정렬을 코드로 나타내면 다음과 같다.

[코드 9-6] 파티션 함수

```
int partition(int A[], int first, int last)
{   int low, high, p;
    p = A[last];                            마지막 요소를 피벗으로
    low = first;                            업 포인터를 처음으로
    high = last-1;                          다운 포인터를 마지막 직전 요소로
    while (low <= high)                     크로스 오버가 없을 때까지
    {   while (p > A[low]) low++;           피벗보다 크거나 같은 것 찾기
        while (p < A[high]) high--;         피벗보다 작거나 같은 것 찾기
        if (low <= high)                    크로스 오버가 아니면
            Swap(A, low, high);             작은 것과 큰 것을 스왑
    }
    Swap(A[low], A[last]);                  업 포인터 레코드와 피벗 레코드를 스왑
    return (low);                           피벗 인덱스를 리턴
}
```

[코드 9-7] 쾌속 정렬의 메인 함수

```
void QuickSort(int A[], int First, int Last)
  { if (First < Last)
①     {   int PivotIndex = Partition(A, First, Last);
②         QuickSort(A, First, PivotIndex-1);
③         QuickSort(A, PivotIndex+1, Last);
      }
  }
```

①의 파티션 함수는 임의의 피벗을 중심으로 그보다 작은 것은 왼쪽, 그보다 큰 것은 오른쪽으로 몰아넣는 함수다. 따라서 피벗의 왼쪽, 오른쪽 데이터가 각각 정렬되더라도 피벗의 위치는 불변이다. 즉, 정렬 후의 최종 위치가 된다. 파티션 함수의 리턴 값은 최종적으로 피

벗이 들어간 인덱스 값이다. 이 인덱스 값을 구한 다음에는 ②, ③에 의해 피벗의 왼쪽 부분, 그리고 오른쪽 부분에 대해 다시 재귀호출을 가하게 된다. 합병 정렬과 달리, 쾌속 정렬은 재귀호출에서 빠져나오면서 하는 일은 아무 것도 없다.

	16	4	2	38	21	5	20	27
패스 1	16	4	2	20	21	5	27	38
패스 2	2	4	5	20	21	16	27	38
패스 3	2	4	5	16	21	20	27	38
패스 4	2	4	5	16	20	21	27	38
패스 5	2	4	5	16	20	21	27	38

[그림 9-14] 쾌속 정렬

마지막 레코드를 피벗으로 선택 키로 하고, [그림 9-14]의 쾌속 정렬 과정을 보자. 1단계 파티션 결과, 피벗 27을 중심으로 작은 것이 왼쪽 그룹, 큰 것이 오른쪽 그룹에 분포한다. 2단계 파티션에서는 왼쪽 그룹이 다시 피벗 5를 중심으로 양분되었다. 오른쪽 그룹 38은 레코드 하나므로 그 자체가 피벗이 된다. 이렇게 함으로써 1단계에서 27, 2단계에서 5, 38이라는 피벗 레코드는 완전히 정렬되었을 때의 제 자리를 찾아간 것이 된다.

3단계에서 왼쪽 2, 4가 파티션 된 결과, 피벗 4의 위치가 확정된다. 또, 오른쪽의 20, 21, 16이 파티션 된 결과, 피벗 16의 위치가 확정된다. 4단계에서 피벗 4를 중심으로 왼쪽의 2는 하나 남은 레코드로서, 그 자체가 피벗으로 위치가 확정된다. 피벗 4의 우측에는 더 이상 레코드가 없다. 피벗 16의 좌측 역시 레코드가 없고, 우측의 21, 20이 파티션 되어서 피벗 20의 위치가 확정된다.

쾌속 정렬의 효율을 분석해보자. 파티션 할 때마다 배열의 앞에서 올라가는 업 포인터, 뒤에서 내려오는 다운 포인터가 **교차(Cross Over)**할 때까지 비교와 스왑이 반복된다. 따라서 비교와 스왑의 횟수는 각각 N번 정도가 된다. 물론, 이 파티션은 단계별로 모든 데이터에 대해서 이루어진다.

교차(Cross Over)

그렇다면 단계의 수는 얼마인가. 합병 정렬과 쾌속 정렬의 차이점은 바로 여기에 있다. 합병 정렬은 무조건 데이터를 반으로 잘라 나갔기에 데이터 개수가 128, 64, 32, ..., 1로 줄어들고, 따라서 데이터가 하나만 남기까지 필요한 단계 수는 $\log_2 N$으로 보장된다. 반면, 쾌속 정렬은 파티션 결과, 피벗을 중심으로 데이터가 정확히 반으로 갈린다는 보장이 없다.

[그림 9-14]의 1단계 파티션 결과, 데이터는 피벗을 중심으로 왼쪽에 여섯 개, 오른쪽에 한 개가 분포하고 있다. 다시 말해, 파티션 결과, 그보다 작은 것들과 큰 것들이 각각 전체 데이터의 절반 정도로 **균형**(Balance)이 잡힐지 아닐지는 전적으로 입력 데이터의 키 값이 어떻게 분포하는가에 달려있다.

균형(Balance)

균형이 잘 잡혀 있을 때 쾌속 정렬의 단계 수는 $\log_2 N$이 된다. 파티션 한 번에 N시간이 소요되므로 쾌속 정렬은 이 경우에 O(NlogN)의 효율을 보인다. 이는 [그림 9-14]에 의해 직관적으로 판단할 수도 있다. 균형이 잘 잡혀 있을 때 그림의 사각형 높이는 logN이 된다. 또 각 단계마다 파티션을 가하기 위해 사각형의 너비 N에 해당하는 만큼의 비교와 스왑이 필요하므로 효율은 사각형의 면적인 O(NlogN)이 된다.

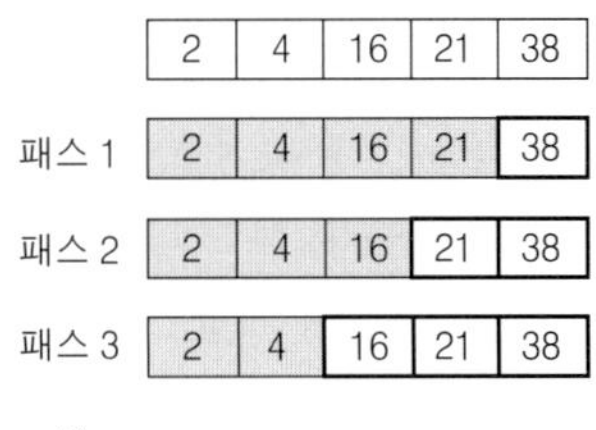

[그림 9-15] 정렬된 데이터

이미 정렬된 데이터에 대해서 쾌속 정렬은 최악의 효율을 보인다. [그림 9-15]처럼 마지막 레코드의 키를 피벗으로 잡을 경우, 피벗 자체가 가장 큰 수므로 파티션 결과는 원래의 데이터와 완전히 동일하게 된다. [그림 9-15]의 1단계에서 피벗 38을 중심으로 모든 데이터가 왼쪽으로 몰림으로써, 좌우 균형은 완전히 무너져 버린다. 이렇게 되면 파티션 한번에 데이터가 하나씩 떨어져 나간다. 따라서 데이터 N개라면 필요한 단계 수는 N과 거의 동일하게 된다. 결과적으로 이 경우의 쾌속 정렬의 효율은 $O(N^2)$이 되고 만다.

그러나 평균적으로 쾌속 정렬의 효율은 O(NlogN)에 가까운 매우 빠른 정렬법이다. 합병 정렬이 별도의 임시 저장공간을 필요로 하는데 비해, 쾌속 정렬은 별도 공간 없이 자체 공간 내의 스와핑에 의해 정렬이 가능하다. 이처럼 자체 공간 안에서 이루어지는 연산을 **제자리 연산**(In-Place Computation)이라고도 한다. 공간 뿐만 아니라 시간적인 면에서 볼 때, 합병 정렬에서처럼 옮겨 적는 데 따른 시간을 요하지 않는다. 이러한 이유에서 일반적으로 쾌속 정렬은 합병 정렬보다 더 많이 사용되는 정렬법이라 할 수 있다.

제자리 연산 (In-Place Computation)

쾌속 정렬에서 균형은 데이터 분포와 관련되지만 파티션 방법과도 관련이 있다. 데이터 중 같은 키를 지닌 레코드 여러 개가 있다고 가정해보자. 이 경우 업 포인터가 피벗보다 큰 것을 찾는 대신에 피벗보다 크거나 같은 것을 찾게 할 수 있다. 다운 포인터도 마찬가지로 피벗보다 작거나 같은 것을 찾게 할 수 있다. 이렇게 하는 이유는 피벗과 크기가 같은 것을 스와핑 대상에 포함시킴으로써 스와핑의 횟수를 늘리는 데 있다. 스와핑이 자주 일어날수록 균형은 좋아지기 때문이다.

쾌속 정렬에서 균형은 피벗의 선택과도 관련이 있다. 예를 들어, [그림 9-15]의 1단계에서 피벗을 키 16인 레코드로 잡았으면 완벽한 균형이 이루어진다. 임의로 키 세 개를 골라서 중간 값에 해당하는 키를 피벗으로 하는 방법도 있다. **Median-of-Three 파티션**이라 부르는 이 방법은 키 세 개를 선택하는 방법에 따라 달라진다.

Median-of-Three 파티션

처음 세 개, 마지막 세 개, 처음 것과 마지막 것과 그 중간 인덱스에 위치한 것, 임의의 함수에 의한 추출 등 키를 선택하는 방법에는 여러 가지가 있다. 물론, 이렇게 함으로써 균형이 좋아지고 따라서 효율도 좋아지지만 선택하는 과정 역시 시간이 소요된다는 점을 간과해서는 안 된다.

컴퓨터 시스템 내부의 기본(Default) 정렬 방법인 **시스템 정렬(System Sort)**에는 주로 쾌속 정렬이 사용된다. 파티션 결과 피벗 위치가 배열의 정 중앙에 위치할 때가 가장 좋은 균형을 이루므로 메디안 값을 피벗으로 하는 것이 바람직하다. 시스템 정렬 중, 샘플 정렬은 주어진 배열에서 임의로 많은 샘플을 끄집어내어 일단 정렬한 후, 그 중에 중간 값을 피벗으로 사용한다. 시스템 정렬의 또 다른 방법인 벤틀리 매클로이(Bentley-McIlroy) 방식에서는 한 번에 샘플 세 개를 추출하여 메디안을 구하되, 이를 세 번 반복하여 메디안 세 개를 구한 뒤, 그 메디안 중의 메디안 값을 피벗으로 사용하기도 한다.

시스템 정렬 (System Sort)

파티션의 마지막 단계에서는 몇 개 안되는 데이터에 대해서 재귀호출을 시도하기 때문에 다른 정렬에 비해서 시간적인 낭비가 크다. 때에 따라서는 파티션된 데이터가 열 개 미만이면 더 이상 파티션을 가하지 않고 삽입 정렬을 불러서 정렬을 끝내기도 한다. 물론, 재귀호출 없이 스택을 이용하여 쾌속 정렬을 구현할 수도 있다.

[표 9-13], [표 9-14]는 합병 정렬과 쾌속 정렬을 비교한 것이다. 물론, 데이터 분포, 피벗 선택 방법 등에 따라 이 값들은 달라지겠지만 일반적으로 쾌속 정렬은 합병 정렬을 능가한다. [표 9-15]는 합병 정렬, 쾌속 정렬, 삽입 정렬을 효율성 면에서 비교한 것이다.

[표 9-13] 합병 정렬(O(NlgN))

컴퓨터	$N=10^3$	$N=10^6$	$N=10^9$
PC	순간적	1초	18분
수퍼 컴퓨터	순간적	순간적	순간적

[표 9-14] 쾌속 정렬(O(NlgN))

컴퓨터	$N=10^3$	$N=10^6$	$N=10^9$
PC	순간적	0.3초	6분
수퍼 컴퓨터	순간적	순간적	순간적

[표 9-15] 정렬 방식의 비교

	삽입 정렬	쾌속 정렬	합병 정렬
최악의 효율	N^2	N^2	NlgN
최선의 효율	N	NlgN	NlgN
평균적 효율	N^2	NlgN	NlgN
이미 정렬된 데이터	N	N^2	NlgN
반대로 정렬된 데이터	N^2	N^2	NlgN
공간	N	N	2N
안정 정렬	Yes	No	Yes

Section

08 외부 정렬

지금까지 설명한 정렬은 일단 모든 데이터를 메모리에 한꺼번에 올려놓고 거기서 서로 비교하는 **내부 정렬**(Internal Sorting)이다. 반면 **외부 정렬**(External Sorting)은 한꺼번에 모든 데이터를 메모리에 올리지 못할 때 사용된다. 다시 말해, 정렬해야 할 데이터가 메모리 공간을 초과할 때다.

내부 정렬 (Internal Sorting)

외부 정렬 (External Sorting)

외부 정렬에는 기본적으로 합병 정렬 방식이 사용된다. 메인 메모리 크기가 레코드 세 개만을 수용할 수 있다고 가정하고 다음 키를 가진 레코드를 정렬해보자.

입력 파일: D A T A S T R U C T U R E A N D A L G O R I T H M

세 개 밖에 들어갈 수 없으므로 세 개 단위로 읽어서 정렬하고 그 결과를 외부 파일에 저장하기로 한다. 외부 파일 세 개를 사용한다고 가정해보자. 일단, D A T를 읽어서 정렬하고 그 결과를 파일 1에 저장한다. 다음 A S T를 읽어서 파일 2에 저장하고, 다시 R U C를 읽어서 파일 3에 저장한다. 이어서 T U R을 읽고 정렬하여 이번에는 다시 파일 1에 저장한다. 이어서 E A N을 읽고 정렬하여 파일 2에 저장하고 또, D A L을 처리하여 파일 3에 저장한다. 이러한 작업을 계속 반복하면 1단계 작업의 최종 결과는 다음과 같다. 여기서 * 표시는 블록의 끝을 의미한다.

파일 1: ADT * RTU * GOR *
파일 2: AST * AEN * HIT *
파일 3: CRU * ADL * M *

두 가지 방법으로 위 결과 파일을 합병하여 정렬해보자.

세 개 단위의 합병(3-Way Merging)

세 개 단위의 합병 (3-Way Merging)

개념적인 포인터 세 개를 각 파일의 첫번째 레코드에 위치시키면 그 키 값은 각각 A, A, C

다. 이들을 메모리로 올린다. 비교 결과, 가장 작은 것을 파일 4에 쓰고, 쓴 것에 대해서는 해당 파일의 포인터를 다음으로 이동한다. 예를 들어, 파일 1의 A를 먼저 썼나면 포인터는 파일 1의 그 다음 글자인 D로 이동한다. 이제 D를 읽어 와서 현재 메모리에 남아있는 파일 2의 A와 파일 3의 C와 세 개 사이에 서로 비교하게 된다. 이런 식으로 합병하면 파일 4에는 파일 1, 2, 3의 첫 블록들이 정렬되어 기록된다. 다음 블록을 대상으로 이러한 작업을 계속하면 2단계 작업 결과는 다음과 같다.

파일 4: AACDRSTTU *
파일 5: AADELNRTU *
파일 6: GHIMORT *

동일한 방법으로 3단계에서 파일 4, 5, 6을 합병하되 이번에는 파일 1을 재사용한다. 결과적으로 파일에 저장된 내용은 다음과 같다.

파일 1: AAAACDDEGHILMNORRSTTTTUU *

두 개 단위의 합병
(2-Way Merging)

두 개 단위의 합병(2-Way Merging)

전제 조건에서 메인 메모리가 레코드 세 개를 수용하여 정렬할 수 있다고 하였지만, 조건을 약간 바꾸어서 메인 메모리가 한 번에 레코드 두 개씩 정렬할 수 있다고 가정해보자. 이 방법은 파일 1, 2, 3을 합병할 때, 두 개 단위로 비교하는 방식이다. 즉, 포인터 두 개를 가지고 파일 1의 ADT와 파일 2의 AST를 합병하고, 다시 파일 3의 CRU와 파일 1의 RTU을 합병하는 방식이다. 이렇게 하면 2단계 합병 결과는 다음과 같다.

파일 4: AADSTT * AADELN * M
파일 5: CRRTUU * GHIORT

3단계에서 이를 다시 합병하여 파일 1, 2에 저장하면 다음과 같다.

파일 1: AACDRRSTTTUU * M
파일 2: AADEGHILNORT *

4단계에서 이를 다시 합병하여 파일 3, 4에 저장하면 다음과 같다.

파일 3: AAAACDDEGHILNORRSTTTTUU *
파일 4: M

마지막 5단계에서 이를 합병하여 파일 1에 저장하면 최종 결과는 다음과 같다.

파일 1: AAAACDDEGHILMNORRSTTTTUU *

합병 정렬에서 어떤 블록을 먼저 합병하는지는 사실 중요하지 않다. 어떤 순서로 합병하든간에 모든 블록에 대해서 합병이 가해지기만 하면 최종 정렬 결과는 완전히 동일하기 때문이다.

일반적으로 입출력(I/O) 시간은 CPU 시간에 비해 비교할 수 없을 정도로 크다. 즉, 외부 정렬에서는 CPU 명령의 실행 횟수보다 입출력 시간이 효율 측정의 지배적 요인(Dominant Factor)이 된다. 따라서 외부 정렬의 효율은 몇 단계에 걸쳐 파일 출력이 이루어지는지가 관건이다.

메모리 크기 M일 때 외부 정렬의 1단계 실행 결과, 정렬된 블록 개수는 N/M이다. 이후, 정렬된 블록 개수는 몇 개 단위로 비교하는지에 따라 달라진다. p개 단위의 합병(p-way Merging)을 사용하면 정렬된 블록의 개수는 1/p씩 줄어들게 된다. 이 블록의 개수가 한 개가 될 때 정렬이 완료된다. 따라서 그 때까지의 단계수를 기준으로 한 정렬의 효율은 대략 $\log_p(N/M)$이 된다. 로그 함수의 밑수가 커질수록 즉, 한 번에 정렬하는 단위가 커질수록 효율은 좋아진다.

p개 단위의 합병
(p-way Merging)

Section

09 최선의 정렬 효율

결정 트리 (Decision Tree)

일반적으로 어떤 문제를 해결하기 위한 결정 과정을 트리로 표시한 것을 **결정 트리(Decision Tree)**라고 한다. 키를 비교하는 행위를 하나의 결정 과정으로 보면 순차적인 키 비교 과정을 트리로 나타낼 수 있다. [그림 9-16]은 키 a, b, c를 버블 정렬로 비교하는 과정을 나타낸 것이다. 물론, 정렬 방식마다 결정 트리 모습은 서로 달라진다.

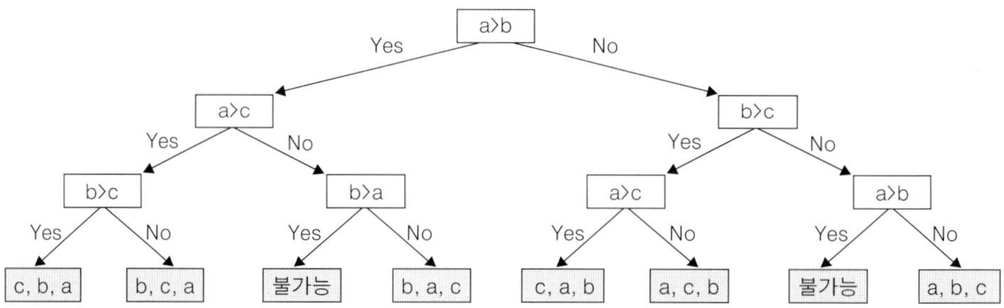

[그림 9-16] 버블 정렬의 결정 트리

[그림 9-16]에서 트리의 맨 아래에 위치한 리프 노드(Leaf Node)는 오름차순으로 정렬된 최종 순서를 나타낸다. a, b, c의 크기 순서의 조합은 3! = 6가지가 가능하다. 그러나 정렬 방법에 따라서는 위 버블 정렬처럼 불필요한 비교를 행하게 된다. 예를 들어, 그림의 세번째 리프 노드는 사실상 불필요한 비교에 해당한다. 처음에 이미 a 〉 b 가 Yes로 판정이 났음에도 불구하고 b 〉 a인지 다시 물어보는 것이다. 이 같은 불필요한 비교를 감안하면 일반적으로 데이터 N개에 대해서 리프 노드의 수는 N! 이상이 된다.

스털링(Stirling)의 공식

정렬의 효율은 루트로부터 리프에 이르기까지 몇 번의 비교를 행하는지에 따라 좌우된다. 다시 말해, 몇 번의 결정이 필요한지가 관건이 된다. N! 이상의 리프를 가진 트리의 높이는 최소한 $\log_2(N!)$보다 크다. 따라서 최소 비교 횟수는 $\log_2(N!)$에 해당한다. **스털링(Stirling)의 공식**에 의하면 $\log_2(N!) \geq \log_2(N/e)^N = N\log_2 N - N\log_2 e$다. 결과적으로 키 비교에 의해 이루어지는 모든 정렬 방법이 이룰 수 있는 최선의 효율은 $O(N\log_2 N)$이 된다.

Section

10 버켓 정렬과 셈 정렬

[그림 9-17] 버켓

버켓(Bucket) 정렬

버켓(Bucket) 정렬은 버켓(일어의 바께쓰, Slot)을 사용한다. 정렬 방식은 단순하다. 먼저 레코드를 모두 수용할 만한 크기의 빈 버켓 배열을 만든다. 다음, 키 값을 배열의 인덱스로 해서 버켓 배열에 레코드를 삽입하면 그만이다. 예를 들어, [그림 9-18]에서 키 5인 레코드는 배열의 인덱스 5번 버켓에 들어간다. 이렇게 되면 최종적으로 버켓 배열 내부 레코드는 정렬된 상태가 되며, 이 경우 효율은 O(N)이다.

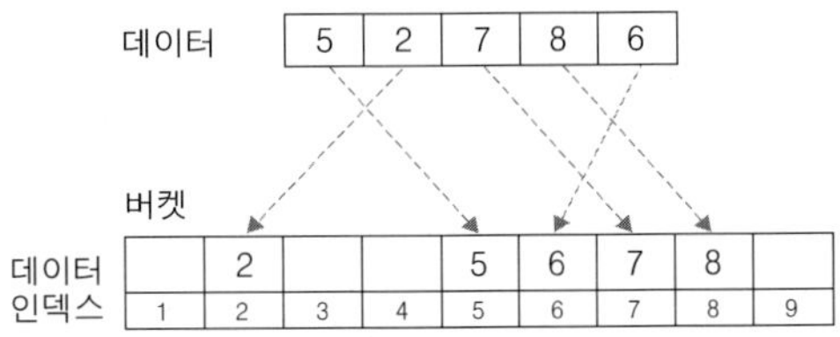

[그림 9-18] 버켓 정렬

그러나 이 정렬은 입력 키 값이 버켓 배열의 최대 인덱스를 초과할 수 없다. 입력 키가 버켓 배열의 인덱스로 사용되어야 하기 때문이다. 뒤집어 말해서, 입력 최대 키 값 N을 수용하려면 그만한 버켓 메모리가 준비되어야 한다. 예를 들어, 최대 키가 1000이라면 키 1,100,0

82,645인 데이터 네 개를 정렬하는 데에도 버킷 메모리 1,000개를 할당해야 한다. 데이터 세 개(N= 3)를 정렬하기 위해 나머지 메모리 공간을 모두 비워두는 것은 대단한 비효율이다.

일반적으로 정렬에 있어서 키는 데이터 개수 N과는 무관하게 어떤 값이 들어올지 모르고 따라서 키의 범위를 제한하는 이러한 버킷 정렬은 사용이 제한될 수 밖에 없다.

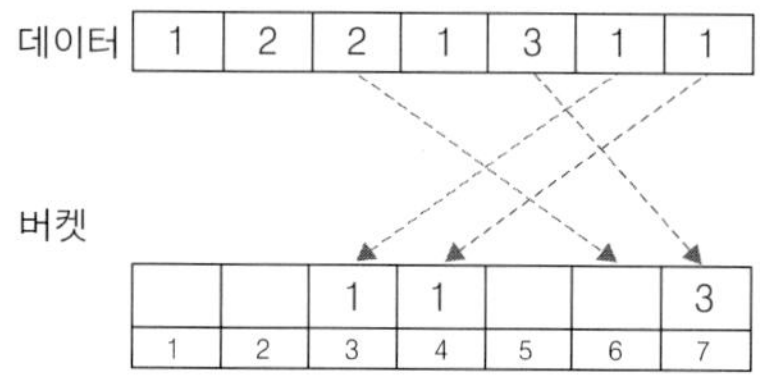

[그림 9-19] 셈 정렬

셈 정렬 (Distribution Counting, Count Sorting)

키 크기와 무관하게 입력 데이터와 같은 크기의 공간만으로 정렬하는 방법이 **셈 정렬**(Distribution Counting, Count Sorting)이다. 이 방법에서는 중복된 키를 지닌 레코드가 입력되어도 좋다. [그림 9-19]와 같은 키를 지닌 데이터 배열에서 각 키가 몇 번 나타나는지를 Count[ ]라는 배열에 넣기로 하자. 데이터 배열을 왼쪽에서 오른쪽으로 스캔하면서 키별 레코드 숫자를 계산하면 Count[1]= 4, Count[2] = 2, Count[3] = 1이 된다. 키 1은 네 번, 키 2는 두 번, 키 3은 한 번 빈도로 분포한다. 이 카운트 값을 왼쪽에서 오른쪽으로 가면서 누계(Accumulated Sum)를 구하면 Count[1] = 4, Count[2] = 4 + 2 = 6, Count[3] = 6 + 1 = 7이 된다.

이제 데이터 배열을 오른쪽에서 왼쪽으로 스캔하면서 버킷에 삽입하되, 삽입 위치는 현재의 카운트 값으로 한다. 또 삽입 직후에는 카운트 값을 하나씩 줄이기로 한다. 예를 들어, 데이터 배열의 오른쪽 끝의 1은 현재의 Count[1] = 4므로 네 번째 버킷에 넣고 Count[1] 값을 하나 줄여 3으로 바꾼다. 이제 오른쪽에서 두 번째 1은 현재의 Count[1]이 3이므로 세 번째 버킷에 삽입됨과 동시에 Count[1] 값은 2로 바뀐다. 그 왼쪽의 3은 현재의 Count[3]이 7이므로 7번째 삽입됨과 동시에 Count[3] 값은 6으로 줄어든다. 이러한 작업을 반복하면 정렬이 완료된다.

셈 정렬은 처음에 Count 배열에 빈도수를 계산해넣기 위해 왼쪽에 오른쪽으로 한번 훑어보았으므로 이 작업에 O(N)을 요한다. 이후 다시 뒤에서 앞으로 가면서 버킷 배열에 옮기기 위해 전체를 한번 훑어보았으므로 O(N)을 요한다. 결과적으로 O(2N) = O(N)의 정렬 알고리즘이다. 버켓 정렬, 셈 정렬은 모두 안정 정렬이다. 원래의 데이터 순서와 동일한 순서로 스캔하면서 작업이 이루어지기 때문이다.

버켓 정렬이나 셈 정렬은 모든 정렬 중 가장 빠른 정렬이다. 결정 트리에서 보듯이 이론적으로 가장 빠른 정렬 방법이 NlgN임에도 불구하고 이보다 빠른 N의 효율을 보이는 이유는 이 방법들이 키 값의 비교에 의존하지 않기 때문이다. 즉, 데이터 상호 간에 키 비교 없이 입력 데이터를 하나하나 읽은 즉시 해당 버켓을 찾아가서 저장하기 때문이다. 그러나 두 방법 모두 원래의 데이터를 옮겨 적기 위한 별도의 메모리 공간과 시간을 요한다.

Section

11 기수 정렬

[그림 9-20] 문자열 키의 분해

지금까지의 정렬에서는 키가 숫자일 때를 위주로 예시하였다. 키 값이 정수로 표현된다면 정수 두 개를 비교하여 어떤 것이 큰 것인지를 판단하는 것은 자명한 일이다. 그러나 키가 문자열(Character String)이라면 비교 방법은 달라진다. 문자열의 크기를 비교하는 C 언어 함수는 〈string.h〉에 정의된 strcmp 함수로서 함수 프로토타입은 다음과 같다.

```
int strcmp(const char* string1, const char* string2);
```

키를 비교함에 있어서 이 함수는 문자(Character) 단위로 비교한다. 이 비교는 두 개의 문자가 일치하는 한 끝까지 계속된다. 예를 들어, 키 Park와 Paek를 비교시키면 P, a, 다음에 r과 e를 비교하고 나서야 Park가 크다는 것을 발견한다. 문자열 두 개가 같을 때 이 함수는 0을 되돌려주며, 처음 것이 나중 것보다 작으면 음수를, 크면 양수를 되돌려 준다. 기수 정렬은 이처럼 문자열 단위로 비교하는 데 따른 효율을 개선시키려는 데 목적이 있다.

기수 정렬
(基數, Radix Sort)

레이딕스

뿌리(Root)

기수 정렬(基數, Radix Sort) 역시 일상 생활에 자주 사용되는 정렬이다. 우체국에서 우편번호를 기준으로 편지를 정렬한다든지 또는 도서관에서 저자명을 기준으로 정렬을 가할 때 사용하는 방법이다. 여기서 **레이딕스**는 **뿌리**(Root)에 그 어원을 둔 용어로서, 문자 그대로 주어진 키를 구성하는 기본 요소를 의미한다. 예를 들어, 문자 하나를 표현하는 데 있어서 8비트 ASCII 코드라면 256가지 문자가 가능하므로 레이딕스 수는 256개가 된다. 만약, 이것이 16비트 유니코드(Unicode)라면 레이딕스 65,536가지가 존재한다. 숫자를 자리수별 문자(Character)로 보면 문자열로 간주할 수 있고 따라서 숫자에 키에 대해서도 기수 정렬을 가할 수도 있다. 두 가지 기수 정렬 방식을 알아보자.

1. LSD 기수 정렬

LSD 기수 정렬에서 **LSD(Least Significant Digit)**는 가장 덜 중요한 자리수를 의미하는 말이다. 십진수를 예로 들면, 일의 자리수 크기가 가장 작으니 LSD가 된다. 따라서 LSD는 일반적으로 오른쪽 끝 자리수를 말한다. LSD 기수 정렬은 문자열을 오른쪽 끝에서 왼쪽 끝(Right to Left)으로 스캔하면서 정렬한다.

LSD(Least Significant Digit)

0	a	d	d
1	c	a	b
2	f	e	e
3	b	a	d
4	d	a	d
5	b	e	e
6	b	e	d
7	a	c	e

[그림 9-21] A

0	c	a	b
1	a	d	d
2	b	a	d
3	d	a	d
4	b	e	d
5	f	e	e
6	b	e	e
7	a	c	e

[그림 9-22] B

0	c	a	b
1	b	a	d
2	d	a	d
3	a	c	e
4	a	d	d
5	b	e	d
6	f	e	e
7	b	e	e

[그림 9-23] C

0	a	c	e
1	a	d	d
2	b	a	d
3	b	e	d
4	b	e	e
5	c	a	b
6	d	a	d
7	f	e	e

[그림 9-24] D

[그림 9-21]은 문자 세 개로 이루어진 문자열 키에 대해 LSD 정렬을 가하는 과정이다. 먼저 [그림 9-21]의 오른쪽 끝자리를 기준으로 정렬하면 [그림 9-22]와 같이 된다. 이 결과를 이번에는 오른쪽에서 두 번째 자리 값을 기준으로 정렬하면 [그림 9-23]과 같이 된다.

여기서 중요한 것은 단계별로 정렬할 때, 기존의 순서를 유지해야 한다는 점이다. [그림 9-23]에서 cab, bad, dad를 보면 오른쪽 두 번째 자리 값이 모두 a로서 동일하다. 그러나 이 레코드들이 [그림 9-22]에서 [그림 9-23]으로 이동하는 과정에서 [그림 9-22]의 가장 위에 있는 cab이 가장 먼저 들어가고, 다음 bad, dad 순으로 채워진 것이다. LSD 알고리즘이 제대로 동작하는 이유는 바로 이러한 안정성(Stability) 때문이다. [그림 9-22]에서 키 cab과 dad만을 살펴보면, 마지막 cab의 b가 dad의 d보다 작기 때문에 먼저 나온 것이다.

따라서 [그림 9-23]에서 가운데 문자인 a가 같다면 당연히 cab이 먼저 나와야 한다. 물론, 현재 비교되는 문자가 서로 다르다면 뒷 문자와 무관하게 작은 것이 먼저 나온다.

셈 정렬 (Counting Sort)

자리수별 정렬 방법은 **셈 정렬**(Counting Sort)에 의한다. 예를 들어, [그림 9-22]의 마지막 자리 키 값을 기준으로 빈도를 세어서 카운트 배열에 넣고 누계를 구한 다음 각각의 레코드가 들어갈 자리를 계산해내는 것이다. 따라서 이 방식에서는 별도의 버켓 메모리를 요한다. 다시 말해, [그림 9-22]의 배열과 [그림 9-23]의 배열은 별도의 메모리 공간이어야 한다. 물론, 공간을 절약하려면 A를 B로, 다시 B를 A로 옮겨 적을 수도 있다.

키를 구성하는 문자열의 길이를 W라고 할 때, LSD 기수 정렬의 효율은 O(WN) = O(N)이 된다. 문자별로 셈 정렬에 의해 O(N)의 작업에 의해 정렬이 이루어졌기 때문이다.

[표 9-18]에서 보듯이 최종 단계의 정렬이 이루어지기 전까지는 조금이라도 정렬된 흔적이 보이지 않는다는 것이 LSD 기수정렬의 단점이다. 그러나 가장 결정적인 단점은 이 방법이 **가변 길이**(Variable Length) 키에 적용하기 어렵다는 것이다. 예를 들어, cold와 old라는 키에 이 방식을 가하면 뒤에서부터 올라오므로 마지막 첫 자리에서 cold의 c와 비교되어야 하는 것이 old에는 없다. 결과적으로 c와 비교되는 것은 아무 것도 없음을 표시하는 널 문자(Null Character)가 된다. ASCII 코드 표에 의하면 c는 십진수 99, 널 문자는 십진수 0이므로 old, cold 순의 오름차순이 된다. 물론, 이는 잘못된 결과로서 이러한 일이 발생하는 이유는 비교가 첫 글자부터 시작되지 않았기 때문이다.

가변 길이 (Variable Length)

패딩(Padding)

LSD 기수 정렬의 이같은 단점을 극복하려면 원래의 키에 **패딩**(Padding)을 가하면 된다. 예를 들어, cold, old, at을 비교하자면 cold, old0, at00 등으로 마지막에 0을 보충하면 문자열의 길이가 같아진다. 0은 아스키 값 십진수 47로서 문자보다는 그 값이 작으므로 제대로 된 정렬 결과를 얻을 수 있다. 숫자를 문자열로 취급할 경우에는 거꾸로 처음에 0을 넣어서 비교해야 한다. 예를 들어, 1611, 315, 17을 비교하자면 1611, 0315, 0017로 비교해야 한다. 그러나 이는 매우 번거로운 작업으로 가장 긴 키의 길이를 찾아내는 작업, 패딩하는 작업 등에 시간적 비효율을 수반한다.

LSD 기수 정렬의 또 다른 단점은 마지막 부근의 자리수 정렬에 많은 시간을 허비한다는 점이다. 만약, 키가 Kim Pak Cho Rho 등이라면 사실은 첫 자리만 보고도 정렬을 끝내야 한다. 불필요한 마지막 자리 정렬 작업, 가변 길이 키 적용의 문제점 등을 해결한 것이 MSD 기수 정렬이다.

❷ MSD 기수 정렬

이 정렬은 LSD 기수 정렬과 반대로 가장 중요한 자리수(MSD, Most Significant Digit)인 왼쪽에서 오른쪽으로(Left to Right) 진행한다.

MSD, Most Significant Digit

0	a	d	d
1	c	a	b
2	f	e	e
3	b	a	d
4	d	a	d
5	b	e	e
6	b	e	d
7	a	c	e
	⇧		

[그림 9-25] D

0	a	d	d
1	a	c	e
2	b	a	d
3	b	e	e
4	b	e	d
5	c	a	b
6	d	a	d
7	f	e	e
		⇧	

[그림 9-26] E

0	a	c	e
1	a	d	d
2	b	a	d
3	b	e	e
4	b	e	d
5	c	a	b
6	d	a	d
7	f	e	e
			⇧

[그림 9-27] F

0	a	c	e
1	a	d	d
2	b	a	d
3	b	e	d
4	b	e	e
5	c	a	b
6	d	a	d
7	f	e	e

[그림 9-28] G

우선 [그림 9-25]의 첫 문자를 기준으로 셈 정렬을 가하면 [그림 9-26]과 같이 된다. 다음 [그림 9-26]에서 [그림 9-27]로 가는 과정은 LSD 기수 정렬과는 다르다. 즉, 첫 문자가 같은 레코드에 대해서만 정렬을 가한다. [그림 9-26]의 cab, dad, fee는 이미 첫 문자가 유일하므로 더 이상 정렬할 필요가 없다. 따라서 이들에 대해서는 두 번째 문자를 볼 필요가 없다. [그림 9-26]의 add, ace에 대해서 두 번째 문자를 기준으로 정렬을 가한다. 또, bad, bee, bed에 대해서 두 번째 문자를 기준으로 정렬을 가한다. 같은 맥락에서 [그림 9-27]에서 [그림 9-28]로 가는 과정에서는 bee와 bed만이 정렬 대상이 된다.

MSD 기수 정렬의 정렬 과정에서는 **셈 정렬**(Distribution Counting)을 사용한다. 또, 이전의 모든 문자가 일치하는 키들만 그룹 지어서 재귀적으로 정렬을 가한다. 이 방법 역시, 효율 면에서는 LSD 기수 정렬과 마찬가지로 O(WN) = O(N)에 해당한다. W개의 문자 각각에 대해 셈 정렬에 O(N)의 시간을 요하기 때문이다. MSD 기수 정렬은 첫 문자부터 비교하므로 가변길이 키를 처리할 수 있다. 또, 앞부분이 유일(Uniqueness)해지면 더 이상 비교 대상에서 제외되므로 LSD 기수 정렬에 비해 조금 더 효율적이라 할 수 있다. 그러나 이 방법 역시 LSD 기수 정렬과 마찬가지로 셈 정렬에 따르는 별도의 메모리 공간과 빈도수 계산 시간을 요한다.

셈 정렬(Distribution Counting)

기수교환 정렬(Radix Exchange Sort)은 MSD 기수 정렬의 정렬 과정에서 쾌속 정렬을 사용하는 방법이다. 즉, 별도의 메모리 대신에 자체 스와핑에 의해 정렬해나가는 방법이다.

기수교환 정렬(Radix Exchange Sort)

스와핑을 가함으로써 안정성은 결여될 수 있으나 정렬 결과는 아무런 문제가 되지 않는다. 안정성이 결여되었을 때 정렬 자체가 불가능해지는 것은 LSD 정렬이지 MSD 정렬이 아니기 때문이다.

0	a	d	d
1	c	a	b
2	f	e	e
3	b	a	d
4	d	a	d
5	b	e	e
6	b	e	d
7	a	c	e

⇧

[그림 9-29] H

0	a	d	d
1	a	c	e
2	b	e	d
3	b	a	d
4	b	e	e
5	d	a	d
6	f	e	e
7	c	a	b

⇧

[그림 9-30] I

기수교환 정렬에서의 파티션 결과는 그룹 세 개로 나누어 처리된다. [그림 9-29]의 첫 칼럼에 대해 문자 b를 기준으로 파티션을 가하면 [그림 9-30]과 같이 피벗보다 작은 그룹, 피벗과 같은 그룹, 피벗보다 큰 그룹으로 나누어진다. 일반적인 파티션과는 달리 피벗인 b와 동일한 문자를 가진 키가 상당 수 나타난다. 피벗과 같은 그룹에 대해서는 더 이상 파티션을 할 필요가 없다. 그러나 피벗이 아닌 그룹에 대해서는 파티션을 계속해야 한다. [그림 9-30]에서 보듯이 아직 첫 문자를 기준으로 정렬되지 않았기 때문이다.

어셈블리 언어 수준에서 보면 모든 문자열은 결국은 비트열(Bit Stream)로 표시된다. 따라서 문자 대신 비트 단위로 기수 교환정렬을 가할 수도 있다. [그림 9-31]은 알파벳을 5비트로 표시할 때, I W A R E라는 키를 정렬하는 과정이다. 우선 첫 비트를 기준으로 정렬하되 쾌속 정렬을 사용한다. 위에서 아래로 내려오는 포인터는 이진수 0보다 큰 것, 아래에서 위로 올라오는 포인터는 1보다 작은 것을 찾아 서로 스왑한 결과 둘째 그림처럼 된다. 이제 첫 비트가 0인 그룹과 1인 그룹으로 나뉜 상태에서 다시 각각의 그룹을 대상으로 이번에는 두 번째 비트를 기준으로 파티션을 가한다. 즉, I E A 그룹과 R W 그룹을 대상으로 각각 파티션을 가한다.

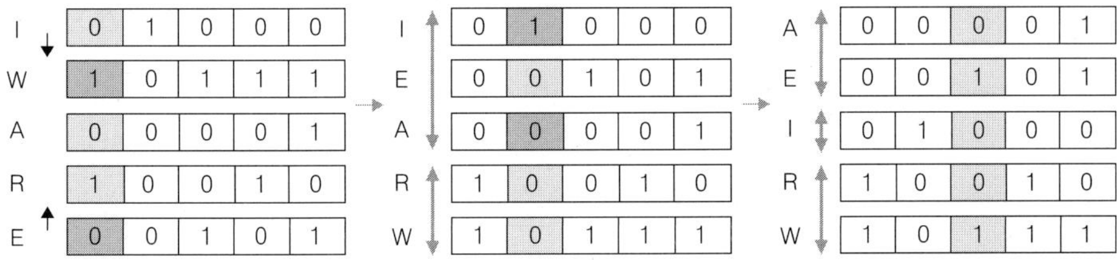

[그림 9-31] 비트 단위의 기수교환 정렬

이렇게 되면 문자 단위의 비교에서처럼 피벗 그룹을 별도로 처리할 필요가 없다. 다시 말해, 파티션 결과를 세 그룹으로 분류할 필요가 없어진다. 문자 비교에서 다양한 문자 값이 존재하는데 반해, 비트 값은 항상 0 아니면 1이므로 파티션 결과 항상 두 그룹으로 나뉘기 때문이다. 문자열 비교에서 첫 문자를 기준으로 하는 정렬을 완료하려면 재귀적으로 파티션을 가해야 하는데 비해, 이 경우엔 파티션 한번에 첫 비트를 기준으로 하는 정렬이 완료되어 버린다.

이 경우의 기수교환 정렬은 비트 단위의 쾌속 정렬이라 할 수 있다. 그러나 쾌속 정렬과는 달리 기수교환 정렬은 중도에 파티션을 멈출 수도 있다. [그림 9-31]의 셋째 그림을 보면 키 I의 둘째 비트는 1로서 이미 유일한(Unique) 것이 되어버린다. 즉, 위쪽의 A, E는 비트열(Bit Stream)이 00이고, 또 아래쪽의 R, W는 비트열 10으로써, 서로 같기 때문에 셋째 비트를 기준으로 또 다시 파티션을 가해야 하지만, 01 값을 가진 것은 I 하나기 때문에 그럴 필요가 없다는 것이다. 따라서 I의 나머지 서브 비트에 대해서는 더 이상 파티션이 가해지지 않는다.

비트 단위의 기수교환 정렬에서는 파티션이 가해질 때마다 비트 값 N개가 비교된다. 그렇다면 효율은 몇 단계를 진행하느냐에 따라 결정된다. 다시 말해, 몇 비트까지 비교하느냐에 따라 효율이 좌우된다. 일반적으로 데이터 N개라면 대략적으로 $\log_2 N$ 비트 만에 모든 비트열이 유일해진다. 따라서 기수교환 정렬의 효율은 $O(N\log_2 N)$이라 할 수 있다.

기수교환 정렬의 이러한 효율 표현은 약간의 주의를 요한다. 일반적으로 M개의 서로 다른 경우를 2진수로 표시하려면 비트가 $\log_2 M$개 필요하다. 예를 들어, 32개의 경우를 나타내려면 5비트 공간이 필요하다. 그런데 만약 그러한 5비트 키 여덟 개 정도가 입력된다면 대략 $\log_2 8 = 3$비트만 비교하면 비트열이 유일해지고 따라서 $O(N\log_2 N)$의 효율이 된다는 것이다. 물론, 이 경우 최악의 경우는 5비트 모두를 파티션 해야 하고 그 경우의 효율은 $O(N\log_2 M)$이 된다.

균형적 파티션 (Balanced Partition)

이 효율을 다른 방법으로 해석할 수도 있다. 통계적으로 볼 때, 어떤 자리수가 0일 확률과 1일 확률은 1/2로서 동일하다. 따라서 비트 단위의 파티션을 가하면 전체 데이터의 반 정도가 0 그룹에, 나머지 반이 1 그룹으로 갈라선다. 거의 **균형적 파티션**(Balanced Partition)이 된다. 따라서 단계의 수는 쾌속 정렬에서 지속적으로 균형적인 파티션이 일어날 때의 단계 수인 $\log_2 N$과 동일해진다. 또, 이 경우에는 균형이 유지될 확률이 높기 때문에 쾌속 정렬보다 $O(N\log_2 N)$에 근접할 확률이 더욱 높아진다.

비교에 소요되는 시간 면에서 비트 단위의 기수교환 정렬은 쾌속 정렬과 큰 차이가 있다. 비트 단위의 기수교환 정렬에서 $O(N\log_2 N)$이라고 할 때에는 비트 단위의 비교 횟수가 그렇다는 것이다. 이에 반해 일반적인 쾌속 정렬에서 $O(N\log_2 N)$이라고 할 때에는 문자열(String) 단위의 비교가 그렇다는 것이다. 문자열 단위의 비교는 비트 단위의 비교에 비해 훨씬 많은 시간을 요한다는 점에서 이들 사이의 효율 차이는 분명해진다.

생활 속의 자료구조

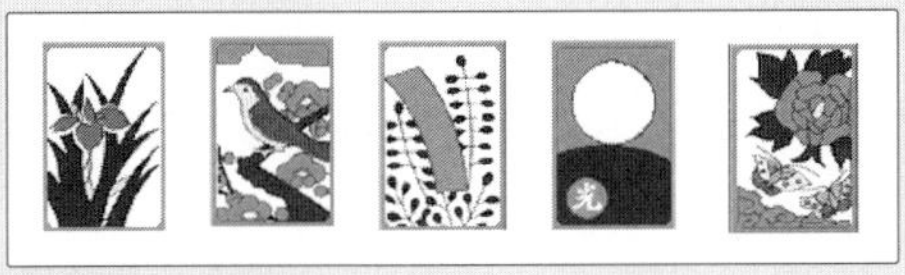

[그림 9-32] 입력

[그림 9-33] 정렬 1단계

비슷한 것 같지만 유심히 관찰하면 화투를 정리하는 모습은 사람마다 다르다. 민화투라고 가정하고 [그림 9-32]의 패를 받아 쥐었다고 하자. 대개 오른손잡이들은 아끼는 것들을 왼쪽으로 몰아둔다. 가까이 두면 쉽게 집어 줄까봐 그런 것 같다. 그렇지만 잘못하면 왼쪽 사람에게 좋은 일을 하게 된다. 일반적으로 좋은 것에서 나쁜 것 순으로 내림차순으로 정렬한다.

1단계 정렬 결과 [그림 9-33]의 첫 그림으로 바꾼 사람은 아마 삽입 정렬을 시도하고 있을 것이다. 난초가 오른쪽으로 이동한 자리에 매조가 들어가고 있는 것이다. 삽입 정렬의 논리를 알고 있는 매우 치밀한 사람일 것이다. 만약, 그렇지 않다면 이 사람은 이 판을 고스톱으로 착각하고 있는지도 모른다.

둘째 그림으로 바뀐 사람은 민화투에서 뭐가 중요한지 아는 사람이다. 광(光)부터 가장 왼쪽으로 옮기고 있다. 선택 정렬이다. 옮겨진 광의 오른쪽 것 모두 오른쪽으로 이동했다. 그러나 이건 우리가 아는 선택 정렬과는 다르다. 우리가 아는 선택 정렬은 그 아래 그림이다. 광과 난초가 스와핑되어야 한다. 이 사람이 이처럼 교묘히 변형된 선택 정렬을 사용하는 데에는 이유가 있다. 바로 번개 같은 손놀림이다. 우리 손은 마술과 같아서 굳이 타짜가 아니라도 오른쪽 이동(Shift) 정도는 순식간에 처리해 버린다.

경우에 따라서는 받은 화투 그대로 움켜쥐고 있는 사람도 있다. 이번 판을 쉬려는 사람일 수 있다. 그러나 그러기에는 그리 나쁜 패가 아니다. 광을 처분하려 고민하는 사람일 수도 있다. 이도 저도 아니면 그 사람은 아마 머릿속 포인터로 간접 정렬을 시도하고 있는 사람일 수도 있다.

요약

정렬방식은 오름차순과 내림차순, 외부 정렬과 내부 정렬, 안정 정렬과 불안정 정렬로 구분된다. 선택 정렬과 버블 정렬은 정렬된 그룹이 오른쪽에서 왼쪽으로 사라난다. 선택 정렬은 가장 큰 것을 마지막 것과 단번에 스왑하고, 버블 정렬을 한 쌍씩 비교하여 가장 큰 것을 점차적으로 마지막으로 이동시킨다.

삽입 정렬은 정렬된 그룹이 왼쪽에서 오른쪽으로 자라난다. 선택, 버블, 삽입 등 기초적인 정렬은 $O(N^2)$의 효율을 지니므로 대용량의 레코드 정렬에는 사용될 수 없다. 셸 정렬은 멀리 이격된 데이터가 단번에 점프하여 이동함으로써 최종 시프트의 횟수를 줄인다. 합병 정렬과 쾌속 정렬은 모두 재귀호출 개념에서 출발한다.

합병 정렬은 베이스 케이스로부터 되돌아오면서 합병에 의해 실제 정렬이 일어나는데 비해 쾌속 정렬은 베이스 케이스로 들어가면서 파티션에 의해 실제 정렬이 일어난다. 합병 정렬이 데이터 크기를 기계적으로 반으로 줄여나가기 때문에 O(NlgN)을 보장하는데 비해 쾌속의 균형은 가변적이어서 반드시 O(NlgN)을 보장하지는 않는다. 그러나 쾌속 정렬은 합병 정렬이 요구하는 공간이나 옮겨 적는 시간을 요하지 않는다.

피벗 선택 방법을 개선함으로써 균형이 좋아지고 통계적으로 볼 때 쾌속 정렬의 효율은 합병 정렬을 앞지른다. 키 비교에 의한 정렬이 이룰 수 있는 최선의 효율은 O(NlgN)이다. 버켓 정렬이나 셈 정렬의 효율이 O(N)인 이유는 키 비교가 없기 때문이다. 그러나 이렇게 하려면 별도의 공간이 요구된다.

기수 정렬은 키의 뿌리가 되는 문자 또는 문자의 뿌리가 되는 비트 단위로 비교하는 방법이다. 오른쪽에서 왼쪽으로 가면서 비교하는 방법을 LSD 기수 정렬, 반대로 왼쪽에서 오른쪽으로 가면서 비교하는 방법을 MSD 기수 정렬이라 한다. 모든 상황에 최선의 정렬이란 존재하지 않는다. 항상 주어진 상황에 가장 잘 들어맞는 정렬 방법을 선택하여 사용하는 것이 바람직하다.

연습 문제

객관식 문제에 대해 오답은 감점으로 처리할 수 있음

1 합병 정렬을 위해 재귀호출 두 번을 실행한 상태다. 재귀호출 실행은 끝났으나 아직 합병을 가하지는 않은 상태다. 다음 중 맞는 말은 무엇인가?

가. 배열의 왼쪽 반에 있는 데이터가 오른쪽 반에 있는 데이터보다 크다.
나. 배열의 오른쪽 반에 있는 데이터가 왼쪽 반에 있는 데이터보다 크다.
다. 배열의 왼쪽 반에 있는 데이터 끼리, 오른쪽 반에 있는 데이터끼리 정렬되어 있다.
라. '가-다' 모두 사실이 아니다.

2 다음 중 합병 정렬과 삽입 정렬의 공통점은 무엇인가?

가. O(NlogN) 나. 안정 정렬 다. O(N^2) 라. 이미 정렬된 데이터에 유리

3 다음 중 선택 정렬과 쾌속 정렬의 공통점은 무엇인가?

가. O(N^2) 나. O(NlogN) 다. 분할 정복 라. 안정 정렬

4 삽입 정렬에 관한 다음 설명 중 맞는 것을 모두 골라라.

가. 배열, 연결 리스트 모두 간단하게 구현할 수 있다.
나. 작은 크기의 배열이라면 매우 빨리 수행된다.
다. 안정 정렬은 아니다.
라. 정렬 과정에서 합병 정렬처럼 별도의 임시 저장 공간을 요하지 않는다.
마. 최선의 효율은 선형시간이다.

5 버블 정렬에 관한 다음 설명 중 맞는 것을 모두 골라라.

가. 배열이나 연결 리스트로 쉽게 구현할 수 있다.
나. 이미 정렬된 데이터에 대해 최악의 효율을 보인다.
다. 배열이나 연결 리스트로 구현할 때 모두 안정 정렬이다.
라. 별도의 임시 저장 공간을 요하지 않는다.
마. 최악의 경우 O(N^2)의 효율을 보인다.

연습 문제

6 합병 정렬에 관한 다음 설명 중 맞는 것을 모두 골라라.

가. 연결 리스트로 구현하면 쉽게 코딩할 수 있다.
나. 최악의 경우 효율은 O(NlogN)이다.
다. 안정 정렬이다.
라. 최선의 경우 효율은 O(NlogN)이다.
마. 별도의 임시 저장 공간을 요한다.

7 레코드 40개를 선택 정렬하는 중이다. 메인 루프가 열 번 돈 상태에서 현재 정렬 완료 상태의 위치에 있는 레코드는 몇 개인가?

가. 30 나. 9 다. 10 라. 11

8 정수 10개를 정렬하는 중이다. 메인 루프가 네 번 돌아간 상태에서 배열 요소는 다음과 같다. 만약, 선택 정렬을 사용한다면 가장 큰 것을 선택해서 오른쪽 끝으로 움직이기로 한다. 다음 중 맞는 말은 무엇인가?

11 18 25 36 42 5 72 83 90 95

가. 알고리즘은 선택 정렬이거나 삽입 정렬이다.
나. 선택 정렬일 수는 있으나 삽입 정렬은 아니다.
다. 삽입 정렬일 수는 있으나 선택 정렬은 아니다.
라. 선택 정렬도 삽입 정렬도 아니다.

9 다음 중 삽입 정렬이 유리할 때는 언제인가?

가. 배열 요소가 매우 큰 레코드일 때
나. 배열 요소가 매우 작은 레코드일 때
다. 프로세서의 속도가 매우 빠를 때
라. 정렬 안 된 레코드가 몇 개 없을 때

10 선택 정렬 방법을 설명하고, 알고리즘의 복잡도를 빅 오 기호로 나타내되 왜 그렇게 되는지를 설명하라.

11 최악의 경우, 쾌속 정렬의 알고리즘 복잡도를 빅 오 기호로 나타내되, 언제 그러한 경우가 발생하는지를 설명하라.

12 재귀적 정렬의 예로써, 쾌속 정렬과 합병 정렬을 들 수 있다. 정렬 대상의 왼쪽 데이터에 대한 정렬을 Sort(Left), 오른쪽 데이터에 대한 정렬을 Sort(Right)라 하자. 또 쾌속 정렬의 파티션 작업을 Partion, 합병 정렬의 합병 작업을 Merge라 할 때 각 정렬 방법을 5줄 내외의 유사코드로 써라.

13 다음 표의 레코드는 이미 학년 순으로 정렬되어 있다. 다음 물음에 답하라.

[표 9-15] 신상정보

성명	학년	학점	주소지
최지우	1	C	대구
박지은	1	B	서울
서철훈	1	A	서울
공지영	3	B	전주
조만식	3	C	인천
김갑이	3	A	수원
차은지	4	A	용인

가. 성명을 기준으로 오름차순으로 정렬하라. 단, 그 결과는 안정 정렬이면서 직접 정렬이어야 한다.
나. 위 표의 데이터가 C 배열에 저장되어 있다고 가정하고, 성명을 기준으로 오름차순으로 정렬하라. 단, 그 결과는 안정 정렬이면서 간접 정렬이어야 한다.

14 큰 레코드를 정렬하는 데 있어서 선택 정렬이 버블 정렬이나 삽입 정렬보다 속도 면에서 유리한 이유를 설명하라.

15 다음 키로 구성된 배열을 오름차순으로 정렬하고자 한다.

5 3 8 9 1 7 0 2 6 4

가. 선택 정렬의 1단계를 실행한 후의 배열 모습을 그려라.
나. 이중 선택 정렬의 1단계를 실행한 후의 배열 모습을 그려라.
다. 삽입 정렬의 1단계를 실행한 후의 배열 모습을 그려라.
라. 셀 정렬의 1단계로써, 4-정렬을 실행한 후의 배열 모습을 그려라.

16 쾌속 정렬이 최선의 효율을 보일 때는 언제인지 설명하라.

17 2, 5, 5, 5, 8, 1, 2, 5를 대상으로 파티션을 하되 두 가지 방법으로 하라. 업 포인터와 다운 포인터 사용에 있어서 피벗과 같은 키를 가진 레코드를 스와핑하는 경우와 하지 않는 경우에 결과적인 균형 차이를 보여라.

연습 문제

18 이미 정렬된 입력 데이터를 대상으로 Median-of-Three 파티션을 가하라. First, Last, Middle 인덱스의 키 값 중 중간치를 키로 하라. 단, First나 Middle 인덱스에 있는 키가 선택되면 그것을 Last에 있는 레코드와 스와핑한 후에 이전의 방식대로 파티션하라.

19 쾌속 정렬은 안정 정렬인가? 혹 그렇지 않다면 예를 들어서 불안정 정렬임을 보여라.

20 쾌속 정렬의 1단계 작업 결과 파티션 된 배열의 모습이 다음과 같을 때, 이들 중 어떤 것(들)이 피벗이었는지 추측해보고 그 이유를 말하라.

3, 0, 2, 4, 5, 8, 7, 6, 9

21 쾌속 정렬의 효율을 높이려고 어떤 단계에서 정렬하고자 하는 데이터가 얼마 안 되면 삽입 정렬을 사용하기도 한다. 쾌속 정렬이 베이스 케이스에 가까워지면서 일어나는 일들에 대해서 예를 들어 설명하고 그것이 왜 시간적으로 비효율적인지 설명하라.

22 다음 배열을 오름차순으로 정렬하려고 한다.

5 3 8 9 1 7 0 2 6 4

가. 배열의 첫 요소를 피벗으로 해서 파티션을 가할 때, 파티션 결과 배열을 그려라.
나. 합병 정렬의 재귀호출이 두 번 이루어 진 후의 배열 모습을 그려라.
다. 합병 정렬의 최종 합병이 이루어지기 바로 전 단계의 배열 모습을 그려라.

23 합병을 위한 다음 함수를 완성하라. 함수가 시작되기 전의 전제조건(Precondition)은 배열의 처음 Group1 만큼의 데이터가 정렬되어 있고, 그 다음 Group2 만큼의 데이터가 정렬된 상태라는 것이다. 함수 실행 결과, 만족시켜야 할 후속조건(Postcondition)은 Group1 + Group2 만큼의 데이터가 완전히 정렬되어야 한다.

```
void Merge(int Data[], int Group1, int Group2);
```

24 선택 정렬에서 정렬이 완료되기 전까지 일어나는 스왑의 횟수를 빅 오 기호로 표시하라.

25 합병 정렬이 최악의 효율을 보일 때의 복잡도를 빅 오 기호로 표시하라.

26 쾌속 정렬이 최악의 효율을 보일 때의 복잡도를 빅 오 기호로 표시하라.

27 선택 정렬, 버블 정렬, 삽입 정렬, 합병 정렬, 쾌속 정렬을 대상으로 다음 물음에 답하라.

가. 이미 정렬된 배열에 대해서 가장 빠른 효율을 보이는 것(들)은 무엇인가?

나. 정렬 여부에 관계없이 비슷한 효율을 보이는 것(들)은 무엇인가?

28 입력 배열이 25 19 3 38 62 95 22 17 4 7 12 18 5 36 55라는 키로 구성되어 있을 때 이를 대상으로 다음 정렬 과정을 순차적으로 그려라.

가. 선택 정렬

나. 이중 선택 정렬

다. 삽입 정렬

라. 스텝 크기 7, 3, 1 순서의 셸 정렬

29 쾌속 정렬의 파티션에서 피벗과 데이터 값이 같을 때에도 스와핑하는 것이 유리한 이유를 설명하라.

30 피벗을 임의로(Random) 선택하거나 임의의 값 중 중간 값을 선택하는 데 따라서 실행시간이 늘어나는데도 이렇게 하는 이유를 한 단어로 답하라.

31 "F U N D A M E N T A L S O R T I N G A L G O R I T H M"이라는 키를 지닌 레코드를 대상으로 외부 정렬을 가하라. 단, 메인 메모리가 동시에 레코드 세 개만을 수용하여 정렬할 수 있다고 가정하고 정렬의 중간 과정을 나타내라.

32 키 값이 2 15 2 1 1 35 2 1 15 50인 데이터에 셈 정렬을 가하기 위해 필요한 작업을 설명하라.

33 합병 정렬에서 데이터 두 개를 합병하는 Merge( ) 함수의 효율을 빅 오 기호로 표시하라.

34 다음 배열 키를 대상으로 LSD 기수 정렬과 MSD 기수 정렬을 가하는 과정을 각각 순차적으로 그려서 설명하라.

0	f	o	e
1	c	a	t
2	f	e	e
3	b	o	y
4	t	i	p
5	t	e	e
6	t	o	y
7	f	i	n

[그림 9-34] 문제 34

연습 문제

35 세 갈래 파티션(3-Way Partition) 배열 요소가 빨강, 하양, 파랑 중 한 가지다. 이 배열을 정렬하여 빨강 모두를 가장 왼쪽에, 이어서 하양을, 이어서 파랑을 나열하려 한다. 사용할 수 있는 함수는 i, j번째 배열 요소를 스와핑할 수 있는 Swap(i, j) 함수와, k번째 배열 요소의 색을 읽기위한 함수 GetColor(k) 함수다. 정렬을 위한 선형시간 알고리즘을 제시하라.

36 다음은 어떤 데이터의 정렬과정을 표시한다. 무슨 정렬인가?

```
5 15 20 8 11 26
5 15 20 8 11 26
5 15 20 8 11 26
5 8 15 20 11 26
5 8 11 15 20 26
5 8 11 15 20 26
```

37 [코드 9-7]을 참고로 다음 파티션 함수와 퀵속 정렬 함수를 완성하라.

```
int partition(int A[], int first, int last)
{  int low, high, pivotindex, p;
   p = A[first];                          첫 요소를 피벗으로
   low = first + 1;
   high = last;
   while(low <= high)
   {  while(p >= A[low]) low++;
      (                          )
      if(low <= high)
          Swap(A, low, high);             A[low]와 A[high]를 스와핑
   }
   (                          )           A[first]와 A[high]를 스와핑
   return (high);                         피벗 인덱스를 리턴
}

void main()
{ int Array[MAX], size;
  size = InputArray(Array);               배열 요소의 개수를 리턴하는 함수
  Qsort(                 );
}
```

38 다음 코드를 참고로 질문에 답하라.

```
void swap(int a[], int i, int j)
{  int temp= a[i];
   a[i] = a[j];
   a[j]=a[i];
}

void sort(int a[], int size)
{ int big = size;
  for (int i=0; i <size; i++)
     if (a[big] < a[i]) big = i;
 swap(a,size,big);
 sort(a,size-1);
}
```

가. 무슨 종류의 정렬인가?
나. 코드에 오류가 있다면 고쳐라.
다. size가 의미하는 것은 무엇인가?
라. 이 정렬 방법이 안정 정렬인지 아닌지 답하고 이유를 설명하라.

Part

04

고급 자료구조

Chapter 10

트리

＊학습목표

- 트리와 관련된 용어를 정확히 이해한다.
- 이진트리의 세 가지 순회 방법의 차이점을 이해한다.
- 포인터로 구현한 이진 탐색트리의 탐색, 삽입, 삭제 코드를 이해한다.
- 이진 탐색트리의 균형에 따른 효율의 차이를 이해한다.

Point

시각적으로 볼 때, 리스트, 스택, 큐 등의 추상 자료형이 데이터를 한 줄로 나열한 선형구조(Linear Structure)라면, 추상 자료형 트리는 데이터를 여러 줄로 나열했다는 점에서 비선형 구조(Non-Linear Structure)다. 이러한 비선형 구조를 사용하는 가장 큰 이유는 탐색 시간을 단축하는 데 있다.

전산학에서 트리는 컴파일러의 구문 분석을 위한 파스트리(Parse Tree)를 비롯하여 파일 압축을 위한 압축트리, 데이터베이스 검색을 위한 검색트리, 판단 과정을 추적하기 위한 결정트리 등 다양한 형태로 활용된다. 이 장에서는 일반트리, 이진트리, 이진 탐색트리를 차례로 정의하고 각각에 가해지는 작업에 대해 설명한다. 또, 탐색에 있어서 트리가 지니는 효율성에 대해서 중점적으로 알아본다.

추상 자료형 트리에서 정의하는 작업은 C와 C++ 언어 모두에 적용할 수 있다. 구현에 있어서는 기본적으로 C와 C++ 사이에 차이가 별로 없다는 점을 감안하여 이 장에서의 구현은 C 코드를 중심으로 한다.

Section

01 트리 개요

계층적인 관계(Hierarchical Relationship)를 나타내는 데 편리한 것이 **트리**(Tree)다. 물론, 여기서 트리는 생물학적인 의미의 나무를 뜻하는 것은 아니다. 조부모, 부모, 자식으로 층층이 이어지는 족보(Family Tree)뿐만 아니라, 사장, 전무, 상무, 부장, 과장으로 이어지는 기업의 조직도(Organization Chart) 역시 계층적이다. [그림 10-1]은 폴더, 하위 폴더, 다시 하위의 하위 폴더로 이어지는 컴퓨터 디렉터리(Directory) 계층 구조를 나타낸다.

계층적인 관계(Hierarchical Relationship)

트리(Tree)

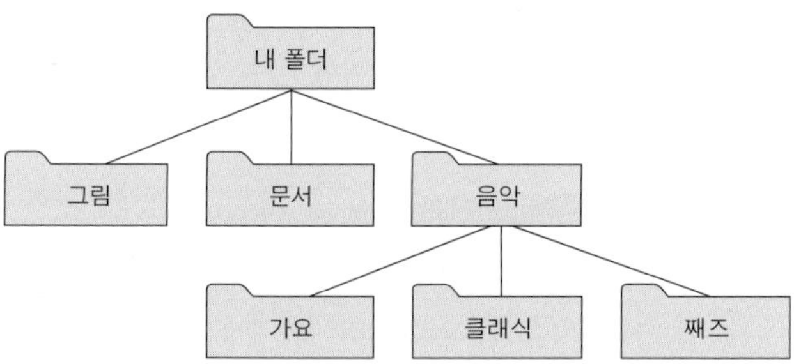

[그림 10-1] 디렉터리 계층 구조

계층적으로 묘사될 수 있는 것은 무엇이든 트리로 나타낼 수 있다. 나뭇가지 하나가 다시 여러 갈래로 나뉘어지듯이 그림의 상위 폴더가 다시 하위 폴더 여러 개로 나뉘어진다. 우리 주변에 계층적인 구조로 묘사될 수 있는 현상은 매우 많다. [그림 10-2]는 어디서 식사할지를 결정하는 과정을 묘사한 트리다. 이처럼 어떤 결정 과정을 나타낸 트리를 **결정트리**(Decision Tree)라고 한다. 이 트리의 아래쪽에는 최종 결정 사항이, 위쪽에는 결정을 위한 질문과 답변으로 채워져 있다.

결정트리(Decision Tree)

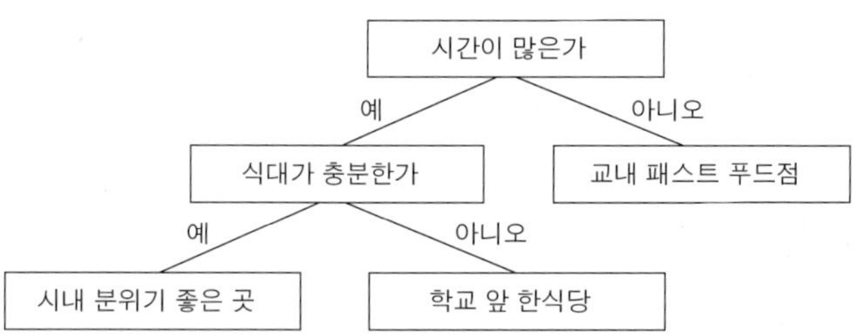

[그림 10-2] 결정트리의 예

[그림 10-3]을 중심으로 트리에 관련된 용어를 정의해보자.

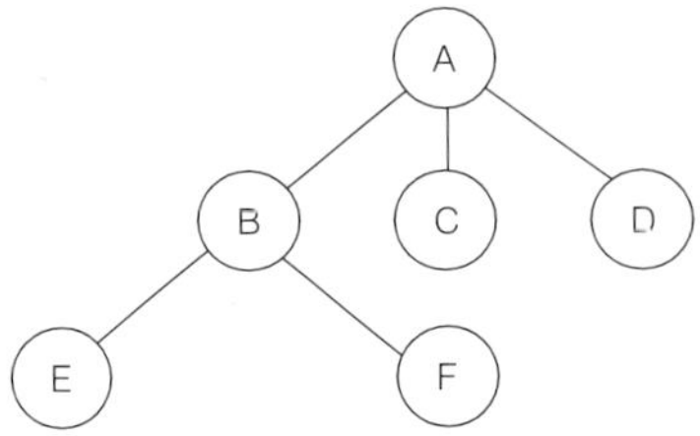

[그림 10-3] 일반 트리

노드(Node)

자식노드 (Child Node)

부모노드 (Parent Node)

자매노드 (Sibling Node)

조상노드 (Ancestor Node)

후손노드 (Descendant Node)

루트노드 (Root Node, 뿌리)

리프노드 (Leaf Node, 잎)

터미널노드 (Terminal Node, 종점)

내부노드 (Internal Node)

일반트리 (General Tree)

이진트리 (Binary Tree)

트리의 구성 요소(Element)에 해당하는 A, B, C, ..., F를 **노드(Node)**라 한다. B의 바로 아래 있는 E, F를 B의 **자식노드(Child Node)**라 한다. 반면, B는 E, F의 **부모노드(Parent Node)**라 한다. 마찬가지로 A는 B, C, D의 부모노드가 된다. 같은 부모 아래에서 자식노드 서로를 **자매노드(Sibling Node)**라 부른다. 따라서 B, C, D는 서로 자매노드며, E, F도 서로 자매노드다. 주어진 노드의 상위에 있는 노드들은 **조상노드(Ancestor Node)**라 한다. 예를 들어, B, A는 F의 조상노드다. 역으로 어떤 노드의 하위에 있는 노드를 **후손노드(Descendant Node)**라 한다. 예를 들어 B, E, F, C, D는 A의 후손노드다.

A처럼 부모가 없는 노드, 즉 원조격인 노드를 **루트노드(Root Node, 뿌리)**라 한다. 반면 C, D, E, F처럼 자식이 없는 노드를 **리프노드(Leaf Node, 잎)**라 한다. 더 이상의 자식이 없이 거기서 끝난다는 의미에서 리프노드를 **터미널노드(Terminal Node, 종점)**라고도 한다. 리프노드를 제외한 모든 노드를 **내부노드(Internal Node)**라고 한다.

[그림 10-3]처럼 둘 이상의 자식노드를 가질 수 있는 트리를 **일반트리(General Tree)**라고 한다. 이에 비해, 최대 두 개까지의 자식노드를 가질 수 있는 트리를 **이진트리(Binary Tree)**라 한다. 예를 들어 [그림 10-4]는 자식노드가 없거나 한 개, 또는 두 개인 노드로만 구성되어 있으므로 이진트리에 해당한다.

저자 한마디

하위트리

주어진 트리의 부분집합을 이루는 트리를 하위트리(Subtree, 부분트리)라 한다. 이는 임의의 노드와 그 노드에 달린 모든 후손 노드를 합한 것이다. 주어진 트리에는 여러 개의 하위트리가 존재할 수 있다. 예를 들어, 그림의 B, E, F가 하나의 하위트리며, 또 C 자체로서 하나의 하위트리다.

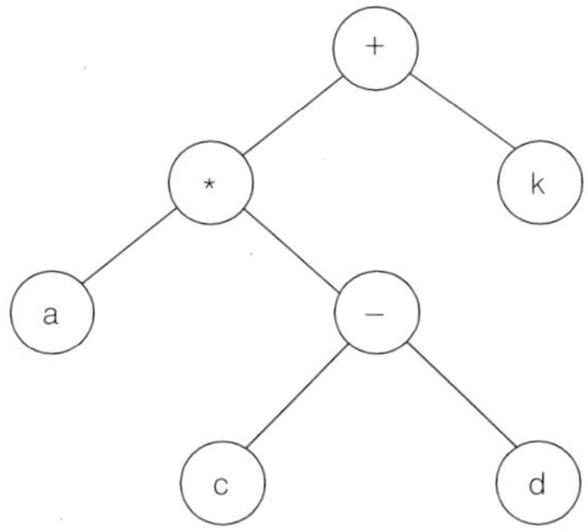

[그림 10-4] 계산트리

계산트리
(Expression Tree)

[그림 10-4]의 이진트리는 컴파일 작업에 이용되는 것으로써, **계산트리** 또는 계산식트리(Expression Tree)라고도 한다. 그림의 트리는 식 (a * (c − d)) + k를 평가하기 위한 것으로, 연산자(Operator)는 내부노드에, 피연산자(Operand)는 리프노드에 위치한다. 계산의 우선순위는 트리 자체의 모습에 나타나 있다. 예를 들어, (a * (c − d))에서는 (c − d)가 가장 먼저 계산되어야 한다. 이러한 우선순위가 트리에서는 * 노드의 오른쪽 하위트리 (c − d)가 먼저 계산되고 난 다음에야 왼쪽 하위트리의 a와 곱해지는 모습으로 표현되어 있다.

모든 일반트리는 이진트리로 바꾸어 표현할 수 있다. 예를 들어, [그림 10-3]과 같은 일반트리에서는 자식노드가 몇 개나 있을지 예측하기 어렵고 따라서 이를 확정적인 자료구조로 선언하기 어렵다. [그림 10-3]의 부모노드가 무조건 첫 자식노드를 가리키게 하고, 이 노드로부터 일렬로 자매노드들을 이어가면 [그림 10-5]와 같이 된다. 고개를 약간 왼쪽으로 돌려서 보면 이는 이진트리의 모습이다. 이 그림에서 아래쪽 연결을 타고 내려가면 자식노드를, 오른쪽 연결을 타고 가면 자매노드를 만날 수 있다.

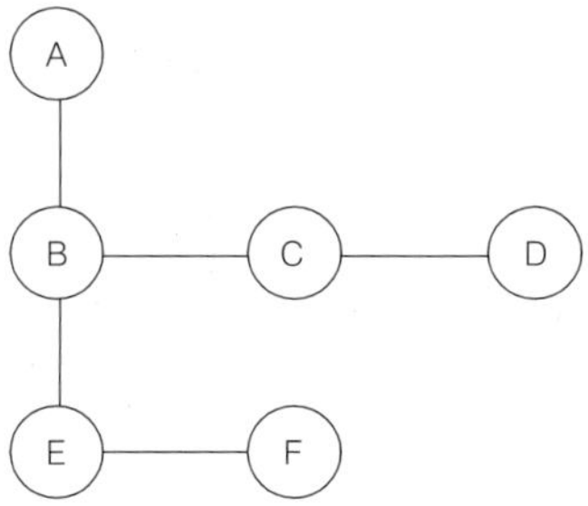

[그림 10-5] 일반트리

시각적으로는 그저 노드에 매달려있는 자식노드의 수를 보면 그것이 이진트리인지 쉽게 알 수 있다. 그러나 이진트리의 속성을 파악하려면 좀더 엄격한 정의를 가해야 한다. 다음과 같은 트리를 이진트리라 한다.

첫째, 아무런 노드가 없거나,
둘째, 가운데 노드를 중심으로 좌우로 나누어지되, 좌우 하위트리 모두 이진트리여야 한다.

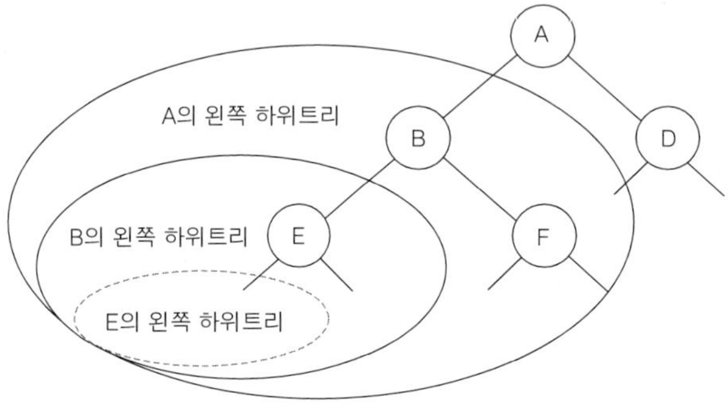

[그림 10-6] 이진트리의 정의

이 정의를 기준으로 [그림 10-6]의 트리가 이진트리인지 살펴보자. 먼저 루트노드 A를 중심으로 좌우 하위트리로 나뉜다. 트리 전체가 이진트리려면, 위 정의의 둘째 조건에 의해 좌우 하위트리 모두 이진트리여야 한다. 그중 왼쪽 하위트리만 이진트리인지 살펴보자. 이 하위트리 역시 노드 B를 중심으로 좌우 트리인 E, F로 나뉜다. E, F는 각각 하나의 노드이자 하위트리로 간주된다. 다시 E를 중심으로 그 왼쪽, 오른쪽에 또다시 하위트리가 있다고 가정하되, 그 하위트리에 아무런 노드가 없다고 말할 수 있다. **공집합(Empty Set)**은 모든 집합의 부분집합이다. 같은 맥락에서 아무런 노드가 없는 트리도 주어진 트리의 부분트리로 간주할 수 있다.

공집합(Empty Set)

아무런 노드가 없으므로, 위 정의의 첫째 조건에 의해 E의 왼쪽 하위트리는 이진트리다. 같은 방법으로 E의 오른쪽 하위트리가 이진트리므로 이제 위 둘째 조건에 의해 노드 E를 중심으로 하는 부분트리가 이진트리다. 유사한 방법으로 노드 F도 이진트리임을 증명할 수 있다. 좌우 하위트리가 모두 이진트리므로 역시 위 둘째 조건에 의해서 B를 중심으로 하는 부분트리가 이진트리임이 증명된다.

이같은 이진트리의 정의는 명백히 재귀적이다. 즉, 이진트리를 정의함에 있어서 이진트리라는 용어를 사용하고 있는 것이다. 주의 깊은 독자라면 이미 위 정의에서 빈 하위트리가 재귀호출의 베이스 케이스에 해당함을 알 수 있을 것이다. 이진트리의 정의 자체가 재귀적이기 때문에 이진트리에 가해지는 모든 작업은 재귀호출 형태를 띨 수 밖에 없다.

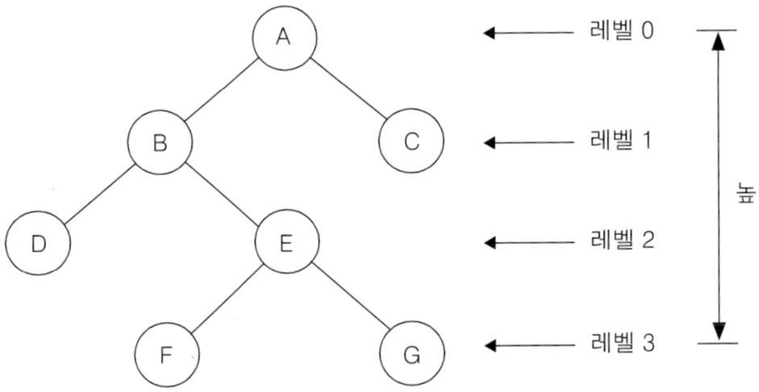

[그림 10-7] 트리의 레벨, 높이

트리의 레벨(Level, 수준)은 루트노드를 레벨 0으로 하고 아래로 내려오면서 증가한다. 이는 [그림 10-7]에서 확인할 수 있다. **트리의 높이(Height)**는 트리 내의 최대 레벨과 일치한다. 따라서 [그림 10-7] 트리의 높이는 3에 해당한다. 다시 말해, 트리의 높이는 루트노드로부터 가장 먼 리프노드까지 가는 데 필요한 연결(Link) 개수를 말한다. 달리 표현하면, 가장 먼 리프노드까지 가기 위해 중간에 지나야 하는 노드 수라고도 할 수 있다. 노드 F까지 가려면 A, B, E라는 노드를 지나야 하기 때문이다.

트리의 레벨
(Level, 수준)

트리의 높이(Height)

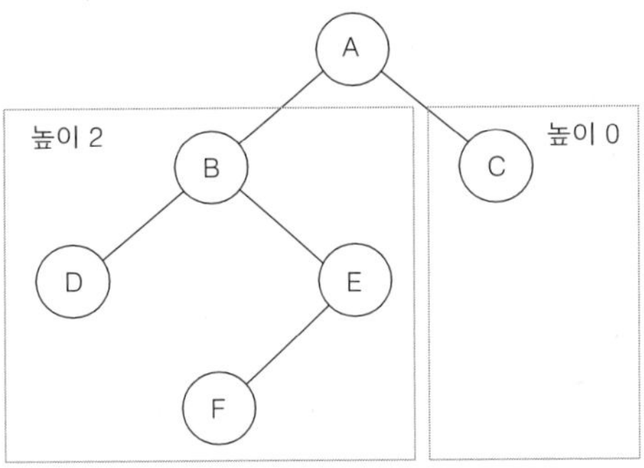

[그림 10-8] 트리의 높이

트리의 정의처럼 트리의 높이 역시 다음과 같이 재귀적으로 정의할 수도 있다.

> 트리의 높이 = 1 + Max(왼쪽 하위트리의 높이, 오른쪽 하위트리의 높이)

여기서 Max는 둘 중 큰 것을 일컫는다. 예를 들어 [그림 10-8]에서 노드 A의 왼쪽 하위트리의 높이는 2고 오른쪽 하위트리의 높이는 0이니 둘 중 큰 것은 왼쪽이고, 따라서 전체 트리의 높이는 여기에 1을 더한 3이 된다. 이 결과는 루트노드를 레벨 0으로 할 때, 가장 먼 리프노드 F의 레벨이 3이기 때문에 높이 3이라는 판단과 일치한다.

루트노드 하나만 있는 트리의 높이는 0이다. 최대 레벨이 0이기 때문이다. 이를 연역하면 빈 트리의 높이는 -1로 정의된다. 경우에 따라서는 루트노드를 레벨 1로 정의하는 사람도 있으나 그 경우 트리의 높이는 직관과 어긋나기 때문에 그러한 정의는 배제하기로 한다.

포화 이진트리(飽和, Full Binary Tree)

포화 이진트리(飽和, Full Binary Tree)는 높이 h인 이진트리에서 모든 리프노드가 레벨 h에 있는 트리를 말한다. 이렇게 되려면 리프노드 위쪽의 모든 노드는 반드시 자식노드 두 개를 거느리고 있어야 한다. 또 모든 노드에 있어서 왼쪽 자식의 높이가 오른쪽 자식의 높이와 같아야 한다. 시각적으로 볼 때 포화 이진트리의 모습은 간단히 구별된다. 포화될 정도로 다 차 들어간 모습이기 때문이다. [그림 10-9]는 높이가 3인 포화 이진트리다.

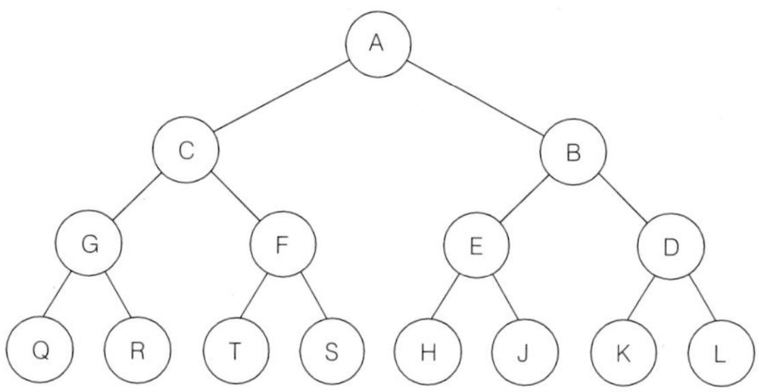

[그림 10-9] 포화 이진트리(FULL)

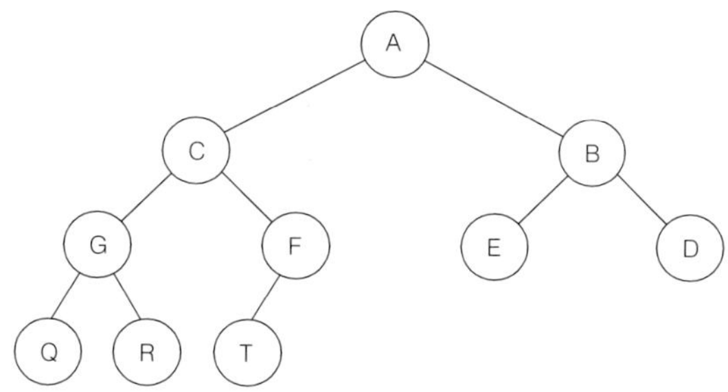

[그림 10-10] 완전 이진트리(COMPLETE)

완전 이진트리(完全, Complete Binary Tree)

높이 h인 **완전 이진트리**(完全, Complete Binary Tree)는 레벨 (h-1)까지는 포화 이진트리고, 마지막 레벨 h에서, 왼쪽에서 오른쪽으로 가면서 리프노드를 채운 것을 말한다. 만약, 하나라도 건너뛰고 채운다면 완전 이진트리가 아니다. 예를 들어, [그림 10-10]에서 G의 오른쪽 자식노드인 R이 빠져 있다면 완전 이진트리가 될 수 없다. 이러한 정의를 감안했을 때, 어떤 트리가 포화 이진트리면 이는 완전 이진트리다. 그러나 완전 이진트리라고 반드시 포화 이진트리일 수는 없다.

균형트리(Height Balanced Tree)

완전 균형트리(Completely Height-Balanced Tree)

트리의 균형(Balance)을 말할 때가 있다. 여기서 균형이란 루트노드를 기준으로 왼쪽 하위트리와 오른쪽 하위트리 사이의 높이 차이를 말한다. 차이가 1 이하일 때 그 트리를 **균형트리**(Height Balanced Tree)라고 한다. 예를 들어, [그림 10-10]의 트리는 루트를 기준으로 왼쪽 하위트리의 높이가 2, 오른쪽 하위트리의 높이가 1이므로 균형트리라 할 수 있다. 높이 차이가 1 정도 나는 것은 균형이 잡힌 것으로 간주하겠다는 정의다. 이에 반해서 **완전 균형트리**(Completely Height-Balanced Tree)는 왼쪽, 오른쪽 하위트리 높이가 완전히 일치하는 트리를 말한다.

Section

02 추상 자료형 트리

추상 자료형 트리를 어떻게 정의할 것인지는 어떤 작업을 원하는지에 달려 있다. 따라서 이는 전적으로 정의하는 사람의 필요에 따라서 달라진다. 리스트, 스택, 큐와 마찬가지로 삽입, 삭제, 검색을 위주로 일반적으로 생각할 수 있는 트리 작업은 다음과 같다.

- Create: 새로운 트리를 만들기
- Destroy: 사용되던 트리를 파기하기
- Insert: 트리에 새로운 노드를 삽입하기
- Delete: 트리의 특정 노드를 삭제하기
- Search: 주어진 키를 가진 노드 레코드를 검색하기
- IsEmpty: 빈 트리인지를 확인하기
- CopyTree: 주어진 트리를 복사하기
- Traverse: 트리 내부 노드를 하나씩 순회하기

기타 루트노드를 검색하기, 한 쪽 하위트리만 되돌려주기, 한 쪽 하위트리를 삭제하기 등 필요에 따라 작업을 정의할 수 있다.

Section

03 배열에 의한 이진트리 구현

트리를 배열로 구현할 수도 있다. 그렇지만 이 방법은 구현의 제약으로 인해 일반적으로 많이 사용되는 방법은 아니다. 그 이유를 알아보자.

```
#define MAXNODE 100                    최대 노드 수
typedef struct treeRecord              배열 요소는 구조체
{  char Name[];                        성명 필드
   int LChild;                         왼쪽 자식
   int RChild;                         오른쪽 자식
} node;
typedef node treeType[MAXNODE];        treeType은 구조체 배열 타입
```

노드는 구조체로 정의된다. 이 구조체는 데이터 필드와 왼쪽 자식, 오른쪽 자식을 나타내는 필드로 구성되어 있다. 이러한 자료구조를 기준으로 [그림 10-11]의 트리를 배열로 나타내면 [표 10-1]과 같이 된다.

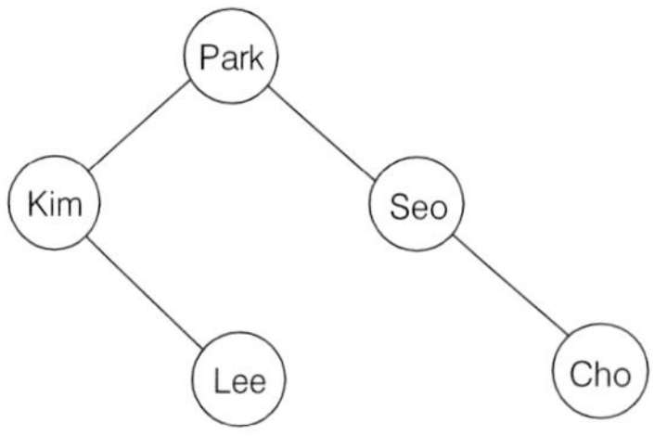

[그림 10-11] 트리 예시

[표 10-1] 배열에 의한 트리 구현

Index	Structure		
	Name	LChild	RChild
0	Park	1	2
1	Kim	-1	3
2	Seo	-1	4
3	Lee	-1	-1
4	Cho	-1	-1
5	UnUsed		
6	UnUsed		
7	UnUsed		

[표 10-1]은 [그림 10-11] 트리의 루트로부터 위에서 아래로 내려오면서 왼쪽에서 오른쪽 순서로 배열을 채운 것이다. Park의 LChild가 1이라는 것은 LChild인 Kim이 인덱스 1번에 있음을 의미한다. 또 인덱스 값 -1은 빈 트리(Empty Tree)를 의미한다. 이렇게 하면 노드 사이의 연결이 쉽사리 표현될 수 있을 듯하나 실제로는 문제가 있다. 예를 들어, Lee를 삭제해보자. 배열의 데이터 필드에서 Lee를 찾아서 해당 엔트리를 Unused로 표시하고, 나중에 그 공간을 재사용할 수 있게 하면 된다. 빈 공간을 관리하려면 삭제된 첫 노드를 가리키는 인덱스를 저장하면 된다. 또, 첫 노드의 RChild 필드가 삭제된 두 번째 노드를 가리키게 하면, 빈 공간에 관한 일종의 체인이 형성된다.

그러나 Lee가 삭제되면 부모노드인 Kim의 RChild도 -1로 바꿔줘야 한다. 그렇다면 Lee의 부모노드가 Kim이라는 것은 어떻게 알아내는가. 당연히 Lee의 인덱스 3을 가지고 배열 전체에서 인덱스 3을 자식노드로 하는 노드를 모조리 뒤져보는 수 밖에 없다. 이것은 매우 비효율적이다. 탐색에 걸리는 시간이 너무 오래 걸린다는 것이다. 이러한 이유로 인해 배열에 의한 트리 구현은 거의 사용되지 않는다. 단, 한 가지 예외가 있다.

완전 이진트리는 배열로 구현한다. 이 경우에는 부모노드를 찾는 작업, 자식노드를 찾는 작업이 간단한 인덱스 계산만으로 가능하기 때문이다.

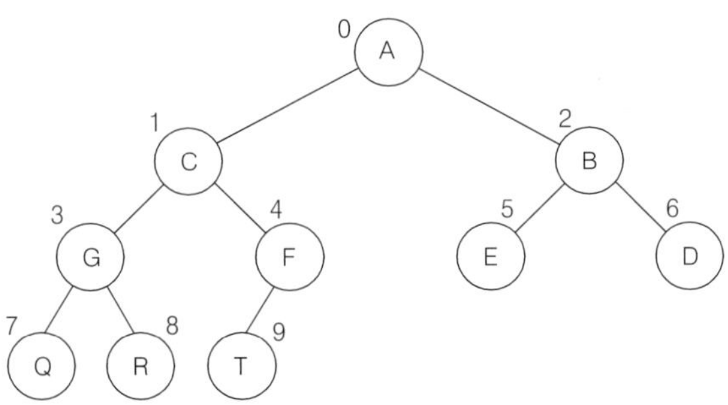

[그림 10-12] 완전 이진트리의 배열 인덱스

완전 이진트리를 배열로 나타낼 때에는 루트로부터 내려오면서 왼쪽에서 오른쪽으로 인덱스를 매긴다. 우리가 노트 필기하는 순서와 유사하다. 위에서 아래로, 또 왼쪽에서 오른쪽으로 써 내려가기 때문이다. 이렇게 하면 [그림 10-12]에 보이는 부모노드와 자식노드의 인덱스 사이에 다음과 같은 규칙이 존재한다.

① 인덱스 K에 있는 노드의 왼쪽 자식은 (2K + 1)에, 오른쪽 자식은 (2K + 2)에 있다.
② 인덱스 K에 있는 노드의 부모 노드는 (K – 1) / 2에 있다.

예를 들어, 인덱스 3인 노드 G의 오른쪽 자식인 R 노드는 2×3 + 2 = 8에 있으며, 역으로 노드 R의 부모노드인 노드 G는 (8 – 1) / 2 = 3에 존재한다.

이러한 규칙이 존재하는 이유는 완전 이진트리를 정의할 때 왼쪽에서 오른쪽 순서로 빠짐없이 노드를 채우도록 정의했기 때문이다. 완전 이진트리가 아닌 [그림 10-11]에서는 이러한 규칙이 존재하지 않는다. 이처럼 간단한 인덱스 계산만으로 부모노드/자식노드의 위치를 빠른 속도로 찾아 갈 수 있기 때문에 완전 이진트리의 구현에는 포인터보다는 배열을 사용하는 것이 훨씬 유리하다. 완전 이진트리의 이러한 특성은 11장에서 설명할 힙(Heap)을 구현하는 데 이용된다.

Section 04 포인터에 의한 이진트리 구현

설명의 편의를 위해 노드명을 문자형으로 가정할 때, 포인터를 사용한 이진트리는 다음과 같은 자료구조로 표시된다.

```
typedef struct treeRecord
{  char Id;                           아이디 필드
   struct treeRecord* LChild;  왼쪽 자식을 가리키는 포인터
   struct treeRecord* RChild;  오른쪽 자식을 가리키는 포인터
}  node;                              노드는 구조체 타입
typedef node* Nptr;                   노드를 가리키는 포인터를 Nptr 타입으로 명명
```

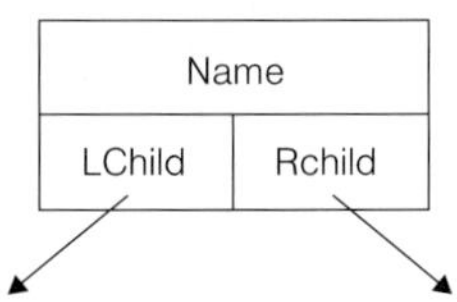

[그림 10-13] 노드 구조

이렇게 하면 하나의 노드는 [그림 10-13]과 같은 형태를 띤다. 연결 리스트의 노드는 다음 노드를 가리키는 포인터 하나면 충분하지만, 이진트리에서는 이제 노드 두 개를 가리켜야 하므로 포인터 두 개가 필요하다. LChild는 왼쪽 자식노드를 가리키는 포인터, RChild는 오른쪽 자식노드를 가리키는 포인터다. 노드를 가리키는 포인터 타입을 node*로 표시할 수도 있지만 이를 Nptr이라는 새로운 타입으로 정의하는 것이 편리하다.

이진트리의 작업 중에서 가장 중요한 것이 **순회(Traversal)**다. 트리를 구성하는 이유 자체가 노드를 삽입, 삭제, 검색하기 위한 것이라면 이를 위해 트리 내부를 이리저리 돌아다닐 수 있어야 하기 때문이다. 트리 자체가 재귀적으로 정의되었기 때문에 트리의 순회 역시 재귀적이다. 기본적인 순회 형태를 다음과 같은 유사코드로 써 볼 수 있다.

순회(Traversal)

[코드 10-1] 트리순회

```
  Traverse(T)
① { if (T is Empty)
      {
      }
      else
②     {   Traverse(Left Subtree of T);
③         Traverse(Right Subtree of T);
      }
  }
```

트리 T가 주어질 때, 이 코드는 왼쪽 하위트리와 오른쪽 하위트리로 나눈후, 재귀호출 함으로써 문제를 해결하는 형태다. ①의 빈 트리는 어떤 경우인가. 당연히 처음부터 빈 트리를 의미하는 널 값이 넘어올 수도 있다. 그러나 처음에 빈 트리가 아니더라도 ②, ③의 재귀호출에 의해 계속 하위트리를 따라 내려가면 최종적으로 리프노드를 만나게 되고, 그 리프노드의 왼쪽, 오른쪽 하위트리인 LChild와 RChild 포인터 값이 널이 된다. 따라서 ①의 베이스 케이스는 이 두 가지 경우 모두에 적용된다.

전위순회(前位, Pre-order Traversal)

이 코드에는 실제로 현재 하위트리의 루트노드에 대해 아무런 작업도 가하지 않는다. 루트노드에 대한 작업이 어디에 박히느냐에 따라서 트리의 순회는 전위순회, 중위순회, 후위순회로 나뉜다. **전위순회(前位, Pre-order Traversal)**에서는 하위트리의 루트노드에 대한 작업이 가장 먼저 일어난다. 다음 소스 코드를 예로 들어보자.

[코드 10-2] 전위순회

```
① void PreOrder(Nptr T)
② { if (T != NULL)
③     {  Visit(T->Name);
④        PreOrder(T->LChild);
⑤        PreOrder(T->RChild);
       }
  }
```

함수에게 트리를 넘기려면 그 트리의 루트노드를 가리키는 포인터만 넘기면 된다. 루트 아래에 있는 모든 노드는 루트노드의 포인터를 따라가면 접근할 수 있기 때문이다. 이 루트 포인터가 ①에서 파라미터 T로 복사되어(Call by Value) 들어온다. 만약, 이 T 값이 널이라면 더 이상 작업할 것이 없다. 비어 있는 트리가 넘겨졌거나 아니면 재귀호출에 의해 리프노드 아래로 내려갔기 때문이다. 아무런 작업이 없는 베이스 케이스를 if (T = = NULL) {}이라고 별도로 쓸 필요가 없기 때문에 여기서는 ②처럼 베이스 케이스가 아닌 경우만을 쓰고 있다.

③에서 Visit(방문)는 현재 하위트리의 루트에 가해지는 작업을 말한다. 예를 들어, 루트의 데이터를 찍는 작업이라면 printf(" %c " , T->Id);가 될 것이고, 역으로 쓰는 작업이라면 T->Id = ' K' ;가 될 것이다. 어찌 되었던 이 부분에서 필요한 작업을 실행한다는 것이다. ④, ⑤는 재귀호출이다. 즉, 현재 하위트리의 루트에 필요한 작업을 실행한 다음에는 T->LChild로 왼쪽 하위트리에 대해 재귀호출을 하고, 이후에 오른쪽 하위트리에 대해 재귀호출을 하라는 것이다. 전위순회의 전위(Pre-Order)란 말은 해당 노드에 대한 방문 작업 ③이 ④, ⑤의 재귀호출보다 앞서서(전위, 前位) 실행된다는 의미다. 그림을 보면서 살펴보자.

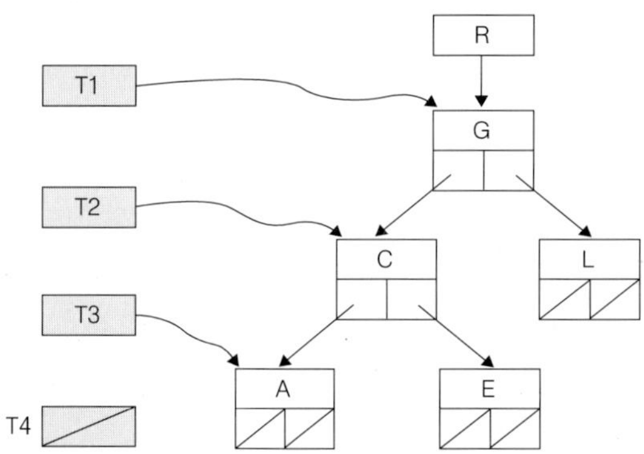

[그림 10-14] 이진트리의 순회

[그림 10-14]의 트리를 전위순회하면서 노드 데이터를 출력하면 G, C, A, E, L이 된다. 먼저 함수를 호출하는 쪽에서 루트노드 G를 가리키는 포인터 R을 넘기면 이 R이 복사되어 T로 들어간다. 이 T를 T1이라 하면 이제 T1은 노드 G를 가리킨다. 함수가 실행되자마자 데이터 G를 일단 찍고, G의 LChild를 넘기며 재귀호출한다. 이번에는 G의 LChild가 T로 복사되어 들어간다. 이 T를 T2라 하면 이제 T2는 G의 왼쪽 하위트리를 가리킨다. C를 루트로 하는 하위트리다. 재귀호출이 시작되자마자 C를 찍고 C의 LChild가 T3으로 복사되

어 재귀호출된다. 다시 A를 찍고 이번엔 A의 LChild인 널 값이 T4로 복사된다. 널이 들어왔으니 베이스 케이스로 그냥 빠져 나간다.

[코드 10-2]의 ③, ④, ⑤를 보면 리프노드 A에서 A를 찍는 작업이 ③, 왼쪽 하위트리인 널을 처리하는 작업이 ④므로 이제 여기서 되돌아오면 ⑤가 실행되어야 한다. 즉, 이번엔 오른쪽 하위트리인 A의 RChild가 호출된다. 역시 널이니 되돌아온다. 이렇게 함으로써 노드 A에 관한 처리가 끝났다.

이전에 노드 C를 처리할 때 먼저 C를 찍고(③) C의 왼쪽 하위트리인 노드 A를 처리한(④) 후에 오른쪽 하위트리를 처리하기로 했으니 이번엔 C의 RChild인 E가 호출된다(⑤). 다시 E를 찍고 E의 LChild는 널로 되돌아오고, RChild 역시 널로 되돌아온다. 따라서 이제 C를 루트로 하는 하위트리의 처리가 완전히 끝난 것이다. 이전에 G를 처리할 때, 먼저 G를 찍고 나서 G의 왼쪽 하위트리가 끝나면 오른쪽 하위트리를 처리하기로 했으니 이제 G의 RChild가 호출된다.

값 호출에 의해 복사된 포인터가 넘겨졌으나 실제로 복사본 포인터 역시 원본 트리 내부의 노드를 가리킨다. 따라서 위 코드에서 노드에 변경을 가하면 원본 역시 바뀌게 된다. 즉, 참조 호출 효과를 기할 수 있다. 한 가지 주의할 점은 값 호출에 의해 R이 T로 복사되어 넘어오므로 원본 포인터 R 값을 바꿀 수는 없다는 점이다. 따라서 트리에 어떠한 변형이 일어나더라도 원본 포인터 R은 여전히 원래 트리의 루트를 가리키게 된다.

트리도 일종의 그래프다. 따라서 그래프 순회의 관점에서 트리의 순회 알고리즘을 바라볼 수 있다. 그래프 탐색 방법으로 말하자면 전위순회 방식은 깊이우선 탐색에 해당한다. 즉, 루트를 출발점으로 하는 깊이우선 탐색으로써, 새로운 노드를 보자마자 우선적으로 그 노드를 먼저 방문하고 이후 거기서 출발하는 다른 노드를 방문한다는 점에서 깊이우선 탐색과 동일하다.

중위순회(中位, In-order Traversal)

후위순회(後位, Post-order Traversal)

코드 ③의 데이터 처리 부분을 ④, ⑤의 중간에 위치시킨 것을 **중위순회(中位, In-order Traversal)**, ④, ⑤ 다음에 위치시킨 것을 **후위순회(後位, Post-order Traversal)**라 한다. 이처럼 전위, 중위, 후위라는 용어는 방문 작업과 재귀호출 사이의 상대적인 위치를 기준으로 붙여진다. 중위순회, 후위순회를 위한 유사코드는 [표 10-2]와 같다.

[표 10-2] 중위순회와 후위순회

[코드 10-3] 중위순회	[코드 10-4] 후위순회

`void InOrder(Nptr T)`
`{ if (T != NULL)`
`    {   InOrder(T->LChild);`
`        Visit(T->Name);`
`        InOrder(T->RChild);`
`    }`
`}`
	`void PostOrder(Nptr T)`
	`{ if (T != NULL)`
	`    {   PostOrder(T->LChild);`
	`        PostOrder(T->RChild);`
	`        Visit(T->Name);`
	`    }`
	`}`

[그림 10-14]를 중위순회하면 A, C, E, G, L이 되고, 후위순회하면 A, E, C, L, G의 순으로 출력된다. [그림 10-4]의 계산트리를 전위순회하면 + * a - c d k, 중위순회하면 a * c - d + k, 후위순회하면 a c d - * k +가 출력된다. 이같은 계산식 표현을 각각 전위표기(Prefix Notation), 중위표기(Infix Notation), 후위표기(PostFix Notation)라 부른다. 중위표기는 프로그래머가 사용하는 표현 방식이다. 컴파일러는 중위표기를 받아서 후위표기로 바꾼다.

노드 N개가 있으면 위 알고리즘은 각각의 노드를 단 한 번씩만 지나간다. 노드 하나를 방문했을 때 실행하는 작업은 일반적으로 전체 노드의 개수 N과 무관하므로 O(1)이라 할 수 있다. 결과적으로 위 세 가지 순회 알고리즘의 효율은 O(N)에 해당한다.

계산 순서가 중요하지 않고 트리 자체의 모든 노드를 빠짐없이 방문하기만 하면 될 때에는 세 가지 순회방식 중 어떤 것을 사용해도 무방하다. 예를 들어, 순서에 관계없이 트리의 내용을 출력하기 원할 때가 그 경우다. 반면, 계산 순서가 중요할 때가 있다. 전위순회는 부모노드에 대한 처리가 선행되어야만 자식노드가 처리될 수 있을 때에 사용할 수 있다. 반면, 후위순회는 자식노드에 대한 처리가 완료되어야만 부모노드가 처리될 수 있을 때에 사용할 수 있다. 예를 들어, [그림 10-4]의 계산트리의 연산 결과를 계산하려면 후위순회를 사용해야 한다.

레벨순회(Level-order Traversal)

전위, 중위, 후위와는 별도로 **레벨순회(Level-order Traversal)**를 정의하기도 한다. 이 순서는 레벨 0에서 레벨 1로, 다시 레벨 2로 간다. 다시 말해, 트리의 위에서 아래로 진행하되, 같은 레벨에서는 왼쪽에서 오른쪽으로 진행한다. [그림 10-14]를 레벨순회하면 G, C, L, A, E의 순서로 노드를 방문한다. 레벨순회에 해당하는 재귀호출은 존재하지 않는다. 그러나 레벨순회는 그래프 탐색 방법으로 말하자면 너비우선 탐색에 해당하는 것으로서, 큐

구조를 사용하여 구현할 수 있다. 물론, 이 경우의 너비우선 탐색은 루트를 출발점으로 하는 것이다. 레벨순회를 유사코드로 표현하면 다음과 같다.

[코드 10-5] 레벨순회

```
void LevelOrder (Nptr T)
{ Q.Create();                                    새로운 큐를 만들고
  Q.Add(T);                                      트리의 루트 포인터를 큐에 삽입
  while (! Q.IsEmpty())                          큐가 비지 않을 때까지
  {     Nptr Current = Q.GetFront();             프런트 포인터를 꺼내
        Visit(Current->Name);                    가리키는 노드를 방문하고
        if (Current->LChild != NULL)             왼쪽 자식이 있으면
            Q.Add(Current->LChild);              포인터를 큐에 삽입
        if (Current->RChild != NULL)             오른쪽 자식도 있으면
            Q.Add(Current->RChild);              포인터를 큐에 삽입
  }
}
```

Section

05 스택과 스레드 이진트리

전위순회, 중위순회, 후위순회 모두 재귀호출에 의한 순회 방식이다. 기본적으로 재귀호출은 시스템 스택을 사용하기 때문에 사용자 스택에 비해 효율이 상대적으로 떨어진다. 전위순회 방식은 일종의 깊이우선 탐색이므로 사용자 스택을 사용하여 구현할 수 있다. 다음 유사코드를 보자.

[코드 10-6] 스택에 의한 전위순회

```
void IterativePreorder (Nptr p)              루트를 가리키는 포인터 p
{   S.create();                              새로운 스택을 만들기
    if (p != NULL)                           빈 트리가 아니면
    {   S.Push(p);                           루트를 스택에 푸시
        while (! S.IsEmpty())                스택이 비지 않을 때까지
        {   p = S.Pop();                     스택 탑을 꺼내서
            Visit(p);                        일단 방문하고
            if (p->RChild != NULL)           오른쪽 자식이 있으면
                S.Push(p->RChild);           스택에 넣고
            if (p->LChild != NULL)           왼쪽 자식도 있으면
                S.Push(p->LChild);           스택에 넣는다.
        }
    }
}
```

왼쪽 자식을 나중에 넣는 이유는 루프가 다시 돌아갈 때 왼쪽 자식이 먼저 팝 되어야 하기 때문이다. 재귀호출에 비해 코드가 약간 길어진 것과는 별도로 이처럼 사용자 스택을 이용하려면 스택에 직접 푸시와 팝 작업을 가해야 한다. 루프를 한 번 돌 때마다 팝 한 번, 푸시 두 번, 그리고 방문 함수가 가해진다. 그러나 이들 함수 호출 역시 활성화 레코드의 생성을 의미하므로 크게 봐서는 재귀호출에 비해 효율 면에서 그리 우수하다고 보기 어렵다.

이 경우의 비효율성은 스택 사용에 기인한다. 즉, 순회 경로에 있는 노드를 저장하기 위한 스택 공간과 함께 푸시, 팝을 위한 실행시간이 요구된다. 그렇다면 시스템 스택이든 사용자 스택이든 스택 사용을 완전히 배제함으로써, 효율성을 추구할 수는 없는가.

중위순회선행자(先行者, Inorder Predecessor)

중위순회후속자(後續者, Inorder Successor)

스레드(실, Thread)

스레드 트리(Threaded Trees)

스레드 트리가 그 예다. 중위순회를 통해 알아보자. 주어진 노드마다 포인터 두 개를 할당하되 하나는 **중위순회선행자**(先行者, Inorder Predecessor), 다른 하나는 **중위순회후속자**(後續者, Inorder Successor)를 가리키는 것이다. 이러한 포인터를 **스레드**(실, Thread)라 한다. 스레드를 포함하는 트리를 **스레드 트리**(Threaded Trees)라 한다. 그러나 이렇게 되면 노드 하나가 LChild, RChild 외에 Predecessor, Successor라는 포인터 두 개를 추가해야 하므로 메모리 공간 면에서 비효율이 따른다.

LChild, RChild로 스레드를 대신하게 할 수도 있다. LChild가 선행자를, RChild가 후속자를 가리키게 하면 된다. 그러나 이 경우 LChild가 왼쪽 자식을 가리키는지, 선행자를 가리키는지가 문제가 된다. 이를 구별하려면 현재의 포인터가 무엇을 가리키는지, 상태를 표시하는 변수를 유지하면 된다. 예를 들어, 불리언 변수 IsThread가 TRUE면 스레드 포인터고, FALSE면 자식을 가리키는 포인터를 의미하게 하면 된다. [그림 10-15]는 자식 포인터 두 개만을 사용한 스레드트리를 예시한다.

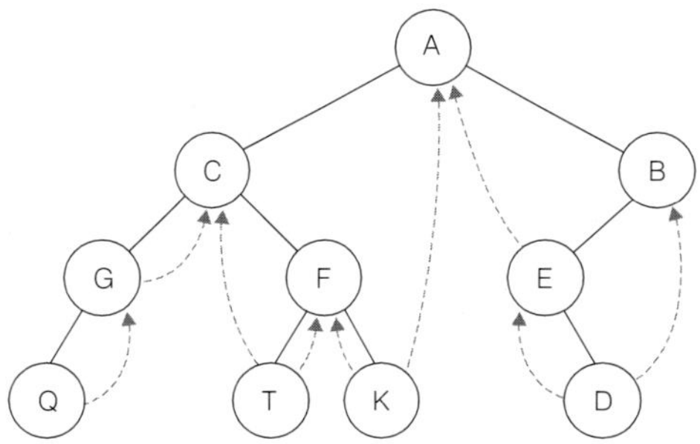

[그림 10-15] 선행자/후속자 스레드

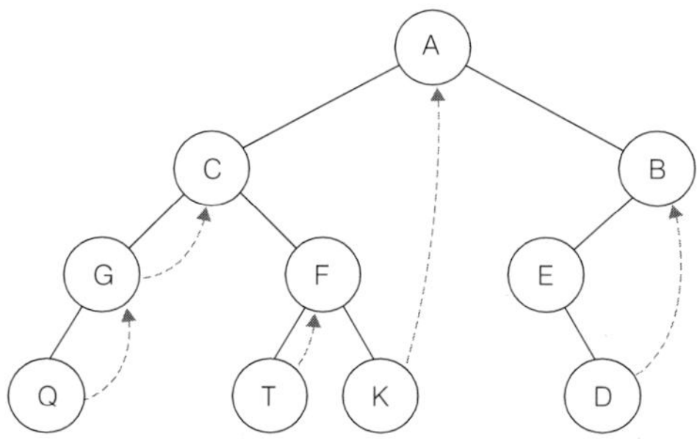

[그림 10-16] 후속자 스레드

그림에서 화살표는 선행자 또는 후속자를 가리키는 포인터다. 그러나 [그림 10-15]를 자세히 살펴보자. 실제로 [그림 10-16]처럼 후속자를 가리키는 스레드 하나만으로 중위순회가 충분히 가능하다는 것을 알 수 있다. [그림 10-15]의 노드 T에서 중위순회 도중 선행자인 노드 C를 찾아갈 일은 없기 때문이다. 또, [그림 10-16]에서 보듯이 스레드를 필요로 하는 노드는 항상 RChild가 널 값으로써, 자식노드가 없는 상태므로 스레드 용도로 할당할 수 있다. 포인터 하나만 사용되므로 IsThread 변수가 1이면 RChild가 스레드로 사용됨을 의미한다. 이처럼 스레드를 사용하면, 중위순회 알고리즘은 다음과 같이 바뀐다.

[코드 10-7] 스레드에 의한 중위순회

```
void ThreadInorder (Nptr p)
{ if (p != NULL)
  {     while (p->LChild != NULL)
            p = p->LChild;            트리의 가장 왼쪽 자식으로
        while (p != NULL)             더 이상 순회할 곳이 없을 때까지
        {   Visit(p);                 일단 방문하고
            Prev = p;                 현재 노드를 Prev에 저장
            p = p->RChild;  오른쪽 자식노드 또는 중위후속자로 이동
            if (p != NULL && Prev->IsThread = = FALSE)  오른쪽 자식노드라면
                while (p->LChild != NULL)        다시 가장 왼쪽 자식으로
                    p = p->LChild;
        }
  }
}
```

중위순회에서 가장 먼저 방문해야 할 것은 가장 왼쪽 자식이다. [그림 10-16]의 Q가 그것이다. 두 번째 while 루프를 보자. p는 현재 Q를 가리키고 있으므로 p = p->RChild에 의해서 중위후속자인 G를 가리키게 된다. 물론, 그림의 경우에는 Q의 RChild가 스레드로 사용되었기 때문에 중위후속자인 G를 향해 순회하게 된다. 만약, 이것이 스레드가 아니라면 이는 현재 p가 가리키는 것이 G가 아니라 Q의 오른쪽 자식노드임을 의미한다. 만약, 이 노드가 널이 아니라면 다시 그 노드로부터 가장 왼쪽 자식으로 가서 거기서부터 방문을 다시 시작해야 한다.

결과적으로 [코드 10-7]은 재귀호출에 의한 시스템 스택이나 사용자 스택 없이 중위순회를 가하는 방법이다. 이는 스택에서 팝에 의해 이전 노드로 되돌아가는 과정 대신 되돌아가기 위한 포인터를 트리 자체에 내장한 형태다. 이렇게 함으로써 함수 호출에 따른 시간적 부담을 줄일 수 있다. 중위순회를 나타내는 스레드 트리는 전위순회나 후위순회에도 이용된다. 전위순회에서는 현재의 노드가 먼저 방문되고 다음에 왼쪽 자식, 오른쪽 자식의 순이다. 현재의 노드가 리프노드인 상태에서 스레드가 중위후속자를 가리키고 있다면 그 중위후속자는 이미 방문된 노드다. 전위순회기 때문이다. 따라서 이 때에는 중위후속자의 오른쪽 자식으로 가면 된다. 후위순회는 이보다 약간 복잡할 뿐이다.

Section

06 이진트리의 복사

이진트리 T를 복사하고, 복사된 트리의 루트노드를 가리키는 포인터를 되돌려주는 함수는 다음과 같다.

[코드 10-8] 이진트리의 복사

```
① Nptr CopyTree(Nptr T)              T는 원본의 루트 포인터
② { if (T = = NULL)                  원본 포인터가 가리키는 노드가 더 이상 없다면
        return NULL;                 복사할 노드 포인터도 널로 설정
③   else                             원본 포인터에 매달린 노드가 있다면
    {   Nptr T1 = (node *)malloc(sizeof(node));   새로운 노드를 만들고
        T1->Name = T->Name;                       데이터를 복사한다.
④       T1->LChild = CopyTree(T->LChild);  왼쪽 하위트리를 복사
        T1->RChild = CopyTree(T->RChild);  오른쪽 하위트리를 복사
⑤       return T1;                         하위트리의 루트 포인터를 리턴
    }
  }
```

①에 의해서 복사된 트리의 루트를 가리키는 포인터가 함수 리턴 값이 되도록 선언한다. ②는 베이스 케이스인데, 원본 노드를 가리키는 포인터가 널인 경우에 널을 리턴함으로써 복사본의 포인터도 널로 채워 넣기 위한 것이다. 다시 말해, 원본 리프노드의 LChild, RChild가 지닌 널 값을 복사하기 위한 것이다. 원본 포인터에 어떤 노드가 매달려 있다면 ③에 의해 복사본에 새 노드를 만들고 데이터를 채워 넣는다. 이렇게 만들어진 노드의 LChild, RChild 값은 ④에 의해, 재귀호출의 결과, 리턴되는 하위트리의 루트 노드를 가리키는 포인터 값으로 채워진다. 이 함수는 전위순회를 이용하고 있다.

Section

07 이진 탐색트리

이진트리의 노드는 데이터, 왼쪽 자식 포인터, 오른쪽 자식 포인터 등 세 가지 요소로 구성된다. 일반적으로 데이터는 레코드(Record) 또는 구조체(Structure)로서 키 필드(Key Field)를 비롯한 다양한 데이터 필드의 조합으로 구성된다. 학생 신상정보를 트리로 구성하려면 다음과 같은 타입을 선언할 수 있다.

```
typedef struct dataRecord
{ int Key;                학번
  char Name[12];          성명
  char Address[200]       주소
} dataType;

typedef struct treeRecord
{ dataType Data;                        데이터는 하나의 구조체
  struct treeRecord* LChild;            왼쪽 자식을 가리키는 포인터
  struct treeRecord* RChild;            오른쪽 자식을 가리키는 포인터
} node;                                 구조체 타입 노드
```

신상정보 레코드는 학번, 성명, 주소 등의 필드를 조합한 구조체며, 이 구조체와 포인터 두 개를 조합하여 새로운 구조체인 노드가 정의된다. 키 필드는 원하는 레코드를 찾기 위한 필드로써, 일종의 아이디(ID, Identifier) 역할을 한다. 예를 들어, 학번을 키 필드로, 학번 023315인 학생의 레코드를 찾아달라는 검색을 가할 수 있다. 노드 타입의 변수 Node1이 있으면 이 키 필드는 Node1.Data.Key에 의해 접근할 수 있다.

이진트리 중에서 탐색을 위해 고안된 것이 **이진 탐색트리**(Binary Search Tree)다. 이진 탐색트리에서 노드 위치는 키 값을 기준으로 결정된다. 다음과 같은 조건을 갖춘 트리를 이진 탐색트리라 한다.

이진 탐색트리 (Binary Search Tree)

① 노드 N에 대하여 N의 왼쪽 하위트리에 있는 노드는 N보다 작고, N의 오른쪽 하위트리에 있는 노드는 N보다 크다.

② 노드 N에 대하여 N의 왼쪽 하위트리와 N의 오른쪽 하위트리도 이진 탐색트리다.

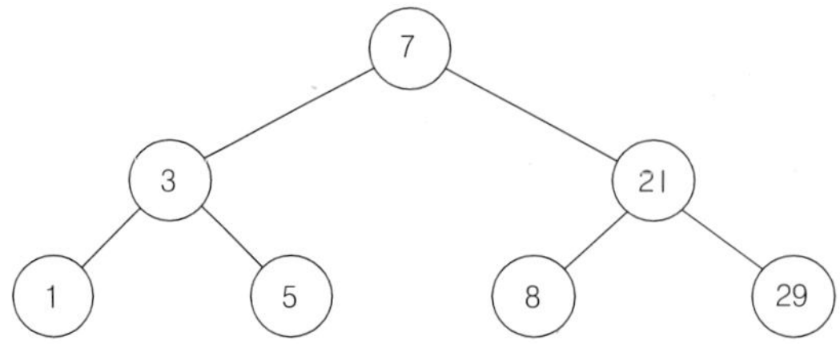

[그림 10-17] 이진 탐색트리의 예

물론, 여기서 크기는 키 값의 크기를 말한다. [그림 10-17]에서 키 7인 노드를 중심으로 왼쪽 하위트리의 키 값 1, 3, 5는 모두 7보다 작다. 반면 오른쪽 하위트리의 8, 21, 29는 7보다 크다. 따라서 위 조건 ①이 만족된다. 또, 조건 ②에 의해서 이러한 키 크기 관계는 모든 하위트리에 대해서 재귀적으로 만족되어야 한다. 7의 왼쪽 하위트리는 루트인 키 3을 중심으로 왼쪽 하위트리의 1이 3보다 작고, 오른쪽 하위트리의 5는 3보다 크다. 물론, 문자인 경우 키 크기는 A 〈 B 〈 C 〈 ... 〈 Z 관계에 의해 구별할 수 있다.

이진 탐색트리는 "약하게 정렬되어 있다"고 볼 수 있다. 루트를 중심으로 왼쪽 하위트리는 그보다 작은 것, 오른쪽 하위트리는 그보다 큰 것이기 때문이다. 이는 쾌속 정렬의 파티션 개념과 유사하다. 파티션(Partition)이 피벗(Pivot)을 중심으로 작은 것은 모두 왼쪽, 큰 것은 모두 오른쪽으로 몰아넣는 작업이기 때문이다. 이런 의미에서 루트노드는 일종의 피벗에 해당한다고 볼 수 있다.

물론, 왼쪽 하위트리만 놓고 볼 때도 다시 파티션 된 상태다. 즉, 하위트리의 루트를 중심으로 다시 그보다 작은 것은 왼쪽, 큰 것은 오른쪽에 존재한다. 이는 쾌속 정렬에서 파티션 된 부분이 또 다른 피벗을 중심으로 재귀적으로 파티션되는 것과 유사하다.

1. 이진 탐색트리의 탐색

탐색트리를 구성하는 목적은 다름 아닌 탐색에 있다. 탐색을 위한 코드를 살펴보자.

[코드 10-9] 이진 탐색트리의 탐색

```
Nptr Search(Nptr T, int Key)
{ if (T = = NULL)
```

```
        printf("No Such Node");              오류 처리 후 빠져나옴
③   else if (T->Data.Key = = Key)
        return T;                            찾아낸 노드 포인터를 리턴
④   else if (T->Data.Key > Key)
        return Search(T->LChild, Key);       값 호출로 전달
⑤   else
        return Search(T->RChild, Key);       값 호출로 전달
    }
```

트리의 루트를 가리키는 포인터 T와 찾고자 하는 키 Key를 넘겨주면서 함수 호출이 시작된다. ①에서 리턴 값을 포인터 타입으로 한 이유는 탐색 결과, 찾아낸 노드를 가리키는 포인터를 넘겨받기 위해서다. 노드의 시작 주소만 받아오면 호출 함수로서는 그 노드의 레코드에 쉽게 접근할 수 있게 된다.

③은 현재 T가 가리키는 노드가 바로 찾고자 하는 키를 지닌 노드일 경우다. 물론, 이 때에는 T 자체를 리턴하면 된다. 찾고자 하는 키가 현재 T가 가리키는 노드보다 작을 때는 ④에 의해서 재귀호출 하되, 이번에는 왼쪽 하위트리를 넘겨준다. 이진 탐색트리의 정의에 따르면 현재 노드보다 작은 키를 가진 노드는 그 노드의 왼쪽 하위트리에 있기 때문이다. 그 반대의 경우는 ⑤에 의해서 오른쪽 하위트리를 넘겨주면서 재귀호출을 실행한다.

②는 베이스 케이스로서 빈 트리(Empty Tree)를 처리하기 위한 부분이다. 이는 아예 빈 트리를 넘겨받았거나, 아니면 빈 트리는 아니지만 찾고자 하는 키를 지닌 노드가 없어서 중간에 ③에 의해 빠져나오지 못한 채 ④, ⑤에 의해 계속 아래쪽으로 내려와서 결국 리프노드의 LChild나 RChild까지 내려온 경우다. 물론, 두 경우 모두 널 값이 넘어오므로 ②에 의해 오류 처리된다.

[코드 10-9]에서 유의해야 할 점은 하위트리를 가리키는 포인터가 값 호출로 넘어간다는 점이다. 다시 말해, 어떤 노드가 자신의 왼쪽 하위트리를 넘으려면 자신의 LChild 포인터 값을 T로 복사할 뿐 LChild 포인터 변수 자체를 넘기지는 않는다. 탐색 작업은 트리에 있는 내용을 보기만 하는 작업이므로 트리 자체를 변형할 필요가 없다. 즉, 탐색의 경우에는 LChild, RChild 등 원본 포인터 값을 변형할 필요가 없으므로 값 호출을 사용하는 것이 바람직하다.

❷ 이진 탐색트리의 삽입

모든 삽입은 탐색을 전제로 한다. 다시 말해, 탐색 시에 어디서 찾을 것인가에 의해 삽입 위치가 결정되어야 한다. 따라서 삽입도 탐색과 마찬가지로 트리의 루트로부터 시작해서 삽입할 키와 현재 만난 노드의 키를 비교하면서 왼쪽 또는 오른쪽 하위트리를 따라서 내려간다. 중복된 키를 허용하지 않는 트리라면 삽입 키와 같은 키를 가진 노드를 도중에 만날 수는 없다. 마지막에 리프노드를 만났을 때 왼쪽으로 가든, 오른쪽으로 가든 모두 널 포인터가 된다. 삽입할 새로운 노드는 바로 이 널 포인터에 연결되어야 한다. 만약, 우리가 삽입 노드를 찾으려면 그곳에서 찾아야 하기 때문이다.

이진 탐색트리의 삽입을 위한 코드를 살펴보자.

[코드 10-10] 이진 탐색트리의 삽입

```
① Nptr Insert(Nptr T, int Key)
② { if (T = = NULL)                              리프노드의 Child 포인터
③   {      T = (node*)malloc(sizeof(node)); 삽입할 새 노드를 만들기
            T->Data.Key = Key;                   필요 시 나머지 데이터 필드 복사
            T->LChild = NULL; T->RChild = NULL;
                                                 리프노드므로 자식노드를 널로
    }
④   else if (T->Data.Key > Key)
⑤           T->LChild = Insert(T->LChild, Key); 왼쪽 하위트리로 재귀호출
    else
            T->RChild = Insert(T->RChild, Key); 오른쪽 하위트리로 재귀호출
⑥   return T;                                     현재 하위트리의 루트 포인터
  }
```

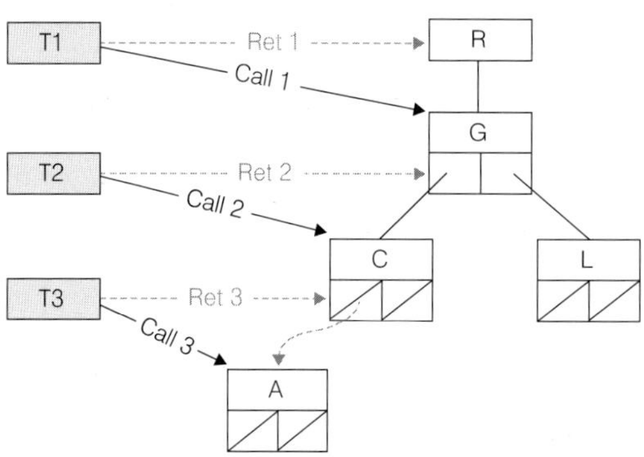

[그림 10-18] 이진 탐색트리의 삽입

[그림 10-18]을 예로 들자. R이 가리키는 현재의 트리는 G, C, L 등 노드 세 개로 구성되어 있다. 이 트리에 키 A인 노드를 삽입해보자. 먼저, 호출 함수에서 R을 넘기면 ①에 의해 R이 T로 복사되어 들어온다. 이를 T1이라 하자. 삽입하고자 하는 키 A는 현재 T1이 가리키는 키 G보다 작으므로 ⑤에 의해 재귀 호출이 일어난다. 그런데 ⑤번 명령은 재귀호출 수행의 결과 값을 현재 T1이 가리키는 노드 G의 LChild로 할당하라는 명령이다.

나중에 결과 값이 나오면 그렇게 하기로 하고, 일단은 G의 LChild 값이 T2로 복사되어 재귀호출이 실행된다. A가 C보다 작으므로 C의 LChild 값이 T3으로 복사되어 재귀호출이 실행된다. 이 역시 나중에 결과 값이 나오면 C의 LChild로 할당하기로 한다. 그런데 호출 결과 T3은 널이므로 ②번 베이스 케이스에 해당되고 따라서 ③에 의해 T3이 새로 만든 노드 A를 가리키게 된다. 유의해야 할 것은 현재는 C의 LChild가 새로 만든 노드 A를 가리키지 않고 있다는 점이다.

재귀호출에서 되돌아오는 과정을 추적해보자. 베이스 케이스에서 ⑥에 의해 T3이 호출 함수에 리턴 된다. 호출 함수에서는 ⑤에 의해 그 값을 과거 T2가 가리키던 C의 LChild에 할당하며, 그 결과 C의 LChild가 새로 만든 노드를 가리키게 된다. 이로써, C를 루트로 하는 하위트리의 실행이 끝나면 ⑥에 의해 T2가 리턴 되면서 이전의 G를 루트로 하는 하위트리 상태로 되돌아간다. 따라서 리턴 된 T2가 ⑤에 의해 G의 LChild로 할당된다. 결과적으로 G의 LChild가 다시 C를 가리키게 된다. 같은 방식으로 T1이 R에 되돌려지면, 결국 R은 G를 가리키게 된다. 결과적으로 보면 리프노드 C를 제외한 나머지 포인터 값은 원래의 값 그대로를 다시 할당받고 있다. 그러나 이제 R이 가리키는 트리는 새로운 노드 A가 삽입된 모습의 트리가 된다.

삽입을 위한 코드는 검색을 위한 코드와는 근본적인 차이가 있다. 삽입의 경우에는 트리의 모습이 바뀌어야 하기 때문에 참조 호출 효과를 기해야 한다. 값 호출에 의해 참조 호출 효과를 기하고 있는 위 코드에서는 자식노드 값 자체를 변화시키는 ⑤번 할당문과 그 할당문의 우변을 리턴하는 ⑥번 명령어가 그 역할을 수행한다.

참조 호출을 위해 C++의 에일리어스를 사용하다면 위 코드는 훨씬 단순해진다. 즉, ①번의 리턴 값을 없애고 void로 할 수 있다. 이 경우, 파라미터 Nptr 대신 Nptr&를 쓰면 전달되는 모든 하위트리가 그 부분 트리를 가리키는 자식 포인터 형태로 직접 넘어온다. 따라서 ⑤의 할당문은 불필요한 것이 되며 ⑥의 리턴 값 역시 불필요하다.

③ 이진 탐색트리의 삭제

이진 탐색트리의 삭제는 삽입에 비해 조금 까다롭다. 일단, 주어진 키를 가지고 삭제할 노드를 찾아야 한다. 삭제할 노드가 발견되었다면 해당 노드의 위치에 따라서 다음처럼 세 가지 경우가 존재한다.

첫째, 삭제할 노드가 리프노드인 경우
둘째, 삭제할 노드가 자식노드 하나를 거느린 경우(왼쪽 자식 또는 오른쪽 자식)
셋째, 삭제할 노드가 자식노드 두 개를 거느린 경우

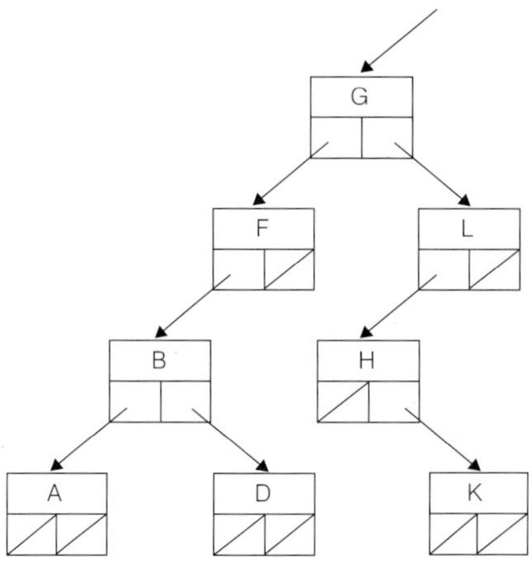

[그림 10-19] 이진 탐색트리의 삭제

[그림 10-19]를 예로 각각의 경우를 설명해보자. 첫째, 삭제할 노드가 리프노드인 경우는 간단하다. 예를 들어, 키 A인 노드를 삭제하려면 부모노드인 B의 LChild를 널로 놓으면 된다. 마찬가지로 노드 K를 삭제하려면 노드 H의 RChild를 널로 놓으면 된다.

둘째, 자식노드 하나를 거느린 경우도 그리 어렵지 않다. 예를 들어, 노드 F를 삭제하려면 F의 부모노드가 F의 자식노드를 가리키면 된다. 즉, G의 LChild가 B를 가리키게 하면 된다. 마찬가지로 노드 L을 삭제하려면 G의 RChild가 H를 가리키게 하면 된다. 이렇게 하더라도 이진 탐색트리의 특성은 유지된다. 예를 들어, L, H, K 모두 G보다 크기 때문에 G의 오른쪽 하위트리에 존재한다. 따라서 L이 삭제되고 H가 G의 오른쪽 하위트리에 붙어도 이진 탐색트리에서 요구되는 크기 관계는 만족된다.

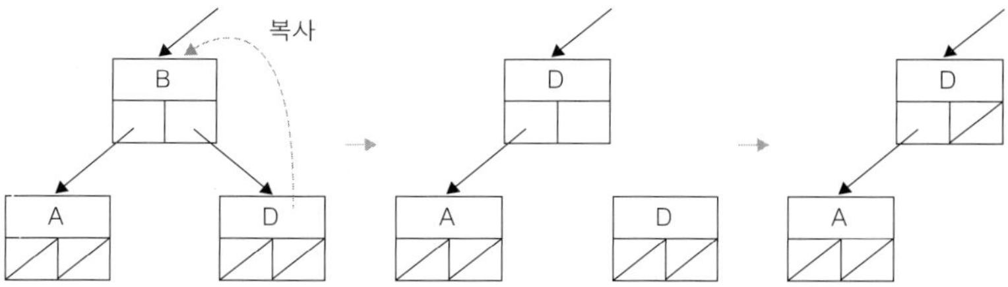

[그림 10-20] 자식이 둘인 노드의 삭제

가장 복잡한 경우가 셋째, 자식이 둘인 경우다. 노드 B를 삭제하려면 어떻게 해야 하나. B의 자식이 둘이라고 해서 B의 부모인 F의 LChild가 동시에 A와 D를 가리키게 할 수는 없는 노릇이다. 해결책은 간단하다. [그림 10-20]에 보인 바와 같이, B를 삭제하는 대신 D가 B로 복사되어 들어가게 하는 것이다. 물론, 이렇게 한 후에는 원래의 D를 삭제해야 한다. 이 경우에 D는 리프노드므로 자식이 없다. 따라서 D를 가리키는 부모노드의 해당 포인터를 널로 가져가면 그만이다.

중요한 것은 이렇게 하더라도 이진 탐색트리의 키 크기 관계는 유지된다는 점이다. 즉, B의 자리를 B보다 큰 D가 차지하더라도, B보다 작았던 A가 불만이 있을 수 없는 것이다. 즉, A 〈 B 〈 D 관계므로 B가 없어지면 당연히 A 〈 D고 따라서 A는 그대로 D의 왼쪽에 있어야 한다. 조금 더 일반적인 경우를 보자. [그림 10-19]에서 G를 삭제하면 G의 자리로 복사되어 가야 할 것은 L, H, K 중 어떤 것이겠는가.

중위순회(In-order Traversal)

이진 탐색트리를 **중위순회(In-order Traversal)**하면 정렬된 결과를 낳는다. 예를 들어, [그림 10-19]의 트리를 중위순회하면 A, B, D, F, G, H, K, L이 된다. 크기 면에서 A 〈 B 〈 D 〈 F 〈 G 〈 H 〈 K 〈 L이므로 이는 정렬된 순서다. 그렇다면 G가 삭제된 트리에서도 이 정렬된 순서를 그대로 유지하려면 G의 자리에 무엇이 들어가야 하는가. 당연히 G의 바로 오른쪽 H나, 아니면 G의 바로 왼쪽 F가 들어가야 한다. 다른 것이 들어가면 정렬이 유지되지 않는다.

G 바로 다음에 나오는 H를 G의 중위후속자(後續者, In-order Successor)라 하고, G 바로 직전에 나오는 F를 G의 중위선행자(先行者, In-order Predecessor)라고 한다. 따라서 삭제될 노드 위치로 복사되어야 하는 것은 중위후속자 또는 중위선행자다.

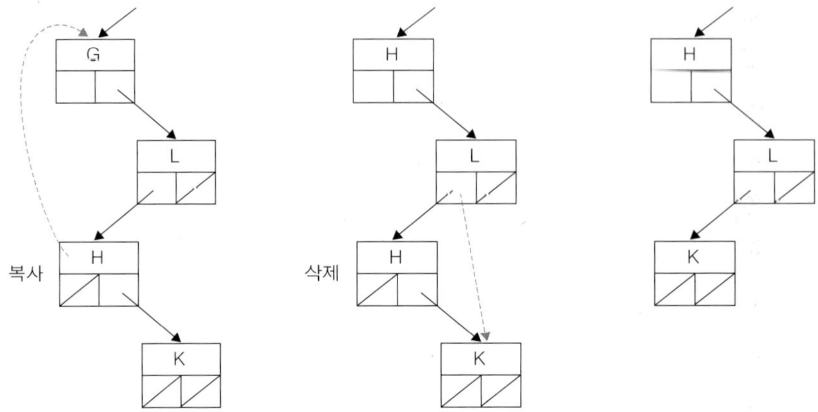

[그림 10-21] 자식이 둘인 노드의 삭제(일반적)

유의해야 할 것은 [그림 10-21]에서 볼 때 G의 중위후속자는 H지 L이나 K가 아니라는 점이다. 시각적으로 말하면 G의 오른쪽 자식으로 가서, 거기서부터 왼쪽 자식이 있는 한 이를 계속 따라간다. 더 이상 왼쪽 자식이 없는 노드, 즉 LChild가 널인 노드가 중위후속자가 된다. 그런데 [그림 10-21]에서는 중위후속자인 H를 G의 위치에 복사하더라도 원래의 H를 그대로 없앨 수는 없다. H의 오른쪽 자식인 노드 K가 매달려 있기 때문이다. 따라서 H를 삭제하려면 자식이 하나 있는 경우의 삭제 방법을 적용해야 한다. 즉, H의 부모인 L을 H의 자식인 K와 연결하면 된다. 중위후속자의 자식은 없거나 하나다. 둘일 수는 없다. 중위후속자가 되기 위한 조건으로 LChild가 널이어야만 하기 때문이다.

추상 자료형 이진 탐색트리를 class BSTclass로 정의하였다고 가정하고, 에일리어스에 의해 참조 호출을 가하는 다음 C++ 함수를 살펴보자.

[코드 10-11] 이진 탐색트리의 삭제

```
void BSTclass::Delete(Nptr& T, int Key)
{ if (T = = NULL)                    삭제할 노드를 못 찾고 리프노드의 널까지 오면
     printf("No Record with Such Key");  오류처리
  else if (T->Data.Key > Key)        삭제 키가 현재 노드의 키보다 작으면
     Delete(T->LChild, Key);         왼쪽 하위트리로 가서 삭제
  else if (T->Data.Key < Key)        삭제 키가 현재 노드의 키보다 크면
     Delete(T->RChild, Key);         오른쪽 하위트리로 가서 삭제
  else if (T->Data.Key = = Key)      현재 T가 가리키는 노드가 삭제할 노드
```

```
{    if ((T->LChild == NULL) && (T->RChild == NULL))
                                                    자식이 하나도 없는 경우
     {     Nptr Temp = T; T = NULL; delete Temp;  T에 널 값을 할당
     }
     else if (T->LChild == NULL)                    오른쪽 자식만 있는 경우
     {     Nptr Temp = T; T = T->RChild; delete Temp;
                                                    부모노드를 오른쪽 자식에 연결
     }
     else if (T->RChild == NULL) 왼쪽 자식만 있는 경우
     {     Nptr Temp = T; T = T->LChild; delete Temp;
                                                    부모노드를 왼쪽 자식에 연결
     }
     else                                           자식이 둘인 경우
①          SuccessorCopy(T->RChild, T->Data);  오른쪽 자식노드 포인터와
  }                                                 현재 노드의 레코드를 넘김
}

   void BSTclass::SuccessorCopy(Nptr& T, dataType& DelNodeData)
② { if (T->LChild == NULL)                          중위후속자라면
③   {      DelNodeData.Key = T->Data.Key;  후속자 레코드를 넘어온 레코드에 복사
④          Nptr Temp = T;
⑤          T = T->RChild;                           후속자의 부모와 자식을 연결
⑥          delete Temp;
    }
    else
⑦          SuccessorCopy(T->LChild, DelNodeData);  후속자를 찾아서
                                                     왼쪽으로 이동
  }
```

삭제 함수의 에일리어스 포인터 T는 넘겨진 원본 포인터와 동일한 포인터로서 참조 호출로 전달된다. 따라서 이 포인터를 조작하는 것은 LChild, RChild와 같은 원본 포인터 자체를 변경하는 것이다. 자식이 둘인 경우는 ①에 의해서 SuccessorCopy 함수 호출이 일어난다. 이때 넘겨지는 것은 첫째, 삭제할 노드의 RChild 포인터와 둘째, 삭제할 노드의 레코드 자체다. SuccessorCopy 함수의 선언을 보면 포인터와 레코드 모두 에일리어스로 넘겨받는다.

SuccssorCopy 역시 재귀 함수다. 중위후속자를 찾으려면 삭제할 노드의 RChild로부터 계속 LChild를 따라가야 하기 때문에 ⑦과 같은 재귀호출이 필요하다. ②는 베이스 케이스로서 중위후속자를 찾아낸 경우에 해당한다. 후속자가 삭제할 노드로 복사되어야 하므로 ③과 같이 키 필드를 복사하고 필요하다면 나머지 데이터 필드도 모두 복사해야 한다. 물론, 레코드를 에일리어스로 받았기 때문에 이러한 복사는 참조 호출 효과를 지닌다. ④, ⑥에 의해서 삭제될 중위후속자의 공간을 반납한다. ⑤는 중위후속자의 부모노드에 자신의 RChild를 연결시키는 작업이다. 물론, 이 RChild는 널이거나 오른쪽 자식노드를 가리킨다.

4. 이진 탐색트리의 효율

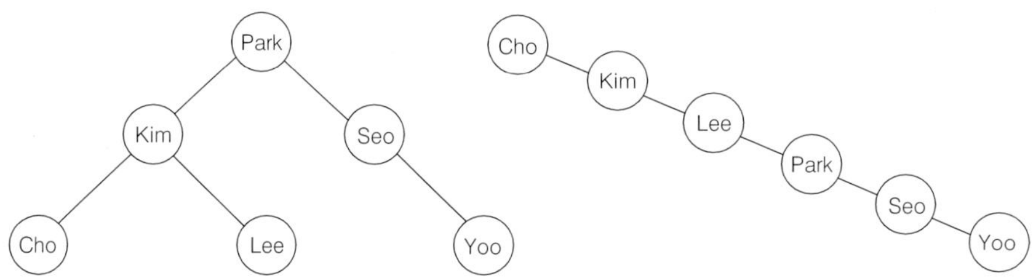

[그림 10-22] 이진 탐색트리의 균형

[그림 10-22]의 왼쪽 트리를 기준으로 이진 탐색을 실행해보자. 예를 들어, 키 Lee인 노드를 찾으려면, 처음 Park으로 들어와서 Lee가 Park보다 작으니 Park의 왼쪽으로 간다. 왼쪽 하위트리의 루트인 Kim과 Lee를 비교한 결과 Lee가 Kim보다 크므로 Kim의 오른쪽으로 간다. 다시 루트인 Lee와 Lee를 비교한 결과 찾게 된다. [그림 10-12]의 오른쪽 트리 역시 키 값을 비교해보면 이진 탐색트리임을 알 수 있다. 이 경우 Lee를 찾으라면 처음 Cho에서 시작해서 그보다 크니 오른쪽으로, 다시 Kim과 비교해서 그보다 크니 오른쪽으로, 다시 Lee와 Lee를 비교해서 마침내 찾게 된다.

[그림 10-22]에 나타난 두 트리 모두 이진 탐색트리지만 효율 면에서는 차이가 있다. 예를 들어, Yoo를 찾으라고 하면 왼쪽 트리에서는 Park, Seo, Yoo를 비교해서 세 번 만에 찾아낸다. 그러나 오른쪽 트리에서는 Cho, Kim, Lee, Park, Seo, Yoo 순서로 총 여섯 번의 키 비교가 일어난다. 당연히 왼쪽 트리가 효율적이다. 외형적으로 봐도 왼쪽 트리의 균

형(Balance)이 잘 잡혀 있다. 루트인 Park을 기준으로 왼쪽, 오른쪽 하위트리 모두 높이 1로서 완전한 균형이다. 반면, 오른쪽 트리는 루트를 기준으로 왼쪽 하위트리의 높이가 -1(빈 트리), 오른쪽 하위트리의 높이가 4므로 균형이 심각하게 무너져 있다.

최악의 경우, 탐색은 리프노드까지 내려가야 한다. 똑같이 노드 여섯 개를 포함하고 있지만 균형 덕분에 왼쪽 트리는 최악의 경우에도 높이가 2인 반면, 오른쪽 트리는 최악의 경우 높이 5를 모두 타고 내려와야 한다. 어찌 보면 오른쪽 트리는 연결 리스트(Linked List)에 가깝다. LChild, RChild를 모두 선언해 놓고, 왼쪽 연결을 전혀 이용하기 못하다보니 연결이 한쪽으로 쏠린채 진행하는 모습(Linear Structure)이다. 이처럼 한쪽으로만 진행하는 트리를 **편향 이진트리(Skewed Binary Tree)**라 한다. 결국 동일한 요소들로 구성된 이진 탐색트리라도 그 모습에 따라 탐색 효율이 달라진다.

편향 이진트리(Skewed Binary Tree)

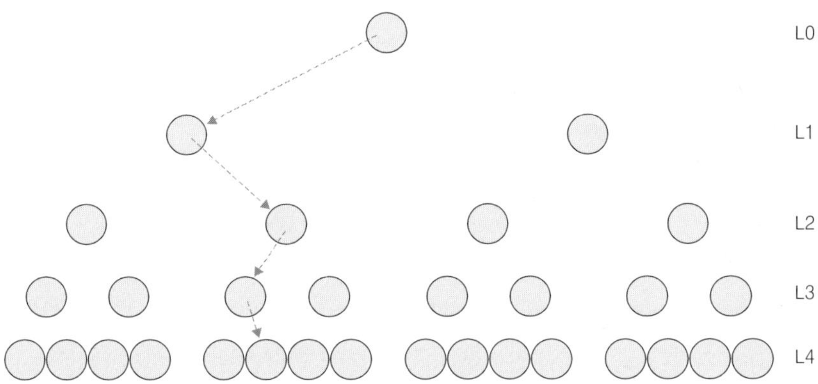

[그림 10-23] 이진 탐색트리의 비교 경로

탐색에 관한한 이진 탐색트리의 효율은 비교의 횟수에 좌우된다. 즉, 루트로부터 시작하여 원하는 키를 가진 노드가 나올 때까지 아래로 내려오면서 몇 번의 비교가 일어났는지가 효율이 된다. [그림 10-22]의 오른쪽 트리는 노드 N개가 일렬로 이어져 있고, 그 중의 제일 마지막 노드를 찾는다면 효율은 O(N)으로서 비교가 N번 일어난다. 그러나 일반적으로 이러한 모습의 이진 탐색트리는 거의 존재하지 않는다.

높이 h인 포화 이진트리에서 전체 노드 수 $N = 2^{h+1} - 1$이 된다. 뒤집어 말하면 노드 수 N인 포화 이진트리의 높이 $h = \lg(N+1) - 1$이 된다. 예를 들어, [그림 10-23]은 1 + 2 + ... + 16 = 31개의 노드로 구성된 트리로서 높이 $h = \lg(31+1) - 1 = 4$가 된다. 이 트리에서 리프까지 가는 데 필요한 비교 횟수는 5다. 즉, 루트에서부터 리프까지 내려오면서 행해지는 비교 횟수는 대략 트리의 높이와 같다. 따라서 이진 탐색트리가 균형 잡혀 있을수록 높이는 lg(N)에 가깝게 되므로 탐색의 효율은 O(lg(N))에 가까워진다.

[표 10-3]은 탐색, 삽입, 삭제에 대해서 배열, 정렬 안 된 연결 리스트, 이진 탐색트리가 보여주는 효율을 비교한 것이다. 편향 이진트리에서 보듯이 최악의 경우, 이진 탐색트리의 효율은 탐색, 삽입, 삭제 모두에 O(N)의 효율을 보인다. 삽입은 무조건 리프노드까지 내려가야 한다. 또, 최악의 경우 리프노드를 삭제할 때도 있기 때문이다. 그러나 lgN 높이의 균형 잡힌 트리라면 탐색, 삽입은 lgN의 효율이다. 삭제 작업이 $N^{1/2}$으로서 lgN보다 조금 더 오래 걸리는 이유는 삭제된 노드의 자식노드에 대한 처리 때문이다. 크게 봐서는 세 가지 자료구조 중, 이진 탐색트리만이 세 가지 작업 모두에 대해 lgN에 가까운 효율을 유지한다.

[표 10-3] 자료구조별 효율 비교

	최악의 경우			평균적 경우		
	탐색	삽입	삭제	탐색	삽입	삭제
정렬된 배열	lgN	N	N	lgN	N/2	N/2
정렬 안 된 연결 리스트	N	1	1	N/2	1	1
이진 탐색트리	N	N	N	lgN	lgN	$N^{1/2}$

O(N) 알고리즘과 O(lgN) 알고리즘의 차이는 무척 크다. 데이터 크기 N이 1,000이라면 lg(N)은 대략 10에 가깝다. 즉, O(N) 알고리즘에서 키가 1,000번 비교된다면 O(lgN) 알고리즘에서는 10번만 비교된다. 데이터 1,000개를 놓고 단 10번 비교에 원하는 레코드를 찾아낸다는 것은 매우 효율적이라 할 수 있다. N이 1,000배 증가하여 1,000,000개로 늘어날 경우, O(N) 알고리즘의 비교 횟수는 이에 정비례하여 1,000배 증가한 1,000,000번으로 늘어난다. 반면, O(lgN) 알고리즘은 lg(1000N) = lg(1000) + lg(N) = 10 + 10 = 20번에 불과하다. 로그 함수 곱셈은 덧셈으로 바뀌기 때문에, 입력 데이터가 1,000배 늘어나면 실행시간은 lg(1000)번만큼 더해질 뿐이다.

생활 속의 자료구조

$X_0 = 0$, $\alpha = 1.7$이라 놓고 반복 계산의 명수인 컴퓨터에게 $X_{n+1} = 1 - \alpha X_n^2$이라는 단순한 반복 명령을 내려보자. 과정은 아래와 같다.

$$X_1 = 1 - 1.7 \times 0^2 = 1$$
$$X_2 = 1 - 1.7 \times 1^2 = -0.7$$
$$X_3 = 1 - 1.7 \times (-.7)^2 = 0.167$$

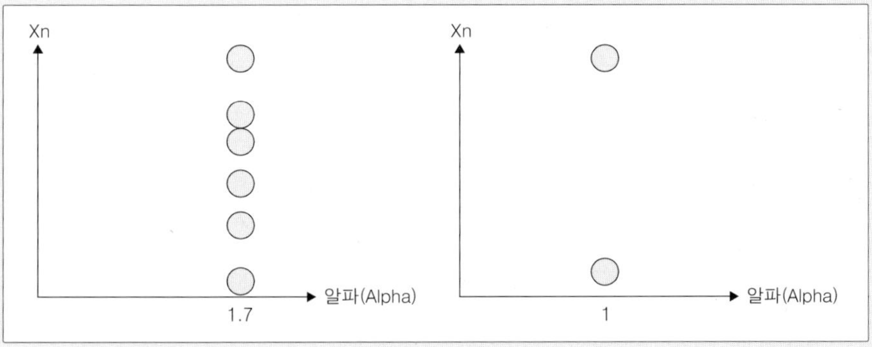

[그림 10-24] 반복계산 결과

이 과정을 반복하여 계산된 연속적인 X 값들을 점으로 표시하면 [그림 10-24]의 왼쪽 그림과 같다. 반복 결과, 어떤 값에 수렴하지 않기 때문에 최종 결과를 예측하기 어렵다. 그런데, 만약 파라미터 α = 1.0으로 하면 계산 값은 오른쪽 그림처럼 두 개 사이를 왔다갔다 한다. 이 역시 예측 불가능이다. 파라미터 값에 따른 이러한 행동의 변화를 추적하면 [그림 10-25]와 같은 모습이 된다. 이 그림은 알파 값별로 아래 위 200번의 반복결과를 찍은 모습이다. 알파 값 0.75까지는 예측 가능하다. 0.75를 전후해서 값 두 개로 분기된다. 이진트리의 모습이다. 알파 값 1.25부근에서 다시 이진 분기가 일어나 이제 값 네 개로 분기된다.

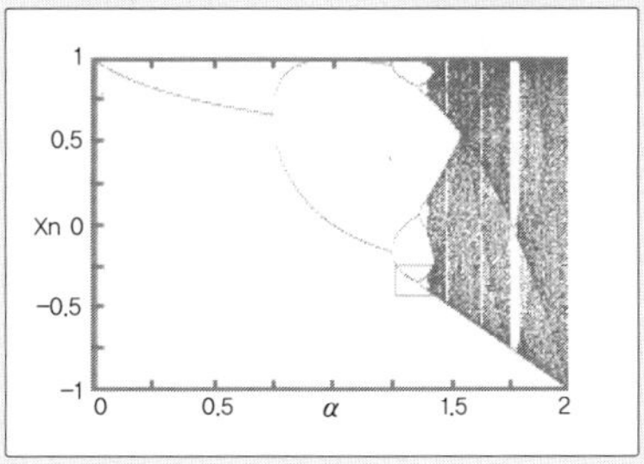

[그림 10-25] Bifurcation

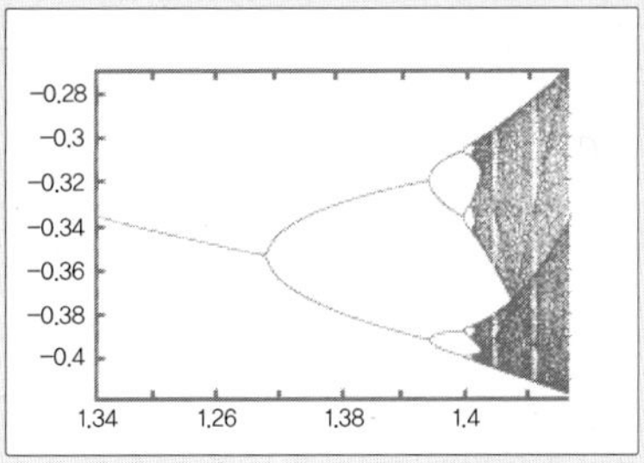

[그림 10-26] [그림 10-25]의 부분 확대

생활 속의 자료구조

예측 불가능하다는 의미에서 우리가 혼돈 또는 무질서라고 부르는 것은 우리가 처한 파라미터 값이 오른쪽 검은 지역에 있기 때문이다. 이 지역에서는 반복의 결과가 어디에 수렴하는지 아무리 노력해도 결과를 얻기 어렵다. 자연현상은 이처럼 파라미터 변화에 따라 질서에서 혼돈으로 논리 정연하게 이행한다. 강의실 옆 잔디 위에 나비 한 마리가 날갯짓을 크게 한 것이 기상 변화에 영향이 있겠는가. 대기의 에너지 순환은 극히 민감한 반복 시스템이다. 나비 한 마리가 일으키는 작은 에너지 변화가 이 시스템의 파라미터를 조금이라도 변화시킨다면 반복의 결과 지구 반대쪽에 태풍을 몰고 올 수도 있는 것이다. 이른바 나비 효과다.

[그림 10-27] 나비 효과

요약

연결 리스트가 링크 하나로 연결한 선형구조라면 트리는 둘 이상의 링크로 연결한 비선형 구조다. 트리의 레벨은 0부터 시작한다. 트리의 최대 레벨을 트리의 높이로 정의한다. 이진트리는 최대 링크 수가 두 개인 트리다. 이진트리의 순회는 전위순회, 중위순회, 후위순회의 세 가지로 나뉜다. 세 가지 모두 재귀호출을 이용한다는 점에서는 같으나 실제 방문 작업의 어디에서 일어나느냐에 따라 구분된다.

전위순회는 '찍기 왼쪽 오른쪽', 중위순회는 '왼쪽 찍기 오른쪽', 후위순회는 '왼쪽 오른쪽 찍기' 순으로 진행한다. 재귀호출에 따른 시스템 스택이나 사용자 스택을 없앰으로써 효율을 개선하기 위한 것이 스레드 이진트리다. 완전 이진트리를 제외하고는 트리를 배열로 구현하지는 않는다. 포인터로 구현한 트리의 탐색은 루트로부터 내려오면서 키를 비교하면 된다.

삽입은 리프노드 아래에서 이루어진다. 삭제는 무자식, 외자식, 두자식 등의 세 가지로 나뉘어 처리한다. 이진 탐색트리가 균형이 잡힐수록 높이는 lgN에 가까이가고 따라서 효율이 좋아진다.

연습 문제

문제에 특별한 자료구조를 지정하지 않는 한, 본문의 인용된 자료구조를 사용해야 한다. 또 별도로 지정되어 있지 않으면 함수는 C 또는 C++로 작성할 수 있다.

1 전위순회에서는 루트를 먼저 방문하고, 이어서 오른쪽 하위트리, 왼쪽 하위트리 순으로 방문한다. (True/False)

2 이진트리의 루트가 레벨 0일 때, 레벨 3에 존재하는 노드 수는 최대 여덟 개다. (True/False)

3 이진트리의 높이가 h일 때, 트리에 존재할 수 있는 최소 노드 수는 h다. (True/False)

4 이진 탐색 트리 내부의 모든 하위트리는 이진 탐색트리다. (True/False)

5 맞는 문장(들)을 고르라.

가. 모든 완전 이진트리는 포화 이진트리다.
나. 모든 포화 이진트리는 완전 이진트리다.
다. 어떤 이진트리도 포화 이진트리면서 완전 이진트리일 수는 없다.
라. 모든 이진트리는 포화 이진트리거나 완전 이진트리다.

6 잘못된 문장(들)을 고르라.

가. 루트 아닌 모든 노드는 하나의 부모노드를 갖고 있다.
나. 모든 이진트리는 최소 하나 이상의 노드로 구성된다.
다. 모든 노드는 기껏해야 자식노드 두 개를 갖고 있다.
라. 비어있지 않는 트리는 정확히 루트 한 개를 갖고 있다.

7 포인터 T가 어떤 노드를 가리키고 있을 때, 그 노드에 자식노드가 없음을 확인할 수 있는 표현은 다음 중 어떤 것인가?

가. if (T->LChild == NULL) && (T->RChild == NULL)
나. if (T->Data == NULL)
다. if (T == NULL)
라. if (T != NULL) && (T->LChild == NULL) && (T->RChild == NULL)

8 다음 폴더구조에서 MyFolder의 용량을 계산하기 위해서 사용되어야 할 순회 방식은 무엇인가?

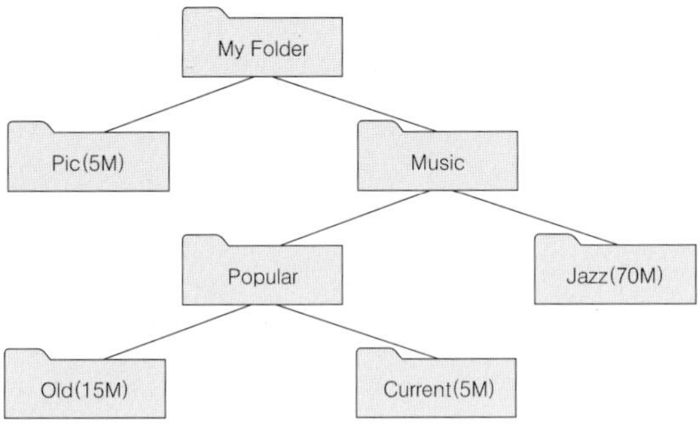

[그림 10-28] 문제 8

9 다음 이진트리 내부를 아래 지시대로 표시하라.

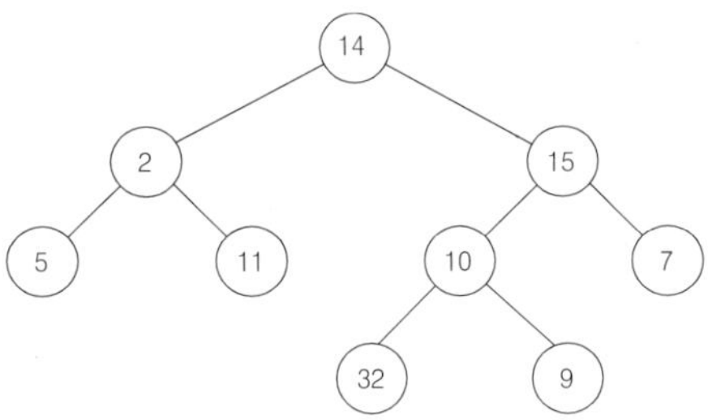

[그림 10-29] 문제 9

가. 모든 리프노드에 동그라미 표시
나. 루트노드에 네모 표시
다. 키 10인 노드의 조상노드에 세모 표시
라. 키 15인 노드의 자손노드에 가위 표시
마. 키 2인 노드의 자매노드에 별 표시
바. 키 14인 노드의 중위후속자에 마름모 표시

10 이진 탐색 트리에서 다음 나열한 순으로 데이터를 삽입할 때의 최종 모양을 그려라.

가. 20, 30, 10, 50, 70, 40, 15, 5
나. 5, 10, 20, 15, 30, 40, 50, 70

연습 문제

11 다음 트리에 대해서 질문에 답하라.

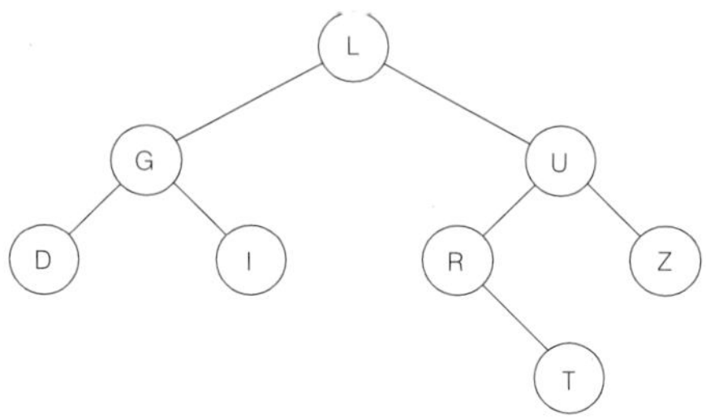

[그림 10-30] 문제 11

가. 이진 탐색 트리의 형태인가? (Yes/No)
나. 높이가 균형잡힌 트리인가? (Yes/No)
다. 포화 이진트리인가? (Yes/No)
라. 위 트리에서 루트노드를 삭제하기 위해서 해야 될 일을 차례로 나열하라.

12 다음 트리의 루트를 가리키는 포인터를 T라 할 때, 아래 함수를 가한 결과 트리의 모습을 그려라.

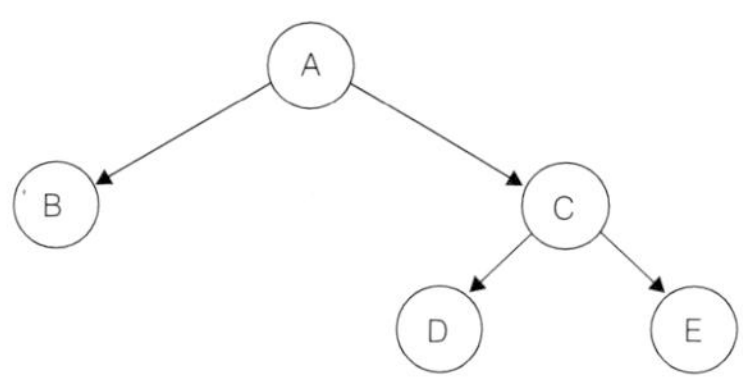

[그림 10-31] 문제 12

```
void Recurse(Nptr T)
{ if (T = = NULL)
        return
  else
  {     T->LChild = T->RChild;
        Recurse(T->LChild);
        Recurse(T->RChild);
  }
}
```

13 다음 트리의 루트를 가리키는 포인터를 T라 할 때, 아래 함수를 가한 결과 값은 얼마인가?

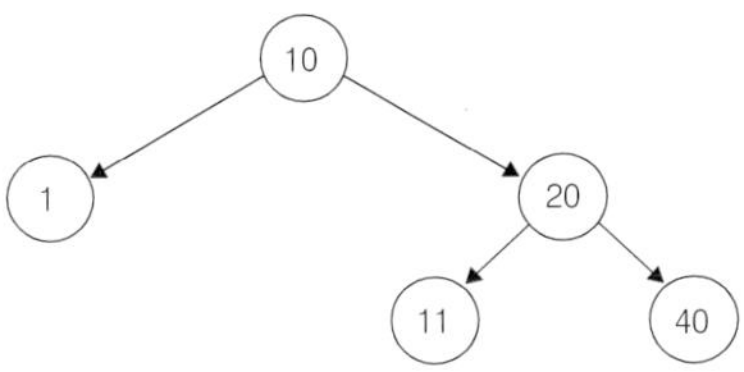

[그림 10-32] 문제 13

가.
```
int Recurse(Nptr T)
{   if (T = = NULL)
        return 0;
    else
        return (T->Data + Recurse(T->Left) + Recurse(T->Right));
}
```

나.
```
int Recurse(Nptr T)
{   if (T = = NULL)
        return 0;
    else if (T->LChild = = NULL) && (T->RChild = = NULL))
        return 1;
    else return (Recurse(T->LChild) + Recurse(T->RChild));
}
```

14 〔코드 10-7〕을 사용해서 중위순회할 때 〔그림 10-16〕의 각 노드가 어떤 포인터를 따라가면서 순회되는지 손으로 추적하라.

15 〔코드 10-10〕에서 키 값이 중복될 경우에 대비하여 오류 처리를 하려면 코드를 어떻게 고쳐야 하는가?

16 에일리어스를 사용하여 〔코드 10-10〕을 C++로 작성하라.

17 다음 그림의 트리에서 포인터 R이 넘겨질 때 〔코드 10-8〕에 의하면 어떤 순서로 복사된 트리 노드가 만들어 지는지 그림을 그려가면서 설명하라.

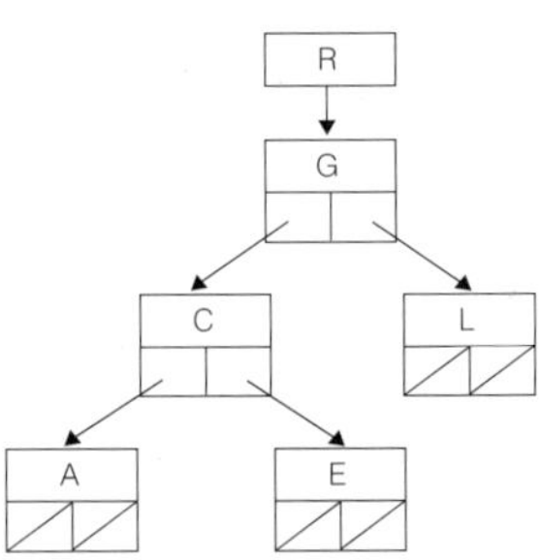

[그림 10-33] 문제 17

연습 문제

18 트리 내부에 어떤 노드를 삭제할 때, 고려해야 할 세 가지 경우를 나열하고 각각의 경우에 어떤 방식으로 삭제해야 되는지를 설명하라.

19 이진 탐색트리의 삽입 시에 재귀호출에서 포인터를 넘길 때 참조 호출로 넘기는 이유는 무엇인가?

20 노드 세 개가 각각 키 값 1, 2, 3을 갖고 있을 때, 이들로 구성할 수 있는 서로 다른 이진트리는 몇 가지인가?

21 루트 레벨을 0으로 잡을 때, 레벨 3까지 완전 이진트리 모습(들)을 그려라.

22 어떤 노드의 중위후속자에 해당하는 노드의 LChild 포인터는 왜 항상 널이 되는지 설명하라.

23 56 * 42 / 2 + 67 -6 * 12에 해당하는 표현 트리(Expression Tree)를 그려라.

24 중위순회 결과와 전위순회 결과가 일치하는 이진트리를 발견하라.

25 키 값 7, 1, 2, 10, 12, 8, 14, 9, 5를 지닌 레코드가 순차적으로 입력될 때 결과적인 이진 탐색트리를 그려라.

26 키 값 33, 56, 9, 70, 14, 7, 2, 65를 지닌 레코드가 순차적으로 입력될 때 결과적인 이진 탐색트리를 그려라.

27 키 값 C E A G B D F를 지닌 레코드가 순차적으로 입력될 때 결과적인 이진 탐색트리를 그려라.

28 주어진 노드를 포함하여 하부의 모든 노드를 삭제하는 다음 트리 함수를 완성하라.

```
void binTreeClass::DestroyTree(ptrType& TreePtr)
{ if (TreePtr!=NULL)
      {    (                );
           (                );
           (                );
           TreePtr = NULL;
       }
}
```

29 이진 탐색트리에서 재귀호출을 사용하지 않고 주어진 키 값을 지닌 노드가 있는지 없는지를 확인하기 위한 다음 함수의 빈 칸을 채워라.

```
Temp = Root;
Done = FALSE;
while (!Done)
{   if (Temp = = NULL)
    {   printf("Data not found\n");
        (                   );
    }
    else if (Temp->Data = = key)
    {   printf("Data found\n");
        Done = TRUE;
    }
    else if (                  )
        (                        );
    else
        Temp = Temp->RChild;
}
```

30 비어있지 않은 이진 탐색트리에서 가장 작은 키를 가진 노드를 가리키는 포인터를 리턴하기 위한 다음 함수의 빈 칸을 채워라.

```
node *Minimum(node *Root)
{ node *Tree = Root;
  int Done = FALSE:
  while (!Done)
  {   if (                        )
          Done = TRUE;
      else
          Tree = Tree->LChild;
  }
  return(Tree);
}
```

연습 문제

31 이진 탐색트리 삽입을 위해 새 노드를 만들고 데이터를 채워 넣었다. 이 노드를 가리키는 포인터를 NewNode라고 할 때 재귀호출 대신 반복문을 사용하여 이 노드를 삽입하기 위한 다음 함수의 빈 칸을 채워라.

```
Temp = Root;
Done = FALSE;
while (!Done)
{   if (Temp = = NULL)                          빈 트리
    {  (               );                       루트에 직접 붙임
       Done = TRUE;
    }
    else if (Temp->Data = = NewNode->Data)
       Done = TRUE;                             이미 같은 노드가 존재
    else if (NewNode->Data < Temp->Data)
    {  if (Temp->LChild = = NULL)
       {   (               );                   왼쪽 자식노드 위치에 삽입
           Done = TRUE;
       }
       else
           (               );;                  왼쪽 자식으로 이동
    }
    else
    {   if (Temp->RChild = = NULL)
        {   Temp->RChild = NewNode;
            Done = TRUE;
        }
        else
            (              );;                  오른쪽 자식으로 이동
    }

}
```

32 이진트리 내부의 노드 개수를 세기 위한 다음 재귀 함수를 완성하라.

```
int TreeSize(Nptr T)
{ int Count = 1;
  if (T->LChild != NULL)
  {   Count += (          );
  }
```

```
    if (T->RChild != NULL)
    {   Count += (         );
    }
    return Count;
  }
```

33 이진 탐색트리의 루트를 가리키는 포인터 T가 주어졌을 때, 가장 작은 키를 지닌 노드를 가리키는 포인터를 리턴하는 다음 반복 함수의 빈칸을 채워라.

```
Nptr FindMin(Nptr T)
{ if (T != NULL)
     while (                  )
         T = T->LChild;
  return T;
}
```

34 이진 탐색트리의 루트를 가리키는 포인터 T가 주어졌을 때, 가장 큰 키를 지닌 노드를 가리키는 포인터를 리턴하는 다음 반복 함수의 빈칸을 채워라.

```
Nptr FindMax(Nptr T)
{ if (T != NULL)
     while (              )
        (              );
  return T;
}
```

35 이진 탐색트리의 루트를 가리키는 포인터 T가 주어졌을 때, SearchKey를 지닌 노드를 가리키는 포인터를 리턴하는 다음 반복 함수의 빈칸을 채워보라. 단, 찾고자 하는 노드가 없으면 널 값을 리턴한다.

```
Nptr FindNodeWithKey(Nptr T, int SearchKey)
{ while (T != NULL)
  {   if (              )
          T = T->LChild;
      else if (               )
          T = T->RChild;
      else
          return T;
  }
  return NULL;
}
```

연습 문제

36 아래 자료구조에서 Height 필드는 해당 노드의 높이를 나타낸다. 이를 참고로 하여, 비어있지 않은 이진트리의 모든 노드에 높이 값을 할당하기 위한 다음 함수를 완성하라.

```
struct treenode
{ char Key[10];
  int Height;                                  노드마다 높이정보를 지님
  struct treenode *LChild, *RChild;
};

void ComputeHeights(struct treenode *Root);
{ int hLChild, hRChild;
  if (Root->LChild = = NULL)                   왼쪽 자식이 없다면
      hLChild = -1;                            왼쪽 하위트리의 높이는 -1
  else                                         왼쪽 자식이 있다면
  {   ComputeHeights(Root->LChild);            왼쪽 자식의 높이계산
      hLChild = Root->LChild->Height;          왼쪽 하위트리 높이는 왼쪽자식의 높이
  }
  if (              );                         오른쪽 자식이 없다면
     (              );                         오른쪽 하위트리의 높이는 -1
  else                                         오른쪽 자식이 있다면
  {  (              );                         오른쪽 자식의 높이 계산
     (              );                    오른쪽 하위트리 높이는 오른쪽 자식의 높이
  }
  Root->Height = max(hLChild, hRChild) + 1;
                                          노드의 높이는 하위트리 중 큰 것 + 1
}
```

37 다음은 배열 S에 저장된 문자열을 키로 해서 해당 이진 탐색트리의 노드를 찾고, 그 노드를 가리키는 포인터를 되돌려 주기 위한 함수다. 만약, 해당 노드가 없으면 주어진 문자열을 키로 하는 노드가 삽입되어야 할 노드를 가리키는 포인터를 되돌려 주어야 한다. 이 함수를 완성하라. 단, 〈string.h〉에 정의된 문자열 비교 함수 strcmp(char A[ ], char B[ ])는 문자열 A와 B가 같으면 0, A가 크면 양수, A가 작으면 음수를 되돌려 준다.

```
struct treenode  {
   char Key[10];
   struct treenode *Left, *Right;
};

treenode *search(treenode *Root, char S[])
```

```
{ nodetype *p;
  int cmpval;                                    문자열 비교의 결과를 저장
  while (Root != NULL)                           빈 트리가 아니면
 {    cmpval = strcmp(Root->Key, S);             문자열 비교
      if (cmpval = = 0)                          결과가 0이면 동일 문자
          return Root;
      else if (                 )
      {    if (Root->Right != NULL)
               Root = Root->Right;
   else
               return Root;                      삽입위치의 노드
      }
      else
      {   if (                  )
              Root = Root->Left;
          else
               return Root;
      }
  }
  return NULL;                                   빈 트리라면 널을 리턴
}
```

38 다음 자료구조를 참고로 이진 탐색트리를 입력받아 정렬된 연결 리스트를 만드는 다음 함수를 완성하라. 정렬은 트리노드의 Value 필드를 기준으로 해야 하며, 추상 자료형 리스트에서 AddToEnd(Value, List)라는 작업은 List가 가리키는 연결 리스트의 마지막에 Value를 지닌 노드를 삽입하는 작업으로 정의되어 있다.

```
typedef struct listRecord
{ DataType Value;  struct listRecord* Next;
} ListNode;    ListNode* ListPtr;

typedef struct treeRecord
{ DataType Value;  struct treeRecord *Left, *Right;
} TreeNode;    TreeNode* TreePtr;

void TreeToList(TreePtr Tree, ListPtr &List )
{ if (Tree = = NULL)
     return;
  else
```

```
    {   (                    );
        List.AddToEnd(Tree->Value, List);
        (                    );
    }
}
```

39 이진 탐색트리가 아닌 일반적인 이진트리에서 가장 큰 키를 찾기 위한 다음 재귀 함수를 완성하라. 만약, 빈 트리라면 이 함수는 -1을 리턴한다.

```
int Max(int x, int y)
{ return (x > y ? x : y);
}

int MaxElement(Nptr * T)
{ if( T = = NULL )
      return -1;
  else
    return Max(T->Data, Max(MaxElement(         ),
    MaxElement(        )));
}
```

40 세미 리프(Semi-Leaf)는 자식이 하나만 있는 노드를 의미한다. 주어진 이진트리에서 세미 리프의 수를 세기 위한 다음 함수를 완성하라.

```
int CountSemi(Nptr &T)
{ if (T = = NULL)
       return 0;
  else if (T->LChild = = NULL && T->RChild = = NULL)
       return 0;
  else if (T->LChild = = NULL || T->RChild = = NULL)
       return (1 + CountSemi(T->LChild) +
               CountSemi(T->RChild));
  else
       return (                                        );
}
```

41 이진 탐색트리에서 키 값이 가장 작은 노드를 삭제하기 위한 다음 재귀 함수를 완성하라. 또 이 함수에서 루트노드를 가리키는 포인터 T가 에일리어스로 전달되지 않고 값 호출로 전달되면 어떤 일이 일어나는지 예를 들어서 그림으로 자세히 설명하라.

```
void DeleteMin(Nptr &T)
{ if (T = = NULL)
      return;
  else if (T->LChild = = NULL)
  {   Nptr Temp = T;
      (              );
      delete Temp;
      return;
  }
  else DeleteMin(            );
}
```

42 이진트리의 루트를 가리키는 포인터 T가 주어졌을 때, 다음 각각의 작업을 수행하는 선형 재귀 함수를 작성하라.

가. 전체 노드 수를 출력하는 함수

```
int CountNode(Nptr T)
```

나. 전체 리프노드의 개수를 출력하는 함수

```
int CountLeafNode(Nptr T)
```

다. 전체 풀 노드(Full Node, 자식이 둘인 노드)의 개수를 출력하는 함수

```
int CountFullNode(Nptr T)
```

43 1, 2, 3, ..., 15 키 값을 지닌 노드가 있을 때, 어떤 순서로 입력되는 것이 결과적인 트리의 높이를 최소화시킬 수 있는가?

44 다음 키 입력 순서를 기준으로 이진 탐색트리를 구성할 때, 결과적인 모습이 같아지는 것끼리 모으라.

가. C A B E G D F
나. C A E G D B F
다. C E B G A D F
라. C E G A F D B
마. C E G D F A B
바. E A G B D F C

연습 문제

45 높이 3짜리 이진 탐색트리에 최대 개수의 노드가 존재하는 모습을 그려라.

46 높이 3짜리 이진 탐색트리에 최소 개수의 노드가 존재하는 모습을 그려라.

47 높이 d인 이진트리에 존재하는 노드 수의 최대 값, 최소 값을 d의 함수로 표시하라.

48 전위순회 결과가 DBACEGF고 중위순회 결과가 ABCDEFG인 이진트리를 그려라.

49 수식 ((((1 + 2) * 3) + (4 / 5)) - (6 * 7))에 해당하는 표현 트리를 그려라. 또, 적당한 순회 방식을 이용해서 이를 후위표현(Postfix Expression)으로 바꾸어라.

50 다음의 이진 탐색트리를 참고로 물음에 답하라.

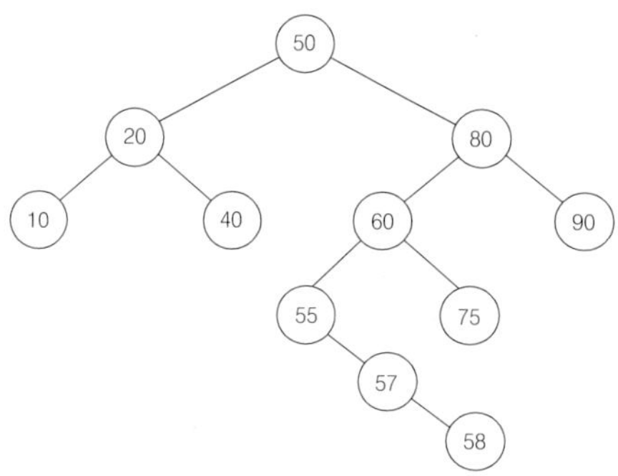

[그림 10-34] 문제 50

가. 전위순회 순서를 쓰라.
나. 중위순회 순서를 쓰라.
다. 후위순회 순서를 쓰라.
라. 레벨순회 순서를 쓰라.
마. 루트노드를 삭제한 후의 모습을 두 가지로 그려라.

51 최소 노드 여섯 개를 가진 포화 이진트리(Full Binary Tree)를 그려라.

52 정확히 노드 여섯 개를 가진 완전 이진트리(Complete Binary Tree)를 그려라. 그리고 이 완전 이진트리를 대변하는 배열을 그려라.

53 다음 기능을 수행할 수 있는 노드의 자료구조를 선언하라. 첫째, 각각의 노드는 정수형 키 필드를 가진다. 둘째, 각 노드는 부모노드를 가리킨다. 셋째, 각 노드는 최대 자식노드 네 개를 가리킨다. 단, 이 포인터 네 개는 배열에 저장되어 있다.

54 이진 탐색트리의 루트를 가리키는 포인터 T를 가정했을 때 아래 자료구조를 참고로 물음에 답하라.

```
typedef struct treeRecord
{ int Data; struct treeRecord* LChild; struct treeRecord* RChild;
} node;
typdef node* Nptr;
```

가. 탐색트리의 모든 노드의 데이터 값을 1만큼 증가시키는 함수를 작성하라.

```
void IncrementData(Nptr T)
```

나. 탐색트리의 모든 노드 중 데이터 70을 가진 노드가 몇 번 나타나는지를 리턴하는 함수를 작성하라.

```
int CountData70(Nptr T)
```

다. T가 널이 아니라고 가정했을 때 탐색트리의 노드 중 가장 큰 데이터 값을 지닌 노드를 가리키는 포인터를 리턴하는 다음 함수를 작성하라. 단, 불필요한 노드를 방문하지는 말아야 한다.

```
Nptr FindMaxNode(Nptr T)
```

55 이진트리의 루트를 가리키는 포인터 T를 가정했을 때, 트리의 높이를 리턴하는 다음 재귀 함수를 작성하라. 단, 빈 트리의 높이는 -1, 루트만 있는 트리의 높이는 0으로 정의한다.

```
int CalculateTreeHeight(Nptr T)
```

56 비어있지 않은 이진트리의 루트를 가리키는 포인터 T를 가정했을 때. 왼쪽 하위트리와 오른쪽 하위트리를 스와핑하려 한다. 원래의 모습에 완전히 대칭적인 모습(거울 이미지)이 되게 하기 위한 다음 재귀 함수를 작성하라.

```
void SwapSubTree(Nptr T)
```

57 이진 탐색트리에서 키 44인 노드가 자식노드 두 개를 거느리고 있다. 이 노드를 삭제하려면 어떤 작업을 가해야 하는지 서너 줄로 설명하라.

58 동적으로 할당된 트리의 모든 노드 공간을 반납하려 한다. 어떤 순회방식이 가장 적당할지를 선택하고 그 이유를 제시하라.

연습 문제

59 완전 이진트리를 배열로 표시할 때, 인덱스 i번째 노드의 오른쪽 자식은 인덱스 몇 번에 있는가?

60 이진트리의 루트를 가리키는 포인터 T가 주어졌을 때, 깊은 복사에 의해 만들어진 새로운 트리의 루트를 가리키는 포인터 C를 에일리어스로 되돌려주는 다음 함수를 작성하라.

```
Void Nptr DeepCopy (Nptr T, Nptr& C)
```

61 이진 탐색트리의 루트를 가리키는 포인터 T가 주어졌을 때, 노드의 데이터 값을 내림차순으로 출력하는 다음 함수를 작성하라.

```
void DescendingOrder (Nptr T)
```

프로그램 문제

62 화면에 일련의 정수를 입력할 때, 그 값을 기준으로 이진트리를 구성한 후, 그 트리를 전위순회, 중위순회, 후위순회 방식으로 순회할 때 데이터 값을 출력하는 프로그램을 작성하라. 단 정수 사이는 빈 칸을 띄어서 입력하며 〈Enter〉를 치는 순간 입력이 끝난 것이다.

샘플 입력: 6 3 200 8 2 7 5 33 1 77 4
샘플 출력: Preorder Traversal Sequence Is, 6 3 2 1 5 4 200 8 7 33 77
Inorder Traversal Sequence Is, 1 2 3 4 5 6 7 8 33 77 200
Postorder Traversal Sequence Is, 1 2 4 5 3 7 77 33 8 200 6

Chapter 11

우선순위 큐

* 학습목표

- 우선순위 큐의 개념을 충분히 이해한다.
- 배열, 연결 리스트, 이진 탐색트리로 구현할 때의 효율차이를 이해한다.
- 힙으로 구현할 때의 삽입, 삭제 방법을 이해한다.
- 힙 정렬의 방법과 효율을 이해한다.
- 힙을 구성하기 위한 두 가지 방법을 이해한다.

Point

우선순위 큐(Priority Queue)는 큐(Queue)와 스택(Stack) 개념을 확장하여 일반화한 것이다. 먼저 들어온 레코드를 먼저 처리하는 것이 큐고, 나중에 들어온 아이템을 먼저 처리하는 것이 스택이다, 이처럼 시간을 기준으로 우선순위를 결정하는 대신 아이템 자체의 우선순위에 따라서 먼저 처리할 것을 결정하는 것이 우선순위 큐다. 본 장에서는 우선순위 큐의 개념과 구현 방법을 설명하기로 한다. 여러 가지 구현 방법 중에서 특히 힙(Heap)에 의한 구현을 중점적으로 살펴본다.

Section

01 우선순위 큐 개요

야간에 응급실로 실려 오는 사람을 생각해보자. 위급 환자므로 병원으로 실려오는 순간, 증상이라든지 보호자 성명이라든지 필요한 차트가 그 즉시 작성된다. 대부분의 국내 병원에는 야간 당직의사가 몇 안 된다. 따라서 의사로서는 환자들 중 누구를 먼저 치료해야 할지 결정해야만 한다. 단순히 생각하면 먼저 온 환자를 먼저 치료하면 될 것 같지만, 위급한 환자일수록 우선적으로 치료하는 것이 순리다. 먼저 왔지만 발목을 삐어서 온 환자라면 맹장염 환자 앞에서는 양보하는 것이 당연하기 때문이다.

먼저 온 사람을 먼저 치료한다는 것은 큐(Queue)다. 나중에 들어온 사람을 먼저 치료한다면 그것은 스택(Stack)이 된다. 들어온 시간을 불문하고 더욱 위급한 사람을 먼저 치료한다는 것이 **우선순위 큐(Priority Queue)**다. 즉, 먼저 오고 나중에 오고하는 시간에 **우선순위(Priority)**를 두는 것이 큐나 스택이라면, 다른 어떤 가치에 우선순위를 둘 수 있게 하는 것이 우선순위 큐다. 물론, 이 경우의 가치 판단 기준은 [그림 11-1]과 같이 환자가 얼마나 위급한지가 될 것이다. 이러한 의미에서 큐나 스택을 일반화한 것이 우선순위 큐라 할 수 있다. 역으로 큐나 스택은 우선순위 큐 중 시간에 우선순위를 부여한 특수한 경우로 간주할 수 있다.

우선순위 큐
(Priority Queue)

우선순위(Priority)

[그림 11-1] 우선순위

태그(Tag, 꼬리표)

큐에서는 필요치 않으나 우선순위 큐에서는 **태그(Tag, 꼬리표)**를 필요로 한다. 큐에서는 우선순위의 기준이 시간으로 고정되어 있다. 따라서 시간을 기준으로 데이터 순서를 유지한다면 몇 시에 들어왔는지 태그를 달 필요가 없다. 즉, 들어온 순서대로 순차적으로 집어넣고 "다음 환자!"라고 외칠 때, 가장 앞의 환자가 치료를 받으면 그만이다. 다시 말해, 큐나 스택의 우선순위는 삽입 위치에 의해 자동적으로 표시된다.

그러나 우선순위 큐는 태그를 필요로 한다. 예를 들어, 10점을 기준으로, 이 환자는 위급성이 4, 저 환자는 위급성이 9라고 태그를 달아 놓아야 나중에 누가 가장 위급한 환자인지 판별할 수 있기 때문이다. 우선순위 값(Priority Value)에 해당하는 이 태그를 우선순위 큐의 키(Key) 값으로 정의한다.

Section

02 추상 자료형 우선순위 큐

추상 자료형으로서의 우선순위 큐는 다음과 같이 몇 가지 작업으로 정의할 수 있다.

- Create: 새로운 우선순위 큐를 만들기
- Destroy: 사용되던 우선순위 큐를 파기하기
- Add: 현재 우선순위 큐에 새로운 레코드를 삽입하기
- Remove: 가장 우선순위가 높은 레코드를 삭제하기
- IsEmpty: 현재 우선순위 큐가 비어있는지 확인하기

여기서 유의해야 하는 작업은 삭제(Remove) 작업이다. 이 작업은 현재의 큐에서 가장 우선순위가 높은 레코드를 삭제하거나, 삭제해서 가져오는 작업이다. 이 경우, 어떤 레코드의 우선순위가 가장 높은지는 큐 자체가 알고 있으므로 호출 함수 쪽에서는 아무런 파라미터를 넘길 필요가 없다.

필요에 따라서는 여타 작업을 정의할 수도 있다. 예를 들어, 큐는 그대로 있고, 가장 우선순위가 높은 레코드를 보기만 하는 작업을 Retrieve라고 따로 정의하기도 한다. 이는 리스트의 Retrieve 작업이나 GetTop에 의해 보기만 하는 것과 같은 맥락의 작업이다. 필요 시 우선순위 큐를 합병(Merge)하여 하나의 큐로 만드는 작업도 정의할 수 있다. 병실 두 개가 합쳐졌을 때 그들 중 가장 우선순위가 높은 환자를 알아낼 필요도 있기 때문이다.

Section 03

배열, 연결 리스트, 트리에 의한 구현

정의하기 나름이지만 우선순위를 숫자로 나타낼 때, 숫자가 큰 것이 우선순위가 높다고 가정해보자. 배열, 연결 리스트, 이진 탐색트리 등 기존의 자료구조를 우선순위 큐의 구현에 이용할 수 있다. 각각을 살펴보자.

1. 배열에 의한 구현

정렬된 배열에 의한 구현은 [그림 11-2]와 같이 우선순위를 기준으로 오름차순(Ascending Order)으로 정렬해서 집어넣는다. 이렇게 되면 가장 우선순위가 큰 레코드는 항상 배열의 마지막에 위치한다. 따라서 삭제 함수는 마지막 레코드를 리턴함과 동시에 배열 레코드 개수를 하나 줄이면 된다. 이 작업의 시간적 효율은 O(1), 즉 상수시간 효율에 해당한다.

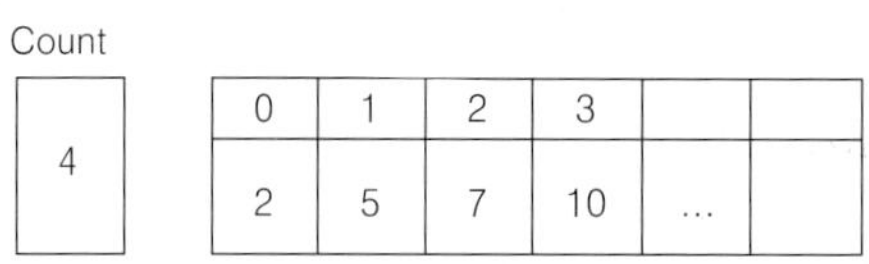

[그림 11-2] 배열에 의한 우선순위 큐

삽입 함수에서는 일단 키 값을 기준으로 이진 탐색을 가하여 삽입위치를 정한다. 결정된 삽입위치를 포함하여 그 오른쪽 레코드 모두를 오른쪽으로 한 칸씩 이동(Right Shift)한 후에 삽입시킨다. 물론, 레코드 개수는 하나 늘어난다. 이동에 따른 시간부담으로 인해 이 방법은 효율 면에서 크게 불리하다. 삽입위치를 찾는 데 O(lgN), 이동하는 데 O(N)의 효율이므로 결과적으로 삽입의 효율은 O(N)이라 할 수 있다.

정렬 안 된 배열을 가정해보자. 새로운 레코드를 무조건 배열 끝에 붙임으로써 삽입의 효율은 O(1)이 되게 할 수 있다. 그러나 이렇게 되면 삭제의 효율이 문제가 된다. 정렬 안 된 배열에서 가장 큰 키를 지닌 레코드를 찾으려면 처음부터 끝까지 뒤져보는 수 밖에 없고, 따라서 삭제의 효율은 O(N)이 된다. 어찌 보면 정렬된 배열과 정렬 안 된 배열을 사용할 때의 삽입, 삭제 효율은 서로 뒤바뀐 모습이다. 삭제가 빨라야 한다면 정렬된 배열, 삽입이 빨라야 한다면 정렬 안 된 배열을 사용하는 것이 유리하다. 그러나 삽입, 삭제 전체를 감안하면 두 방법 모두 O(N)의 효율이다.

2. 연결 리스트에 의한 구현

연결 리스트에 의한 구현은 [그림 11-3]과 같이 우선순위를 기준으로 내림차순(Descending Order)으로 정렬하는 방법이다. 이렇게 되면 헤드 포인터는 우선순위가 가장 높은 레코드를 직접 가리키게 되므로 삭제시간은 O(1)로 최소화된다. 즉, 삭제 함수는 첫 레코드를 돌려주고 헤드 포인터만 그 다음 것을 가리키게 하면 된다.

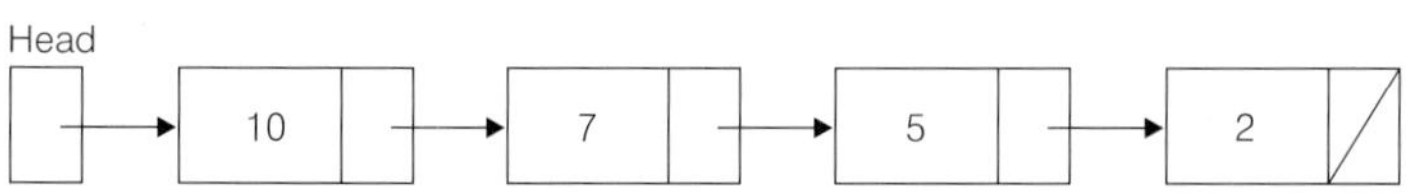

[그림 11-3] 연결 리스트에 의한 우선순위 큐

삽입 함수는 헤드에서 출발하여 포인터를 따라가면서 키 값을 기준으로 삽입위치를 찾아야 한다. 최악의 경우 마지막 노드까지 가야 하므로 이 과정은 O(N)에 해당한다. 물론, 중간에서 찾을 때도 찾은 다음에는 배열처럼 이동할 필요 없이 앞뒤 포인터만 연결시키면 되므로 O(1) 작업이 된다. 결과적으로, 삭제와 삽입 모두를 감안한 효율은 O(1)+O(N)=O(N)이다.

정렬 안 된 연결 리스트를 가정해보자. 삽입될 레코드를 가장 첫 노드로 만들면 삽입은 O(1)의 효율로 끝낼 수 있다. 반면, 이렇게 되면 가장 높은 우선순위를 지닌 레코드를 삭제하려면 첫 노드부터 마지막 노드까지 모두 뒤져야 한다. O(N)이다. 결국 삭제와 삽입 모두를 감안한 효율은 O(N) + O(1) = O(N)이 된다.

3. 이진 탐색트리에 의한 구현

이진 탐색트리에 의한 구현은 [그림 11-4]와 같다. 가장 큰 키 값을 지닌 노드는 루트로부터 출발해서 RChild를 계속 따라가면 만나게 된다. 물론, 이 노드는 더 이상 RChild가 없으므로 자식이 하나거나 또는 자식이 없는 노드므로 상대적으로 쉽게 삭제할 수 있다.

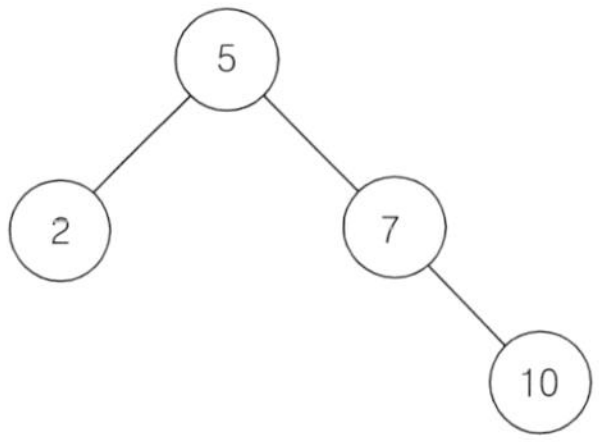

[그림 11-4] 탐색트리에 의한 우선순위 큐

루트에서 리프까지 내려가야 하므로 삭제 함수의 효율은 O(lgN)에 가깝다. 삽입 역시 삽입 위치를 찾아 리프 노드까지 내려가는 데 O(lgN)이 필요하고, 이후 부모노드의 포인터 조정은 O(1)에 해당된다. 따라서 두 작업 모두를 감안한 효율은 O(lgN) + O(lgN) = O(lgN)에 가깝다. 단, 이 경우에는 단서가 붙는다. 이진 탐색트리가 거의 균형 잡혀 있을 경우에 한해서 이러한 효율을 얻을 수 있다. 이보다 좀더 효율적인 방법이 힙(Heap)에 의한 구현이다.

[표 11-1] 자료구조별 우선순위 큐의 효율 비교

	삽입(Insert)	삭제(Remove)	탐색(Retrieve)
정렬된 배열	N	1	1
정렬 안 된 배열	1	N	N
정렬된 리스트	N	1	1
정렬 안 된 리스트	1	N	N
이진 탐색트리	lgN	lgN	lgN

Section

04 힙에 의한 우선순위 큐 구현

1. 힙

[그림 11-5] 쌓인 배추 더미

키 값이 클수록 우선순위가 높다고 가정할 때, **힙(Heap)**의 정의는 다음 두 가지 조건을 모두 만족해야 한다.

힙(Heap)

① 항상 완전 이진트리의 모습을 지닌다.

② A. 빈 트리거나,

B. 루트의 키가 왼쪽 자식, 오른쪽 자식의 키보다 크거나 같다. 왼쪽 자식과 오른쪽 자식 사이에는 어느 쪽 키가 크든지 상관이 없다. 단, 왼쪽 자식, 오른쪽 자식을 루트로 하는 하위트리는 힙이어야 한다.

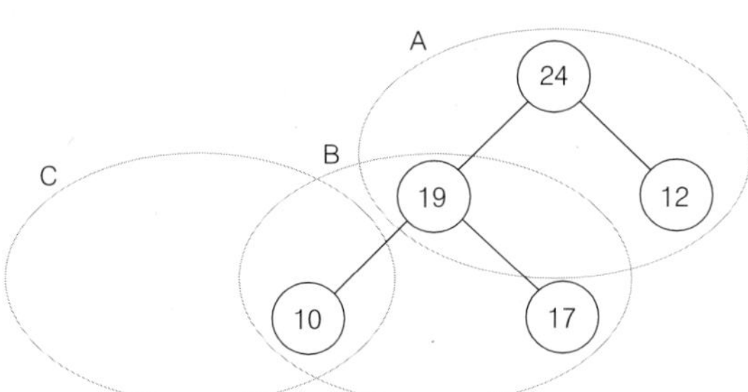

[그림 11-6] 힙(Heap)의 우선순위

[그림 11-6]은 힙의 예다. A에서 루트노드의 키 24는 자식노드의 키인 19, 12보다 크다. 왼쪽 자식의 키가 오른쪽 자식의 키보다 크다. 이는 루트노드를 중심으로 작으면 왼쪽, 크면 오른쪽으로 가는 이진 탐색트리와는 전혀 다른 모습이다. 키 24인 노드의 왼쪽 하위트리 B에서 루트노드의 키 19는 자식노드 키인 10, 17보다 크다. 다시 C에서 키 10인 노드의 자식노드는 빈 트리로서 위 정의에 ②-A에 의해 힙으로 간주된다. 트리 모습이 [그림 11-5]의 쌓아놓은 무더기와 흡사하다는 점에서 이러한 트리를 힙(Heap, 수북이 쌓아올린 더미)이라 한다. 단, 그 더미의 정상에는 가장 우선순위가 높은 레코드가 존재한다.

맥스 힙(Max Heap)
민 힙(Min Heap)

[그림 11-6]과 같은 힙을 **맥스 힙**(Max Heap)이라 한다. 이 힙에서는 키 값이 큰 레코드가 우선순위가 높은 것으로 간주되므로 루트노드의 키가 가장 크다. **민 힙**(Min Heap)은 맥스 힙과는 정 반대의 개념이다. 등수별로 입시에 우선권을 줄 때에는 등수가 낮을수록 우선순위가 높아진다. 즉, 이 힙에서는 키 값이 작을수록 우선순위가 높다고 간주하므로 가장 작은 키를 지닌 레코드가 루트노드에 존재한다. 특별히 민 힙이라고 명시되지 않는 한, 설명의 일관성을 유지하기 위해서 이 장에서는 맥스 힙을 사용한다.

이진 탐색트리가 약한 의미로 정렬되어 있다면 힙은 더 약한 의미로 정렬되어 있다고 할 수 있다. 이진 탐색트리의 경우, 루트노드를 중심으로 작은 것은 왼쪽 하위트리, 큰 것은 오른쪽 하위트리로 파티션 되어 있고, 또 트리에 중위순회를 가하면 완전히 정렬된 결과를 얻을 수도 있다. 그러나 [그림 11-6]에서 보듯이 힙에서는 큰 것이 상위 노드에, 작은 것이 하위 노드에 있다는 정도의 정렬 개념으로서, 아주 미약한 정렬이라 할 수 있다.

그러나 힙에서 요구되는 작업을 고려하면 이 정도의 정렬만으로도 충분하다. 즉, 힙을 구성하는 주목적인 삭제에 있어서는 가장 우선순위가 높은 것만 찾을 수 있으면 된다. 따라서 나머지 데이터가 굳이 정렬될 필요는 없다는 것이다.

힙의 가장 큰 특징은 완전 이진트리 모습이라는 데 있다. 완전 이진트리는 배열로 표시하는 것이 효율적이므로 힙은 항상 배열로 구현된다. 설명의 편의상 트리를 그리는 것이지 힙의 구현은 항상 배열로 구현된다는 점에 유의해야 한다. 완전 이진트리를 배열로 나타내려면 루트부터 시작해서 위에서 아래로 그리고 왼쪽에서 오른쪽으로 진행하면서 배열에 집어넣으면 된다. 즉, 노드 필기하는 순서로 트리를 지난다. 따라서 트리의 루트노드는 배열 인덱스 0번에 위치하게 된다. 이렇게 하면 트리의 부모 자식 관계는 다음과 같은 인덱스 연산으로 바뀐다.

① 인덱스 K에 있는 노드의 왼쪽 자식은 (2K + 1)에 오른쪽 자식은 (2K + 2)에 있다.
② 인덱스 K에 있는 노드의 부모 노드는 (K − 1) / 2에 있다.

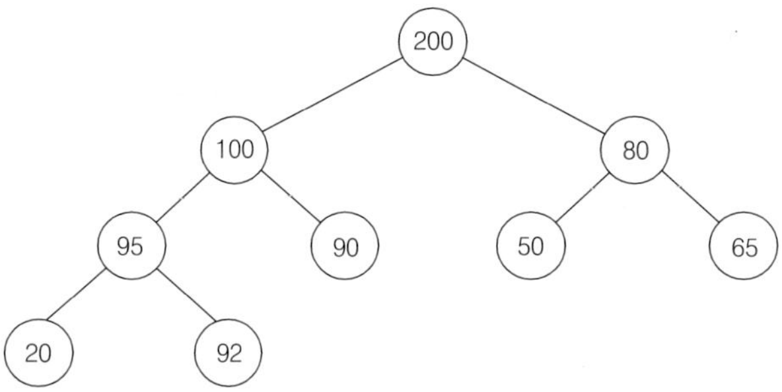

0	1	2	3	4	5	6	7	8	9	10	11
200	100	80	95	90	50	65	20	92			

[그림 11-7] 완전 이진트리와 배열

예를 들어, [그림 11-7]에서 키 95인 노드는 인덱스 3에 있다. 이 노드의 왼쪽 자식인 키 20인 노드는 인덱스 2×3 + 1 = 7에 있고, 오른쪽 자식인 키 92인 노드는 인덱스 2×3 + 2 = 8에 있다. 이 노드의 부모노드인 키 100인 노드는 인덱스 (3 − 1) / 2 = 1에 있다.

2 힙의 삭제

힙을 사용한 우선순위 큐의 삭제 작업을 예시해보자. [그림 11-8]의 힙에 삭제를 가하면 우선순위가 가장 큰 노드, 즉 루트노드가 삭제되어야 한다. 루트노드를 직접 삭제하면 이후 힙을 재구성하는 것이 복잡해진다. 따라서 루트노드를 삭제하는 대신, 배열의 제일 마지막 요소를 루트노드 위치에 덮씌운다(Overwriting). 즉, 그림의 키 7인 노드가 루트로 복사된다.

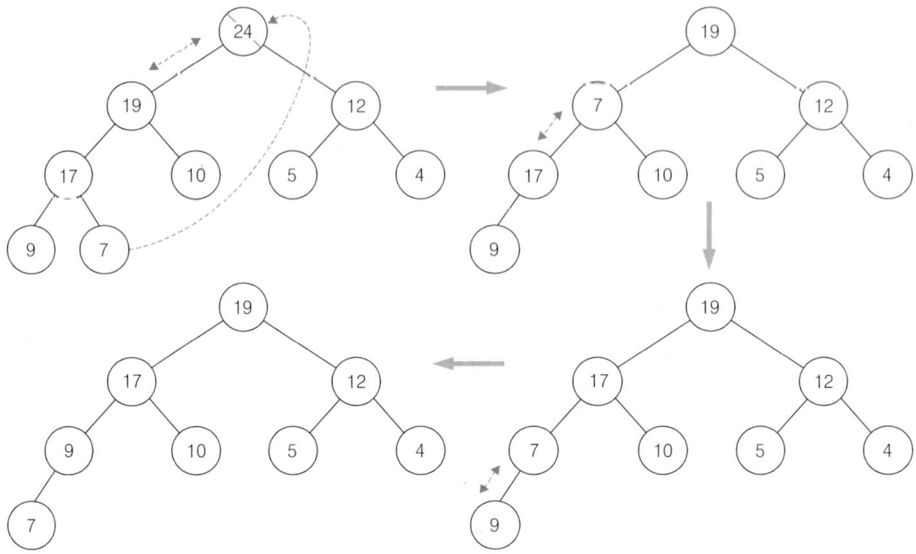

[그림 11-8] 힙의 삭제 작업

스와핑 (Swap, Exchange)

키 7인 노드가 루트가 되고 보니, 루트가 그 아래 자식들보다 작아져 버렸으므로 힙의 정의에 어긋난다. 따라서 왼쪽 자식과 오른쪽 자식 모두를 비교해서 가장 큰 것과 루트를 **스와핑**(Swap, Exchange)해야 한다. [그림 11-8]에서는 일단 19와 7의 스와핑이 일어난다. 그런데 스와핑되어 내려간 자리 역시 자기 자리가 아니다. 자식노드가 더 크기 때문이다. 다시 7은 자식노드인 17과 10 중 큰 쪽인 17과 스와핑된다. 이렇게 아래로 내려온 7은 다시 9와 스와핑됨으로써 제자리를 찾는다.

Down Heap

Heap Rebuilding

Promotion

이처럼 힙 모습을 되찾으려면 루트로부터 시작해서 제자리를 찾기까지 굴러 떨어져야(Down Heap) 한다. 물론, 내려오는 도중에 자신이 자식들보다 크다면 더 이상 내려가지 말아야 한다. 이렇게 함으로써 완전한 힙 모습이 복원된다(Heap Rebuilding). 결과적으로 볼 때, 루트인 키 24가 삭제된 자리에는 과거 자식들 중에 큰 키인 19를 가진 노드가 두목으로 진급(Promotion) 된 상태다. 힙은 배열로 구현되므로 실제로 이러한 모든 작업은 배열 내부에서 이루어진다.

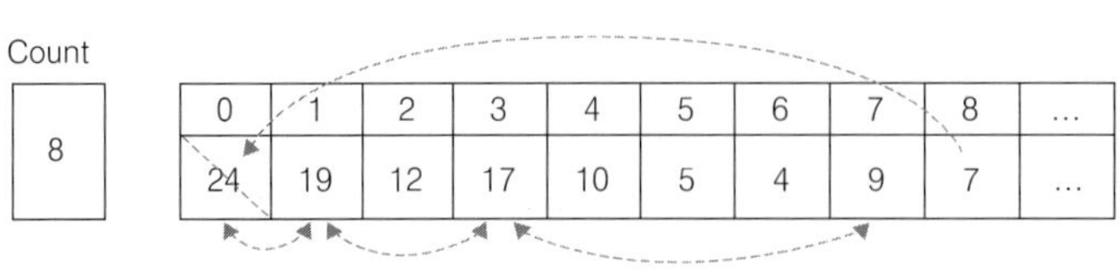

[그림 11-9] 삭제를 위한 레코드 이동

[그림 11-9]는 삭제를 위한 배열 내 레코드의 이동과정을 나타낸다. 트리의 리프노드 중 가장 오른쪽 것은 배열의 마지막 요소인 인덱스 8에 있는 노드다. 이것이 루트 위치인 배열 인덱스 0으로 복사된다. 다음 이것이 왼쪽 자식인 루트의 왼쪽 자식인 인덱스 $2 \times 0 + 1 = 1$과, 오른쪽 자식인 인덱스 $2 \times 0 + 2 = 2$의 노드와 비교된다. [그림 11-9]의 화살표는 이처럼 인덱스에 의해 트리를 타고 내려오면서 스와핑이 일어나는 과정을 표시한 것이다.

힙을 표현하기 위해 Items[ ]라는 배열을 가정하자. 우선순위가 가장 높은 레코드를 되돌려주고, 이후 힙을 회복하는 과정을 유사코드로 표현하면 다음과 같다.

[코드 11-1] 힙의 삭제 작업

```
Remove (Items[])
{ Return Items[0]                   현재의 루트노드를 되돌려 주기
  Items[0] = Items[Count-1]         트리의 마지막 노드를 루트노드 위치로 복사
  Count --                          삭제므로 개수를 감소
  DownHeap(Items[], 0)              0번 인덱스로부터 굴러 떨어지기 호출
}
DownHeap(Items[], Current)          Current는 현재 위치의 인덱스
{ if (Current = = Leaf)             굴러 떨어져서 리프까지 왔으면
      do nothing;                   더 이상 내려갈 곳 없음
  else
  {  Child = 2 * Current + 1        일단 왼쪽 자식이 오른쪽 자식보다 크다고 간주
     if (Currrent has RChild)       오른쪽 자식이 존재하면
     {    RChild = Child + 1        그 인덱스는 왼쪽자식 보다 하나 많음
          If Items[RChild] > Items[Child]  왼쪽자식 보다 오른쪽 자식이 크면
              Child = RChild;       가장 큰 것의 인덱스를 오른쪽 자식 인덱스로
     }
     if (Items[Current] < Items[Child]          현재 레코드가 자식보다 작으면
     {    Swap Items[Current] and Items[Child]  자식을 올리고, 자신은 내려감
          DownHeap(Items, Child)          내려간 위치에서 다시 재귀호출
     }
  }
}
```

굴러 떨어지는 작업은 당연히 재귀적이다. 인덱스 0에서 출발하여 LChild (2×0 + 1) 또는 RChild(2×0 + 2)와 비교하고, 만약에 스와핑되었으면 다시 거기서부터 LChild, RChild와 비교가 계속된다. 완전 이진트리에서 RChild가 없는 노드도 존재하므로 이에 대해서도 확인하여야 한다. 베이스 케이스는 사실상 두 가지다. 리프노드에 도달하였으면 위 코드의 첫번째 if문에 의해 그대로 빠져나온다. 현재 위치에서 자식노드보다 크면 위 코드의 마지막 if문의 조건에 해당하지 않으므로 그대로 빠져나온다.

효율 면에서 바라볼 때 힙의 삭제 작업은 O(lgN)이다. 배열의 마지막 레코드를 처음으로 복사하는 것이 O(1)이다. 최악의 경우 루트로부터 리프까지 굴러 떨어져야 하므로 트리 높이에 해당하는 lgN의 노드를 모두 지나와야 한다. 그런데 굴러 떨어질 때는 항상 왼쪽 자식, 오른쪽 자식 모두를 보고 가장 큰 것을 판단해야 하므로 두 번의 비교가 일어난다. 따라서 비교의 횟수는 총 2lgN이 된다. A와 B를 스와핑하는 작업은 항상 Temp = A, A = B, B = Temp에 의해 복사 세 번을 요한다. 따라서 최악의 경우 스와핑을 위한 복사의 횟수는 3lgN이 된다.

균형트리 (Balanced Tree)

힙이 이진 탐색트리보다 유리하다는 것은 트리의 높이 때문이다. 이진 탐색트리는 트리의 모양에 따라 최악의 경우, 연결 리스트와 유사한 모습이 되고, 따라서 O(N)의 효율을 보인다. 반면, 힙은 완전 이진트리의 모습을 지니므로 반드시 **균형트리**(Balanced Tree) 상태를 유지한다. 균형트리의 높이는 항상 lg(N)에 가깝다. 따라서 힙은 트리와 달리 최악의 경우에도 삽입에 걸리는 시간 O(lgN)이 완전히 보장된다는(Guaranteed) 점이 최대 장점이다. 단, 힙은 배열로 표시되어야 하므로 최대 레코드 수를 미리 결정해야 하는 부담을 안고 있다.

3. 힙의 삽입

Down Heap, Demotion

Up Heap, Promotion

힙의 삭제 작업을 비유적으로 말하면, "사장자리가 비면 말단 사원을 그 자리에 앉힌 다음, 부하직원보다는 능력이 좋다고 판단될 때까지 강등시키는 것(降等, Down Heap, Demotion)"이다. 반면 힙의 삽입 작업은 "능력이 어느 정도인지 모르니 신입사원이 오면 일단 말단 자리에 앉힌 다음, 능력껏 위로 진급시키는 것(進級, Up Heap, Promotion)"이다.

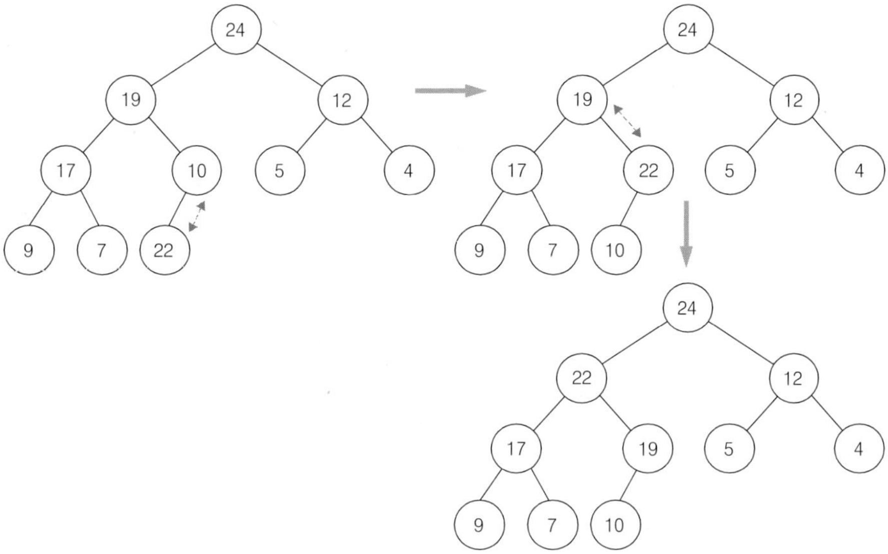

[그림 11-10] 힙의 삽입 작업

힙의 삽입은 삽입될 레코드를 일단 배열의 마지막에 이어 붙임으로써, 시작된다. [그림 11-10]의 첫 트리는 키 22인 레코드를 배열 끝에 추가한 모습이다. 이 레코드는 부모노드의 키 10과 비교되고 자신이 더 크므로 키 10인 노드와 스와핑된다. 다시 위를 바라보았을 때, 부모노드의 키 19가 자신보다 작으므로 스와핑이 일어난다. 다시 위를 바라보았을 때 부모노드의 키 24는 자신보다 크므로 그 자리에 눌러앉게 된다. 물론, 삽입된 키가 루트의 키보다 크면 또다시 스와핑이 일어나야 한다.

이러한 힙의 삽입 작업을 유사코드로 표현하면 다음과 같다. 위로 올라가는 진급 과정을 이번에는 재귀호출 대신 반복 루프로 표현한 예를 살펴보자.

[코드 11-2] 힙의 삽입 작업

```
Add (Items[], Data)                                Data는 삽입될 레코드
{ Items[Count] = Data                              배열의 마지막에 삽입
  Current = Count;                                 그 위치의 인덱스
  Parent = (Current - 1) / 2                       부모노드의 인덱스
  while ((Current != 0) && (Items[Current] > Items[Parent]))
                                                                 부모보다 클 동안
  {    Swap Items[Current] with Items[Parent]                    부모와 스왑
       Current = Parent                            스왑된 위치를 새로운 인덱스로
```

```
        Parent = (Current - 1) / 2      스왑된 위치에서의 부모 인덱스
    }
    Count ++                            레코드 수 증가
}
```

while문의 첫번째 조건에 의해 현재 위치의 인덱스는 0보다 크거나 같아야 한다. 만약, 삽입 레코드가 가장 커서 계속 위로 올라온다면 결국은 루트와 스와핑되고 그 상태의 인덱스는 0이 된다. 루트 위로 올라갈 수는 없으므로 이 상태에서 빠져나와야 한다.

효율 면에서 볼 때 힙의 삽입 작업은 O(lgN)이다. 최악의 경우 트리 말단에서 루트까지 올라가야 하고 그 경우 비교의 횟수는 lgN이기 때문이다. 삭제에서 자식노드 두 개를 모두 비교함으로써 비교 횟수가 2logN인데 반해, 삽입에서는 자신과 부모노드만 비교한다. 삭제와 마찬가지로 스와핑에 의한 복사의 횟수는 최악의 경우에 3lgN이 된다. 역시, 이진 탐색트리에 비해 장점은 트리의 높이가 반드시 lgN으로 보장된다는 데 있다. [표 11-2]는 우선순위 큐를 이진 탐색트리와 힙으로 구현할 때 각각의 효율을 비교한 것이다.

[표 11-2] 이진 탐색트리와 힙의 효율 비교

	삽입(Insert)	삭제(Remove)	탐색(Retrieve)
이진 탐색트리	lgN	lgN	lgN
힙	lgN(보장)	lgN(보장)	1

4 힙 정렬

힙 정렬(Heap Sort)은 힙 구조를 정렬 목적으로 사용한 것이다. 힙 구조에서 Remove를 가하면 키 값이 제일 큰 레코드가 빠져 나온다. 따라서 빈 트리가 될 때까지 계속적으로 Remove를 가하여 빠져나온 레코드를 순차적으로 적어나가면 그것이 바로 정렬 결과가 된다. 내림차순(Descending Order) 정렬이다. 오름차순으로 정렬하려면 내림차순 결과를 거꾸로 읽어나가도 되지만, 아예 키 값이 작은 것이 우선순위가 높다고 가정하고, 부모노드가 자식노드보다 키 값이 작게 되도록 힙을 구성해도 된다.

힙 정렬을 위해 가장 먼저 해야 할 것은 힙 구성(Heap Building)이다. 주어진 레코드로부

터 일단 힙을 만들어야, 빼내 오면서 정렬이 가능하기 때문이다. 힙을 구성하는 방법은 두 가지가 있다. 첫째가 하향식(탑 다운, Top Down)으로써, 반복적으로 힙에 삽입 작업을 가하는 것이다. [그림 11-11]로 예를 들어보자.

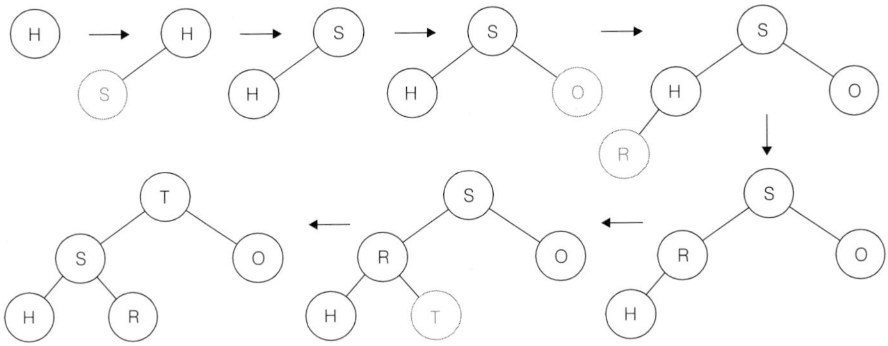

[그림 11-11] 하향식 힙 구성

그림은 H, S, O, R, T라는 키를 지닌 레코드가 있을 때, 힙을 만들기 위해 반복적으로 삽입을 가한 모습이다. 처음 H가 들어올 때는 빈 트리므로 H가 루트가 된다. 다음, S가 들어오면 이를 루트의 왼쪽 자식으로 삽입한 후 Up Heap에 의해 다시 힙 구조를 복원한다. 이러한 방식을 **하향식 힙 구성**이라 한다. 물론, 실제 구현은 배열을 사용한다.

하향식 힙 구성

하향식 힙 구성에 의한 정렬의 효율을 살펴보자. 먼저 힙 구성 단계에서 노드 하나가 삽입될 때마다 대략 lgN의 경로를 거쳐 위로 올라가므로 전체 데이터 N개가 삽입된다면 NlgN의 효율이다. 다음 정렬 단계에서 삭제할 가할 때에도 역시 하나씩 빠져 나가면서 조정을 위해 루트로 복사된 레코드가 lgN 경로를 타고 내려와야 하므로 NlgN에 해당된다. 따라서 크게 봐서 하향식 힙 구성에 의한 정렬의 효율은 O(NlgN) + O(NlgN) = O(NlgN)이라 할 수 있다.

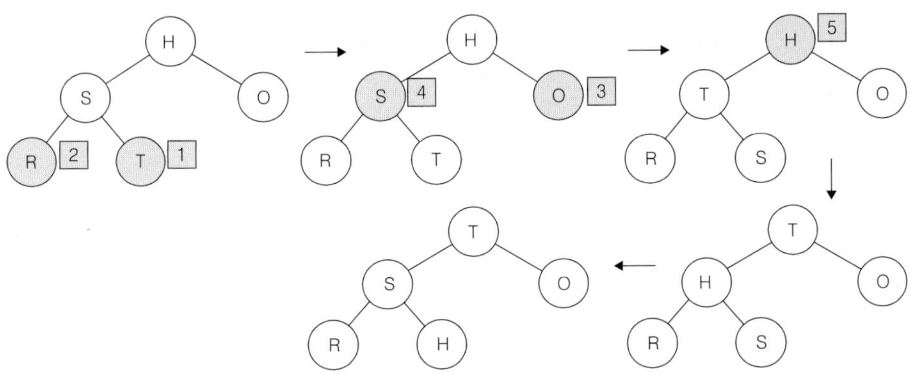

[그림 11-12] 상향식 힙 구성

상향식 힙 구성 방식
(바텀 업, Bottom Up)

상향식(바텀 업, Bottom Up) 힙 구성 방식을 사용할 수도 있다. 이 방식은 들어오는 키 값 순서대로 일단 트리를 구성한 후에 힙 구조가 되도록 재조정하는 방식이다. 이 방법에서는 [그림 11-12]의 첫 트리처럼 H, S, O, R, T 순으로 노트 필기하듯이 일단 트리를 구성한다. 물론, 이 상태에서는 아직 힙의 모습을 갖추지 못하고 있다. 다음, 가장 아래쪽의 리프 노드를 검사하되 오른쪽에서 왼쪽으로 진행한다. 다시 말해, 어떤 노드가 힙의 요건을 만족시키는지 검사하는 순서는 노트 필기의 역순이다.

검사 시에는 해당 노드와 그 아래쪽 노드의 키만 비교한다. 리프노드인 T, R은 그 아래 노드가 없으므로 당연히 제자리다. 따라서 그대로 놓아둔다. 다음, 리프 위 노드인 O, S 순으로 검사한다. O는 그 아래 노드가 없으므로 제자리다. S는 그 아래 R, T가 있으므로 셋 중 가장 큰 것인 T가 S와 스왑된다. 이 때 주의해야 할 점은 S와 스왑되어 올라간 T가 자신의 위를 쳐다볼 필요는 없다는 점이다. 항상 현재 것과 아래 것만 비교하기로 했기 때문이다.

[그림 11-12]의 세 번째 트리는 다시 그 위 레벨인 H를 검사하는 과정이다. H가 T와 스와핑 되어 아래로 떨어진다. 이전에 T가 자신의 위를 쳐다볼 필요가 없다는 것은 이처럼 H가 그 아래쪽을 내려다봄으로써 결국 처리 되기 때문이다. 떨어질 때는 계속적으로 아래 것과 비교해야 한다. 따라서 H는 다시 S와 스와핑된다. 이 예에서 보듯이 상향식 힙 구성 결과와 하향식 힙 구성 결과는 동일하지 않을 수도 있다. 그러나 둘 다 힙의 모습을 갖추고 있다.

용어 면에서 조금 유의해야 한다. 하향식(Top Down)에서는 새로운 레코드가 삽입되면 아래로 내려가는 것이 아니라 오히려 Up Heap에 의해서 올라가면서 힙이 구성된다. 여기서 하향식이라는 말은 새로운 레코드가 점차로 아래쪽에 삽입된다는 의미에 불과하다. 반대로 상향식(Bottom Up)에서는 Down Heap에 의해 아래로 내려가면서 힙이 구성된다. 여기서 상향식이라는 말은 아래에서 위로 올라가면서 검사 대상 레코드가 선택됨을 의미한다.

하향식 구성과 상향식 구성을 비교해 보자. [그림 11-13]처럼 포화 이진트리를 가정하면 대략 전체 노드 수의 절반 가량이 리프에 위치한다. 즉, 아래로 내려갈수록 많은 수의 노드가 분포한다. 하향식 힙 구성은 새로운 노드를 일단 가장 아래쪽 리프 노드에 넣고 위로 올리는(Up Heap) 방식이다. 따라서 가장 많은 수의 노드가 lgN의 경로를 타고 올라간다.

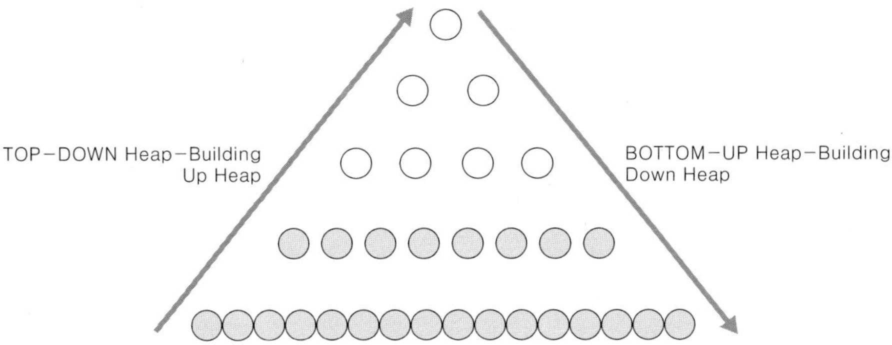

[그림 11-13] 하향식, 상향식

반면, 상향식 힙 구성은 위에서 아래로 내리는(Down Heap) 방식이다. 이 경우, 가장 많은 수를 차지하는 리프노드는 그 아래 노드가 없으므로 아예 비교조차 하지 않았다. 다음으로 많은 수를 차지하는 그 바로 위 레벨의 노드 역시 내려와 봐야 한 계단만 내려온다. lgN이라는 전체 높이를 타고 내려오는 것은 루트 쪽에 가까운 것들이고, 따라서 가장 적은 수의 노드만이 lgN을 타고 내려온다. 즉, 장거리 여행을 하는 것들은 몇 개 안된다.

결과적으로 하향식 힙 구성이 O(NlgN)을 보이는데 반해 상향식 힙 구성은 그보다 훨씬 빠른 O(N)에 가까운 효율을 보인다. 그러나 힙 구성 단계에서만 효율의 차이를 보일 뿐이지, 정렬을 위한 삭제 단계에서는 두 방법 모두 O(NlgN)의 시간이 필요하다. 따라서 어떤 경우든 힙 정렬은 O(NlgN)의 효율을 보인다고 할 수 있다.

쾌속정렬은 일반적으로 O(NlgN)이지만 이를 보장하지는 못한다. 합병 정렬이 O(NlgN)을 보장하지만 추가의 메모리가 필요하다. 힙 정렬은 O(NlgN)을 보장하면서 추가의 메모리가 불필요하다. 이런 의미에서 보면 힙 정렬이 최적이지만 내부 루프 처리시간이 쾌속 정렬보다 길기 때문에 일반적으로는 쾌속 정렬보다는 느리다.

생활 속의 자료구조

머리가 복잡할 때 가끔 해야 할 일을 적어보는 때가 있다. 그럴 땐, 그냥 생각나는 순서대로 적어 본다. 그러나 다 적고 난 다음엔, 우선적으로 해야 할 일이 무엇인지가 가장 중요하게 다가온다. 물론, 중요한 것을 먼저 쓰려고 노력은 하지만 항상 먼저 떠오르는 생각이 중요한 것은 아닐 것이다. 그래서 해야 할 일을 쓸 때마다 그 옆에 별을 몇 개나 그려가면서 "이거 굉장히 중요하다"라고 표시하기도 한다. 하지만 대부분의 하루는 당장 급한 일에 밀려 중요한 일이 별 볼 일 없는 것이 되고 말아버린다. 일반적으로 급한 일이 중요한 일인지는 분명치 않다. 급한 일이란 이런 것을 생각할 시간조차 주지 않기 때문이다.

맥킨토시 컴퓨터나 썬 워크스테이션에 사용되는 CPU인 MC 68000 계열의 칩은 인터럽트 우선순위를 3비트로 표시한다. 인터럽트(Interrupt)란 어떤 프로세스가 CPU에게 "하던 일 그만두고 나 먼저 처리해주쇼"라고 요구하는 것이다. 물론, 인터럽트가 걸린 순간에 CPU는 다른 인터럽트를 처리 중일 수도 있다. CPU는 인터럽트를 걸어온 놈과 현재 수행 중인 인터럽트의 우선순위를 비교한다. 인터럽트를 건 놈이 더 높다면 수행 중이던 일을 잠시 접고, 그걸 먼저 처리한다. 반면에 수행 중인 놈이 더 높다면 인터럽트를 걸어온 놈은 무조건 기다려야 한다. 이 때 인터럽트를 건 놈은 그보다 높은 수준의 인터럽트에 의해 마스킹(Masking) 되었다고 한다. 우선순위 비트 값 111에 속하는 인터럽트는 무지 센 놈들로서 주로 시스템 오퍼레이터(System Operator, SysOp, 시삽)가 발하는 명령들이다. 마스크 씌워서 입 다물라고 해 버릴 수 없는 놈들이기에 소위 넌매스커블(Non-maskable) 인터럽트라고도 한다.

요약

스택이나 큐가 시간에 우선순위를 둔 것이라면 우선순위 큐는 다른 기준에 우선순위를 둘 수 있도록 일반화시킨 추상 자료형이다. 키 필드에 의해 우선순위 값이 할당된다. 배열, 연결 리스트로 우선순위 큐를 구현할 때의 효율은 O(N)이다. 이러한 자료구조에서는 삽입이 빠르면 삭제가 느려지고 반면에 삭제가 빠르면 삽입이 느려진다.

이진 탐색트리로 우선순위 큐를 구현할 때의 효율은 O(NlgN)이지만 이 효율은 균형이 잡혀있는 트리일 때에 한한다. 완전 이진트리 모습을 지닌 힙을 사용하면 효율은 O(NlgN)으로 보장된다.

힙이 되기 위해서는 상위노드의 키가 하위노드의 키보다 크면 된다. 이러한 의미에서 힙은 미약하게 정렬되어 있다고 볼 수 있다. 힙은 배열로 구현된다. 힙의 삭제는 배열의 마지막 노드를 루트인 배열 첫 자리로 복사한 후, 아래쪽으로 강등시키면 된다. 반면에 힙의 삽입은 배열 끝에 새로운 노드를 넣고 이를 부모노드와 비교하면서 제 위치를 찾을 때까지 진급시키면 된다. 하향식 힙 구성은 연속된 삽입에 의해서 힙을 구성하는 것이다. 상향식 힙 구성은 일단 들어온 순서 그대로 배열에 놓은 다음, 가장 마지막 것부터 왼쪽으로 가면서 하나씩 제자리인지 검증하는 방법이다. 상향식 힙 구성의 효율이 O(N)이므로 하향식의 O(lgN)보다 빠르다. 힙 정렬의 효율은 O(NlgN)이다.

연습 문제

1 다음 중 힙의 일반적 작업이 아닌 것은 무엇인가?

가. 주어진 값을 지닌 레코드를 검색하기
나. 최소 값 또는 최대 값을 지닌 레코드를 삭제하기
다. 주어진 값을 지닌 레코드를 삽입하기
라. 새로운 힙을 만들거나 없애기

2 힙을 배열로 구현할 수 있는 이유는 다음 중 무엇 때문인가?

가. 힙은 이진 탐색트리다.
나. 힙은 포화 이진트리다.
다. 힙은 완전 이진트리다.
라. 힙은 균형 이진트리다.

3 다음 트리 중 힙에 해당하는 것은 어떤 것(들)인가?

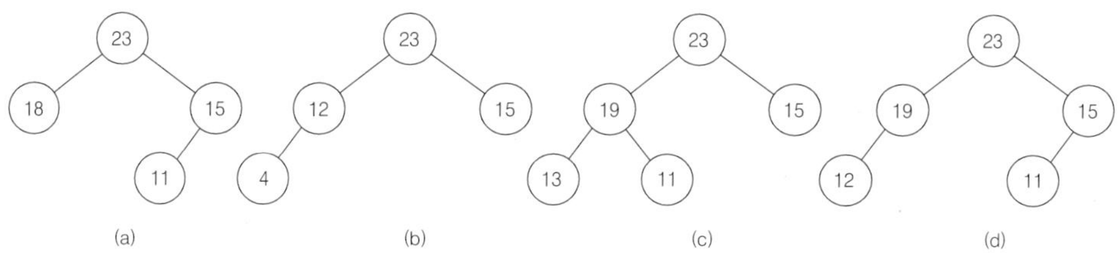

[그림 11-14] 문제 3

4 다음 중 그림의 힙 모습을 만들어 낼 수 있는 삽입 순서는 무엇인가?

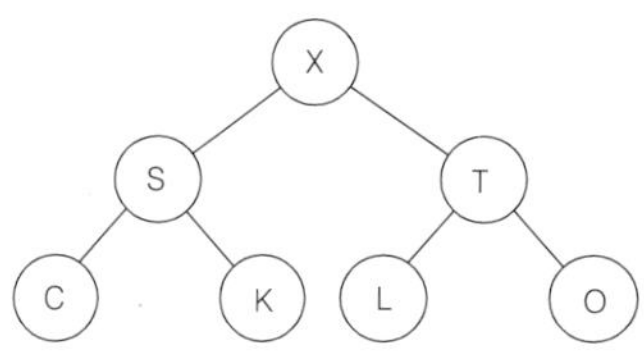

[그림 11-15] 문제 4

가. C, T, S, X, K, L, O
나. S, L, O, X, T, C, K
다. C, K, O, L, T, S, X
라. S, T, L, C, K, X, O
마. '가-라' 중에는 없다.

5 다음 힙 작업의 효율에 관한 설명 중 맞는 것을 골라라.

가. 삽입, 삭제 모두 O(N)보다 빠를 수는 없다.
나. 삽입은 O(N)보다 빠르지만, 삭제는 그렇지 않다.
다. 삭제는 O(N)보다 빠르지만, 삽입은 그렇지 않다.
라. 삽입, 삭제 모두 O(N)보다 빠르다.

6 삽입을 위해 새로운 레코드를 Data[i]에 넣었다. 삽입에 따른 위로 올리기(Up Heap) 작업이 아직 완료되지 않았음을 테스트하는 비교문은 다음 중 어떤 것인가?

가. (i > 0)
나. (Data[(i-1)/2] < Data[i])
다. (i > 0) && (Data[(i-1)/2] < Data[i])
라. (i > 0) || (Data[(i-1)/2] < Data[i])

7 다음 배열을 기준으로 물음에 답하라.

[표 11-3] 문제 7

Index	0	1	2	3	4	5
Data	10	9	6	3	2	5

가. HeapRemove를 수행한 결과 배열 내용을 쓰라.
나. data 20을 HeapAdd 한 후의 결과 배열 내용을 쓰라.

8 6, 33, 25, 28, 35, 2, 16, 38, 4라는 키를 가진 데이터가 순차적으로 들어올 때, 이에 대해 힙 정렬을 가하려 한다.

가. 하향식 힙 구성을 사용하여 힙을 만드는 작업을 트리 형태로 그려라.
나. 상향식 힙 구성을 사용하여 힙을 만드는 작업을 트리 형태로 그려라.
다. '가'를 기준으로 삭제가 한 번 일어난 후의 힙 모습을 배열로 표현하라.

9 34, 12, 26, 93, 8, 11, 35, 7, 60이라는 키를 가진 데이터가 순차적으로 들어올 때, 이에 대해 힙 정렬을 가하려 한다.

가. 하향식 힙 구성을 사용하여 힙을 만드는 작업을 트리 형태로 그려라.
나. 상향식 힙 구성을 사용하여 힙을 만드는 작업을 트리 형태로 그려라.
다. '가'를 기준으로 삭제가 한 번 일어날 후의 힙 모습을 배열로 표현하라.

연습 문제

10 키 값이 A S O R T I N G E X A M P L E인 데이터가 있다. 일단 정렬 안 된 이 데이터 그대로를 순서대로 배열에 넣고 상향식 힙 구성(Bottom-Up Heap Building)을 가하는 과정을 그려서 설명하되, 트리의 내용과 배열 내용을 동시에 보여라.

11 다음 트리에서 새로 삽입된 키 45인 노드의 위치를 힙 구조에 맞도록 조정하여 그 결과를 배열로 나타내라.

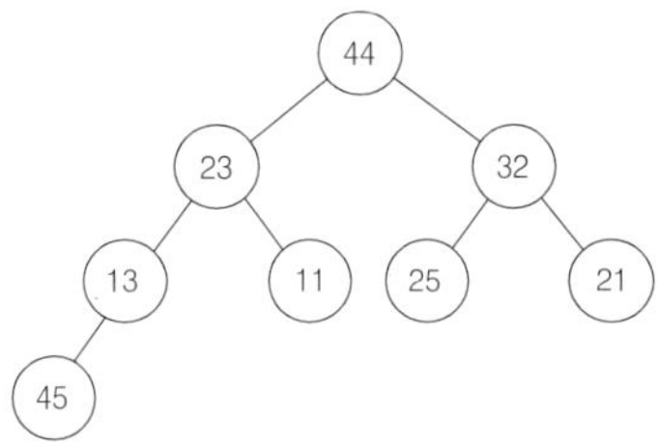

[그림 11-16] 문제 11

12 다음 트리의 루트노드에 대해 끌어 내리기(Down Heap) 알고리즘을 적용한 결과, 힙의 모습을 트리로 그려라.

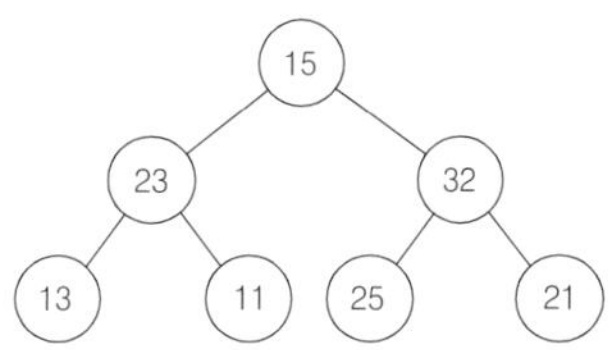

[그림 11-17] 문제 12

13 힙 구조를 구현한 다음 배열을 기준으로 답하라.

[표 11-4] 문제 13

Index	0	1	2	3	4	5	6	7	8
Data	50	40	30	35	20	15	25	10	

가. Heap Remove를 수행한 후의 배열 모습을 쓰라.
나. '가'의 결과에 Key 80을 지닌 데이터를 Heap Add한 후의 배열 모습을 쓰라.

14 다음 일련의 작업을 가한 결과 최종적인 힙 배열의 모습을 그려라.

insert(13); insert(4); insert(25); insert(26); insert(10);
insert(3); insert(30); insert(11); insert(13)

15 원래 배열의 모습이 다음과 같을 때 상향식 힙 구성에 의해 힙이 되어가는 과정의 배열 모습을 순차적으로 나열하라.

13 4 25 26 10 3 30 11 14

16 요소 22개를 지닌 힙이 있다. 이 힙의 높이는 얼마인가?

17 다음 힙을 기준으로 물음에 답하라.

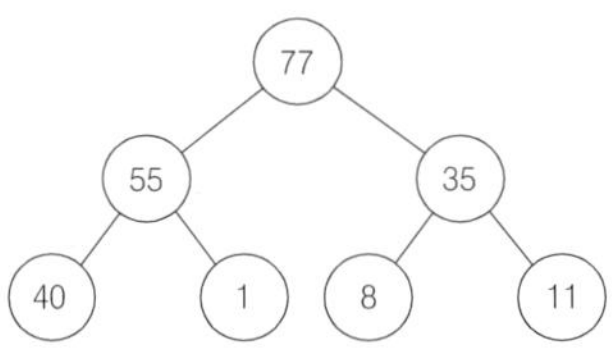

[그림 11-18] 문제 17

가. 키 59인 레코드를 삽입한 후의 힙을 트리로 그려라.
나. 위 '가'의 결과 힙에서 레코드를 삭제한 후의 힙을 트리로 그려라.

18 끌어 내리기(Down Heap)에서 더 이상 아래쪽으로 내려가지 않고 작업을 멈추기 위한 조건을 한 줄의 문장으로 쓰라.

19 맥스 힙에서 가장 큰 데이터가 있는 곳의 배열 인덱스는 몇 번인가?

20 삽입은 상수시간(Constant Time)에 일어나지만 가장 큰 레코드를 가져오는 작업이 선형시간(Linear Time)이 되도록 우선순위 큐를 구현하려 한다. 다음 클래스 선언을 참고로 물음에 답하라.

```
typedef struct {
  int Key;
  char Data[MAX];
  node *Next;
} node;
class PriorityQueue
{ public:
     void Insert(itemType &Item);       삽입 함수
     node* RemoveMax(); 삭제 함수, 삭제되는 노드를 가리키는 포인터를 리턴
  private:
     node* Head;  연결 리스트로 구현한 우선순위 큐의 첫 노드를 가리키는 포인터
 };
```

연습 문제

가. 삽입이 상수시간에 이루어지게 하려면 어떻게 해야 하는지 한 줄로 설명하라.

나. 최악의 경우 선형시간을 요하는 위 RemoveMax( ) 함수를 구현하라. 단, 같은 우선순위를 가진 레코드는 없으며 다음 함수가 이미 존재한다고 가정하라.

```
void ListRemove(node*Cursor); 리스트에서 현재 Cursor가 가리키는 노드를 제거
```

21 비어있던 힙 배열에 A B C D E F G H 키 순서로 레코드가 삽입될 때, 힙이 형성되는 과정을 나타내는 다음 빈칸을 채워보라. 단, 아래 그림은 배열의 내용을 표시한다.

A
B A
(　　)
D C B A
E D B A C
(　　　　)
G D F A C B E
(　　　　　　)

22 여러 사용자가 CPU를 공유하는 컴퓨터에 다음 작업(Job)이 동시에 입력되었다. 응답시간(Response Time)이란 작업이 완료된 시간에서 해당 작업이 시스템에 입력된 시간을 뺀 값을 말한다. CPU가 어느 순간 하나의 작업만 처리할 수 있다고 가정하고, 다음 물음에 답하라.

[표 11-5] 문제 22

작업 ID	실행시간	우선순위
A	15	1
B	4	2
C	8	4
D	12	3

가. 우선순위를 기준으로 일을 처리할 때 평균 응답시간을 구하라.

나. 실행시간이 짧을수록 높은 우선순위를 부여할 때(SJF, Shortest Job First) 평균 응답시간을 구하라.

23 IntHeap 클래스는 정수 키 값만 저장하는 힙이다. 이 배열에는 최대 노드 100개를 넣을 수 있다. 배열 인덱스 0은 사용하지 않고 비워두기로 한다. 이렇게 하면 인덱스 i에 있는 노드의 LChild는 2i, RChild는 2i + 1, 그리고 Parent는 Floor(i/2)가 된다. 여기서 플로어(Floor, 바닥) 함수는 실링(Ceiling, 선반) 함수의 반대 되는 개념으로 예를 들어, Floor(2.7) = 2, Ceiling(2.1) = 3을 의미한다. 배열에 새로운 노드를 삽입하는 아래 함수의 빈 칸을 채워보라.

```
class IntHeap {
public:
  IntHeap();

private:
  int Size;
  int HeapArray[];
};
IntHeap::IntHeap()
{  HeapArray = new int[101];
   Size = 0;
}
void IntHeap::InsertItem(int key)
{ HeapArray[Size] = key;
for  (i = Size ;    i > 1   ;             )
   if (HeapArray[i] < HeapArray[i/2]
   {    int Temp = HeapArray[i];
        HeapArray[i] = HeapArray[i/2];
        HeapArray[i] = Temp;
    }
}
```

24 힙을 대상으로 삽입 작업을 가하기 위한 복잡도는 O(lgN)이다. 힙을 만드는 데 필요한 작업의 복잡도는 얼마인가?

연습 문제

25 다음 그림의 힙을 참고로 물음에 답하라.

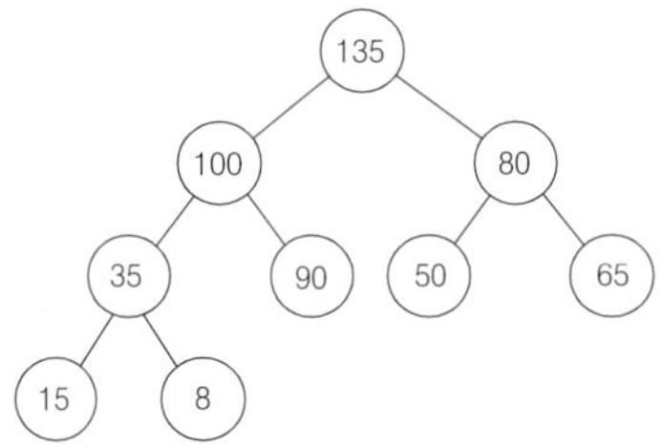

[그림 11-19] 문제 25

가. HeapRemove를 실행한 후의 힙 모습을 배열로 그려라.
나. 키 150인 노드를 HeapAdd 한 후의 힙 모습을 배열로 그려라.

26 큐의 양쪽에 삽입, 삭제를 가할 수 있는 것이 덱(Dequeue)이다. 이 구조를 응용하여 하나의 자료구조로 MinHeap, MaxHeap 모두를 구현하려 한다. 여기에 가해질 작업은 가장 작은 것을 삭제하는 DeleteMin, 가장 큰 것을 삭제하는 DeleteMax, 큐에 새로운 레코드를 추가하는 AddDequeue 등이다. 다음 자료구조를 사용할 때 각각의 작업의 효율을 빅 오 기호로 표시하고 그 이유를 한 줄로 설명하라.

가. 정렬 안 된 배열
나. 오름차순으로 정렬된 배열
다. 오름차순으로 정렬된 연결 리스트(Head, Tail이라는 포인터 두 개를 유지)

Chapter 12

탐색 알고리즘

*학습목표

- 이진탐색, 보간탐색, 이진 탐색트리 등 기본 탐색 방법의 효율을 이해한다.
- 기수 탐색의 두 가지 구현 방법과 효율을 이해한다.
- 선형탐사, 제곱탐사, 이중 해시의 방법과 효율 차이를 이해한다.
- 버켓, 별도 체인 등 닫힌 어드레싱 방법을 이해한다.
- 상황에 따른 자료구조 선택 방법을 이해한다.

Point

우리가 어떤 자료구조를 사용한다는 것은 해당 자료구조에 정보를 저장하기 위한 것이지만 결국은 저장된 정보를 탐색(Search)하는 데 주 목적이 있다. 따라서 자료구조를 설계할 때는 저장 효율 못지않게 탐색 효율을 염두에 두고 설계해야 한다. 특히 탐색을 위주로 하는 데이터베이스에 있어서는 탐색 알고리즘과 이를 뒷받침하는 자료구조 모두가 시간적 효율을 최대한 높일 수 있게 해야 한다.

용어로 보면 탐색(Search)이나 검색(Retrieval)이나 동일한 것이다. 굳이 구별하자면 탐색은 찾는 데 주안점을, 검색은 찾아서 가져온다는 데 주안점을 둔 용어다. 그러나 찾아서 가져오지 않으면 의미가 없으니 결국은 같은 용어라고 볼 수 있다. 이 장에서는 기초적인 탐색 방법에서 시작해서 트라이, 해시 등 탐색효율을 높이기 위한 여러 가지 탐색 알고리즘과 해당 알고리즘에서 사용되는 자료구조를 알아본다.

Section

01 키, 레코드, 탐색

[그림 12-1]은 이름표가 붙어있는 개인별 신상 폴더를 모아 놓은 것이다. 개인별 폴더를 레코드 하나로 간주하면 이름은 해당 폴더를 찾을 수 있게 하는 키 필드라고 할 수 있다. 레코드의 집합에서 주어진 키를 지닌 레코드를 찾는 작업을 **탐색**(Search)이라 한다. 이 때 주어진 키를 **목표 키**(Target Key), 또는 **탐색 키**(Search Key)라고 부른다. 물론, 탐색 키를 지닌 레코드가 하나 이상일 수도 있고 없을 수도 있다.

탐색(Search)
목표 키(Target Key)
탐색 키(Search Key)

정렬과 마찬가지로 탐색 대상 레코드를 모두 메인 메모리에 넣을 수 있는지에 따라서 탐색 방법을 분류하기도 한다. 모든 레코드가 메인 메모리 내부에 들어와 있는 상태에서 이루어지는 탐색을 **내부탐색**(Internal Search)이라 하고, 레코드가 보조 기억장치에 있는 상태에서 이루어지는 탐색을 **외부탐색**(External Search)라 한다.

내부탐색
(Internal Search)
외부탐색
External Search)

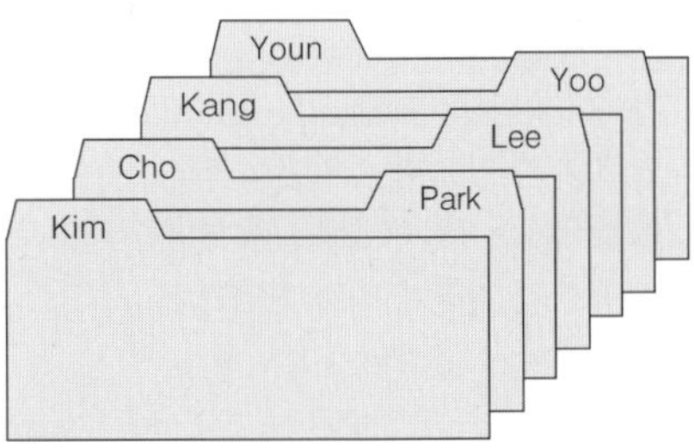

[그림 12-1] 레코드와 키

Section

02 이진탐색

이진탐색
(Binary Search)

이진탐색(Binary Search)은 정렬된 배열을 전제로 한다. 한번의 비교가 가해질 때마다 탐색의 범위는 반으로 줄어든다. 현재 탐색 범위의 왼쪽 끝 인덱스를 Left로, 오른쪽 끝 인덱스를 Right로 나타내면 다음 단계의 비교는 범위의 한 가운데 인덱스 값인 Left + (Right – Left)/2에 있는 키에 가해진다. 만약, 이 키가 찾고자 하는 키와 일치하면 찾은 것이고 그렇지 않으면 탐색 범위를 다시 반으로 줄여나가기 때문에 효율은 O(lgN)이다. 이진탐색 코드는 다음과 같다.

[코드 12-1] 이진탐색

```
void BinarySearch(int A[], int First, int Last, int Key, int& Index)
{ if (First > Last)                         탐색 키를 가진 레코드가 없을 때
       index = -1;                          에일리어스 변수 Index를 -1로 표시
  else
  {    int Mid = (First+Last)/2;            가운데 인덱스 계산
       if (Key = = A[Mid])                  탐색 키가 가운데 키와 같으면
          Index = Mid;                      에일리어스 변수 Index를 해당 인덱스로
       else if (Key < A[Mid])               탐색 키가 가운데 키보다 작으면
          BinarySearch(A, First, Mid-1, Key, Index);
                              왼쪽에서 찾음
       else                                 탐색 키가 가운데 키보다 크면
          BinarySearch(A, Mid+1, Last, Key, Index);
                                            오른쪽에서 찾음
  }
}
```

Section

03 보간탐색

예를 들어, 사전에서 '희망' 이라는 단어를 찾으라면 대부분 사전의 가운데 페이지를 펼치는 것이 아니라 대략적으로 사전 뒤쪽을 먼저 뒤적거리기 시작한다. 'ㅎ' 은 자음 중 뒤쪽에 속하기 때문이다. **보간탐색(補間探索, Interpolation Search)**은 키 값을 기준으로 대략적으로 그 키가 있을 만한 곳으로 탐색범위를 제한하는 방법이다. 다음과 같이 정렬된 배열을 가정해보자.

보간탐색(補間探索, Interpolation Search)

[표 12-1] 배열 레코드 분포

인덱스	1	2	3	4	5	6	7	8	9	10	11	12
키	20	42	55	62	78	92	112	132	140	145	150	170

키 값 150인 레코드를 찾아달라고 할 때, 이진탐색이라면 무조건 한가운데인 인덱스 (1+12)/2 = 6에서 탐색을 시작한다. 반면 보간탐색에서는 1 + (12−1) · (150−20)/(170−20) = 10.5니, 대략 인덱스 10 또는 11에서 찾기 시작한다. (12−1)이라는 인덱스 공간을 1로 볼 때, 탐색 키가 대략 (150−20)/(170−20) = 0.86 정도에 위치한다고 보는 것이다. 탐색 키를 그 위치의 키와 비교해서, 탐색 키가 크면 오른쪽, 작으면 왼쪽으로 범위를 축소하는 방식은 이진탐색과 동일하다.

이러한 보간 방식은 선형보간이다. 즉, 인덱스 값의 증가에 따라 키 값도 이에 정비례하여 증가한다고 보고 그 위치를 계산한 것이다. 선형보간은 일반적으로 이진탐색보다 빠른 효율을 보이지만 단점도 있다. 첫째, 인덱스 연산에 부동소수 나눗셈을 위한 시간을 요한다. 일반적으로 정수 연산보다 부동소수 연산이, 그 중에서도 나눗셈 연산이 가장 오래 걸린다.

둘째, 키 값이 같은 비율로 증가할 경우에만 좋은 효율을 보인다. 만약, 배열 내부 키 분포가 2, 3, 40, 70, 90, 500, 510처럼 비선형적으로 분포한다면 이러한 선형보간은 별 도움이 못된다. 선형보간 대신 2차 함수를 써서 보간 할 수도 있겠지만 그렇게 되면 함수 값 계산에 많은 시간이 소요된다는 점을 간과해서는 안 된다. 선형보간의 효율은 O(lg(lgN))이므로, 이진탐색의 O(lgN)보다는 빠르지만 이는 키 값이 선형으로 분포한다는 조건에서만 얻을 수 있는 효율이다.

Section

04 이진 탐색트리

이진 탐색트리의 탐색 효율은 트리 모습에 좌우된다. 비교적 균형 잡힌 트리의 높이는 lgN에 가깝고 따라서 최악의 경우 검색 효율은 O(lgN)이다. 그러나 균형이 깨진 트리는 그렇지 않다. 최악의 경우 연결 리스트에 가까운 트리라면 검색 효율은 O(N)에 접근한다. 확률적으로 분석한 이진 탐색트리의 평균 효율은 O(1.38 lgN) 정도다.

내부경로 (Internal Path)

이진 탐색트리의 평균 효율은 트리의 **내부경로(Internal Path)** 길이에 의해 근사적으로 계산된다. [그림 12-2]에서 키 3을 가진 노드를 찾으려면 정확히 네 번의 비교가 필요하다. 루트로부터 내려오면서 20, 12, 7, 3과 차례로 비교되었기 때문이다. 이 경우 루트로부터 키 3인 노드까지의 내부경로의 길이는 3이므로 이를 대략적인 비교의 횟수로 간주할 수 있다. 이렇게 하면 그림의 노드별 내부경로의 합은 레벨별로 (Level 0:0) + (Level 1: 1 + 1) + (Level 2: 2 + 2) + (Level 3: 3) = 9가 된다. 트리의 노드가 모두 여섯 개므로 평균적인 비교 횟수는 대략 9/6 = 1.5회가 된다.

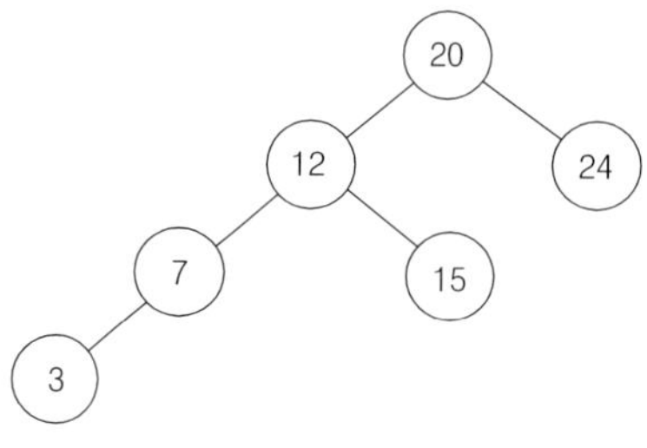

[그림 12-2] 내부 경로

이진 탐색트리에서 삭제가 일어나면 중위후속자(Inorder Successor) 또는 중위선행자(Inorder Predecessor)를 삭제된 노드로 옮김으로 인해 트리 모습에 변형이 일어난다. 따라서 삭제가 빈번할수록 트리의 균형이 무너질 확률이 높아지고, 결과적으로 이진트리의 높이가 증가한다. 통계적으로 볼 때 삭제가 빈번한 이진 탐색트리의 높이는 lgN보다 큰 $\sqrt{N}$에 근접한다.

게으른 삭제 (Lazy Deletion)

이른바 **게으른 삭제(Lazy Deletion)**를 사용하기도 한다. 삭제가 일어나면 실제로 삭제하지 말고 해당 노드에 '삭제됨' 이란 표시만 해 놓고, 나중에 몰아서 한꺼번에(Batchwise) 삭제하는 것이다. 이렇게 되면 몰아서 삭제되기 전까지는 이전의 트리 모습이 계속 유지된다. 만약, 이전의 트리가 균형 잡혀 있었다면 삭제 전까지의 탐색효율은 원래대로 유지할 수 있다는 것이다.

간접 이진 탐색트리 (Indirect Binary Search Tree)

트리의 삽입, 삭제에 걸리는 시간을 줄이는 데 간접트리를 사용할 수도 있다. **간접 이진 탐색트리**(Indirect Binary Search Tree)는 [표 12-2]처럼 원래의 레코드가 배열에 존재함을 전제로 한다.

[표 12-2] 간접트리를 위한 배열

인덱스	1	2	3	…
키	25	16	12	
데이터	Kim	Cho	Park	

이 방법에서는 노드에 레코드 자체를 저장하지 않는다. 즉, 트리의 각 노드는 해당 키를 가진 레코드가 배열의 몇 번째에 있는지를 확인할 수 있는 그 인덱스만을 저장할 뿐이다. 이렇게 하는 이유는 삽입, 삭제가 일어날 때마다 노드 레코드를 복사하는 데 드는 시간을 줄이기 위해서다. 간접트리는 [그림 12-3]과 같이 두 가지 방식으로 구성할 수 있다.

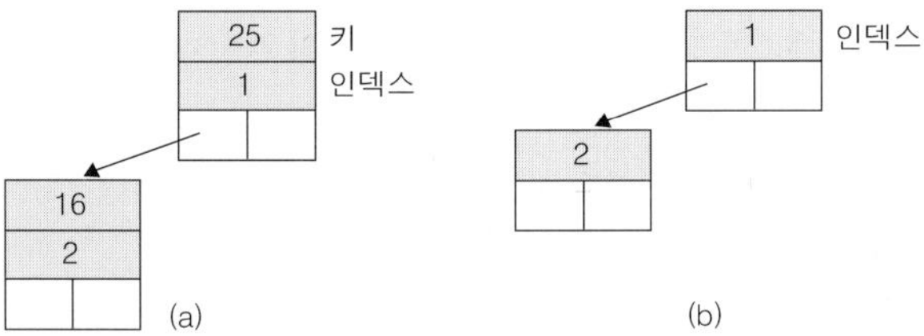

[그림 12-3] 간접 이진트리

[그림 12-3]의 (a) 방식에서는 각 노드에 키 값과 인덱스 값만 넣는다. 이렇게 하면 키 값을 비교하기 위한 코드는 if (SearchKey 〈 Curr-〉Key)에 의해 진행될 수 있다. 키 값이 노드 내부에 저장되어 있기 때문이다. 반면 [그림 12-3]의 (b)처럼 해당 레코드의 인덱스 값만 노드에 저장할 때에는 if (SearchKey 〈 A[Curr-〉Index].Key) 식으로 현재 노드의 인덱스를 가지고 배열에서 키 값을 찾아야 한다. 노드가 차지하는 공간을 줄인다는 점에서는 (b) 방식이 선호되겠지만 키 값을 다시 배열에서 찾는 시간을 고려하면 (a) 방식이 더 유리하다. 이처럼 간접트리를 사용하여 대용량의 데이터 필드가 복사되는 것을 방지함으로써 삽입, 삭제에 소요되는 시간을 줄일 수 있다.

Section

05 기수탐색

① 문자열 키

[표 12-3] 도표(1)

사원번호	이름
0203015	자유림
0424332	구부기
9983725	너훈아
0589322	패튀김

[표 12-4] 도표(2)

웹 주소	IP 주소
www.amazon.com	208.216.181.15
www.harvard.edu	127.103.060.55
www.yale.edu	130.132.143.21
www.princeton.edu	128.112.128.15

[표 12-5] 도표(3)

변수명	주소
Temp	5F112E
Var1	5F1012
Var2	5E0000
Nptr	5F4004

[표 12-3], [표 12-4], [표 12-5]와 같이 레코드 여러 개를 모아 놓은 것을 목록(List) 또는 도표(Table)라 부른다. [표 12-3]은 사원번호에 의해 사원 이름을 찾아보기 위한 도표다. [표 12-4]는 인터넷 도메인 서버가 웹 주소를 IP 주소로 매핑하기 위해 사용하는 도표고, [표 12-5]은 컴파일러가 번역을 위해 변수별 메인 메모리 주소를 찾는 데 사용하는 도표로서 컴파일러는 모든 변수가 차지할 공간의 시작 주소를 0으로 놓고 각 변수가 들어갈 상대적인 주소 값을 기록한다. 세 도표 모두 첫 칼럼이 키 필드 역할을 한다.

대부분의 탐색에 있어서 키 필드는 문자열이다. [표 12-4], [표 12-5]의 웹 주소, 변수명이 문자열이다. DNA 매칭에 사용되는 키는 A, C, G, T라는 문자 네 개의 조합이며, 단백질 구조 역시 문자 20개의 조합이다. KSC5601 표준에 의한 우리말의 자음 모음 조합도 문자열이며, 유니코드 표준에 의한 세계 각국의 언어도 문자열이다. 숫자 역시 문자로 간주할 수 있으므로 [표 12-3]의 사원번호도 문자열이다. 주민번호, 신용카드번호, 휴대폰번호 역시 문자열로 취급할 수 있다.

기수탐색(基數探索, Radix Search)

문자열을 키로 하는 레코드의 검색에 가장 효율적인 방법 중의 하나가 기수탐색이다. **기수탐색(基數探索, Radix Search)**은 기수정렬과 마찬가지로 키를 분해하는 데에서 출발한다.

즉, 키를 문자나 비트 단위로 분해하여 탐색트리 구성에 활용한다. 탐색트리 구성 방법에 따라서 기수탐색은 디지털 탐색트리와 기수 탐색트리의 두 종류로 나뉜다.

2 디지털 탐색트리

디지털 탐색트리
(Digital Search Tree)

디지털 탐색트리(Digital Search Tree)는 키의 비트 값을 기준으로 자식 노드를 분기(分岐, Branch)시키는 방법이다. 5비트 키 필드를 가정하고 알파벳 순서를 비트 값으로 할당하면 A는 첫 문자므로 00001이 된다. 순차적으로 다음과 같은 키가 들어올 때 트리의 구성 과정은 [그림 12-4]와 같다.

A = 00001, S = 10011, E = 00101, R = 10010, C = 00011, H = 01000, X = 11000

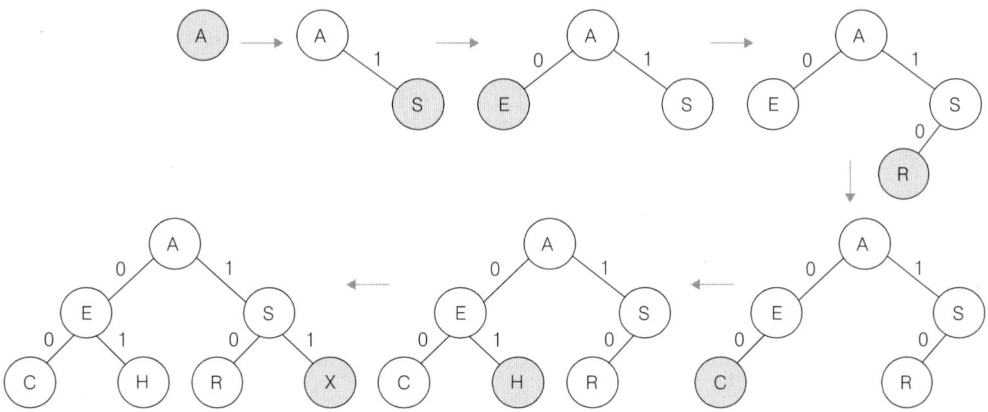

[그림 12-4] 디지털 탐색트리 구성

빈 트리 상태에서 키 A인 첫 노드는 그대로 삽입된다. 다음 키 S는 비트 값이 1로 시작하니 A의 오른쪽 자식으로 붙인다. 다음 키 E는 0으로 시작하니 A의 왼쪽 자식으로 붙인다. 다시 키 R은 1로 시작하지만 이미 노드 S가 있으니 R의 두 번째 비트인 0을 기준으로 S의 왼쪽 자식으로 붙인다. 이러한 과정을 반복한다.

결과적인 트리는 분명 이진 탐색트리는 아니다. 키 값의 크기 순서가 이진 탐색트리의 요건을 만족시키지 못하기 때문이다. 그러나 이 트리는 탐색에 유리한 트리다. 예를 들어, 키 R을 가진 레코드를 찾으려면 루트로부터 시작해서 10010의 비트 경로를 따라가면서 만나는 노드와 비교하면 된다. 여기서 비트 경로 0은 왼쪽 자식을, 1은 오른쪽 자식을 의미한다.

디지털 탐색트리에서 레코드는 내부노드 혹은 외부노드에 분포한다. 따라서 해당 노드를 찾을 때까지 루트로부터 시작해서 내려오는 과정의 모든 노드를 대상으로 키 비교가 행해진다. 결과적으로 디지털 탐색트리의 탐색효율은 O(lgN)에 가깝다. 이떤 키 내부의 비드 값이 0이 될 확률이나 1이 될 확률이 1/2로 동일하므로 새로 삽입되는 노드가 현재 노드의 왼쪽으로 삽입될 확률이나 오른쪽으로 삽입될 확률이 거의 동일하다. 따라서 트리는 균형 잡히게 되고 결과적으로 높이가 lgN에 근접하기 때문이다. 물론, 최악의 경우에는 비트 수만큼 끝까지 가면서 O(N)의 비교가 일어난다.

❸ 기수 탐색트리

기수 탐색트리
(Radix Search Trees)

트라이(Trie)

기수 탐색트리(Radix Search Trees)를 일명 **트라이**(Trie)라 부른다. 탐색 또는 검색을 의미하는 ReTRIEval의 가운데 스펠을 따서 붙인 이름이다. 디지털 탐색트리의 레코드가 내부노드 또는 외부노드 모두에 분포하는 데 반해 트라이의 레코드는 모두 외부노드에 분포한다. 키 A = 00001, S = 10011, E = 00101, R = 10010 순으로 레코드가 들어올 때 트라이의 구성 과정은 [그림 12-5]와 같다.

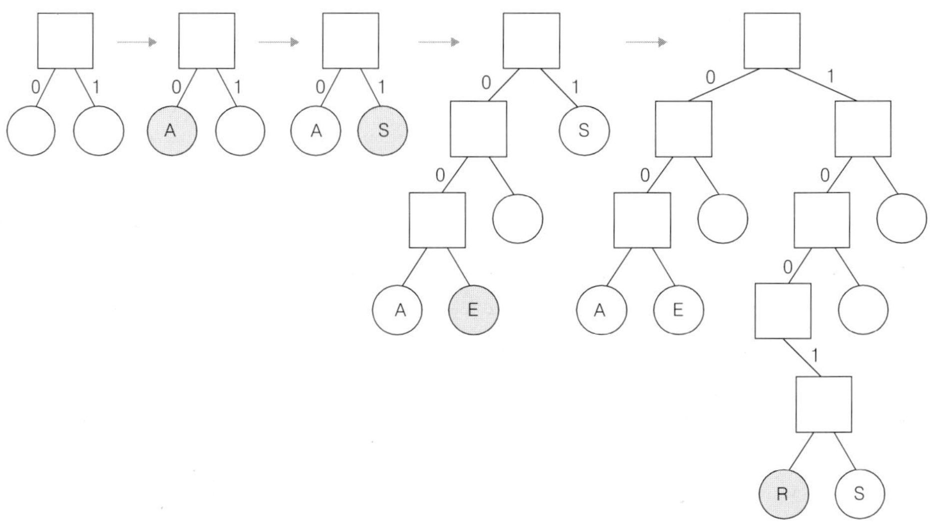

[그림 12-5] 기수탐색 트라이 구성

내부노드는 아무런 데이터가 없이 단지 포인터 두 개로만 구성된다. [그림 12-5]의 첫 트리는 빈 트리를 표시한다. 키 A는 첫 비트가 0으로 시작하므로 루트 왼쪽의 외부노드에 삽입된다. 다음, 키 S는 첫 비트가 1로 시작하므로 루트 오른쪽의 외부노드에 삽입된다. 즉, 외부노드가 비어있으면 거기에 삽입하면 된다.

다음, 키 E를 가진 레코드가 들어오면 첫 비트가 0이므로 루트에서 왼쪽으로 가지만 거기서 A를 만난다. 같은 곳에 레코드 두 개가 들어갈 수 없으므로 이제 A와 E의 키를 비교하게 된다. A = 00001이고 E = 00101이므로 비트열을 왼쪽에서 오른쪽으로 비교한 결과, 두 번째까지는 00으로 같고, 세 번째 비트에서 서로가 달라진다. 따라서 두 번째 비트까지 경로를 공유해야 하므로 네 번째 그림과 같이 그 경로상에 내부노드를 추가한 후 그 아래에 삽입한다. 다시 R이 들어오면 외부노드 S와 만나므로 키 두 개를 비교한 결과, 처음 4비트가 동일해지고, 따라서 그 경로에 있는 내부노드를 추가한 것이 마지막 그림이다.

디지털 탐색트리에서 경로상의 모든 노드에 대해서 키 비교가 가해지는 데 비해서 트라이에서 키 비교는 단 한번만 일어난다. 노드가 외부에만 존재하기 때문이다. 다시 말해, 주어진 키의 비트 패턴을 따라서 트리를 타고 내려가는 과정에서 다른 키와 비교가 일어나지 않는다.

일반적으로 균형 잡힌 트라이라면 높이는 lgN에 가까우므로 효율은 O(lgN)이라 할 수 있다. 그러나 이 경우의 효율은 키 비교 횟수가 아니라는 점에 유의해야 한다. 트라이를 타고 내려오면서 다른 내부노드의 키와 비교한 적은 없다. 자신을 구성하는 비트열 중 첫 lgN개의 비트를 검사하였을 뿐이다.

트라이의 모습은 레코드 키 값의 입력 순서와 무관하다. 위 예에서 A, R, E, S 순으로 레코드가 들어와도 최종 결과는 동일하다. 키 내부의 비트 패턴 자체가 삽입위치를 결정하기 때문이다. 그러나 위 예의 S와 R처럼 여러 비트에 걸쳐 비트 패턴이 같아지면 트리가 **한쪽으로만 분기**(One-Way Branch) 되어 균형이 무너진다. 또, 그렇게 되면 그림에 보인 것처럼 비어있는 외부노드가 다수 발생하게 되어 공간적 효율이 문제가 된다.

한쪽으로만 분기
(One-Way Branch)

트라이의 높이를 줄임으로써 이러한 문제를 개선한 것이 **다중링크 트라이**(Multi-way Tries)다. 이는 [그림 12-6]처럼 노드 하나에서 뻗어나가는 링크의 숫자를 M으로 늘린 것이다. 예를 들어, 링크를 네 개로 놓고 비트 패턴 00이면 가장 왼쪽, 01이면 그 오른쪽으로 분기하는 것이다.

다중링크 트라이
(Multi-way Tries)

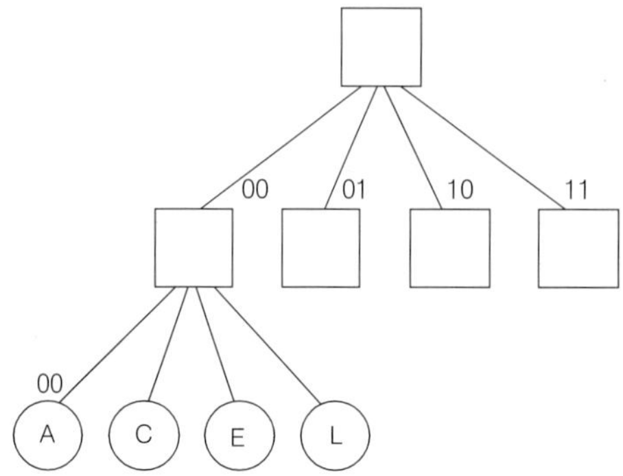

[그림 12-6] 다중링크 트라이

물론, 이렇게 되면 트라이의 높이는 줄어들지만 내부 노드 하나에서 테스트되는 키 비트수가 2비트로 늘어난다. M이 커질수록 트라이의 높이는 낮아진다. M = 2인 이진 탐색트리에서 높이가 $\log_2 N$이듯이 이 경우의 높이는 $\log_M N$에 근접한다.

너무 많은 분기로 인한 공간낭비가 초래될 수도 있다. [그림 12-6]의 트라이라면 레벨 1에서 한 개, 레벨 2에서 네 개가 존재하므로 레벨 3에서 4^2 = 16개의 노드가 존재한다. 이렇게 되면 제일 아래 레벨인 리프 노드 근처에는 지나치게 많은 외부노드가 존재하게 되며, 이들 대부분이 사용되지 않음으로 인해서 공간적인 낭비가 초래된다. 따라서 이러한 구조를 약간 변형하기도 한다. 즉, 루트 근처에서는 M을 크게 하고, 리프 근처에서 M을 작게 함으로써 공간적인 비효율을 줄이기도 한다.

다중링크 트라이 방식은 다음 절에서 설명할 해시보다 더 좋은 효율을 보일 수도 있다. 해시 함수에서는 키를 구성하는 모든 요소를 검사해야 하는데 비해, 트라이에서는 키의 일부만 검사하고도 원하는 레코드를 찾아가기 때문이다. 그러나 M이 부적절할 경우에는 공간적 부담과 아울러 비트열 검사를 위한 시간적 부담으로 인해 해시에 비해 효율이 떨어질 수도 있다.

Section

06 해시

1 해시의 정의

이진트리만으로도 매우 효율적인 삽입, 삭제와 탐색이 가능하다. 어떤 이진트리가 O(lgN)의 탐색 효율을 보인다고 전제하면 레코드 100,000개 중 하나를 찾는 데 걸리는 비교 횟수는 lg100000 ≈ 17 정도가 된다. 대략 17번 정도의 키 비교 만에 레코드 100,000개 중에 하나를 찾아낸다는 것은 매우 빠른 알고리즘이라 할 수 있다.

그러나 이러한 속도조차 너무 느리다고 이의를 제기할 수도 있다. 대한민국 모든 집 전화번호와 주소가 어떤 데이터베이스에 입력되어 있다고 가정하자. 만약, 이것이 119 데이터베이스라면 비상 시에 누가 전화를 걸자마자 아무 말 안하더라도 그 즉시 주소확인이 이루어져야 한다. 이러한 종류의 검색은 빠를수록 좋다. **실시간 응용프로그램**(Real-Time Application)에서는 이처럼 검색 속도가 결정적인 역할을 한다. 아무리 결과가 정확하더라도 그 결과가 필요한 시간 내에 검색되지 않으면 무의미해지는 경우다.

실시간 응용프로그램 (Real-Time Application)

이전의 탐색에 비해 **해시**(Hash, Hashing)는 효율 면에서 근본적인 차이를 지향한다. 즉, O(logN)이 아니라 O(1)을 지향한다. 데이터 개수 N과 무관하게 단번에 찾아내겠다는 것이다. 주어진 키를 사용해서 실제 레코드의 주소를 직접적으로 계산해내는 것을 해시라고 한다. 배열을 사용한다면 이 주소는 배열의 인덱스를 의미한다.

해시 (Hash, Hashing)

[그림 12-7]은 해시를 묘사한 것이다. 여기서 계산기에 해당하는 것이 **해시 함수**(Hash Function)다. 다시 말해, 주어진 레코드의 키에 해시 함수를 가하면 그 레코드가 저장되어야 할 인덱스가 튀어 나온다. 당연히 이 계산은 매우 빨라야 한다. 그림 오른쪽에 있는 배열처럼 키에 해시 함수를 가하여 채운 도표를 **해시 테이블**(Hash Table)이라 한다.

해시 함수 (Hash Function)

해시 테이블 (Hash Table)

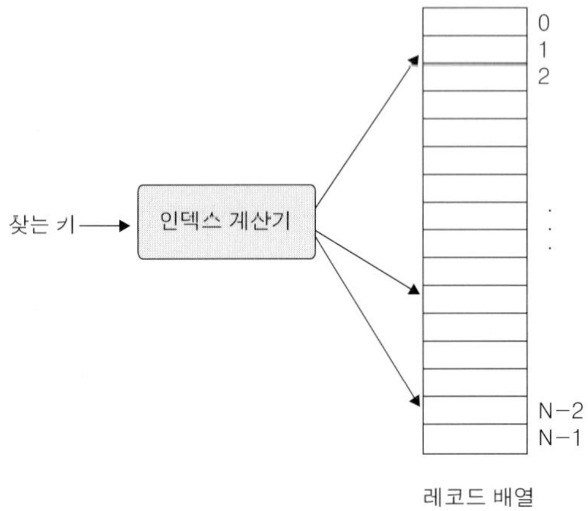

[그림 12-7] 인덱스 계산기

해시 함수는 레코드를 저장할 때와 탐색할 때 모두 사용된다. 주어진 키에 해시 함수를 가하여 결과 인덱스에 어떤 레코드를 저장했다면 당연히 탐색 시에도 그 키에 동일한 해시 함수를 가해서 해당 레코드가 있는 인덱스를 찾아내어야 한다.

자체 매핑(Identity Mapping)

445-3800이라는 전화번호를 키로 하는 레코드를 예로 들어보자. 키 그대로를 인덱스로 하여 이 레코드를 T[4453800]에 저장할 수도 있다. 키 자체가 인덱스가 되어 버리므로 이 경우의 해시 함수는 **자체 매핑**(Identity Mapping)이라 할 수 있다. 그러나 일반적으로 메모리 크기는 제한적이므로 배열 인덱스의 범위를 줄일 필요가 있다. 예를 들어, 같은 동네의 전화번호라면 국번을 생략할 수 있다. 이렇게 하면 위 레코드는 T[3800]으로 들어간다. 이 경우 해시 함수는 4453800에서 3800으로 가는 매핑이라 할 수 있다.

충돌(Collision)

만약, 메모리 크기가 더 작아서 인덱스 0...999까지라면 다른 해시 함수를 써야 한다. 전체 전화번호의 처음 네 자리를 떼어버리면(Stripping) 위 레코드는 T[800]에 들어간다. 그러나 이렇게 되면 445-3800이나 445-7800이나 모두 동일한 인덱스로 매핑되어 버린다. 이러한 현상을 **충돌**(Collision)이라 부른다. 서로 다른 키에 해시 함수를 가한 결과, 동일한 인덱스로 매핑되는 현상을 말한다. 충돌은 메모리가 부족할 때만 일어나는 것이 아니다. 메모리에 여유 공간이 있음에도 불구하고, 해시 함수 자체의 특성으로 인해 일어날 수 있다.

2 해시 함수

주어진 키를 제한된 범위의 인덱스로 매핑하는 과정에서 다양한 해시 함수를 생각할 수 있다.

자리수 선택(Digit Selection)은 주어진 키 중, 일부 자리수만 골라내는 것을 말한다. 예를 들어, 13자리 주민번호라면 그 중 홀수 번째 자리수만 선택해 볼 수 있다. 해시 함수를 h로 나타내면 h(8812152051218) = 8112528이 된다. 매우 단순하기 때문에 빠른 속도로 가할 수 있는 해시 함수지만 자리수 선택에 주의해야 한다. 만약, 처음 네 자리를 선택하였다면 출생년월이 같은 사람들은 모조리 충돌하게 된다.

자리수 선택
(Digit Selection)

자리수 접기(Digit Folding)는 키에 나타난 각각의 자리수를 더해 버리는 방식이다. 위 예라면, h(8812152051218) = 8 + 8 + 1 + ... + 8 = 44가 된다. 이렇게 하면 메모리 인덱스의 범위는 0 ≦ h(KEY) ≦ 9×13 = 117의 사이에 존재한다. 만약, 메모리 공간에 더 여유가 있으면 h(8812152051218) = 88 + 12 + 15 + ... + 8로 해 볼 수도 있다.

자리수 접기
(Digit Folding)

해시 함수로서 가장 자주 사용되는 매핑이 **모듈로 함수(Modulo Function)**다. 이 매핑에서 해시 함수 h는 h(KEY) = KEY mod TableSize로 표시된다. 즉, 해당 레코드의 KEY를 해시 테이블 크기로 나눈 나머지가 바로 그 레코드가 들어갈 인덱스가 된다. C 언어로 표현하면 이는 h(KEY) = KEY % TableSize가 된다. 어떤 수를 TableSize로 나눈 나머지는 항상 그보다 작으므로 반드시 배열 인덱스 0..(TableSize−1) 안으로 매핑되게 된다.

모듈로 함수
(Modulo Function)

그러나 모듈로 함수 역시 충돌을 피해갈 수는 없다. 예를 들어, 1236 % 100이나, 3636 % 100이나 모두 동일한 인덱스로 매핑된다. 이러한 충돌을 최소화하고 해시 테이블 내부 레코드가 골고루 분포하게 하려면 TableSize 숫자의 선택에 유의해야 한다. 통계에 의하면 이 숫자는 소수(Prime Number)로 하는 것이 유리하다.

3 문자열 키

문자열 키에 대해서 자리수 접기를 사용할 수도 있다. 이 경우 문자 값은 ASCII 코드 값을 할당하면 된다. 예를 들어, EACH = 69 + 65 + 67 + 72 = 273, WALL = 87 + 65 + 76 + 76 = 304가 된다. 만약, stringClass의 변수 Key에 대해 Length( ) 함수가 정의되어 있다면 다음 코드에 의해 자리수 접기를 가할 수 있다.

[코드 12-2] 문자열 폴딩(1)

```
int HashByFold(stringClass Key)
{ int HashVal = 0;
  for (int i=0; i < Key.Length(); i++)
      HashVal += Key[i];
  return HashVal
}
```

그러나 이 방법은 아스키 코드에 배정된 문자 값만을 더하기 때문에 결과 인덱스 값의 범위가 한정된다. 만약, 배열 크기가 더욱 넉넉하다면 이를 다음과 같이 개선할 수 있다.

[코드 12-3] 문자열 폴딩(2)

```
int HashByFold(stringClass Key)
{ int HashVal = 0;
  for (int i=0; i < Key.Length(); i++)
      HashVal = (HashVal << 3) + Key[i];
  return HashVal
}
```

<<는 비트 시프트 연산자(Bitwise Left Shift Operator)로서 비트열을 왼쪽으로 3비트 이동시키라는 것이다. 이진수 비트열을 왼쪽으로 1비트 시프트한다는 것은 2를 곱하는 것에 해당한다. 따라서 위 코드는 이전 HashVal에다가 8을 곱한 다음에 그 다음 문자 값을 더하고 있는 것이다. 여기서 8을 직접 곱하지 않고 비트 시프트를 사용한 이유는 연산의 속도를 높이기 위해서다. 결과적으로 보면 이 코드는 문자마다 8진법 형태의 자리수가 있다고 전제하고, ABC라는 문자열을 'A' $\times 8^2 +$ 'B' $\times 8 +$ 'C'로 간주하는 것이다. 이 방식으로 KIM이라는 문자열을 10진수로 나타내면 'K' $\times 10^2 +$ 'I' $\times 10^1 +$ 'M'이 된다.

조금 긴 문자열을 키로 하는 레코드가 입력될 수도 있다. 알파벳 순서를 문자 값으로 정의하면, 'HWANG'이라는 키는 $8 \times 10^4 + 23 \times 10^3 + 1 \times 10^2 + 14 \times 10 + 7$이라는 숫자 값으로 변환시킬 수 있다. 이러한 변환 과정에서 곱셈의 횟수는 8×10^4에 네 번, 23×10^3에 세 번 등 총 열 번이 된다. 만약, 위 식을 $((((8 \times 10 + 23) \times 10 + 1) \times 10 + 14) \times 10) + 7$로 변형하면 곱셈의 횟수가 네 번으로 줄어든다.

다항식을 이와 같은 형식으로 변환하는 것을 **호르너 규칙**(Horner's Rule)이라 한다. 연산의 횟수가 적으므로 연산이 빨라질 뿐만 아니라, 부동 소수점 연산일 경우에는 계산 결과의 정밀도(Precision)가 높아진다. 부동 소수점의 곱셈은 매번 곱셈이 일어날 때마다 일정 자리수 이하의 숫자를 반올림 하거나(Round Up), 잘라 버리기(Truncate)를 함으로, 여러 번 곱할수록 정밀도가 낮아진다.

호르너 규칙 (Horner's Rule)

긴 키의 경우에는 숫자가 너무 커지면 **정수 오버플로우**(Integer Overflow)가 발생할 수도 있다. h(KEY) = KEY % 7이라는 해시 함수를 생각해보자. 만약, 95 % 7을 계산하려면 이를 분해하여 95 % 7 = ((7 + 2)×10 + 5) % 7 = (2 × 10 + 5) % 7로 변환할 수 있다. 다시 말해, 7이라는 인수를 빼어버릴 수 있다. 이 인수는 거기에 10이나 다른 수가 몇 번 곱해지건 간에 7로 나누어 떨어지기 때문에 모듈로 계산의 결과에 아무런 영향을 주지 못한다.

정수 오버플로우 (Integer Overflow)

따라서 위 'HWANG'이라는 긴 키에 모듈로 7을 가하는 방법은 다음과 같다. 먼저 8을 7로 나눈 나머지 1만 취한다. 여기에 그 다음 숫자인 23을 붙여서 123을 만든다. 이를 7로 나눈 나머지인 4만 취한다. 여기에 그 다음 숫자인 14를 붙여서 414를 만든다. 이를 7로 나눈 나머지인 1만 취한다. 여기에 그 다음 숫자인 7을 붙여 17을 만든다. 이를 7로 나눈 나머지인 3이 전체 키에 모듈로 7을 가한 결과가 된다. 이런 식으로 숫자를 분해해서 작게 만들고 모듈로를 가하면 숫자가 너무 커져 발생하는 오버플로우를 피할 수 있다.

④ 선형탐사

어떤 해시 함수를 사용하든 충돌은 피해갈 수 없는 문제다. 서로 다른 키를 가진 레코드가 동일한 인덱스로 매핑된다고 해서 일반적으로 한 곳에 레코드 두 개를 넣기는 어렵다. 따라서 이에 대한 해결책(Collision Resolution)이 필요하다.

열린 어드레싱(Open Addressing)은 충돌이 일어나면 자기 자리가 아닌 곳으로 들어갈 수 있도록 허용한다. 즉, 다른 키를 가진 레코드가 해시 되어 들어가야 할 자리까지도 오픈 시켜 버린다. 이에 반해 **닫힌 어드레싱**(Closed Addressing)에서는 자기자리가 아니면 절대로 못 들어가게 하면서 충돌을 해결한다. 열린 어드레싱은 구체적 방식에 따라 선형탐사, 제곱탐사, 이중 해시로 나뉜다.

열린 어드레싱 (Open Addressing)

닫힌 어드레싱 (Closed Addressing)

선형탐사
(Linear Probing)

선형탐사(Linear Probing)는 충돌이 일어나면 그 다음 빈 곳을 찾아가는 방식이다. 다시 말해, T[h(KEY)]가 점유되어 있을 때, T[h(KEY) + 1], T[h(KEY) + 2], ...의 순서로 빈 곳이 있을 때까지 찾아간다. 만약, 찾아가는 도중에 배열의 끝을 만나면 다시 처음으로 되돌아와서 거기서부터 빈자리를 찾는다.

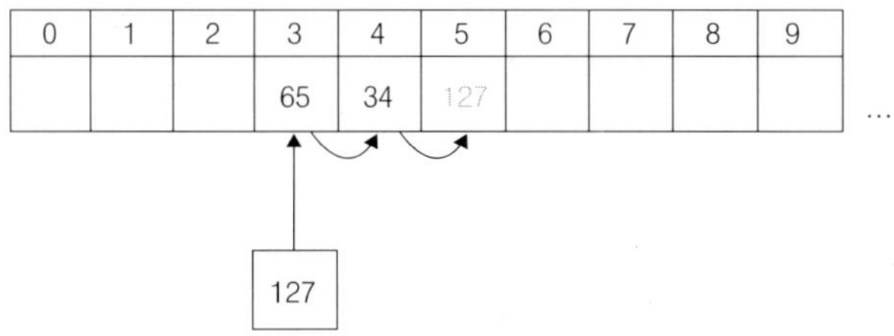

[그림 12-8] 선형탐사

[그림 12-8]은 해시 함수 h(KEY) = KEY%31을 사용하여 레코드를 삽입하는 모습이다. 처음 키 65인 레코드가 인덱스 3으로 들어갔다. 다음 키 34인 레코드의 해시 결과 인덱스 3이지만 이미 그 자리에 키 65인 레코드가 차지하고 있어서 그 오른쪽 빈 곳인 인덱스 4의 위치에 삽입되었다. 다시 키 127인 레코드가 들어오면 인덱스 3으로 매핑된다. 현재 인덱스 3이 차 있으니, 그 오른쪽의 인덱스 4를 본다. 이 또한 차 있으니 그 오른쪽 인덱스 5의 위치로 들어가게 된다. 삽입이 이렇게 되었으니 탐색 역시, 해시 결과 인덱스에 찾는 레코드가 없으면 오른쪽으로 가면서 키를 비교해야 한다.

선형탐사에서 유의해야 할 점이 있다. 키 65, 34, 127까지 다 들어간 상태에서 키 34인 레코드를 삭제하면 인덱스 4의 위치는 빈 칸이 된다. 이후, 키 127을 가진 레코드를 찾아달라고 하면 일단 인덱스 3으로 간다. 그곳에 해당 키를 가진 레코드가 없으니 우측 인덱스 4를 본다. 여기서 "빈 칸이니 찾는 레코드가 없다"라고 결론지으면 곤란하다. 그 우측 인덱스 5에 찾는 레코드가 있기 때문이다.

사용중(Occupied)
삭제됨(Deleted)
미사용(Empty)

이같은 점을 감안하여 선형탐사에서 배열 아이템은 세 가지 상태로 분류한다. 예를 들어, 아이템마다 **사용중**(Occupied), **삭제됨**(Deleted), **미사용**(Empty)이라는 태그(TAG)를 할당할 수 있다. 만약, 탐색 도중 '미사용' 칸을 만나면 탐색을 중지하고 찾는 레코드가 없다고 해야 하지만, '삭제됨' 칸을 만나면 탐색을 계속해야 한다. 물론, 삽입은 '삭제됨' 상태나 '미사용' 상태의 빈 칸 모두에 가할 수 있다.

클러스터
(Cluster, 군집, 群集)

1차 클러스터
(Primary Cluster)

선형탐사의 최대 단점은 이른바 **클러스터**(Cluster, 군집, 群集) 현상이다. 특히 선형탐사의 클러스터를 **1차 클러스터**(Primary Cluster)라고 부른다. 클러스터란 레코드가 분산되지 않고 떼지어 몰려다님을 의미한다. 예를 들어 보자. [그림 12-9]는 현재 인덱스 3, 4, 5에 레코드가 차 있는 상태다. 키 34인 레코드는 사실상 34 % 31 = 3에 들어가야 할 레코드가 오른쪽에 밀린 것이고, 마찬가지로 키 127인 레코드도 사실은 127 % 31 = 3에 들어가야 마땅한 것이다.

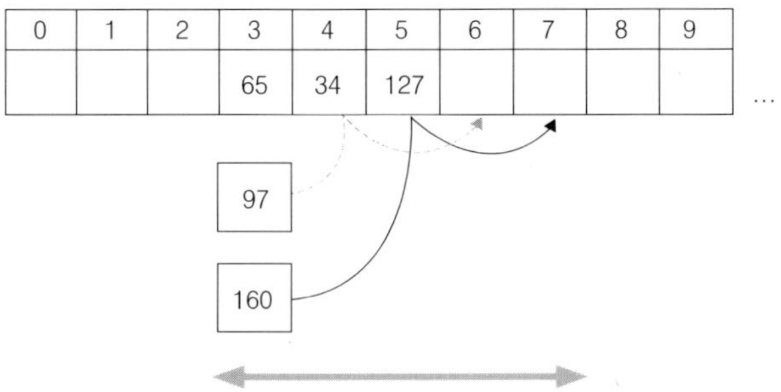

[그림 12-9] 1차 클러스터

이 상태에서 키 97인 레코드가 들어오면 97 % 31 = 4이므로 일단 인덱스 4로 가보지만 거기서 충돌하고, 다시 그 오른쪽도 차 있으니 결국 인덱스 6으로 간다. 이 상태에서 키 160인 레코드가 들어오면 160 % 31 = 5이므로 인덱스 5로 가야하지만 방금 삽입된 레코드와 충돌해서 인덱스 7로 밀려난다. 많은 레코드가 자기 자리를 못 찾아먹고 계속 밀려나는 형국이다.

결국 인덱스 3, 4, 5, 6, 7로 이어지는 클러스터가 형성된다. 만약, 어떤 레코드의 해시 결과가 이 인덱스 범위 안으로 들어오기만 하면 그 레코드는 인덱스 8, 즉 클러스터 끝에 가서 붙게 된다. 이렇게 됨으로써, 클러스터의 크기는 하나 증가한다. 클러스터가 커짐으로 인해 이제 해시 결과 인덱스 3, 4, 5, 6, 7, 8의 범위 안으로 들어오는 모든 레코드는 다시 클러스터 끝에 가서 붙는다.

클러스터가 커질수록 어떤 레코드가 그 안으로 해시될 확률이 더 높아진다. 따라서 레코드가 클러스터 끝으로 가서 붙게 되고 결국 클러스터 크기를 더욱 키운다. 결과적으로 다음 레코드가 그 안으로 해시될 확률은 좀더 높아진다. 이런 식으로 클러스터는 급속도로 팽창한다.

클러스터가 커질수록 O(1) 시간을 지향하는 해시는 무의미해진다. 대부분의 레코드가 자기 자리를 찾지 못하고 끝으로 밀려 났기 때문에 해시 결과 인덱스인 제자리에 들어가 있는 레코드는 거의 없다. 따라서 찾는 키를 가진 레코드가 나타날 때까지 클러스터의 오른쪽 끝을 향해서 비교를 계속해 나가는 데 많은 시간이 걸린다. 실제로 레코드 몇천 개 또는 몇만 개가 클러스터되는 경우도 있고 이 때 비교의 횟수, 즉 탐색시간은 엄청나게 커진다. 최악의 경우에 모든 키가 클러스터 하나로 해시될 수도 있고 이 때의 비교 횟수는 O(N)에 해당한다.

부하율
(負荷率, Load Factor)

해시 테이블에 어느 정도 부담이 걸리는지를 **부하율(負荷率, Load Factor)** λ(Lambda)로 표시한다. 테이블 크기 M, 레코드 개수 N이라 가정하면, 부하율 $\lambda = N / M$으로 표시된다. 테이블 크기가 클수록, 또 레코드 개수가 적을수록 부하율은 낮아진다. 일반적으로 부하율은 1보다 작다. 부하율이 커질수록 당연히 클러스터가 형성될 확률이 높아진다.

크누스(Knuth, 1962)에 의하면 선형탐사의 삽입 시 비교 횟수는 $(1 + 1/(1-\lambda)^2)/2$에, 탐색 시 비교 횟수는 $(1 + 1/(1-\lambda))/2$에 접근한다. 따라서 부하율이 1에 가까울수록 비교 횟수는 급증한다. 부하율을 줄이려고 테이블 크기 M을 늘리면 배열의 빈 공간이 많아져 메모리가 낭비된다. 반면에 M이 너무 작으면 작은 클러스터끼리 서로 붙어 큰 클러스터가 형성되어 버린다. 선형 탐사에서 $M \approx 2N$ 정도일 때 대략 상수시간(Constant Time)에 삽입과 탐색이 가능한 것으로 알려져 있다. 부하율 0.5 정도다. 그러나 이것은 어디까지나 해시 함수가 거의 완벽할 때를 전제로 한다.

5 제곱탐사

제곱탐사
(Quadratic Probing)

제곱탐사(Quadratic Probing)는 선형탐사의 단점을 보완하기 위한 것이다. 클러스터를 피하기 위해서 충돌이 일어날 때 바로 그 뒤에 넣지 않고 조금 간격을 두고 집어넣는다. T[h(KEY)]가 점유되어 있을 때, $T[h(KEY) + 1^2]$, $T[h(KEY) + 2^2]$, $T[h(KEY) + 3^2]$, ... 의 순서로 제곱 간격을 두고 빈 곳을 찾아간다. 물론, 찾아가는 도중에 배열의 끝을 만나면 다시 배열 처음으로 되돌아 와서 빈 자리를 찾아가야(Wrap Around) 하므로 정확하게는 $T[h(KEY) + K^2 \% M]$이 다음 찾을 인덱스 위치라 할 수 있다.

[그림 12-10]을 보자. 처음 키 65인 레코드가 인덱스 3으로 들어간다. 다시 키 34인 레코드가 인덱스 3으로 해시되어 충돌이 일어난다. 1의 제곱은 1이므로 이 레코드는 인덱스 4로 들어간다. 다음, 키 127인 레코드가 역시 인덱스 3으로 해시된다. 충돌이 일어나므로 1의 제곱인 1만큼 떨어진 인덱스 4를 보게 된다. 역시 차 있으므로 이번에는 원래 위치인 인덱스 3에서 2의 제곱인 4만큼 떨어진 곳을 본 결과 그 곳이 비어있으므로 삽입된다. 이렇게 함으로써 충돌된 레코드 사이에 빈 칸을 남겨 둔다.

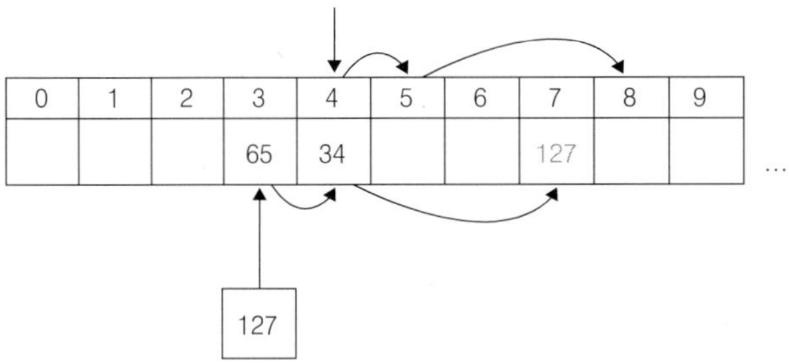

[그림 12-10] 제곱탐사

제곱탐사에서 중간 중간에 빈 칸을 두는 이유는 그 곳으로 해시되는 레코드들이 들어갈 공간을 비워둠으로써, 클러스터를 방지하자는 것이다. 그 결과, [그림 12-10]에서 인덱스 5나 6으로 해시되는 레코드는 밀려나지 않고 제자리를 찾아 먹을 수 있게 된다. 또, 빈 공간을 찾는 순서가 2^2, 3^2, 4^2의 제곱으로 점프하므로 그 사이에 점차로 더욱 넓은 공간이 확보된다.

그러나 제곱탐사도 클러스터링에 대한 완전한 해결책은 못된다. 만약, 레코드 두 개가 같은 인덱스로 해시되면 그 결과는 비록 띄엄띄엄하기는 하지만 같은 위치를 반복해서 찾아가게 된다. 예를 들어, [그림 12-11]에서 158을 키로 하는 레코드를 삽입하려면 인덱스 3, 4, 7, 12 등 정해진 순서를 따라서 찾아가야 한다. 따라서 이들 인덱스에 있는 레코드들만으로 볼 때는 여전히 모여 있는 상태 즉, 클러스터된 상태며 이를 **2차 클러스터**(Secondary Cluster)라 한다.

2차 클러스터
(Secondary Cluster)

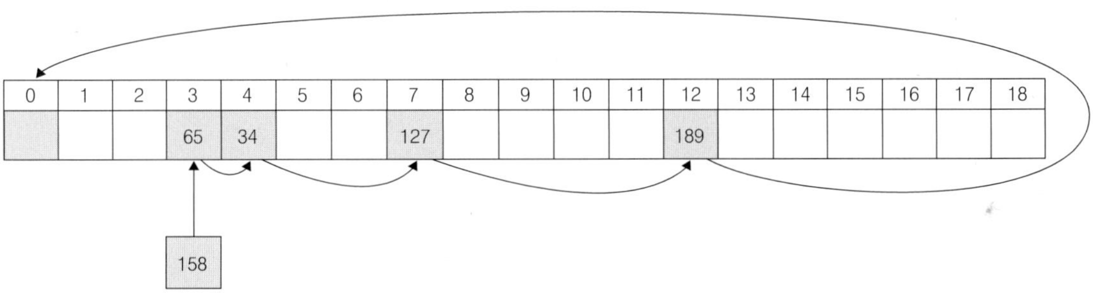

[그림 12-11] 2차 클러스터

충돌에 의한 현상임에는 둘 다 마찬가지지만 1차 클러스터와 2차 클러스터는 개념적으로 차이가 있다. 인덱스 X로 해시될 레코드가 충돌에 의해 Y로 밀려났을 때 이제 X 또는 Y 둘 중 하나로 해시되는 모든 것이 클러스터 되면 1차 클러스터라고 한다. 반면 2차 클러스터는

X, Y 둘 중 하나가 아니고, X로 해시되는 레코드만을 지칭한다. 즉, 동일한 인덱스 X로 해시 되는 레코드가 다음 빈 곳을 찾기 위해 동일한 곳만을 찾아나가기 때문에 그 순서를 따라서 형성되는 클러스터다.

물론, 2차 클러스터는 1차 클러스터보다는 완화된 모습이다. [그림 12-11]에서 클러스터 내부 인덱스인 인덱스 4로 매핑되는 레코드는 4, 5, 8, 13의 순으로 다른 인덱스 순서를 따라가기 때문이다. 그러나 2차 클러스터 역시 주어진 탐사 경로가 반복됨으로 인해 삽입과 탐색 효율의 저하를 초래한다.

6 이중 해시

이중 해시
(Double Hash)

이중 해시(Double Hash)는 제곱탐사의 단점인 2차 클러스터를 방지하기 위한 방법이다. 즉, 키에 따라서 탐사의 순서를 서로 달리함으로써 탐사 순서의 규칙성을 제거한다. 이는 선형탐색과 제곱탐색에서의 탐사 순서가 키 값과는 무관하게 규칙적이라는 점과 대조된다.

이중 해시는 해시 함수 h1과 h2를 사용한다. h1은 이전처럼 주어진 키로부터 인덱스를 계산하는 해시 함수지만 h2는 충돌 시 탐색할 인덱스의 간격(Step Size)을 의미한다. 해시 함수 h1 = KEY % 13, h2 = 1 + (KEY % 11)을 사용하되, 현재 상태의 레코드 위치가 [그림 12-12]와 같다고 가정하자.

0	1	2	3	4	5	6	7	8	9	10	11	12
	79			69	98		72		15		50	

[그림 12-12] 해시 이전의 배열

여기에 키 14인 레코드를 넣으려면 일단 (14 % 13) = 1을 본다. 충돌이 나기 때문에 (1 + (14 % 11)) = 4의 간격으로 찾아야 한다. 따라서 탐사 순서는 1, 5, 9, 0으로 진행한다. 인덱스 0에서 빈 곳을 찾았으므로 거기에 삽입된다. 같은 방식으로 키 27인 레코드를 넣으려면 (27 % 13) = 1이고 (1 + (27 % 11)) = 6이므로 탐사 순서는 1, 7, 0, 6으로 인덱스 6에 삽입된다. 만약, 키 18인 레코드를 찾으려면 (18 % 13) = 5고 탐사 간격은 (1 + (18%11)) = 8이 된다. 따라서 탐사 순서 5, 0으로 진행한다. 인덱스 0에서 빈 곳이므로 그런 레코드가 없다고 결론지으면 된다.

주의해야 할 것은 간격을 계산해내는 h2 함수의 선택이다. 어떤 키에 대해서도 이 해시 함수의 결과는 0이 되어서는 안 된다. 만약, 이것이 0이 되면 계속 같은 자리에서 찾는 꼴이 된다. 또 이 함수가 h1과 동일한 함수여서도 안 된다. 그렇게 되면 모든 키에 대해서 간격이 같아지기 때문이다.

이중 해시 키에 따라 간격의 크기를 달리함으로써 2차 클러스터를 제거할 수 있다. 그러나 이러한 이득은 해시 함수 두 개를 계산해내는 데 따른 시간적 손실을 전제로 한다. 2차 클러스터를 제거한다는 점에서 이중 해시는 충돌 해결에 가장 이상적인 방법이다. 그러나 통계적으로 볼 때 제곱탐사도 충돌 해결에 있어서 이중 해시와 거의 비슷한 효율을 보인다.

[표 12-6] 부하율에 따른 선형탐사와 이중 해시의 효율 비교

		부하율			
		50%	66%	75%	90%
선형탐사	탐색	1.5	2.0	3.0	5.5
	삽입	2.5	5.0	8.5	55.5
이중 해시	탐색	1.4	1.6	1.8	2.6
	삽입	1.5	2.0	3.0	5.5

[표 12-6]은 선형탐사와 이중 해시에 있어서 비교 횟수를 보여준다. 부하율 50%가 넘어가면서 선형탐사의 효율은 이중 해시에 비해서 급격히 떨어진다. 특히 부하율 90% 부근에서 클러스터로 인해서 선형탐사의 삽입 효율은 거의 수용하기 어려운 수준이다.

7. 버켓과 별도 체인

버켓(Bucket)

버켓(Bucket)에 의해 충돌을 해결할 수도 있다. 즉, [그림 12-13]처럼 배열 요소 하나가 다시 여러 개로 이루어지게 하면 된다. 이럴 경우, 자료구조는 배열의 배열(Array of Array)로서 2차원 배열이 된다. 버켓을 사용하면 충돌되는 레코드를 이처럼 하나의 인덱스 안에 둘 수는 있다. 그러나 해당 인덱스로 가서는 다시 키가 일치하는 레코드를 찾아야 하는 시간적 부담이 필요하다. 그러나 이 경우, 만약 충돌이 자주 일어나지 않는다면 사용되지 않는 배열 공간이 낭비된다.

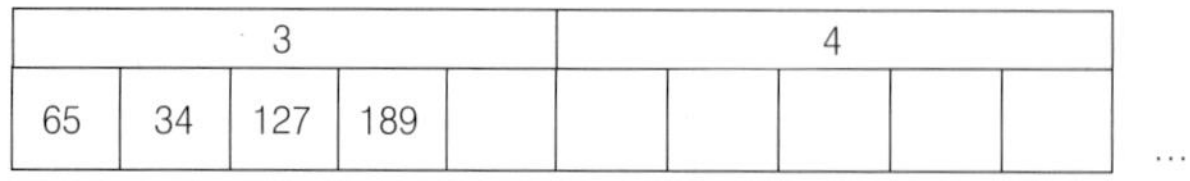

[그림 12-13] 배열의 배열

별도 체인
(Separate Chaining)

분산 테이블
(Scatter Table)

별도 체인(Separate Chaining)은 [그림 12-14]처럼 배열 요소를, 연결 리스트를 가리키는 헤드로 만든 것이다. 이를 **분산 테이블**(Scatter Table)이라고도 한다. 충돌이 일어날 때마다 해당 레코드를 연결 리스트의 첫 위치에 삽입하면 된다. 물론, 이 구조는 프로그램 실행 시 필요에 의해 노드가 할당된다는 점에서 동적 구조(Dynamic Structure)라 할 수 있다. 레코드 수가 많지 않으면 충돌이 적고, 따라서 노드 수가 얼마 안 되므로 별도 체인은 매우 빠른 방법이다. 그러나 노드 수가 많아지면 탐색 효율은 급격히 떨어진다.

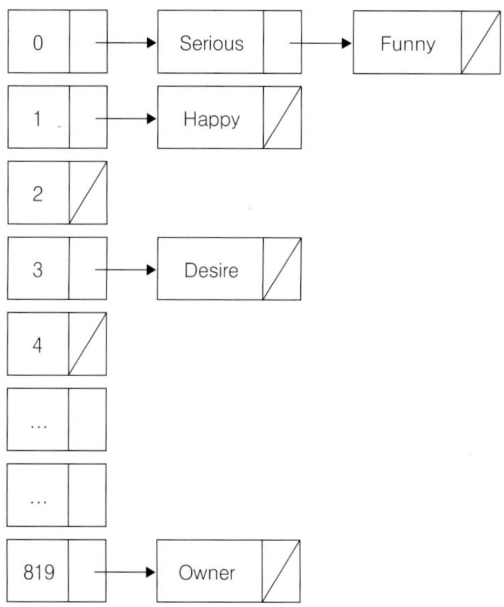

키	해시 값
Funny	0
Happy	1
Serious	0
Owner	819
Desire	3
…	…

[그림 12-14] 별도 체인

별도 체인의 효율은 체인의 길이에 비례한다. 평균적으로 보면 체인 길이는 부하율(N/M)과 같지만 최악의 경우에는 모든 키가 동일한 체인에 연결될 수도 있다. 테이블 크기 M이 너무 크면 헤드 포인터만 널로 채워진 빈 체인(Empty Chain)이 많이 발생하는 반면, M이 너무 작으면 체인이 길어질 수 있다.

부하율 λ일 때, 별도 체인에서의 평균 키 비교 횟수는 $(1 + \lambda/2)$ 정도로 알려져 있다. 일반적으로 N/M ≈ 1, 즉 부하율 1 이하의 별도 체인에서는 상수시간(Constant Time) 삽입 및 검색이 가능하다. 그러나 실행 중 노드 공간을 할당하는 함수를 불러야 하는 시간적 부담, 포인터를 따라 가기 위한 시간적 부담과 함께 포인터 변수 자체가 차지하는 공간적 부담을 요하는 것이 별도 체인이다.

버켓과 별도 체인은 모두 닫힌 어드레싱(Closed Addressing)이다. 즉, 주어진 키를 해시했을 때 충돌이 일어난다고 해서 그 옆의 다른 키가 가야 할 자리로 가지는 않는다. 다시 말해, 해시된 인덱스 안에서 다시 배열이나 연결 리스트 등의 또 다른 자료구조를 사용함으로써 충돌을 해결한다.

8 유니버설 해시

해시 기법에서는 무엇보다도 좋은 해시 함수를 선택하는 것이 가장 중요하다. 여기서 좋은 해시 함수란 첫째, 레코드를 메모리 공간에 골고루 분포시킴으로써 충돌을 최소화시켜야 한다. 둘째, 입력 데이터 패턴과 무관하게 해시 함수가 이러한 특성을 보여야 한다. 그러나 어떤 해시 함수 하나가 항상 이러한 특성을 보이기는 매우 어렵다. 최악의 경우, 모든 레코드가 주소 하나로 해시된다면 탐색효율은 O(N)으로 전락하고 만다.

다양한 해시 함수를 준비해 놓고 선택적으로 사용하는 것이 **유니버설 해시**(Universal Hashing)다. 여기서 해시 함수의 선택은 임의(Random)로 이루어진다. 이렇게 되면 다양한 해시 함수를 섞어서 쓰는 결과가 되어 평균적으로 매우 좋은 효율을 보이게 된다. 단, 이 경우, 삽입이 일어날 때마다 매번 다른 해시 함수를 고르는 것이 아니라, 응용프로그램이 시작할 때 하나를 골라서 끝날 때까지 사용한다. 따라서 매번 프로그램이 시작될 때마다 다른 해시 함수가 불려오게 된다.

유니버설 해시
(Universal Hashing)

테이블 크기가 M이라면 모든 해시 함수는 주어진 키를 인덱스 0 ... (M−1)의 범위로 매핑시켜야 한다. 서로 다른 키가 같은 인덱스로 매핑될 확률이 1/M 이하인 해시 함수를 유니버설(Universal, 보편적)하다고 한다. 유니버설 해시 함수를 만드는 방법은 여러 가지가 있다. 예를 들어, 키 값의 최대크기가 K일 때 K와 2K 사이의 소수(Prime Number) 하나를 선택하여 P라고 하자. 이제 P보다 작은 자연수 두 개 a, b를 선택해서 해시 함수 h(k) = ((aK + b) % P) % M으로 할 수 있다. 여기서 a와 b를 다양하게 선택함에 따라 만들어지는 모든 해시 함수 집합은 유니버설 해시 함수임이 수학적으로 증명되어 있다.

9. 재 해시

삽입이 계속되면 부하율이 일정 한계를 넘게 된다. 레코드 수 N은 계속 증가하므로 부하율을 낮추는 유일한 방법은 테이블 크기 M을 키우는 것이다. 동적인 배열을 사용하면 실행 중에 배열의 크기를 늘릴 수 있다. 그러나 여기서 유의해야 할 점은 동적이라고 해서 원래의 배열을 그대로 두고 크기만 키우는 것이 아니다. 늘어난 크기의 새로운 배열을 만든다는 의미다. 일반적인 정적 배열이 스택에 형성되는데 반해, 이 동적 배열은 힙 공간에 만들어진다.

새로운 공간에 배열이 만들어지기 때문에 새로운 배열의 크기를 모듈로 함수의 파라미터로 해서 이전 배열 요소들을 다시 해시(Rehash)해서 새로운 배열로 옮겨 놓아야만 한다. 이 작업은 많은 시간을 요하기 때문에 자주 실행할 수는 없다. 따라서 대개의 경우 재해시가 필요할 때마다 아예 한꺼번에 테이블 크기를 기존 크기의 두 배 정도로 늘려버린다. 이렇게 되면 이전 배열 크기만큼의 레코드가 더 들어올 때까지는 다시 배열 크기를 확장할 필요가 없어진다.

재 해시를 가하는 시기는 여러 요인에 의해 결정된다. 일단 테이블이 반 정도 차면 무조건 재 해시를 가할 수 있다. 또는 부하율이 미리 정해진 어떤 값을 넘으면 가해 볼 수도 있다. 예를 들어, 선형탐사라면 부하율 0.5에서 재해시를 가하는 것이 일반적이다. 경우에 따라서는 삽입이 실패할 때 가할 수도 있다. 제곱탐사에서 삽입이 실패할 수도 있다. 이 때, 삽입이 실패한다는 것은 테이블 내에 다른 빈 곳이 있음에도 제곱탐사에 의한 삽입위치에는 더 이상 넣을 수 있는 곳이 없음을 의미한다.

Section

07 자료구조의 선택

추상 자료형 리스트를 구현하기 위한 자료구조는 배열, 연결 리스트, 이진 탐색트리로 요약할 수 있다. 구체적으로는 정렬된 배열, 정렬 안 된 배열, 정렬된 연결 리스트, 정렬 안 된 연결 리스트, 이진 탐색트리의 다섯 가지 자료구조가 사용된다. 물론, 탐색의 효율을 높이려면 이 장에서 설명한 기수 탐색이나 해시 테이블 등의 자료구조를 사용할 수도 있지만 여기서는 논점을 좁히기 위해 다섯 가지 자료구조만을 기준으로 예시한다.

다양한 자료구조가 존재할 때에는, 경우에 따라서 어떤 자료구조를 선택할 것인지의 판단이 중요하다. 회의를 통해 판매를 촉진하기 위한 아이디어를 수렴하려면 새로운 아이디어가 제기되는 순서대로 리스트에 넣으면 된다. 정렬된 순서로 탐색할 필요가 없으므로, 삽입 시에 정렬을 유지할 필요가 없다. 따라서 정렬 안 된 배열이나 연결 리스트를 사용하는 것이 유리하다. 새로운 아이디어가 나오는 대로 배열의 마지막에, 연결 리스트의 처음에 삽입하면 된다. 물론, 배열을 사용할 경우에는 대략적으로 최대 아이디어 몇 개가 나올 것인가를 예측해야만 한다.

문서 편집기의 사전기능을 생각해보자. 삽입이나 삭제는 거의 일어나지 않는 반면에 탐색 작업이 위주가 된다. 정렬된 배열을 사용하면 이진탐색에 의해 O(lgN)의 효율을 기할 수 있다. 물론, 이진 탐색트리를 사용해도 된다. 균형잡힌 트리를 구성해놓으면 효율은 O(lgN)이 된다. 이 경우 삽입, 삭제가 거의 없으므로 한번 균형 잡힌 트리의 모습이 변형되지도 않는다.

사전기능을 위해 정렬된 연결 리스트를 사용할 수 있는가. 배열의 이진탐색은 인덱스 연산만으로 단번에 가운데로 가는데 비해, 연결 리스트라면 이 작업이 쉽지 않다. 헤드로부터 포인터를 따라가야 하기 때문이다. 예를 들어, 정렬된 노드 15개로 구성된 연결 리스트라면 처음부터 카운트를 세어가면서 여덟 번째 노드를 찾아서 거기의 키 값과 찾으려는 노드의 키 값을 비교하고 작으면 왼쪽으로 크면, 오른쪽으로 가면 된다. 그러나 거기서 가운데를 찾으려면 다시 헤드 포인트로부터 유사한 작업을 반복해야 한다. 즉, 연결 리스트에서도 이진탐색은 가능하지만 포인터를 따라가는 시간적 부담으로 인해 거의 사용되지 않는다.

도서관의 문헌 카탈로그를 생각해보자. 탐색 위주지만 사서에 의한 삽입, 삭제도 적지 않다.

탐색에 관한한 정렬된 배열이 유리하다. 이진탐색에 의해 O(lgN)의 효율을 얻을 수 있기 때문이다. 그러나 정렬된 배열은 삽입, 삭제에 있어서 크게 불리하다. 첫 위치에 삽입이 가해지면 거의 N개의 요소가 모두 오른쪽으로 이동해야 하므로 O(N)의 알고리즘이다. 평균적으로 N/2개 정도가 이동한다고 쳐도 O(N/2) = O(N)임에는 변함이 없다. 단순히 키 N개를 비교하는 작업이 아니라, 레코드 전체를 이동하는 작업이므로 복사에 걸리는 시간이 크다. 물론, 빅 오 기호에서 상수는 무시되지만, 레코드 하나를 복사하는 데 걸리는 시간을 k라고 한다면 정확히는 O(kN)에 해당한다. 탐색과 삽입, 삭제에 걸리는 시간을 더하면 이 경우 배열의 효율은 O(lgN) + O(kN) + O(kN) = O(N)에 해당한다.

정렬된 연결 리스트를 사용하면 어떻게 되는가. 이진탐색 없이 처음부터 찾아 나가면 평균적으로 N/2의 위치에서 찾으므로 대략 O(N)의 알고리즘이 된다. 일단, 탐색이 끝나면 나머지 레코드는 일체 건드리지 않고 앞뒤 포인터만 조정하면 되므로 삽입, 삭제는 O(1)에 해당한다. 따라서 이 경우 연결 리스트의 효율은 O(N) + O(1) + O(1) = O(N)에 해당한다. 그렇다면 정렬된 배열이 유리한가, 정렬된 연결 리스트가 유리한가.

이 경우는 이진 탐색트리가 절대적으로 유리하다. 일단 균형 트리에 가까울수록 탐색에 걸리는 시간이 O(lgN)에 가까워진다. 일단 탐색이 완료되면 삽입, 삭제에 걸리는 시간은 인근 노드의 포인터만 조정하면 되므로 O(1)이라 할 수 있다. 즉, 삽입과 삭제는 레코드 개수 N과 무관하게 상수만큼 노드를 조정하므로 O(1)이다. 따라서 이진 탐색트리가 O(lgN) + O(1) + O(1) = O(lgN)이 되므로 최적의 효율을 보인다.

문제가 주어졌을 때 상황에 따라 어떤 자료구조로 가져갈 것인지는 여러 가지 측면을 고려해야 한다. 첫째, 활용할 수 있는 컴퓨터의 시간적, 공간적 리소스가 충분한가. 둘째, 입력 데이터의 크기와 특성 및 분포는 어떠한가. 셋째, 삽입, 삭제, 검색 중 어떤 것이 가장 많이 이루어지며 그 작업이 얼마나 빨리 이루어져야 하는가. 넷째, 결과 데이터가 정렬될 필요성이 있는가 없는가. 다섯째, 데이터를 순차적으로 접근하는가 아니면 임의의 순서로 접근되는가 등이다. 물론, 이 외에도 필요에 따른 제약조건을 다각도로 분석한 후에 자료구조를 선택하는 것이 바람직하다.

생활 속의 자료구조

화가인 사뮤엘 모르스(Samuel Morse)는 초상화만으로는 생활이 어려워 소방차 펌프와 대리석 절삭기 등도 발명했다. 가장 성공적인 발명은 모르스 코드(Morse Code)였다. 1837년 개발된 이 코드는 그림과 같은 송신기 버튼을 눌렀다 떼었다 하면서 발생하는 전기신호의 길고 짧음에 의해 전보(Telegraph, 電報)를 전송하는 데 이용되었다.

[그림 12-15] 모르스 송신기

[표 12-7] 모르스 코드

A	B	C	D	E	F	G	H	I
•—	—•••	—•—•	—••	•	••—•	——•	••••	••
J	K	L	M	N	O	P	Q	R
•———	—•—	•—••	——	—•	———	•——•	——•—	•—•
S	T	U	V	W	X	Y	Z	
•••	—	••—	•••—	•——	—••—	—•——	——••	

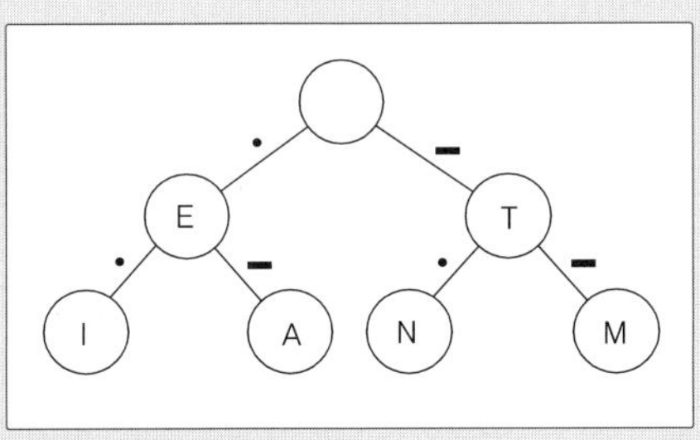

[그림 12-16] 모르스 코드

짧은 신호를 Dot(•, Dit, 돈), 긴 신호를 Dash(—, Dah, 쓰)로 할 때 Dot을 1단위로 보면 Dash는 3단위다. 신호 사이에는 1단위, 문자 사이에는 3단위, 단어 사이에는 7단위를 쉰다. 국제 모르스 코드로 가장 잘 알려진 신호는 구조신호인 SOS다. 이는 • • •   — — — • • •로 표시된다. 모르스 코드를 보낼 수 있는 것은 전기신호만이 아니다. 횃불을 올렸다, 내렸다하거나 손가락을 두드려 신호를 보낼 수도 있다. 모르스 코드의 Dot을 0으로, Dash를 1로 보면 사실상 이 코드는 기수탐색 트리의 원조로 해석될 수 있다.

요약

이진탐색은 정렬된 배열을 전제로 한다. 보간탐색은 선형 보간에 의해 인덱스 위치를 추정하며 키 크기가 선형으로 분포할 때 주효하다. 균형잡힌 이진 탐색트리에서의 삽입, 삭제 및 검색 모두가 O(lgN) 시간에 이루어진다. 문자열 키에 관한 한 기수 탐색트리는 매우 빠른 효율을 보장한다.

디지털 탐색트리는 내부 또는 외부노드에 레코드가 존재함으로 인해서 루트로부터 내려가는 경로 내의 모든 노드와 키 비교가 이루어진다. 기수 탐색트리는 레코드를 외부노드에만 분포시켜 루트로부터 내려가는 경로에서는 키를 비교할 필요가 없다.

기수 탐색트리는 다른 레코드와 키를 비교하는 것이 아니라 탐색 키 자체의 패턴을 검사하는 것으로서 대략 lgN 비트 만에 원하는 레코드를 찾아낼 수 있다. 기수 탐색트리의 이러한 효율은 해시를 능가하기도 한다. 열린 어드레싱은 충돌 시 다른 레코드가 해시 되어 들어갈 공간을 점유한다.

선형탐사는 간단하지만 1차 클러스터로 인해 탐색 시간이 엄청나게 커질 수 있다. 제곱탐사는 중간에 빈 칸을 둠으로써 1차 클러스터를 없앨 수 있으나 같은 곳으로 해시 되는 레코드는 2차 클러스터에 노출된다.

이중 해시는 키별로 탐사의 간격을 달리함으로써 2차 클러스터를 방지하지만 두 번째 해시 함수 연산을 위한 시간이 필요하다. 버켓, 별도 체인은 닫힌 어드레싱으로서 충돌이 일어나더라도 다른 키가 해시 되어 들어갈 공간을 점유하지 않는다. 자료구조의 선택은 주어진 문제의 상황을 충분히 고려하여 이루어져야 한다.

연습 문제

1 오픈 어드레싱에 비해 별도 체인의 장점은 무엇인가?

가. 포인터 변수를 위한 공간이 필요 없다.
나. 부하율(Load Factor)이 대략 2-3이다.
다. 중복 키(Duplicate Key)에 대해서도 제대로 동작한다.
라. O(N) 공간에 레코드 N개를 저장할 수 있다.

2 이진탐색이 성공적으로 이루어지기 위해 배열이 갖추어야 할 조건은 무언인가?

가. 배열 크기가 2의 승수라야 한다.
나. 배열 내 최소 두 개 이상의 레코드가 존재해야 한다.
다. 힙 배열이어야 한다.
라. 배열 내 레코드가 정렬되어 있어야 한다.

3 다음 별도 체인에 관한 설명 중 맞지 않는 것은 무엇인가?

가. 포인터를 따라가는 시간이 필요하다.
나. 노드 공간을 할당하는 함수의 실행시간이 필요하다.
다. 충돌 자체가 일어나지 않는다.
라. 테이블 크기는 정적이지만 충돌되는 레코드 삽입은 동적이다.

4 다음 중 해시 테이블에서 충돌이 일어날 때는 어떤 때인가?

가. 서로 다른 레코드가 동일한 키를 지니고 있다.
나. 같은 키를 지닌 레코드가 서로 다른 곳으로 해시 된다.
다. 서로 다른 키를 지닌 레코드가 동일한 곳으로 해시 된다.
라. 레코드 두 개가 키를 제외하고는 나머지가 동일하다.

5 열린 어드레싱에서 해시 테이블의 모든 칸(Slots)은 세 가지 상태 중 하나의 상태를 지닌다. '사용중', '삭제됨', '미사용' 이 그것이다. 이렇게 하는 근본적인 이유는 다음 중 어떤 작업 때문인가?

가. 탐색 함수　　나. 삭제 함수　　다. 배열 요소의 개수를 세기 위한 함수　　라. 삽입 함수

6 별도 체인을 이용한 해시 테이블 크기가 256이다. 테이블에 넣을 수 있는 최대의 레코드 개수는 얼마인가?

가. 시스템이 허용하는 한 최대 개수　　나. 512　　다. 256　　라. 1024

7 해시 테이블 크기 10으로 인덱스 0 ... 9까지 들어갈 수 있다고 하자. h1(x) = x mod 10, h2(x) = 1 + (x mod 8)에 의해 이중 해시를 가하려 한다. 키 값 5인 레코드가 들어올 때 탐사되는 인덱스의 순서는 어떻게 되는가? 단, 모든 탐사 결과, 충돌이 일어난다고 가정하라.

연습 문제

가. 5, 1, 7, 3, 9, 5
나. 5, 9, 3, 7, 1, 5
다. 5, 8, 1, 4, 7, 0, 3, 6, 9, 2, 5
라. 5, 6, 7, 8, 9, 0, 1, 2, 3, 4, 5
마. '가-라' 모두 정답이 아니다.

8 선형탐사의 장점은 다음 중 무엇인가?

가. 탐색 시간이 최소화된다.
나. 같은 위치로 해시되는 레코드는 서로 충돌하지 않는다.
다. 해시 테이블이 완전히 차 있지 않는 한 삽입이 실패하지는 않는다.
라. 클러스터를 만들 수 있다.
마. '가-라' 중 어떤 것도 아니다.

9 해시 테이블 크기 17로 인덱스 0 ... 16까지 들어갈 수 있다고 하자. h1(x) = x mod 17, h2(x) = 1 + (x mod 15)에 의해 이중 해시를 가하려 한다. 키 값 20인 레코드가 들어올 때 탐사되는 인덱스의 순서는 어떻게 되는가? 단, 모든 탐사 결과 충돌이 일어난다고 가정한다.

가. 3 6 9 12 15 1 4 7 10 13 16 2 5 8 11 14 0 3
나. 3 8 13 1 6 11 16 4 9 14 2 7 12 0 5 11 16 4
다. 3 4 5 6 7 8 9 10 11 12 13 14 15 16 0 1 2
라. 3 9 15 4 10 16 5 11 0 6 12 1 7 13 2 8 14 3
마. '가-라' 모두 정답이 아니다.

10 알고리즘의 복잡도 면에서 해시는 다른 탐색 알고리즘에 비해 어떤 장점이 있는지 서너 줄로 설명하라.

11 선형탐사에서 클러스터의 크기가 점차로 커지는 이유를 명확히 설명하라.

12 테이블 크기가 6 (index 0..5)인 배열에서 Hashing 함수 h1 = Key mod 6으로 정의되었다. 레코드의 키 값이 15, 21, 27, 33인 순으로 들어온다고 가정하고 다음 물음에 답하라.

가. 선형탐사를 사용할 때 키 값 27인 레코드는 인덱스 몇 번에 들어가는가?
나. 제곱탐사를 사용할 때 키 값 27인 레코드는 인덱스 몇 번에 들어가는가?
다. 이중 해시를 사용하되 h2= (1 + (Key mod 4))를 사용한다면 키 값 33인 레코드는 인덱스 몇 번에 들어가는가?

13 입력 키 값이 26, 37, 48, 59, 60 순으로 들어온다고 가정하고 다음 물음에 답하라. 단, 배열 크기는 11로 한다

가. 해시 함수 h1(x) = x % 11로 했을 때, 선형탐사 결과 배열을 그려라.
나. 제곱탐사를 사용했을 때의 결과 배열을 그려라.
다. 이중 해시의 간격 함수 h2(x) = 1 + (x % 3)을 사용하였을 때의 결과 배열을 그려라.

14 별도 체인의 기능을 향상시키려면 각 배열의 헤드 포인터가 이진 탐색트리의 루트를 가리키게 할 수도 있다. 물론, 이 이진 탐색트리는 충돌된 레코드만으로 구성된 것이다. 이같은 자료구조의 복잡도(Complexity)에 대해 설명하라.

15 다음 배열을 기준으로 물음에 답하라.

[표 12-8] 문제 15

인덱스	1	2	3	4	5	6	7	8	9	10	11	12	13	14	15	16
키	10	22	31	42	55	59	70	83	92	105	111	125	127	149	152	163

가. 키 70인 레코드를 이진탐색으로 찾기 위해 필요한 비교 횟수는 몇 번인가?
나. 키 70인 레코드를 보간탐색으로 찾기 위해 필요한 비교 횟수는 몇 번인가?

16 다음 배열을 기준으로 물음에 답하라.

[표 12-9] 문제 16

인덱스	0	1	2	3	4	5	6	7
키	25	16	12	3	42	10	5	28
데이터	Kim	Cho	Park	Lee	Yoo	Youn	Choi	Song

가. 각 레코드가 왼쪽에서 오른쪽으로 순차적으로 입력된다고 가정할 때, 본문의 a) 방식에 의해서 만들어지는 간접 이진 탐색트리를 그려라.
나. 위 '가'의 트리에 존재하는 내부 경로의 길이를 기준으로 평균적 탐색 효율을 계산하라.
다. 위 '가'의 트리에서 키 3인 레코드를 찾기 위한 프로그램 일부를 몇 줄로 작성하라.

17 알파벳 문자를 5비트로 나타내면 첫 문자인 A는 00001, 두 번째 문자인 B는 00010 식으로 나타낼 수 있다.

가. S E A R C H I N G이라는 문자 키가 순차적으로 들어올 때 디지털 탐색트리를 구성하라.
나. S E A R C라는 문자 키가 순차적으로 들어올 때 기수 탐색트리를 구성하라.

연습 문제

18 다음 키를 가진 레코드가 순차적으로 들어온다고 가정하자. 배열 크기 13으로 하고 모듈로 함수에 의해 해시하고자 한다.

224563, 137457, 214563, 140146, 214577, 162146, 144468, 199646, 234535

가. 선형탐사에 의해 저장할 때 최종적인 배열의 모습을 그려라.
나. 제곱탐사에 의해 저장할 때 최종적인 배열의 모습을 그려라.

19 다음 각각의 경우에 1차 클러스터(Primary Cluster), 2차 클러스터(Secondary Cluster), 비클러스터(Non-Cluster) 중 어떤 것이 일어나는지 설명하라.

가. 선형탐색
나. 이중 해시
다. 선형탐색이지만 충돌 시에는 충돌된 인덱스로부터 세 번째, 여섯 번째, 아홉 번째 식으로 세 칸씩 이격되어 빈 곳이 있는지를 찾을 경우
라. 서로 다른 해시 함수 열 개를 사용한다. 첫째 함수로 해시한 결과 충돌이 일어나면 둘째 함수를 사용한다. 해시 함수 모두를 써도 충돌 안 되는 위치가 없으면 재해시를 가한다.
마. 테이블 끝에 아예 오버플로우 지역을 만들어 놓는다. 충돌이 일어나면 열린 어드레싱 대신에 오버플로우 지역에 순차적으로 삽입한다.

20 입력 레코드의 키가 4371, 1323, 6173, 4199, 4344, 9679, 1989 순서로 들어오고 해시 함수 h(x) = x mod 10으로 정의되었을 때 다음 결과를 보여라. 단, 해시 테이블 크기는 10으로 한다.

가. 별도 체인
나. 선형탐사에 의한 오픈 어드레싱
다. 제곱탐사에 의한 오픈 어드레싱

21 이중 해시에서 간격을 결정하는 함수 h2 = (Key % 11)로 할 경우에 어떤 심각한 문제가 발생하는가? 한 줄로 답하라.

22 매우 긴 문자열 키가 입력되었을 때, 본문의 12.6.3에 의해서 모듈로를 가하기 위한 함수를 작성하라. 단, stringClass 변수 Key에 대해서 Key.Length( ) 함수는 문자열의 길이를 되돌려 준다. 또, 해시 테이블의 크기는 119다.

```
int Modulo-119(stringClass Key)
```

23 입력 레코드의 키가 23, 46, 12, 59, 78, 87, 2, 3 순서로 들어오고 해시 함수 h(x) = x mod 11로 정의되었을 때 다음 결과를 보여라. 단, 해시 테이블의 크기는 11이다.

가. 별도 체인
나. 선형탐사
다. 제곱탐사
라. h2(x) = 7 - (x mod 7)로 정의된 이중 해시

24 다음 별도 체인을 재해시 했을 때의 모습을 그려라. 단 해시 함수 h(x) = x mod (NextPrime(2*OldTableSize))으로 하라. 다시 말해, 새로 만들어지는 배열 크기를 이전 배열 크기의 두 배보다 크게 하되, 가장 가까운 소수로 하라. 아래 배열에서 아이템 두 개 이상인 것은 연결 리스트로 연결되어 있다고 가정하라.

[표 12-10] 문제 24

인덱스	0	1	2	3	4	5	6	7	8	9	10	11	12
키	26	14			95 56		617 19		164				38 350 90

25 디지털 탐색트리, 기수 탐색트리, 다중링크 기수 탐색트리의 장단점을 알고리즘의 효율 면에서 비교하라.

26 다음 키를 가진 배열 레코드 15개가 있다고 가정하자.

1 2 3 4 5 6 7 8 9 10 11 12 13 14 15

가. 선형탐사를 가할 때 두 번 이하의 비교로 찾을 수 있는 레코드는 어떤 것(들)인가?
나. 이진탐색을 가할 때 두 번 이하의 비교로 찾을 수 있는 레코드는 어떤 것(들)인가?

27 정수 키 필드만으로 구성된 레코드를 가정하고 이 레코드들이 Data[ ] 배열에 오름차순으로 저장되어 있다고 하자. 현재 배열 내부에 들어가 있는 레코드 개수는 Size다. 이들 중 키 42인 레코드가 있는지 없는지 확인하기 위한 다음 함수를 작성하라.

```
bool Have42(const int Data[], int Size)
```

연습 문제

28 선형탐사를 위한 크기 9짜리 해시 배열을 그려라. 해시 함수 h(x) = x % 9에 의해 키 값이 5, 29, 20, 0, 27, 18 순으로 들어왔을 때 테이블 내부를 그려라.

29 별도 체인을 위한 크기 9짜리 해시 배열을 그려라. 해시 함수 h(x) = x % 9에 의해 키 값이 5, 29, 20, 0, 18 순으로 들어왔을 때 테이블 내부를 그려라.

30 해시 테이블 크기 811이고 현재 요소 81개를 가지고 있을 때 부하율을 구하라.

31 해시 테이블에 레코드 1,000개를 넣으려고 한다. 또, 평균적으로 키 두 개를 비교해서 원하는 키를 찾을 수 있어야 한다.

가. 선형탐사를 가하려면 배열 크기를 얼마로 해야 하는가?
나. 별도 체인을 가하려면 배열 크기는 얼마로 해야 하는가?

31번 가. 힌트
부하율 λ일 때, 평균 접근 횟수는 (1 + 1/(1−λ))/2다.

31번 나. 힌트
부하율 λ일 때, 평균 접근 횟수는 대략 (1 + λ/2)다.

32 1차 클러스터를 부익부(富益富, 부유할수록 더욱 부유해짐) 현상에 비유하기도 한다. 그 이유를 설명하라.

33 인덱스 0 ... 9인 해시 테이블이 있다. 해시 함수 h(x) = (x / 10) % 10을 사용한다. 키 4371, 1326, 6175, 4199, 4344, 9679인 레코드가 연속적으로 들어왔다고 가정할 때, 다음 방법을 기준으로 그 결과를 그려라.

가. 선형탐사를 사용하되 충돌이 일어나면 해시된 인덱스 왼쪽으로 찾아간다.
나. 제곱탐사를 사용한다.
다. 이중 해시를 사용하되 h2(x) = Max(1, (K/100)%10)을 사용한다.

34 인덱스 0 ... 9 해시 테이블에서 해시 함수 h(x) = x mod 10으로 제곱탐사를 가할 때 키 값 1999, 4689, 7485, 9415, 6355, 4589, 7841, 5124인 레코드가 순차적으로 입력된 결과를 그려라.

35 게으른 삭제(Lazy Deletion)를 가하는 이유를 한 줄로 설명하라.

36 이 장의 끝에 첨부된 아스키(ASCII 코드) 표([그림 12-17])를 기준으로 키 A와 키 C를 대상으로 기수 탐색 트라이를 구성하였다면 트라이 내부노드의 개수는 몇 개인가?

37 다음 각각의 시나리오에서 어떤 자료구조를 사용하는 것이 좋을지 판단하고 그 이유를 설명하라. 필요하다면 구현과 관련된 구체적인 내용을 포함해도 된다.

가. 크기와 내용이 변하지 않는 데이터베이스가 있다. 키는 정수며 대부분의 작업이 빠른 검색을 요한다. 함수를 간단하게 짜고 싶고 함수 실행에 필요한 공간은 최대한 줄이고 싶다.

나. 빠른 속도로 삽입과 삭제가 가능해야 한다. 또, 정렬된 순서로 접근이 용이해야 한다. 최악의 경우에도 빠른 검색이 중요하다.

38 도서관 장서목록은 일반적으로 정렬된 순서로 유지된다. 이들 목록에 대해서는 검색, 삽입, 삭제 등 모든 작업이 가능해야 한다. 주요 작업으로서는 A, 키를 사용해서 목록 내의 해당 레코드를 찾는 작업 B, 정렬된 위치에 레코드를 삽입하거나 삭제하기 등으로 요약할 수 있다.

가. A 작업에 유리한 자료구조를 제안하고 그 이유를 효율 면에서 설명하라.

나. B 작업에 유리한 자료구조를 제안하고 그 이유를 효율 면에서 설명하라.

다. A, B 작업 모두에 유리한 자료구조를 제안하고 그 이유를 효율 면에서 설명하라.

39 문자열 Name과 정수 Size 변수를 입력받아서 0부터 (Size-1) 사이의 정수를 출력하는 다음 해시 함수를 완성하라. 단, 이 함수는 문자열 내부 문자의 아스키 값을 더한 값을 출력해야 하며, 문자열의 끝은 '\0'으로 표시되어 있다.

```
int hash(char Name[], int Size)
{   int i, Temp;
    i = 0; Temp = 0;
    while (Name[i] != '\0')
           temp = (                  );
    return Temp
}
```

40 15,000단어로 구성된 사전을 트리로 표시하려 한다.

가. 완전히 균형 잡힌 이진 탐색트리를 구성한다면 트리의 높이는 얼마가 되는가?

나. 기수 탐색 트라이를 구성한다면 최악의 경우 높이는 얼마인가? 단, 가장 긴 단어가 20 문자고 1문자는 7비트로 처리한다. 또 평균적인 높이는 얼마인가?

다. '가'에서 비교대상이 되는 것은 무엇인가? 또, '나'의 평균적인 높이에서 비교 대상이 되는 것은 각각 무엇인가?

연습 문제

41 다음 세 값들은 각각 키, h1, h2 함수 값을 표시한다.

Kim 1 3, Park 10 2, Choi 9 10, Yoo 4 2, Youn 4 4, Lee 10 5, Chung 10 1

인덱스 0 ... 10까지인 해시 테이블을 사용해서 이 레코드들을 이중 해시할 때 결과 배열의 모습을 그려라.

Dec	Hx	Oct	Char		Dec	Hx	Oct	Html	Chr	Dec	Hx	Oct	Html	Chr	Dec	Hx	Oct	Html	Chr
0	0	000	NUL	(null)	32	20	040		Space	64	40	100	@	@	96	60	140	`	`
1	1	001	SOH	(start of heading)	33	21	041	!	!	65	41	101	A	A	97	61	141	a	a
2	2	002	STX	(start of text)	34	22	042	"	"	66	42	102	B	B	98	62	142	b	b
3	3	003	ETX	(end of text)	35	23	043	#	#	67	43	103	C	C	99	63	143	c	c
4	4	004	EOT	(end of transmission)	36	24	044	$	$	68	44	104	D	D	100	64	144	d	d
5	5	005	ENQ	(enquiry)	37	25	045	%	%	69	45	105	E	E	101	65	145	e	e
6	6	006	ACK	(acknowledge)	38	26	046	&	&	70	46	106	F	F	102	66	146	f	f
7	7	007	BEL	(bell)	39	27	047	'	'	71	47	107	G	G	103	67	147	g	g
8	8	010	BS	(backspace)	40	28	050	(	(	72	48	110	H	H	104	68	150	h	h
9	9	011	TAB	(horizontal tab)	41	29	051	)	)	73	49	111	I	I	105	69	151	i	i
10	A	012	LF	(NL line feed, new line)	42	2A	052	*	*	74	4A	112	J	J	106	6A	152	j	j
11	B	013	VT	(vertical tab)	43	2B	053	+	+	75	4B	113	K	K	107	6B	153	k	k
12	C	014	FF	(NP form feed, new page)	44	2C	054	,	,	76	4C	114	L	L	108	6C	154	l	l
13	D	015	CR	(carriage return)	45	2D	055	-	-	77	4D	115	M	M	109	6D	155	m	m
14	E	016	SO	(shift out)	46	2E	056	.	.	78	4E	116	N	N	110	6E	156	n	n
15	F	017	SI	(shift in)	47	2F	057	/	/	79	4F	117	O	O	111	6F	157	o	o
16	10	020	DLE	(data link escape)	48	30	060	0	0	80	50	120	P	P	112	70	160	p	p
17	11	021	DC1	(device control 1)	49	31	061	1	1	81	51	121	Q	Q	113	71	161	q	q
18	12	022	DC2	(device control 2)	50	32	062	2	2	82	52	122	R	R	114	72	162	r	r
19	13	023	DC3	(device control 3)	51	33	063	3	3	83	53	123	S	S	115	73	163	s	s
20	14	024	DC4	(device control 4)	52	34	064	4	4	84	54	124	T	T	116	74	164	t	t
21	15	025	NAK	(negative acknowledge)	53	35	065	5	5	85	55	125	U	U	117	75	165	u	u
22	16	026	SYN	(synchronous idle)	54	36	066	6	6	86	56	126	V	V	118	76	166	v	v
23	17	027	ETB	(end of trans. block)	55	37	067	7	7	87	57	127	W	W	119	77	167	w	w
24	18	030	CAN	(cancel)	56	38	070	8	8	88	58	130	X	X	120	78	170	x	x
25	19	031	EM	(end of medium)	57	39	071	9	9	89	59	131	Y	Y	121	79	171	y	y
26	1A	032	SUB	(substitute)	58	3A	072	:	:	90	5A	132	Z	Z	122	7A	172	z	z
27	1B	033	ESC	(escape)	59	3B	073	;	;	91	5B	133	[	[	123	7B	173	{	{
28	1C	034	FS	(file separator)	60	3C	074	<	<	92	5C	134	\	\	124	7C	174			|
29	1D	035	GS	(group separator)	61	3D	075	=	=	93	5D	135	]	]	125	7D	175	}	}
30	1E	036	RS	(record separator)	62	3E	076	>	>	94	5E	136	^	^	126	7E	176	~	~
31	1F	037	US	(unit separator)	63	3F	077	?	?	95	5F	137	_	_	127	7F	177	&#127;	DEL

[그림 12-17] 아스키 테이블

Chapter 13

균형 탐색트리

학습목표

- 트리의 균형이 효율에 미치는 영향을 이해한다.
- AVL 트리에서 균형을 회복하기 위한 방법을 이해한다.
- 스플레이 기법을 이해한다.
- 2-3 트리에서 균형을 회복하기 위한 방법을 이해한다.
- 2-3-4 트리와 레드블랙 트리의 관계를 이해한다.

Point

쾌속정렬에서 파티션을 나누면 피벗을 중심으로 작은 것들이 왼쪽, 큰 것들이 오른쪽에 분포한다. 이와 유사하게 이진 탐색트리(Binary Search Tree)도 루트를 중심으로 그보다 작은 것들이 왼쪽, 큰 것들이 오른쪽에 분포한다. 파티션에 불균형이 초래될 수 있듯이, 트리에도 불균형이 초래될 수 있다. 탐색 효율은 일반적으로 탐색을 위한 트리가 균형이 잡혀있는지와 직결되어 있다. AVL 트리, 스플레이 트리, 2-3 트리, 2-3-4 트리, 레드블랙 트리 등은 탐색 효율을 높이기 위해 트리의 균형을 변화시킨 것이다. 이 장에서는 이처럼 트리에 있어서 탐색 효율을 높이기 위한 다양한 방법에 대해 알아본다.

[그림 13-1] 균형

Section

1 AVL 트리

AVL이라는 용어는 이 알고리즘을 고안한 사람들(G. M. Adelson-Velskii, E. M. Landis)의 이름을 딴 것이다. **AVL 트리**는"항상 균형을 유지하는 이진 탐색트리"다. 이를 위해 AVL 트리는 삽입, 삭제가 일어날 때마다 트리의 균형 상태를 점검하고 혹 균형이 깨지면 트리 모습을 변형함으로써 다시 균형을 복원시킨다.

AVL 트리

균형상태를 추적하기 위해 AVL 트리는 **균형인수**(Balance Factor)를 사용한다. 트리의 각 노드마다 어떤 숫자를 할당하되, 이 숫자는 자신의 오른쪽 하위트리의 높이에서 왼쪽 하위트리의 높이를 뺀 것 즉, 균형에 관한 정보를 뜻한다. [그림 13-2]는 트리의 노드별로 균형인수를 나타낸 것이다.

균형인수
(Balance Factor)

트리 높이는 트리 내부의 최대 레벨 수다. 또 노드 하나짜리 트리는 높이 0이며, 빈 트리(Empty Tree)의 높이는 −1이다. 왼쪽 그림의 F 노드는 오른쪽 하위트리 높이가 0이고 왼쪽 하위트리 높이가 1이니 균형인수 −1인 상태다. 반면, 오른쪽 그림의 F는 오른쪽 하위트리 높이가 −1이니 균형인수가 −2가 된다. 물론, 모든 리프노드의 균형인수는 0이 된다.

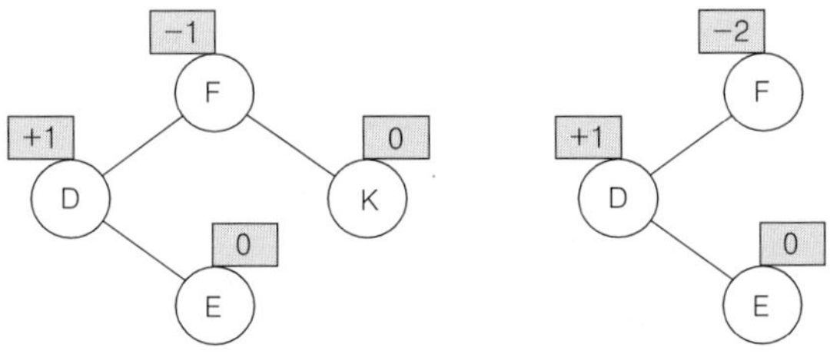

[그림 13-2] 균형인수

AVL 트리의 모든 노드는 균형인수 −1, 0, +1 중에서 값 하나를 가진다. **균형트리**(Balanced Tree)의 정의가 "왼쪽과 오른쪽 하위트리의 높이 차이가 최대 1"이라는 점에 비추어 이는 당연한 제약이다. [그림 13-2]의 오른쪽 트리는 왼쪽 트리로부터 노드 K를 삭제함에 따라 균형이 깨진 모습이다. 이처럼 균형이 깨진 트리, 즉 균형인수가 범위를 벗어난 트리로부터 균형을 회복시킬 필요가 있다.

균형트리
(Balanced Tree)

삽입, 삭제로 인해 어떤 노드의 균형인수가 범위를 벗어난다면 그 노드는 삽입, 삭제 위치에서 루트로 가는 경로 내에 존재한다. [그림 13-2]의 왼쪽 트리에서 노드 E의 왼쪽 자식에 삽입이 가해졌다면 루트 F를 기준으로 볼 때 왼쪽 하위트리의 높이가 증가한다. 반면, 오른쪽 하위트리는 전혀 영향을 받지 않는다. 따라서 삽입으로 인해 만약, 어떤 노드의 균형인수가 범위를 벗어났다면, 그 노드는 삽입위치인 E의 왼쪽 자식으로부터 루트 F까지 가는 길목에 있는 E, D, F 중에 존재하게 된다. 따라서 삽입, 삭제가 일어나면 반드시 해당 위치로부터 루트까지 올라가면서 모든 노드에 대해 균형인수가 범위를 넘어섰는지 확인해야 한다.

회전(Rotation)

LL 회전
(Left Left Rotation)

AVL은 **회전(Rotation)**에 의해 균형을 회복한다. 이 회전은 불균형 노드의 위치를 기준으로 LL, LR, RL, RR의 네 가지로 나뉜다. 먼저, **LL 회전(Left Left Rotation)**은 불균형 노드의 왼쪽 하위트리(Left Subtree)의 왼쪽 하위트리(Left Subtree)의 높이가 증가했을 때 가해진다. [그림 13-3]은 LL의 RChild(Right Child)에 삽입되는 경우와 LChild(Left Child)에 삽입되는 경우의 두 가지 LL 상황을 예시하고 있다.

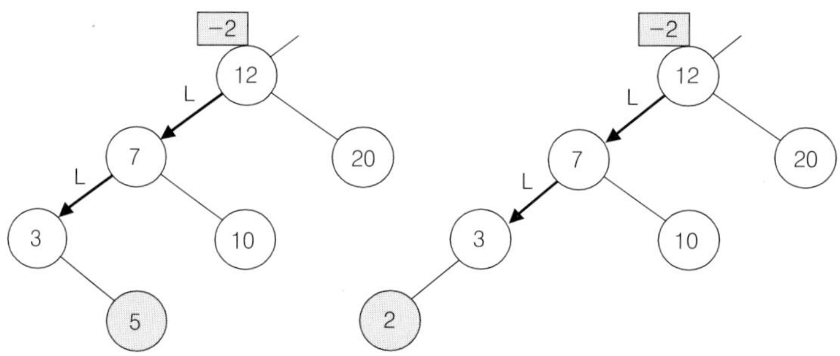

[그림 13-3] LL 삽입

이 경우에 균형을 회복하기 위한 것이 LL 회전이다. [그림 13-4]를 보자. 불균형 노드 12를 편의상 루트노드라 하자. 루트의 LChild 7의 RChild 연결이 끊어져서 루트의 LChild로 붙는다. 이렇게 하는 이유는 이진 탐색트리가 요구하는 키 크기 순서를 유지하기 위해서다. 나중에 7이 루트가 되면 7보다 큰 10은 7의 중위후속자(Inorder Successor)가 되어야 하기 때문이다. 이후, 루트의 LChild인 노드 7을 중심으로 회전이 일어나 노드 7이 새로운 루트가 되어 버린다. 마지막으로 이전 루트노드 12의 부모노드로부터 내려오던 링크를 새로운 루트인 노드 7에 연결한다. 그 결과 [그림 13-4]에서 보듯이 이진 탐색트리의 키 크기가 유지되면서 트리의 균형이 회복된다.

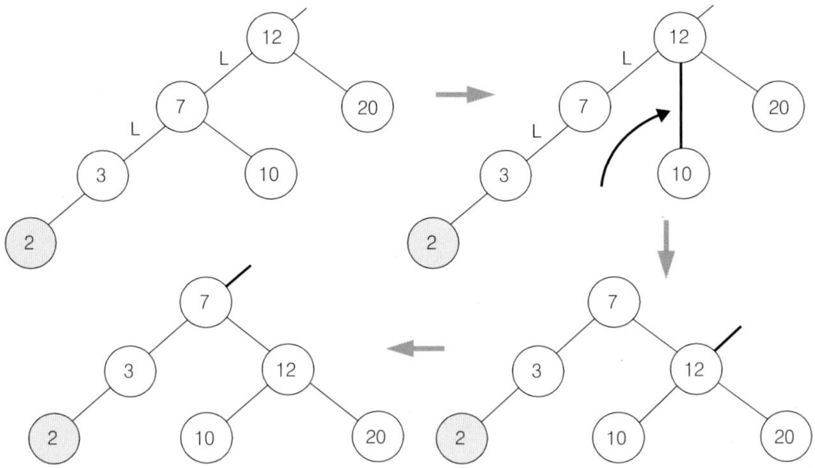

[그림 13-4] LL 회전

LR 회전
(Left Right Rotation)

이중 회전
(Double Rotation)

LR 회전(Left Right Rotation)은 불균형이 발생한 노드의 왼쪽 하위트리의 오른쪽 하위트리 높이가 증가했을 때 적용한다. [그림 13-5]에서 보듯이 이 회전은 **이중 회전**(Double Rotation)이다. 일단 루트노드 12의 LChild 7의 RChild 10을 회전시켜 그것이 현재 부모노드인 7의 위치로 가게 한다. 단, 이 과정에서 삽입된 노드 8은 노드 10과의 연결을 끊고 노드 7의 RChild로 붙게 된다. 다음, 루트노드 12의 LChild 10을 중심으로 회전이 이루어져 10이 새로운 트리의 루트가 된다. 최종적으로 원래의 루트와 연결된 부모노드의 링크는 새로운 루트인 노드 10과 연결시킨다.

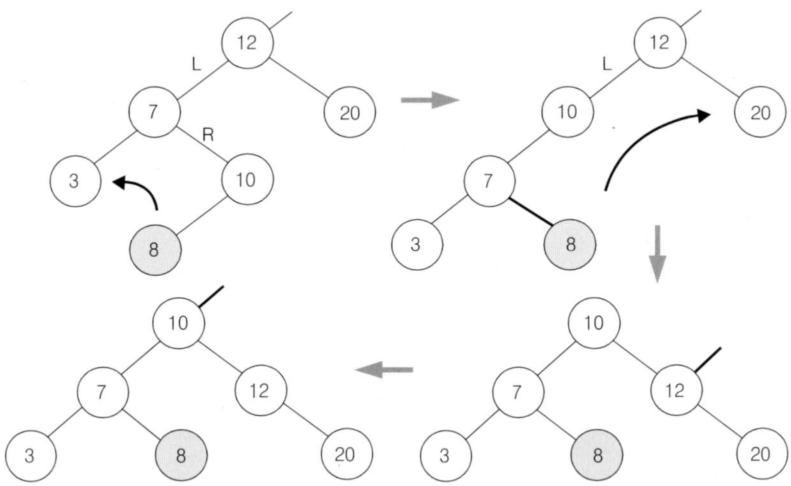

[그림 13-5] LR 회전

RL 회전
RR 회전

RL 회전과 RR **회전**은 위 두 가지 경우에 대칭적인 것으로 회전방법 역시 대칭적으로 처리하면 된다. [그림 13-6]은 몇 가지 회전을 예시한다. (a)는 노드 10의 삽입으로 인해 루트 30을 기준으로 LL 회전이 필요해진 경우고 (b)는 노드 30의 삽입으로 인해 루트 10을 기준으로 RR 회전이 필요해진 경우다. 두 가지 모드 회전에 의해 그림 (c)와 같은 모습이 된다. 그림의 (d) 역시 노드 60의 삽입으로 인해 RR 회전이 필요한 경우로, 노드 40이 새로운 루트가 된다. 여기서 유의해야 할 점은 40의 LChild인 노드 30이 부모노드와의 연결을 끊고, 루트였던 20의 RChild로 연결된다는 점이다. 이는 [그림 13-4]에서 노드 7의 RChild인 노드 10의 움직임과 대칭적인 맥락이다.

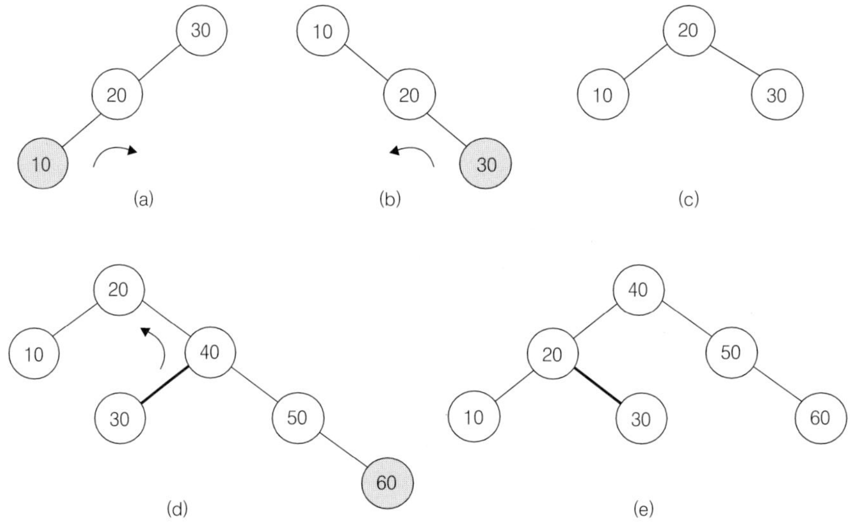

[그림 13-6] AVL의 회전

균형을 잡기 위해 트리 모습에 수정을 가한다는 면에서 AVL 트리는 시기적으로 가장 먼저 시도된 이론이다. 그러나 실제 코딩 면에서 볼 때 AVL 트리는 이후에 설명될 트리에 비해 매우 까다롭고 복잡한 여러 가지 경우를 처리해야만 한다.

트리를 균형 잡히게 함으로써 탐색효율 O(lgN)을 보장하지만, 이처럼 삽입, 삭제될 때마다 트리를 재구성(Rebuilding)하는 시간적 부담으로 인해 효율이 저하된다. 통계적으로 볼 때, AVL 트리에서 회전이 일어나지 않을 확률이 대략 54% 정도고, LL/RR 회전이 일어날 확률이 23%, LR/RL이 일어날 확률이 23% 정도다.

Section

02 스플레이 기법

균형트리는 최악의 경우에도 무조건 lgN 시간에 탐색될 수 있게 하기 위한 노력이다. 즉, 루트로부터 리프까지 가는 경로를 최소화하자는 것이다. 그러나 트리의 모든 노드가 동일한 빈도(Frequency)로 탐색되는 것은 아니다. 어떤 노드는 자주 탐색되는 반면, 어떤 노드는 거의 탐색되지 않을 수도 있다. 그렇다면 AVL처럼 무조건 균형을 유지할 것이 아니라 자주 탐색되는 노드를 루트 근처에 갖다 놓은 것이 탐색에 더욱 유리할 수도 있다.

자체조정 트리(Self-Restructuring Tree)는 탐색의 빈도를 기준으로 스스로 트리 모습을 재구성하는 트리다. 어떤 노드를 위로 올리는지의 기준이 되는 것이 빈도다. 빈도는 노드별로 가중치 변수를 할당하여, 해당 노드가 한 번 탐색될 때마다 이를 증가시켜서 유지할 수도 있지만 가중치 변수 없이 그냥 한 번 검색될 때마다 해당 노드를 위로 올려 버릴 수도 있다. 자체조정 트리에서 사용하는 방법은 일반적으로 두 가지다.

자체조정 트리(Self-Restructuring Tree)

첫째, 어떤 노드가 탐색될 때마다 그 노드를 바로 위 부모노드로 올리는 방법이다. 이렇게 하려면 한 번만 회전을 가하면 된다. [그림 13-7]은 키 3인 노드가 탐색되자마자 부모노드인 7의 위치로 올려진 것이다. 이처럼 탐색될 때마다 부모노드로 올라가므로, 탐색 빈도가 높은 노드들은 점차 루트 주위로 몰려들게 된다.

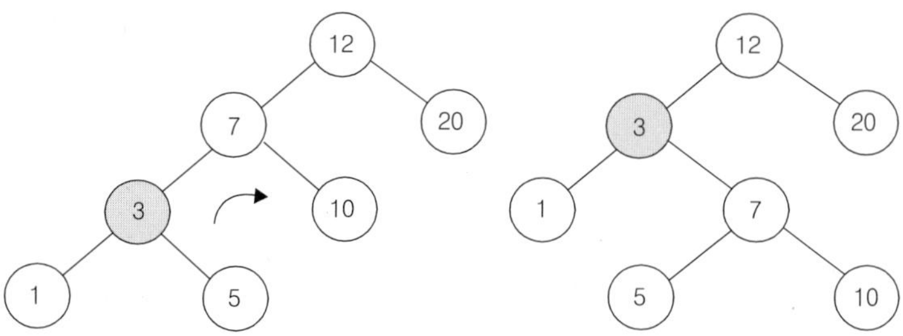

[그림 13-7] 부모노드로 이동

둘째, 어떤 노드가 탐색되면 그 노드를 아예 전체 트리의 루트로 올리는 방법이다. 대개 한 번 탐색된 노드는 이후에도 지속적으로 탐색될 가능성이 높다고 보기 때문이다. [그림 13-

8]에서 탐색된 노드 3은 연속적인 회전에 의해 루트노드로 이동한다. 단, 회전 시마다 자식 노드의 오른쪽 하위트리는 부모노드의 왼쪽 하위트리로 박힌다. 따라서 첫 트리의 노드 5가 둘째 트리에서 노드 7의 왼쪽으로 간다, 둘째 그림에서 5, 7, 10으로 구성된 하위트리가 셋째 트리에서 노드 12의 왼쪽으로 이동한 것은 이러한 맥락이다.

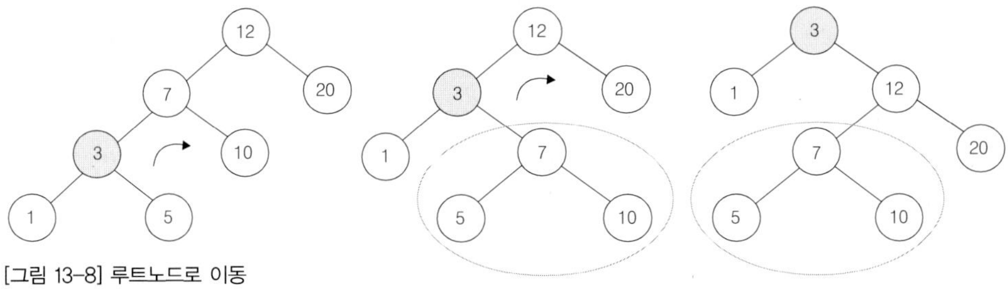

[그림 13-8] 루트노드로 이동

우리가 주목하는 것은 둘째 방식인 루트로 올리는 방식이다. 자체조정 트리에서 사용하는 이러한 연속적인 회전에 의한 방식은 많은 경우에 트리의 균형 면에서는 바람직하지 않다. [그림 13-9]는 리프노드 1이 탐색됨에 따라, 연속적인 회전에 의해 해당 노드가 루트 노드로 올려지는 과정을 나타낸다. 그림의 타원은 노드 1의 오른쪽 하위트리가 회전 후에 부모노드인 10의 왼쪽 하위트리에 붙은 것을 나타낸다. 결과적으로 트리의 높이는 줄지 않고 그대로 유지된다.

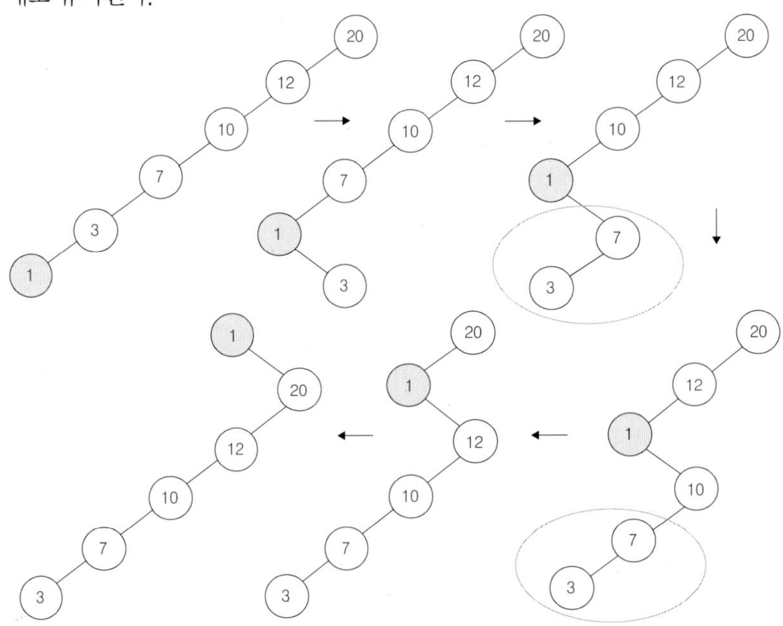

[그림 13-9] 연속회전에 의한 루트노드 이동

스플레이(Splay, 벌림)는 이를 개선하기 위해 고안된 것이다. 스플레이 기법에서는 어떤 노드를 루트로 올리되 한 번에 두 레벨씩 위로 올린다. [그림 13-10]에서 키 3인 노드를 보자. 그보다 두 레벨 위인 현재의 루트는 키 12인 노드다. 루트에서 현재 탐색이 이루어진 키 3인 노드로 가는 경로는 Left-Left 링크를 따라가면 된다. Left-Left 또는 Right-Right 처럼 한 방향으로만 진행하는 경로를 **지그지그(Zig-Zig)**라고 한다. 지그지그에서 두 레벨을, 스플레이는 [그림 13-10]과 같이 올려질 노드의 부모노드를 먼저 회전시킨다. 즉, 그림의 타원 부분을 먼저 회전시키고, 올려질 노드 3은 나중에 회전시킴으로 그 결과는 위 [그림 13-8]과는 다른 모습을 보인다.

스플레이(Splay, 벌림)

지그지그(Zig-Zig)

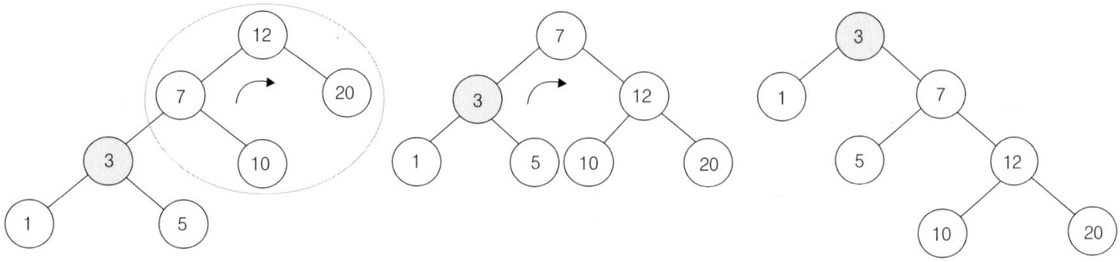

[그림 13-10] 지그지그의 조정

[그림 13-11]과 같은 구성을 스플레이에서는 **지그재그(Zig-Zag)**라고 부른다. 즉, 올리고자 하는 노드가 그보다 두 레벨 위의 노드로부터 Left-Right 또는 Right-Left 경로를 따라 내려올 때를 말한다. 지그재그일 때의 회전은 AVL의 LR 또는 RL 회전과 완전히 동일하다. 이처럼 두 레벨씩 위로 올렸을 때, 최종적으로 루트노드와 레벨 차이가 하나만 날 수도 있다. 이 경우에는 AVL과 마찬가지로 회전(Single Rotation)을 한 번만 가하면 된다.

지그재그(Zig-Zag)

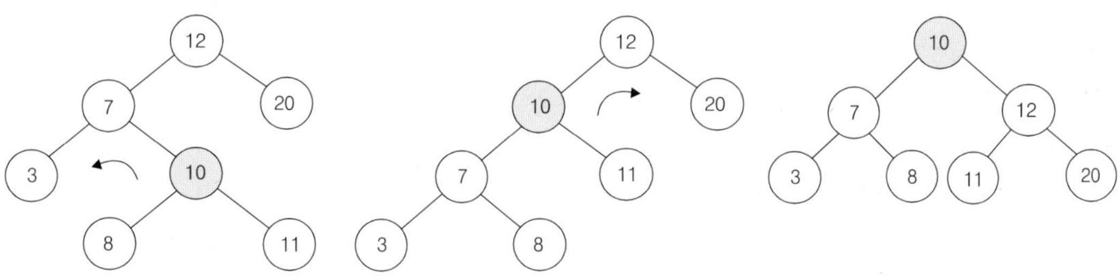

[그림 13-11] 지그재그의 조정

만약, [그림 13-9]의 입력에 대해 스플레이를 가하면 그 결과는 [그림 13-12]와 같이 된다. [그림 13-9]에 비해 LChild, RChild 링크가 벌어져서(Splay) 활용됨으로 인해 결과적인 높이도 낮아진 모습이다.

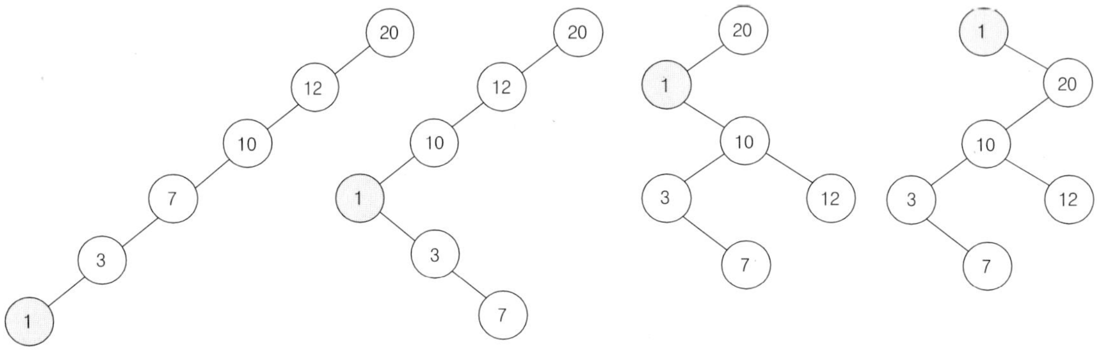

[그림 13-12] 스플레이에 의한 연속회전

스플레이 기법은 트리의 균형적 모습보다는 노드 자체의 탐색빈도를 기준으로 한다. 따라서 어떤 노드가 상대적으로 다른 노드보다 자주 사용된다면 매우 유리한 구조다. 그러나 만약, 루트 부근의 노드나 리프 부근의 노드나 모두 동일한 빈도로 사용된다면 이는 결코 유리한 구조가 될 수 없고, 여전히 트리의 균형이 중요해진다.

Section

3 2-3 트리

2-3 트리

AVL 트리가 균형트리(Balanced Tree)를 지향한다면 **2-3 트리**는 완전 균형트리(Completely Balanced Tree)를 지향한다. 2-3 트리는 AVL 트리에 비해 상대적으로 단순한 논리다. 2-3 트리를 설명하기 위해 사용되는 용어를 정의해보자.

2-노드(Two Node)

3-노드(Three Node)

2-3 트리의 노드는 **2-노드**(Two Node) 또는 **3-노드**(Three Node)로 구성된다. 2-노드는 링크가 두 개인 노드 즉, 자식노드가 두 개고 키가 한 개인 노드로서 우리가 지금까지 트리에서 사용해온 노드를 말한다. 3-노드는 링크가 세 개인 노드, 즉 자식노드가 세 개인 노드로서 키 두 개를 갖는다. 물론, 여기서 키를 갖는다는 것은 그 키를 포함한 레코드를 저장한다는 의미다.

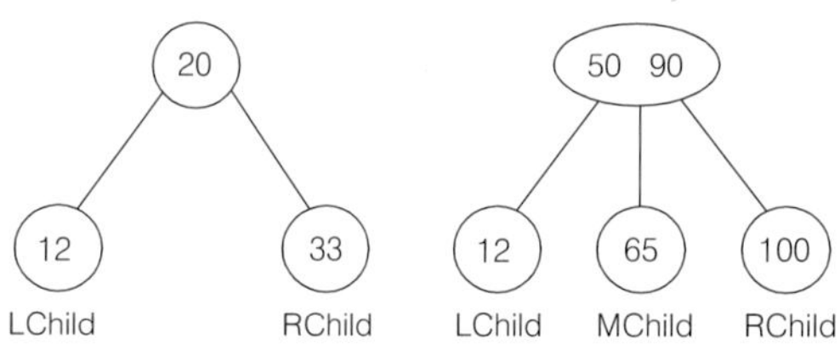

[그림 13-13] 2-노드와 3-노드

이렇게 되면 왼쪽 자식(Left Child), 중간 자식(Middle Child), 오른쪽 자식(Right Child)이라는 자식노드 세 개가 부모에 매달릴 수 있다. [그림 13-13]에 보인 것과 같이 3-노드에서 키 순서는 12 〈 50 〈 65 〈 90 〈 100이 된다. 중간 자식의 키 값은 부모 노드가 지닌 키 값 사이에 있다. 또, 왼쪽 자식은 부모의 왼쪽 키보다 작고, 오른쪽 자식은 부모의 오른쪽 키보다 크다.

[그림 13-14]에서 보듯이 2-3 트리에서는 내부노드 또는 리프노드 모두 3-노드가 될 수 있다. 물론, 리프노드가 자식노드를 거느릴 수는 없다. 그림을 통해 2-3 트리의 삽입을 살펴보자.

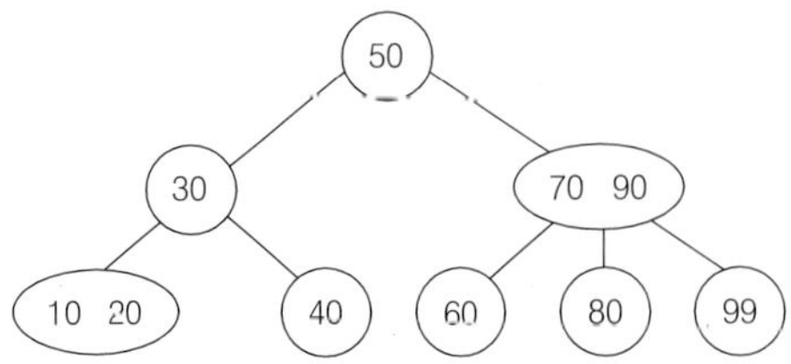

[그림 13-14] 2-3 트리

이진 탐색트리와 마찬가지로 2-3 트리의 삽입도 항상 리프노드에서 이루어진다. [그림 13-14]의 트리에 키 39인 레코드가 들어오면 루트인 50보다 작으므로 왼쪽, 다시 30보다 크므로 오른쪽으로 가서 키 40과 비교된다. 이진 탐색트리라면 40보다 작으므로 40의 LChild 노드를 만들어 삽입해야 한다. 그러나 2-3 트리에서 리프는 3-노드일 수 있으므로, 키 39인 레코드와 키 40인 레코드가 합쳐져서 하나의 노드를 이루게 된다. [그림 13-15]처럼 다시 키 38인 레코드가 들어오면 이번에는 노드 하나에 키 세 개가 들어가게 된다.

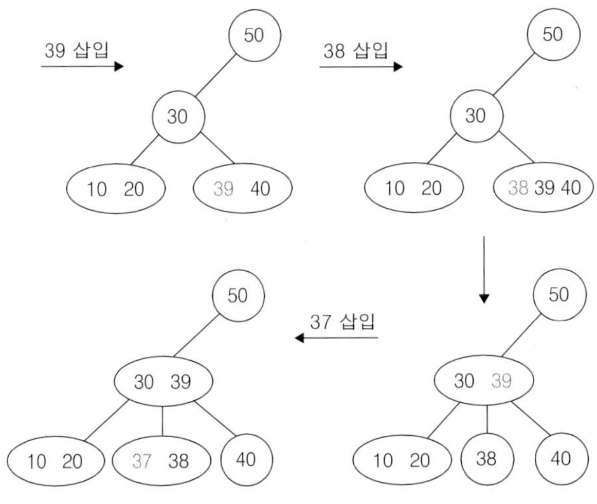

[그림 13-15] 2-3 트리 삽입(39, 38, 37)

3-노드의 키는 두 개까지만 허용되므로 여기서 두 가지 일이 일어난다. 첫째, 38, 39, 40 중 중간 키 39를 지닌 레코드가 부모노드로 올라간다(Promote Middle). 둘째, 작은 키 38을 지닌 레코드가 중간 자식으로, 큰 키인 40을 지닌 레코드가 오른쪽 자식으로 분리된다(Split). 이후, 키 37을 삽입한 모습은 [그림 13-15]와 같다.

다음, 키 36이 삽입되는 모습을 보자. 이것이 삽입되면 [그림 13-16]처럼 리프노드에 키

36, 37, 38이 존재하게 된다. 따라서 중간 키 37이 부모노드로 올라가고 나머지는 분리된다. 그런데, 이렇게 되면 이제 부모노드의 키가 30, 37, 39로 바뀌게 된다. 부모노드로서도 자신의 중간 키인 37을 그 위 부모노드로 올리고 자신은 키 30인 노드와 39인 노드로 분리된다. 그 결과 키 39인 노드는 키 37, 50인 부모노드의 중간 자식으로 들어간다. 여기서 주의할 점은 리프노드 36, 38은 부모노드가 분리됨으로 말미암아 그 중간자식으로 끼워들 수 없게 된다는 것이다. 따라서 이들은 각각 분리된 부모 밑에 따로 따로 편입된다. 즉, 키 36은 키 30의 오른쪽 자식으로, 키 38은 키 39의 왼쪽 자식으로 들어간다.

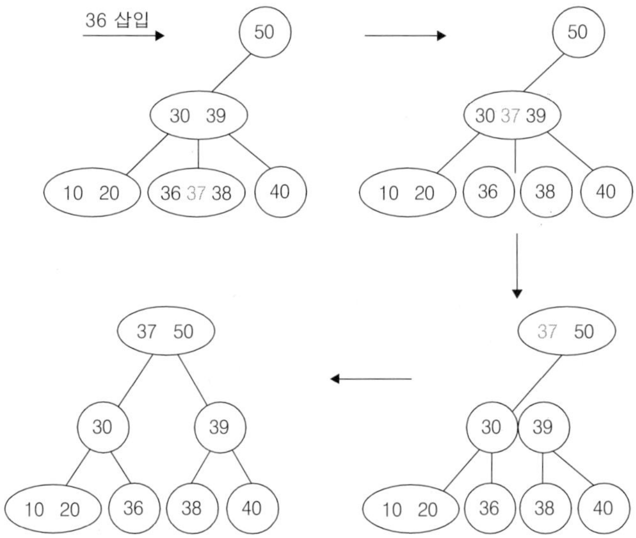

[그림 13-16] 2-3 트리 삽입(36)

이후 키 35, 34, 33까지 삽입이 진행된 모습이 [그림 13-17]이다. 여기에 키 32를 삽입해 보자. 현재 키 33, 34가 리프노드에 삽입되면 중간 키 33이 부모노드로 올라오고 다시 부모노드의 중간 키인 33이 그 위로 올라와서 이번에는 루트노드의 키가 세 개로 된다. 이 때, 루트는 자신의 중간 키 37을 올리되 새로운 루트노드를 만들어서 올린다. 동시에 자신의 나머지 키를 분리하여 키 33과 키 50인 2-노드를 만들어 낸다.

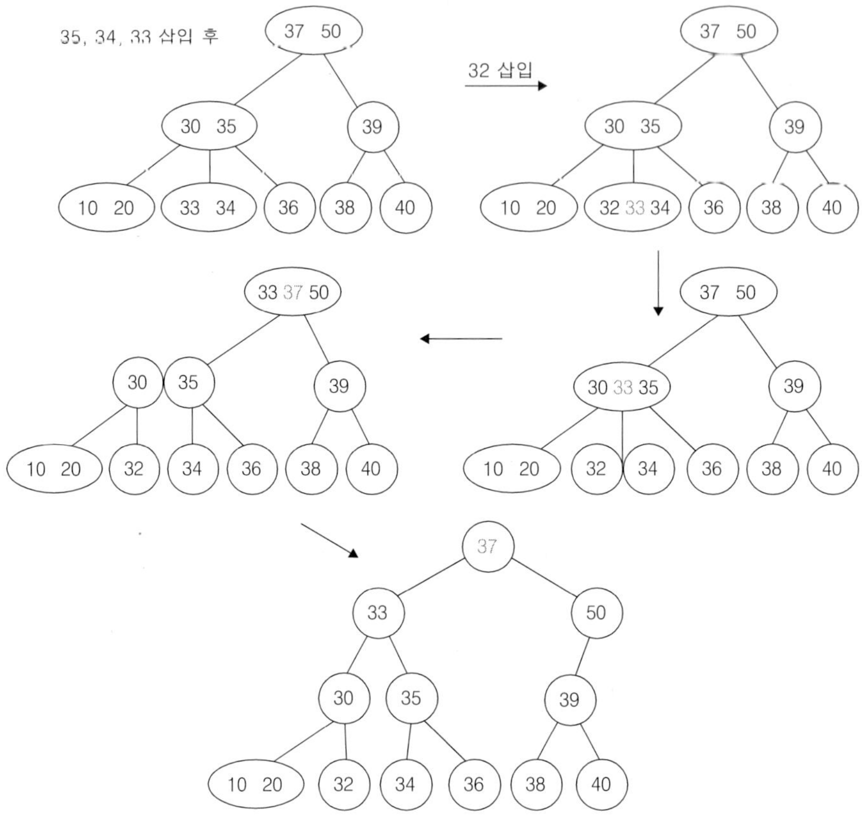

[그림 13-17] 2-3 트리의 삽입(32)

반복된 삽입에도 2-3 트리의 높이는 좀처럼 증가하지 않는다. 3-노드를 사용해서 가능한 높이를 늘리지 않고 레코드를 수용하되, 키가 세 개가 되면 바로 상위노드로 올려버린다. 상위노드 역시 3-노드를 이용하여 최대한 레코드를 수용하되 그것이 안 되면 위로 올려버린다. 따라서 트리의 높이가 증가하는 것은 삽입노드로부터 루트노드까지의 경로가 모두 3-노드로 꽉 찬 경우에 한하며, 이 경우 새로운 루트를 만들어 높이를 1만큼 증가시켜야 한다. 이진 탐색트리의 높이가 삽입할 때마다 리프노드 아래로 1만큼 자라는 것에 반해서 2-3 트리의 높이는 경로가 꽉 찬 경우에 한해서 루트 위쪽으로 1만큼 자란다.

[그림 13-18] 2-3 트리, 이진 트리

2-3 트리의 삭제 작업을 살펴보자. [그림 13-19]에서 키 10인 노드를 삭제하려면 일단 왼쪽 또는 오른쪽 자매노드(Sibling Nodes)를 살펴봐야 한다. 만약, 그중 하나라도 3-노드가 있으면 그것을 빌려오되 반드시 부모노드를 거쳐서 빌려와야 한다. 여기서는 키 1, 4로 구성된 왼쪽 자매노드의 키 4인 레코드가 부모노드로 올라가는 대신 부모노드의 키 5인 레코드가 삭제된 키 10의 자리로 들어간다.

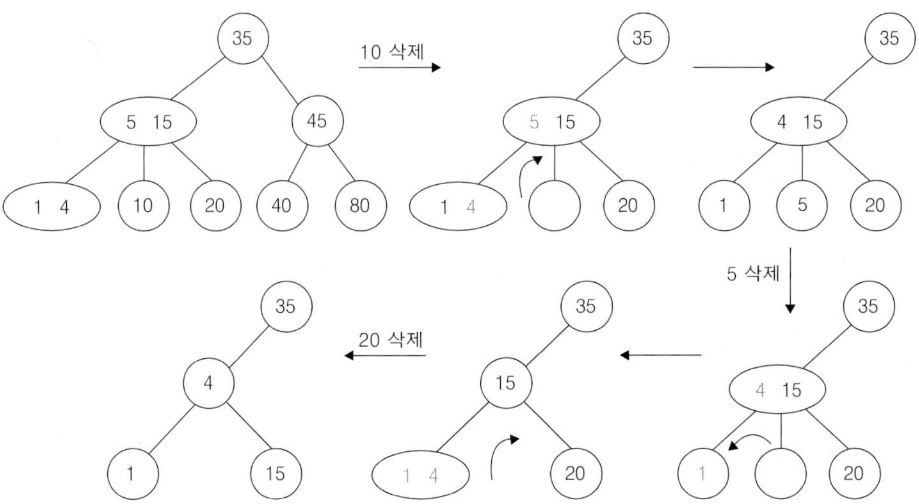

[그림 13-19] 2-3 트리의 삭제(10, 5, 20)

다시 키 5인 노드를 삭제하면 이번에는 왼쪽 키 1인 노드와 오른쪽 키 20인 노드 모두 빌릴 것이 없으므로 노느 사체가 삭제된다. 따라시 자식노드가 두 개로 줄어들게 되므로 부모노드도 2-노드로 바뀌어야 한다. 이렇게 하려면 부모노드의 키 하나가 줄어들어야 한다. 이를 위해서 부모노드의 키 중 하나가 삭제된 노드의 자매노드로 이동한다. 여기서는 부모노드의 왼쪽 키가 삭제된 노드의 왼쪽 자매노드로 이동한 것이다. 물론, 부모노드의 오른쪽 키가 오른쪽 자매노드로 이동할 수도 있다. 이어서 키 20인 노드를 삭제한 최종결과가 [그림 13-19]에 표시되어 있다.

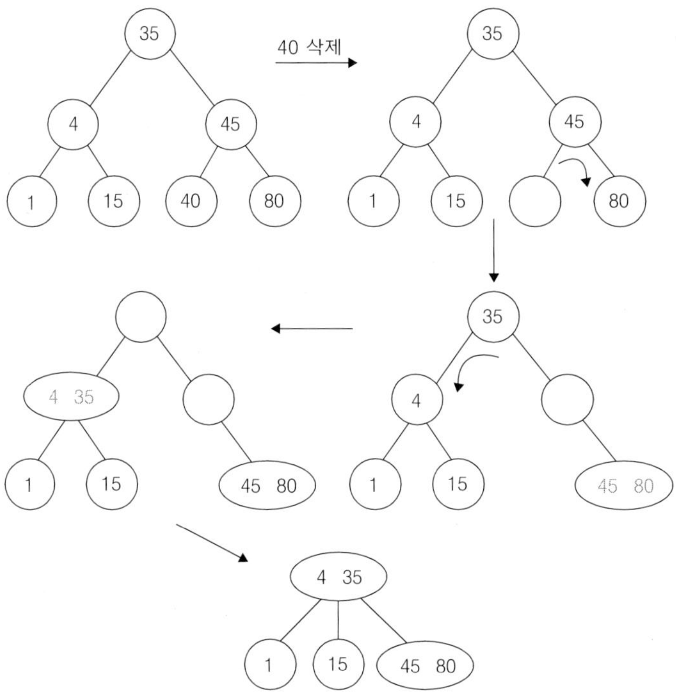

[그림 13-20] 2-3 트리의 삭제(40)

이번에는 [그림 13-20]을 기준으로 키 40인 노드를 삭제해보자. 자매노드인 키 80인 노드로부터 빌릴 키가 없으므로 키 40인 노드는 삭제된다. 그렇게 되면 부모노드인 키 45인 노드로서는 한쪽 자식이 없어지므로 자신도 더 이상 2-노드 상태를 유지할 수 없고 따라서 삭제된 노드의 자매노드인 키 80인 노드로 합쳐진다. 이는 키 45인 노드가 있던 자리가 비게 됨을 의미한다.

키 45인 노드가 빈 자리에 다른 레코드를 채우려고 왼편의 자매노드인 키 4인 노드를 보지만 그 역시 키 하나인 노드므로 빌릴 만한 레코드가 없다. 따라서 키 45인 노드 자리는 삭제될 수 밖에 없다. 이렇게 되면 키 35인 루트노드가 2-노드 상태를 유지할 수 없어 왼쪽 자매노드와 합쳐진다. 결과적으로 루트노드 자체가 삭제되고 그림과 같이 트리의 높이가 하나 낮아진다. 반복된 삭제에 의해 2-3 트리의 높이는 1만큼 낮아지되 루트로부터 낮아진다. 그러나 삭제 결과, 트리 모습은 여전히 완전 균형트리를 유지한다.

2-3 트리에서 삽입, 삭제를 가하려면 어떤 노드의 부모노드에 접근할 필요가 있다. 삽입 시에 중간 키를 올리기 위해서, 또 삭제 시에 부모노드의 키를 아래로 내리기 위해서다. 일반적으로 이진 트리는 부모노드로부터 자식노드로 가는 포인터만 유지하기 때문에 역으로 자식노드로부터 부모노드로 가는 포인터는 없다. 2-3 트리는 스택을 유지함으로써 이 문제를 해결한다. 즉, 루트로부터 내려가면서 만나게 되는 모든 노드를 가리키는 포인터 값을 계속적으로 스택에 푸시 해 놓으면 팝에 의해 언제라도 현재 노드 직전에 만난 부모노드를 접근할 수 있기 때문이다.

2-3 트리의 탐색 효율을 생각해보자. 직관적으로 볼 때 노드 하나가 최대한의 레코드를 수용해야 높이가 가장 낮아진다. 즉, 모든 노드가 3-노드일 때 가장 높이가 낮다. 레벨 0의 루트노드가 3노드라면 그 내부에는 레코드 두 개가 들어간다. 그 아래 레벨 1에 3-노드 세 개가 있다면 그 내부에는 각각 레코드 두 개가 들어간다. 즉, 레코드 수는 레벨 0에 두 개, 레벨 1에 3×2개 식으로 진행한다. 따라서 레벨 h까지의 레코드 수 $N = 2(1 + 3 + 3^2 + \ldots + 3^h) \approx 3^h$이 된다. 트리 높이 h는 최대 레벨 수와 일치하므로 결과적으로 $h \approx \log_3 N$이 된다. 물론, 최악의 경우는 모든 노드가 2-노드로만 구성되었다면 트리의 높이 $h \approx \log_2 N$이 된다. 2-3 트리에는 2-노드와 3-노드가 섞여 있으므로 효율은 $O(\log_2 N)$과 $O(\log_3 N)$ 사이에 존재한다.

이진 탐색트리가 최악의 경우 O(N)으로 전락하는 것과는 달리 2-3 트리는 항상 **완전 균형트리**(Perfectly Balanced Tree)를 유지하므로 최악의 경우에도 이 효율을 보장한다는(Guarantee) 데에 그 장점이 있다. 물론, 이러한 효율을 유지하는 데에는 희생이 따른다. 3-노드에서는 노드 하나에서 비교해야 할 키가 두 개므로 비교 횟수가 증가한다. 또, 3-노드는 자식을 가리키는 포인터가 세 개므로 2-노드에 비해 널 포인터가 차지하는 공간적 부담이 크다. 특히 이 널 포인터는 리프노드에 다수가 분포하게 된다.

완전 균형트리 (Perfectly Balanced Tree)

Section 4

2-3-4 트리

탐색효율을 $O(\log_2 N)$과 $O(\log_4 N)$ 사이에 위치시키기 위한 것이 2-3-4 트리다. 2-3 트리에서 3-노드를 정의했다면, 2-3-4 트리에서는 추가로 4-노드를 정의한다. 즉, 자식노드로 가는 링크(Link)가 네 개고 키가 세 개인 노드를 말한다. 결과적으로 4-노드는 왼쪽 자식(Left Child), 오른쪽 자식(Right Child)을 포함해서 왼쪽 중간자식(Left Middle Child), 오른쪽 중간자식(Right Middle Child)을 거느리게 된다. 또, [그림 13-21]처럼 4-노드에서 노드 사이의 키 크기 관계는 10 〈 30 〈 65 〈 75 〈 80 〈 95 〈 100이 된다.

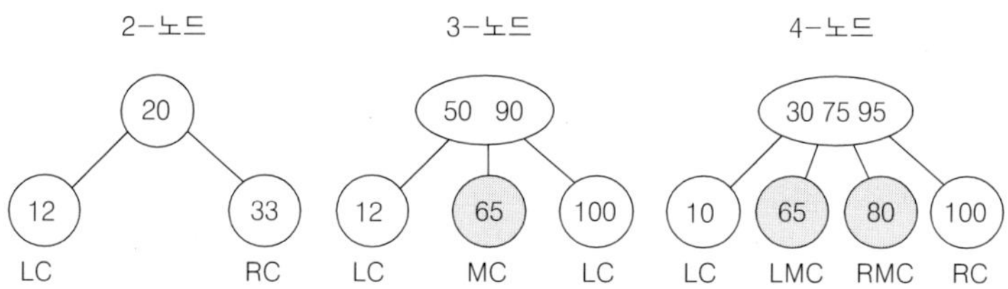

[그림 13-21] 2-노드, 3-노드, 4-노드

2-3-4 트리의 삽입은 2-3 트리의 삽입과 유사하다. 단, 삽입 시에 4-노드의 키가 세 개에서 네 개로 늘어나면 왼쪽 중간자식이나 오른쪽 중간자식 중 어느 것을 올려도 무방하다. 삭제 역시 2-3 트리의 삭제와 유사하다.

2-3-4 트리의 개념적 중요성을 살펴보자. 높이를 $\log_4 N$쪽으로 조금 더 낮춘다는 것을 제외하고는 그리 큰 장점이 없어 보인다. 리프노드 근처의 널 포인터 공간도 2-3 트리에 비해서 더 많아질 것이고, 또 이번에는 필요시 최대 키 세 개를 비교해야 하는 시간적 부담이 따른다.

그럼에도 불구하고 2-3-4 트리가 제안된 이유는 내려가면서 트리 모습을 조정하기 때문이다. 2-3 트리의 경우 리프노드가 꽉 차면 중간자식을 부모노드로 올리고, 만약, 부모노드가 꽉 차면 다시 부모노드의 중간자식이 그 위로 올려진다. 따라서 작업이 리프노드로부터 루트를 향해서 거슬러 올라가며 전파되어야 했다. 또 거슬러 올라가는 데 스택이 필요했다. 2-3-4 트리에서는 이처럼 거슬러 올라가는 사태를 배제하기 위해, 루트로부터 삽입위치를 찾아서 내려가는 도중에 4-노드를 만나면 무조건 제거하면서 내려간다.

이러한 작업은 세 가지 경우로 구분된다. [그림 13-22]는 각 경우의 4-노드 제거 방법을 예시한 것으로 편의상 개별 키를 X, Y, Z, a, b, c 등의 상징으로 나타낸다. 물론, 이 상징이 키 값의 크기를 의미하는 것은 아니다.

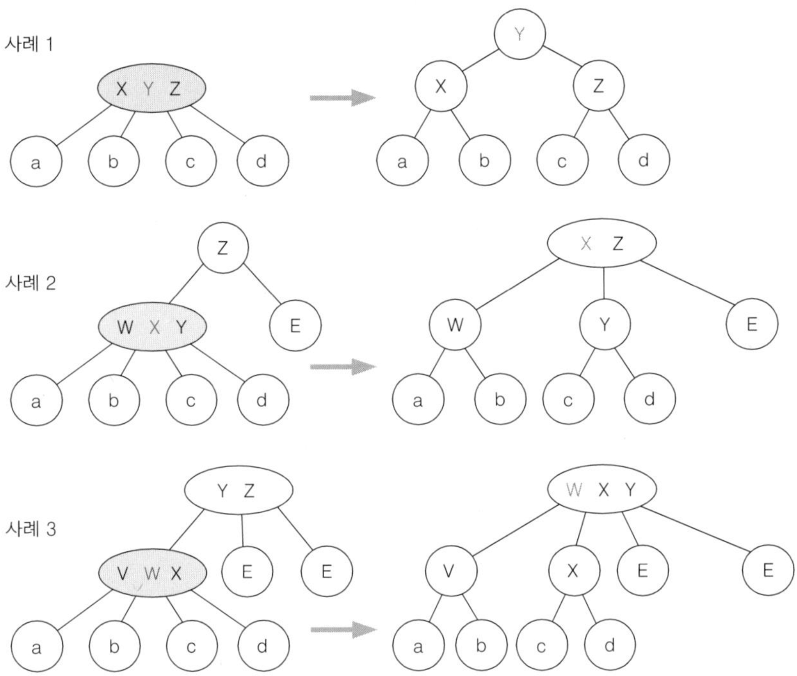

[그림 13-22] 2-3-4 트리에서의 내려오기

첫째, 트리로 진입하자마자 루트가 4-노드인 경우다. 이때에는 그림처럼 중간 키인 Y가 올라가서 트리 높이가 하나 증가한다. 둘째, 내려가면서 만난 4-노드가 2-노드의 자식노드일 경우다. 이때는 중간노드를 올리되, 나머지 노드는 분리되어 부모노드의 왼쪽 자식과 중간 자식으로 붙게 된다. 물론, 높이는 그대로 유지된다.

셋째 경우는 내려가면서 만난 4-노드가 3-노드의 자식노드일 경우다. 이때에는 그림처럼 부모노드가 4-노드로 바뀌면서 왼쪽 중간자식, 오른쪽 중간자식으로 분리시켜 붙인다. 이 역시 트리 높이는 증가하지 않는다.

이 경우처럼 4-노드를 제거하면서 내려가기 때문에 마지막 리프노드에 삽입이 일어나더라도 키가 넘지지 않게 된다. 즉, 작업이 거슬러 올라가지 않으므로 스택이 불필요해진다. 내려갔다 다시 올라올 필요없이 내려간 마지막 위치에서 단번에 삽입, 삭제가 가능해진다는 의미에서 이를 **단일 패스**(Single-Pass)에 의한 삽입, 삭제라 부른다.

단일 패스 (Single-Pass)

이 경우, 모든 작업이 아래로만 내려가기 때문에 하나의 삽입 작업이 트리 모습을 바꾸면서 내려가는 동안, 동시에 이어서 두 번째 삽입 작업이 루트로부터 내려올 수 있다. 위에서 내려가는 작업과 아래에서 올라오는 작업이 서로 마주치지 않기 때문이다. 이처럼 첫 작업이 끝나기도 전에 시차를 두고 두 번째 작업이 들어와서 첫 작업과 동시에 처리되는 것을 **파이프 라이닝**(Pipelining)에 의한 처리라 한다.

파이프 라이닝 (Pipelining)

2-3-4 트리의 이러한 단일 패스 개념이 중요한 두 번째 이유는 바로 다음에 설명할 레드블랙 트리와의 연관성 때문이다.

Section

05 레드블랙 트리

레드블랙 트리(Red-Black Tree)는 2-3-4 트리를 이진트리로 표현한 것이다. 다시 말해 2-3-4 트리는 그 자체로 구현되기보다는 레드블랙 트리 형식으로 구현됨으로써 그 중요성을 더한다. [그림 13-23]에 보인 것처럼 레드블랙 트리의 링크(Link)는 색깔을 띤다. 다시 말해 포인터 변수에 색깔이라는 속성을 추가한다. 따라서 이경우의 노드 자료구조는 키를 포함한 데이터 필드, LChild 포인터, RChild 포인터 외에도 LColor, RColor라는 필드에 의해서 각각의 포인터가 지닌 색깔을 나타내어야 한다. 그림은 LColor가 검정, RColor가 빨강임을 표시한다. 이처럼 색깔 변수 두 개를 사용하지 않고 하나만 사용하려면 부모노드로부터 자신을 향한 포인터의 변수를 표시하면 된다. 이 포인터는 항상 하나만 존재하기 때문이다.

레드블랙 트리
(Red-Black Tree)

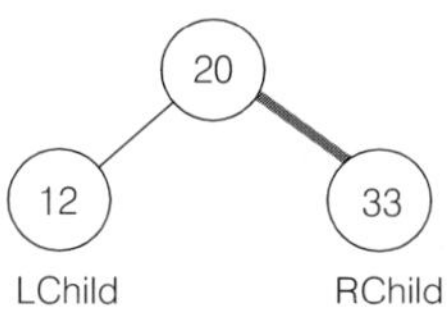

[그림 13-23] 레드 블랙 트리의 링크

레드블랙의 설명에 충실하려면 그림에서 20과 33 노드를 연결하는 포인터는 빨강으로 표시해야 하는데, 이 책에서는 빨강을 구현할 수 없어 굵은 선으로 처리했다. 이는 레드블랙 트리의 설명이 끝나는 그림까지 모두 해당된다.

[그림 13-24]와 같이 모든 2-3-4 트리는 레드블랙 트리로 표현할 수 있다. 2-노드는 그대로며, 3-노드는 왼쪽 또는 오른쪽 키를 루트로 하는 이진트리로 표현할 수 있다. 두 가지 방법이 존재하므로 이 경우 트리 모양은 유일하지(Unique) 않다. 여기서 빨강으로 표시된 링크는 원래 3-노드 시절에 같은 노드에 속했었다는 사실을 나타낸다. 따라서 둘째 그림의 X와 Y 사이의 링크는 빨강으로 표시되어 있다. 4-노드는 가운데 키를 루트로 하는 이진 트리로 표현된다. 같은 노드 소속이었으므로 부모노드인 Y와 자식 노드인 X, Z 사이의 링크는 각각 빨강으로 표시된다. 그림에서 보듯이 4-노드의 레드블랙 표현은 유일하다.

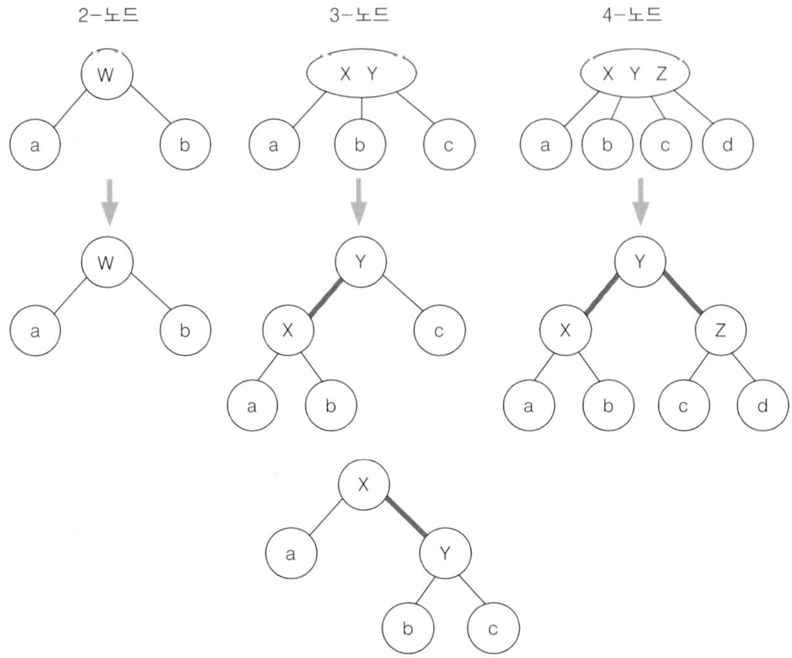

[그림 13-24] 2-3-4의 레드블랙 표현

2-3-4 트리를 이처럼 레드블랙 트리로 표현할 때, 레드블랙 트리는 다음과 같은 속성을 지니게 된다.

① 트리를 내려오면서 연속적인 빨강 링크 두 개는 허용되지 않는다.
② 루트로부터 리프노드까지 검정 링크의 수는 모두 동일하다.
③ 자식노드 두 개가 모두 빨강 링크일 때만 4-노드에 해당한다.

①번 속성을 증명해보자. 만약, [그림 13-25]의 첫 트리처럼 연속된 빨강이 존재한다고 가정하자. X-Y가 빨강이므로 그것은 그림의 둘째 트리에서 나왔을 것이고, 이는 다시 그림의 셋째 트리에서 유래되었을 것이다. 그런데, 셋째 트리의 4-노드는 항상 그 아래 트리처럼 유일한 모습의 레드블랙 트리로 표현한다. 따라서 첫 트리처럼 연속적인 빨강 두 개가 나올 수는 없다.

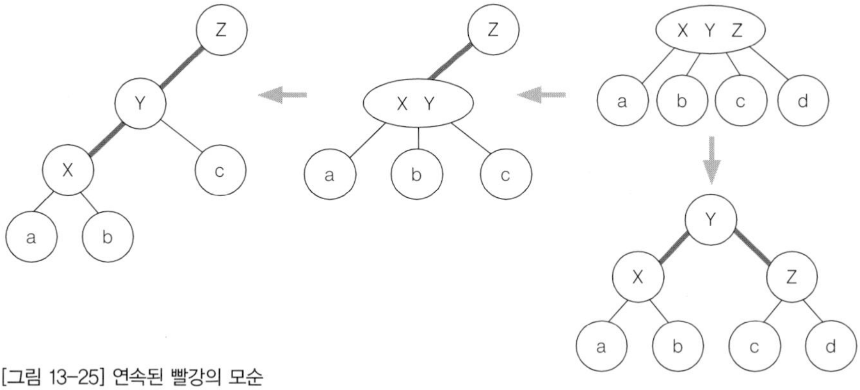

[그림 13-25] 연속된 빨강의 모순

레드블랙 트리를 사용하는 이유는 자명하다. 2-3-4 트리를 사용할 경우, 복잡한 노드 구조 그리고 복잡한 삽입, 삭제 코드를 작성해야 하는데 비해, 레드블랙 트리는 상대적으로 간단한 이진 탐색트리의 함수를 거의 그대로 사용할 수 있기 때문이다. 더욱이 2-3-4 트리의 장점인 단일 패스, 삽입, 삭제가 그대로 레드블랙 트리에도 적용된다. 이를 몇 가지 경우로 나누어서 살펴보자.

[그림 13-26]은 루트노드가 4-노드인 경우 이를 제거하는 과정이다. 그림의 (a)에 있는 2-3-4 트리를 레드블랙으로 표현한 것이 (a')이다. 2-3-4 트리에서 4-노드를 제거하려면 (b)와 같이 중간 키를 루트로 하는 트리로 변형하면 된다. 그러나 (a')의 레드블랙 트리는 이미 (b)의 모습이 갖춰져 있으므로 단지 링크의 색깔만 빨강에서 검정으로 뒤집음(Color Flip, **색상 반전**)으로서 (b')의 모습이 된다. (b)의 2-3-4 트리에서 Y, X, Z는 더 이상 같은 노드 소속이 아니다. 따라서 (b)를 레드블랙으로 표현한 (b')에서도 링크 색깔이 빨강일 수는 없다.

Color Flip, 색상 반전

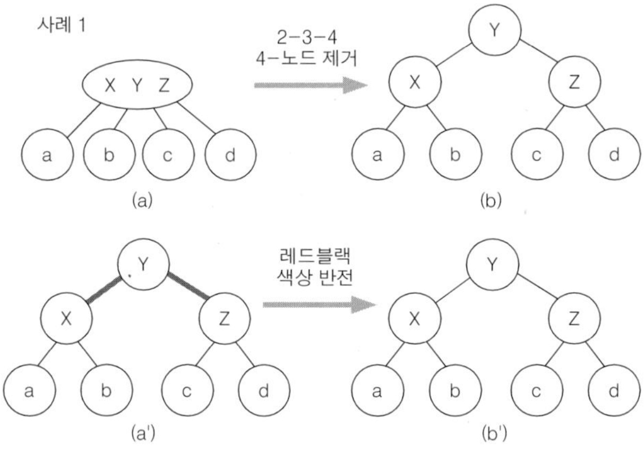

[그림 13-26] 4-노드 제거(사례 1)

[그림 13-27]은 부모노드가 2-노드인 경우에 4-노드인 자식노드를 제거하는 과정이다. 2-3-4 트리 (a)에서 4-노드를 제거하면 (b)가 된다. (a)를 나타내는 레드블랙 트리는 (a')이다. (a')에서 4-노드를 제거하는 과정은 키 X를 중심으로 부모와 자식의 링크 색상을 반전시키면 된다. 즉, X-Z 간의 링크를 검정에서 빨강으로, 그리고 X-W, X-Y 간의 링크를 빨강에서 검정으로 바꾸면 (b')이 된다. 이는 (b)의 2-3-4 트리를 레드블랙으로 표현한 것과 동일한 모습이다. 만약 (b')을 루트를 중심으로 오른쪽으로 회전(LL Rotation)시켜도 동일한 2-3-4 트리를 나타낸다.

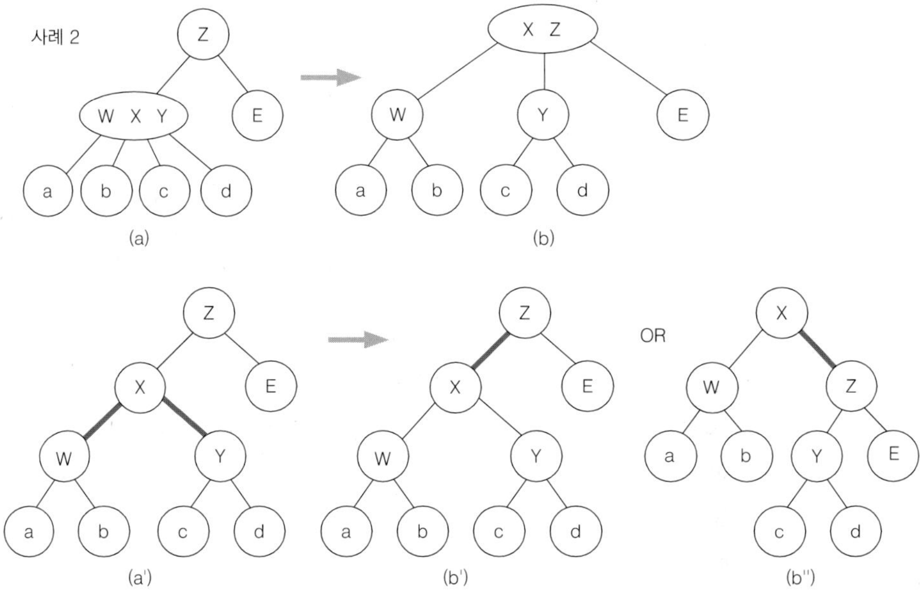

[그림 13-27] 4-노드 제거(사례 2)

[그림 13-28]은 부모노드가 3-노드인 경우에 4-노드인 자식노드를 제거하는 과정이다. 먼저 4-노드인 W를 중심으로 부모와 자식 링크에 대해 색상을 반전시킨 결과 Z-Y-W로 이어지는 빨강 링크가 연속으로 두 개가 나타난다. 레드블랙 트리에서는 연속적인 빨강 링크 두 개를 허용하지 않으므로 이를 피하기 위해 회전(RR Rotation)을 가하면 된다.

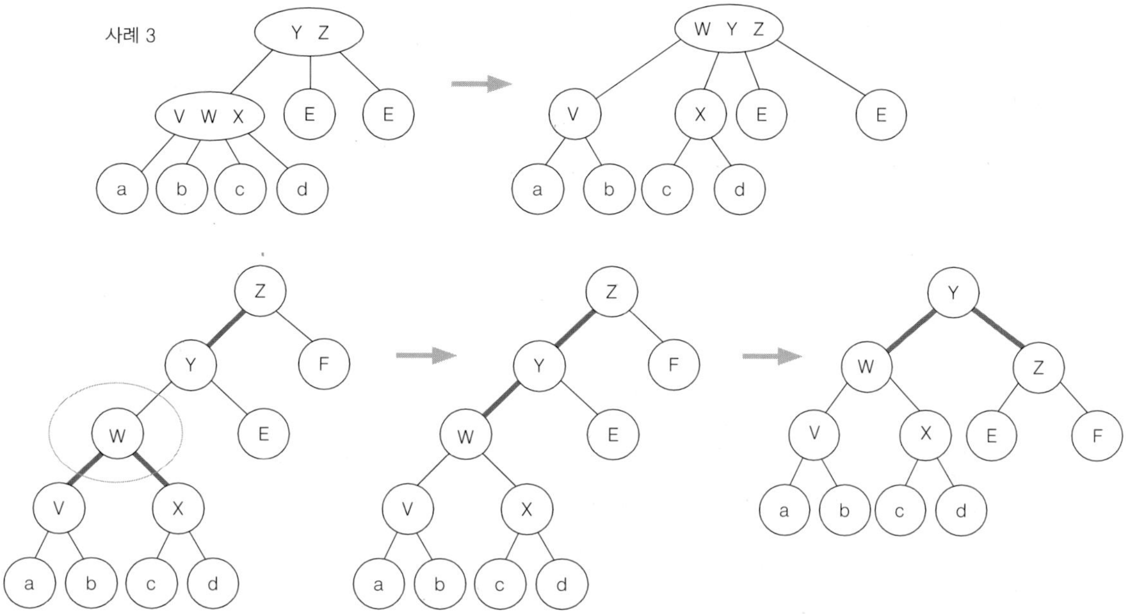

[그림 13-28] 4-노드 제거(사례 3)

[그림 13-29]는 레드블랙 트리에 삽입을 가하는 모습을 순차적으로 그린 것이다. 왼쪽 칼럼이 레드블랙 트리고 오른쪽 칼럼은 상응하는 2-3-4 트리다. 키 20이 들어올 때 루트는 4-노드 상태가 아니므로 빨강 링크로 삽입할 수 있다. 30이 삽입되면 빨강 링크 두 개가 연속되므로 회전을 가한다. 이렇게 됨으로써 키 20을 루트로 하는 트리의 좌우가 빨강 링크므로 4-노드임이 표시된다.

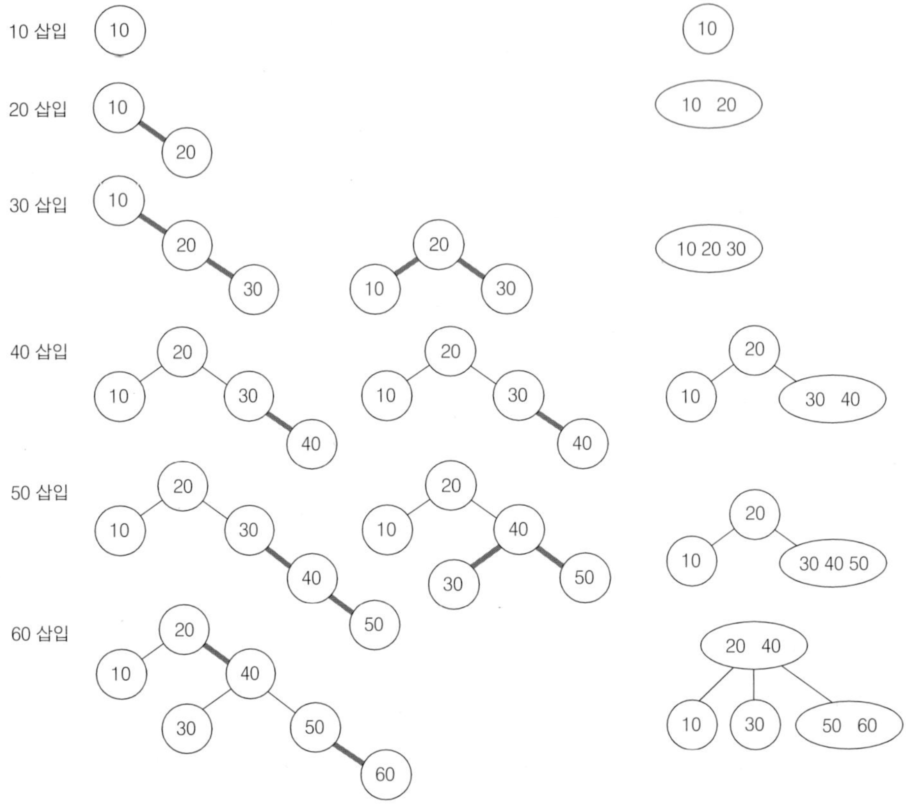

[그림 13-29] 레드블랙 트리의 삽입

삽입을 위해 키 40이 루트로 들어오는 순간 30이 삽입된 결과 트리의 루트가 4-노드므로 색상반전에 의해 이를 제거한 뒤에 삽입한다. 50이 삽입될 때 역시 연속된 빨강 링크가 두 개므로 회전에 의해서 변형시킨다. 60이 삽입되어 내려올 때, 4-노드인 40의 부모와 자식의 링크 색상이 반전된다. 만약, 이진 탐색트리에 이처럼 10, 20, ..., 60의 순으로 삽입을 가했다면 그 결과는 모든 노드가 일렬로 늘어서게 되어 최악의 효율을 보인다.

탐색 효율 면에서 볼 때, 레드블랙 트리의 높이는 $O(\log_2 N)$에 가깝다. 물론, 삽입 삭제를 위한 코드의 간결성은 이진 탐색트리와 비슷하다. 그러나 이진 탐색트리와는 달리, 레드블랙 트리는 회전에 의해서 어느 정도 균형을 회복할 수 있다. AVL에서는 언제 회전을 해야 하는지 판단하기 위해 비교적 복잡한 코드와 그를 수행하기 위한 시간적 부담이 필요했던 반면에, 레드블랙 트리는 빨강 링크의 위치만으로 이를 쉽게 판단할 수 있다는 것이 가장 큰 장점이다.

Section

6 B-트리

B 트리(B Trees)

B 트리(B Trees)는 2–3 트리, 2–3–4 트리 개념의 확장이다. 즉, 노드 하나에서 나오는 최대 링크의 수를 M으로 일반화한 것이다. 최대 링크 수가 M인 트리를 M–갈래 트리(M–way Tree)라 부른다. 예를 들어, 2–3–4 트리가 지닌 최대 링크의 수는 네 개므로 이는 4–갈래 트리라고 할 수 있다. 물론, M이 커질수록 하나의 노드 내부에서 비교 횟수가 증가하고 또, 빈 포인터 공간도 많아지지만 트리의 높이는 그만큼 낮아진다.

페이지(Page, Control Interval)

B 트리는 외부 탐색(External Search) 방법이다. 외부 저장 장치인 파일로부터 레코드 하나를 읽어오기 위한 것으로 데이터베이스 탐색 방법의 일종이다. 외부 파일로부터 메인 메모리로 읽혀지는 기본 단위를 **페이지(Page, Control Interval)**라고 한다. 512바이트, 1,024바이트 등 페이지 크기는 시스템마다 다르다. 외부 탐색에서 알고리즘의 효율을 좌우하는 것은 입출력 시간이며, 이 입출력 시간은 페이지를 몇 번 입출력 했는지에 좌우된다. 따라서 외부탐색 알고리즘은 이 입출력 횟수를 줄이는 데 주안점이 있다. [그림 13–30]과 같은 2–3–4 트리라고 가정해보자.

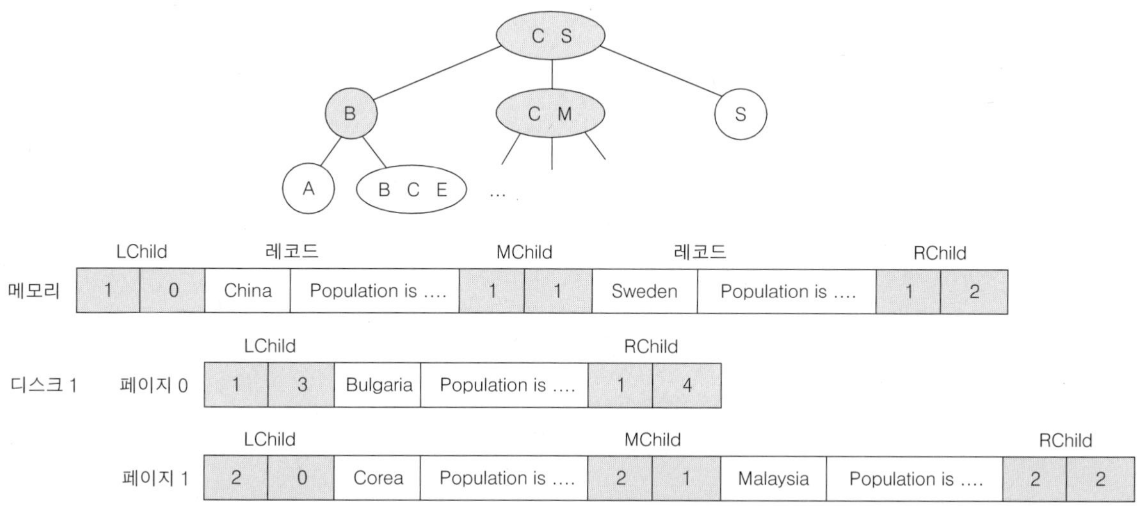

[그림 13–30] B 트리의 개념

노드 하나가 한 페이지 크기에 저장된다고 가정하자. 일반적으로 페이지 접근(Access) 횟수를 줄이기 위해 루트 노드는 항상 메인 메모리에 올려놓는다. B 트리에서의 노드는 자체 레코드와 자식노드를 가리키는 포인터로 구성되며, 이 포인터는 디스크 번호와 페이지 번호에 의해 표시된다. 그림의 루트 노드는 포인터 세 개를 지니고 있으며, 그 중 LChild인 노드 B는 디스크 1번의 페이지 0에 저장되어 있다. 레코드는 키 필드와 데이터 필드로 구성되며 노드 하나에는 레코드 여러 개가 저장될 수 있다. 예를 들어, 4-노드라면 레코드 세 개가 저장된다. 이러한 노드 형태는 디스크에 저장된 노드에 대해서도 적용된다.

이런 방식을 사용할 경우의 검색 효율은 $O(\log_{(M/2)}N)$이 된다. 2-노드, 3-노드, ..., M-노드를 모두 감안하면 평균적인 링크 수는 M/2가 된다. 따라서 이것이 로그 함수의 밑수로 적용되면 트리의 높이가 $\log_{(M/2)}N$에 가까워지기 때문이다. 그러나 레코드와 링크 정보를 노드 하나 안에 몰아넣은 이러한 방식은 외부 탐색의 효율을 좌우하는 입출력 면에서는 상당히 불리하다. 레코드 자체가 차지하는 공간으로 인해 노드 하나, 즉 페이지 하나 안에 들어갈 수 있는 레코드 수가 제한된다. 레코드 수가 제한된다는 것은 자식노드를 가리키는 포인터 수가 제한된다는 것을 의미한다.

예를 들어, 2-3-4 트리라면 4-노드 하나에 레코드 세 개와 자식노드를 가리키는 포인터 네 개를 둘 수 있다. 어떤 노드가 자식노드 100개를 가리키게 하려면 2-3-4-5 ... -100 트리를 구성해야 하는데, 이 때의 100-노드에는 레코드 99개가 들어가야 한다. 그러나 레코드 크기가 커질수록 한 페이지에 이렇게 많은 레코드를 넣을 수는 없다. 결과적으로 노드 하나가 가질 수 있는 자식노드 수가 작아지면 트리의 높이가 커진다. 탐색을 위해서는 트리를 따라 내려오면서 만나는 모든 노드(페이지)를 읽어 들여야 하므로 그렇게 되면 입출력(Page I/O) 횟수는 당연히 증가한다.

따라서 일반적인 B 트리는 [그림 13-31]처럼 내부노드에는 키 값만 넣고, 실제 레코드는 외부노드 즉, 리프노드에 몰아넣는다. 이처럼 내부노드의 키는 리프노드의 레코드를 찾기 위한 일종의 인덱스 기능만 하게 함으로써 M 값을 대폭 증가시킬 수 있다. M 값이 증가된다는 것은 트리의 높이가 급격히 낮아짐을 의미한다.

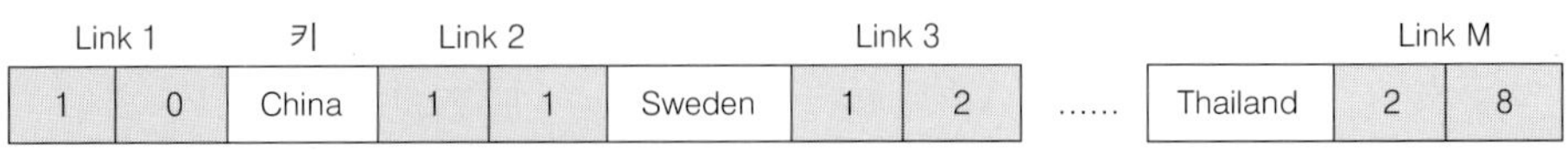

[그림 13-31] B 트리의 내부노드 구조

그러나 모든 M 값을 크게 하는 데에는 희생이 따른다. 예를 들어, 루트에 해당하는 레벨 0 노드에 M개의 링크를 할당한다면 그 아래 레벨 1에는 노드 M개, 즉 페이지 M개가 할당되어야 한다. 또, 그 아래 레벨 2에는 각각의 노드 M개에 대해 다시 페이지 M개가 할당되어야 한다. 이렇게 되면 페이지 개수는 레벨별로 1, M, M^2, M^3, ...과 같이 기하급수적으로 늘어난다. M이 크다면 이 경우에는 레코드가 몇 개 없는 페이지 또는 거의 사용되지 않는 페이지로 인한 공간 낭비가 심하다.

루트 근처에 M을 작게 잡고 리프 근처에 M만 크게 잡으면 트리를 다 내려온 다음에 리프 근처에서 한 노드 내에 존재하는 수많은 키에 대해서 일일이 순차적인 탐색을 가해야 한다. 트리의 위에서 아래로 내려오면서 검색 범위를 적절히 좁혀 나가야 리프노드 근처에서 비교되는 키 수를 줄일 수 있다. 트리의 윗 부분에서 M이 너무 작아도 검색 범위가 좁혀지지 않는다.

따라서 B 트리의 M 값은 이 두 가지 상반되는 요인을 절충하여 결정해야 한다. 루트 근처의 M 값을 2048, 리프 근처의 M 값은 1024로 했을 때, 레코드 10억 개에 대해서 세 번 정도의 페이지 입출력으로 탐색을 끝낼 수 있다.

생활 속의 자료구조

[그림 13-32] 균형

bal · ance

어원: 중세 영어, 고대 불어, (추측) 라틴 속어 bilancia, 후대 라틴어 *bi-*(두 개의) + *lanc-*, *lanx*(접시, plate) *bilancia* 두 개의 천칭 접시

1. 무게를 재는 기기 a: 무게가 같은 두 접시가 양끝에 매달려 있고 가운데 지지대를 움직일 수 있는 저울 b: 무게나 힘을 재기 위해 나선형 스프링의 탄성을 이용하는 장치
2. 판단이나 결정의 수단
3. 균형을 맞추기 위한 무게, 힘, 또는 영향력
4. 시계바늘 움직임을 조절하기 위해 사용되는, 가는 스프링으로 작동하는 진동 바퀴
5. a: 수직 축을 기준으로 양쪽 무게 분포가 같음으로 이해 이루어지는 안정 b: 서로 대조적이면서 반대로 작용하는 요소 사이의 형평 c: 계정의 차변, 대변이 일치함
6. a: 심미적으로 기분좋게 느끼도록 요소를 조합함 b: 유사하거나 반대되는 아이디어를 문법적으로 나란히 놓음
7. a: 물리적 균형 b: 균형을 유지하는 능력
8. a: 한쪽으로 쏠린 무게나 힘 b: 남겨진 것들 c: 계정의 대변에 남겨진 금액
9. 정신적, 감정적인 평온함

(출처: Webster's Collegiate Dictionary)

요약

균형 잡힌 트리의 효율은 최악의 경우에도 O(lgN)을 보장한다. AVL 트리는 삽입, 삭제가 일어날 때마다 균형인수를 점검하여 필요 시 회전에 의해 균형을 회복한다. 자체 조정트리는 트리의 균형보다 자주 접근되는 레코드를 루트 쪽으로 올림으로써, 탐색 속도를 높이는 데 주목한다. 스플레이는 탐색된 레코드를 루트로 올리는 과정에서 한 번에 두 레벨씩 위로 올리는 방법으로써, 트리의 균형을 유지하는 데 유리하다.

2–3 트리는 완전 균형 트리를 목적으로 한다. 삽입, 삭제가 지속적으로 가해지더라도 2–3 트리는 옆으로만 자라지 죰처럼 위로 자라지 않는다. 2–3 트리의 삽입은 삽입 경로상에 사용가능한 모든 노드가 채워졌을 때만 루트로부터 트리 높이 하나가 증가한다. 삭제 역시 유사하게 모든 노드가 지워졌을 때만 루트로부터 높이 하나가 감소한다.

2–3–4 트리는 2–3 트리와 유사하지만 단일 패스 삽입이 가능하고 따라서 파이프라인 처리가 가능하다. 2–3–4 트리는 실제로는 레드블랙 트리를 사용하여 구현된다. 레드블랙 트리는 AVL 트리에 비해서 코딩이 간단하면서도 2–3–4 트리의 장점인 단일 패스 삽입이 가능하고, 또 언제 회전을 가해야 하는지를 쉽게 판단할 수 있기 때문에 상대적으로 균형을 유지하기 수월하다.

B 트리는 2–3–4, ..., –M 트리에 해당한다. B 트리는 주로 외부탐색을 위한 방법으로써, 이 경우의 효율은 페이지 접근 횟수인 트리 높이에 좌우된다. 내부노드에는 실제 노드가 위치하는 인덱스 포인터만 채움으로써 B 트리의 높이를 감소시킬 수 있다.

연습 문제

1 AVL 트리의 루트를 삭제할 때에는 그 루트 자체를 직접 삭제한다. (True/False)

2 AVL 트리에 새로운 삽입이 일어나면 트리의 모든 노드에 대해 균형인수를 확인해야 한다. (True/False)

3 높이 5인 AVL 트리의 루트를 중심으로 왼쪽 하위트리의 높이가 될 수 있는 것을 모두 골라라.

가. 5　　나. 4　　다. 6　　라. 0

4 AVL 트리의 회전에 관한 다음 설명 중 틀린 것을 골라라.

가. 하위트리의 루트를 바꾸는 작업이다.
나. 자식노드 중 하나가 루트노드가 된다.
다. 회전 결과, 이진 탐색트리의 키 관계가 바뀐다.
라. 시계방향 또는 반시계방향으로 회전한다.

5 레코드 수가 엄청나게 많은 데이터베이스를 B 트리로 구성하려 한다. M 값을 크게 하는 이유는 무엇인가?

가. 해시 결과 충돌을 방지하기 위해서다.
나. 노드 크기가 작아지고 따라서 노드를 읽는 시간이 줄어들기 때문이다.
다. 트리의 레벨 수가 낮아지고 따라서 디스크 접근 횟수가 줄어들기 때문이다.
라. M이 3이면 레코드 300개를 겨우 읽을 수 있기 때문이다.

6 B 트리의 리프노드 X에 레코드 41개가 들어있다. 단, X는 최소 하나 이상의 자매노드를 갖고 있다. 다음 중 맞는 말은 무엇인가?

가. X의 모든 자매노드는 레코드 41개를 지니고 있다.
나. X의 부모노드는 정확히 레코드 42개를 지니고 있다.
다. X는 최소 자매노드 40개를 갖고 있다.
라. X의 모든 자매노드는 리프노드다.
마. X의 부모노드는 레코드 한 개를 갖고 있다.

7 크기 100인 해시 배열의 엔트리 각각이 AVL 트리의 루트를 가리킨다고 가정하자. 해시 배열에 저장된 레코드 수가 모두 N개라 할 때 이 자료구조를 사용한 해시탐색이 보이는 최악의 효율은 다음 중 어떤 것인가?

가. N　　나. 1　　다. N/100　　라. lg(N/100)　　라. lgN

8 다음 레드블랙 트리에 키 36인 레코드를 삽입하면 어떤 일이 일어나는가?

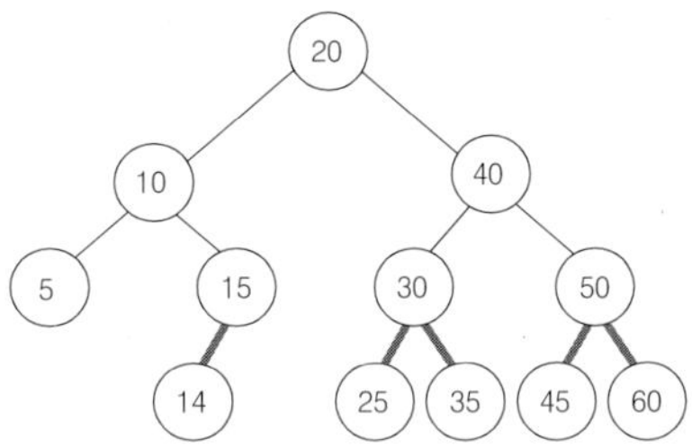

[그림 13-33] 문제 8

가. 링크 색깔 세 개가 변한다.
나. 키 36인 레코드가 리프가 되면서 부모노드로부터의 링크가 빨강이 된다.
다. 회전은 필요치 않다.
라. 위 '가-다' 모두 필요하다.
마. 위 '가-다' 모두 필요 없다.

9 어떤 B 트리의 내부노드가 최대, 키 10개를 가질 수 있다고 하자. 키 값 1, 2, ..., 9, 10까지 들어가 있는 상태에서 키 11인 레코드를 삽입하라는 명령이 가해지면 이 노드는 노드 두 개로 나누어진다(Split). 다음 중 맞는 말은 무엇인가?

가. 첫 노드는 1을, 둘째 노드가 나머지 키를 갖는다.
나. 첫 노드는 1-5까지, 둘째 노드는 6-11까지를 갖는다.
다. 첫 노드는 1-5까지, 둘째 노드는 7-11까지를 갖는다.
라. 첫 노드는 1-6까지, 둘째 노드는 7-11까지를 갖는다.
마. 첫 노드는 1-10까지, 둘째 노드는 11을 갖는다.

10 다음 레드블랙 트리에 키 7을 지닌 레코드가 삽입되면 어떤 결과가 되겠는가?

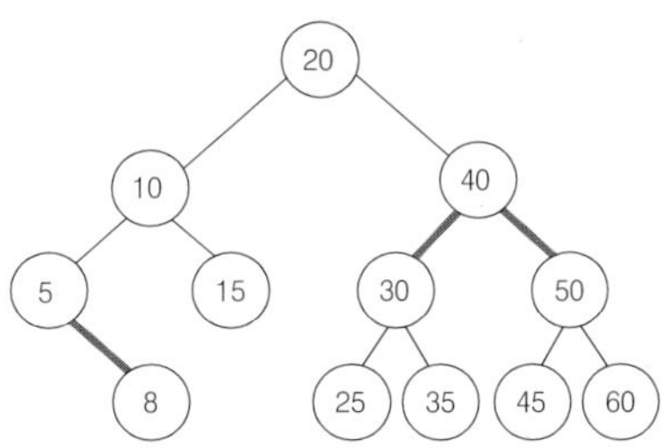

[그림 13-34] 문제 10

가. 키 40으로부터 자식노드들을 향한 링크가 검정이 된다.
나. 키 7은 키 8인 노드의 자식노드가 되며 색깔은 변하지 않는다.
다. 키 7인 노드는 루트가 되며 아래 자식노드들을 향한 링크는 모두 빨강이 된다.
라. '가-다' 모두 사실이다.

연습 문제

11 다음 2-3-4 트리를 레드블랙 트리로 표현하라.

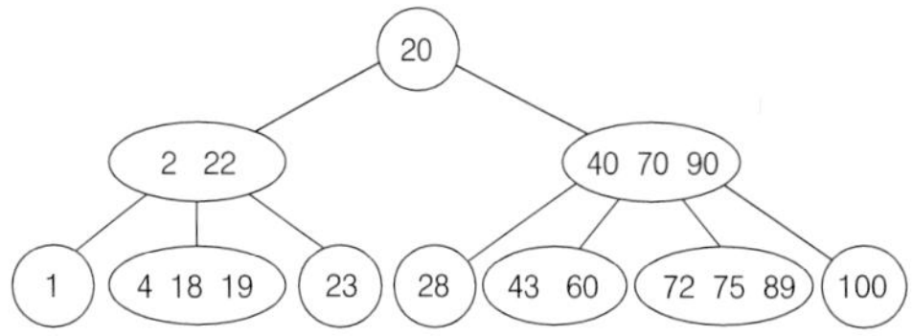

[그림 13-35] 문제 11

12 레드블랙 트리에서 키 값이 가장 작은 레코드는 어디에 있는가? 그리고 2-3-4 트리에서는 어디에 있는가? 한 줄로 답하라.

13 다음 2-3 트리를 기준으로 물음에 답하라.

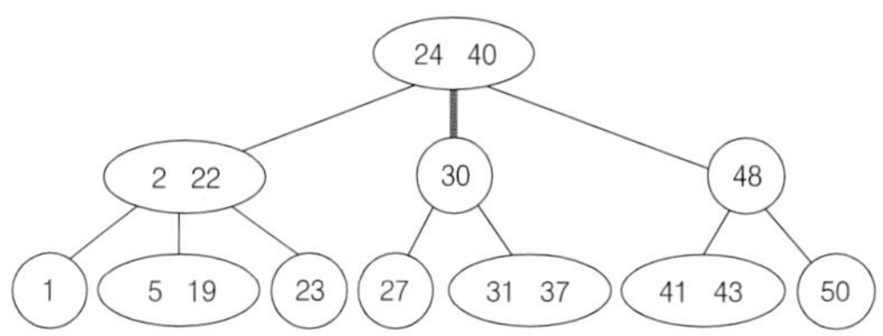

[그림 13-36] 문제 13

가. 키 34를 삽입한 이후 모습을 그려라.
나. 키 17을 삽입한 이후 모습을 그려라.

14 비어있는 AVL 트리에 A V L T R E E라는 키를 지닌 레코드가 하나씩 삽입될 때마다 변화하는 트리의 모습을 그려라.

15 비어있는 AVL 트리에 2, 1, 4, 5, 9, 3, 6, 7이라는 키를 지닌 레코드가 하나씩 삽입될 때 변화하는 트리모습을 그려라.

16 RL 회전이 필요한 AVL 트리의 예를 들고 회전 방법을 그림으로 설명하라.

17 삽입과는 달리 삭제될 노드는 리프노드에 한정되지 않는다. [그림 13-19]의 첫 그림에서 키 35인 루트노드를 삭제하는 과정을 예시하라.

17번 힌트
중위후속자를 복사해서 루트로 넣은 뒤 중위후속자를 삭제하라.

18 다음 그림은 레드블랙 트리가 아니다. 어떤 링크의 색깔을 어떻게 바꾸어야 레드블랙 트리가 되겠는가?

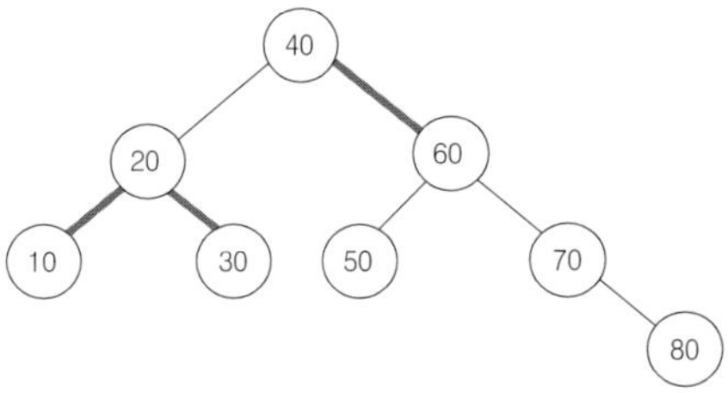

[그림 13-37] 문제 18

19 다음 이진탐색 트리에서 키 64인 노드가 검색되었다. 스플레이 기법을 적용할 경우, 결과 트리의 모습을 그려보라.

19번 힌트
키 64인 노드가 루트로 가야 한다.

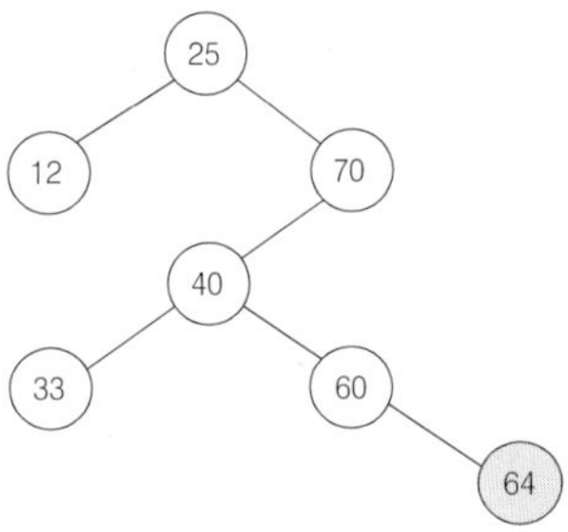

[그림 13-38] 문제 19

20 다음 그림의 스플레이 트리에 키 45인 새로운 레코드를 삽입하였다. 결과적인 트리의 키 값을 전위순회로 표시하라.

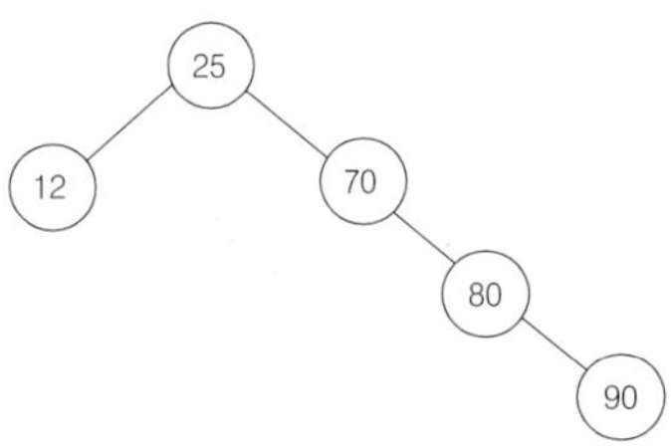

[그림 13-39] 문제 20

21 비어 있는 트리에 키 값 14, 18, 9, 11, 4, 2, 13, 10, 12인 레코드가 순차적으로 삽입되었다. 다음 각각의 경우에 트리의 최종 모습을 그려라.

가. 이진탐색 트리　　　　나. AVL 트리

연습 문제

22번 힌트
최종 결과는 [그림 13-40]과 같다.

22 비어 있는 레드블랙 트리에 키 8, 9, 10, 2, 1, 5, 3, 6, 4 순으로 레코드가 입력되었다. 입력되는 순간마다 변화하는 트리의 모습을 그려라.

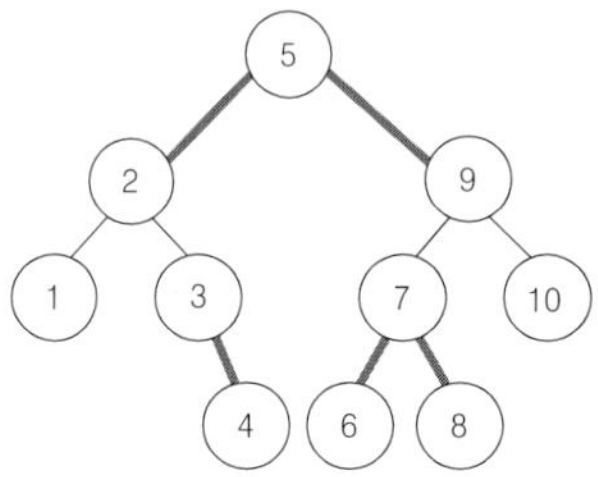

[그림 13-40] 문제 22

23 다음 AVL 트리를 기준으로 물음에 답하라.

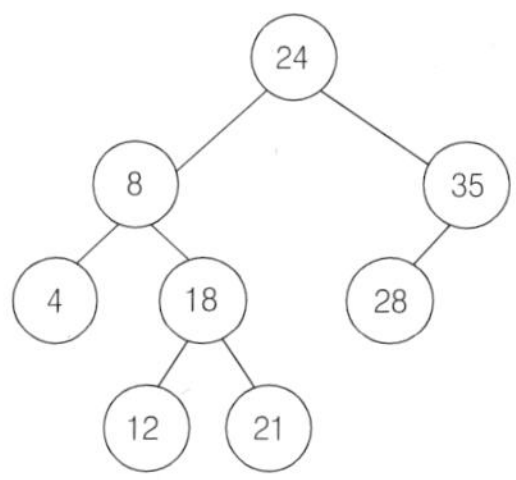

[그림 13-41] 문제 23

가. 키 10인 레코드를 삽입한 후, 균형을 되찾은 모습을 그려라.
나. '가'의 결과에서 키 28인 레코드를 삭제한 후, 균형을 되찾은 모습을 그려라.

24번 힌트
최종 결과는 [그림 13-42]와 같다.

24 비어있는 AVL 트리에 키 5, 2, 4, 6, 7, 1, 8 순으로 레코드가 입력되었다.

가. 각 입력 순간마다 변화되는 트리 모습을 그려라.

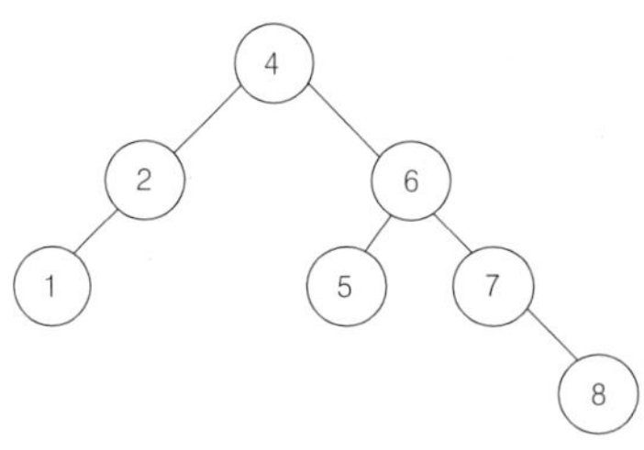

[그림 13-42] 문제 24

나. '가'의 결과에서 루트노드인 키 4를 지닌 레코드를 삭제한 결과를 그려라.

25 비어있는 AVL 트리에 키 8, 9, 10, 2, 1, 5, 3, 6, 4, 7 순으로 레코드가 들어올 때 삽입 과정을 순차적으로 그려라.

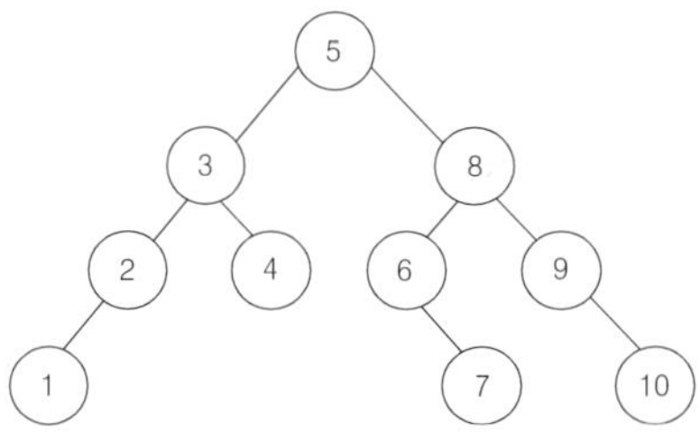

[그림 13-43] 문제 25

25번 힌트
최종 결과는 [그림 13-43]과 같다.

26 다음 AVL 트리에서 루트노드를 삭제한 후의 모습을 그려라.

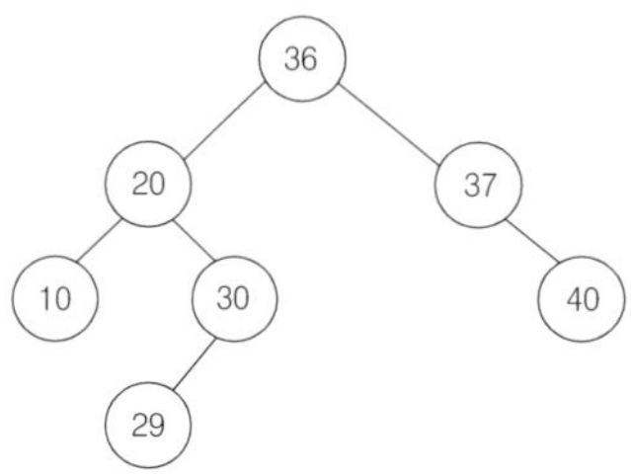

[그림 13-44] 문제 26

27 다음 그림 중에서 아래 각각에 해당하는 것(들)을 모두 골라라.

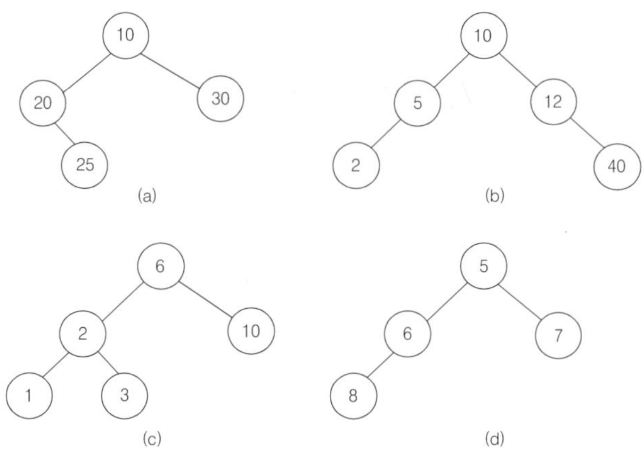

[그림 13-45] 문제 27

가. 이진트리 나. 이진탐색 트리 다. AVL 트리 라. 완전 이진트리 라. 힙

연습 문제

28 다음 AVL 트리를 참고로 물음에 답하라.

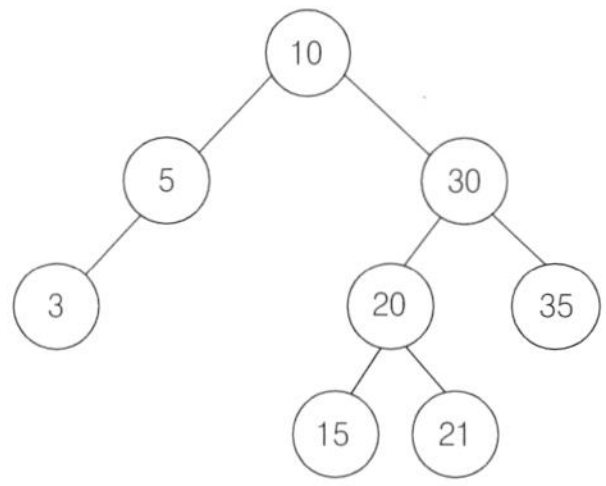

[그림 13-46] 문제 28

가. 루트노드의 균형인수는 얼마인가?
나. 키 5인 노드의 균형인수는 얼마인가?
다. 키 3인 노드의 균형인수는 얼마인가?
라. 키 12인 레코드를 삽입한 후의 모습을 그려라.

29 다음 2-3 트리에서 키 1인 노드를 삭제한 후의 모습을 그려라.

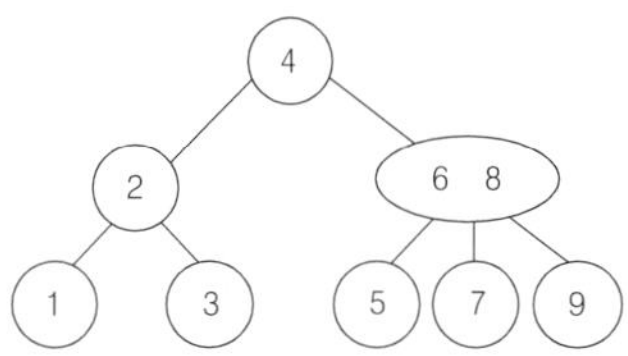

[그림 13-47] 문제 29

30 다음 이진 탐색트리를 기준으로 물음에 답하라.

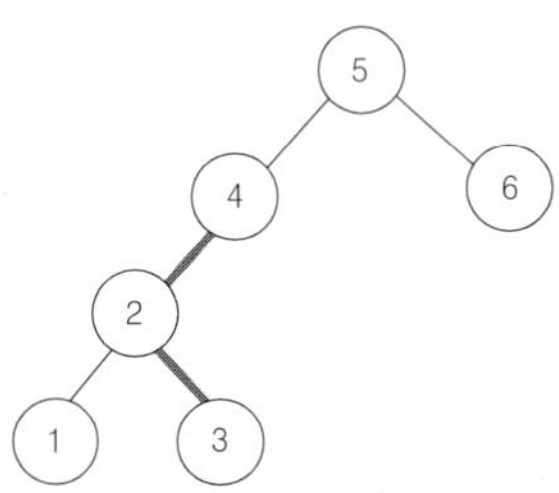

[그림 13-48] 문제 30

가. 이 트리가 레드블랙 트리가 아닌 이유는 두 가지가 있다. 첫째 이유는 루트로부터 가장 왼쪽의 자식(Leftmost Child)으로 가는 경로의 검정 링크 수가 가장 오른쪽 자식(Rightmost Child)으로 가는 경로의 검정 링크 수보다 많기 때문이다. 둘째 이유를 제시하라.
나. 키 4를 루트로 하는 하위트리에 대해 시계방향의 회전을 가한 결과를 그려보라. 물론, 그 결과는 레드블랙 트리라야 한다.

31 B 트리의 내부노드가 키 42개를 지니고 있다. 이 노드의 자식노드 수는 몇 개인가?

32 인터넷 검색 또는 파일 구조론 교재를 사용하여 B-트리에 관한 내용을 최대한 상세히 조사하여 발표하라.

Part

05

알고리즘 실례와 설계

Chapter

14

그래프 알고리즘

* **학습목표**

- 그래프 관련 용어를 이해한다.
- 그래프를 표현하기 위한 두 가지 자료구조를 이해한다.
- 신장트리, 최소 신장트리 알고리즘을 이해한다.
- 이행 폐쇄, 최단경로 알고리즘을 이해한다.
- 이중연결, 유니언 파인드, 네트워크 플로우 알고리즘을 이해한다.

01. 그래프
02. 추상 자료형 그래프
03. 그래프 표현 방법
04. 그래프 순회
05. 위상정렬
06. 신장트리
07. 최소 신장트리
08. 최단경로
09. 이행 폐쇄
10. 모든 쌍의 최단경로
11. 이중연결 그래프
12. 유니언 파인드
13. 네트워크 플로우
생활 속의 자료구조
요약
연습 문제

Point

과거에 그래프(Graph)는 주로 수학적인 문제를 해결하기 위해 사용되어 왔으나, 점차 그 영역이 확장되어 공학 및 과학적인 문제 해결을 위한 도구로 주목받게 되었다. 유관한 사물(Object) 또는 개념(Concepts)끼리 서로 연결한 것이 그래프다. 이런 점에서 그래프를 연결망(Connection Network 또는 Network)이라고도 한다. 어떤 프로젝트를 수행하기 위한 단위작업(Task) 사이의 순서를 그래프로 표시할 수 있다. 그리고 분자 사이의 연결 구조를 그래프로 표시할 수도 있고 전자부품 간의 연결 구조를 그래프로 표시할 수도 있다. [표 14-1]은 그래프 응용 예의 일부를 나열한 것이다.

[표 14-1] 정점과 간선

그래프(Graph)	정점(Vertices)	간선(Edges)
통신	전화, 컴퓨터	광섬유 케이블
전기전자 회로	칩, 콘덴서, 저항	선
기계	이음새	스프링, 빔, 막대
급수시스템	저수지, 정화시설	배관
교통	교차로, 공항	고속도로, 항로
일정표	단위작업	선결 조건
소프트웨어 시스템	함수	함수 호출
인터넷	웹 페이지	하이퍼 링크
게임	말의 위치	허용된 움직임
분자구조	분자	화학적 연결
사회적 관계	사람	친구 관계
경제	주식, 현금	거래

그래프 이론(Graph Theory)은 전산학 및 이산수학(Discrete Mathematics)의 연구 주제로써, 응용 예가 수천가지에 달한다. 또 알려진 알고리즘만도 수백 개에 달한다. 우리가 이전에 학습한 연결 리스트나 트리도 이 그래프라는 자료구조의 특수한 경우에 해당한다. 이 장에서는 이처럼 다양한 목적으로 응용되는 그래프를 이해하기 위해 기본 용어를 정의하고, 기본적인 알고리즘에 대해 학습한다.

Section

01 그래프

그래프 G는 집합(Set) 두 개로 구성된다. **정점(Vertex 또는 Node)**의 집합 V와, 정점 사이를 연결하는 **간선(間線, Edge)**의 집합 E로 구성된다. [그림 14-1]의 (a), (b), (c) 등이 정점이며 e-c, a-b 등이 간선이다. 주어진 그래프 G의 부분 그래프(Subgraph, 하위 그래프) G'은 G의 정점일부와 이들을 연결하는 간선만을 취한 그래프다. 예를 들어, [그림 14-1] (a)에서 a, b, c를 취하고 간선 a-b, b-c 만을 취하면 부분 그래프가 된다. 간선에 의해서 직접 연결된 두 개의 정점은 서로 **인접(隣接, Adjacency)**한다. 그림 (a)에서 정점 a와 b는 인접하지만 정점 a와 c는 서로 인접하지 않는다. b를 통해서 서로 연결되어 있을 뿐이다.

정점(Vertex 또는 Node)

간선(間線, Edge)

인접(隣接, Adjacency)

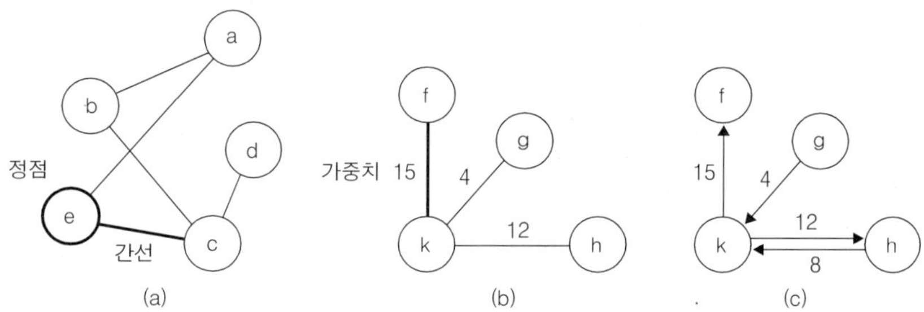

[그림 14-1] 그래프 예시(1)

가중치 그래프(Weighted Graph)는 간선마다 어떤 가중치 값을 할당한 그래프를 말한다. 그림의 (b), (c)가 가중치 그래프다. **무방향 그래프(Undirected Graph)**는 간선에 아무런 화살표가 없고 따라서 양방향으로 서로 갈 수 있음을 의미한다. 그림의 (b)가 무방향 그래프다. **방향 그래프(Directed Graph)** 또는 **다이 그래프(Di-Graph)**는 화살표 모양의 간선을 사용해서 갈 수 있는 방향을 표시한다. 그림의 (c)는 방향 그래프면서 또한 가중치 그래프다. 이 그래프에 의하면 노드 g에서 노드 k로 갈 수 있지만 노드 k에서 노드 g로 갈 수는 없다. 방향 그래프에서 양쪽으로 모두 움직일 수 있음을 표시하려면 간선 두 개를 그려야 한다. 노드 k에서 h로 갈 때의 가중치는 12며, 역으로 h에서 k로 갈 때의 가중치는 8이다.

가중치 그래프 (Weighted Graph)

무방향 그래프 (Undirected Graph)

방향 그래프 (Directed Graph)

다이 그래프 (Di-Graph)

경로(經路, Path)
단순경로 (Simple Path)
사이클(Cycle)
단순 사이클 (Simple Cycle)

경로(經路, Path)는 하나의 정점 V에서 시작해서 또 하나의 정점 V'으로 가기 위한 일련의 간선(Edge)을 말한다. **단순경로(Simple Path)**는 같은 정점을 두 번 이상 지나가지 않는 경로를 말한다. [그림 14-1](a)에서 a-b-c-d는 a에서 d까지 가기 위한 단순경로지만 a-b-c-e-c-d는 단순경로가 아니다. **사이클(Cycle)**은 정점 V에서 출발하여 정점 V로 되돌아오는 경로를 말한다. **단순 사이클(Simple Cycle)**은 그 경로 내에 같은 정점을 두 번 이상 지나가지 않는 사이클을 말한다. 예를 들어, c-b-a-e-c는 단순 사이클이지만 a-b-c-d-c-b-a는 단순 사이클이 아니다.

연결 그래프 (Connected Graph)
절단 그래프 (Disconnected Graph)
완전 그래프 (Complete Graph)

연결 그래프(Connected Graph)는 그래프 내의 모든 정점들 서로 간에 갈 수 있는 경로가 존재하는 그래프를 말한다. [그림 14-1]의 (a), (b)는 연결 그래프다. 정점 쌍(Pair) 한 개라도 서로 갈 수 있는 길이 없으면 **절단 그래프(Disconnected Graph)**다. 그림 (c)는 정점 f에서 정점 k로 가는 길이 없기 때문에 절단 그래프다. **완전 그래프(Complete Graph)**는 모든 정점들 사이에 1:1로 직접 연결된 간선을 지닌 그래프를 말한다. [그림 14-2]의 (e)는 완전 그래프지만 (a)-(d) 모두 완전 그래프가 아니다.

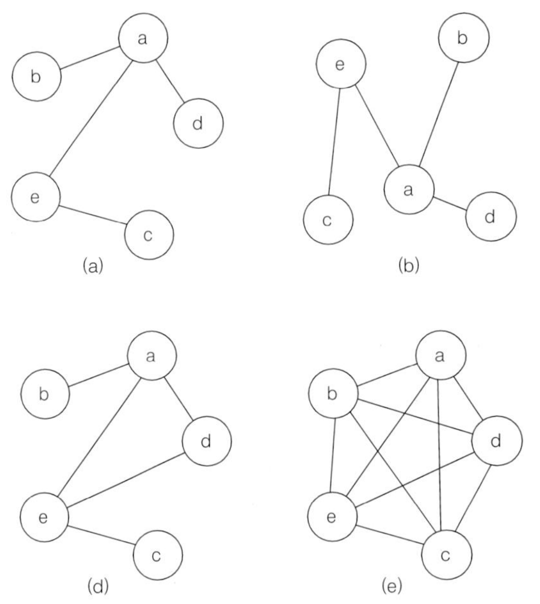

[그림 14-2] 그래프 예시(2)

연결되었지만 사이클이 없는(Directed Acyclic) 그래프를 **트리(Tree)**라 한다. 물론, 이진 트리도 이 조건을 만족한다. [그림 14-2]의 (a)는 트리다. 정점 V개로 구성된 트리는 항상 간선 (V-1)개를 지니고 있다. 만약, 그보다 많으면 사이클로 전락하고, 반대로 그보다 적으면 **절단 그래프(Disconnected Graph)**로 전락한다. 그림 (a)의 트리에 간선을 하나 추가한 그림 (d)에는 사이클이 존재한다. 반면 간선 하나를 제거한 그림 (c)는 절단 그래프가 된다. 특히 이 경우는 절단된 각각의 그래프가 트리 형태를 갖추고 있다. 이와 같이 트리가 모인 것을 **포리스트(Forest, 숲)**라고 부른다.

그림 (b)는 그림 (a)와 완전히 동일한 것이다. 그래프 이론에서 정점 상호 간의 공간적인 **위치 관계(位相, Topology)**는 중요하지 않다. 단지 "어느 정점들 사이에 간선이 연결되어 있느냐"하는 것만이 문제가 될 뿐이다.

트리(Tree)

절단 그래프 (Disconnected Graph)

포리스트(Forest, 숲)

위치 관계(位相, Topology)

Section

02 추상 자료형 그래프

그래프를 추상 자료형으로 정의할 때 일반적으로 가할 수 있는 작업은 다음과 같다.

- Create: 새로운 그래프를 만들기
- Destroy: 사용되던 그래프를 파기하기
- InsertVertex: 새로운 정점을 삽입하기
- InsertEdge: 새로운 간선을 삽입하기
- DeleteVertex: 기존 정점을 삭제하기
- DeleteEdge: 기존 간선을 삭제하기
- RetrieveVertex: 키에 의해 정점 레코드를 검색하기
- IsAdjacent: 인접해 있는지 확인하기
- IsEmpty: 비어있는 그래프인지 확인하기

Create, Destroy는 각각 새로운 그래프를 만들고 없애는 작업이다. 간선을 삽입하려면 파라미터가 필요하다. 예를 들어, 정점 V1과 V2를 연결하는 간선을 추가하려면 InsertEdge(V1, V2) 형태의 함수가 호출되어야 한다. 간선의 삭제도 같은 맥락에서 처리되어야 한다. 정점 내부의 레코드를 검색하기 위한 함수 RetrieveVertex 역시 키 필드가 파라미터로 전달되어야 한다. IsAdjacent는 정점이 서로 인접해 있는지를 판단하는 작업이다. 물론, 필요에 따라서 다른 작업을 정의할 수도 있다.

Section

03 그래프 표현 방법

그래프를 표현한다는 것은 정점 사이의 연결 상태를 표시함을 말한다. 즉, 그래프 내부의 모든 정점 쌍에 대해서 서로를 직접 연결하는 간선이 존재하느냐만 나타내면 된다. 그래프를 표현하기 위한 자료구조로는 두 가지다. 첫째가 인접행렬이고 둘째가 인접 리스트다.

1 인접행렬

인접행렬
(Adjacency Matrix)

인접행렬(Adjacency Matrix) 표현은 [그림 14-3]에서 보인 것처럼 2차원 행렬을 사용한다. 물론, 이 행렬은 2차원 배열로 구현할 수 있다. 배열을 채우는 데 있어서 정점 i와 j 사이에 직접 연결된 간선이 있으면 해당 값을 1(True)로 놓고, 그렇지 않으면 0(False)으로 놓는다. 따라서 배열 요소 A[i][j]의 값은 1 또는 0, 둘 중 하나가 된다. 이 행렬의 대각선 요소(Diagonal Elements)는 정점 i와 정점 i를 연결하는 간선이 있느냐를 뜻하는 것이므로 무의미하다. 따라서 일반적으로 대각선 요소는 0 또는 1, 어느 것을 넣어도 무방하다.

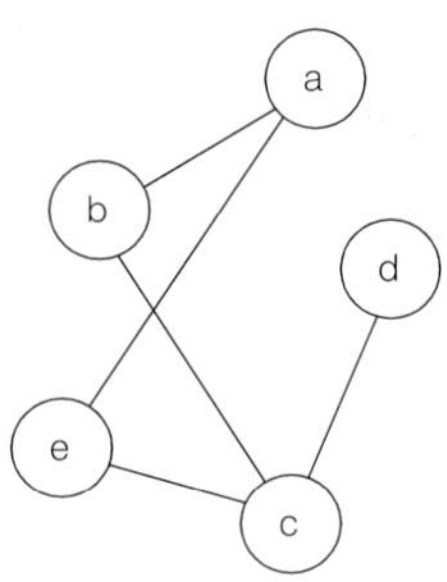

	a	b	c	d	e
a	0	1	0	0	1
b	1	0	1	0	0
c	0	1	0	1	1
d	0	0	1	0	0
e	1	0	1	0	0

[그림 14-3] 인접행렬

만약, [그림 14-4]와 같은 가중치 그래프라면 인접행렬에는 해당 간선의 가중치 값을 넣어야 한다. 일반적으로 가중치가 의미하는 바는 해당 정점 사이를 이동하는 데 필요한 비용(Cost)이나 거리(Distance)다. 따라서 정점이 서로 인접해 있지 않으면 직접 갈 수 없다고 보고, 가는 데 드는 비용을 무한대(Infinity)로 놓기도 한다.

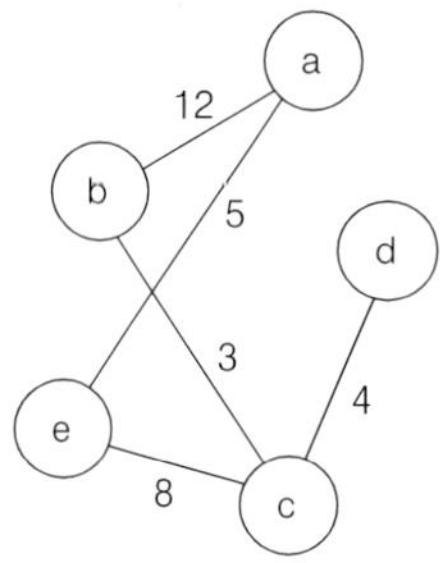

from \ to	a	b	c	d	e
a	0	12	inf	inf	5
b	12	0	3	inf	inf
c	inf	3	0	4	8
d	inf	inf	4	0	inf
e	5	inf	8	inf	0

[그림 14-4] 가중치 그래프의 인접행렬

[그림 14-4]에서 보듯이 무방향 그래프를 표현한 인접 행렬은 대각선을 중심으로 대칭적이다. a에서 b로 직접 가는 길이 있으면 당연히 b에서 a로 직접 가는 길이 있기 때문이다. 또 그림에 굵은 네모로 표시한 바와 같이 a에서 b로 가는 가중치가 12면 당연히 b에서 a로 가는 가중치도 12기 때문이다. 따라서 배열의 반쪽만을 사용하여 메모리 공간을 절약할 수도 있다. 즉, 대각선 아래쪽 부분만 사용하되 위쪽 부분에 대한 정보는 배열 인덱스를 뒤집어서 돌려주면 된다. 예를 들어, A[2][4]를 물어보면 A[4][2]를 되돌려 주면 된다.

방향성 그래프의 인접행렬은 일반적으로 대칭이 아니다. 왜냐하면 방향성 그래프에서는 [그림 14-1]의 (c)처럼 g에서 k로 갈 수 있다고 해서, 반드시 k에서 g로 갈 수 있음을 의미하는 것이 아니기 때문이다. 만약, 양쪽 방향으로 갈 수 있다 하더라도, k에서 h로 가는 가중치가 12라고 해서 반드시 h에서 k로 가는 가중치가 12일 필요는 없다. 서울서 부산가는 버스 요금이 4원일지라도 부산서 서울 가는 버스 요금은 5원일 수도 있기 때문이다.

인접행렬을 배열로 구현할 때 배열의 인덱스는 정점을 의미한다. 이를 위해서는 [표 14-2]와 같이 정점의 ID를 배열 인덱스로 매핑시키는 테이블이 필요하다. 예를 들어, 정점 a는 0, b는 1, c는 2로 매핑시키면 된다. 이렇게 하면 "a에서 c로 가는 간선이 있느냐?"라고 물었을 때 일단 이 테이블에서 a, c의 인덱스 값인 0, 2를 찾은 다음에 배열 요소 A[0][2]를 확인하면 된다.

[표 14-2] 심볼 테이블

정점	배열 인덱스
a	0
b	1
c	2
d	3
e	4

2 인접행렬에 의한 그래프 구현

인접행렬로 그래프를 구현하는 데 문제가 되는 것은 배열 크기다. 필요한 정점의 수를 Max라 할 때, 이를 미리 정확하게 예측할 수 있다면 문제가 될 것이 없다. 예를 들어, int AdjacencyMatrix[Max][Max];라고 선언하면 그만이다. 그러나 이렇게 선언된 배열은 정적 배열(Static Array)로서 그 크기가 고정되어 있다. 따라서 프로그램 실행 중 Max 이상으로 정점을 계속 삽입해 나갈 수 없다. 만약, 정점 서너 개짜리 그래프가 필요할 때도 큰 배열을 선언하면 메모리 공간이 낭비된다.

동적 배열
(Dynamic Array)

이 문제를 해결하려면 **동적 배열**(Dynamic Array)을 사용해 볼 수 있다. 정적 배열은 스택 메모리에 만들어지기 때문에 배열 크기가 미리 정해져야 하지만 동적 배열은 프로그램 실행 중 힙 메모리를 이용하기 때문에 크기를 미리 정할 필요가 없다. 그러나 엄밀히 말하면 동적 배열은 배열이 아니고 마치 배열처럼 보일 뿐이다. 일종의 시뮬레이션이라 할 수 있다. C 언어를 사용하여 이를 설명해 보자.

정수를 가리키는 포인터 변수를 만들고 변수 값을 할당하려면 다음과 같은 코드를 사용하면 된다.

```
   typedef int * ptrType;
①  ptrType p = malloc(sizeof(int));
   *p = 20;
```

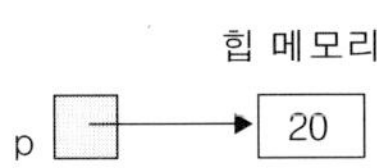

[그림 14-5] 단일 변수

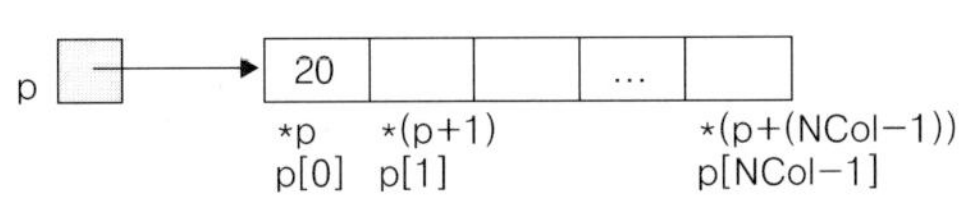

[그림 14-6] 연속 변수

이 코드를 실행하면 [그림 14-5]와 같이 힙 메모리에 새로운 변수 공간이 할당된다. 그런데 여기서 만약, 코드의 ①을 ptrType p = malloc(NCol * sizeof(int));라고 하면 [그림 14-6]과 같이 정수 NCol개가 들어갈 수 있는 공간 하나가 만들어진다. 동적 배열이란 이 변수 공간을 마치 배열처럼 사용하는 것이다. [그림 14-5]에서처럼 포인터 산술연산에 의해 각 요소에 접근할 수도 있지만 직접 배열기호를 사용해도 된다. 배열기호는 컴파일러에 의해 자동적으로 포인터 산술연산 기호로 바뀌기 때문이다.

행렬의 행(Row)에는 열(Column)의 수 만큼에 해당하는 아이템들이 있다. 열의 수를 NCol이라고 하면 [그림 14-6]에 의해 행 하나에 필요한 공간을 확보할 수 있다. 행렬은 이러한 행들이 모인 것이므로 [그림 14-6]의 배열을 행의 수만큼 만들어서 조합하면 된다. 이렇게 하려면 그림의 포인터 p를 행의 수만큼 만들되 그 포인터들을 다시 배열로 구성해야 한다. 즉, [그림 14-7]과 같은 구조가 필요하다.

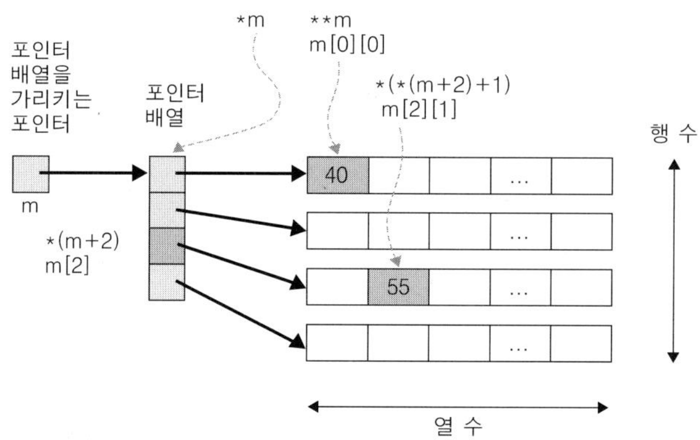

[그림 14-7] 포인터 배열을 가리키는 포인터

[그림 14-7]은 [그림 14-6]의 포인터를 모아서 배열로 구성한 것이다. 포인터 m은 이 배열의 첫 요소를 가리킨다. 따라서 *m은 포인터 배열의 첫 요소를, *(m+1)은 둘째 요소를 가리킨다. 그런데 이 각각의 요소가 다시 정수 배열을 가리키는 포인터다. 따라서 *(*m) = 40;이라고 하면 m이 가리키는 포인터 배열의 첫 요소가 가리키는 변수 값을 40으로 할당하라는 말이 된다. 물론, 이 변수를 배열기호를 써서 m[0][0]으로 접근해도 된다. 이 같은 맥락에서 m[2][1] = 55;라고 할당하면 [그림 14-7]처럼 된다.

정수 배열과 마찬가지로 포인터 배열 역시 동적으로 만들 수 있다. 여기서 동적으로 만든다는 말은 프로그램 실행 중에 배열 크기를 지정할 수 있다는 의미다. 그러나 주의해야 할 점은 동적 배열 역시 한번 만들면 그 크기가 고정 된다는 점이다. 다시 말해, 정적 배열과 마찬가지로 실행 중에 배열 인덱스를 더 늘릴 수는 없다는 것이다.

포인터 배열과 정수 배열이 모두 동적으로 생성된다는 것은 필요한 만큼의 행과 열을 지닌 2차원 행렬을 동적으로 만들 수 있음을 의미한다. 행렬을 가리키는 포인터 변수를 m이라 할 때 다음과 같은 코드에 의해 행렬을 만들고 초기값을 할당할 수 있다.

[코드 14-1] 동적 배열에 의한 행렬

```
int ** InitMatrix(int NRow, int NCol, int Value)   Value는 초기값
{  int **m;
   m = malloc(NRow * sizeof(int *));            포인터 배열 NRow개를 만듦
   for (int i = 0; i < NRow; i++)               포인터 배열의 각 요소가
       m[i] = malloc(NCol * sizeof(int));       정수 배열 NCol개를 가리킴
   for (int i = 0; i < NRow; i++)               모든 행에 대해서
      for  (int j = 0; j < NCol; j++)           모든 열에 대해서
            m[i][j] = Value;                    Value 값으로 초기화
   return m;                                    포인터의 포인터를 리턴 값으로
}
```

프로그램 실행 중 더 이상 행렬이 필요치 않아 사용하던 공간을 되돌려 주려면 일단은 각 행이 차지하던 공간을 모두 반납한 다음, 다시 각 행을 가리키던 포인터 배열 공간을 반납해야 한다. 구체적인 코드는 다음과 같다.

[코드 14-2] 동적 배열의 공간 반납

```
void FreeMatrix(int **m, int NRow)              동적 배열 m의 파기
{  for  (int i = 0; i < NRow; i++)              포인터 배열 각각에 대해
          free(m[i]);                           가리키는 전체 공간을 반납
   free(m);                                     포인터 배열 공간을 반납
}
```

설명의 편의를 위해 행의 수를 NRow로, 열의 수를 NCol로 표시하였지만 인접행렬에서 NRow와 NCol은 일치한다. 인접행렬은 항상 **정방형 행렬(Square Matrix)**이기 때문이다. 그래프를 표현하려면 이러한 인접행렬과 함께 그 그래프 내부의 정점 및 간선의 개수를

정방형 행렬 (Square Matrix)

추적해야 할 필요가 있다. 따라서 그래프 자료구조는 다음과 같은 구조체와 그 구조체를 가리키는 포인터로 선언할 수 있다. 또 전체적인 그래프 자료구조의 모습은 [그림 14-8]과 같다.

[코드 14-3] GraphByMatrix.h

```
typedef struct graphRecord {
    int V;                                    그래프 내부 정점의 수
    int E;                                    그래프 내부 간선의 수
    int **M;                                  인접행렬을 가리키는 포인터
} graphType;
typedef graphType *graphPtr;                  그래프를 가리키는 포인터
graphPtr InitGraph(int V);                    함수 프로토타입
void InsertEdge(graphPtr g, int V1, int V2);  함수 프로토타입
```

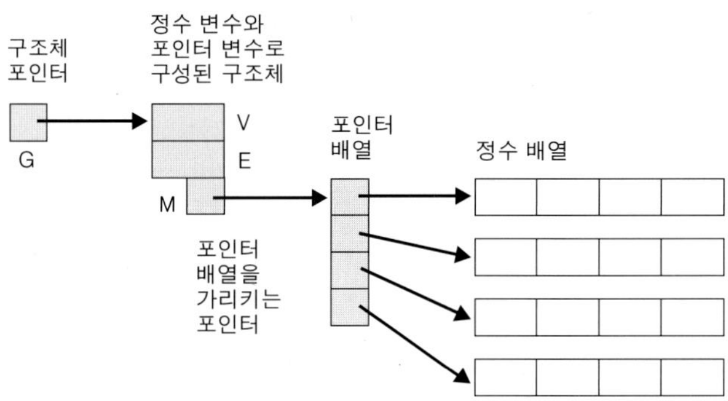

[그림 14-8] 인접행렬에 의한 그래프 자료구조

[코드 14-4] Graph.c

```
#include <GraphByMatrix.h>
graphPtr InitGraph(int V)             정점 V개가 들어갈 수 있는 그래프 생성
{ graphPtr G = malloc(sizeof(graphType)); 그래프 구조체 공간을 동적으로 생성
  G->V = V;                           정점의 수를 V개로 확정
  G->E = 0;                           생성 시에 간선 수 0
  G->M = InitMatrix(V, V, 0);         크기 V×V인 동적배열 만들고 0으로 초기화
}
void InsertEdge(graphPtr g, int V1, int V2)  정점 V1, V2를 연결하는
                                             간선 삽입
```

```
{ if (g->M[V1][V2] = = 0)          인접행렬 값이 0이면
  {    g->E++;                     간선의 개수를 늘리고
       g->M[V1][V2] = 1;           V1->V2를 1로 바꿈
       g->M[V2][V1] = 1;           무방향 그래프면 V2->V1도 1로 바꿈
  }
}
```

❸ 인접 리스트

인접 리스트 (Adjacency List)

그래프를 표현하는 두 번째 방법은 **인접 리스트(Adjacency List)**다. 이는 [그림 14-9]와 같이 이루어진 정점에 인접해 있는 모든 정점을 연결 리스트 형태로 표시하는 것이다. 그림에서 A[0]은 정점 a를 의미한다. 정점 a에 인접한 정점은 e와 b므로 이를 연결 리스트 형태로 이어 붙인다. 물론, 가중치 정보를 추가하려면 노드 자체에 가중치 필드를 추가하면 된다.

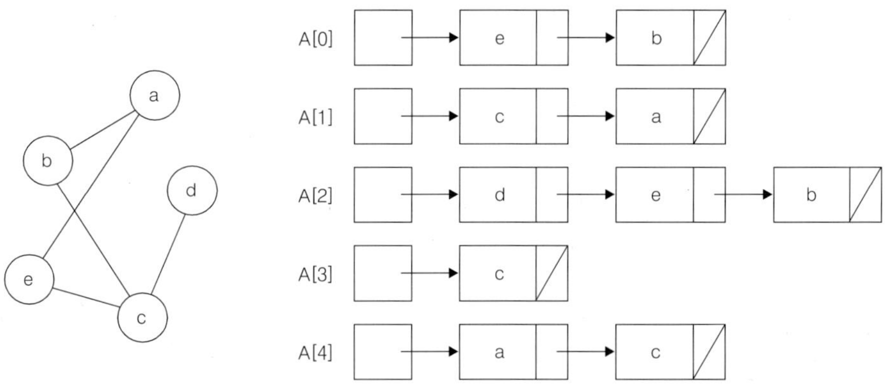

[그림 14-9] 인접 리스트

A[1]은 노드 b를 의미한다. 이 점에 있어서는 인접행렬과 마찬가지다. 즉, 테이블을 사용하여 주어진 정점 ID를 배열 인덱스 숫자로 매핑시켜야 한다. 각 연결 리스트의 첫 노드를 가리키는 것은 헤드 포인터므로 이를 자료구조화하면 전체적인 구성은 연결 리스트를 가리키는 포인터 배열(Array of Pointers to Linked Lists)이 된다. 인접행렬이 정수 배열을 가리키는 포인터 배열(Array of Pointers to Array of Integers)인 것과 유사하다.

인접 리스트를 구성할 때 유의해야 할 점이 있다. 정점 c를 나타내는 A[2]와 인접한 노드는 b, e, d다. 리스트 내에서 이 세 개가 들어가는 순서는 아무런 상관이 없다. 인접 리스트가 나타내는 것은 단지 이 정점들이 정점 c와 직접 인접해 있다는 사실이다. 그림에서 연결리스트가 d, e, b의 순으로 진행한다고 해서 c에서 b를 가려면 c-d-e-b 경로를 거쳐서 간다는 말이 아니라는 점에 유의해야 한다.

무방향 그래프를 인접 리스트 형식으로 표현하면 간선 하나에 대해 노드 두 개가 나타난다. a와 b가 인접해 있다는 사실을 표현하려면 A[0]이 가리키는 연결 리스트에 노드 b를 추가함과 동시에, A[1]이 가리키는 연결 리스트에 노드 a를 추가해야 하기 때문이다.

인접행렬과 인접 리스트 중 어느 것이 더 효율적인지를 판단해야 될 때가 있다. "정점 i와 정점 j가 인접해 있느냐"라는 검색이 잦을 때에는 인접행렬이 유리하다. 배열 인덱스에 의해 단번에 해당 엔트리를 찾아가기 때문이다. 이 경우 만약, 인접 리스트를 사용한다면 정점 i에 연결된 포인터를 따라서 정점 j를 만날 때까지 리스트를 순회하기 위한 시간이 요구된다. 반면, 정점 i에 인접한 모든 노드를 검색하라고 할 때는 인접 리스트가 유리하다. 인접 리스트에서는 실제 인접한 노드만이 리스트에 존재하므로 처음부터 끝까지 리스트만 따라가면 된다. 그러나 인접행렬을 사용한다면 A[i][0], A[i][1], ..., A[i][V−1] 순서로 실제 인접해 있지 않은 엔트리까지 모두를 확인해야 하기 때문이다.

정적 배열을 사용한 인접행렬은 배열 크기를 컴파일 이전에 미리 확정해야 한다. 반면, 인접 리스트는 동적인 구조라서 배열처럼 미리 공간 크기를 선언할 필요는 없다. 그러나 여기서 인접 리스트가 동적이라는 것은 리스트에 노드를 추가하는 작업이 동적이라는 말이다. 즉, 새로운 간선을 추가하는 작업이 동적이다. 인접 리스트에서 정점의 수에 해당하는 것은 포인터 배열의 크기다. 따라서 만약, 인접 리스트의 포인터 배열을 정적으로 선언하려 한다면 정점의 수는 컴파일 이전에 미리 확정해야 한다.

[그림 14−9]에서 확인할 수 있듯이 인접 리스트의 노드 수는 간선의 수 E의 두 배다. 물론, 인접 리스트에서 노드 하나에는 추가적으로 포인터 공간이 존재한다. 공간적으로 볼 때 어떤 것이 더 유리한가. 포인터 공간을 무시한다면 이 문제는 크게 봐서 V^2과 2E 중 어느 것이 더 작은가의 문제다.

희소 그래프(稀少, Sparse Graph, 드문드문한 그래프)

조밀 그래프(稠密, Dense Graph, 빽빽한 그래프)

상대적으로 간선 수가 적은 그래프를 **희소 그래프(稀少**, Sparse Graph, **드문드문한 그래프)**라 하고, 간선 수가 많은 그래프를 **조밀 그래프(稠密**, Dense Graph, **빽빽한 그래프)**라 한다. 완전 그래프(Complete Graph)는 대표적인 조밀 그래프다. 조밀 그래프라면 인접행렬이 유리하다. 비워둔 엔트리가 거의 없이 사용되기 때문이다. 반면 희소 그래프라면 인접 리스트가 유리하다. 연결된 노드 수가 몇 개 안되는 데도 불구하고 인접행렬에서는 V^2라는 많은 공간을 할애해야 하기 때문이다.

4_ 인접 리스트에 의한 그래프 구현

연결 리스트에 의해 그래프를 표현하기 위한 자료구조와 함수 구현 예는 다음과 같다.

[코드 14-5] GraphbyLinkedList.h

```
typedef struct nodeReocrd{
    int Data;                          정점의 ID 번호
    struct nodeReocrd* Next;           다음 노드를 가리키는 포인터
} node;
typedef node* Nptr;
typedef struct graphRecord{
    int V;                       그래프 내부 정점의 수
    int E;                       그래프 내부 간선의 수
    node **L;                    포인터 배열을 가리키는 포인터
} graphType;
typedef graphType *graphPtr;                        그래프를 가리키는 포인터
graphPtr InitGraph(int V);                          함수 프로토타입
void InsertEdge(graphPtr g, int V1, int V2); 함수 프로토타입
```

[코드 14-6] GraphbyLinkedList.c

```
#include <GraphbyLinkedList.h>
graphPtr InitGraph(int V)                    정점 V개가 들어갈 수 있는 그래프 생성
{ graphPtr G = malloc(sizeof(graphType));
                                             그래프 구조체 공간을 동적으로 생성
  G->V = V;                                  정점의 수를 V개로 확정
  G->E = 0;                                  생성 시에 간선 수 0
  G->L = malloc(V * sizeof(node *)); V개 요소를 지닌 정수 포인터 배열을
                                             동적으로 생성
  for (int i = 0; i < V; i++)                배열 내 모든 포인터 값을
```

```
      G->L[i] = NULL;                         널로 초기화
  return G;                                   포인터의 포인터를 리턴 값으로
}
void InsertEdge(graphPtr g, int V1, int V2)
                                              정점 V1, V2를 연결하는 간선 삽입
{ Nptr temp = malloc(sizeof(node));           새로운 노드를 만들고
  temp->Data = V2;                            거기에 V2의 ID 번호를 넣음
  temp->Next = g->L[V1];                      새 노드가 현재 첫 노드를 가리키게
  g->L[V1] = temp;                            L[V1]이 새로 만든 노드를 가리키게
  g->E++;                                 무방향 그래프면 V2에도 V1을 삽입해야 함
}
```

함수 InitGraph에서 동적 포인터 배열을 만들 때 배열 크기는 V * sizeof(node *)로 한다. 여기서 (node *)란 노드를 가리키는 포인터 변수의 크기를 말한다. 노드의 크기가 아니란 점에 유의해야 한다. 함수 InsertEdge에서 새로 추가되는 간선을 나타내는 노드는 연결 리스트의 첫 요소로 붙는다. 만약, 이것을 리스트 끝에 붙이면 포인터를 따라 순회하는 시간을 요하기 때문이다. 이 함수는 방향성 그래프를 전제로 한 것이다. 무방향 그래프라면 파라미터 V1과 V2의 위치를 바꾸어서 동일한 함수를 한 번 더 가해야 한다.

Section

04 그래프 순회

그래프 순회는 **깊이우선 탐색**(Depth First Search)과 **너비우선 탐색**(Breadth First Search)의 두 가지 방법이 있다. 앞서 살펴본 바와 같이 깊이우선 탐색은 스택, 너비우선 탐색은 큐와 직접 연관되어 있다. 트리의 전위순회를 일반화한 것이 깊이우선 탐색이며, 트리의 레벨순회를 일반화한 것이 너비우선 탐색이다.

깊이우선 탐색
(Depth First Search)

너비우선 탐색
(Breadth First Search)

깊이우선 탐색은 현재 정점으로부터 방문 안 된 정점을 향해 나아가되 더 이상 갈 곳이 없을 때만 백 트랙하는 방법이다. 트리로 말하면 이는 루트로부터 리프를 향해 나아가는 것이다. 너비우선 탐색은 현재 정점에 인접해 있는 정점들을 우선적으로 방문하는 방식이다. 트리로 말하면 이는 루트로부터 레벨 1의 모든 노드를 방문하고 나서야 레벨 2로 내려가는 것이다. 노드 수를 V, 간선 수를 E라 할 때 무방향 그래프를 기준으로 탐색 효율을 평가해보자.

두 가지 알고리즘 모두 현재 고려되고 있는 정점이 이미 방문된(Visited) 노드인지 아직 방문 안 된(Unvisited) 노드인지를 알아야 할 필요가 있다. 이렇게 하려면 [그림 14-10]과 같이 정점의 수 V와 같은 크기의 배열을 잡되, 배열 값이 TRUE면 방문된 상태임을, FALSE면 미방문 상태임을 의미하도록 하면 된다. 처음에 모든 노드를 미방문 상태로 초기화하기 위해 FALSE를 쓰는 작업이 가해져야 하고, 또 방문될 때마다 TRUE를 쓰는 작업이 가해져야 하므로 이 배열과 관련된 작업의 효율은 O(2V)가 된다.

IsVisited[ ]

0	1	2	3	4	5	...	V−1
F	F	F	F	F	F	...	F

→ Mark FALSE(미방문)

→ Mark TRUE(방문)

[그림 14-10] 방문 상태를 나타내는 배열

인접행렬로 구현했을 때의 효율을 살펴보자. 결국은 두 알고리즘 모두 주어진 노드에 인접한 모든 노드를 방문하고 그렇게 하려면 인접 노드를 찾아야만 한다. 인접행렬에서 어떤 노드에 인접한 노드를 찾으려면 그 노드를 행 번호로 하는 행(Row) 전체를 스캔하면서 0인지 1인지 판단해야 한다. 예를 들어, 2번 노드의 인접노드를 찾으려면 M[2][0]부터 M[2][V-1]까지 모든 엔트리를 읽어야 한다. 여기에 V번의 읽기 작업이 소요된다. 이 작업이 모든 행에 가해져야 하므로 이에 필요한 탐색 횟수는 인접행렬 내부 엔트리 개수와 동일한 V^2이 된다. 결과적으로 인접행렬로 구현했을 때의 탐색의 효율은 $O(2V + V^2) = O(V^2)$이 된다.

연결 리스트를 사용했을 때 주어진 노드에 인접한 노드를 모두 찾아내려면 간선을 따라가면서 간선 수 만큼에 해당하는 노드를 방문해야 한다. [그림 14-11]처럼 무방향 그래프에서 a와 b가 인접해 있을 경우 그 간선은 두 번 나타나므로 이 작업에 걸리는 시간은 2E가 된다. 우선 현재 노드가 a일 때, a를 헤드로 해서 b가 방문 되었는지 확인하려고 읽는 작업이 필요하다. 나중에 현재 노드가 b일 때, b를 헤드로 해서 a가 이미 방문되었는지 확인하려면 한 번 더 읽어야 한다. 결과적으로 인접 리스트를 사용했을 때, 탐색에 걸리는 시간은 $O(2V+2E) = O(V+E)$가 된다.

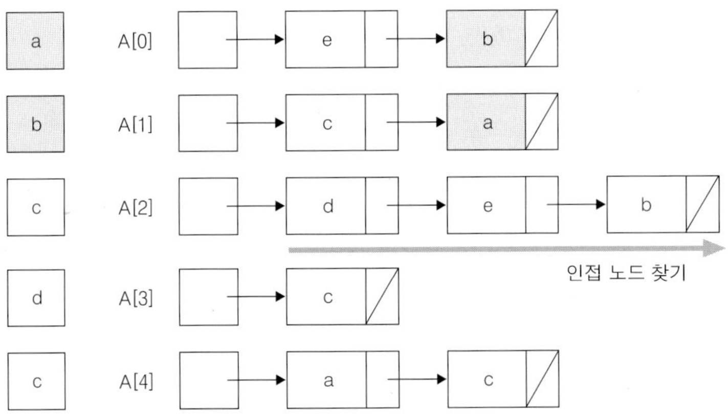

[그림 14-11] 인접 리스트 탐색 효율

따라서 어떤 자료구조가 탐색에 더 유리한가의 문제는 $(V+E)$와 (V^2) 중 어느 것이 작은지의 문제다. 희소 그래프에서는 $(V+E)$가 작으므로 인접 리스트를 사용하고, 조밀 그래프에서는 V^2이 작으므로 인접행렬을 사용하는 것이 바람직하다.

Section

05 위상정렬

어떤 종류의 방향 그래프(Directed Graph)에서는 그래프의 간선(Edge)이 일의 순서를 의미한다. 즉, A→B는 A를 먼저하고 나서 B를 해야 함을 의미한다. 특히 프로젝트 경영에서는 단위 공정(Unit Process, Task) 간의 순서가 있을 수 있다. 공정 A를 먼저 해야 공정 B를 가할 수 있는 것들이 있기 때문이다. 수강신청을 위한 선수과목(先修, 먼저 이수) 체계도 마찬가지다. 프로그래밍 I을 들어야 프로그래밍 II를 들을 수 있다면 프로그래밍 I은 II의 선수과목에 해당한다. 이처럼 정점에 단위공정을 표시한 그래프를 **AOV 네트워크**(Activity on Vertex Network)라 한다.

AOV 네트워크 (Activity on Vertex Network)

방향 그래프에서 간선의 방향은 두 공정 사이의 순서 정보를 담고 있다. 따라서 이러한 간선이 여러 개 얽혀져서 하나의 그래프를 이루었을 때 전체적으로 어떤 공정이 어떤 공정보다 앞서야 하는지에 대한 문제가 제기될 수 있다. 먼저 수행해야 될 공정부터 시작해서 일렬로 모든 공정을 나열시켜 놓은 것을 **위상정렬**(Topological Sorting)이라 한다. [그림 14-12]는 방향 그래프를 기준으로 위상정렬을 실행한 결과다. 위상정렬의 결과는 반드시 유일(Uniqueness) 하지 않다. [그림 14-12]에 보인 두 가지 방법 모두 제대로 된 것이다.

위상정렬 (Topological Sorting)

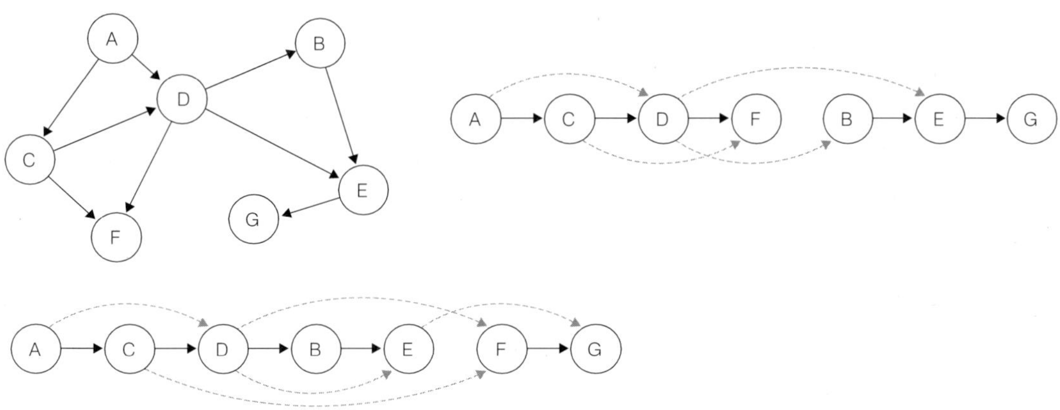

[그림 14-12] 위상정렬

첫번째 위상정렬 결과는 A, C, D, F, B, E, G 순서로 일을 진행해야 한다는 것이다. 위상정렬 결과 나타나는 화살표는 노드를 건너 뛸 수는 있으나 오른쪽으로 가는 것만 허용된다. 즉 A-D-E-G로 가든 A-C-D-B-E-G로 가든 무방하지만 이 순서에서 하나라도 역순으로 갈 수는 없다는 것이다.

주어진 그래프 자체가 일정한 조건을 갖추어야 위상정렬이 가능하다. 방향성 그래프로서 사이클을 허용하지 않는 그래프라야 한다. 만약, 사이클이 존재하면 서로 어떤 것이 먼저인지 판별하기가 불가능하다. 닭이 먼저인지, 달걀이 먼저인지 판단하라는 것이 되어버리기 때문이다. 사이클이 없는 방향 그래프를 다른 말로 **대그**(DAG, Directed Acyclic Graph)라 한다.

대그(DAG, Directed Acyclic Graph)

마지막 공정은 그 공정 다음에 오는 공정이 없다. 이러한 노드를 **싱크**(Sink, **가라앉는 곳**)라 한다. 반대로 첫 공정은 그 공정에 앞서 오는 공정이 없다. 이를 **소스**(Source, **떠오르는 곳**)라 한다. 그래프 내에서 싱크는 그 노드로 들어가는 간선은 있어도, 거기에서 나가는 간선은 없는 노드다. 반대로 소스는 그 노드로부터 나가는 간선은 있어도, 거기로 들어오는 간선이 없는 노드다. 어떤 노드로 들어가는 간선의 수를 **진입차수**(進入, In-Degree)라고 하고, 반대로 노드에서 나가는 간선의 수를 **진출차수**(進出, Out-Degree)라고 한다. 따라서 싱크는 진출차수가 0인 노드고, 소스는 진입차수가 0인 노드다. 비유적으로 말하면 소스가 출발지, 싱크가 도착지에 해당한다. 물건의 유통이라면 소스는 생산자고 싱크는 소비자다. [그림 14-12]의 G는 싱크에, A는 소스에 해당한다.

싱크
(Sink, 가라앉는 곳)

소스
(Source, 떠오르는 곳)

진입차수
(進入, In-Degree)

진출차수
(進出, Out-Degree)

위상정렬을 위한 첫 방법은 싱크를 이용한다. [그림 14-13]에서 싱크인 G를 제거하고 G와 연결된 간선들을 모두 제거하면 그 결과 그래프의 싱크는 E와 F가 된다. 이들 중 어떤 것을 제거해도 무관하지만 여기서는 E와 거기에 연결된 간선들을 제거해보자. 이처럼 순차적으로 제거된 싱크를 연결 리스트에 삽입하되, 연결 리스트의 맨 처음에 삽입하기로 한다. 최종적으로 이 연결 리스트를 처음부터 끝까지 따라가면 그 순서가 위상정렬 순서가 된다. 즉, A, C, D, F, B, E, G가 된다.

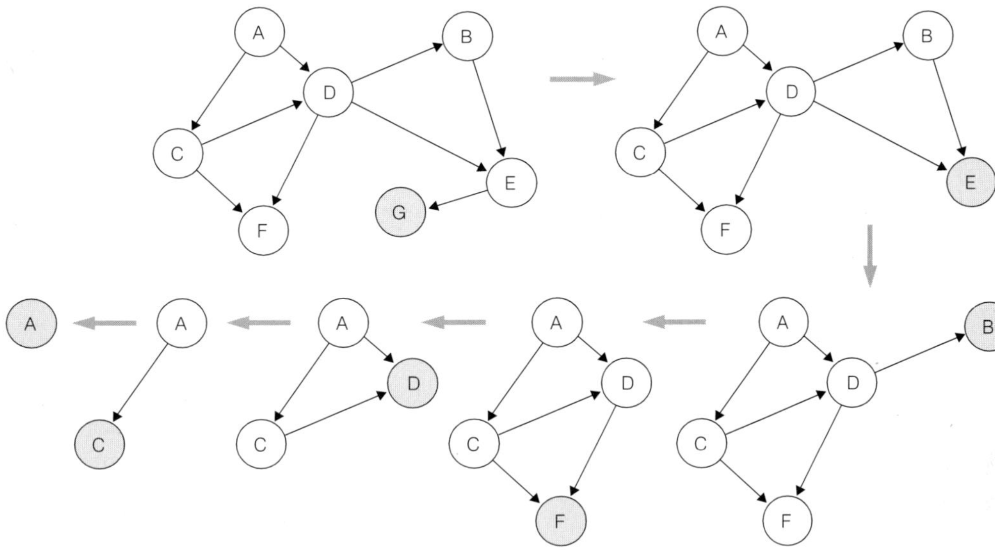

[그림 14-13] 순차적인 싱크 제거

이러한 과정을 유사코드로 나타내면 다음과 같다.

[코드 14-7] 싱크 제거에 의한 위상정렬

```
TopologicalSort(G)
{    for (step =1 through N)                           N은 전체 노드의 개수
     {  Select a Sink T;                               싱크가 여럿이면 아무거나
        L.Insert(1, T);                                연결 리스트의 맨 앞에 삽입
        Remove the Sink T and Edges Connected to It:
                                                       싱크 및 연결된 간선을 삭제
     }
}
```

위상정렬을 위한 둘째 방법은 깊이우선 탐색이다. 소스에서 출발하여 방향성 간선(Directed Edge)을 계속 따라가면 그 순서가 바로 위상정렬 순서기 때문이다. 더 이상 방문할 곳이 없는 마지막 노드로부터 직전에 방문한 노드로 되돌아가는 작업이 백 트랙이다. 마지막 노드가 싱크에 해당하므로 그로부터 되돌아가는 작업은 바로 싱크를 제거하는 작업에 해당한다. 따라서 재귀호출에 의한 깊이우선 탐색에서는 싱크 제거가 자동으로 이루어진다.

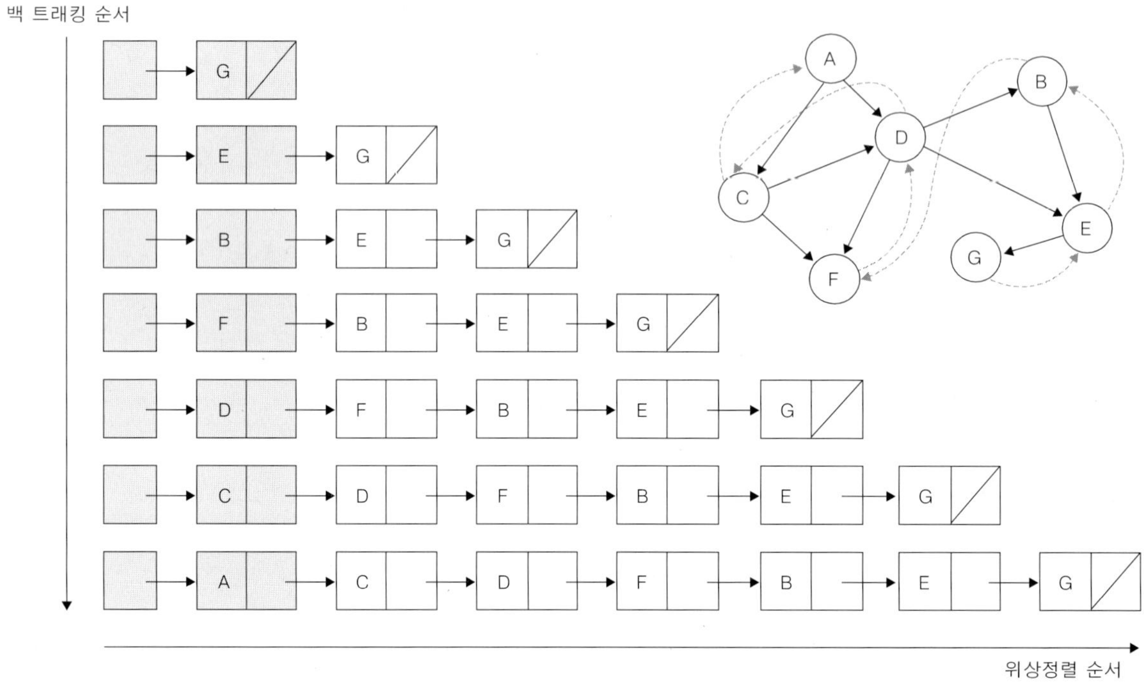

[그림 14-14] 깊이우선 탐색에 의한 위상정렬

[그림 14-14]에서 깊이우선 탐색의 순서는 A-D-B-E-G-F-C 순으로 가해졌다. 그러나 여기서 유의해야 할 점은 이 순서 자체가 위상정렬 순서는 아니라는 것이다. 그림에서 보다시피 C가 D보다 나중일 수는 없다. 이렇게 된 이유는 깊이우선 탐색에서 F가 D로 백 트랙 된 다음에 방문되기 때문이다. 또 C가 A로 백 트랙된 다음에 방문되기 때문이다.

이 문제를 해결하려면 백 트랙이 발생한 순서대로 기록하면 된다. 탐색순서 A-D-B-E-G-F-C에서 가장 먼저 백 트랙이 발생한 곳은 G다. 이를 그림으로 나타낸 것처럼 연결 리스트의 첫 노드로 삽입한다. 다음 G로부터 되돌아오면서 리스트의 처음에 삽입해나간다. 일단 G, E, B까지 삽입된다.

이후 가장 먼저 백 트랙이 발생한 곳은 D로부터가 아니라 F로부터다. D에서 새로이 길을 찾아 나섰다가 F에서 백 트랙이 먼저 일어난 것이다. 이제 D에서 갈 수 있는 다른 길이 없을 때 D로부터 백 트랙된다. 따라서 D가 연결 리스트에 삽입된다. 다시 A로 가는 것이 아니라 A에서 다른 길로 갔다가 백 트랙이 발생한 곳은 C다. 따라서 C가 먼저 삽입되고 이후

A가 삽입된다. 즉, 그림의 열은 화살표 순서로 리스트의 처음에 삽입되어야 한다. 깊이우선 탐색에 의한 위상정렬을 유사코드로 표현하면 다음과 같다.

[코드 14-8] 깊이우선 탐색에 의한 위상정렬

```
TopologicalSort(V)
{  for All Nodes T Adjacent to V     안 가본 모든 노드에 대해
       if (T Is Unvisited)            더 이상 갈 곳이 없을 때까지
           TopologicalSort(T);        재귀호출
   L.ListInsert(1, V);                재귀호출이 끝나면 리스트 맨 처음에 삽입
}
```

Section

06 신장트리

신장트리(伸張, 뻗어나감, Spanning Tree)

트리는 연결(Connected) 그래프며 동시에 사이클 없는(Acyclic) 그래프다. 주어진 그래프 G의 **신장트리(伸張, 뻗어나감, Spanning Tree)**는 G의 부분 그래프로서 첫째, G의 모든 정점과 둘째, 트리를 이루기에 충분할 정도의 간선으로 이루어진다. 쉽게 말해, 주어진 연결 그래프에서 사이클을 없앰으로써 얻을 수 있는 트리를 말한다.

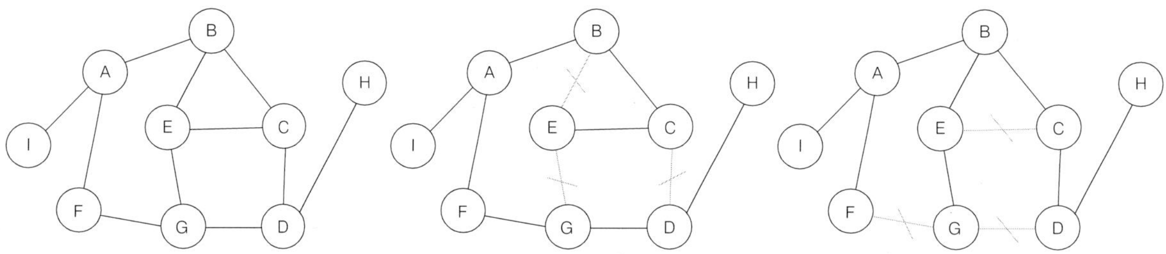

[그림 14-15] 그래프의 신장트리

[그림 14-15]는 주어진 그래프로부터 간선을 제거함으로써 얻을 수 있는 신장트리들을 보여준다. 신장트리는 갖가지 모습으로 나온다. 다시 말해, 주어진 그래프로부터 파생된 신장트리는 유일(Uniqueness)하지 않다. 어떤 그래프가 트리인지 판단하려면 노드 N개에 대해서 간선의 수가 (N-1)이면 된다. 간선의 수가 이보다 하나라도 많으면 사이클이고, 하나라도 적으면 절단 그래프가 되어 트리의 요건을 만족하지 못한다. 그림의 신장트리는 모두 각각의 노드 수가 아홉 개, 간선 수가 여덟 개로서 트리의 요건을 만족한다.

주어진 그래프로부터 신장트리를 얻으려면 깊이우선 탐색을 가해 볼 필요가 있다. 탐색의 결과를 트리로 표시한 것을 깊이우선 탐색트리(Depth First Search Tree)라 한다. [그림 14-16]의 가운데 트리는 A에서 시작해서 A-B-C-D-G-E-F-H-I로 가는 탐색순서를, 또 마지막 트리는 B에서 시작해서 B-A-F-G-D-C-E-H-I로 가는 탐색순서를 깊이우선 탐색트리 형태로 그린 것이다.

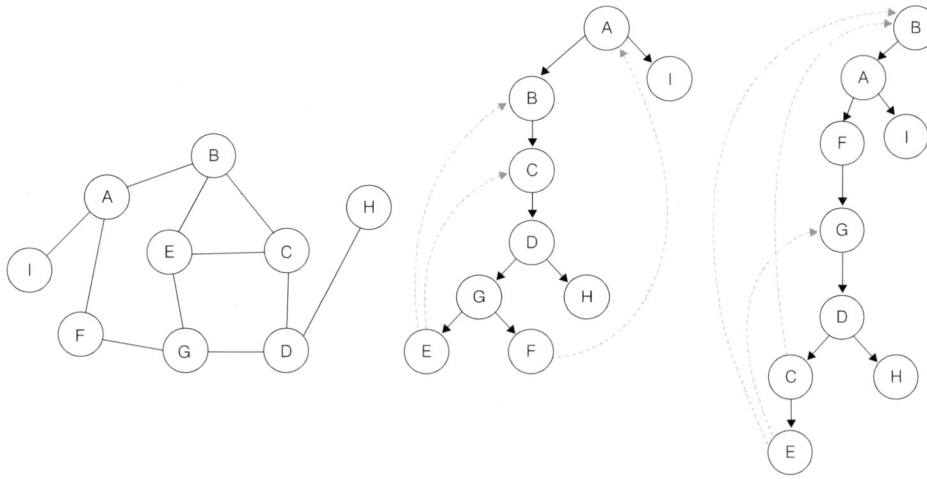

[그림 14-16] DFS Trees

여기서 중요한 것은 아래에서 위로 가는 화살표다. 그림의 가운데 탐색트리를 예로 들자. 탐색에 의해 E에 도달했을 때 보이는 노드는 방금 지나온 G를 제외하고는 B와 C다. 그런데 이 노드들은 이미 지나온 노드기 때문에 다시 방문하지는 않지만, 인접노드로서 최소한 보이기는 보인다. 이처럼 보이는 노드들을 향해서 화살표를 그리면 그 화살표는 항상 아래에서 위를 향한다. 이미 지나온 조상(Ancestor) 노드기 때문이다.

주어진 그래프로부터 이 화살표에 해당하는 간선을 제거하면 신장트리가 된다. 만약, 이 간선들을 그대로 두면 그것이 바로 사이클을 이루기 때문이다. 그림의 가운데 트리로부터는 E-B, E-C, F-A의 세 간선을 제거하라는 결론에 이르고, 그림의 마지막 트리로부터는 E-G, E-B, C-B를 제거하라는 결론에 이른다. 구성된 깊이우선 탐색트리의 모습에 따라서 제거해야 할 노드가 달라지고 그 때마다 서로 다른 신장트리를 얻을 수 있다.

Section

07 최소 신장트리

[그림 14-17]과 같은 전철 망을 생각해보자. 물론, 모든 역을 서로 직접 연결하면 가장 이상적이지만 그 사이에 강이나 산 등의 장애물이 있을 때에는 직접 연결이 가능한 곳이 제한된다. 모든 역을 정점으로 나타내고, 연결 정보를 간선으로 나타내면 하나의 그래프가 된다. 이 그래프를 기준으로 두 가지 질문을 던져보자.

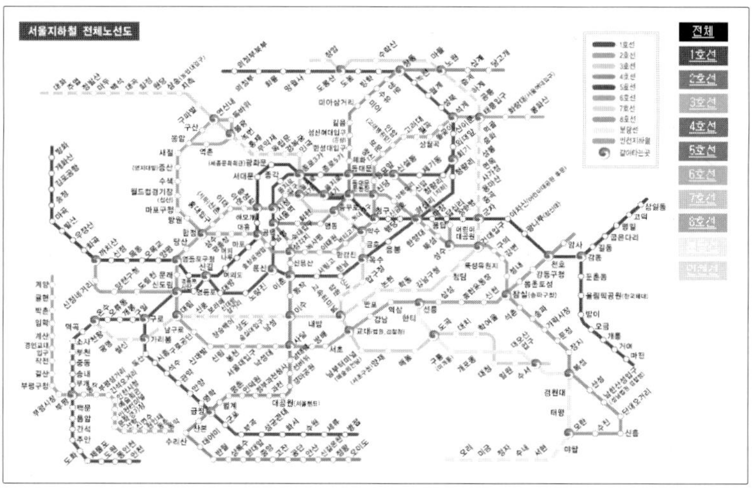

[그림 14-17] 수도권 전철 네트워크(www.seoulsubway.co.kr)

첫째, 모든 역 사이에 서로 갈 수 있는 길이 있는지의 문제다. 다른 역을 거쳐서 가더라도 갈 수 있는 것으로 본다면, 문제의 해답은 해당 그래프가 연결 그래프(Connected Graph)인지만을 판단하면 된다. 둘째, 그렇다면 선로 가설비용을 최소한으로 가져가려면 어떻게 해야 하는지의 문제다. 물론, 연결 그래프 상태를 유지하면서 그렇게 하겠다는 것이다.

그래프에 사이클이 존재한다면 그것을 제거함으로써 가설비용을 줄일 수 있다. 단, 연결성(Connectivity)은 그대로 유지해야 하므로 신장 트리를 만들면 된다. 그런데 역 사이의 선로마다 가설비용이 다르므로 이 그래프는 일반적으로 가중치 그래프다. 그렇다면 이 문제는 어떤 간선을 제거하는 것이 전체 가설비용을 최소화할 수 있는지의 문제로 바뀐다. 즉, 여러 가지 신장트리 중 어떤 신장트리가 가장 경제적인지의 문제라고 볼 수 있다.

주어진 그래프의 신장트리 중 전체 가중치의 합이 최소가 되는 것을 **최소 신장트리**(MST, Minimum Spanning Tree) 또는 **최소비용 신장트리**(MCST, Minimum Cost Spanning Tree)라 한다. 트리의 모든 간선에 할당된 가중치의 합이 최소가 되는 트리로서, 이 트리는 유일하지 않을 수도 있다. 가중치의 합이 서로 같은 최소 신장트리가 두 개 이상이 될 수 있기 때문이다. 최소 신장트리를 찾는 데에는 다음과 같은 가설이 문제 해결의 실마리가 된다. "그래프의 정점들을 그룹 두 개로 나누었을 때, 두 그룹 사이를 연결하는 간선들 중에서 가장 가중치가 작은 간선은 반드시 최소 신장트리에 포함되어야 한다."

최소 신장트리
(MST, Minimum Spanning Tree)

최소비용 신장트리
(MCST, Minimum Cost Spanning Tree)

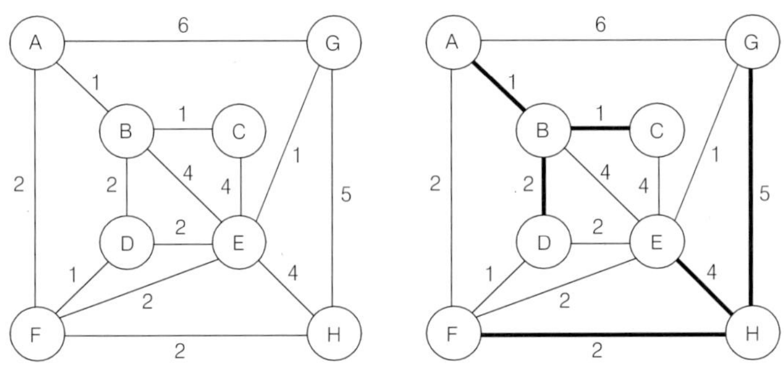

[그림 14-18] 최소 신장트리 가설

[그림 14-18]의 오른쪽 그래프는 왼쪽 것을 {A, B, C, D}와 {E, F, G, H} 그룹으로 나눈 것이다. 물론, 각각의 그룹은 정점과 그들 사이를 잇는 간선으로 구성된 연결 그래프여야 한다. 그룹 두 개 사이를 잇는 것은 B-E, C-E, D-E, D-F, A-F, A-D 등 간선 여섯 개다. 이들 간선들은 그룹 두 개를 잇는 다리로 볼 수 있다. 따라서 그 중 어떤 것을 선택하더라도 그룹 두 개가 연결된다.

각 그룹은 연결 그래프로서 내부 정점들 간에는 서로 연결되어 있다. 따라서 다리 하나를 이으면 두 그룹 내에 있는 모든 정점들이 서로 연결된다. 만약, 다리 두 개를 모두 트리에 포함시키면 사이클이 된다. 첫째 그룹에서 다리 하나를 거쳐서 둘째 그룹으로 갔다가 다시 다른 다리를 거쳐 되돌아오는 사이클이 형성되기 때문이다. 따라서 다리 중 하나만 선택해야 하며, 그렇다면 당연히 가장 가중치가 가장 작은 D-F를 선택하여야만 전체 가중치가 작아진다. 이 가설은 주어진 그래프를 어떤 식으로 분할하여 그룹화 하든지 간에 성립해야 한다.

1. 프림 알고리즘

프림 알고리즘
(Prim's Algorithm)

우선순위 우선탐색
(PFS, Priority First Search)

프림 알고리즘(Prim's Algorithm)은 **우선순위 우선탐색**(PFS, Priority First Search) 방식이다. 이 방식은 깊이우선 탐색(DFS, Depth First Search)이나 너비우선 탐색(BFS, Breadth First Search)을 일반화시킨 것이다. 큐가 시간을 기준으로 한 것이라면 우선순위 큐는 시간이 아닌 일반적인 개념을 기준으로 하듯이, 우선순위 우선탐색은 탐색의 기준을 깊이나 너비가 아닌 다른 개념에 둘 수 있다. 순위 판단 기준을 가설비용에 해당하는 간선의 가중치에 두고, 가중치가 작을수록 우선순위가 높다고 정의한 것이다.

[그림 14-19]는 프림 알고리즘에 의한 최소 신장트리의 구성을 예시한다. 어떤 노드에서 출발해도 좋으나 A에서 출발하는 예를 들어보자. 일단 A와 인접한 세 노드 G, B, F만을 본다. 그 중 가장 가중치가 작은 것이 B므로 간선 A-B를 트리에 포함시킨다.

다음, 이 트리의 정점 A와 B에 인접한 모든 노드를 대상으로 가중치를 본다. B-C, A-G, A-F 중 가장 작은 것은 B-C므로 이를 트리에 포함시킨다. 여기서 유의해야 할 점은 이때 비교되는 간선들은 새로 추가된 B에 인접한 간선만이 아니고 이전에 A에 인접한 간선들도 모두 비교 대상이 된다는 점이다. 즉, 현재 연결된 트리의 모든 정점에 인접한 간선들을 감안해야 한다. 이제 트리는 A, B, C의 정점 세 개로 구성된 트리가 된다.

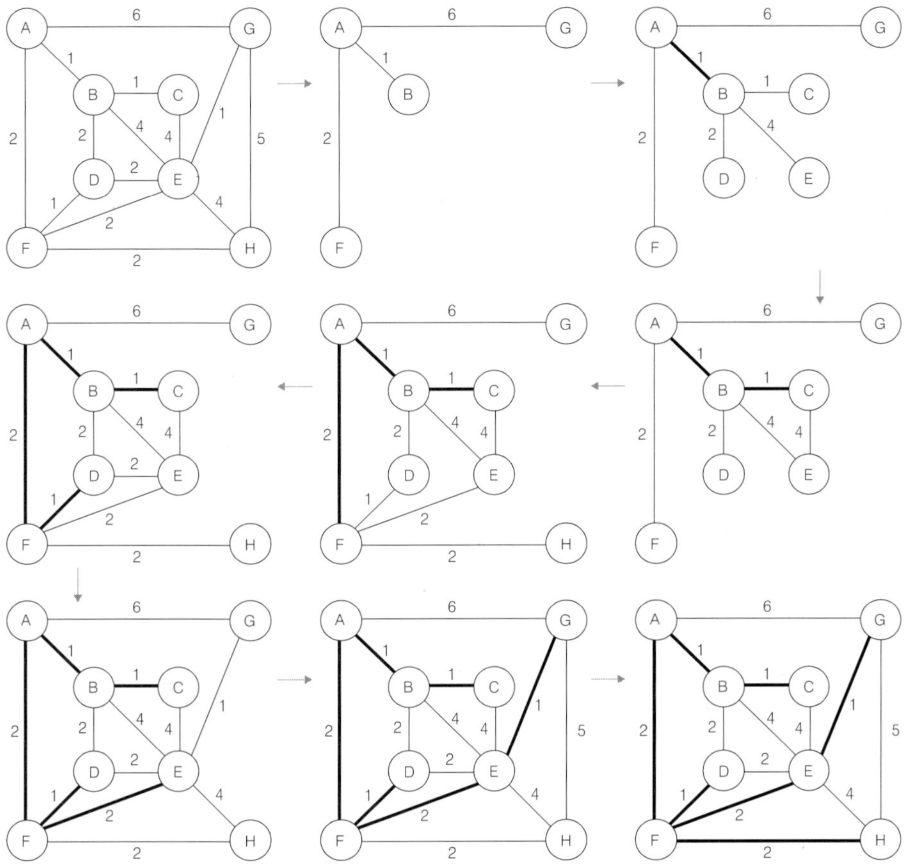

[그림 14-19] 프림 알고리즘

단계별로 최소 가중치를 지닌 간선을 트리에 편입시키기를 계속하면 된다. 그러나 [그림 14-19]의 왼쪽 가운데 트리는 주의를 요한다. 이 상태에서 다음 추가 될 수 있는 최소 가중치 간선은 D-B, D-E, F-E, F-H로, 모두 가중치 2를 지니고 있다. 어떤 것을 선택해도 무방하지만, 간선 B-D를 선택해서는 안 된다. 사이클이 형성되기 때문이다. 따라서 가중치를 참조하되 사이클은 피하도록 해야 한다. 이 방법을 계속하면 가중치 합이 10인 최소 신장트리가 구해진다.

실제로 프림 알고리즘은 우선순위 큐를 사용하여 구현된다. 처음 A를 큐에 넣은 다음 이를 제거하는 대신 A에 인접한 G, B, F를 우선순위 큐에 넣는다. 여기서 삭제를 가하면 가장 우선순위가 높은 B가 삭제되어 연결된다. B에 인접한 C, E, D가 우선순위 큐로 들어가는 방식이 반복된다.

크루스칼 알고리즘
(Kruskal's Algorithm)

❷ 크루스칼 알고리즘

최소 신장트리를 구하는 또 다른 방법은 **크루스칼 알고리즘**(Kruskal's Algorithm)이다. [그림 14-20]을 보자. 처음 가장 작은 가중치 1을 지닌 간선 네 개 중 임의로 A-B를 선택한다. 다음, 나머지 그래프에서 가장 작은 가중치 역시 1이므로 이번에는 G-E를 선택하였다. 결과적으로 서로 분리된 트리 두 개로 즉, 포리스트(Forest)가 만들어졌다. 다음 그림 역시 가중치 1을 지닌 B-C를 선택함으로서 A-B 트리에 연결시킨다.

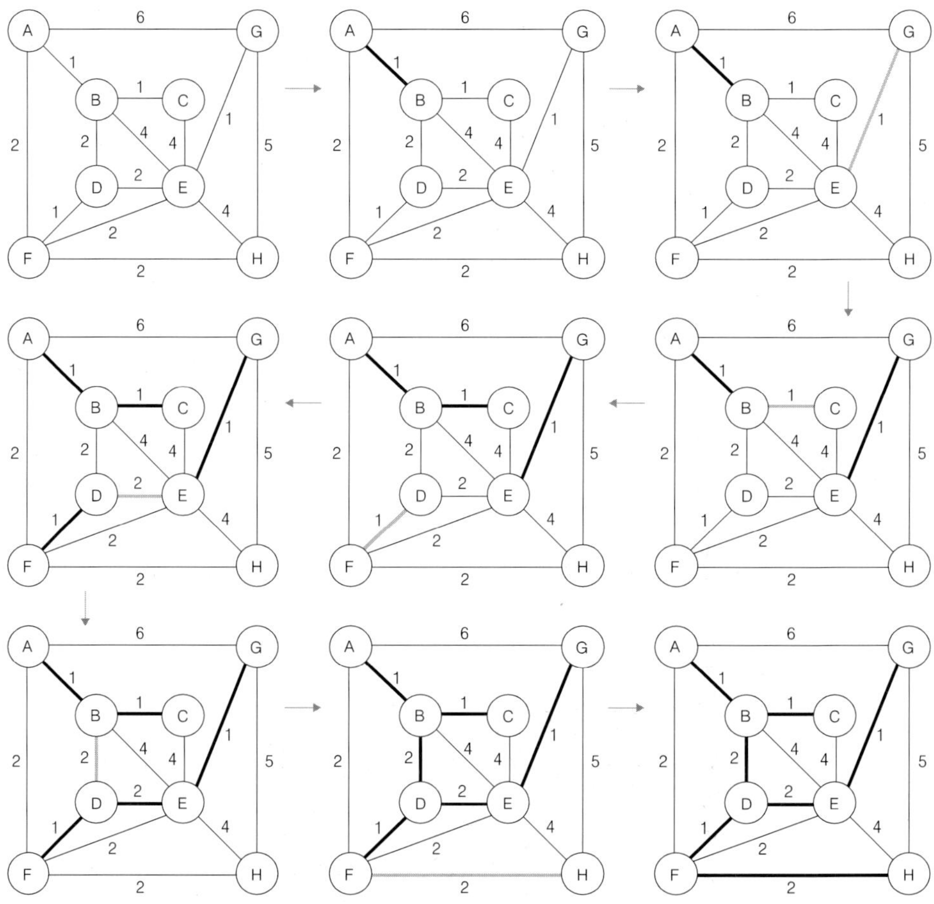

[그림 14-20] 크루스칼 알고리즘

크루스칼 방법은 매단계마다 그 상태에서 가장 작은 가중치를 가진 간선을 선택해서 정점 두 개 또는 트리 사이를 잇는 방식이다. 이 방법 역시 사이클에 주의해야 한다. [그림 14-20]의 아래 가운데 트리를 보면 F-H나 F-E나 같은 가중치 2를 지니고 있지만 F-E를 선택해서는 안 된다. 사이클이 초래되기 때문이다.

크루스칼 방법은 알고리즘 측면에서 보면 일종의 **탐욕 알고리즘**(Greedy Algorithm)에 속한다. 매 단계마다 "일단 가설비용이 제일 싼 것부터 먼저 건설하고 보자"는 식이기 때문이다. 이 부류의 알고리즘은 그 방법론 면에서 "당장 눈앞에 보이는 이득을 추구하는 것이 나중에 전체적으로도 크게 봐도 이득이 된다"는 접근 방식이다. 최소 신장트리에는 이러한 접근 방법이 해결책과 연결되지만, 문제의 성격에 따라서는 이러한 접근방식이 안 먹힐 수도 있다.

탐욕 알고리즘 (Greedy Algorithm)

❸ 솔린 알고리즘

솔린 알고리즘(Sollin's Algorithm)에 의해 최소 신장트리를 구할 수도 있다. 이 방법은 단계별로 각 트리에 인접한 최소 가중치 간선을 사용하여, 서로 다른 트리 두 개를 연결하는 방법이다. [그림 14-21]을 보자.

솔린 알고리즘 (Sollin's Algorithm)

1단계에서 그래프의 모든 정점이 각각 트리를 형성한다. 정점 하나도 일종의 트리로 볼 수 있으므로 이제 트리의 집합인 포리스트를 형성하고 있다. 다음, 트리에 인접한 간선들 중, 가장 가중치가 작은 것을 선택하여 화살표로 표시한다. 예를 들어, 오른쪽 위 그림의 정점 A는 가중치 1인 B를 향하고 있다. A-G가 6이고 A-F가 2로써, A-B보다 크기 때문이다. 정점 B와 인접한 간선은 B-A, B-C가 있으나 가중치가 같으니 아무 것을 선택해도 된다. 이 작업은 모든 트리(현재로서는 모든 정점)에 대해 가해진다.

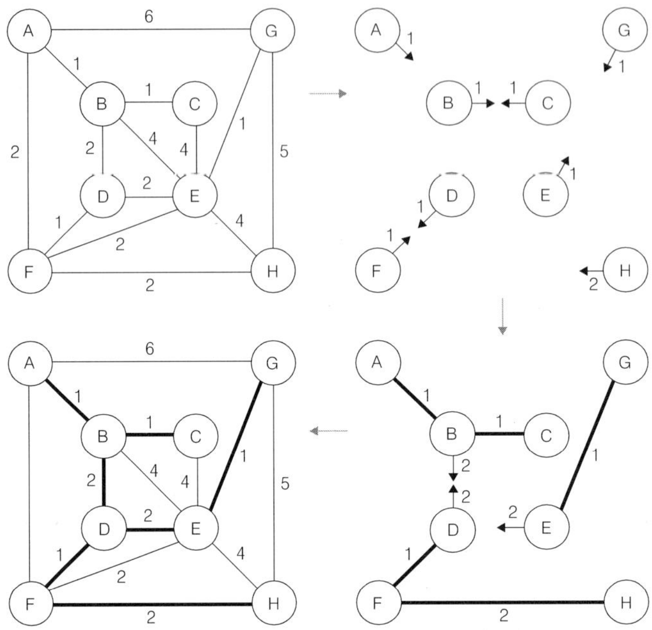

[그림 14-21] 솔린 알고리즘

다음, 각 트리별로 이 간선을 따라 다른 트리와 연결한다. 트리 A는 트리 B와 연결된다. 트리 B와 트리 C는 서로 만나는 간선이니 그냥 간선 하나로 처리한다. 이렇게 함으로써 오른쪽 아래처럼 이번에는 트리 세 개로 구성된 포리스트가 된다. 다음 단계에서는, 다시 각각의 트리에 인접한 간선들 중 가중치가 가장 작은 것을 고른다. 물론, 가중치가 같으면 그 중에 어떤 것을 골라도 된다. 주의해야 할 점은 트리에 인접한 모든 간선이지, 어떤 특정한 정점에 인접한 간선이 아니라는 점이다. 따라서 트리 A-B-C에 인접한 간선인 A-F, A-G, B-D, B-E, C-E가 모두 비교 대상이 된다. 다시 이전과 같은 방법으로 서로 다른 트리를 합병하면 최소비용 10인 신장트리가 구성된다.

솔린 알고리즘은 단계별로 각각의 트리에서 뻗어나가는 최소 가중치 간선을 선택하여 서로 다른 트리를 이어감으로써 최종적으로 하나의 트리를 구성하는 방법이다. 물론, 다른 알고리즘과 마찬가지로 이 과정에서 사이클을 유발하는 간선은 선택하지 말아야 한다. 이 알고리즘은 트리에 인접한 간선 중에서 최소 가중치를 지닌 간선을 선택한다는 점에서 프림 알고리즘과 유사하지만, 포리스트를 놓고 작업한다는 점에서는 크루스칼 알고리즘과 유사하다.

Section

08 최단 경로

[그림 14-22]와 같이 수많은 도시들과 그 사이를 연결하는 항로 지도(Airline Route Map)를 그래프로 표현한다면 항공료나 마일리지가 가중치가 된다. 이 때 주어진 도시에서 다른 도시로 가려면 어떤 경로로 가는 것이 가장 적은 비용이 되는지 문제 될 수 있다. 여러 곳을 거쳐 가더라도 괜찮으니 하여튼 항공료만 최소가 되도록 요구하는 경우다.

[그림 14-22] 노스웨스턴의 항공망(www.nwa.com)

[그림 14-23] 비행기 예약

최단 경로의 문제 (Shortest Path Problem)

다이익스트라 알고리즘 (Dijkstra Algorithm)

주어진 정점에서 다른 모든 정점으로 갈 때 어떤 경로로 가는 것이 가장 최소 비용인지 결정하는 것이 **최단 경로의 문제**(Shortest Path Problem)라 한다. 물론, 여러 곳을 거쳐서 간다면 전체 비용은 구간별 요금을 합산한 것이 된다. 최단 경로의 문제에 대한 해결 방법으로 가장 잘 알려진 것이 이른바 **다이익스트라 알고리즘**(Dijkstra Algorithm)이다. 이를 살펴보자.

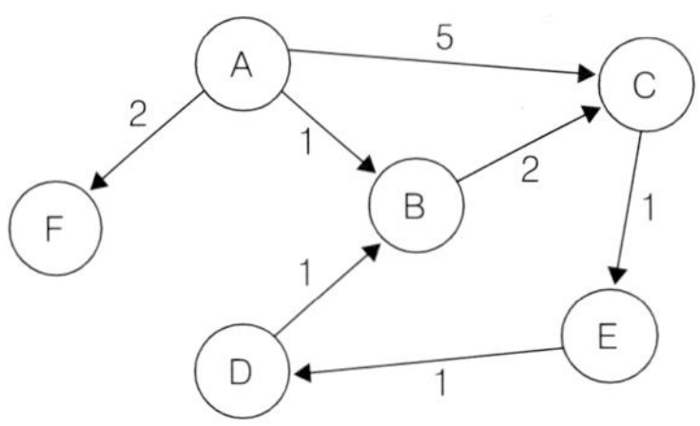

[그림 14-24] 입력 그래프

[표 14-3] 인접행렬 표현

i \ j	A	B	C	D	E	F
A	0	1	5	∞	∞	2
B	∞	0	2	∞	∞	∞
C	∞	∞	0	∞	1	∞
D	∞	1	∞	0	∞	∞
E	∞	∞	∞	1	0	∞
F	∞	∞	∞	∞	∞	0

[표 14-3]은 [그림 14-24]의 그래프를 인접행렬로 나타낸 것이다. 이를 2차원 배열로 구현하면 A[i][j]는 i에서 j로 가는 간선의 가중치를 나타낸다. 따라서 표의 A[B][C] = 2는 B에서 C로 가는 비용이 2라는 의미다. 대각선 요소는 i에서 i로 가는 비용이니 편의상 0으로 놓은 것이고, A[i][j] = ∞로 놓은 것은 직접 가는 길이 없으니 비용 무한대로 본 것이다.

다이익스트라 알고리즘을 수행하려면 [표 14-4]를 채워나가면 된다. 도표의 1단계행(Row)을 채우려면 인접행렬 정보를 그대로 옮기면 된다. 즉, A에서 해당 정점까지 직접 가는 비용을 나열한다. 1단계에서 해야 할 것은 정점들 중 하나를 선택하여 선택정점 칼럼에 추가하는 일이다. 선택해야 할 정점은 현재의 비용 중 가장 작은 것으로서 이 경우에는 비용 1을 지닌 B다. 정점이 선택된다는 것은 해당 정점으로 가는 최소비용이 확정된다는 것을 말한다. 다시 말해, A에서 B로 가는 최단경로가 확정된다는 것이다.

[표 14-4] 다이익스트라 알고리즘

단계 수	선택정점	비용[B]	비용[C]		비용[D]		비용[E]		비용[F]
1	B	1	5		∞		∞		2
2	F		3	B	∞		∞		2
3	C		3	B	∞		∞		
4	E				∞		4	C	
5	D				5	E			

A에서 B까지 가는 최소비용은 1일 수 밖에 없다. 만약, A에서 다른 곳을 거쳐서 B로 간다면 아마도 C, F 중 하나를 거치게 될 것이다. 그런데 1단계의 나머지 칼럼에서 보듯이 일단 그곳까지 가는 비용이 이미 1보다 크기 때문에 그곳을 거쳐 오더라도 이 비용보다는 크기 때문이다.

2단계에서는 나머지 확정 안 된 정점인 C, D, E, F만을 처리한다. B로 가는 최소비용이 확정되었으니, 이제 혹시 B를 거쳐서 해당 정점으로 가는 비용이 현재비용보다 더 작지 않은지를 확인해야 한다. 비용[C] 칼럼을 보자. 1단계에서 5원에 갈 수 있다고 되어 있다. 그런데 A–B를 1원에 간다고 확정되었고, 인접행렬을 참조하면 B–C를 2원에 갈 수 있으니 3원이면 A–B–C로 갈 수 있다. 이 값은 현재 5원보다 작으니 3으로 바뀌어야 한다. 물론, 새로 계산된 값 3이 현재 값 5보다 작으면 바뀌어서는 안 된다. 인접행렬을 참조하면 나머지 D, E, F는 B에서 가는 길이 없으니 1단계 값들이 그대로 내려온다. 다시 이들 중 최소 값인 정점을 선택하면 이번에는 F가 확정된다.

3단계에서는 F를 거쳐서 해당 정점으로 가는 비용이 현재의 최적비용보다 더 작은지를 확인한다. 물론, 이제 확정 안 된 정점은 C, D, E다. 그런데 인접행렬을 보면 F에서 C, D, E로 가는 것은 없으므로 2단계 값들이 그대로 내려오고, 그들 중 최소값 3을 지닌 정점 C가 선택된다.

4단계에서는 방금 선택된 C를 거쳐서 가는 길을 확인한다. C에서 E를 1원에 갈 수 있다. 따라서 3단계에서 결정된 정점 C까지 A–C를 최소 비용 3원에 가고, 다시 C–E를 1원에 가면 4원에 갈 수 있다. 이 값은 현재 A에서 E까지 가는 데 드는 최소 비용인 무한대보다 작다. 따라서 해당 값을 4원으로 고친다. 이 값이 비용[D]의 무한대보다 작으므로 이 단계에서는 정점 E가 선택된다. 같은 방법으로 5단계에서는 정점 D로 가는 최소비용이 확정된다.

경로를 복원하기 위해서는 비용이 갱신될 때마다 거쳐 온 직전 노드를 표시하면 된다. 예를 들어, 5단계에서 비용[D]가 5원으로 갱신된 이유는 A–E + E–D = 4 + 1 = 5였기 때문이다. D 직전에 E를 거쳐 온 것이므로 도표의 해당 엔트리에 E를 표시한다. 그런데 A-E 역시 직전에 C를 거쳐 와야 4원에 올 수 있기 때문에 해당 엔트리에 C로 표시되어 있다. 이러한 표시를 역추적하면 A에서 출발하는 경로를 알 수 있다. 예를 들어, D까지 가는 최단 경로는 A-B-C-E-D로 역추적 할 수 있다.

다이익스트라 알고리즘을 표시하는 도표에서 행(Row) 하나는 해당 단계에서 가장 작은 비용을 나타낸다. 예를 들어, 3단계에서 D까지 가는 비용은 현재까지 계산된 바로는 무한대가 가장 작은 비용이라는 것이다. 단계가 거듭될 수록 이 값들은 다른 알려진 경로를 근거로 점차 최적화된다. 다시 말해, 1단계에서 정점 하나까지 가는 최소비용을 확정하고, 2단계에서는 이를 근거로 그 정점을 거쳐서 다른 모든 정점까지 가는 최소비용을 알아낸다. 3단계에서는 다시 2단계에서 최소비용이 확정된 정점을 거쳐서 다른 모든 정점까지 가는 최소비용을 알아낸다.

동적 프로그램 기법 (Dynamic Programming)

문제가 너무 커서 해결할 수 없을 때, 일단은 간단한 사실 하나를 알아내는 데 주력한다. 그것을 바탕으로 해서 또 다른 사실을 알아낼 수가 있다. 알려진 사실을 바탕으로 해서 하나씩 새로운 사실을 추가함으로써 알려진 사실의 범위를 점차로 차곡차곡 확대해 나가는 이런 식의 접근 방법을 **동적 프로그램 기법**(Dynamic Programming)이라 한다. 다음 설명될 플로이드 알고리즘도 동적 프로그램 기법에 속한다.

Section

09 이행 폐쇄

방향 그래프(Directed Graph)의 정점 X에서 정점 Y로 가는 길이 있는지가 문제가 될 때가 있다. 이 문제는 비용의 문제가 아니다. "Y가 X에 연결되어 있는가"하는 **연결성**(Connectivity)의 문제다. 만약, 정점 X에서 출발하여, 어떤 경로로든 정점 Y로 가는 길이 있다면, 정점 X에서 정점 Y로 직접 가는 간선을 추가해 볼 수 있다. 이렇게 함으로써 "정점 X에서 정점 Y로 가는 길이 있는가"라는 질문에 즉시 답할 수 있기 때문이다.

연결성(Connectivity)

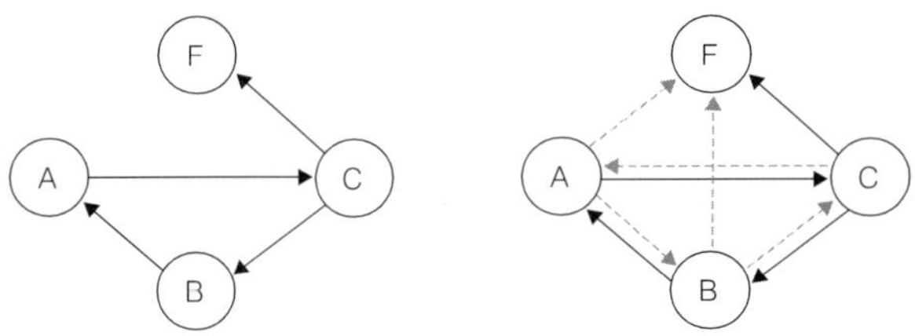

[그림 14-25] 이행 폐쇄

이행 폐쇄(Transitive Closure)란 이처럼 거쳐서 갈 수 있는 모든 곳을 직접 간선으로 연결한 그래프를 말한다. [그림 14-25]의 오른쪽 그래프는 왼쪽 그래프를 기준으로 작성한 **이행 폐쇄 그래프**다. 왼쪽 그래프의 A에서 C를 거쳐서 F로 갈 수 있으므로 A-F 사이에 직접 가는 간선을 추가한 것이다. 마찬가지로 B에서 A, C를 거쳐서 F로 갈 수 있으므로 B-F 사이에 직접 가는 간선을 추가한 것이다. 간선의 추가에 의해서, 대부분의 노드들이 인접노드로 바뀌기 때문에 일반적으로 이 그래프는 조밀 그래프(Dense Graph) 성격을 띤다. 따라서 인접행렬로 표현하는 것이 유리하다.

이행 폐쇄(Transitive Closure)

이행 폐쇄 그래프

주어진 그래프로부터 이행 폐쇄 그래프를 얻으려면 일단 깊이우선 탐색을 해 볼 수 있다. 예를 들어, [그림 14-26]의 A에서 시작하는 깊이우선 탐색을 하면 A-C-B-D-G-F라는 경로가 나올 수 있다. 이 경로가 의미하는 바는 A로부터 C-B-D-G-F로 가는 경로가 있음을 의미한다. 즉, A와 C-B-D-G-F가 연결되어 있음을 의미한다.

그러나 이 결과만으로 모든 연결 정보를 나타낼 수는 없다. H에서 출발하면 A로 갈 수 있음에도 불구하고 그러한 연결 정보는 위 탐색에는 포함되지 않기 때문이다. 따라서 깊이우선 탐색을 사용하여 이행폐쇄 그래프를 구하려면 각각의 노드에서 출발하는 깊이우선 탐색을 모두 실행해야 한다. 예를 들어, H–E–C–B–A–F–D–G라는 H에서 출발하는 DFS 순서를 추가하면 "H에서 G로 가는 경로가 있는가?"라는 문제에도 답할 수 있게 된다. 모든 정점에서 출발하는 깊이우선 탐색이므로 이 알고리즘의 효율은 인접 리스트로 구현하면 O(V · (V+E)), 인접행렬로 구현하면 $O(V \cdot V^2)$이 된다.

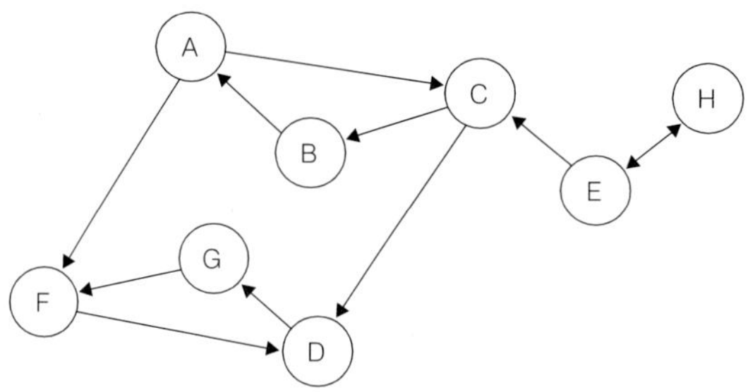

[그림 14–26] DFS 입력

와샬 알고리즘
(Warshall's Algorithm)

와샬 알고리즘(Warshall's Algorithm)은 그래프 없이 인접행렬만을 보고 이행폐쇄를 결정하는 방법이다. [그림 14–26]의 그래프를 인접행렬로 표시한 것이 [표 14–5]다.

[표 14–5] 인접행렬 표현

i \ j	A	B	C	D	E	F	G	H
A	0	0	1	0	0	1	0	0
B	1	0	0→1	0	0	0→1	0	0
C	0	1	0	0	0	0→1	0	0
D	0	0	0	0	0	0	1	0
E	0	0	1	0	0	0	0	1
F	0	0	0	1	0	0	0	0
G	0	0	0	0	0	1	0	0
H	0	0	0	0	1	0	0	0

와샬 알고리즘은 인접 행렬의 왼쪽에서 오른쪽, 그리고 위에서 아래 순서로 스캔 해야 한다. 먼저 A 칼럼을 위에서 아래로 보자. A[B][A] = 1은 B에서 A가는 길이 있다는 뜻이다. 이는 A에서 갈 수 있는 모든 곳을 B에서 갈 수 있다는 의미다. 왜냐하면 B에서 A를 거쳐

가면 되기 때문이다. 표의 A행을 보면 현재 C, F가 A에서 갈 수 있는 곳이다. 따라서 표의 A[B][C], A[B][F] 값을 1로 바꾼다.

다음 A[C][B] = 1이므로 B에서 갈 수 있는 모든 곳을 C에서 갈 수 있다. 현재 B에서 갈 수 있는 곳은 A, C, F므로 A[C][A], A[C][F]가 1로 바뀐다. 이와 같은 과정을 반복하면 최종적인 이행 폐쇄 행렬은 [표 14-6]과 같이 된다. 단, 매번 스캔할 때마다 0이 아닌 엔트리에 주목하되, 이는 이전에 0이었다가 1로 변한 것도 포함한다. 다시 말해, 알고리즘 실행 결과는 누적되어야 한다.

[표 14-6] 와샬 알고리즘 최종

i \ j	A	B	C	D	E	F	G	H
A	0	1	1	1	0	1	1	0
B	1	0	1	1	0	1	1	0
C	1	1	0	1	0	1	1	0
D	0	0	0	0	0	1	1	0
E	1	1	1	1	0	1	1	1
F	0	0	0	1	0	0	1	0
G	0	0	0	1	0	1	0	0
H	1	1	1	1	1	1	1	0

효율 면에서 와샬 알고리즘은 $O(V^3)$이다. 인접행렬의 모든 엔트리에 대해서 스캔을 가하여야 하므로 V^2이고, 각각의 엔트리에 대해서 하나의 행(Row) 모두를 보는 데 V 시간이 소요되기 때문이다. 예를 들어, B에서 C로 갈 수 있으면 C에서 갈 수 있는 모든 곳을 찾기 위해 C 행을 모두 탐색해야 한다.

Section

10 모든 쌍의 최단경로

플로이드 알고리즘 (Floyd's Algorithm)

모든 쌍의 최단경로 (All-Pairs Shortest-Path)

다이익스트라 알고리즘이 주어진 정점 하나로부터 다른 모든 곳으로 가는 최단경로라면 **플로이드 알고리즘(Floyd's Algorithm)**은 모든 정점으로부터 다른 모든 곳으로 가는 최단경로를 한꺼번에 구하는 알고리즘이다. 이 알고리즘은 와샬(Warshall)이 제안한 아이디어를 기반으로 한 것으로서 그래프 내의 어떤 정점 쌍(Pair)을 선택하더라도 그 둘 사이의 최단경로(값)를 한꺼번에 보여 준다는 점에서 이른바 **모든 쌍의 최단경로(All-Pairs Shortest-Path)**라 부른다.

플로이드 알고리즘은 인접행렬의 내용을 변경하는 방법이다. 스캔 순서는 왼쪽에서 오른쪽으로, 또 위에서 아래로 진행된다. 우선 [표 14-7]의 칼럼 A를 위에서 아래로 스캔 한 결과 0과 무한대 밖에 없으므로 무시된다.

[표 14-7] 플로이드 초반

i \ j	A	B	C	D	E	F
A	0	1	5→3	∞	∞→4	2
B	∞	0	2	∞	∞→3	∞
C	∞	∞	0	∞	1	∞
D	∞	1	∞→3	0	∞	∞
E	∞	∞	∞	1	0	∞
F	∞	∞	∞	∞	∞	0

[표 14-8] 플로이드 최종

i \ j	A	B	C	D	E	F
A	0	1	3	5	4	2
B	∞	0	2	4	3	∞
C	∞	3	0	2	1	∞
D	∞	1	3	0	∞	∞
E	∞	2	4	1	0	∞
F	∞	∞	∞	∞	∞	0

다음, 칼럼 B의 첫 요소인 A[A][B] = 1이 의미하는 바를 짚어보자. 일단 갈 수 있느냐의 측면에서 바라보면 A에서 B로 갈 수 있으므로 B에서 갈 수 있는 모든 곳을 A에서 갈 수 있다는 말이 된다. B를 거쳐 가면 되기 때문이다. B에서 갈 수 있는 모든 곳은 도표의 B 행에 표시되어 있다. 여기서는 C가 비용 2에 갈 수 있는 곳이다. 따라서 A에서 B를 거치면 C로 갈 수 있고, 그 비용은 A-B + B-C = 1 + 2 = 3이 된다. 이 비용은 현재 도표에서 A에서 C로

가는 값 즉, A[A][C]인 5보다 작으므로 그 값을 변경한다.

스캔을 계속하면 A[D][B] = 1이 포착된다. D에서 B로 갈 수 있다는 말은 B에서 갈 수 있는 모든 곳을 D에서 갈 수 있다는 말이다. B에서 갈 수 있는 곳은 현재 C이므로 D에서 B를 거쳐 C로 가는 D–B–C의 비용은 D–B + B–C = 1 + 2 = 3이 된다. 이 값은 현재 도표의 A[D][C]인 무한대보다 작으므로 값을 3으로 바꾼다. 도표에는 항상 지금까지 알아낸 최소값을 기록하기로 한다. 따라서 새로 발견된 값이 기존 값보다 작은 경우에만 그 내용을 변경하기로 한다.

이어서 칼럼 C의 첫번째 요소인 A[A][C] = 3이 포착된다. 이 값은 현재까지 알아낸 최소 값이다. A에서 C로 갈 수 있다는 말은 C에서 갈 수 있는 모든 곳을 A에서 갈 수 있다는 말이다. C에서 갈 수 있는 곳은 현재 상태에서는 E 뿐이므로 A-C-E의 비용은 4가 된다. 따라서 A[A][E] = 4로 변경된다. 다음 A[B][C] = 2를 처리하면 A[B][E] = 3으로 바뀐다. 다시 칼럼 D의 A[E][D] = 1을 처리하면 A[E][B] = 2로, 또 A[E][C] = 4로 바뀐다. 이러한 방법을 계속하면 최종 도표는 [표 14–8]과 같이 된다. 물론, 이 경우에도 경로를 추적하려면 직전에 지나온 노드를 기록하면 된다.

정점의 수를 V라 할 때, 알고리즘의 복잡도 면에서 플로이드 알고리즘은 $O(V^3)$에 속한다. 일단, 인접행렬의 V^2개 엔트리 각각에 대해 최소비용을 계산해야 한다. 만약, A[J][K]가 0이나 무한대가 아니라면, K에서 갈 수 있는 모든 정점을 대상으로 해서 J로부터 K를 거쳐서 그곳까지 가는 비용을 계산해야 한다. K에서 갈 수 있는 모든 정점은 K행의 모든 엔트리를 검사해야 하므로 이에 복잡도 V가 요구된다. V^2개의 엔트리에 대해 V개의 검사가 이루어지므로 복잡도는 $O(V^3)$이 된다.

Section

11 이중연결 그래프

이중연결 그래프 (Biconnected Graph)

관절점(AP, Articulation Point)

경우에 따라서는 정점 사이에 하나 이상의 경로가 존재하도록 그래프를 설계할 필요가 있다. 예를 들어, 서울과 포항 사이에 '서울–경주–포항' 이라는 철로가 있다고 가정할 때 만약, 경주역에 장애가 발생하였다면 서울에서 다른 곳을 거쳐서 포항을 갈 수 있도록 설계해야 한다. 그래프 내의 모든 정점 쌍에 대해 서로를 연결하는 경로가 두 개 이상일 때 그 그래프를 **이중연결 그래프**(Biconnected Graph)라고 한다.

주어진 그래프가 이중연결 그래프려면 **관절점**(AP, Articulation Point)이 없어야 한다. 관절점이란, 만약 그것이 사라지면 그래프가 두 개 이상으로 분리되는 그러한 정점을 말한다. 이런 정점이 존재한다면 한 그룹에서 다른 그룹으로 건너가기 위해 반드시 그 정점을 통과해야 한다. 따라서 그 정점에 장애가 생기면 연결이 끊어지므로 그러한 정점, 즉 관절점이 존재하지 않아야 한다.

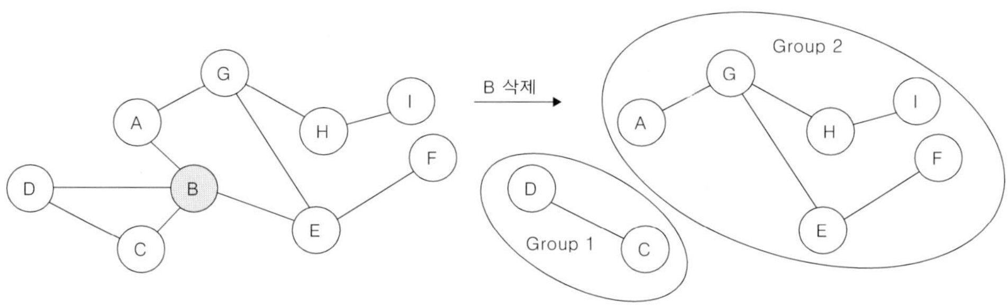

[그림 14-27] 관절점

[그림 14-27]의 정점 B는 관절점이다. 정점 B와 B에 연결된 간선을 모두 제거하면 오른쪽 그림과 같이 Group 1, Group2라는 두 그룹으로 나뉘기 때문이다. 이처럼 분리된다는 것은 Group 1에서 Group 2로 가려면 반드시 B를 통과해야 함을 의미한다. 이 그래프에서는 사실, G, H, E도 관절점에 해당한다. 주어진 그래프가 이중연결이 되려면 이러한 관절점이 단 하나도 없어야 한다.

관절점을 발견하려면 깊이우선 탐색트리를 만들어 보면 된다. [그림 14-28]의 오른쪽 트리의 하위노드에서 상위노드로 가는 화살표는 깊이우선 탐색도중 이미 방문된 노드를 쳐다보는 것에 해당한다. 즉, A-B-C-D 순서로 갔을 때 D의 인접노드로서 B가 보이기는 하지만 이미 방문된 노드라서 가지 않는 그러한 연결이다. 이제 이 트리를 놓고 관절점을 판단해보자.

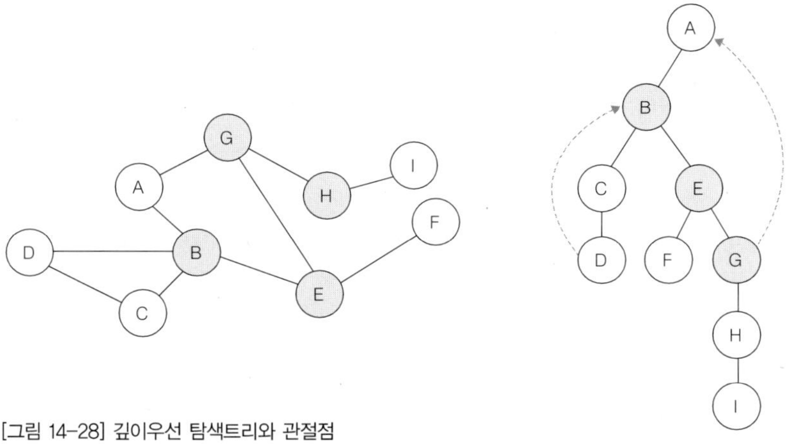

[그림 14-28] 깊이우선 탐색트리와 관절점

만약, B가 지워지면 그 아래 하위트리가 두 개로 나뉜다. 오른쪽 하위트리는 문제가 없다. 자식노드 중 하나인 G가 B의 상위노드를 가리키기 때문이다. 즉, 오른쪽 하위트리의 모든 노드는 G와 연결되어 있으므로 G를 통해서 지워지는 B의 상위노드들과 연결되기 때문이다. 그러나 B의 왼쪽 하위트리에서는 어떤 자식노드도 B의 상위노드로 올라가는 화살표가 없다. 따라서 B의 삭제는 왼쪽 하위트리 그룹의 분리로 이어진다. 결과적으로 B는 관절점이다. 반면에 C를 삭제하였다면 C가 없어져도 자식인 D가 C의 상위노드를 가리키므로 C는 관절점이 아니다.

삭제된 정점의 하위트리가 하나일 경우에는 그 하위트리에 단 하나라도 삭제된 노드의 상위노드를 향하는 연결이 있으면 그 정점은 관절점이 아니다. 하위트리가 둘일 경우에는 왼쪽, 오른쪽 모두 상위노드를 향한 연결이 있어야만 관절점이 아니다.

단, 루트노드는 그 위에 상위노드가 없으므로 조금 유의해야 한다. 만약, 루트노드가 두 개 이상의 하위트리로 나뉜다면 루트노드를 삭제했을 때는 하위트리가 서로 분리되므로 루트노드가 관절점이 된다. 반면, 루트노드에 하위트리 단 하나만 있다면 그 루트노드는 관절점이 아니다. 이처럼 관절점 판단은 깊이우선 탐색에 의해 가능하므로 이 알고리즘의 효율은 인접 리스트라면 O(V+E), 인접행렬이라면 O(V^2)에 해당한다.

Section

12 유니언 파인드

집합(Set)을 그래프로 표현할 때 집합의 원소(Element)는 정점으로 나타낸다. 또 같은 집합에 속한다는 사실은 정점 사이를 연결시킴으로써 나타낸다. 집합 기호에서 원소의 순서는 아무런 의미가 없다. 즉, {A, C, B}나 {B, A, C}나 동일한 의미다. 단지 각 원소가 같은 집합에 속한다는 것만이 중요하다. 따라서 집합을 그래프로 나타낼 때에는 정점 사이의 연결성(Connectivity)만을 중시할 뿐, 정점을 연결하는 경로는 무시된다. [그림 14-29]는 집합 {A, B, F, D, E}와 집합 {C, G}를 나타낸다. 물론, 반드시 이런 모습이 아니더라도 서로 연결만 되어 있다면 동일한 집합을 나타낸다.

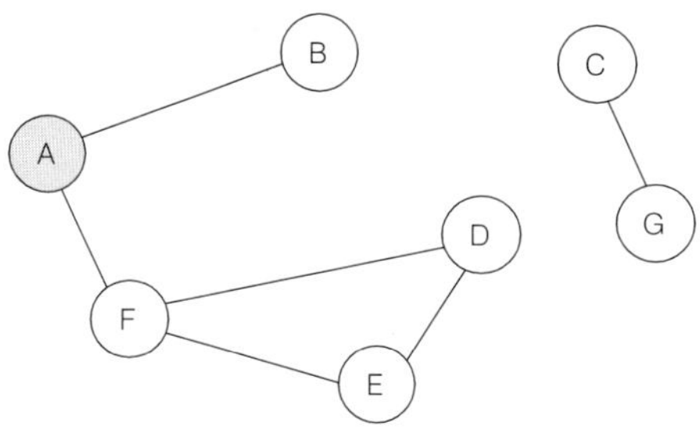

A	BFDE
B	AFDE
C	G
D	EFAB

...

[그림 14-29] 깊이우선 탐색

유니언 파인드
(Union Find)

유니언 파인드(Union Find) 문제는 주어진 원소들이 서로 같은 집합에 속하는지를 알아내고(Find), 만약에 그렇지 않으면 같은 집합에 속하도록 추가하라(Union, 합집합)는 것이다. 이를 해결하기 위한 첫번째 방법은 각 노드에서 출발하는 깊이우선 탐색에 의해 방문할 수 있는 모든 노드를 찾으면 된다. [그림 14-29]의 오른쪽 배열은 노드별 깊이우선 탐색의 결과다. 배열 첫 요소는 노드 A에서 출발했으므로 BFDE가 탐색결과다. 만약, "D가 A와 같은 집합에 속하는가?"라고 질문하면 이 요소를 검색함으로써 답할 수 있다.

주어진 그래프에 대해 깊이우선 탐색을 단 한번만 실행하고 그 결과를 이처럼 배열로 저장해 놓으면 쉽사리 질문에 답할 수 있다. 그러나 이 방법은 집합의 원소가 고정된, 이른바 정적(Static) 상황에 알맞은 방법이다. 수시로 새로운 원소가 그래프에 추가되는 동적(Dynamic) 상황에서 이 방법을 사용하려면 그 때마다 탐색에 의해 배열 내용을 바꾸어야 하는 시간적 비효율이 발생한다.

유니언 파인드 알고리즘은 동적 상황에 유리하다. 정점 A ... E가 주어졌을 때 처음에는 각 정점이 서로 아무런 집합에도 속하지 않는다. 개별 정점을 트리로 간주하면 이는 트리의 집합인 포리스트(Forest)다. 집합 A에 E를 추가하는 것은 [그림 14-30]과 같이, 간선 A-E를 연결함을 말한다. A-E 삽입명령이 들어오면 A를 루트로 그 아래 E를 연결한다. 같은 방법으로 A-B 삽입명령을 실행하면 그 결과 A는 자식노드 두개를 거느리게 된다.

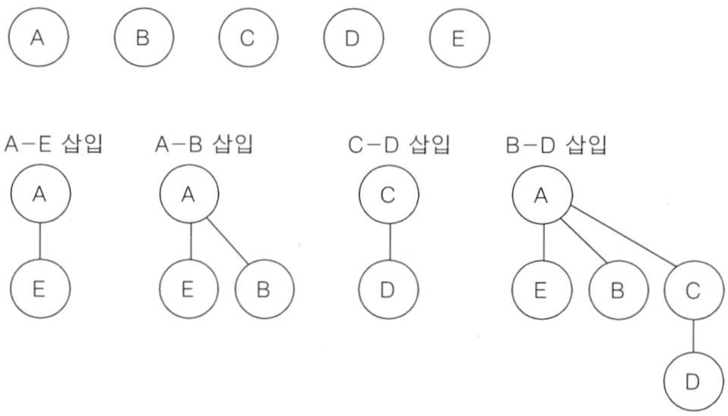

[그림 14-30] 유니언 파인드

[그림 14-30]의 마지막 트리는 B-D 삽입 결과다. 직접 B에다 D를 연결하지 않고 B의 루트아래에 D의 루트를 연결시킨다. 이와 같은 구조를 효율적으로 표현하려면 [표 14-9]와 같은 선형 배열을 사용한다.

[표 14-9] 루트 찾기 배열

	A	B	C	D	E
A-E 삽입					*A
A-B 삽입		A			
C-D 삽입				C	
B-D 삽입			**A		

먼저, A-E가 삽입되면 표의 * 표시한 곳에 기록된다. 여기서 배열 요소 값이 의미하는 것은 해당 칼럼의 루트다. 즉, E의 루트가 A라는 의미다. 같은 방법으로 A-B, C-D가 삽입된다.

다음 B-D가 삽입되면 ** 표시한 곳에 기록된다. B-D의 삽입은 조금 생각을 요한다. 즉, D의 루트를 B의 루트에 삽입해야 된다. 표에서 D의 루트는 C고, B의 루트는 A므로 이 문제는 C를 A에 삽입하는 문제로 바뀐다. 따라서 C의 루트가 A가 되어야 하므로 C 칼럼에 A가 기록된다. 이렇게 되면 이제 D의 루트를 찾으려면 일단 C로 가서 다시 A로 가야 한다.

따라서 어떤 노드의 루트를 발견하려면 while (A[i] ≠ Empty) i = A[i];와 같은 반복문을 수행해야 한다. 결과적으로 "M과 N이 같은 집합인가?"라는 질의(Query)에 대한 답은 M의 루트와 N의 루트가 일치하는지의 문제로 바뀐다. 루트가 일치하지 않으면 서로 다른 집합에 속하는 것이고 따라서 M-N 삽입 명령을 가하게 된다.

이 알고리즘의 효율이 문제가 되는 것은 예를 들어, D-E 삽입, C-E 삽입, B-E 삽입이 일어날 때다. 이렇게 되면 E의 루트를 찾기 위한 반복문 실행에 많은 시간을 요한다. 최악의 경우 [표 14-9]의 모든 엔트리를 참조해야 하고 그 경우 효율은 O(V)로 악화된다.

가중치 유니언 (Union by Weighting)

루트까지 가는 경로를 단축함으로써 효율을 개선하는 방법에는 세 가지가 있다. **가중치 유니언(Union by Weighting)**은 자식노드가 더 많은 루트를 최종루트로 하는 방법이다. [그림 14-31] (a)를 보면 J-D를 추가하는 작업에서 J의 루트인 J가 D의 루트인 C에 붙는다. 만약, D의 루트인 C가 J의 루트인 J로 간다면 J-C-D로 이어짐으로 인해 나중에 D의 루트를 찾는 경로가 길어지는 것을 방지하기 위한 것이다.

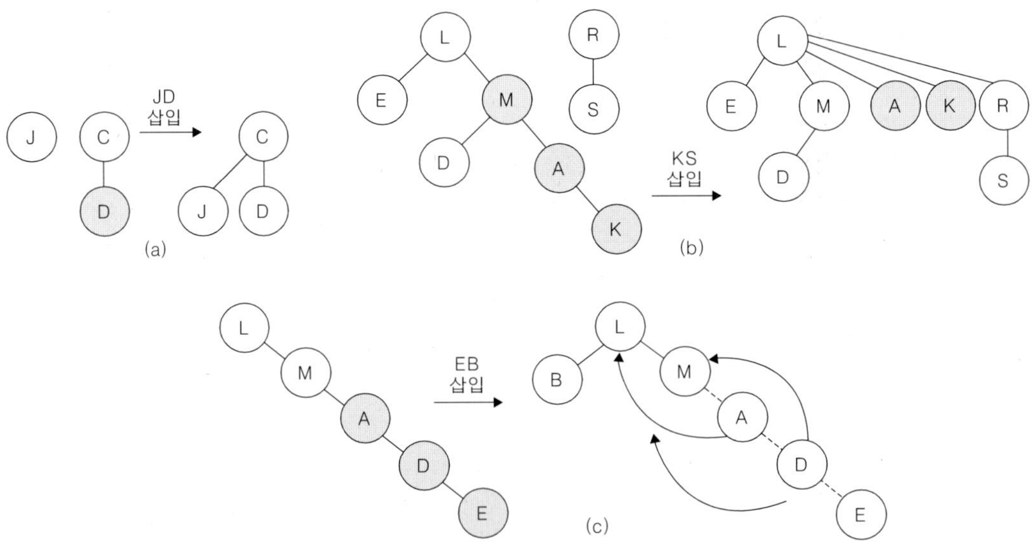

[그림 14-31] 유니언 파인드 알고리즘의 개선

그림의 (b)는 **경로압축(Path Compression)**이라 부르는 방법이다. 이는 최종 루트를 찾는 과정에서 나타나는 모든 노드를 직접 최종 루트 아래로 넣는 방법이다. K-S를 추가하려면 S의 루트인 R을 K의 루트인 L 아래로 넣으면 된다. 그런데 K의 루트인 L을 찾는 과정에서 만나는 것은 K, A, M이다. 이 모두가 L의 바로 아래 붙게 된다. 이렇게 하려면 2단계의 작업이 필요하다. 먼저, 루트를 찾으면서 나타나는 모든 노드에 표시(Marking)를 해놓고, 나중에 루트를 찾으면 그 노드를 모두 찾아가서 부모노드를 바꾸어야 한다.

경로압축
(Path Compression)

이러한 2단계 작업에 소요되는 시간을 줄이기 위한 것이 그림 (c)에 보인 **분할(Halving)** 기법이다. 이는 단일 패스(Single Pass)에 경로를 단축하기 위한 것으로써, 부모 노드를 찾아가면서 단축작업이 일어난다. 즉, 방문된 노드의 자식노드를 방문된 노드의 부모노드에 붙이는 방법이다. [표 14-9]를 통해 경로를 따라 올라가는 순간마다 이전 노드와 다음 방문할 노드에 관한 정보는 동시에 알 수 있기 때문에 이것이 가능하다.

분할(Halving)

Section

13 네트워크 플로우

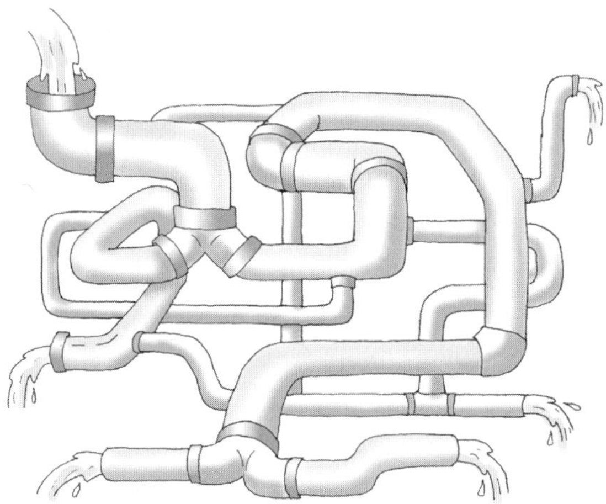

[그림 14-32] 배관 네트워크 플로우

유량(流量, Flow)

방향성 그래프 G가 주어졌을 때 간선의 가중치에 **유량(流量, Flow)**을 할당할 수 있다. 또이 유량을 최대화하고 싶을 때가 있다. 예를 들어, 도시 사이를 연결하는 상하수도라면 배관이 수용하는 범위 내에서 가능한 많은 물을, 통신 선로라면 대역폭이 수용할 수 있는 범위 내에서 가능한 많은 정보를, 도로라면 그 도로가 수용할 수 있는 범위 내에서 가능한 많은 교통량을 흘리게 하고 싶은 경우다.

네트워크 플로우 (Network Flow)

네트워크 플로우(Network Flow)는 어떤 정점에서 다른 정점으로 갈 수 있는 흐름을 최대화하라는 문제다. 언뜻 생각하면 무조건 간선이 수용할 수 있는 최대 용량을 흘려버리면 될 것 같지만 그래프 구성에 따라서는 어떤 간선이 수용할 수 있는 용량이 초과될 수도 있다. 수용할 수 없는 용량이 들어오면 역류가 일어난다. 네트워크 플로우의 문제는 "역류를 일으키지 않으면서 유량을 최대화하라"는 문제다.

[그림 14-33]은 어떤 그래프의 흐름 상태를 나타낸다. 여기서 노드 S는 소스를, 노드 T는 싱크를 나타낸다. 흐름을 추적할 때에는 개념적으로 간선의 방향을 설정해 볼 수 있다. [그

림 14-33]처럼 개념적 간선의 방향이 실제 간선의 방향과 일치하도록 한 것을 **순방향 간선(Forward Edge)**이라고 한다. 가중치에 5/3이라고 한 것은 배관이 수용할 수 있는 최대용량이(Capacity) 5인데 현재유량(Flow) 3을 흘리고 있는 것을 의미한다. 그림의 S-M 사이에는 최대유량보다 현재유량이 작다. 최대용량에서 현재유량을 뺀 차이를 **슬랙(Slack, 느슨한 정도)**이라고 한다. 따라서 S-M 사이의 슬랙은 5 - 3 = 2가 된다.

순방향 간선
(Forward Edge)

슬랙
(Slack, 느슨한 정도)

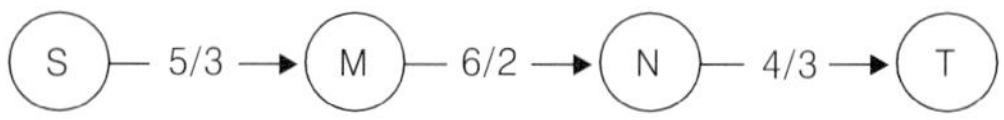

[그림 14-33] 순방향 간선

[그림 14-33]의 흐름은 개선의 여지가 있다. 소스에 부어넣을 유량을 좀더 높일 수 있기 때문이다. 각 노드 사이의 슬랙은 2, 4, 1로서 그 중의 최소 슬랙은 1이 된다. 따라서 최소 슬랙만큼을 더 흘림으로써 유량을 높이면 된다. 이처럼 개선의 여지가 있는, 즉 조금 더 흘릴 수 있는 경로를 **보강경로(Augmenting Path, Alternating Path)**라고 한다.

보강경로
(Augmenting Path, Alternating Path)

[그림 14-34]는 좀더 복잡한 네트워크 구성이다. S-M-N-T의 순방향 흐름은 모두 최대다. N-T 사이가 최대용량으로서 슬랙이 0이기 때문이다. S-Q-P-T 역시 최소 슬랙이 0이다. 크게 봐서 현재 소스에서 나가는 양은 5 + 3 + 5 = 13, 싱크로 들어오는 양은 3 + 7 + 3 = 13이다. 중요한 것은 어떤 노드로 들어오는 유량과 나가는 유량의 합은 같다는 점이다. 당연히 들어오는 양 이상으로 나갈 수 없는 노릇이고, 반대로 나가는 양 이상으로 들어오면 역류가 발생하기 때문이다. 순방향으로 따져서는 조금도 소스에 더 부어 넣을 수 없는 구성이다.

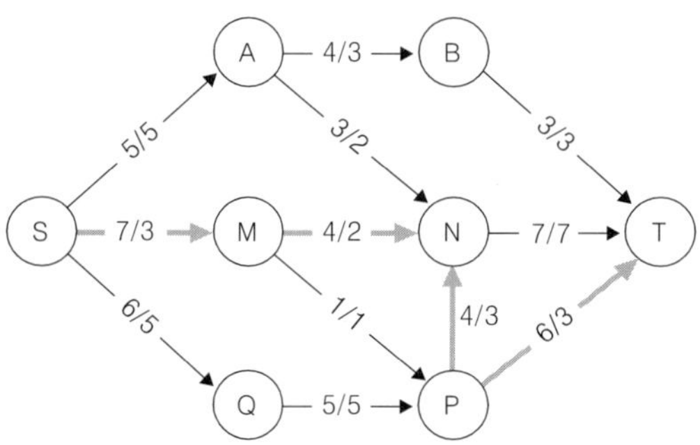

[그림 14-34] 역방향 간선

여기서 흐름을 개선할 여지가 있는지 살펴보자. 개념적인 간선의 방향을 S-M-N-P-T로 잡아보자. 이렇게 되면 N-P 사이의 개념적 흐름을 실제 흐름인 P-N과 반대로 잡은 것이 된다. 즉, **역방향 간선(Backward Edge)**을 따라가는 것이 된다.

역방향 간선
(Backward Edge)

S-M-N 사이의 최소 슬랙은 2가 된다. 따라서 소스에 2를 더 부르면 S-M이 7/5로, M-N이 4/4로 증가할 수 있다. 그런데 이렇게 되면 노드 N이 문제가 된다. 2만큼 더 들어오니 그만큼 더 나가거나, 아니면 다른 곳에서 2만큼 덜 들어오면 된다. P-N 사이를 보자. N으로 들어오는 양을 4/1로 줄이면 2만큼 덜 들어오니 N으로서는 무리가 없게 된다. 이제 N의 제약이 P의 제약으로 바뀌었다. P로서는 2만큼 덜 내보내야 하니 그만큼 덜 들어오든가 아니면 다른 곳으로 2만큼 더 내보내면 된다. P-T사이에 6/3을 2만큼 올려서 6/5로 늘리면 이 문제는 해결된다. 따라서 S-M-N-P-T 역시 보강경로라 할 수 있다. 결과적으로 소스에 2만큼 더 부어도 된다는 결론이다.

보강경로 이론 (Augmenting Path Theorem)

"만약, 그래프 내에 어떠한 보강경로도 없다면 그 흐름은 최대다"라는 것이 **보강경로 이론 (Augmenting Path Theorem)**이다. 그렇다면 문제는 어떤 그래프에서 더 이상의 보강경로가 없는지를 증명하는 문제로 바뀐다.

커트(Cut)는 소스와 싱크를 분리하는 간선의 집합이다. [그림 14-35]는 두 가지 커트를 예시한다. 첫째 그림은 S, A, M을 소스 그룹으로, 나머지 정점을 싱크 그룹으로 분리한 것이다. 이 경우 소스와 싱크를 분리하는 간선은 A-B, A-N, M-N, M-P, S-Q 등 다섯 개가 존재한다. 둘째 그림은 S, M, Q를 소스 그룹으로, 나머지를 싱크 그룹으로 한 것으로써, 이 경우 그룹을 분리하는 간선은 S-A, M-N, M-P, Q-P 등 세 개가 존재한다. 이처럼 자르는 방법에 따라서 그래프 내에는 수많은 커트가 존재한다.

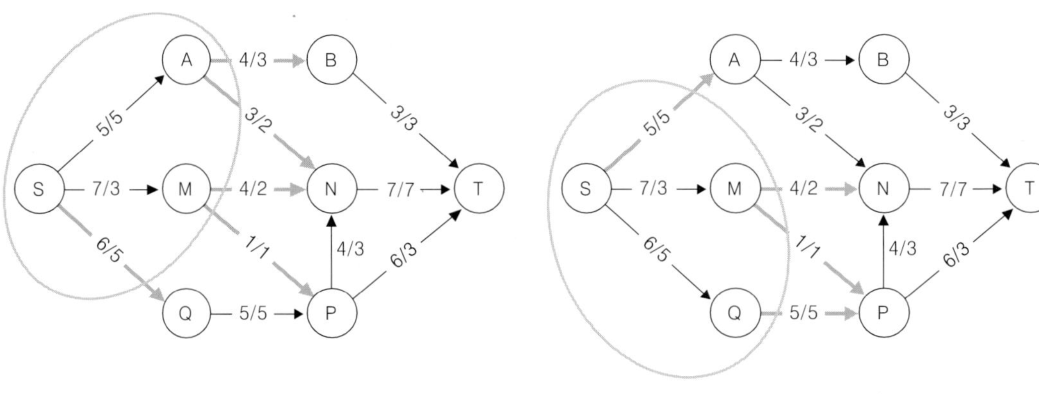

[그림 14-35] 커트

"최대 유량은 최소 커트와 같다"라는 것이 **맥스 플로우 민 커트(Max Flow Min Cut)** 이론이다. 이는 직관적으로 볼 때 타당한 말이다. 각 그룹을 노드 하나로 바라보면 그래프는 노드 두 개와 그 노드를 잇는 커다란 배관으로 볼 수 있다. 두 노드를 잇는 배관의 크기는 각 커트의 최대용량(Capacity)의 합과 같다. 가장 가는 배관 이상으로 유량을 흘릴 수는 없으므로 최대유량은 최소 커트를 초과할 수 없다.

맥스 플로우 민 커트 (Max Flow Min Cut)

위 예에서 보면 첫째 커트의 최대용량의 합은 (4 + 3 + 4 + 1 + 6) = 18이고, 둘째 커트는 (5 + 4 + 1 + 5) = 15가 된다. 따라서 이 두 가지를 종합하면 최대 유량은 일단 15를 초과할 수 없게 된다. 물론, 여기에 예시되지 않은 다른 커트 방법을 모두 감안하여야 한다. 가장 작은 커트 값보다 유량이 클 수는 없다. 최소 커트는 병목현상에 있어서 병목(Bottleneck)에 해당한다고 볼 수 있기 때문이다.

주어진 그래프에서 보강경로를 발견하는 문제나, 최소용량 커트를 발견하는 문제나 계산량 즉, 계산 시간 면에서 보면 매우 어려운 문제다. 이는 특히 정점의 수가 늘어날 때나 소스와 싱크가 여러 개일 경우에 그렇게 된다. 수백 개 도시로 구성된 교통망에서 명절 교통흐름을 최대화하려고 고속도로 톨게이트 어느 곳의 진출입을 제한하는지를 상상해보면 간단한 계산이 아님을 알 수 있다. 이러한 계산량에 관한 문제는 다음 장에서 다루기로 한다.

생활 속의 자료구조

인쇄 회로 기판(PCB, Printed Circuit Board) 뒷면을 보면 얇은 구리막(Thin Copper Wire)이 그물처럼 얽혀 있음을 알 수 있다. 이 선은 반도체 칩들의 핀과 핀 사이, 핀과 저항이나 콘덴서 사이, 또 핀과 기판의 외곽을 흘러가는 접지(접지, Ground)선 사이를 연결한다. 구리선 자체의 저항을 줄이려면 모든 경로가 최단거리여야 한다. 그렇다고 해서 이들 선을 단순하게 교차시켜 버릴 수는 없다. 단락(Shirt Circuited, 쇼트)이 생기기 때문이다. 여러 가지 제약 내에서 이러한 선로를 설계하는 작업을 아트 워크(Artwork) 설계라고 한다.

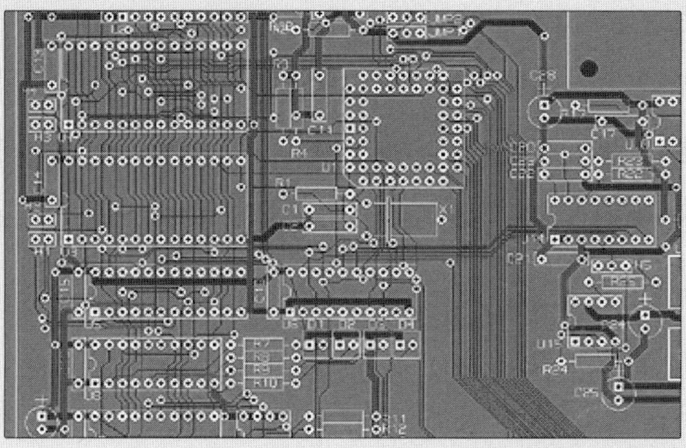

[그림 14-36] 인쇄 회로 기판

서울시 지하철공사 홈페이지를 검색하면 최단경로 메뉴와 최소환승 경로 메뉴 중 하나를 선택할 수 있게 되어 있다. 최소환승 경로는 대략 이해가 된다. 그런데 최단경로가 최단거리를 의미하는지 아니면 최단시간을 의미하는지 메뉴만 보고는 알기 어렵다. 최소운임 경로를 따로 메뉴로 내어놓지 않은 것은 지하철 요금체계가 그런 것을 필요로 하지 않아서 그런 것인지도 의문스럽다. 뚜렷이 할 일이 없는 사람을 위한다면 최장경로 같은 것도 필요하다. 좀더 생각해 본다면 최소복잡 경로, 최대시설 경로, 최대안전 경로, 최적온도 경로, 최대 볼거리 경로 같은 것도 개발해 볼 필요가 있을 것이다.

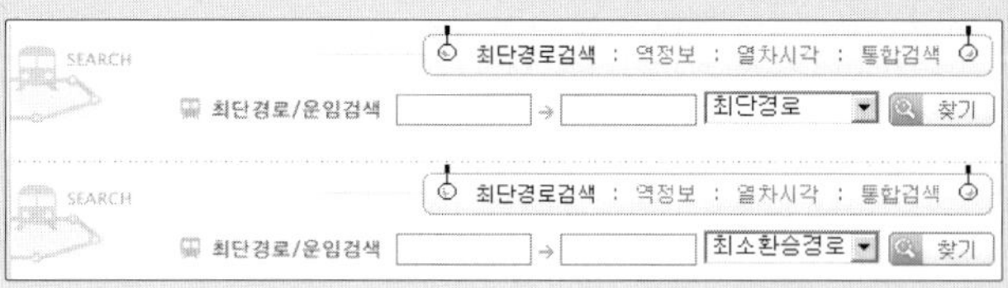

[그림 14-37] 지하철공사 메뉴 일부(www.seoulsubway.co.kr)

요약

그래프는 정점과 간선으로 구성된다. 그래프를 표현하기 위한 자료구조로는 인접행렬과 인접 리스트가 사용된다. 두 정점이 인접해 있을 때, 인접행렬의 해당 엔트리를 1(TRUE)로 놓는다. 인접 리스트는 어떤 정점에 인접한 모든 노드를 연결 리스트 형식으로 표현한 것이다. 조밀 그래프일 때는 인접행렬이, 희소 그래프일 때는 인접 리스트가 유리하다. 단위 공정을 정점으로 놓을 때 위상정렬은 일의 순서를 파악하기 위한 것이다.

트리는 방향성 비사이클 그래프다. 주어진 연결 그래프에서 사이클을 제거한 부분트리를 신장트리라 한다. 최소 신장트리를 구하기 위한 알고리즘으로 프림, 크루스칼, 솔린 알고리즘을 들 수 있다. 주어진 정점에서 갈 수 있는 모든 정점이 서로 인접되게 간선을 추가한 그래프를 이행폐쇄 그래프라 한다.

와샬 알고리즘에 의해 인접행렬만을 조작함으로써 이행폐쇄 그래프를 계산하고 표현할 수 있다. 정점 하나에서 다른 모든 정점까지 가는 최단경로의 길이는 다이익스트라 알고리즘으로 계산할 수 있다. 모든 쌍에 대해 최단경로의 길이를 알기 위해서는 플로이드 알고리즘을 적용하면 된다. 두 방법 모두 작은 문제를 해결함으로써 점차 큰 문제를 해결해 나가는 일종의 동적 프로그램 기법에 속한다.

관절점을 지니지 않는 그래프가 이중연결 그래프다. 이 그래프는 그래프 정점에 장애가 생길 때에도 다른 경로를 확보하기 위한 것이다. 유니언 파인드 문제는 주어진 원소끼리 같은 집합에 속해 있는지 발견하고 만약에 없으면 합집합 형태로 추가하라는 문제다. 네트워크 플로우 문제는 주어진 용량의 간선에 흐름을 최대화하라는 문제다. 순방향 간선과 역방향 간선을 개념적으로 설정하여 최적화를 시도할 수 있다.

연습 문제

1 트리의 집합을 포리스트라 한다. (True/False)

2 모든 연결 그래프는 트리라 할 수 있다. (True/False)

3 유니언 파인드에서 가장 먼저 진행되는 것은 유니언 작업이다. (True/False)

4 방향 그래프의 인접행렬은 대각선 요소를 중심으로 대칭적이다. (True/False)

5 인접 리스트의 헤드 포인터 자체에 정점에 관한 정보를 표시할 수 있다. (True/False)

6 동전 네 개를 일렬로 나열하는 게임을 가정해보자. 각 동전은 앞면 또는 뒷면이 위로 갈 수 있다. 동전의 상태를 정점으로 나타낼 때 정점의 개수는 몇 개인가?

가. 4　　나. 16　　다. 2　　라. 256

7 그래프 G가 정점 열 개를 지닌 방향성 그래프다. G를 인접행렬로 표시할 때 행렬 내부의 부울 변수는 몇 개가 필요한가?

가. 10　　나. 100　　다. 200　　라. 400

8 정점 N개와 간선 M개로 구성된 그래프를 인접 리스트로 표시하려면 연결 리스트 몇 개가 필요한가?

가. M + N　　나. M × N　　다. N　　라. M

9 어떤 특별한 간선 하나가 존재하는지를 판정하기 위해서 가장 효율적인 자료구조는 무엇인가?

가. 인접행렬　　나. 인접 리스트

10 정점 N개로 구성된 그래프를 인접행렬로 표현한다고 가정하자. 정점 P로 들어오는 간선의 수가 M일 때, 이 개수를 알아내기 위해서 필요한 작업의 횟수는 얼마인가?

가. $O(N^2)$　　나. $O(N)$　　다. $O(M^2)$　　라. $O(M)$

11 다음 인접행렬로 표시되는 그래프는 다음 중 어떤 것인가?

[표 14-10] 문제 11

	0	1	2	3
0	True	False	True	False
1	True	False	False	False
2	False	False	False	True
3	True	False	True	False

가. V={0,1,2,3}, E={(0,0),(1,0),(0,2),(3,1),(1,1),(2,3)}
나. V={0,1,2,3}, E={(0,1),(1,0),(0,2),(3,2),(3,3),(2,3)}
다. V={0,1,2,3}, E={(0,0),(1,0),(1,2),(3,2),(2,0),(2,3)}
라. V={0,1,2,3}, E={(1,0),(1,1),(0,2),(3,2),(3,0),(0,3)}
마. V={0,1,2,3}, E={(0,0),(1,0),(0,2),(3,2),(3,0),(2,3)}

12 유니언 파인드 문제에서 Union(x, y)를 가한 후의 결과를 옳게 설명한 것은 무엇인가?

가. x의 부모가 y거나 y의 부모가 x다.
나. x의 루트가 y의 부모를 거느리거나 y의 루트가 x의 부모를 거느린다.
다. x의 루트가 y의 루트를 가리키거나 y의 루트가 x의 루트를 가리킨다.
라. 루트가 서로 다르면 아무 일도 일어나지 않는다.
마. '가-라' 모두 옳다.

13 균형 트리에서 N개의 모든 노드를 방문하기 위한 깊이우선 탐색의 복잡도는 얼마인가?

가. O(1)　　나. O(NlgN)　　다. O(N)　　라. O(lgN)　　마. '가-라' 모두 아니다.

14 프림 알고리즘을 사용하여 최소 신장트리 문제를 푸는 데 있어서 우선순위 큐를 사용하지 않고 일반적인 큐를 사용해서 간선들을 저장하였다. 그 결과는 어떻게 되겠는가?

가. 아무런 의미가 없다.
나. 모든 간선이 동일한 비용이면 제대로 동작할 것이다.
다. 최단 경로 트리를 구하는 대신에 최소 신장트리를 구한 것이다.
라. 깊이우선 탐색 순서를 발견한 것이다.

연습 문제

15 모든 쌍의 최소 경로를 구하는 다음 코드에서 k가 의미하는 것은 무엇인가?

```
for (k = 0; k < N; k++)
   for (i=0; i < N; i++)
      if path[i,k] != INF
         for (j=0; j < N; j++)
            path[i,j] = min(path[i,j], path[i,k]+path[k,j])
```

가. 경로상의 링크가 지닌 가중치 중 최대 가중치
나. 방문할 수 있는 정점 중 가장 작은 가중치를 지닌 정점
다. 경로 상에 존재하는 링크의 최대 개수
라. i에서 방문할 수 있는 정점
마. 위 어떤 것도 아니다.

16 어떤 정점이 자기 자신을 가리키는 간선을 지니고 있다. 이 정점은 인접 리스트 표현에서 어떻게 표시되는가?

가. 리스트 노드 중 자기 자신을 포함한다.
나. 인접 리스트가 원형 연결 리스트다.
다. 인접 리스트가 비어 있다.
라. 인접 리스트가 자기 자신을 두 번 포함한다.

17 처리할 정점을 추적하기 위해 큐 구조를 사용하는 그래프 순회 알고리즘은 무엇인가?

가. 너비우선 탐색　　　나. 깊이우선 탐색

18 〔코드 14-2〕에서 함수를 시작하자마자 free m;을 먼저 가해버리면 어떤 결과가 초래되는가?

19 〔코드 14-3〕에서 그래프 변수를 구조체 자체로 선언하지 않고 구조체를 가리키는 포인터로 선언하는 이유는 무엇인가?

20 〔코드 14-5〕의 인접 리스트에서 인접행렬과 마찬가지로 포인터 배열을 사용하는 이유는 무엇인가? 그리고 인접행렬과 인접 리스트에서 동적으로 생성되는 대상은 각각 무엇(들)인가?

21 〔코드 14-1〕부터 〔코드 14-6〕까지를 참조해서 다음 각각의 경우에 간선을 삭제하는 함수를 작성하라. 단 함수 프로토타입은 graphPtr DeleteEdge(graphPtr g, int V1, int V2);로써, V1에서 V2로 가는 방향성 그래프를 전제로 하라.

가. 인접행렬
나. 인접 리스트

22 다음 그래프를 기준으로 아래 최소 신장트리 알고리즘을 적용하여 최소비용을 구해보라. 각 방법이 서로 다른 결과를 초래하는지에 대해 판단하라.

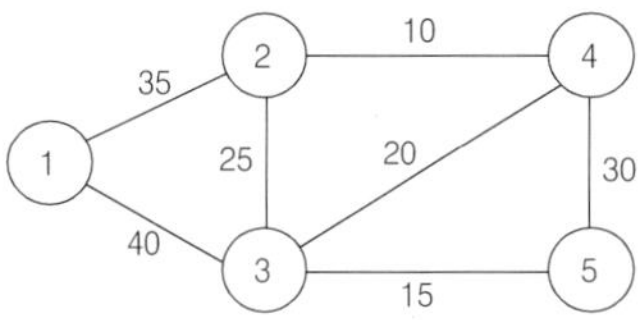

[그림 14-37] 문제 22

가. 프림 알고리즘
나. 크루스칼 알고리즘
다. 솔린 알고리즘

23 다음 그래프에 대해서 질문에 답하라.

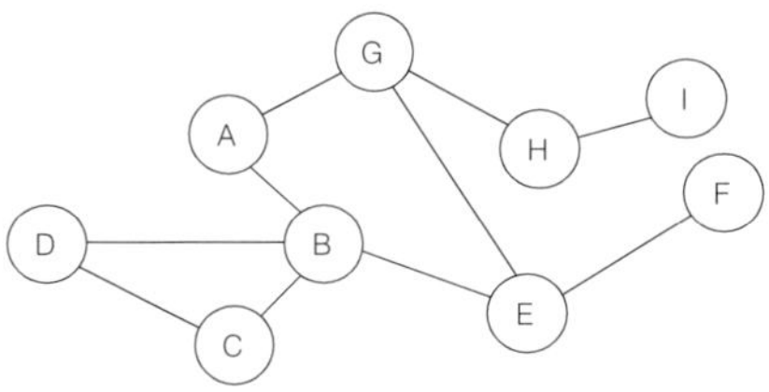

[그림 14-38] 문제 23

가. 위 그래프를 인접행렬로 표현하라.
나. 위 그래프를 인접 리스트로 표현하라.
다. 연결 그래프인가? (Yes/No)
라. 방향 그래프인가? (Yes/No)
마. D에서 시작하는 깊이우선 탐색트리에 의해 신장트리로 바꾸어보라.
바. D에서 시작하는 깊이우선 탐색트리에 의해 관절점을 모두 구하라.

24 인접 리스트의 노드 자료구조를 선언하되, 가중치 정보를 포함하여 선언하라.

25 다음 그래프를 참고로 물음에 답하라.

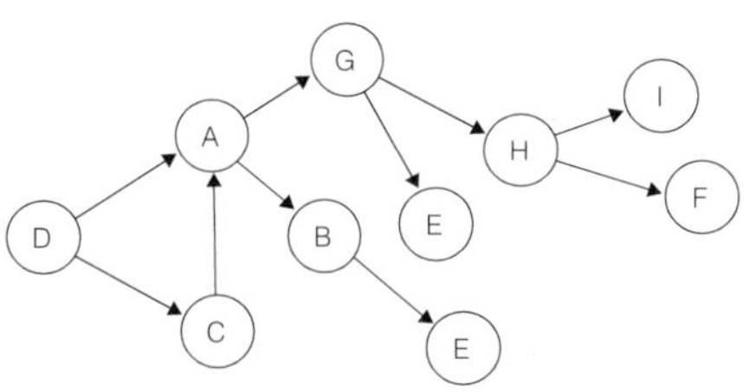

[그림 14-39] 문제 25

연습 문제

가. 대그(DAG, Directed Acyclic Graph)인가? (Yes/No)
나. 노드 A의 진입차수(Incoming Degree)는 얼마인가?
다. 싱크 제거에 의하여 위상정렬을 가하라.
라. D에서 시작하는 깊이우선 탐색에 의하여 위상정렬을 가하라.

26 다음 그래프를 기준으로 질문에 답하라.

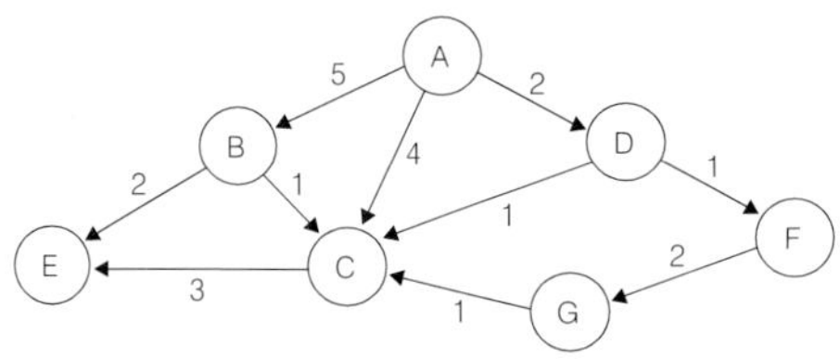

[그림 14-40] 문제 26

가. 위 그래프를 인접행렬로 표시하라.
나. 위 그래프를 기준으로 플로이드 알고리즘을 적용한 결과를 보여라.

27 다음 인접행렬을 기준으로 물음에 답하라.

[표 14-11] 문제 27

i \ j	A	B	C	D	E	F
A	1	0	1	0	1	0
B	0	1	1	0	1	1
C	1	1	1	1	0	0
D	0	0	1	1	1	1
E	1	1	0	0	1	0
F	0	1	0	1	0	1

가. 정점 C에서 시작하는 깊이우선 탐색순서(DFS)를 쓰라. 단, 인접노드가 여럿일 때에는 알파벳순으로 진행한다.
나. 정점 C에서 시작하는 깊이우선 탐색트리(DFST)를 그려라.
다. 이중연결 그래프인지 아닌지를 판별하고 그 이유를 제시하라.
라. 와샬 알고리즘을 적용한 결과 행렬을 그려라.
마. 이행폐쇄 그래프를 그려라.

28 다음 집합 기호에 의해 정의된 그래프를 기준으로 위상정렬이 가능한지 판단하고 가능하다면 그 결과를 그려라.

V = {a, b, c, d, e}
E = {⟨a,b⟩, ⟨a,c⟩, ⟨c,d⟩, ⟨a,d⟩, ⟨c,e⟩}

29 아래 그래프를 참고하여 물음에 답하라.

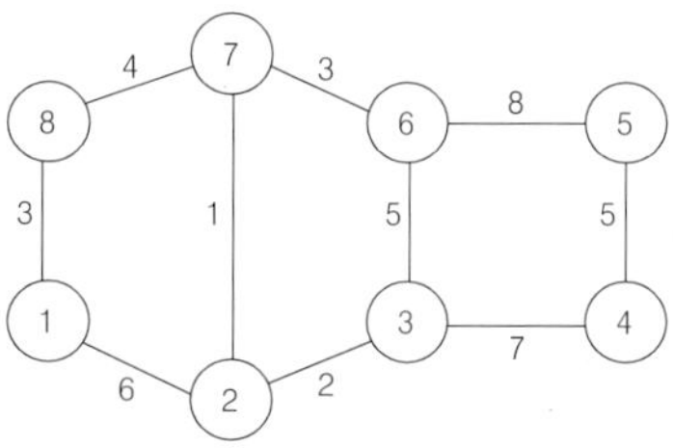

[그림 14-41] 문제 29

가. 노드 8, 1, 3의 인접노드를 각각 모두 구하라.
나. 이 그래프의 인접행렬을 구하라.
다. 정점 6에서 정점 3까지 가는 모든 비사이클(Noncyclic) 경로를 각각 쓰라.
라. 정점 1에서 출발하는 최단경로 비용을, 다이익스트라 알고리즘에 의해서 구하라.

30 방향성 그래프 G가 N by N 행렬로 표현되었을 때 와샬 알고리즘은 다음과 같은 유사코드로 표현된다.

```
for k = 1 to N
    for i = 1 to N
        for j = 1 to N
            A[i,j] = A[i,j] OR (A[i,k] AND A[k,j])
```

여기서 배열 A에 저장된 값은 불리언 타입이며 정점 i에서 정점 j로 가는 간선이 있으면 A(i, j) 값은 TRUE고 그렇지 않으면 FALSE다. 가중치 인접행렬 W(i, j)의 엔트리는 두 정점이 인접하지 않으면 무한대, 인접하면 가중치, 그리고 두 정점이 같으면 0으로 채워져 있다. 위 와샬 알고리즘에 몇 줄을 추가하여 W(i,j)가 최단 경로의 길이를 표시하도록 변경하라. 또 변경된 알고리즘의 시간적 복잡도를 판단하라.

31 방향성 그래프 G가 정점 N개로 구성되어 있다. deleteEdge(G, i, j);는 그래프 G의 정점이다. 다음 가중치 인접행렬을 기준으로 물음에 답하라.

가. 이 인접행렬이 나타내는 그래프를 그려보라.
나. 노드 0에서 시작하는 깊이우선 탐색 순서를 쓰라. 단, 인접노드가 여럿 일 때에는 숫자가 작은 것을 먼저 방문하라.

연습 문제

다. 노드 0에서 시작하는 너비우선 탐색 순서를 쓰라. 단, 인접노드가 여럿 일 때에는 숫자가 작은 것을 먼저 방문하라.

라. 다이익스트라 알고리즘을 적용하여 노드 0에서 출발하는 최단경로의 길이를 각각 구하라.

32 다이익스트라 알고리즘에서 다음 처리할 정점은 어떤 기준으로 선택되는가?

33 "주어진 정점에서 다른 정점으로 가는 길이 있느냐?"는 문제에 대답하려면 다이익스트라 알고리즘을 어떻게 바꾸면 되겠는가?

34 다음 그래프를 참고로 물음에 답하라.

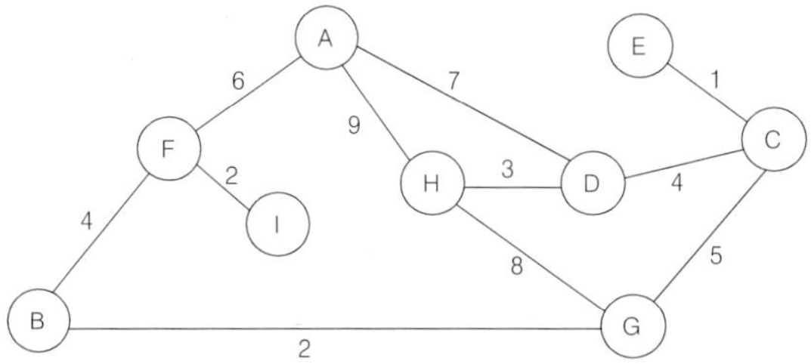

[그림 14-42] 문제 34

가. A에서 출발하는 프림 알고리즘에 의한 최소 신장트리를 구하라.

나. 크루스칼 알고리즘에 의한 최소 신장트리를 구하라.

다. 솔린 알고리즘에 의한 최소 신장트리를 구하라.

35 다음 그림의 정점 A에서 출발하는 최단경로 길이를 다이익스트라 알고리즘에 의해서 구하라.

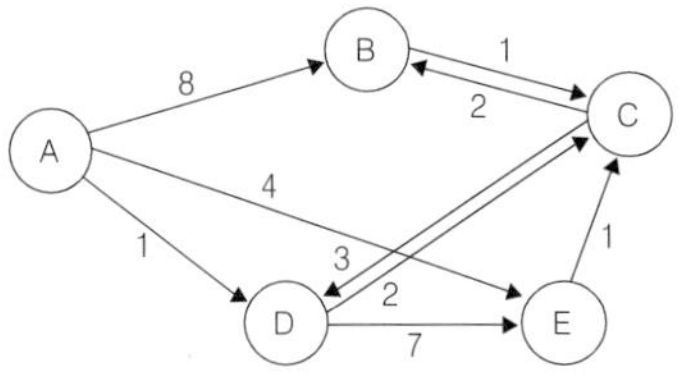

[그림 14-43] 문제 35

36 다음 방향성 그래프를 기준으로 물음에 답하라.

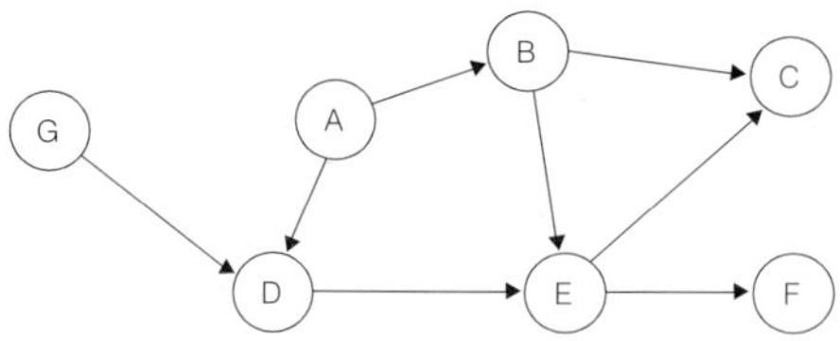

[그림 14-44] 문제 36

가. 싱크 삭제에 의해 위상정렬을 가하라.
나. 깊이우선 탐색에 의해 위상정렬을 가하라.

37 다음 네트워크를 참고로 물음에 답하라. 단, A/B에서 A는 용량을, B는 현재 유량을 말한다.

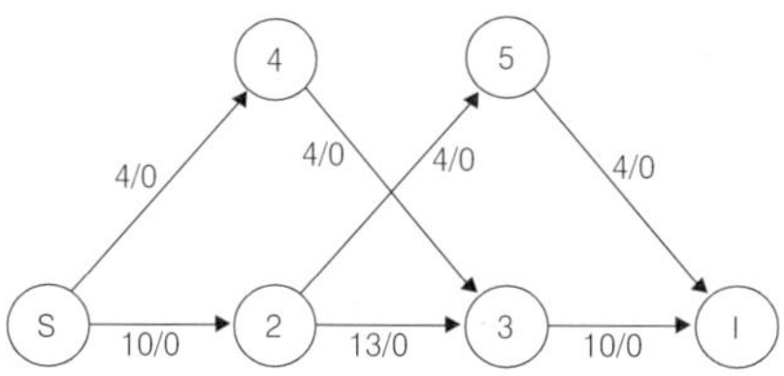

[그림 14-45] 문제 37

가. 순방향 간선(Forward Edge)을 사용하여 흐름을 가능한 최대화하라.
나. 민 커트(Min Cut)의 예를 들고 그 중의 최소값을 발견하라.

Chapter 15

알고리즘의 설계

학습목표

- 일곱 가지 패턴의 알고리즘 설계 기법을 이해한다.
- 각 설계 기법의 장단점을 이해한다.
- 각 설계 기법이 지닌 시간적 복잡도를 이해한다.
- P, NP의 정의를 이해한다.

Point

2장에서 '추상 자료형 = 알고리즘 + 자료구조'로 정의한 바 있다. 사실 이 책에 등장하는 모든 것이 알고리즘이라고 해도 과언이 아니다. 정렬 방법, 해시 방법, 그래프 처리 방법 등 모든 것이 문제 해결을 위한 방법이기 때문이다. 또 리스트, 스택, 큐, 트리, 힙 등의 자료구조에 가해지는 삽입, 삭제, 검색이 모두 알고리즘을 요한다. 추상 자료형을 구현하는 사람의 관점에서 보면 자료구조는 그것을 활용하는 작업을 전제로 해서 정의된다. 즉, 작업을 수행하기에 가장 효율적인 자료구조를 택하게 된다. 어떤 방법으로 작업을 수행하느냐가 바로 알고리즘에 해당한다.

이러한 측면에서 이 책에서 강조되는 것은 자료구조뿐만 아니라 문제해결을 위한 방법론으로서의 알고리즘이다. 다시 말해, 기본적인 자료구조의 중요성 못지않게 알고리즘에 대한 전반적 이해가 중요하다. 이전 8장에서 알고리즘의 정의와 효율에 대해 설명한 바 있다. 이 장에서는 실례를 중심으로 알고리즘 설계에 있어서 적용되는 몇 가지 기본 방법론을 예시하고자 한다. 또, 한걸음 더 나아가서 알고리즘의 한계와 관련된 내용을 제시함으로써 계산이론(Theory of Complexity)이 다루는 주요 개념들을 제시한다.

Section

1 알고리즘의 분류

전산학에서 다루는 수많은 문제에 대한 해결책을 단지 몇 가지의 카테고리로 분류하기는 힘들다. 어떤 문제는 해당 문제에만 적용되는 해결책이 존재하기 때문이다. 그러나 일반적으로 해결책을 수립하는 단계, 즉 알고리즘을 설계하는 단계에서의 접근 방법을 보면 다음처럼 몇 가지 패턴이 존재한다.

① 분할정복 알고리즘(Divide-and-Conquer Algorithm)

② 탐욕 알고리즘(Greedy Algorithm)

③ 동적 프로그래밍 알고리즘(Dynamic-Programming Algorithm)

④ 확률적 알고리즘(Probabilistic Algorithm)

⑤ 백 트랙 알고리즘(Backtracking Algorithm)

⑥ 최적 분기 알고리즘(Branch-and-Bound Algorithm)

⑦ 억지 접근 알고리즘(Brute-Force Algorithm)

실례를 중심으로 이들 알고리즘의 기본적 접근 방법을 살펴보기로 하자.

Section

02 저명인사의 문제

[그림 15-1] 저명인사의 문제

저명인사(Celebrity)는 가는 곳에는 항상 팬들이 따라 붙는다. 여기서 저명인사의 정의는 "자신은 다른 사람을 모르지만, 다른 모든 사람들은 자신을 아는 그러한 사람"으로 정의된다. **저명인사의 문제**(Celebrity Problem)는 여러 사람이 모인 가운데 "'저 사람 아십니까?' 라는 Yes/No 질문만을 반복하여 그들 중 저명인사가 있는지를 밝히고 또, 있다면 누구인지를 밝히라"는 문제다.

저명인사의 문제
(Celebrity Problem)

간단해 보이지만 조금 까다로운 문제다. 만약, 저명인사가 있다면 위 조건에 따라서 두 사람 이상일 수는 없다. 서로 안다고 할 수는 없기 때문이다. 따라서 다음과 같이 생각해볼 수 있다.

첫번째, 그냥 마구잡이로 접근해보자. A, B, C 세 사람을 가정하고, 각자에게 가능한 질문을 모두 던져보면 밝혀질 것이다. A에게 "B를 아느냐?, C를 아느냐?"라고 질문을 두 번 던져야 한다. B, C에게도 마찬가지다. 자신을 제외한 모두에게 던져야 하므로, 이렇게 되면 질문의 횟수는 3명 × (3−1) 질문/명 = 6이 된다. 따라서 N명의 사람이라면 N(N−1)번의 질문을 던져야 한다.

두번째, 이 문제를 뒤집어서 생각해보자. 누가 저명인사 인지를 추적하는 대신 누가 아닌지를 추적해 볼 수도 있다. A에게 "B를 아느냐?"고 물어봤을 때 답이 "그렇다"면 A는 일단 저명인사가 아니다. 저명인사는 남들을 모르기 때문이다. 답이 "아니다"면 이번에는 B가 저명인사가 아니다. 이렇게 되면 질문 한번에 한명씩 저명인사 후보에서 탈락된다. 예를 들어, A, B, C, D, E의 다섯 사람을 대상으로 하면 [그림 15-2]처럼 토너먼트(tournament)식으로 질문 네 번에 단 한 사람으로 압축된다. 따라서 일반적으로 N명이라면 (N-1)번의 질문이면 된다.

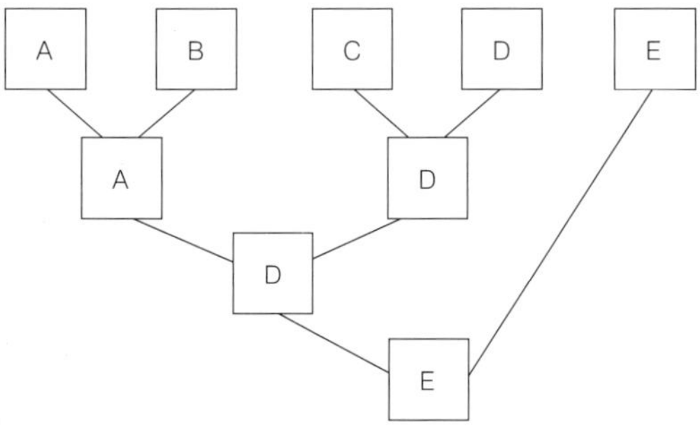

[그림 15-2] 저명인사 문제

그렇다면 [그림 15-2]의 E가 과연 저명인사인가. D에게 E를 아느냐고 해서 안다고 했을 뿐이지 다른 사람들에게 E에 대해 질문한 적은 없다. 따라서 나머지 A, B, C, D에게 E를 아느냐는 질문을 해야 하고 반대로 E에게 A, B, C, D를 아느냐고 다시 질문을 해야 한다. N명이 있다면 이 작업은 2(N-1)에 해당한다. 이렇게 하면 결과적인 질문의 횟수는 3(N-1)로 줄어든다.

이 예의 첫번째 알고리즘은 **억지 접근 방식**(Brute-force Approach)을 사용하고 있다. 즉, 효율이고 뭐고 일단 돌아가는 것이 중요하니 힘으로 밀어 붙이거나 몸으로 때우자는 식으로 문제 해결에 접근하는 것이다. **선형탐색**(Linear Search)은 정렬 안 된 배열에 대한 탐색 방법으로써, 배열의 처음부터 끝까지 해당 키를 가진 데이터가 나올 때까지 모조리 뒤져보는 방식이다. 일종의 억지 접근 방식이라 할 수 있다. 물론, 그보다 좋은 알고리즘이 발견되기 전까지는 이러한 접근 방식이 유효하다. 여기서 그보다 좋다는 것은 알고리즘의 효율에 관한 이야기다. 첫번째 억지 접근 알고리즘의 효율이 $O(N^2)$이었다면 두 번째 알고리즘의 효율은 O(N)에 속하기 때문이다.

억지 접근 방식(Brute-force Approach)

선형탐색(Linear Search)

Section

03 거스름 돈 문제

[그림 15-3] 거스름돈 문제

거스름 돈 문제(Coin Change Problem)

자동판매기에서 동전을 거슬러 받을 때 혹시 "기계가 백 원짜리 동전이 있으면서도 십 원짜리로 열개씩이나 주는 건 아닌가?"라고 의심해 본 적이 있을 것이다. **거스름 돈 문제**(Coin Change Problem)는 "주어진 잔돈을 동전으로 거슬러 주되 어떻게 하면 동전의 개수를 최소화 할 수 있는가"의 문제다.

어떤 기계가 500원, 100원, 50원, 10원짜리 동전을 갖고 있다고 가정해보자. 거슬러 줘야 할 돈이 270원이라면 얼마짜리 동전을 몇 개씩 거슬러 줘야 하는가. 물론, 10원짜리 27개를 준다 해도 법적으로 전혀 문제될 게 없지만, 그렇게 되면 그걸 받는 사람이나 다시 기계에 채워 넣는 사람 모두는 불만이 생길 수 있다.

이 문제에 대한 해결책은 너무나 간단하다. 될 수 있는 대로 일단 고액권을 최대한 사용하는 것이다. 500원짜리는 너무 커서 안 되니, 일단 100원짜리 두 개를 준다. 그리고 70원이 남으니 그것은 50원짜리 한 개, 그리고 20원이 남으니 그건 10원짜리 두 개를 주면된다. 이 경우, 사용된 총 동전의 개수는 다섯 개가 된다. 이를 유사코드로 표현하면 다음과 같다.

[코드 15-1] 거스름 돈 문제

```
CoinChange
{ while (CurrentSum < DesiredChange) 돌려준 돈이 거스름 돈보다 작을 동안
  {  Pick the Largest Coin             가장 단위가 큰 동전을 선택
     if (CurrentSum + Coin > DesiredChange) 돌려준 돈 + 동전 > 거스름 돈
     {    Reject the Coin;               그 동전은 포기
          Do not Pick the Coin Again;  다시는 그 동전을 선택하지 않음
     }
     else
          CurrentSum += Coin;          그 동전을 선택하여 돌려준 돈을 증가시킴
   }
}
```

나라에 따라서는 이 알고리즘이 문제가 될 수 있다. 어떤 나라에서 50원, 40원, 30원, 10원 동전을 사용한다고 가정해보자. 70원을 거슬러 달라고 하면 위 알고리즘에 따라서 50원짜리 한 개, 10원짜리 두 개로 해서 총 동전 세 개만 있으면 된다. 그러나 조금 더 생각해보면 40원짜리 한 개, 30원짜리 한 개로 해서 총 두 개를 거슬러 주면 동전 수가 더욱 줄어든다. 작은 단위 동전 두개를 합친 금액이 큰 단위 동전 금액을 초과하는 **개구리 도약 현상**(Leap Frog) 때문이다.

개구리 도약 현상 (Leap Frog)

문제 해결을 위한 접근 방식 면에서 위 알고리즘은 **탐욕 알고리즘**(Greedy Algorithm)이다. 어떤 동전을 몇 개씩 줘야 전지적(全知的) 관점에서 본 최소 개수의 동전인지 잘 모르겠으니, 일단 큰 돈부터 먼저 줘 나가면 나중에 전체 개수가 최소가 될 것 아니냐는 것이다. 다시 말해, 탐욕 알고리즘은 순간순간 **목전의 이득**(Local Optimum)을 취하면 그 결과가 전체적으로 봐서도 **최대의 이득**(Global Optimum)과 연결되는 것이 아니냐라는 것이다.

탐욕 알고리즘 (Greedy Algorithm)

목전의 이득 (Local Optimum)

최대의 이득 (Global Optimum)

어떤 문제에서는 이러한 탐욕 알고리즘이 최적(Optimum)의 결과를 초래한다. 그래프 이론의 크루스칼 알고리즘이 그 예다. 그러나 문제의 성격에 따라서는 최적은 못되고 그냥 괜찮을 정도로 최적에 가까운 결과가 나오기도 한다. 또, 아예 최적 근처에도 못 미치는 결과가 나올 수도 있다. 위 예에서 보듯이 화폐 단위가 바뀌면 탐욕 알고리즘이 최적이 아닐 수도 있다.

Section

04 허프만 코딩

손실압축 (損失, Lossy Compression)

무손실 압축 (無損失, Lossless Compression)

파일 압축 방법에는 **손실압축**(損失, Lossy Compression)과 **무손실 압축**(無損失, Lossless Compression)이 있다. 손실압축은 나중에 압축된 파일로부터 원본을 복원했을 때, 원본과 완전히 일치하지는 않지만 그런대로 원본과 비슷하게 되는 것으로, 일반적으로 그림이나 소리의 압축에 사용된다. 압축률은 이보다 떨어지지만 원본과 완전히 동일하게 복원하는 압축이 무손실 압축으로써, 이는 주로 텍스트의 압축에 사용된다.

컴퓨터에서 문자를 표현하는 데는 여러 가지 코딩방식이 사용된다. 예를 들어, 알파벳 문자는 7비트 혹은 8비트 아스키(ASCII, American Standard Committee for Information Interchange) 코드로 표현할 수 있다. 8비트 아스키의 경우, 제어문자를 포함한 상징(Symbol) 2^8개를 표현할 수 있다. 이러한 코드는 모든 문자에 고정된(Fixed-Length) 비트 수를 할당한다.

예를 들어, ABRACADABRA라는 문장을 가정해보자. 사실, 문장이 알파벳 문자만으로 구성되어 있다면 그 종류가 26개므로 2^5개의 가지수를 표현하는 5비트만으로 충분히 서로를 구분할 수 있다. 예를 들어, A가 알파벳 첫 글자므로 00001, B는 00010으로 표현하면 된다. 이처럼 문자별로 고정 비트를 할당하면 이 문장은 문자 11개므로 총 55비트로 표현이 가능하다.

가변길이 압축 (Variable-Length Compression)

가변길이 압축(Variable-Length Compression)은 텍스트 파일을 무손실 압축하기 위한 방법 중 하나다. 위 문장에 나타나는 글자별 빈도를 조사하면 A:5, B:2, C:1, D:1, R:2로써, 단연 A가 으뜸이다. 가장 많이 나타나는 것을 가장 짧은 비트로 가져가면 전체 길이가 줄어들 것이다. 예를 들어, A = 0, B = 1, R = 01, C = 10, D = 11로 표시하면 위 문장은 ABRAC.... = 0101010...으로 압축할 수 있다.

그러나 이렇게 되면 복원이 힘들어 진다. 0101010의 첫 비트만 읽으면 0으로써 A를 의미하지만, 첫 2비트를 한꺼번에 읽으면 01로서 R을 의미하기 때문이다. 이렇게 되면 첫 문자가 A인지 R인지 판단하기 곤란해진다. 이처럼 어떤 문자의 비트열이 다른 문자의 비트열의 앞부분에 해당할 때 그 문자를 다른 문자의 **접두사(接頭, Prefix)**라 한다. 이 예에서 A는 R의 접두사며 B는 C, D의 접두사다. 그렇다면 가변길이 압축의 문제는 어떻게 하면 이 접두사 관계를 없앨 수 있느냐의 문제로 바뀐다.

접두사(接頭, Prefix)

만약 A = 11, B = 00, C = 010, D = 10, R = 011로 하면 문자 사이에 아무런 접두사 관계도 존재하지 않는다. 따라서 복원 결과는 유일해(Unique)진다. 그렇다면 일반적으로는 어떤 방법으로 이와 같은 코드를 만들 수 있겠는가. 이 문제에 대한 해답은 트라이(Trie)에 있다. 기수 탐색트리의 일종인 트라이에서는 [그림 15-4]처럼 모든 레코드가 외부노드에 분포한다. 그림의 왼쪽 트라이에서 문자 A는 이진 코드 1, 문자 D는 001을 나타낸다.

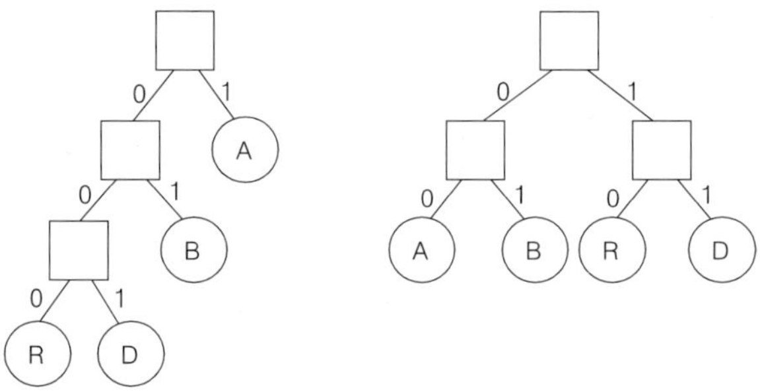

[그림 15-4] 트라이

트라이에서는 모든 노드가 외부에 분포하기 때문에 접두사 관계가 존재할 수 없다. 어떤 노드가 다른 노드의 접두사가 되려면 그 노드는 다른 노드로 가는 경로 상에 위치해야 하고, 그렇게 되면 반드시 그 노드는 내부노드여야 하기 때문이다. 그렇다면 그림의 두 가지 트라이 중 어떤 것이 전체 코드의 길이를 최소화하는 것인가. 또, 이외에도 다양한 트라이가 존재할 텐데 어떤 트라이가 전체 길이를 최소화하는 것인가.

허프만 트리(Huffman Tree or Trie)는 일단 압축 대상 텍스트에 나타나는 문자의 빈도를 조사하는 일에서 출발한다. 예를 들어, ABBAAAACRDRFFFB라는 문장을 압축한다고 생각해보자. 빈도를 보면 A:5, B:3, C:1, D:1, R:2, F:3이다. 이 빈도를 기준으로 트라이를 구성하는 과정을 [그림 15-5]를 통해 설명해보자.

허프만 트리(Huffman Tree or Trie)

빈도가 가장 낮은 한 쌍은 일단 C와 D다. 따라서 첫 단계에서 외부 노드 두 개를 만들고 그 둘의 빈도를 합쳐서 [그림 15-5]처럼 루트를 만든다. 루트에 숫자를 기록하는 것은 단지 편의상의 이유에서다. 다음 단계에서, 다시 빈도가 가장 낮은 한 쌍을 찾는다. 이 경우 현재 C, D가 합쳐진 루트의 빈도도 찾는 대상에 포함시킨다. 따라서 C, D의 루트와 R이 빈도 2

로서 가장 작으므로 이 두 개를 합쳐서 빈도 4인 새로운 루트를 만든다.

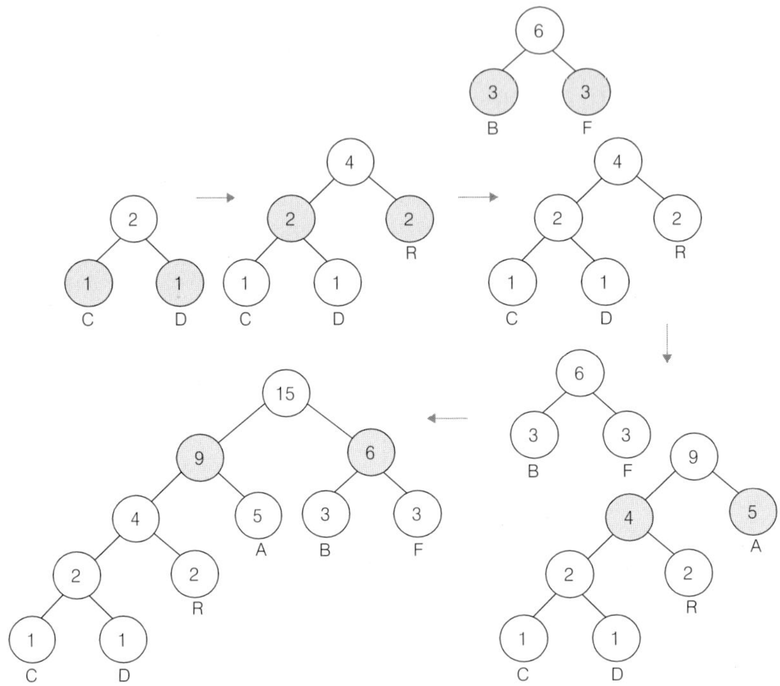

[그림 15-5] 허프만 트라이

빈도 4인 이 루트를 포함해서 비교하더라도 다음 단계에서 가장 낮은 빈도를 지닌 것은 B, F다. 따라서 이들을 묶어서 별도의 트리를 구성한다. 이제 트리가 모여서 포리스트를 이룬다. 이제 남은 것은 빈도 4인 C, D, R의 루트, 빈도 6인 B, F의 루트, 그리고 빈도 4인 A므로 A와 C, D, R의 루트를 결합함으로써 빈도 9인 루트를 만든다. 최종적으로 빈도 9와 빈도 6을 결합함으로써 트리를 구성한다.

허프만 트리를 구성하려면 단계별로 최소 빈도 쌍을 결합해서 새로운 루트를 만들어야 한다. 물론, 빈도 비교의 대상에는 이미 구성된 트리의 루트도 포함된다. 이 빈도는 루트 아래 여러 문자가 모두 합쳐진 빈도를 의미한다. 예를 들어, 첫 단계에서 루트의 빈도 2는 C의 빈도 1과 D의 빈도 1이 합쳐진 것이다. 최종적인 트리에서 내부노드가 지닌 숫자는 이제 무의미하다. 결과 트리가 의미하는 바는 단지, A는 01, B는 10, F는 11로 인코딩해야 한다는 점만을 나타낸다. 결과적으로 C는 0000, D는 0001로써 최대 길이가 되고, 반면에 나중에 삽입된 A, B, F는 최소 길이가 된다.

허프만 트리를 자세히 관찰하면 문제에 대한 접근 방법을 알 수 있다. 가장 처음에, 가장 낮은 빈도 쌍을 택한 이유는 무엇인가. 뒤로 갈수록 그 위에 새로운 레벨의 루트가 추가된다. 결과적으로 가장 처음에 택한 쌍은 루트에서 가장 멀어진다. 즉, 코드의 길이가 가장 길어진다. 일단 빈도가 낮은 것을 긴 코드로 가져가고 보자라는 식의 이 같은 접근 방법은 일종의 탐욕 알고리즘이라 할 수 있다.

허프만 트리에 의한 압축은 가변길이 압축 방법 중에서는 텍스트의 길이를 최소화하는 것으로 증명되어 있다. 그러나 압축률은 입력 데이터의 내용에 따라 달라진다. 만약, 텍스트의 모든 글자가 완전히 동일한 빈도로 출현한다면 허프만 트리는 고정길이 문자열과 동일한 결과를 낳는다. 허프만 방식의 텍스트를 전송하려면 텍스트 비트열과 함께, 받는 쪽에서 이를 복원할 수 있도록 각 문자별 비트 값을 나타내는 도표를 같이 보내야 한다. 텍스트 압축에는 이외에도 여러 방법이 있다. **LZW(Lempel, Ziv, Welch)** 방식같이 아예 빈도가 높은 단어나 문장전체를 숫자 하나로 대치하여 보내고, 각 숫자가 의미하는 문자열을 도표로 보내기도 한다.

LZW
(Lempel, Ziv, Welch)

Section

05 배낭 문제

[그림 15-6] 배낭 문제

직업적으로 금고를 털어야만 하는 도둑의 고민을 생각해보자. 금고 안에는 서로 다른 물건 N개가 있는데, 그 크기와 값이 제각각이다. 그런데 가지고 온 배낭(Knapsack)의 크기는 M으로 제한되어 있다. "배낭 속에 어떤 물건들을 집어넣어야 훔쳐온 물건 값이 최대로 되겠는가"하는 것이 **배낭 문제**(Knapsack Problem)다. 이 문제는 비단 금고털이의 고민만이 아니다. "컨테이너 박스에 어떤 물건을 집어넣어야 가장 가치가 크겠는가"하는 운송업자의 문제기도 하다.

배낭 문제
(Knapsack Problem)

여기서 전제조건은 주어진 물건을 잘라서 담을 수 없다는 것이다. 다시 말해, 주어진 물건을 온전히 담느냐, 안 담느냐하는 문제로써, 이러한 종류의 배낭 문제를 특히 **제로-원 배낭 문제**(Zero-One Knapsack Problem)라 한다. 금고 안에 [표 15-1]과 같은 A, B, C 물건이 여러 개 있다고 가정해보자.

제로-원 배낭 문제
(Zero-One Knapsack Problem)

[표 15-1] 물건별 크기와 가치

물품	크기	가치
A	3	4
B	4	5
C	7	10

문제가 너무 복잡하므로 일단 A 물건만 가지고 있다고 생각해보자. 그리고 배낭의 크기가 1부터 10까지 증가할 때 배낭 크기를 인덱스로 하는 배열 K를 잡아보자. 배열의 Max 필드에는 해당 크기의 배낭에 담아 넣은 물건들의 최대값을, 그리고 Last 필드에는 마지막에 집어넣은 물건을 기록하면 [표 15-2]와 같다.

[표 15-2] A를 기준으로 한 최적 구성

	1	2	3	4	5	6	7	8	9	10
Max[i]	0	0	4	4	4	8	8	8	12	12
Last[i]			A	A	A	A	A	A	A	A

K[1]의 Max 값이 0인 것은 배낭 크기가 1이므로 크기 3인 A가 들어갈 수 없기 때문이다. 이 경우, Last 필드에도 A가 표시되어 있지 않다. A[3]에서 한 개가 들어가므로 Max 필드에는 해당 값에는 4, 그리고 Last 필드에는 방금 넣은 물건인 A가 표시되어 있다. A[6]에서 배낭크기가 6이므로 이제 A가 두 개 들어갈 수 있게 되고, 따라서 Max 필드 값은 8로 변한다. 물론, 마지막 두 번째로 들어간 것 역시 A므로 Last 필드에는 A라고 기록한다. 결과적으로 이 표는 A를 마지막에 넣었을 때의 최대 값을 나타난다.

이제 생각의 범위를 넓혀 B 물건을 생각해보자. [표 15-2]를 바탕으로 이제 B를 마지막에 집어넣되, B를 집어넣는 것이 이전 구성에 비해 최대 값이 아니면 이전 도표 값을 그대로 유지한다.

[표 15-3] A, B를 기준으로 한 최적 구성

	1	2	3	4	5	6	7	8	9	10
Max[i]	0	0	4	4→5	4→5	8	8→9	8→10	12	12→13
Last[i]			A	B	B	A	B	B	A	B

B의 크기가 4이니 K[3]까지는 B를 집어넣을 수 없다. K[4]에서 이전 Max 값은 4므로 마지막에 집어넣은 것은 A였다. 이를 B로 대치하면 Max 값은 Value of B + Max[4 - Size of B]이어야 한다. 다시 말해, B를 넣었으니 B의 값이 추가되는 대신, 현재 배낭에서 B의 크기만큼을 뺀 배낭에 넣을 수 있는 최대 값인 Max[4 - Size of B]가 더해져야 한다. 여기서 Max[4 - Size of B]는 현재까지 알려진 최대 값으로 계산해야 하며, 이 값은 항상 현재 상태의 도표에 기록되어 있다.

Value of B + Max[4 − Size of B] = 5 + Max[0] = 5므로 이 값은 현재의 Max[4]인 4보다 크다. 따라서 Max 값을 5로 변경하고 Last 값을 B로 바꾼다. K[8]을 보자. 만약, 마지막에 B를 넣는다면 이 역시 Value of B + Max[8 − Size of B] = 5 + Max[4] = 10이 된다. 이렇게 되는 이유는 Max[4]가 현재 상태에서 최대 값 5로써, 이전에 B를 마지막으로 채운 값이기 때문이다. 그런데 이 값은 현재상태에서 마지막에 A를 넣음으로써 얻어낸 8보다 크다. 따라서 Max 값을 10으로 변경하고 Last 값을 B로 바꾼다.

이러한 과정을 C에 대해서도 반복하면 그 결과는 [표 15-4]와 같다.

[표 15-4] A, B, C를 기준으로 한 최적 구성

	1	2	3	4	5	6	7	8	9	10
Max[i]	0	0	4	5	5	8	10	10	12	14
Last[i]			A	B	B	A	C	B	A	C

이제 이 도표를 바탕으로 질문에 답할 수 있다. 예를 들어, 배낭크기가 10일 때의 최대 값은 14로써, 배낭 안에 가장 마지막에 들어간 것은 C가 된다. 그 직전에 들어간 것은 배낭크기(10 − Size of C)에서 가장 마지막에 들어간 것이므로 Last[3]인 A가 된다. 다시 말해, 최대 값 14를 위해 C와 A를 배낭에 집어넣은 것이다.

생각하기 복잡할 정도로 문제가 커질 때가 있다. 일단, 아주 작은 부분문제(Subproblem)를 풀되 그 상태에서의 최적 값을 기록한다. 다음, 이 최적 값을 바탕으로 해서 조금 더 문제 크기로 확장한다. 이러한 과정을 반복함으로써 아주 큰 문제의 해결책에 이른다. 이러한 방법을 **동적 프로그래밍 기법**(Dynamic Programming Method)이라 한다. 위 예에서는 A만 생각하고, 다음에 이를 바탕으로 B를 생각하고, 다시 이를 바탕으로 C를 생각해서 해결책에 이른 것이다. 그래프 이론의 **와샬 알고리즘**(Warshall Algorithm), **플로이드 알고리즘**(Floyd Algorithm)은 동적 프로그래밍의 예다.

동적 프로그래밍 기법 (Dynamic Programming Method)

와샬 알고리즘 (Warshall Algorithm)

플로이드 알고리즘 (Floyd Algorithm)

배낭 문제에서는 도표를 이용하여 최적 값을 추적한 것이다. 동적 프로그래밍에서 중요한 것은 문제 크기가 커질 때마다 최적 값을 조금씩 변경해 나감으로써 이후의 결정이 이루어질 때에는 항상 그 직전 상태에서 알려진 최적 값을 이용할 수 있게 해야 한다는 것이다.

Section

06 최대 최소의 문제

주어진 배열 내에 정렬 안 된 숫자들이 있다고 가정해보자. 이들 중, 값이 최대인 것과 최소인 것을 찾아내라는 것이 **최대 최소의 문제**(Max-Min Problem)다.

최대 최소의 문제
(Max–Min Problem)

이 문제의 해결책은 매우 간단하다. 배열을 반으로 나누어서 왼쪽 반에서 최대 최소를 찾는 문제와 나머지 오른쪽 반에서 최대 최소를 찾는 문제로 분할(Partition)한다. 분할된 문제에 대해서 동일한 방식으로 반으로 나누기를 반복하되, 바로 해결될 정도로 문제가 작아질 때까지 계속한다.

나누어진 문제로부터 원래의 문제의 해결책은 쉽게 찾을 수 있다. 예를 들어, 왼쪽 반에서 최대, 최소가 (20, 5)고, 오른쪽 반에서 최대, 최소가 (100, 12)라면 당연히 전체의 최대, 최소는 (100, 5)가 된다. 나누어진 작은 문제의 해결책을 조합하면 쉽게 큰 문제의 해결책으로 이어지는 것이다.

주어진 문제를 "그보다 크기가 작은 부분문제(Subproblem)로 나누어 해결한다"라는 것은 **분할정복 알고리즘**(Divide and Conquer Algorithm)의 접근 방법이다. 앞선 장에서 제시한 이진탐색, 쾌속정렬, 합병정렬 등 수많은 알고리즘들이 분할정복 알고리즘들이다. 이 알고리즘들은 재귀호출과 직결된 것들로써, 호출 시마다 문제의 크기를 줄여나가는 형식을 취한다.

분할정복 알고리즘
(Divide and Conquer
Algorithm)

Section

07 피보나치 수열 문제

재귀호출을 사용하여 피보나치 수열을 계산해보자. 편의상 이전 장에서 예시한 소스코드를 반복하면 다음과 같다.

[코드 15-2] 재귀호출에 의한 피보나치

```
int Fibonacci(int n)
{ if (n < 2)                    베이스 케이스
      return 1;                 F(0) = F(1) = 1
  else return (Fibonacci(n-1) + Fibonacci(n-2));
}
```

피보나치를 재귀호출로 푼다는 것은 문제의 크기를 점차 줄여가는 일종의 분할정복 방식을 사용한 것이다. 그러나 알고리즘 설계 면에서 분할정복은 두 가지 문제를 안고 있다.

첫째, 분할된 부분문제의 해결책이 큰 문제의 해결책으로 이어지지 않을 수도 있다. 예를 들어, K번째 작은 수를 찾는 문제를 왼쪽 반에서 찾는 문제와 오른쪽 반에서 찾는 문제로 분할해보자. 왼쪽 반에서 K번째 작은 것을 찾고, 오른쪽 반에서 찾더라도 전체에서 K번째 작은 것이 이 두 개 중에 반드시 있으리란 법은 없다. 다시 말해, 부분적인 문제해결의 결과와 전체적인 문제해결이 서로 무관할 수 있다는 것이다. 둘째, 나누어진 부분문제의 수가 너무 많아지는 것이다. 이는 알고리즘의 시간적인 효율성 면에서 바람직하지 못할 뿐 아니라, 때에 따라서는 상식적인 시간 안에 알고리즘이 종료될 수 없음을 의미한다.

피보나치 수열 문제는 다른 분할정복 문제와는 차이가 있다. 쾌속정렬에서 왼쪽 반에 대한 정렬과 오른쪽 반에 대한 정렬은 각각 독립적인 문제다. 따로 따로 정렬하면 그만일 뿐, 서로의 해결책이 전혀 연관되어 있지 않다. 피보나치 수열은 그렇지 않다. 예를 들어 F(4) = F(3) + F(2)에 의해 F(4)의 문제가 F(3)의 문제와 F(2)의 문제로 분할될 때, F(3)과 F(2)는 사실상 서로 의존적인 문제다. F(1) + F(0)에 의해 계산된 F(2)는 한 번만 계산해 놓으면

F(3) = F(2) + F(1)의 계산에 재사용될 수 있기 때문이다. 만약, 재사용하지 않으면 F(2) 계산이 중복됨으로 인해 부분문제의 수가 너무 많아져서 알고리즘의 효율성이 문제가 된다.

피보나치 수열을 반복 루프에 의해 풀어 보자. 미리 배열을 잡아놓고 앞에 있는 요소 두 개를 더해서 다음 요소를 채워 나가면 된다.

[코드 15-3] 반복문에 의한 피보나치(상향식 동적 프로그래밍)

```
int Fibonacci(int n)
{ int F[Max];                              n보다 큰 숫자를 배열 크기로
  F[0] = 1; F[1] = 1;                      수열의 처음 두 숫자
   for (int i = 2; i <= n; i++)            F[2]부터 n까지
       F[i] = F[i-2] + F[i-1];             앞에서 뒤로 채워나감
   return (F[i]);                          배열의 마지막 요소를 돌려줌
}
```

이 방법은 동적 프로그래밍 기법에 속한다. F[0], F[1]을 바탕으로 F[2]를 구하고 다시 F[1], F[2]를 바탕으로 F[3]을 구해가는 방법은 위 배낭 문제(Knapsack Problem) 해결과 매우 유사하기 때문이다. 그렇다면 두 가지 방법 사이에는 어떤 개념적인 차이가 있는가.

주어진 문제를 작은 문제로 환원한다는 측면에서 동적 프로그래밍 기법과 분할정복 기법은 매우 유사하다. 그러나 둘 사이에는 근본적인 개념 차이가 있다. 분할정복 기법에서는 재사용이라는 개념이 존재하지 않는다. 그러나 동적 프로그래밍에서는 이미 알려진 부분문제에 대한 해결책은 반드시 기록되고(Memoization) 재사용된다. 재사용 방식에 따라 동적 프로그래밍은 **상향식**(Bottom Up)과 **하향식**(Top Down)으로 나뉜다.

상향식(Bottom Up)

하향식(Top Down)

배낭 문제나 반복문에 의한 피보나치는 **상향식 동적 프로그래밍**에 속한다. 아주 작은 문제부터 출발해서 점점 더 큰 문제의 해결책을 만들어 나가되, 그 과정에서 이전에 축적된 지식을 재사용했기 때문이다. 이 방식에서는 문제가 들어오기 전에 미리 필요한 계산을 해 놓는다는 특징이 있다. 크기 N의 문제를 답하기 이전에 크기 1의 문제, 2의 문제, ...에 대한 정답을 미리 만들어 놓은 것이다.

상향식 동적 프로그래밍

하향식 동적 프로그래밍은 큰 문제를 해결하는 도중에 작은 문제 해결책을 재사용한다. 예를 들어, 피보나치 재귀호출을 다음과 같은 하향식 동적 프로그래밍으로 바꿀 수 있다.

하향식 동적 프로그래밍

[코드 15-4] 재귀호출에 의한 피보나치(하향식 동적 프로그래밍)

```
for (i = 0; i <= n; i++)          값이 이미 알려져 있는지를 불리언 배열 A에 저장
    A[i] = FALSE:                 모두 안 알려진 걸로 초기화
int Fibonacci(int n)
{ if (A[n] = = TRUE)              이미 계산된 값이 있으면
      return B[n];                그 값을 재사용
  else
  {   if (n < 2)                  베이스 케이스
         return 1;
      else
      {  in temp = Fibonacci(n-1) + Fibonacci(n-2); 결과 값을 계산하여
         B[n] = temp;             그 값을 배열 B에 저장
         A[n] = TRUE;             알려진 값임을 표시
         return temp;             재귀호출 결과를 리턴
      }
  }
}
```

위 코드에 의해 재귀호출 도중에 이미 알려진 계산 값을 재사용할 수 있다. 이렇게 하려면 이미 계산된 값인지를 저장하는 배열 A와 실계 계산 값을 저장하는 배열 B만 있으면 된다. 재귀호출 함수로 들어오자마자 계산된 값이 있으면 이를 재사용하고 그렇지 않으면 재귀호출을 실행한다. 상향식 동적 프로그래밍은 이처럼 크기 N의 문제를 그대로 실행시키되 실행 도중에 계산 값을 저장하고 재사용한다는 점에서 하향식 동적 프로그래밍과는 차이가 있다.

Section

8 행렬의 연속곱셈

행렬의 곱셈에는 교환법칙(交換, Associative Law)이 성립한다. 예를 들어, A, B, C 행렬의 곱은 ABC = (AB)C = A(BC)다. 즉, 곱하는 순서만 지켜진다면 어떤 것을 먼저 곱하든 상관이 없다.

행렬의 곱셈에 수반되는 효율을 생각해보자. 4×2 행렬(4행 2열)과 2×3 행렬(2행 3열)을 곱하면 [그림 15-7]과 같이 결과행렬의 차원(Dimension)은 4×3이 된다. 즉, 앞 행렬의 행과 뒤 행렬의 열이 결과행렬의 차원이 된다. 또, 곱셈이 성립되려면 앞 행렬의 열과 뒤 행렬의 행수가 반드시 일치해야 한다. 앞 행렬의 a행과 뒤 행렬의 b열 요소를 각각 곱해서 더한 것이 결과행렬의 a행 b열의 요소 값이 된다. 예를 들어, 아래 곱셈의 결과 결과행렬의 2행 3열의 요소 값은 ck + dn이 된다.

$$\begin{pmatrix} a & b \\ c & d \\ e & f \\ g & h \end{pmatrix} \begin{pmatrix} i & j & k \\ l & m & n \end{pmatrix} = \begin{pmatrix} \cdot & \cdot & \cdot \\ \cdot & \cdot & ck+dn \\ \cdot & \cdot & \cdot \\ \cdot & \cdot & \cdot \end{pmatrix}$$

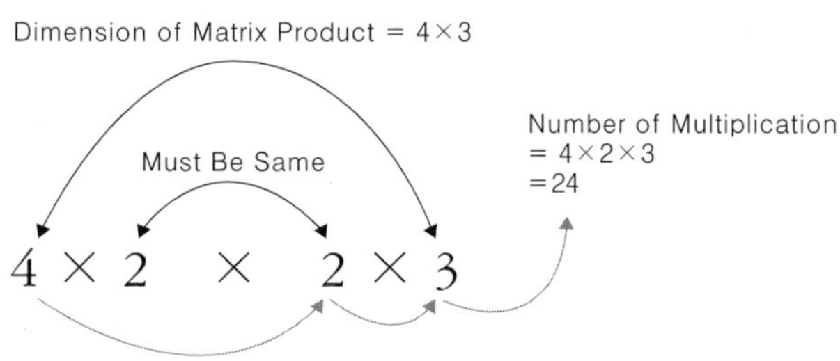

[그림 15-7] 행렬의 곱셈

여기서 결과행렬을 구하는 데에는 총 4×2×3 = 24번의 곱셈이 필요하다. 결과행렬의 엔트리수가 모두 4×3인데 각각의 엔트리를 구하는 데에는 곱셈 두 번이 실행되었기 때문이다. **행렬의 연속곱셈 문제**(Matrix Chain Product Problem)는 "곱하는 순서를 어떻게 하

행렬의 연속곱셈 문제 (Matrix Chain Product Problem)

는 것이 가장 빠르겠느냐?" 하는 문제다.

[표 15-5] 행렬의 연속곱셈

	결과행렬의 차원	곱셈 수
A = 4×2		
B = 2×3	AB = 4×3	24
C = 3×1	ABC = 4×1	12
D = 1×2	ABCD = 4×2	8
E = 2×2	ABCDE = 4×2	16
F = 2×3	ABCDEF = 4×3	24

[표 15-5]에서 왼쪽 칼럼은 A-F까지 행렬 여섯 개 각각의 차원을 보여준다. 이 도표는 행렬의 곱 ABCDEF를 구하는 데 있어서 ((((AB)C)D)E)F의 순서로 곱했을 때 필요한 곱셈의 횟수다. 즉, AB를 먼저 곱한 뒤 그 결과에 C를 곱하고 다시 그 결과에 D를 곱하는 식으로 진행한 것이다. AB를 곱하면 결과행렬의 차원은 4×3이 되며 그 과정에 행해진 곱셈의 횟수는 24회다. 다시 이 결과를 C에 곱하면 결과행렬의 차원은 4×1이 되며 그 과정에 행해진 곱셈의 횟수는 12회다.

이처럼 앞에서 뒤로 곱해나가면 필요한 곱셈의 수는 총 84번이 된다. 반면, 뒤에서 앞으로 곱해 나가면 69회가 된다. 만약, 행렬의 차원이 300×300 정도로 늘어 가면 이러한 곱셈 횟수의 차이는 몇만 번 내지 몇 십만 번까지 벌어진다. 곱셈 횟수가 늘어날수록 계산 시간이 오래 걸림은 물론, 부동 소수점 계산이라면 그 계산 결과의 정밀도가 문제가 된다. 이 문제를 조직적으로(Systematically) 풀기 위해서 다음 도표를 사용해보자.

[표 15-6] 행렬의 연속곱셈을 위한 비용 도표

	A	B	C	D	E	F
A		24(B)	* 14(B)			
B			6(C)			
C				6(D)		
D					4(E)	
E						12(F)
F						

[표 15-6]에서 대각선 방향의 엔트리는 쉽게 채워진다. AB에는 곱셈 24번이 필요하다. 마찬가지로 BC의 계산에는 곱셈 6번이 필요하다. 이제 다시 대각선 방향으로 위에서 아래로 도표를 채워 나가되 현재 채워진 것보다 한 칸 위의 것을 보자. * 표시한 엔트리는 ABC를 계산하는 데 필요한 곱셈의 횟수다. 이를 판단하려면 (AB)C와 A(BC)를 비교해야 한다. 각각의 비용은 다음과 같다.

(AB)C의 비용 = (AB)의 계산비용 + C의 계산비용 + 두 개를 곱하는 비용
= 24 + 0 + 4×3×1 = 36
A(BC)의 비용 = A의 계산비용 + (BC)의 계산비용 + 두 개를 곱하는 비용
= 0 + 6 + 4×2×1 = 14

따라서 A(BC) 순으로 곱할 때 최소비용은 14가 된다. 이때 주의할 점은 계산 과정에 있어서 이전 지식을 활용했다는 점이다. 즉 (AB)나 (BC)의 계산비용은 이미 최소 값이 계산되어 도표에 나와 있기 때문에 그것을 읽어 보기만 하면 된다. 도표의 괄호 안에 (B)라고 한 것은 두 번째 곱하는 행렬 그룹의 첫번째 것이 B라는 의미다. 예를 들어, A(BC)로 곱해서 이 값이 나왔다면 괄호 안에 B를, AB(C)로 곱해서 이 값이 나왔다면 C를 넣어야 한다. 이 같은 방법을 거듭하면 그 결과는 [표 15-7]과 같이 된다.

[표 15-7] 행렬의 연속곱셈을 위한 비용 테이블

	A	B	C	D	E	F
A		24(B)	14(B)	**22(D)		
B			6(C)	10(D)		
C				6(D)	10(D)	
D					4(E)	10(F)
E						12(F)
F						

이제 다시 한 칸 위의 대각선을 위에서 아래로 채워 나간다. ** 표시한 엔트리는 ABCD의 최소 값이 들어가야 하는 곳으로, 다음과 같이 계산된다.

A(BCD) = 0 + 10 + 4×2×2 = 26
(AB)(CD) = 24 + 6 + (4×3×2) = 54
(ABC)D = 14 + 0 + 4×1×2 = 22

따라서 (ABC)D가 최소비용이 된다. 이 과정 역시 이전의 계산결과를 이용함으로써 쉽게 계산할 수 있다. 이제, 동일한 방법을 다시 한 칸 위의 대각선에서 진행한다. 최종결과는 [표 14-8]에 나타나 있다. 이 표의 오른쪽 위의 엔트리인 36이 ABCDEF를 계산하기 위한 최소 곱셈 횟수다. 괄호안의 순서를 역추적하면 곱셈의 순서는 (A(BC))((DE)F)임을 알 수 있다.

[표 15-8] 행렬의 연속곱셈을 위한 비용 테이블 결과

	A	B	C	D	E	F
A		24(B)	14(B)	22(D)	26(D)	36(D)
B			6(C)	10(D)	14(D)	22(D)
C				6(D)	10(D)	19(D)
D					4(E)	10(F)
E						12(F)
F						

작은 문제부터 하나하나 풀어나가되 이전 지식을 반드시 활용한다는 점에서 이 알고리즘 역시 대표적인 동적 프로그래밍 기법에 속한다. 구체적으로는 상향식 동적 프로그래밍이라 할 수 있다.

Section

09 메디안보다 큰 것 찾기 문제

정렬 안 된 숫자들이 나열되어 있다고 하자. 문제는 그 중 **중간 값(Median)보다 큰 숫자**를 하나 찾으라는 것이다. 예를 들어, 32, 83, 16, 1, 20이면 중간 값은 20이 된다. 따라서 32나 83 중 하나만 선택하면 된다.

중간 값(Median) 보다 큰 숫자

이에 대한 해결책을 생각해보자. 최대 값은 당연히 중간 값보다 크다. 최대값을 구하려면 일단 Max를 매우 작은 수(예를 들어, −32767)로 초기화 한다. 처음 32가 현재 Max보다 크므로 Max를 32로 바꾼다. 다음, 이 값과 83을 비교하여 Max 값을 조정한다. 이처럼 계속하면 최대 값을 구하는데, 대략 (N−1)번의 비교가 필요하다. 이 방법을 사용하되 배열의 중간을 지나자마자 계산을 멈춰 버릴 수도 있다. 현재의 Max는 왼쪽 반 정도에서 가장 큰 것이니, 전체적으로 봐도 중간 값보다는 크지 않느냐는 것이다. 이렇게 하면 대략 (N−1)/2의 비교를 요한다.

이 문제를 또 다른 방법으로 접근해보자. 지금까지의 알고리즘은 "이렇게, 이렇게하면 반드시 해결책이 나온다"라는 접근 방법이다. 이른바 **결정적 알고리즘**이다. 반면에, 이러한 제약을 조금 느슨하게 풀어버릴 수도 있다. 이른바 재수 좋으면 정답이 나올 수 있다는 접근 방법이다.

결정적 알고리즘 (Deterministic Algorithm)

나열된 숫자 중 아무거나 하나 고르면 그것이 메디안보다 클 확률은 1/2이다. 재수 좋으면 단번에 즉, O(1)에 건진 것이다. 이를 조금 더 확장해보자. 서로 다른 것 아무거나 두 개를 골라서 비교하고, 그 중 큰 것을 취한다. 이렇게 되면 그것이 메디안보다 클 확률은 3/4이 된다. 1에서 둘 다 메디안보다 작을 확률(1/2 × 1/2)을 빼면 되기 때문이다. 만약, 숫자 k개 중 가장 큰 것을 선택한다면 그것이 메디안보다 클 확률은 $1-(1/2^k)$이 된다. 따라서 k가 10이라면 확률은 .999로 거의 1에 가깝게 된다.

이러한 접근 방법을 확률적 알고리즘이라 한다. 그러나 이 알고리즘은 그렇게 될 확률이 높을 뿐이지, 선택된 숫자가 반드시 메디안보다 크리라는 보장은 없다. 이러한 종류의 확률적 알고리즘을 특히 **몬테 카를로 알고리즘**(Monte Carlo Algorithm)이라 부른다. 아주 작은 확률을 가지고 잘못될 수 있지만 실행시간은 결정적 알고리즘보다는 작게 된다.

몬테 카를로 알고리즘 (Monte Carlo Algorithm)

Section

10 색칠 문제

색칠 문제 (Coloring Problem)

흰 공 J개가 들어 있는 주머니 K개가 있다. 공 하나하나를 모두 꺼내서 색칠한 후에 다시 넣되, 빨강이나 파랑 중의 한 가지 색만을 칠하도록 되어 있다. **색칠 문제(Coloring Problem)**는 이 경우에 모든 주머니가 최소 한 개 이상의 빨간 공과 한 개 이상의 파란 공을 가지도록 색칠하려면 어떻게 해야 하는지의 문제다. 단, 여기서 J와 K 사이에는 $K \cdot (1/2^J) \leqq 1/4$이라는 관계가 있음을 전제로 한다.

아무 주머니에 있는 공이나 마구 꺼내서 하나는 빨강, 그 다음은 파랑으로 칠해보자. 이렇게 되면 각 공이 빨강일 확률이나 파랑일 확률이나 모두 1/2이 된다. 따라서 어떤 주머니의 공 J개가 모두 빨강일 확률은 $(1/2^J)$이 된다. 주머니마다 이렇게 되니, K개 주머니 중 한 주머니라도 모두 빨간 공만 있을 확률은 여기에 K를 곱한 $K \cdot (1/2^J)$이 된다. 그런데 문제의 조건에 의해서 이 값은 1/4 이하다. 파란 공에 대해서도 동일한 논리가 성립하니 결과적으로 어떤 주머니 안에 모두 빨간 공만 있거나 아니면 모두 파란 공만 있을 확률은 1/2 이하가 된다.

라스베가스 알고리즘 (Las Vegas Algorithm)

이 역시 확률적 알고리즘이다. 그러나 이 경우는 몬테카를로 알고리즘과는 다른 점이 있다. 만약, 이렇게 칠해서 원하는 결과가 나오지 않으면 다시 동일한 방법으로 무작위로 꺼내서 다시 칠해 나간다. 즉, 모든 주머니가 최소한 빨간 공 한 개 이상과 파란 공 한 개 이상을 가질 때까지 이러한 방법을 반복한다. 따라서 몬테카를로 알고리즘이 정답을 보장 못하는 데 비해 이 방법에서는 정답을 보장할 수 있다. 이러한 종류의 확률적 알고리즘을 **라스베가스 알고리즘(Las Vegas Algorithm)**이라 한다. 딸 때까지 계속 투자하겠다는 것이다. 물론, 이 알고리즘의 실행시간은 운에 달려 있다고 할 수 있다.

Section

11 과반수 찾기 문제

숫자의 나열을 생각해보자. 예를 들어, 5, 10, 3, 5, 5, 2, 5라면 5가 네 번 나온다. N개의 요소로 구성된 리스트에서 어떤 아이템이 N/2번 이상 나오면 그 아이템을 과반수 아이템이라고 한다. **과반수 찾기 문제**(Majority Finding Problem)는 "과반수 아이템을 찾되, 만약 그러한 것이 없으면 없다라고 말하라"는 문제다. 이 문제는 투표결과 과반수 득표자를 찾는 문제와도 연관되어 있다. 해결책을 여러모로 생각해보자.

과반수 찾기 문제
(Majority Finding
Problem)

우선 주어진 숫자를 인덱스로 하는 배열을 사용해 볼 수 있다. 즉, 리스트를 왼쪽에서부터 스캔 해 나가면서 해당 숫자를 인덱스로 하는 배열 요소 값을 증가시키면 된다. 예를 들어, 숫자 5가 나오면 A[5]에 카운트 값으로 1을 추가하면 된다. 각 숫자를 한 번씩만 보면 되기 때문에 이 방법의 효율은 O(N)에 가깝다. 그러나 어떤 큰 숫자가 튀어나올지 예상하기 어렵기 때문에 배열의 최대 인덱스를 잡기가 어렵다.

정렬을 사용해보자. 위 리스트를 정렬하면 2, 3, 5, 5, 5, 5, 10이 된다. 따라서 일단 정렬한 후에 같은 숫자가 계속해서 몇 번 나오는지 확인해서 그것이 N/2번 이상이면 과반수 아이템이 되고, 그렇지 않으면 과반수 아이템이 없는 것이다. 조금 빠른 정렬 방법을 사용해도 이 경우의 효율은 O(NlogN)이 될 것이다.

이 문제를 메디안을 찾는 문제로 바꿔보자. 정렬했을 때 과반수 아이템은 [그림 15-8]과 같이 A의 모습이거나, B, C의 모습일 것이다. 따라서 정렬된 배열의 중간 값은 반드시 과반수 아이템에 포함된다. 다시 말해, 만약에 과반수 아이템이 존재한다면 반드시 그 아이템은 정렬된 배열의 메디안 위치에 있는 아이템이다.

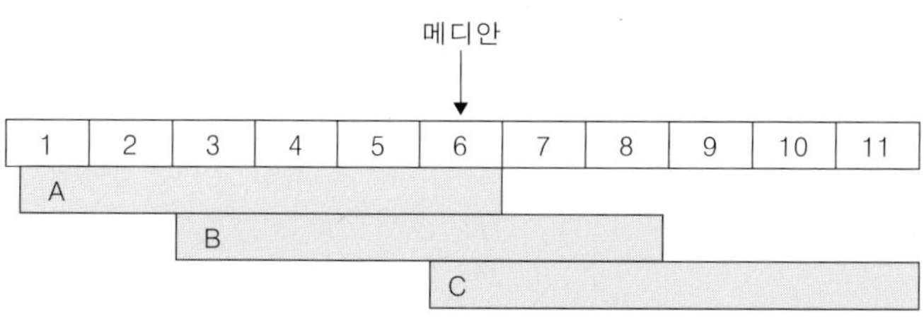

[그림 15-8] 메디안 찾기

그렇다면 이 문제는 메디안, 즉 k = N/2번째로 작은 숫자를 찾는 문제로 볼 수 있다. 이 문제는 세 가지 방법으로 해결할 수 있다. 첫째, k가 작다면 매번 스캔할 때마다 가장 작은 수를 골라내되 이를 k번 반복하면 된다. O(kN)의 알고리즘이다. 둘째, 정렬한 다음에 k번째 작은 수를 골라낸다면 O(NlogN)의 알고리즘이 된다. 셋째, 4장에서 설명한 파티션을 사용하면 O(N)에 가깝게 된다. 물론, 중간 값 위치에 존재한다고 해서 그것이 반드시 과반수 아이템이라는 법은 없다. 따라서 어떤 방법을 사용하든 그 결과 값이 과반수인지를 확인하려면, 그것이 리스트에 몇 번 나타나는지를 세어야 하고 따라서 추가로 O(N) 작업이 필요하다.

후보자를 제거 (Candidate Removal)

확률적으로 접근해보자. 아무거나 골라서 그것이 N/2번 이상 나타나면 된다. 그렇지 않으면 다시 다른 것을 골라서 시도해보면 된다. 그러나 이 경우에는 확률적으로 과반수 아이템을 선택할 확률이 높아진다는 아무런 보장이 없다. 따라서 이 방법은 바람직하지 않다.

저명인사의 문제처럼 후보자를 제거(Candidate Removal)하는 방법을 생각해보자. 서로 다른 숫자 두 개가 나타나면 그 숫자를 상쇄시켜 없애보자. 5, 10, 3, 5, 5, 2, 5에서 처음 5와 10을 제거한다. 다음 3과 5를 제거한다. 다음 5와 2를 제거한다. 그 결과 5가 남게 된다. 만약, 어떤 아이템이 과반수라면 그것과 다른 모든 것을 일대일로 상쇄해버려도 살아남아야 한다. 그러나 살아남은 숫자라고 해서 모두 과반수 아이템은 아니다. 따라서 살아남은 숫자를 대상으로 전체에서 몇 번 나타나는지를 다시 확인해야 한다. 이 방법은 처음 제거하는 데 O(N), 확인하는 데 O(N)으로써, 매우 빠른 효율을 보인다.

주어진 문제에 한 가지 접근 방식만이 존재하는 것은 아니다. 따라서 가능한 모든 방법을 사용하여 그 중 어떤 것이 가장 효율적인지를 판단할 필요도 있다. 물론, 이렇게 판단한 어떤 알고리즘이 절대적으로 최선이라고 주장할 수는 없다. 우리가 아직 모르고 있는, 더 나은 해결 방식이 있을 수 있기 때문이다.

Section

12 8-퀸 문제

서양 장기인 체스에도 동양 장기의 차(車)에 해당하는 것이 있다. 이른바 퀸(Queen)이다. 그러나 차가 자기 위치의 수직, 수평선에 놓인 있는 모든 것을 공격할 수 있는 데 반해, 퀸은 수직, 수평선을 비롯하여 대각선에 놓인 것까지 공격할 수 있다. "8×8 체스 판에서 퀸 여덟 개를 놓되 서로 공격할 수 없는 위치에 놓아보라"라는 것이 **8-퀸 문제(Eight Queen Problem)**다. 예를 들어, [그림 15-9]에 보인 퀸들은 이러한 조건에 맞지 않는다. * 표시된 곳에 놓인 퀸 두 개가 서로 대각선에 놓여있기 때문이다.

8-퀸 문제(Eight Queen Problem)

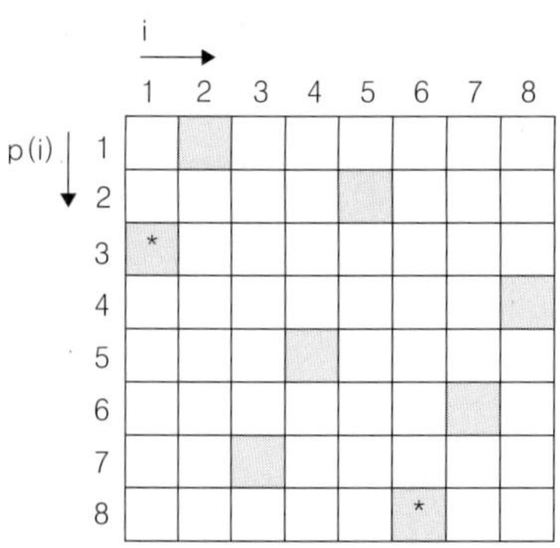

[그림 15-9] 8-퀸 문제

각각의 퀸이 서로 다른 행과 서로 다른 열에 놓여야 하는 것은 자명하다. 열(Column) 번호를 1, 2, 3, ...으로 할 때, 각 열의 몇 번째 행에 놓아야 하는지를 p(i)로 표시하면 위 그림은 다음과 같은 도표로 나타낼 수 있다. 이렇게 나타내면 이 문제는 1부터 8까지의 수를 어떤 순서로 도표의 p(i)에 채워 넣는지의 문제가 된다.

[표 15-9] [그림 15-9]의 퀸을 나타내는 도표

i	1	2	3	4	5	6	7	8
p(i)	3	1	7	5	2	8	6	4

이 문제의 복잡도(Complexity)를 생각해보자. p(1)에 들어갈 수 있는 숫자는 여덟 가지 중의 하나므로 여덟 가지 경우가 존재한다. 각각의 경우에 대해, p(2)에 들어갈 수 있는 숫자는 일곱 개 중의 하나므로 일곱 가지 경우가 존재한다. 따라서 경우의 수는 8! = 40320이고, 이 모든 경우에 퀸의 위치가 문제의 조건에 부합되는지를 확인해야 한다.

이 문제를 조금 더 일반화시켜보자. 예를 들어, N-퀸 문제라면 N×N 크기의 체스 판에 N개의 퀸을 배치하는 문제로서 경우의 수는 N!이 된다. 결론부터 말하면 이 문제는 컴퓨터로 풀기에는 상식 밖의 시간(Unreasonable Time)이 소요된다. 예를 들어, N = 25라면 25!개의 경우를 따져봐야 한다. 25!은 대략 26자리 숫자로서 1MIPS(Millions of Instruction per Second) 정도의 컴퓨터 성능을 가정했을 때 실행시간이 대략 5×10^{11}년 정도가 된다.

다항식 알고리즘 (Polynomial Time Algorithm)

처리가능 문제 (Tractable Problem)

초 다항식 알고리즘 (Super-Polynomial Time Algorithm)

처리 불가능 문제 (Intractable Problem)

어떤 알고리즘의 시간적 복잡도가 N의 로그 함수, 1차 함수, 2차 함수, ..., k차 함수 등으로 표시될 때 그 알고리즘을 **다항식 알고리즘**(Polynomial Time Algorithm)이라 한다. 그리고 다항식 알고리즘으로 해결할 수 있는 문제를 **처리가능 문제**(Tractable Problem)라 한다. 반면, 어떤 알고리즘이 5^N, N!, N^N 등의 시간을 요할 때 그 알고리즘을 **초 다항식 알고리즘**(Super-Polynomial Time Algorithm)이라 하고, 그러한 문제를 **처리 불가능 문제**(Intractable Problem)라 부른다. 초 다항식 알고리즘은 N이 조금만 커져도 실행시간이 엄청나게 증가한다. 예를 들어, 어떤 알고리즘이 $O(2^N)$ 알고리즘이라면 N이 100만 되어도 실행에 걸리는 시간은 4×10^{16}년 정도가 되어 버린다.

따라서 우리가 어떤 문제를 풀 수 있다는 사실과 컴퓨터로 처리할 수 있다는 사실은 별개의 사실이 되어버린다. "이러 이러한 경우를 모두 실행해보면 문제를 풀 수 있다"라고 아무리 논리적인 알고리즘을 제시하더라도 컴퓨터가 그 알고리즘을 실행하는 데 걸리는 시간이 상식 밖의 시간(Unreasonable Time)이 된다면, 그 문제는 사실상 처리 불가능 문제(Intractable Problem)가 된다.

8-퀸 문제를 다시 생각해보자. 모든 경우를 모두 시도해보는 방법(소모적 탐색, Exhaustive Search)을 사용하면 일반적으로 데이터 N개일 때 O(N!)로서 처리가 불가능한 문제가 된다. 해결 방법을 좀더 개선해보자. 이 경우에는 탐색 방법을 조직화하면 시도의 횟수를 조금 더 줄일 수 있다. 퀸이 서로 대각선에 놓이지 않게 하려면 퀸 두 개가 놓인 행의 차이 값과 열이 차이 값이 달라야 한다. 즉, $|p(i) - p(j)| \neq (i - j)$여야 한다. [그림 15-9]에 잘못 놓인 퀸은 $|p(6) - p(1)| = 8 - 3 = 5$로서 $(i - j) = 6 - 1 = 5$와 같기 때문이다.

이제 이 문제는 다음과 같은 알고리즘으로 해결 할 수 있다.

1단계: 임의의 자리에 새로운 퀸을 놓는다.
2단계: 이 위치가 기존의 퀸들과 서로 공격하지 못하는 위치면
가. 이 퀸이 마지막 퀸이면 실행을 종료한다.
나. 그렇지 않으면 1단계로 간다.
3단계: 이 위치가 기존의 퀸들과 서로 공격하는 위치면
가. 이전에 가장 최근에 놓은 퀸으로 백 트랙 한다.
나. 1단계를 반복한다.

예를 들어, 현재 p(1), p(2), p(3), p(4)의 퀸 네 개가 각각 7, 5, 3, 1에 있다면 다음 위치를 결정하기 위한 알고리즘은 [표 15-10]과 같이 진행할 수 있다.

[표 15-10] 8-퀸 문제의 해결 과정

p(4)	p(5)	p(6)	p(7)	p(8)	비고
1					
1	*2				|p(5)-p(4)| = 5 - 4
1	**4				
1	4	2			|p(6)-p(1)| = 6 - 1
1	4	6			|p(6)-p(3)| = 6 - 3
1	4	8			
1	4	8	2		|p(7)-p(5)| = 7 - 5
1	4	8	6		|p(7)-p(5)| = 7 - 5
1	4	***8			백 트랙
1	4				백 트랙
1	4				
1	6	2			|p(6)-p(1)| = 6 - 1
1	6	4			
1	6	4	2		
1	6	4	2	8	|p(8)-p(3)| = 8 - 3
1	6	4	2		백 트랙
1	6	4			백 트랙
1	6	8			
1	6	8	2		
1	6	8	2	4	처리 완료

[표 15-10]의 *에서 7, 5, 3, 1, 2까지 놓아보지만 그 경우 |p(5)-p(4)| = 5 - 4가 되어서 잘못 놓인 것이 된다. 따라서 그 아래 **에서 이번에는 4를 놓아본다. 표의 ***에서는 p(6) = 8로 해서는 가능한 p(7) 자리가 더 이상 없으므로 직전 상태인 p(5) = 4로 백 트랙하게 된다. 물론, p(5) = 4인 상태에서도 가능한 p(6)를 모두 시도해 본 상태므로 다시 p(4) = 1인 상태로 백 트랙하게 된다.

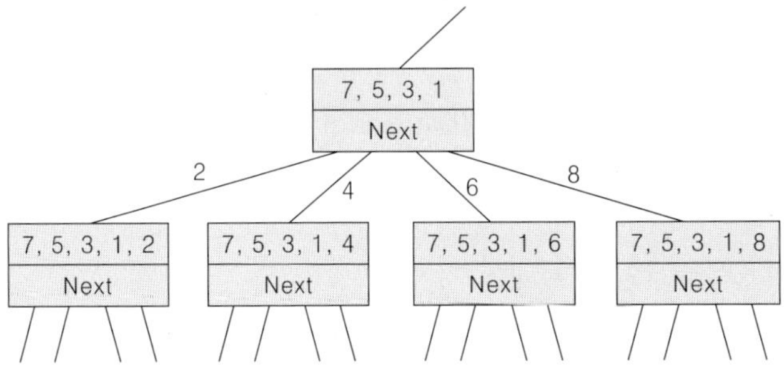

[그림 15-10] 상태공간 트리

결정트리 (Decision Tree)

부분해(部分解, Partial Solution)

[그림 15-10]은 이 문제를 해결하기 위한 **결정트리**(Decision Tree) 또는 상태 공간 트리(State Space Tree)를 보여준다. 트리의 노드는 **부분해**(部分解, Partial Solution)를 의미하고 간선(Edge)은 선택사항을 의미한다. [표 15-10]에서 첫 줄의 상태는 p(1), p(2), p(3), p(4)가 각각 7, 5, 3, 1인 경로를 따라 온 것이다. 이제 p(5)의 선택을 2, 4, 6, 8 중 어느 것을 하느냐에 따라서 트리의 간선은 네 개로 갈라진다. [표 15-10]의 *에서 [그림 15-10]의 가장 왼쪽 간선인 2를 선택하여 따라 갔으나 해당 위치는 다른 퀸과 대각선 위치가 되므로 문제의 답이 될 수 없다. 따라서 표의 **에서 [그림 15-10]의 두 번째 간선인 4를 선택한 것이다.

백 트래킹 (Backtracking)

깊이우선 탐색 (Depth First Search)

알고리즘 설계 면에서 볼 때, 이러한 접근 방식을 **백 트래킹**(Backtracking) 알고리즘이라 한다. 이는 어찌 보면 6장에서 설명한 **깊이우선 탐색**(Depth First Search)과 유사하다. 조직적으로 가능한 모든 경로를 시도하되 더 이상 갈 수 있는 곳이 없으면 이전 상태로 백 트랙(Backtrack, 되돌리기) 하기 때문이다. 그러나 백 트래킹은 깊이우선 탐색과는 차이가 있다.

첫째, 어떤 노드에서 출발하는 경로가 해결책으로 이어질 것 같지 않으면 더 이상 그 경로를 따라가지 않음으로써, 시도의 횟수를 줄인다. [그림 15-10]에서 2번 간선을 따라가면 문제의 답이 될 수 없다는 것을 발견한 순간, 더 이상 그 아래 레벨의 간선을 따라가지는 않는다. 즉, p(5) = 2로 하는 정답의 가능성은 없으므로, 이를 루트노드로 하는 그 아래 모든 경로는 탐색 대상에서 제거(Prunning)한다는 것이다. 깊이우선 탐색이 모든 경로를 추적하는데 비해 백 트래킹은 불필요한 경로를 차단함으로써 시간적 비효율성을 줄여보자는 것이다.

둘째, 깊이우선 탐색을 가하기에는 경우의 수가 너무나 많다. 즉, N!가지의 경우의 수를 가진 문제에 대해 깊이우선 탐색을 가하면 당연히 처리 불가능한(Intractable) 것이 된다. 백 트래킹 알고리즘을 적용하면 일반적으로 경우의 수가 줄어들지만 이 역시 최악의 경우에는 여전히 지수함수 시간(Exponential Time)을 요하므로 처리 불가능한 것이 되고 만다. 예를 들어, 상태공간 트리의 위쪽 레벨에서 일찌감치 가능성이 차단되면 아예 내려가 보지를 않지만 만약, 리프 레벨 근처에 와서야 가능성이 차단된다면 이미 거의 모든 경로를 시도한 것이 된다.

결국 백 트래킹 알고리즘에 의해 이 문제가 처리 가능한 것으로 돌아서는지 아닌지는 운에 따른다. 컴퓨터 처리 능력의 한계로 인해 모든 경우를 다 해 볼 수는 없다. 단계별로 많은 가능성이 제거된다면 당연히 경우의 수가 줄게 되고 따라서 상식적인 시간에 정답을 발견할 수 있게 된다. 즉, 제대로 놓는 방법을 발견하거나 아니면 그렇게 놓기가 불가능하다고 답할 수 있다. 물론, 최선의 경우는 몇 번 시도해서 우연히 따라가 본 길이 제대로 되어 버리면 그만이다.

Section

13 할당 문제

A, B, C, D 네 사람이 1, 2, 3, 4 네 가지 일을 수행한다. 한 사람이 동시에 두 가지 일을 할 수 없다고 가정하자. 일 종류마다 또 사람마다 인건비가 다른 점을 감안하여 비용관계를 [표 15-11] 형태로 나타내면 A가 한 번 일을 하는 데에는 비용 11이 든다는 의미가 된다.

[표 15-11] 일 종류별 인건비

	1	2	3	4
A	11	12	18	40
B	14	15	13	22
C	11	17	19	23
D	17	14	20	28

할당 문제 (Assignment Problem)

할당 문제(Assignment Problem)는 "사람마다 일 하나씩 할당하되 총 비용이 최소가 되도록 하라"는 것이다. 이 문제 역시 8-퀸 문제처럼 N!의 문제다. N개의 일 중 하나를 A가 맡으면 B는 나머지 (N-1)개 중의 하나, C는 그 나머지 (N-2)개 중 하나니, 모든 경우를 망라하면 N!개의 경우의 수가 존재한다. 따라서 이 문제 역시 좀더 나은 해결책을 모색해 봐야 한다.

최소 비용의 범위를 생각해보자. 누구에게 맡길 것인지를 무시해버리고 무조건 최소 인건비만을 선택하면 최소 값은 11 + 12 + 13 + 22 = 58이 된다. [표 15-11]의 각 칼럼에서 최소 값만 선택한 것이다. 또 A-1, B-2, C-3, D-4 식으로 아무렇게나 한번 배정해보면 그 값은 11 + 15 + 19 + 28 = 73이 된다. 그런데 최소 비용은 조건에 맞아야 한다. 예를 들어, 위 58이라는 최소 값은 실제로는 나올 수가 없다. A-1을 하면 B-1을 할 수 없기 때문이다. 또, 최소비용은 반드시 아무렇게나 선택한 비용보다는 작아야 한다. 따라서 최소비용은 [58-73]의 범위에 있다고 결론지을 수 있다.

문제를 풀려면 8-퀸 문제와 마찬가지로 경우별로 추적해나가야 한다. 다시 말해, 하나씩 부분 해를 쌓아나가되 필요하다면 백 트랙하기로 한다. 우선 A에게 1, 2, 3, 4번 일을 할당할 때 각각의 최소비용(LB: Lower Bound)을 계산해보면 다음과 같다.

① A-1: 최소비용 = 11(고정) + 14 + 13 + 22 = 60
② A-2: 최소비용 = 11 + 12(고정) + 13 + 22 = 58
③ A-3: 최소비용 = 11 + 14 + 18(고정) + 22 = 65
④ A-4: 최소비용 = 11 + 14 + 13 + 40(고정) = 78

여기서 A-1일 때 최소비용을 계산하려면 A-1을 제외한 나머지 칼럼의 최소비용만을 더한 것이다. 다시 말해, ②, ③, ④번 일에 대해 맡을 사람이 중복되는지 무관하게 무조건 최소비용만을 더한 것이다.

④의 A-4 노드는 제거된다. 왜냐하면 [58-73]이라는 범위를 이미 벗어났기 때문이다. 즉, [그림 15-11]의 A-4를 따라가면 그 아래 레벨에서 아무리 비용이 줄어들더라도 78 아래로 줄 수는 없다. 나머지 ①, ②, ③번 일을 아무리 싸게 할당해도 11 + 14 + 13이기 때문이다. 위 계산 결과를 기준으로 보면 최소비용이 가장 적을 것 같은 할당은 A-2므로 일단 A-2로 진행한다.

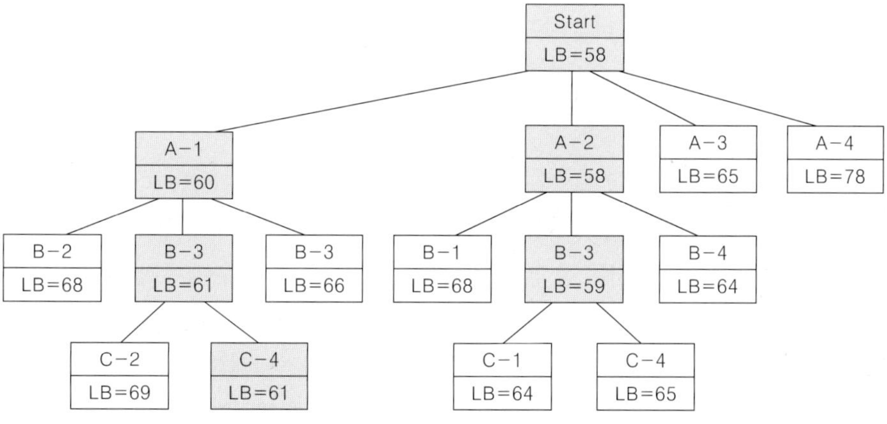

[그림 15-11] 할당 문제의 상태공간 트리

A-2 상태에서 가능한 할당은 B-1, B-3, B-4고 각각의 경우 최소비용은 다음과 같다.

A-2, B-1: 최소비용 = 12(고정) + 14(고정) + 19 + 23 = 68
A-2, B-3: 최소비용 = 12(고정) + 13(고정) + 11 + 23 = 59
A-2, B-4: 최소비용 = 12(고정) + 22(고정) + 11 + 19 = 64

다시 가장 작은 비용인 A-2, B-3을 따라가 보자.

⑤ A-2, B-3, C-1: 최소비용 = 12(고정) + 13(고정) + 11(고정) + 28(고정) = 64
⑥ A-2, B-3, C-4: 최소비용 = 12(고정) + 13(고정) + 23(고정) + 17(고정) = 65

그런데 이 비용들은 ①에서 A-1을 선택했을 때의 최소비용인 60보다 크다. 즉, A-1을 따라 갔을 때 이보다 작은 비용이 될 가능성이 있다. 따라서 이번에는 A-1을 따라간다. 같은 방법을 반복하면 최종비용은 A-1, B-3, C-4, D-2므로 61이 나온다. 그런데 이 비용은 ②의 A-3, ③의 A-4로 할당했을 때의 모든 경우의 최소비용보다 작다. 또, A-2로 갔을 때 최소비용인 ⑤, ⑥보다 작다. 따라서 이 비용이 최소비용이 된다.

결정 문제(Decision Problem)

최적화 문제(Optimization Problem)

알고리즘에서 거론되는 문제를 두 가지로 분류해 볼 수 있다. 첫째, **결정 문제**(Decision Problem)는 답이 '그렇다' 또는 '아니다'가 되게 물어보는 문제다. 즉, "이렇게 저렇게 될 수 있느냐?"라고 묻는 문제다. 둘째 **최적화 문제**(Optimization Problem)는 목적으로 하는 어떤 값(목적함수, Objective Function)을 최소화 또는 최대화하는 방법을 구하라는 문제다. 최적화문제를 결정문제로 바꿀 수도 있다. 할당문제는 목적 함수인 비용을 최소화하기 위한 방법을 물어보는 일종의 최적화문제다. 그러나 이 문제를 "비용을 59이하로 할 수 있느냐 없느냐?"라고 바꾸면 결정 문제로 바뀌게 된다.

최적 분기(Branch-and-Bound)

할당 알고리즘은 기본적으로는 백 트랙 알고리즘이지만 백 트랙 알고리즘보다는 좀더 개선된 것으로서 최적화 문제를 해결하기 위한 것이다. 백 트랙 알고리즘이 어떤 가능성이 있느냐, 없느냐를 따진다면, 여기서는 한 걸음 더 나아가서 그렇게 할 경우에 목적 함수 값이 타당성이 있느냐, 없느냐를 사용하여 불필요한 경로를 더 많이 제거할 수 있다. 이러한 알고리즘을 **최적 분기**(Branch-and-Bound) 알고리즘이라 한다. 즉, 최적 값을 향해서 분기가 일어나는 알고리즘이다. 이 알고리즘 역시 백 트랙 알고리즘과 마찬가지로 많은 경우에 좋은 해결 방법이 되지만 최악의 경우, 실행시간은 지수 함수적 복잡도를 보임으로써 처리 불가능한 문제로 돌아선다.

Section

14 세일즈맨 여행 문제

[그림 15-12] 세일즈맨 여행 문제

도시 N개와 각각의 도시 사이를 여행하기 위한 비용이 주어졌다고 가정하자. 어떤 도시에서 출발해서 다시 그 자리로 되돌아오되, 모든 도시를 정확히 한번씩만 지나가야 한다. 이러한 조건에서 여행비용이 최소가 되는 경로를 찾아내라는 것이 **세일즈맨 여행 문제**(Traveling Salesman Problem)다. 이 문제는 산업용 로봇 팔(Robot Arm)이 "어떤 기판에 구멍 여러 개를 뚫는다고 할 때, 어떻게 해야 가장 빨리 모든 구멍을 뚫을 수 있겠느냐?"라는 문제기도 하다.

세일즈맨 여행 문제 (Traveling Salesman Problem)

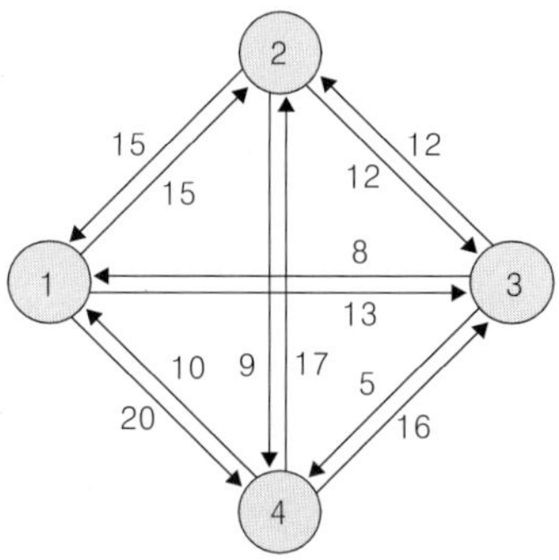

[그림 15-13] 세일즈맨 여행

이 문제의 복잡도 역시 O(N!)이다. 여러 도시 중 하나를 선택해서 출발해야 하므로 일단 N 개의 경우가 존재한다. 이제 선택된 도시에서 출발하여 나머지 도시 (N−1)개 중 하나를 선택해서 방문해야 하므로 (N−1)가지 경우가 존재하기 때문이다. 따라서 이 문제는 기본적으로 **처리 불가능 문제**(Intractable Problem)라 할 수 있다. 같은 그래프 알고리즘이지만 14장에서 설명한 최소 신장트리나 다이익스트라 알고리즘은 $O(N^2)$으로서 처리가능 문제(Tractable Problem)라는 면에서 문제의 성격 자체가 서로 다르다.

처리 불가능 문제
(Intractable Problem)

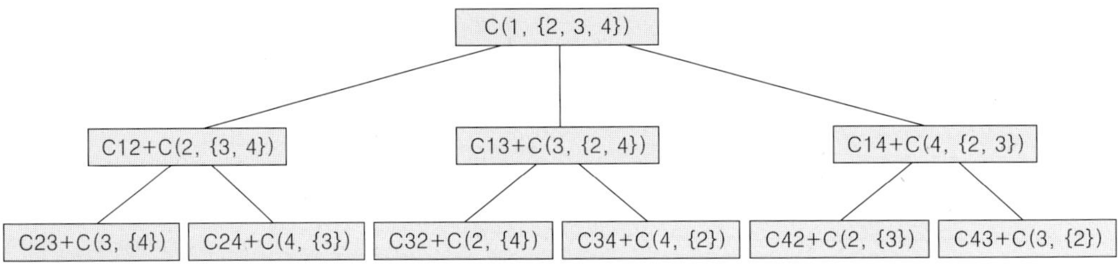

[그림 15-14] 세일즈맨 여행 문제의 상태공간 트리

[그림 15-13]처럼 도시 네 개를 가정할 때, 생각할 수 있는 상태공간 트리는 [그림 15-14]와 같다. 그림은 1에서 출발하여 나머지 도시를 모두 돌고 다시 1로 돌아올 때 가능한 경우를 모두 나열한 것이다. 여기서 레벨 0의 C(1, {2, 3, 4})는 1에서 출발하여 2, 3, 4 도시를 도는 비용을 말한다. 또, 그 아래 레벨 1의 C12 + C(2, {3, 4})는 1에서 2를 일단 먼저 가는 비용에, 2에서 출발하여 3, 4 도시를 도는 비용을 합한 것을 말한다. 이렇게 놓으면 문제는 레벨 2의 노드 세 개 중 어떤 것이 최소 비용인지의 문제로 바뀐다. 물론, 내부 노드의 값은 그것을 루트로 하는 아래 하위트리 노드 값 중 최소 값을 선택하여야 한다.

가능한 모든 경로를 추적하는 대신 이 문제를 동적 프로그래밍 기법으로 접근해 볼 수 있다. 예를 들어, 2에서 출발하는 C(2, {1, 3, 4})의 비용을 계산하는 과정에서는 C{4, {3})의 계산을 요한다. 이 계산은 위 그림의 C24 + C(4, {3})에서도 행해지므로, 만약 동적 프로그램 기법을 사용한다면 이러한 중복된 계산을 배제함으로써 시간적 효율을 높일 수 있다. 이 문제에 동적 프로그래밍을 사용하면 효율은 $O(N^2 2^N)$으로 O(N!)보다는 좋아지지만 여전히 처리 불가능 문제로 남는다.

정확한 최적 해(Exact Optimum Solution)

동적 프로그래밍, 백 트랙, 최적 분기 등은 모두 **정확한 최적 해**(Exact Optimum Solution)를 구하는 알고리즘들이다. 즉, 그 방법을 사용하여 풀리기만 하면 정확히 가장 최적인 답을 구할 수 있다. 그러나 일반적으로 처리 불가능 문제에 대해 이러한 알고리즘을 가하면 그 효율을 보장하기 어렵다. 운이 따르면 상식적인 시간(Reasonable Time)에 답이 나오지만 그렇지 않으면 수백 년이 걸릴 수도 있기 때문이다.

[표 15-12] [그림 15-13]의 인접행렬

from \ to	1	2	3	4
1	0	15	8	20
2	15	0	12	9
3	13	12	0	5
4	10	17	16	0

이 조건을 조금 완화하여 보자. 먼저 1에서 출발하여 갈 수 있는 곳을 가되 가장 싼 곳으로 간다. 다시 거기서 가장 싼 곳으로 가기를 반복한다. 이처럼 하면 그 결과는 1–3–4–2–1로서 비용은 8 + 5 + 17 + 15 = 45가 된다. 그러나 이 경로가 가장 싼 것인지에 대해서는 확신이 서지 않는다. 이번에는 서로 다른 도시에서 출발하여 같은 방법을 써보자 2–4–1–3–2로 가면 비용이 9 + 10 + 8 + 12 = 39고, 3–4–1–2–3으로 가면 비용이 5 + 10 + 15 + 12 = 42, 4–1–3–2–1로 가면 비용이 10 + 8 + 12 + 15 = 45가 된다. 결과적으로 2–4–1–3–2가 비용 39로서 바람직한 경로가 된다. 다시 말해, 가능한 몇 가지를 학습해보고 그 중 제일 좋은 것을 선택한다는 것이다.

이는 세일즈맨 여행의 문제에 **탐욕 알고리즘(Greedy Algorithm)**을 적용한 것이다. 단, 적용 방법에 있어서는 다양한 가능성을 모두 시도해보고 그 중 가장 적은 값을 지닌 경로를 취한다. 이러한 알고리즘을 **학습(휴리스틱, Heuristic)** 알고리즘이라고 한다. 절대적인 최적 값이 아니라 상대적인 최적 값을 구한다는 점에서 학습 알고리즘은 **근사적 알고리즘(Approximation Algorithm)**이라 할 수 있다. 학습 알고리즘을 사용하면 반드시 다항식 시간(Polynomial Time) 내에 처리가 끝나므로 문제 자체가 처리 가능한 문제(Tractable Problem)가 된다. 다시 말해, 반드시 상식적인 시간(Reasonable Time) 안에 해결하는 것이 보장된다. 대신 그 결과가 "과연 최적이냐?"라고 했을 때에는 보장하기 어렵다.

탐욕 알고리즘 (Greedy Algorithm)

학습(휴리스틱, Heuristic)

근사적 알고리즘 (Approximation Algorithm)

결과적으로 세일즈맨 여행 스타일의 문제는 두 가지 방식으로 접근할 수 있다. 첫째, 동적 프로그래밍이나 백 트랙 또는 최적 분기를 사용하여 실행시간은 운에 맡기되 최적의 답안을 얻어내거나 둘째, 학습 알고리즘을 사용하여 정해진 시간 내에 결과를 얻되 최적은 아닐지 몰라도 그냥 만족스러운 답안을 바라는 것이다.

Section

15 스케줄링 문제

스케줄링 문제 (Scheduling Problem)

일마다 처리하는 데 걸리는 시간이 서로 다르다고 하자. 일처리를 위한 프로세서는 어느 순간에 한가지 일 밖에 할 수 없기 때문에 새로운 일을 처리하려면 반드시 먼저 일을 마치고 시작해야 한다. **스케줄링 문제**(Scheduling Problem)는 모든 일을 최소한의 시간 안에 처리할 수 있도록 프로세서별로 일을 할당하라는 것이다.

간트 차트 (Gantt Chart)

예를 들어, 일별로 처리하는 데 걸리는 시간이 [표 15-13]과 같을 때, 프로세서 세 개를 사용한 스케줄링한 결과는 [그림 15-15] 또는 [그림 15-16]과 같이 표시된다. 이러한 그림을 **간트 차트**(Gantt Chart)라 한다.

[표 15-13] 일에 따른 처리시간

i	1	2	3	4	5	6
Ji	6	3	1	5	2	4

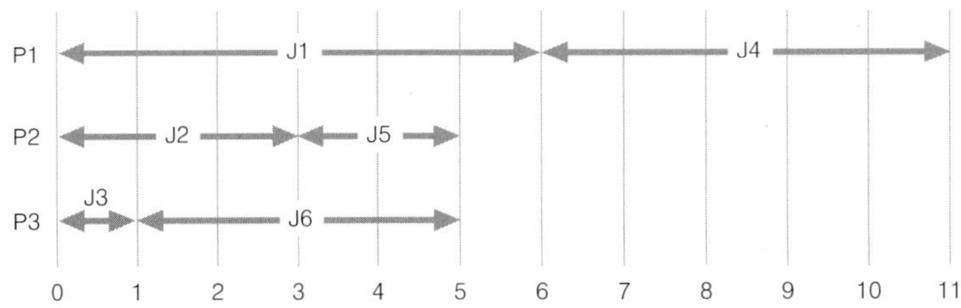

[그림 15-15] 스케줄링(1)

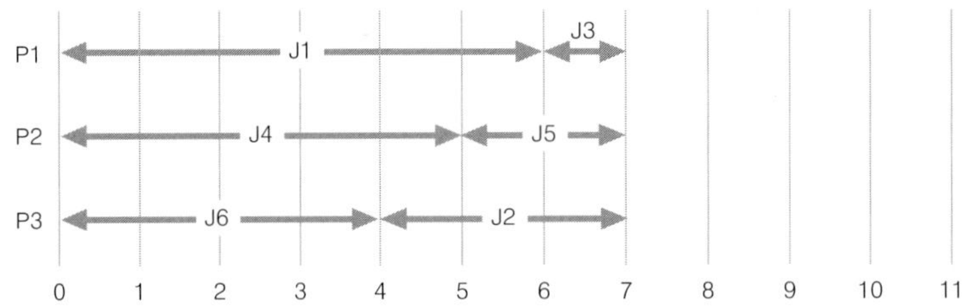

[그림 15-16] 스케줄링(2)

실제로 이 문제는 조금 까다롭다. [표 15-14]와 같은 처리시간을 요하는 일을 생각해보자.

[표 15-14] 일에 따른 처리시간

i	1	2	3	4	5	6
Ji	2	5	8	1	5	1

임의로 일 순서를 1, 4, 6, 5, 3, 2로 나열해보자. 그리고 이 순서대로 매번 새로운 프로세서에 할당하면 그 결과는 [그림 15-17]과 같이 총 9시간이 걸린다. 그러나 이것이 최선인지는 아직 알 수 없다. 이번에는 처리시간이 긴 것부터 나열하면 3, 2, 5, 1, 4, 6이 된다. 이를 순차적으로 배치하되 먼저 끝나는 프로세서에 우선적으로 배치하면 [그림 15-18]과 같이 총 8시간이 걸린다. 현재 가장 오래 걸리는 일이 8시간이므로 최소 시간이 이보다 작을 수는 없다. 따라서 이것이 최적 답안이 된다.

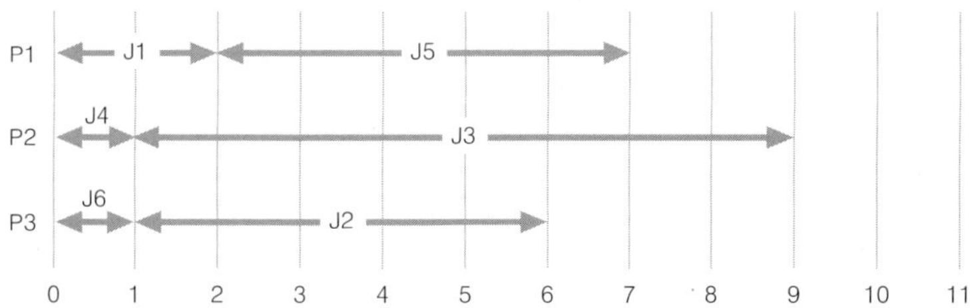

[그림 15-17] 스케줄링(3)

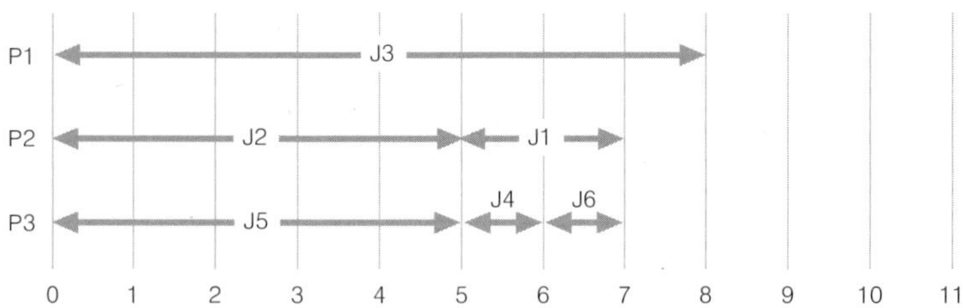

[그림 15-18] 스케줄링(4)

이 방법 역시 학습 알고리즘이다. 그러나 처리시간이 긴 것부터 나열하는 것이 항상 최적으로 이어지지는 않는다. 프로세서 두 개를 놓고 [표 15-15]를 기준으로 이 방법을 적용하면 [그림 15-19]와 같이 총 7시간이 되지만, 실제의 최적 스케줄은 [그림 15-20]과 같이 총 6시간이면 된다.

[표 15-15] 일에 따른 처리시간

i	1	2	3	4	5
Ji	2	3	2	3	2

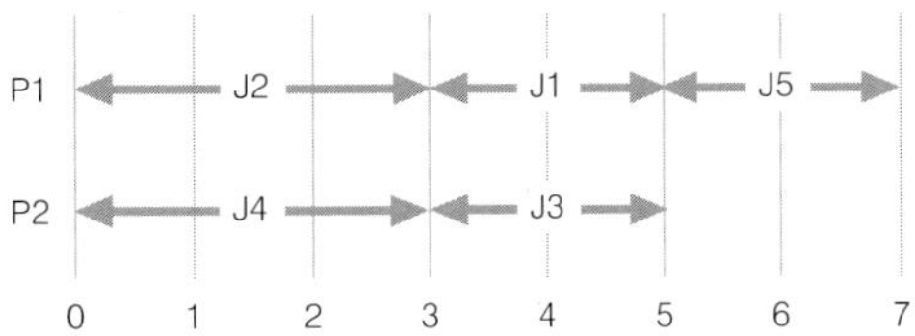

[그림 15-19] 스케줄링(5)

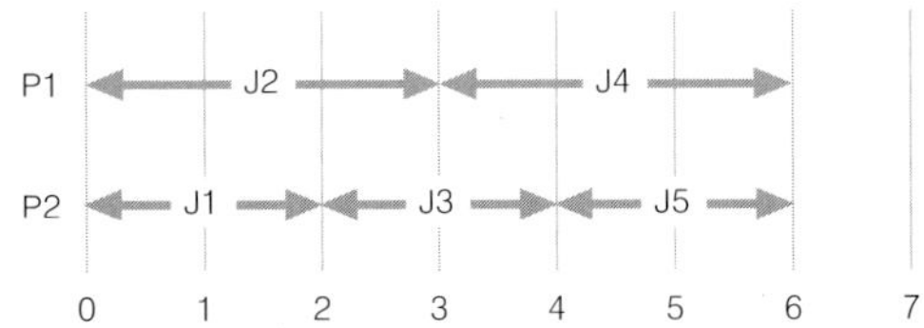

[그림 15-20] 스케줄링(6)

Section

16 CNF-만족 문제

이 문제는 어떤 부울 변수의 조합으로 표현된 **조건문(Expression, CNF, Conjunctive Normal Form)**이 논리적으로 만족되는 경우가 있느냐 없느냐(Satisfiability Problem)하는 결정 문제다. 예를 들어, (A or (Not B) or (Not C))라는 표현 전체가 참(TRUE)이 되는 A, B, C 값이 하나라도 있느냐는 것이다. A = FALSE, B = TRUE, C = FALSE라면 이 표현의 값은 (FALSE or (Not TRUE) or (Not FALSE)) = TRUE로서 표현이 참으로 만족되는 경우가 존재하는 것이다.

조건문(Expression, CNF, Conjunctive Normal Form)

변수 값이 TRUE일 때와 FALSE일 때를 모두 감안하여야 하므로 변수가 N개라면 경우의 수는 2^N이 된다. 물론, 모든 경우 중 단 하나라도 만족하는 경우가 나오면 예스(Yes)라고 답하면 된다. 따라서 이 문제는 재수가 좋아서 몇 번 시도 만에 결과 값이 TRUE가 나오면 그만이다. 그러나 노(No)라고 단언하기 전까지는 2^N가지의 모든 경우를 검증해보아야 한다. 즉, 이 문제에 관한 한 현재까지 알려진 가장 빠른 알고리즘이 지수 함수 알고리즘이다. 학습 알고리즘 또는 백 트랙이나 동적 프로그래밍 등의 알고리즘을 가할 여지가 없는 것이다.

Section

17 3-컬러링 문제

유효 컬러링
(Valid Coloring)

그래프 정점에 색깔을 칠하되 서로 인접한 두 정점의 색깔이 서로 다르도록 칠한 것을 **유효 컬러링**(Valid Coloring)이라 한다. "주어진 그래프를 유효하게 칠하려면 몇 가지 색깔이 필요한가?"라고 물어보면 최적화 문제가 된다. 3-컬러링 문제(Three Coloring Problem)는 이 문제를 좀더 단순화하여 결정 문제로 바꾼 것이다. 즉, "주어진 그래프를 세 가지 이하의 색깔로 유효하게 칠할 수 있겠는가?"하는 문제다.

[그림 15-21]의 왼쪽 그래프는 유효한 3-컬러링이다. 그러나 오른쪽 그래프의 정점 5는 정점 3과 인접함에도 정점 3과 같은 색깔이다. 만약, 정점 5를 정점 1의 색깔로 칠한다면 이번에는 인접한 정점 7과 같은 색깔이 되므로 문제가 된다. 따라서 왼쪽 그림에 대한 결정 문제의 답은 '예' 고 오른쪽 그림의 정답은 '아니오' 가 된다. 물론, 실행시간을 좀더 단축하려면 상태공간 트리에 의해서 백 트래킹을 사용해 볼 수 있다. 그러나 이 문제의 해결에는 일반적으로 지수 함수 시간이 요구된다.

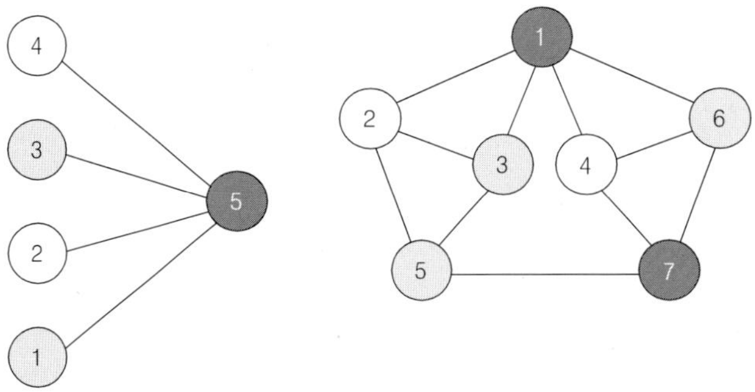

[그림 15-21] 3-컬러링

Section

18 P의 문제, NP의 문제

다항식 시간(Polynomial Time) 안에 풀 수 있는 문제를 P의 문제라 한다. 처리 가능한 문제들 즉, O(N^K) 시간 안에 풀 수 있는 문제들이다. 반면, 세일즈맨 여행의 문제와 같이 지수 함수 시간이나 팩토리얼 시간 등 초 다항식 시간(Super-Polynomial Time)을 요하는 문제를 NP의 문제라 한다. 처리 불가능한 문제들이다. 단, P의 문제, NP의 문제를 논할 때에는 모든 문제를 결정 문제로 바꾼 상태에서 판단한다.

NP는 **비결정적 다항식**(非決定的, Nondeterministic Polynomial)의 머릿글자다. 여기서 비결정적 다항식이라는 말은 항상 다항식 시간이 아니고 운이 좋으면 다항식 시간에 풀 수 있다는 말이다. 예를 들어, 할당 문제를 푸는 데 있어서 처음에 깊이우선 탐색 경로가 우연히 최적의 답으로 이어지는 경로였다면 다항식 시간 내에 답을 얻을 수 있다. 이는 "어떤 경로를 따라갈까?" 하고 물었을 때, 마치 마술과도 같은 직관이 있어서 최적 답안으로 가는 가능성만을 골라서 진행하면 다항식 시간 안에 풀린다는 것과 같다.

비결정적 다항식
(非決定的,
Nondeterministic
Polynomial)

NP의 문제에서 어떤 답이 나오면 그것이 정답인지에 대한 증명도 다항식 시간이면 된다. 예를 들어, CNF-만족의 문제가 같으면 우연히 처음 추측한 변수별 TRUE, FALSE 값이 전체 표현을 TRUE로 만드는 수가 있다. 이것이 정답인지는 당연히 그 값을 전체 표현에 넣어서 그 결과가 TRUE라는 것만 보이면 되고, 이 과정은 다항식 시간이면 된다.

어떤 문제 자체를 "NP의 문제다, P의 문제다" 라고 말할 때에는 그 문제에 대한 해법을 전제로 한다. 예를 들어, 주어진 방향 그래프에서 최단경로를 찾는 것은 P의 문제지만 최장경로를 찾는 문제는 NP의 문제다. 그러나 최단경로의 문제는 다항식 시간 안에 해결할 수 있는 알고리즘을 이미 갖고 있기 때문에 그 문제를 P의 문제라고 한 것이다. 어떤 문제를 다항식 시간 안에 풀 수 없어서 NP의 문제라고 했을지라도 나중에 그 문제를 다항식 시간 안에 풀 수 있는 알고리즘이 개발되면 그 문제는 P의 문제가 된다.

즉, NP 문제에 관한 한 우리가 모르고 있는 다항식 시간 알고리즘이 존재하고 있을 수도 있다. 다시 말해, 그 문제의 성격이 실제로는 P의 문제인데 우리가 아직 답을 몰라서 NP의 문제라고 부르고 있을 수도 있다는 것이다. P의 문제와 NP의 문제가 본질적으로 완전히 동일한 종류가, 아닌가하는 질문, 즉 P = NP인가 아닌가는 계산이론의 중요한 논점 중의 하나다. 이는 [그림 15-22]처럼 P를 NP의 부분 집합으로 볼 것인지, 아니면 완전히 동일한 것으로 볼 것인지하는 문제다.

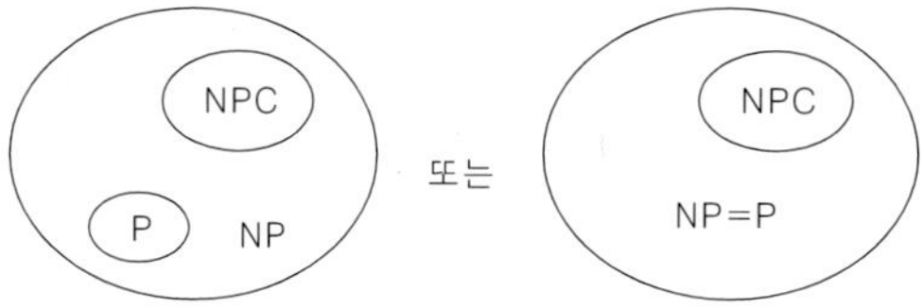

[그림 15-22] P, NP, NPC

NP의 문제 중에서도 일련의 문제들은 본질적으로 다른 문제의 해결책과 연관되어 있다. 다른 모든 문제의 고민을 혼자 떠안은 문제, 그 문제만 풀리면 자동으로 NP에 속한 모든 문제가 풀리는 문제가 있다. 다른 모든 NP 문제를 합친 것만큼 어려운(**NP Hard**) 이러한 문제들을 특히 **NPC(NP-Complete)** 문제라고 한다.

NP Hard
NPC(NP-Complete)

현재까지의 지식으로는 지수 함수적인 시간을 요하는 NPC 문제들이 약 1,000개 정도 존재한다. 세일즈맨 여행 문제, CNF-만족의 문제, 3-컬러링 문제를 비롯하여 매우 실용적인 문제들이 사실은 이 범주에 속한다. 이론적 분석에 의하면 이들 문제들을 풀기 위한 최소한의 시간(Lower Bound)은 Ω(N) 즉, 선형시간이라는 것이다. 따라서 우리가 모르는 어떤 알고리즘이 선형시간(Lower Bound)과 지수시간(Upper Bound) 사이에 존재할 수도 있다.

NPC의 문제들은 다른 모든 NP의 문제를 일거해 해결할 수 있는 문제들의 집합이다. 즉, 그들 중 문제 하나만 다항식 시간 안에 풀 수 있는 방법이 고안되면 나머지 모든 NP의 문제도 다항식 시간 안에 풀 수 있다는 것이다. 즉, NP = P임이 증명된다.

이는 매핑(Mapping)에 의한다. 문제 A를 푸는 방법을 문제 B를 푸는 방법으로 매핑시켜 사용할 수도 있기 때문이다. 여기서 매핑에 걸리는 시간은 다항식 시간(Polynomial Time Reduction)이다. 따라서 문제 하나를 다항식 시간에 풀 수 있으면 이를 다항식 시간 안에 다른 문제를 푸는 방법으로 변형시킨 다음에 변형된 방법을 써서 다른 문제도 다항식 시간에 풀 수 있다는 것이다. 따라서 NPC의 문제 중 단 하나라도 처리가능 문제(Tractable Problem)로 바꿀 수 있는 알고리즘이 개발되면 나머지 모든 문제도 처리가능 문제로 돌아선다.

[그림 15-23]은 데이터 수 N = 5로 구성된 그래프를 예시한다. [그림 15-23] (a)에서 굵은 선으로 표시된 경로를 **해밀턴 경로**(Hamiltonian Path)라고 부른다. 이는 무방향 그래프에서 모든 정점을 단 한 번씩만 방문하는 경로를 말한다. 주어진 그래프에서 해밀턴 경로가 존재하는지 그렇지 않는지 판정하는 문제는 NP의 문제다.

해밀턴 경로 (Hamiltonian Path)

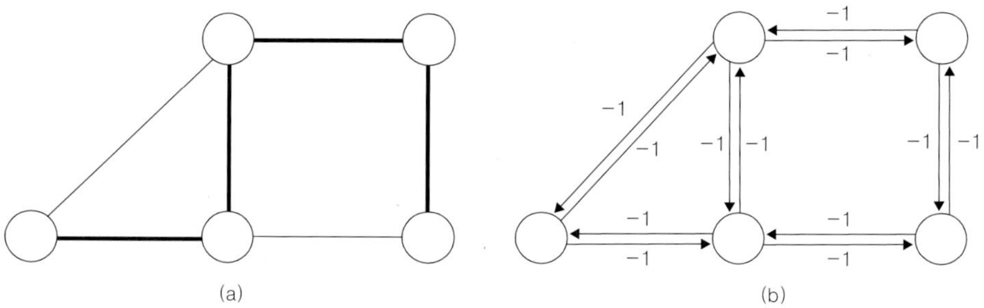

[그림 15-23] 해밀턴 경로, 최단경로

[그림 15-23]의 (b)는 (a)의 그래프를 양방향 방향성 그래프로 바꾼 것으로써, 모든 간선에 가중치 -1을 할당한 것이다. 그래프 (b)의 모든 노드 사이에 최단경로 알고리즘을 적용하여 그 결과 경로의 길이가 -(N-1)이면 그것이 그림 (a)의 해밀턴 경로가 된다. 따라서 (b)의 문제가 해결되면 이는 (a)의 문제가 해결됨을 의미한다. 즉, (b)의 문제에 대한 해결책을 (a)의 문제에 대한 해결책으로 매핑시킬 수 있다. 해결책 두 개 사이에는 가중치를 할당하는 작업만이 존재하며 이 작업은 다항식 시간에 끝낼 수 있다.

다이익스트라 알고리즘은 $O(N^2)$ 알고리즘이므로 만약, (b)의 문제가 다이익스트라 알고리즘으로 해결된다면 NP 문제인 (a)가 해결되는 것이다. 그러나 아쉽게도 가중치를 음수로 할 경우에 다이익스트라 알고리즘은 제대로 동작하지 않는다.

Section

19 소수 검증 문제, 인수 찾기 문제

소수 검증 문제 (Primality Test Problem)

1과 자신 이외에는 아무런 약수가 없는 자연수를 소수(素數, Prime Number)라 한다. 예를 들어 숫자 7은 소수지만 숫자 6은 소수가 아니다. 1과 6 외에도 2, 3으로도 나누어 떨어지기 때문이다. **소수 검증 문제**(Primality Test Problem)는 주어진 숫자가 소수인지 판단하라는 문제다.

주어진 숫자가 K라면 당연히 1부터 K까지 모든 숫자로 K를 나눠보면 된다. 그 과정에서 숫자 하나라도 약수가 존재하면 실행을 중단하고 "소수가 아니다"라고 말하면 된다. 그러나 이 알고리즘은 숫자가 작을 때 얘기다. 숫자가 커질수록 이 알고리즘은 동작하기 어렵다. 주어진 숫자의 자리수를 데이터 크기 N이라고 정의하면 자리수가 하나 증가할 때마다, 즉 N이 하나 커질 때마다 나누어 봐야할 숫자가 열 배씩 증가한다. 즉, 이 알고리즘은 지수함수적인 알고리즘으로서 이렇게 되면 이 문제는 처리 불가능 문제(Intractable Problem)로 돌아선다.

"150자리 수를 지닌 소수 K를 만들어보라"라고 했을 때 어떤 방법을 사용해야 하는가. 물론, 150자리 숫자 중 임의로 하나를 선택할 수는 있다. 그러나 그 즉시 그 숫자가 소수인지를 검증해야 한다. 당연히 위에 예시한 억지접근(Brute Force) 방법을 사용하면 수억 년이 걸린다. 물론, 이를 조금 세련되게 하여 숫자 크기의 반 정도에서 알고리즘을 멈출 수도 있다. 예를 들어, 10이 소수인지 판단하려면 1부터 5까지 숫자로만 나눠보면 되기 때문이다. 그러나 그렇게 한들 여전히 수억 년의 반일뿐이다.

이 문제는 NP의 문제로서 이 문제를 풀기 위한 유일한 방법은 확률적 알고리즘뿐이다. 수이론(Number Theory)에 의하면, 0과 K 사이의 숫자 중 임의의 숫자 P를 선택해서 K를 P로 나누었을 때 나누어 떨어지지 않는다면 K가 소수일 확률은 1/2 이하가 된다. 따라서 임의의 숫자 200개를 선택해서 K를 나누었을 때 모두 나누어 떨어지지 않는다면 숫자 K가 소수일 확률은 $(1/2)^{200}$ 이하가 된다. 이 알고리즘은 다항식 시간에 실행이 가능하지만 그 결과가 정답임을 보장하지는 못한다는 측면에서 일종의 몬테카를로 알고리즘이다.

주어진 숫자의 **인수를 찾아내는 문제**(Factor Finding Problem)는 더욱 어렵다. 어떤 숫자가 주어졌을 때 그 숫자를 인수 두 개의 곱으로 나타낼 수 있도록 해당 인수를 구하라는 문제다. 즉, 숫자 K가 주어졌을 때 K = A × B가 되도록 A, B를 구하는 문제다. 이 문제 역시 자리수를 N으로 볼 때 실행시간은 지수 함수적으로 증가한다. 때에 따라서는 이 조건을 만족하는 A, B가 단 한 쌍만 존재할 수도 있다. 더욱이 이 문제는 소수의 검증문제와는 달리 확률적 알고리즘마저 존재하지 않는다. 소수검증 문제, 인수 찾기 문제의 이러한 특성을 바탕으로 암호화를 설명해보자.

인수를 찾아내는 문제 (Factor Finding Problem)

Section

20 암호화

암호화(Cryptography)
암호문(Cypher Text)

암호화(Cryptography) 알고리즘은 비즈니스 목적뿐만 아니라 군사적, 개인적인 목적으로 인류 역사를 통해 오랫동안 개선되어 온 알고리즘이다. 평문(Plain Text) 대신에 **암호문**(Cypher Text)을 주고받음으로써, 전송과정에서 도청(Eavesdropping)된 메시지의 해독(Deciphering)을 어렵게 만드는 것이다. 예를 들어, "Today"라는 문자대신 "Upebz"를 전송하면 중간에 가로채는 사람은 전혀 무슨 내용인지 알 도리가 없다. 그러나 수신자 측에서는 그것이 실제 스펠 바로 다음 스펠을 보낸 것을 알기에 해독이 가능하다.

서명(Signature, Digital Signature)

특히 최근의 암호화 알고리즘에는 **서명**(Signature, Digital Signature)의 문제가 개입되어 있다. 이 서명의 문제는 다음과 같은 세 가지 이슈로 정리할 수 있다.

① 수신자로서는 그 메시지가 반드시 발신자가 보냈음을 확신한다.
② 발신자로서 그런 메시지를 보낸 적이 없다고 부인할 수 없어야 한다.
③ 수신자가 받은 메시지를 조작한 후, 마치 발신자가 보낸 것처럼 하여 타인에게 보낼 수 없어야 한다.

A, B, C, D 사이에 암호화 교신(交信, Communication)을 위한 [그림 15-24]를 보자. 서류함에 자물쇠가 채워져 있는 상태에서 그 열쇠를 A, B, C, D 네 사람이 모두 갖고 있으면 이들 외에 타인들은 서류함에 들은 내용을 볼 수가 없다.

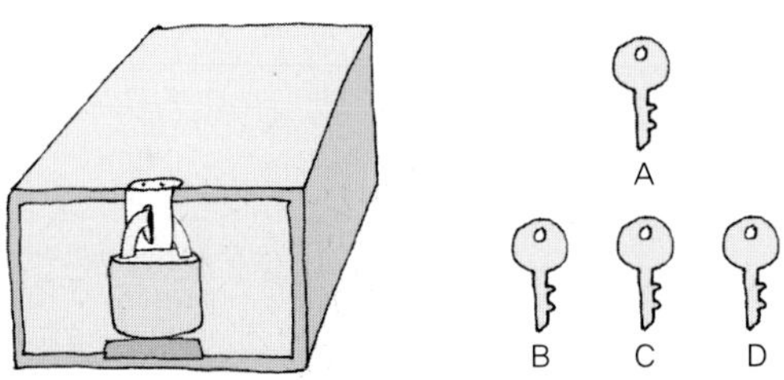

[그림 15-24] 디지털 서명 문제

만약, A가 C, D에게 보낼 서류가 있으면 자신의 키를 사용하여 자물쇠를 열고 서류를 집어넣고 잠그면 그만이다. 그런데 이렇게 되면 B가 그 서류를 꺼내서 내용을 바꾸어서 마치 바뀐 내용을 A가 보내는 것처럼 하여 다시 넣으면 C와 D는 바뀐 서류를 보게 된다. 즉 서명의 문제가 발생하는 것이다. 이를 방지하려면 A-B, A-C, A-D 등 모든 쌍(Pair) 간에 서로 다른 자물쇠와 키 세트를 가져야 한다. 즉, A로서는 B와 교신할 때 사용하는 키, C와 교신할 때 사용하는 키를 달리해야 한다. 이 경우 신입사원 하나가 들어오면 나머지 모든 사원과 일대일로 교신하기 위한 키를 모두 주어야 한다. 이것은 현실적으로 어려운 일이다.

공개 키 암호화(Public Key Cryptography)

공개 키 암호화(Public Key Cryptography)는 이 문제를 해결하기 위한 것이다. A, B, C, D 각각이 자신만의 자물쇠와 키를 구입하되, [그림 15-25]와 같이 자물쇠에 자신의 이름을 써서 서류함 앞에 놓아두고 공개한다.

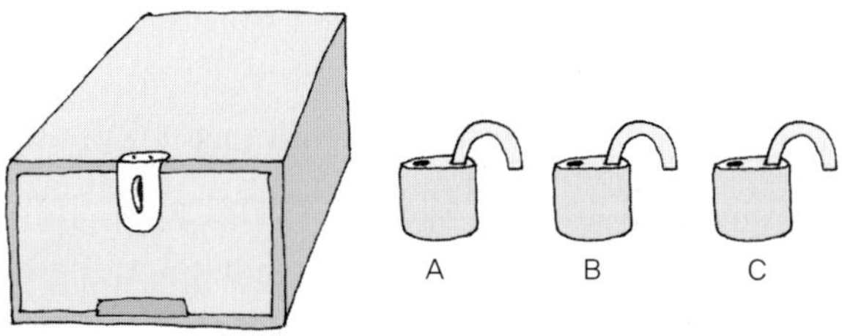

[그림 15-25] 공개 키

만약, B가 A에게 전할 서류가 있다고 하자. 이 경우, B는 서류를 서류함 속에 넣은 다음에 A의 자물쇠로 잠근다. 자물쇠로 잠그는 데에는 키가 필요 없고 따라서 누구나 잠글 수 있다. 이렇게 되면 이제 자물쇠를 열 수 있는 것은 A 뿐이다. 따라서 이전처럼 키를 공유하는 데 따른 문제가 해결된다. 여기서 공개되는 것은 자물쇠며, 키는 여전히 개인만 간직한다. 이 과정을 프로그램 측면에서 묘사해보자.

자물쇠로 잠그는 작업은 암호화(Encryption)에, 열쇠로 여는 작업은 해독(Decryption)에 해당한다. 이러한 암호화가 성립되려면 다음 조건을 만족해야 한다.

1) $DECR_A(ENCR_A(M)) = M$은 반드시 만족되어야 한다. 즉, 메시지 M에 대해서 A의 자물쇠로 암호화한 것을 A의 열쇠로 해독하면 반드시 원래의 메시지 M이 복원되어야 한다. 다시 말해, 함수 두 개는 역함수(Inverse Function) 관계여야 한다.
2) $ENCR_A$를 가지고 $DECR_A$를 추정하기 어려워야 한다. 즉, 잠그는 방법을 보고 대략 짐

작하여 푸는 방법을 구하기가 어려워야 한다. 자물쇠인 $ENCR_A$는 공개된 함수므로 비교적 쉽게 계산되도록 하지만, $DECR_A$는 A의 키가 없으면 거의 계산이 불가능하도록 한다.

3) $ENCR_A(DECR_A(M)) = M$이 만족되어야 한다.

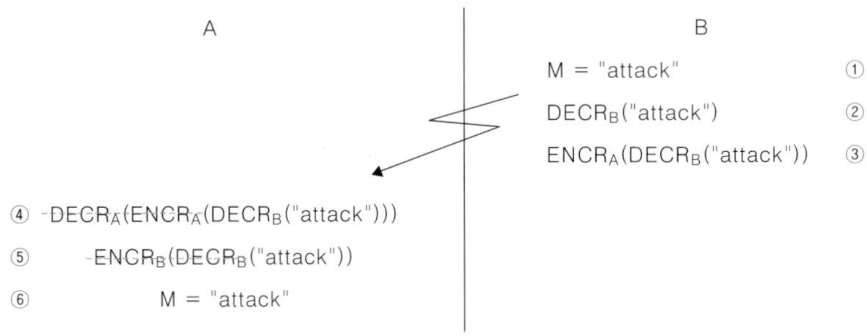

[그림 15-26] RSA 암호화

B가 A에게 메시지를 보낼 때에는 메시지에 대해 일단 자신의 키를 가한 다음에 A의 자물쇠로 잠근다. [그림 15-26]에서 보면 B의 메시지 Attack에 대해서 일단 $DECR_B$가 가해진 다음에 $ENCR_A$가 가해진다. 그리고 이것이 A에게 넘겨진다. 받는 쪽인 A에서는 이처럼 암호화된 문장을 받자마자 자신의 키인 $DECR_A$로 풀게 된다. $DECR_A ENCR_A$는 역함수 관계이므로 위 조건 ①에 의해 서로 상쇄되고 그 결과 $DECR_B$("attack")만 남게 된다. 여기에 $ENCR_B$를 가하면 조건 ③에 의해 함수 두 개가 서로 상쇄되어 원문 M만이 남게 된다.

물론, $ENCR_B$는 B의 자물쇠에 해당하는 것으로서 공개된 함수다. 그런데 만약, $DECR_B$("attack")이 B가 보낸 것이 아니라면 B의 자물쇠인 $ENCR_B$로 풀리지 않는다. 즉, ②번에서 B가 보낼 메시지에 일단 $DECR_B$를 가한 이유는 나중에 받는 사람이 $ENCR_B$를 가해 봄으로써 보낸 사람이 B가 맞는지를 확인하기 위한 것이다.

그렇다면 문제는 위에 제시한 여러 가지 조건을 만족하는 ENCR, DECR 함수를 어떻게 만들 것인지가 된다. **RSA(Rivest Shamir Adleman)** 알고리즘은 소수 검증의 문제와 인수 찾기 문제 사이에 존재하는 복잡도 차이를 이용한 것이다. RSA 암호화 과정은 다음과 같다.

RSA(Rivest Shamir Adleman)

가. 150자리 정도 되는 매우 큰 소수 두 개 P, Q를 몬테 카를로 알고리즘에 의해 구한 뒤, $N = P \times Q$가 되도록 한다.

나. 300자리 정도 되는 K를 선택하되 그 K가 (P−1)(Q−1)과 서로 소(Mutually Prime)가 되도록 한다. 다음, K×G % (P−1)(Q−1) = 1이 되는 G를 계산한다.

이렇게 함으로써 자물쇠가 완성된다. 또, 자물쇠를 나타내는 〈G, N〉은 공개된다. 반면 〈K〉는 공개되지 않는 개인별 비밀 키가 된다. 공개 자물쇠인 N을 계산하는 과정 즉, P와 Q를 계산하는 과정은 몬테카를로 알고리즘에 의해 다항식 시간에 계산할 수 있다. 만약, 공개된 N으로부터 그 인수인 P, Q를 추측할 수 있다면, 역시 공개된 G를 사용하여 비밀 키인 K를 추정할 수 있다. 그러나 N으로부터 P, Q를 추정하는 문제, 즉 공개된 자물쇠로부터 비밀 키를 찾는 것은 인수 찾기 문제로서 처리 불가능 문제다. 이점이 바로 RSA 암호화의 요체다.

RSA 알고리즘에서 암호화는 다음과 같이 진행된다. 즉, 메시지 M의 비트 값을 잘라서 블록으로 만들되 각 블록 내부의 값이 0...(N−1) 사이가 되게 한다. 다음, 공개된 자물쇠인 〈G, N〉을 사용하여 블록별로 암호문을 만들되 암호문 H = ENCR(M) = M^G % N으로 한다. 이처럼 암호화하는 과정은 매우 단순하다. 이렇게 되면 H는 M^G을 N으로 나눈 나머지이므로 그 몫을 m이라 하면 H = M^G − mN이 된다. 비밀키인 K를 사용하여 이 암호문을 해독하는 과정은 다음과 같다.

```
DECR(H)  = H^K % N
         = (M^G - mN)^K % N          (암호문 작성방법에 의해)
         = M^GK % N                  (이항정리에 의해)
         = M                         (위 조건 '나'에 의해)
```

이처럼 암호화에 걸리는 시간을 다항식 시간으로 가져가는 대신에, 해독에 걸리는 시간을 처리 불가능한 시간으로 가져감으로써 암호화를 위한 두 번째 조건을 만족하게 된다. 또 이 함수를 사용할 경우 ENCR(DECR(M)) = DECR(ENCR(M)) = M^{GK} % N으로 값이 같아지고 따라서 서명을 위한 첫번째, 세 번째 조건에도 합당하게 된다.

생활 속의 자료구조

"컴퓨터 속도는 엄청나게 빨라지고 있습니다. 최근 십 년 간만 보더라도 대략 50배 정도 빨라졌습니다. 처리 불가능 문제요? 조금만 기다리세요. 모든 문제가 해결됩니다. 모두 처리 가능한 문제로 바뀝니다."

"컴퓨터가 1,000배 빨라진다고 칩시다. O(N)의 문제라면 이전에 N개를 처리하는 시간에 이제 1,000N개를 처리할 수 있겠지요. 그러나 만약 $O(2^N)$의 문제였다면 N+10(≈lg1000)개를 처리할 수 있을 뿐입니다. 컴퓨터 속도가 곱셈으로 증가하는 데 비해 처리할 수 있는 데이터 수는 덧셈으로 증가합니다. 속도가 1,000배 빨라져서 데이터 열개를 더 처리한다는 것은 별 의미가 없지 않습니까. 이건 문제의 성격을 밝히거나 알고리즘으로 해결해야지 컴퓨터 속도로 따라잡기엔 무리입니다. 물론, 속도가 지수 함수적으로 증가하는 경우를 제외하고는 말입니다."

(출처: 빅 오 기호는 탄탄하다)

"The mocker seeks wisdom and finds none, but knowledge comes easily to the discerning. Stay away from a foolish man, for you will not find knowledge on his lips. The wisdom of the prudent is to give thought to their ways, but the folly of fools is deception."

(출처: Proverbs 14:6~8(잠언 14:6~8))

요약

억지 접근 알고리즘은 시간적 효율성에 개의치 않고 문제를 풀기에만 급급한 알고리즘이다. 데이터 수가 많지 않으면 이 알고리즘도 그리 문제가 되지는 않는다. 탐욕 알고리즘은 매 순간마다 최대 이익을 추구하는 방향으로 나아간다. 그러나 실행 결과가 거시적으로 볼 때의 최적 값과 항상 일치하지는 않는다.

분할정복 알고리즘은 큰 문제를 작게 나누어서 부분적으로 해결하고 그 결과를 조합함으로써 큰 문제의 해결책에 이른다. 그러나 부분문제를 해결하는 과정이 중복되면 문제를 상식적인 시간 안에 처리할 수 없게 된다.

동적 프로그래밍 알고리즘은 부분문제 해결의 결과를 반드시 기록하고 재사용함으로써 분할정복 알고리즘이 지닌 단점을 극복한다. 상향식 동적 프로그래밍은 작은 문제의 해결책을 쌓아 나감으로서 큰 문제의 해결책을 제시하는 것이고 하향식 동적 프로그래밍은 큰 문제를 푸는 중간 중간에 작은 문제의 해결책을 재사용하는 것이다. 백 트랙 알고리즘은 임의로 시도한 방향이 해결책에 닿지 않으면 그 직전 상태로 되돌아 와서 다시 다른 방향을 향해 나아가는 것이다. 최적 분기 알고리즘이 백 트랙 알고리즘과 다른 점은 최적 분기 알고리즘은 어떤 목적 함수의 값을 기준으로 백 트랙 할 것인가를 평가한다는 점이다.

확률적 알고리즘은 몬테카를로 알고리즘과 라스베가스 알고리즘으로 나뉜다. 몬테카를로 알고리즘은 작지만 문제의 해결책이 안 될 확률도 존재한다. 이에 반해, 안되면 될 때까지 다시 시도함으로서 반드시 문제의 해결책에 이르는 것이 라스베가스 알고리즘이다. 이러한 알고리즘들의 효율은 순전히 운에 따른다.

학습 알고리즘은 최적의 해결책보다는 몇 번 시도해서 그 중 가장 나은 해결책을 취하는 방식이다. 백 트랙이나 동적 프로그램이 최적의 해결책을 제시하지만 실행에 비상식적인 시간이 걸릴 수 있는데 반해 학습 알고리즘은 항상 상식적인 시간 안에 실행을 끝낼 수 있다.

NP의 문제란 재수 좋으면 다항식 시간에 풀리지만, 그렇지 않으면 초 다항식 시간을 요하는 처리 불가능한 문제를 말한다. 반면에 P의 문제란 다항식 시간 안에 실행을 마칠 수 있는 처리 가능한 문제를 말한다. 문제 자체가 본질적으로는 P의 문제인데, 단지 우리가 P 시간 안에 끝낼 수 있는 알고리즘을 모르고 있어서 NP라고 부르고 있을 수도 있다. 우리가 현재 NP라고 부르는 모든 문제가 사실은 P의 문제라면 P = NP다. 그렇지 않고 이들 문제에 대해서는 본질적으로 다항식 알고리즘이 존재하지 않는다면 P ≠ NP다. 이 문제는 전산학의 주요 논점 중의 하나다.

연습 문제

1 탐욕 알고리즘은 매 순간마다 목전의 최대 이익을 향해 나아간다. (True/False)

2 탐욕 알고리즘은 항상 최적(Optimum) 결과와 일치한다. (True/False)

3 호프만 코딩에 의하면 빈도가 낮은 단어일수록 루트 근처에 위치한다. (True/False)

4 행렬의 연속곱셈은 백 트랙 알고리즘에 속한다. (True/False)

5 몬테카를로 알고리즘은 항상 해결책을 보장한다. (True/False)

6 처리 가능한(Tractable) 문제란 P의 문제를 말한다. (True/False)

7 모든 최적화 문제는 결정 문제로 환원할 수 있다. (True/False)

8 세일즈맨 여행의 문제에 관한 다음 설명 중 맞는 것은 무엇인가?

가. 백 트랙 알고리즘을 사용하여 상식적인 시간 안에 최적 값을 구할 수 있다.
나. 동적 프로그래밍 알고리즘을 사용하여 상식적인 시간 안에 최적 값을 구할 수 있다.
다. 라스베가스 알고리즘을 사용하여 상식적인 시간 안에 최적 값을 구할 수 있다.
라. 학습 알고리즘을 사용하여 상대적으로 최적 값을 구할 수 있다.

9 8-퀸 문제에 관한 다음 설명 중 틀린 것은 무엇인가?

가. 기본적으로 팩토리얼 시간의 문제다.
나. 백 트랙에 의해 계산 시간을 단축할 수도 있다.
다. 이 경우 백 트랙은 깊이우선 탐색과 일치한다.
라. NP의 문제다.

10 A: 00 B: 01 C: 111 D: 110 E: 10을 허프만 코드라고 할 때의 문제점은 무엇인가?

가. A와 C가 같이 사용될 수 없다.
나. B와 C가 같이 사용될 수 없다.
다. D와 E가 같이 사용될 수 없다.
라. 문제점 없다.

11 탐욕 알고리즘에 관한 다음 설명 중 맞는 것은 무엇인가?

가. 효율적이지만 최적은 아니다.
나. 효율적이고, 또 최적일 수도 있다.

다. NP의 알고리즘이다.
라. 최적이지만 효율적은 아니다.

12 다음 불리언 표현에 대해 CNF 만족의 문제를 손으로 계산하여 Yes/No로 답하라.

(A and (Not B)) 또는 ((Not C) or D)

13 저명인사가 둘이 될 수 없는 이유를 설명하라.

14 접두사 관계(Prefix Relation)에 해당하는 비트열의 예를 들어라.

15 개구리 도약(Leap Frog)을 초래할 수 있는 화폐 체계의 예를 들어라.

16 백 트랙 알고리즘과 깊이우선 탐색의 차이점을 한두 줄로 설명하라.

17 최적 분기 알고리즘과 백 트랙 알고리즘의 차이점을 한두 줄로 설명하라.

18 몬테카를로 알고리즘과 라스베가스 알고리즘의 차이점을 한두 줄로 설명하라.

19 재귀호출로 해결할 수 있는 전형적인 문제로서 하노이 타워(Towers of Hanoi) 문제가 있다. 이는 티베트 승려들의 놀이로서 게임의 규칙은 다음과 같다. 땅위에 X, Y, Z 말뚝 세 개가 박혀 있다.

"말뚝 X에 N개의 서로 다른 크기의 고리가 얹어져 있을 때, 그 고리 모두를 말뚝 Y로 옮겨보라. 단, 한 번에 한 개씩만 움직여야 하며, 지름이 작은 고리는 항상 그보다 지름이 큰 고리의 위에 올려져 있어야 한다. 또, 옮기는 과정에서 임시 말뚝 Z를 사용해도 좋다"

이 문제를 해결하기 위한 다음 알고리즘의 빈 칸을 채워보라. 또 이 알고리즘의 시간적 복잡도에 대해서 논하라.

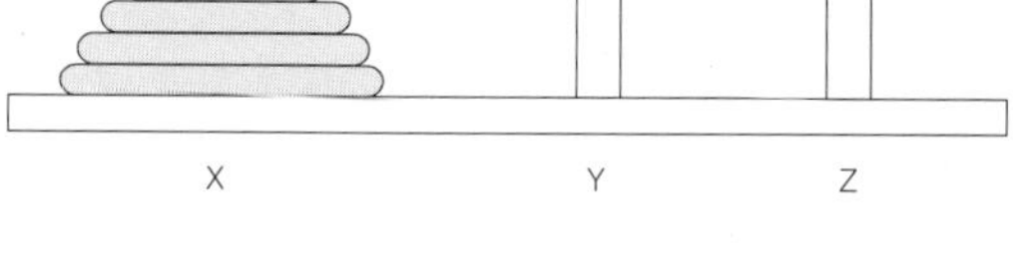

[그림 15-27] 문제 20

연습 문제

```
Move(N, X, Y, Z)
{ if (N = = 1)
        Move (1, X, Y)              하나 남으면 직접 X에서 Y로 옮김
  else
  {   Move (N-1, X, Z, Y);         위의 것 모두를 일단 Z로 옮기되 Y를 사용
      Move (1, X, Y);               하나 남은 것을 직접 옮김
      (                    );       Z에 있는 것 모두를 Y로 옮기되 X를 사용
  }
}
```

20 [표 15-10]의 첫번째 줄의 상태에서 탐욕 알고리즘을 적용하라. 즉, 공격 받지 않을 첫 위치에 퀸을 위치시켜라. 또, 이 알고리즘이 제대로 동작하지 않음을 보여라.

21 8-퀸 중 처음 네 개가 다음 각각의 위치에 있을 때, 백 트랙 알고리즘에 의해 나머지 위치를 발견하라.

가. 3 6 8 2　　　나. 4 6 1 5

22 할당문제에 있어서 다음과 같은 비용행렬이 주어졌을 때, 최적분기 알고리즘을 사용하여 최소비용을 구하라.

[표 15-16] 문제 22

	1	2	3	4
A	34	27	36	39
B	32	33	31	28
C	22	10	28	15
D	35	14	30	24

23 위 22번 문제의 할당문제를 변경해서 최대비용이 되도록 추적하라.

24 거스름돈 문제를 동적 프로그래밍으로 해결해보자. 동전의 단위가 5원, 4원, 1원이라고 가정할 때 다음 도표를 사용하여 최대 동전수를 추적하자.

[표 15-17] 문제 24

	0	1	2	3	4	5	6	7	8
1원	0	1	2	3	4	5	6	7	8
4원	0	1	2	3	1	2	3	4	2
5원	0	1	2	3	1	1	2	3	2

표의 제일 윗 줄은 잔돈의 액수를 말한다. 표의 각 엔트리는 해당 행의 동전을 사용할 때 최소 동전수를 의미한다. 1원짜리 동전만을 사용할 때의 동전 수는 거스름돈과 일치한다. 둘째 줄의 4원짜리 동전을 사용할 때를 생각해 보자. 1원짜리만을 사용할 때의 개수에서 그 중 하나를 4원짜리를 사용할 때의 개수가 적으면 값이 바뀐다. 이러한 논리는 배낭문제의 논리와 동일하다.

가. 1, 4, 7, 8원짜리 동전을 사용할 때 동적 프로그래밍에 의해서 거스름돈 14원일 때까지 도표를 채워라.
나. 14원을 거슬러주려면 어떤 동전 몇 개씩을 써야 하는가?
다. 동적 알고리즘의 결과와 탐욕 알고리즘의 결과를 비교하라.

25 다음 스펠별 빈도수를 참고로 허프만 트라이를 만들고 그 결과 도표를 보여라. 또 평균 코드길이를 계산하라.

[표 15-18] 문제 25

스펠	a	b	c	d	e	f	g
빈도	.3	.1	.02	.05	.3	.03	.2

26 행렬 A, B, C, D가 각각 10 x 5, 5 x 2, 2 x 20, 20 x 10차원을 지닌다. ABCD를 계산하는 데 필요한 최소곱셈의 횟수는 몇 번인가?

27 프로세서 세 개가 있다고 가정하고 다음 각각의 일처리 리스트를 기준으로 스케줄을 작성하라. 단, 학습 알고리즘에 의하여 가능하다면 더 좋은 스케줄이 되도록 변경하라.

가. **[표 15-19] 문제 27 가**

i	1	2	3	4	5	6	7
Ji	9	6	7	6	9	6	7

나. **[표 15-20] 문제 27 나**

i	1	2	3	4	5	6	7	8
Ji	7	7	5	4	8	5	7	8

28 A의 압축 알고리즘을 EncrA, 복원 방법을 DecrA라는 기호로 나타내자. Public Key Cryptography를 사용하여 A의 메시지를 사용하여 B에게 전달하는 과정을 설명하고, 그 중에 공개된 부분과 비공개된 부분, Signature의 문제를 설명하라.

29 행렬식의 차원이 A = 4 X 2, B = 2 X 3, C = 3 X 2, D = 2 X 5일 때 ABCD 행렬계산에 있어서 곱셈의 횟수를 최소화할 수 있는 곱셈 순서를 동적 프로그래밍 기법에 의해서 구하고, 그 결과 곱셈 순서를 괄호로 표시하라. 단, 반드시 계산 과정을 보여야 한다.

연습 문제

30 CDCCCCARDREEED를 압축하기 위한 허프만 코드를 만들어라.

31 영문 알파벳 일부가 사용되는 상대적 빈도는 다음과 같다. 이 표를 기준으로 각 스펠을 저장하기 위한 허프만 트라이를 도표로 구성하라.

[표 15-21] 문제 31

스펠	C	D	E	F	K	L	U	Z
빈도	32	42	120	24	7	42	37	2

32 동적 프로그래밍 기법과 분할정복 기법의 차이를 한두 줄로 설명하라.

33 상향식 동적 프로그래밍 기법과 하향식 동적 프로그래밍 기법의 차이를 한두 줄로 설명하라.

34 과반수 문제에서 후보자를 제거해서 살아남았다고 해서 반드시 그것이 과반수가 아닐 수도 있다. 그 예를 들어라.

35 N by N 퀸 문제의 해결에 걸리는 시간을 마술 동전(Magic Coin)에 비유하기도 한다. 그 이유를 간단히 설명하라.

36 바둑판에서 돌을 놓을 수 있는 위치는 가로 세로 19 × 19 = 361개다. 한번 돌이 놓인 곳에는 다시 놓을 수 없다고 가정하고 다음 물음에 답하라.

가. 경우의 수는 모두 몇 가지인가?
나. 이 문제는 P의 문제인가 NP의 문제인가?
다. 한 수 물러 달라고 할 때 그 물러 주는 것을 알고리즘 용어로는 무엇이라고 하는가?

37 배낭 문제를 결정 문제(Decision Problem) 형태로 바꾸어서 정의하라.

38 어떤 NP의 문제가 P의 문제로 바뀔 가능성이 있는가. 가능성이 있다면 언제 P의 문제로 바뀌는가?

39 NP의 문제와 NPC의 문제는 정의상 어떤 차이점이 있는가? 한두 줄로 답하라.

40 P = NP 또는 P ≠ NP라고 표현한 것은 무엇을 의미하는 것인가? 한두 줄로 답하라.

[기호, 숫자]

[ㄱ]

[ㄴ~ㄹ]

〔ㅁ~ㅂ〕

[A~B]

[C~D]

[E~G]

[H~K]

[L~N]

[O~Q]

[R~S]